本书出版得到

国家重点文物保护专项补助经费资助

襄阳卜营墓地

上

湖北省文物考古研究所
襄阳市文物考古研究所　编著

文物出版社

图书在版编目（CIP）数据

襄阳卜营墓地／湖北省文物考古研究所，襄阳市文物考古研究所编著. -- 北京：文物出版社，2019.11
ISBN 978 - 7 - 5010 - 6275 - 1

Ⅰ.①襄…　Ⅱ.①湖…②襄…　Ⅲ.①墓葬(考古) - 发掘报告 - 襄阳　Ⅳ.①K878.85

中国版本图书馆 CIP 数据核字（2019）第 191087 号

襄阳卜营墓地

编　　著：湖北省文物考古研究所
　　　　　襄阳市文物考古研究所

封面题签：朱俊英

责任编辑：杨新改　崔叶舟
封面设计：李　红
责任印制：苏　林

出版发行：文物出版社
社　　址：北京市东城区东直门内北小街 2 号楼
邮　　编：100007
网　　址：http://www.wenwu.com
邮　　箱：web@ wenwu.com
经　　销：新华书店
印　　刷：北京荣宝艺品印刷有限公司
开　　本：889mm×1194mm　1/16
印　　张：55.25
版　　次：2019 年 11 月第 1 版
印　　次：2019 年 11 月第 1 次印刷
书　　号：ISBN 978 - 7 - 5010 - 6275 - 1
定　　价：680.00 元（全二册）

The Cemetery at Bianying in Xiangyang

Compiled by

Hubei Provincial Institute of Cultural Relics and Archaeology

Xiangyang Municipal Institute of Cultural Relics and Archaeology

Cultural Relics Press

目　录

插图目录

彩版目录

第一章 绪论

第一节 位置与环境

一 地理位置

卞营墓地位于湖北省襄阳市高新技术产业开发区团山镇邓城社区（原邓城村），邓城外东北部约0.6千米处，属国色天香居民住宅小区。墓地中心点东南去武汉市326千米，西北到十堰市204千米，北达南阳市134千米，南至荆州市210千米。东距襄阳市城区中心约7千米，东北至团山镇6千米，北距邓城大道0.27千米，南距汉江北岸5.16千米，东距清河西岸4.65千米，西至襄（阳）荆（州）高速公路1.88千米。地理坐标为北纬32°5′33″，东经112°6′2″，海拔高度68～70米（图一）。

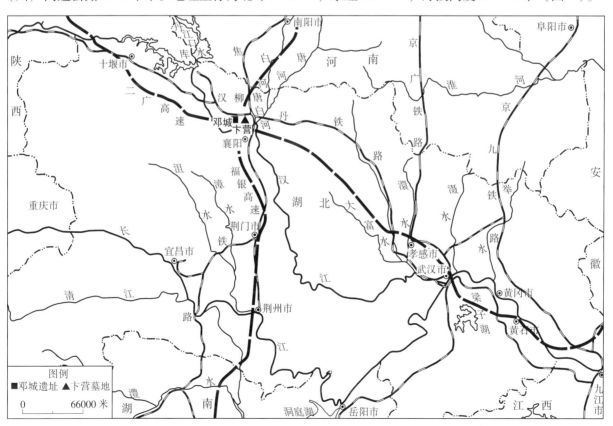

图一 卞营墓地地理位置示意图

二　自然环境

襄阳市城区处在南襄断坳襄樊凹陷的次级构造上，城区辖襄城区、樊城区、襄州区、襄阳高新技术产业开发区、鱼梁洲经济开发区。汉江由西向东再南折穿过市区、唐白河从东向西、清河由北至南在市区中心与汉江交汇。襄城区位于市区南部，北、东、南三面被汉江环绕。樊城区在汉江以北，属于城区的西北部。襄州区位于城区东南部，汉江由西至东从其北部穿过。鱼梁洲经济开发区是汉江与唐白河冲积形成的一个江心洲，四面环水，亦处在襄城、樊城、襄州的包围之中。卞营墓地所在的高新技术产业开发区位于城区西北部，西南部与樊城区相连，东南部与襄州区相接。市区周围分布有低山丘陵、岗地和平原三种地形。襄阳市城区的西北部被秦岭、伏牛山支尾余脉阻隔，东北部有桐柏山尾延的余脉遮挡，东南部是大洪山余脉围绕，西南部有荆山余脉环抱。汉水由西向东南流经襄阳市城区东折又向南转弯，唐白河、清河在这里交汇入汉，在此形成一个不完整的盆地。由于汉江从西进入后向南流出，唐白河从东北进入盆地与汉江交汇，盆地的西部和东北部形成向外开放的地形。襄阳市城区的自然环境和地形地貌可归结为南部是低山丘陵，海拔 109～460.5 米；北部为广阔的岗地和平原，岗地海拔 103～147 米，与低山丘陵相对高差 10～30 米，坡度多在 10°左右，平原区域海拔 82 米以下（图二）。

卞营墓地坐落在襄阳市城区西北部的平原地带，南部、西部和东部有汉江环绕，东部被清河阻隔。北部的刘家坡、王家坡、蔡家坡一线以北为岗地，周围地形平坦开阔。优越的地理位置、自然环境，为人们的生存发展提供了有利条件。

（1）土壤

卞营墓地及邻近地区土壤为潮土各土属，耕地土壤尤其是水稻土比重较大。潮土主要分布在众多的河流两岸阶地，自河床由近至远依次为飞沙土—沙土—淤沙土—油沙土—淤泥土—潮白善土—老岸土—黄黏土。一般潮土土层深厚，自然肥力高，有机质、矿物质养分都较丰富，质地层次差异明显，各层质地均一，呈中性到微碱性反应，适种范围广，复种指数高，是粮食、经济作物的高产土壤。水稻土多为潴育性水稻土亚类，分布于低山丘陵、岗地、平原、冲畈地带，在长期水耕条件下形成特有土体构型和多种发生层次，如耕作层、犁底层、淋溶淀积层、淀积层、潜育层、母质层等。

（2）水系

卞营墓地附近的主要河流有汉江和清河，墓地南距汉江北岸 5.16 千米，东距清河 4.65 千米，墓地外围东、南、西三面均有小河沟围绕。西部的普陀沟，发源于北部岗地赵家坡、高家冲，注入普陀堰后向南流出，经过鏖战岗、太山庙、韩家庄西部到达墓地以西。以上河沟沟面较宽，自墓地西南角以南沟面变窄并继续向南流与大吕沟相汇，最后注入清河。东部为黄龙沟，亦发源于北部岗地马家冲，北部由两条河沟在卞营北部交汇形成黄龙沟，向南流经卞营村西部再经过邓城东部，在邓城东南角外与邓城南部一东西走向的河沟交汇后折向西北至东南最终注入清河。

（3）气候

墓地所在地域属北亚热带季风型大陆气候过渡区，具有四季分明，气候温和，光照充足，热量丰富，降雨适中，雨热同季等特点。年平均气温为 15.1℃～16.9℃，1 月平均气温为 2℃～3℃，7 月平均气温为 27℃～28℃，年降水量为 1000 毫米，无霜期在 228～249 天之间，具有中国南北过

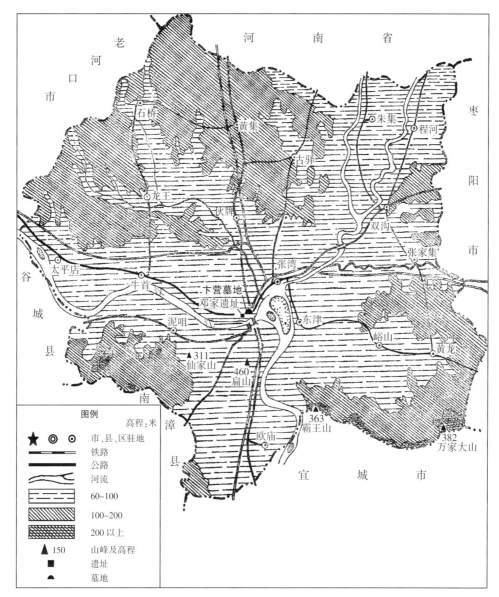

图二 卞营墓地环境地貌图

渡型的气候特征。太阳辐射较为丰富，年平均总日照时效为 2000 小时左右。

植被：墓地及周围的植被有天然植被和人工植被。天然植被主要有树木和草类，树类有灌木黄荆、山槐、山枣、柞刺、杞柳等。草类主要有马唐、狗牙根、狗尾草等。人工植被主要是根据季节不同种植的小麦、水稻、蚕豆、黄豆、玉米和蔬菜。近十年来，由于襄阳市城区不断扩展，墓地的东、南、北部已建满高楼大厦，土地面积大量减少，墓地及其周围植被种属大多已灭绝，只有墓地西南部 0.6 千米处的邓城护城河两旁和城垣的外边还存在少量天然植被，墓地周围都是人工种植的景观树种和花草。

三 微地貌变化

随着时间的流逝，沧海桑田，卞营墓地周围的自然环境与地形地貌发生了翻天覆地的变化。

由于襄阳市城市建设的发展，农民耕种、水土流失等原因，卞营墓地附近平均海拔已下降了 2～3
米。普陀沟沟面进一步缩小，在卞营墓地西部向南流后东折并向东南流经周岗村继续蜿蜒向南并
消失在黄家村附近。黄龙沟则在近现代时期经过人工修整、兴修水利工程等在邓城东北角附近折
向东南穿过卞营墓地的北部，其终端也因襄阳五中等学校、工厂的兴建被填埋直至消失。卞营墓
地及其周围以前密布的水沟与洼地已被填埋，岗地已被平整，现如今已是高楼林立，街道纵横
（彩版一）。

四　人文环境

（一）历史沿革

襄阳，《禹贡》为荆、豫二州之域。商时汉水以南建有卢国，西周时汉水以北建有邓国及共属
地，春秋时皆灭于楚。邓，地属楚邓县①。

秦昭襄王二十八年（公元前 279 年），秦取楚邓县，建置仍之。秦统一后，划全国为三十六
郡，襄阳汉水以北属南阳郡，汉水以南属南郡。

汉初置襄阳县②，以县治位于襄水（今南渠）之阳而得名，隶属南郡。汉武帝划全国为十三
州，襄阳隶荆州刺史部。赤壁之战后，曹操置荆州，治宛（今河南南阳），与孙权之荆州（治江
陵）对立，史称"南北二荆州"。分南郡编县以北及南阳之山都县置襄阳郡。初治宜城，旋移于
襄阳。

晋室东迁，中原避乱者众，孝武帝侨立雍州，置侨州、县以安集之。宋元嘉二十六年（449
年），割荆州之襄阳、南阳、新野、顺阳、随五郡立雍州，治襄阳。梁承圣三年（554 年），西魏
平江陵，襄阳入西魏，改曰襄州，置总管府。

隋大业初，府废仍称襄阳郡。唐为襄州，隶山南道，又分隶山南东道，治襄州。北宋时，隶
京西路，又分隶京西南路。宣和元年（1119 年）升州为府。南宋时，隶京西安抚京湖制置司。元
改为襄阳路，隶河南江北行省。明初改路为府，隶湖广行省。洪武九年（1376 年），改行省为布
政司，府隶之。清康熙三年（1664 年）分隶湖北布政司。

1912 年废襄阳府，初属安康郧荆道，后改属鄂北道。1914 年设襄阳道，治襄阳。1932 年设行
政督察区，襄阳为湖北省第八区行政督察专员公署驻地。1936 年改第八区为第五区。

1950 年 5 月，以襄阳县之襄阳、樊城两镇组建襄樊市，隶属襄阳专署。1952 年，襄樊市降为
专署辖镇。1953 年 4 月，襄樊市恢复建制，改为省辖县级市。1955 年，湖北省人民政府襄阳专员
公署改称湖北省襄阳专员公署。1958 年，襄樊市复归专署辖。1978 年，组建湖北省襄阳地区行政
公署。1979 年，襄樊市升为省辖地级市。1983 年 8 月，撤销襄阳地区，其行政区划并襄樊市③。
2010 年 12 月，襄樊市更名为襄阳市，城区设襄城区、樊城区、襄州区、襄阳高新技术产业开发

---

① 乾隆《襄阳府志》点校整理工作委员会：《襄阳府志》，湖北长江出版集团、湖北人民出版社，2009 年。
② 湖北省襄阳县地方志编纂委员会：《襄阳县志》，湖北人民出版社，1989 年。
③ 湖北省襄樊市地方志编纂：《襄樊市志》，中国城市出版社，1994 年。

区、鱼梁洲经济开发区，管辖宜城市、枣阳市、老河口市、谷城县、南漳县、保康县①。

（二）区域考古学文化

区域考古学文化是指与卞营墓地相关、以邓城为中心，由汉江、唐白河、滚河、清河冲积形成的平原地带，具体是指今襄阳市城区范围内宋代以前的考古学文化。

考古调查表明，早在旧石器时代晚期，就有人类在这里生产劳动、繁衍生息②。在这片地域东北部发现旧石器时代的遗址有金鸡咀、龚家洲、军营坡和山湾。樊城区牛首镇袁营村北的金鸡咀遗址，面积约8.4万平方米，文化层厚2米左右，在遗址上采集有刮削器、尖状器及石核、石片等。石器采用直接打击法，单面加工为主。樊城区太平店镇的龚家洲遗址面积约1.6万平方米，文化层厚3.4米，在遗址上发现有砍砸器、刮削器、石核和石片等，石器采用锤击法打击成面。太平店镇钱徐村军营坡遗址面积约2万平方米，文化层厚3.5米，石制品有砍砸器、刮削器及石核、石片等。金鸡咀是一处单纯的旧石器时代遗存，文化内涵最为丰富，保存最好，属县级文物保护单位。军营坡遗址旧石器时代遗存上叠压有新石器、东周和两汉文化遗存，遗址上新石器、旧石器两个时代相叠压的遗存更为引人注目，对于研究古代人类从旧石器时代晚期向新石器时代过渡的文化特征具有重要意义。新石器时代的考古学文化在这一区域发展迅速，文物普查、考古调查与发掘的资料表明，该区域内已发现新石器时代的聚落遗址34处，这些遗址分别是牌坊岗、钱营、王庄、王树岗、邵棚、周岗、军营坡、三步两道桥、王家堤、张洼、石庄、肖家寨、西岗、罗岗、石羊集、大吕庄、凤凰咀、卢冲、老坟坡、孟家湾、刘家寨、楚王城、宋家营、油坊湾、上陈、大井地、沈营、石羊岗、客落湾、洪山头、李坡、中郭家、尤家湾、瞿家垭子遗址。属于省级文物保护单位的有2处，属于市级保护单位的1处，属于县级保护单位的9处③。其中经过发掘的遗址有牌坊岗、钱营、王庄、王树岗、邵棚和周岗遗址。

新石器时代遗址主要分布在邻近江河的低矮岗地上，面积最大者约50万平方米，最小的0.1万平方米，文化层堆积最厚的3.5米，最薄的0.5米。按遗址面积可分为大、中、小型聚落。大型聚落遗址有4处，面积15万～50万平方米；中型聚落遗址有8处，面积5万～15万平方米；小型聚落遗址有21处，面积5万平方米以下。这34处遗址中有21处的上部叠压有两周和汉代文化层，13处遗址内的堆积为单纯的新石器时代文化遗存。以上遗址中，面积最大、保存最好的是凤凰咀遗址。凤凰咀遗址位于襄州区龙王镇阎营村，遗址由东、西并列的两个椭圆形台地组成，西台地面积大于东台地。从地面上观察，台地周围有人工开挖的环壕，环壕内有城墙迹象，城内文化堆积层厚约2.5米，这是一处极其重要的新石器时代晚期的大型城壕聚落遗址。

该区域内新石器时代遗址的年代约在公元前3500～前2200年之间，属于屈家岭—石家河文化和龙山时代晚期的文化遗存。其中龙山时代晚期、石家河文化末期的遗存已进入夏代纪年范围。

由于本地区所处地理位置跨汉江南北，北邻南阳盆地，南达江汉平原，东接随枣走廊，西沿

---

① 襄阳市第三次全国文物普查领导小组办公室：《襄阳史迹扫描》，湖北人民出版社，2013年。
② 国家文物局：《中国文物地图集·湖北分册》，西安地图出版社，2002年。
③ 国家文物局：《中国文物地图集·湖北分册》，西安地图出版社，2002年。

汉江可直达关中。东、西、南、北的考古学文化在此碰撞、融合，文化面貌呈现出异彩纷呈的同一性与多样性。区域内的屈家岭文化包含有三种文化因素：一是占绝对优势的典型的屈家岭文化器类，有高领罐、壶形器、双腹碗、双腹鼎、双腹豆、喇叭形直腹薄胎杯等，是主体文化因素，这一因素源于江汉平原的屈家岭文化；二是受南阳盆地仰韶文化晚期和庙底沟二期文化影响的器形，有筒形罐、红顶钵、小口高领罐等，这些器类在本区屈家岭文化中处于次要地位；三是土著因素，器类有花边圈足斜腹碗、高圈纽器盖、仰折沿深腹罐、素面斜壁纺轮等。

区域内石家河文化遗存的器类有高领罐、垂腹罐、红陶斜腹杯、盆形鼎、罐形鼎、圈足碗、高圈足豆、矮圈足豆、深腹平底钵、盆形甗、折腹或直腹缸、高圈足器座，可分为早、晚两期。其文化因素有两个来源，一是主体文化承袭江汉地区屈家岭文化晚期的因素，如高圈足镂孔豆、红陶斜腹杯、宽扁足盆形鼎、三角形侧扁足罐形鼎、矮圈足斜腹碗、长颈袋足鬶等器类形态与石家河类型的文化因素基本相同；二是受到丹江下游地区石家河文化青龙泉三期类型的影响，如高领广肩罐、高领鼓腹罐、直领鼓腹小圜底罐、有领弧腹篮纹罐、高圈足镂孔器座等器类与青龙泉三期文化如出一辙。同时也有少数器类属于当地土著文化因素，如圈足直腹筒形杯、圈足斜腹红陶杯、腹中带柄尖锥足罐形鼎等。

龙山时代晚期遗存的器类主要有三角形侧扁足罐形鼎、镂孔矮圈足盘、镂孔矮圈足器座、高细柄浅盘豆、单耳罐、双耳罐、深腹圜底釜、矮领胖袋足带流鬶等。区域内龙山时代晚期遗存的主体文化因素有四个源头，一是源于本地和江汉平原的石家河文化；二是来源于中原地区的龙山文化；三是来源于丹江下游地区的乱石滩文化；四是来源于关中地区的客省庄二期文化。龙山时代晚期的遗存已进入夏代纪年范围。

本区域历史时期的文化十分繁荣，两周至宋代遗存星罗棋布，分布密集。据相关资料统计[1]，区域内已发现历史时期的聚落遗址116处，其中周代遗址44处，汉代遗址54处，六朝遗址6处，唐代遗址1处，宋代遗址11处。属于省级文物保护单位的有2处，县级保护单位18处。周代遗址有西周、春秋、战国遗址，有的只能统称为周代遗址。其中西周遗址少于东周遗址，东周遗址中春秋的略少于战国。周代遗址中最大者是邹湾遗址，面积50万平方米；最小的是红河湾遗址，面积只有0.03万平方米。文化层堆积最厚的是周岗遗址，厚3～6米；堆积最薄的是余岗遗址，文化层厚0.4米。根据遗址面积的大小，可以分为三个不同等级的聚落：20万平方米以上的遗址4处，属于大型聚落；10万～20万平方米的遗址7处，属于中型聚落；10万平方米以下的遗址33处，属于小型聚落。周代遗址分布有一定规律，中小型聚落多分布在城址和大型聚落的周围，其中以邓城周围的遗址分布最为密集。

汉代聚落遗址54处，其中以西汉居多，东汉略少。聚落内的堆积属于单纯汉代文化层的有37处，其中最大的是赵家村遗址，面积180万平方米；最小的是望城岗遗址，面积0.12万平方米。文化层堆积最厚的是擂鼓台遗址，厚1.2～2.5米；堆积最薄的是朱湾遗址，厚仅0.3米。面积在40～180万平方米之间的遗址有6处，属于大型聚落；面积在10万平方米以上的遗址有9处，属于中型聚落；面积在10万平方米以下的遗址有39处，属于小型聚落。

---

[1]　国家文物局：《中国文物地图集·湖北分册》，西安地图出版社，2002年。

在该区域发现六朝至宋代遗存较少，已发现的聚落面积不是很大。究其原因，主要是在考古学研究上对这一时期的遗存重视不够，业务人员对六朝以后的遗物辨识不清。

本区域发现周代至宋代墓地 169 处，其中周代 21 处，汉代 56 处，六朝至宋代 28 处，时代不明的 64 处。墓地面积大小不等。周代墓地中面积最大的都在邓城附近，墓地中西周墓最少，春秋墓次之，战国墓最多。有 9 处周代墓地内还埋有秦墓、汉墓、六朝墓、唐墓和宋墓，有 5 处汉代墓地中埋有六朝墓、唐墓和宋墓。墓地中以陈坡墓地的等级最高，封土高达 10 余米，直径 100 余米，是一处楚国高级贵族公墓地。其他墓地内埋葬的多是不同阶层的一般平民，属于邦墓地。战国时期的楚人墓地，墓葬的排列有一定规律，是按家族和家庭进行埋葬的，不明时代墓地都有封土堆，封土堆数量最多者有 4 座，最少者 1 座。这些墓地有 28 处分布在邓城周围，应是邓城不同时代居民故去后的墓葬。在邓城东 1500 米处沈岗发掘 1 座西周墓 M694，墓内出土陶器组合为簋、豆、罐，是典型的宗周文化风格。春秋早期墓出的铜器、陶器本土文化因素浓郁，春秋中期至战国时期墓葬出土的随葬品组合与器类形态具有楚文化风格，属于楚文化遗存。

第二节　田野工作概况

一　发掘原因和目的

2012 年 7 月，襄阳市海容房地产公司在邓城外东南部卞营征地 300 亩进行房地产开发，由于卞营距全国重点文物保护单位——邓城很近，此前已在卞营周边发现过多处墓地，襄阳市文物考古研究所得到消息后当即派专业人员对征地范围进行考古钻探，钻探发现卞营是一处墓葬分布密集的大型墓地，探出土坑墓和砖室墓 539 座。同年 7 月，襄阳市文物局将卞营钻探发现墓葬的情况上报湖北省文物局。按照《中华人民共和国文物保护法》和国家文物局颁布的《田野考古工作规程》之规定，省文物局接连上报国家文物局。经国家文物局批准（批文号文物保函〔2014〕1185 号）发掘后，由省文物局向襄阳文物局发专文《省文物局关于卞营墓地文物保护的批复》，（鄂文物综〔2012〕152 号）。在文件中明确指出"根据《文物保护法》和《考古发掘管理办法》的有关规定，我局委派省文物考古研究所承担此项考古发掘工作，请你局组织襄阳市文物考古研究所予以积极配合"。

鉴于邓城周围墓地的重要性，为了保证考古发掘工作的有序开展并达到预期目的，发掘之前制定了《襄阳市卞营墓地 2012 年发掘方案》，方案的主旨是带着课题思路，有目的地对墓地进行整体揭露，探讨并解决与邓城相关的学术问题。

（1）卞营墓地距邓城很近，应是邓城居民故去后的墓地，墓地与城址有密不可分的关系。这次工作应把墓地与城址作为一个整体进行研究。在发掘清理过程中要严格把握区分同一时期与不同时期墓地的平面布局和墓地结构，借此解决邓城的年代分期，不同时期墓葬与邓城年代的对应关系，墓地与邓城的先秦文化属性。

（2）邓国是西周和春秋时期的诸侯国，公元前 678 年被楚国灭掉，邓城一直为楚县，到战国后期，秦昭王封公子悝为邓侯，秦统一后，设邓县。两汉、三国、两晋、唐、五代和宋代为邓城县。邓城从西周到宋代都是区域政治、经济和文化中心，这次通过墓地发掘印证邓城的建筑与废弃年代。

（3）邓城遗址 1981 年被湖北省人民政府公布为第二批文物保护单位，2006 年被国务院公布为全国重点文物保护单位。然而，几十年以来，对邓城城址没有做过文物考古工作。对于邓城年代、性质与考古学文化至今仍是一片茫然，没有一个相对肯定的结论。这次要结合卜营墓地的发掘，对邓城做细致认真的考古调查与钻探工作，以期了解暴露在地面城垣的建筑方法与时代、城址的平面布局。

（4）邓城的学术价值及所处的重要地理位置，长期以来备受学术界、国家行政文物主管部门和襄阳人民的高度关注，保护好邓城、建设国家邓城考古大遗址保护公园迫在眉睫，这次考古工作要为建设邓城考古大遗址保护公园提供详尽、翔实的基础材料。

二　已做过的考古工作

此前在卜营墓地进行过五次发掘。第一次发掘是 1996 年 3 月，襄樊市博物馆为配合邓城大道建设，在邓城村卜营自然村东侧清理西汉墓 1 座、东汉墓 1 座，编号 M1～M2。第二次发掘是 1999 年 4～7 月，襄樊市考古队为配合襄樊市供电局进行农业综合开发，也是在卜营东侧清理东周墓 4 座、汉墓 8 座、唐墓 2 座，编号 M3～M16，第二次发掘清理的 14 座墓葬资料已发表了简报①。第三次发掘是 1999 年 9 月，襄樊市考古队为配合襄樊市供电局建输电线路，在卜营东侧清理东汉墓 6 座。第四次发掘是 2004 年 5 月，襄樊市考古队为配合邓城大道扩建，在卜营北部边沿清理东汉墓 3 座。第五次发掘是 2006 年 2～6 月，襄阳市文物考古研究所为配合襄阳五中新校区建设，在卜营墓地东北部边沿（校区西北）清理东周墓 11 座。前 5 次发掘在卜营墓地合计清理墓葬 36 座，其中东周墓 15 座、汉墓 19 座、唐墓 2 座。此次大规模发掘则为第六次发掘，对卜营墓地进行整体揭露，发掘面积大，共清理墓葬 539 座，各时代墓葬间杂分布，墓葬间叠压打破关系复杂。

三　发掘经过

墓葬的田野发掘清理工作于 2012 年 7 月 16 日开始，12 月 28 日结束。发掘工作是根据海容房地产开发公司用地时间先后的需求，首先清理的是卜营墓地东部Ⅱ区的墓葬，其次发掘的是北部Ⅰ区墓葬，最后发掘的是南部Ⅲ区墓葬。发掘由湖北省文物考古研究所研究馆员朱俊英任领队，襄阳市文物考古研究所副所长、副研究馆员王道文为项目负责人，组织具体的发掘清理工作。参加工作的有湖北省文物考古研究所技术人员肖恭蒂、李小波，襄阳市文物考古研究所易珊珊、梁超、刘江生、杨力，襄阳市博物馆李祖才、李刚，襄州区文物管理处邵平、付强，谷城县博物馆任挺，谷城县文化馆李富平，南漳县博物馆孙义宏，老河口市博物馆徐昌寅，枣阳市考古队姜波，天门市博物馆严树祥，襄阳市文物考古研究所技工方勇、杨中玉。

具体的分工是：朱俊英对墓葬发掘的田野技术方法、资料进行把关，王道文、陈坤组织工作人员和协调管理民工，易珊珊、梁超进行墓地发掘总记录，李刚拍摄各墓葬田野照片并测绘墓地墓葬的平面图，杨力从高空拍摄墓地墓葬分布全景照片，李祖才、李富平、邵平、付强、任挺、孙义宏、徐昌寅、姜波、肖恭蒂负责墓葬的发掘清理工作，各负其责做好每一座墓葬的文字、图

---

① 襄樊市考古队：《襄樊团山卜营墓地第二次发掘》，《江汉考古》2000 年第 2 期。

纸、表格记录。考虑到绘制器物图的任务繁重，李小波从上工地之日起就被安排在室内绘器物图。杨中玉负责库房文物的登记接收和保管，严树祥、方勇负责后勤保障工作。

四　发掘方法与资料记录

卞营墓地的发掘按方位法布设 10 米×10 米的探方进行整体揭露，探方总基点设在海容房地产公司北院大门口东边第一根路灯处。探方以基点为准，记录为 TN×E×，TS×W×，每个探方的东、北部都留有 1 米宽的隔梁，首先将探方内的地表土和扰乱土全部清除后，铲平露出墓葬坑口，然后将各墓坑内的填土下挖取走 0.2 米，当墓葬开口、墓与墓之间的叠压打破关系全部确定并清晰地展现在眼前之后，在高空拍摄墓葬平面分布的全景。

在这次发掘过程中，根据我们对墓地堆积形成的原因和墓葬掩埋过程的理解，严格遵守以下原则。

（1）墓葬采取统一编号，由工地总记录统一给号，并做好墓葬给号记录登记，登记内容包括单位号、位置、层位关系、填土遗物、随葬器物、时代、发掘时间、记录者、备注。

（2）在发掘过程中，注意墓葬坑口的平面形状，严格把握墓葬的开口层位和墓与墓之间、墓葬与其他遗迹的叠压打破关系和平面关系，在各种关系未判明之前，墓葬不得向下发掘。

（3）注意墓地的整体布局，如祭坛、壕沟、排水系统、埋葬时留下的痕迹，并注意墓葬封土残存形状。

（4）在墓坑的清理过程中，讲究保持墓坑周壁的原始状态，留意坑壁留下的工具痕迹和壁龛的形状。分清坑内填土层次，注意采集填土内包含的遗物。

（5）墓葬的平、剖面图比例统一为 1/20，规定每张图纸右下角标示图例说明，左下角标示图注，左上角标示发掘单位所在探方位置。按照绘图要求与原则，任何情况下不得更改丢弃原始图纸，原始记录保留了田野工作过程中的判断和认识，后期订正修改需另附图加以说明。

文字记录要求：每天的工作日记分上午、下午，分别记录发掘经过，强调记录发掘表内没有涉及的重要信息。当一座墓清理完之后，除填写统一的墓葬发掘记录表之外，还要求写出墓葬发掘的文字记录。对墓中取出的每一件随葬品都要求填写标签一式三份。每座墓的资料袋内都必须有照相登记表、绘图登记表和出土随葬器物登记表。

库房及原始资料管理：每日从墓葬中取出的随葬品必须做完资料后当日入库。由仓库保管员接收，专人保管，并填写入库登记表。入库实物资料非特殊情况不得出库，绝对不能更改入库资料的编号。实物资料以墓号为基本单位，按墓葬顺号集中放置，便于查找。原始记录由具体发掘者保管，包括发掘日记、墓葬平剖面图、照相、绘图登记表及每一座墓葬发掘总记录等，每座墓葬发掘结束后交资料保管者入库。

第三节　资料整理与报告编写

资料整理与报告编写工作分两个时段进行。第一时段于 2013 年 4 月 5 日开始，2014 年 2 月 24 日结束。参加整理的工作人员有朱俊英、王道文、张世松、张浩、孙小玲、陈坤、李刚、肖恭蒂、李小波、王仁浩、杨中玉、黄洪涛、冯爱兰，主要工作是对墓葬发掘记录资料进行清理、核对、校审，对墓葬出土的器物进行清理、清洗、修复、绘图、制卡和统计。朱俊英、王道文、张世松校核了墓葬文字、图纸表格和照相记录资料，同时对每件器物进行制卡。张浩、孙小玲、陈坤、肖恭蒂对实物进行了核对清点，对陶器的质色进行了统计，并把各墓的器物顺号有规律摆放。王仁浩、杨中玉、黄洪涛对全部陶器进行拼对、粘合、修复。李小波绘制了大部分器物图，符德明绘制了少量器物图并描绘了部分器物图和墓葬平剖面图，李刚描绘了墓地各时代墓葬的平面分布图，对部分墓葬的平剖面图、器物图进行了修改与重描。杨力拍摄了墓葬出土器物的全部照片。除上述工作人员参加工作外，来工地进行考古实习的美国哥伦比亚大学博士生赵家华，武汉大学考古系的博士生肖杨、硕士生王琢玺，湖北省文化技术职业学院龚强炜、张昌汀协助做了一些辅助性工作。第二时段从 2014 年 2 月 25 日开始，2015 年 2 月结束。这一阶段主要由朱俊英、王道文、张世松对不同时代墓葬出土随葬品进行形态学研究。首先是确定器名、器类；其次是分析功能用途；其三是划分类、型、式别；其四是进行分期与墓地结构分析。在上述工作做好的基础上于 4 月 10 日开始进行报告文字编撰。

一　器物修复、绘图标准

陶器的修复采用传统方法，要求尽可能复原保留原始形态，而且要注意观察器物的生产制作工艺、使用磨损痕迹、废弃过程以及水垢、烟垢、食物残留痕迹等等。

比例要求：全部出土器物根据形体大小的不同，比例统一按 1∶1、1∶2、1∶4 绘制，使图能更清晰、准确地反映每一器物的细部，这些细部包括制作工艺、使用磨损痕迹及纹饰细部等内容，并且要求在图纸上标明制法、工艺痕迹、使用磨损痕迹（包括水垢、烟痕等器内附着物）。

制卡内容：器物卡片填写的内容要求更加详尽，所填内容除了观察器物的形态、描述陶质陶色，主要强调体量、制法、使用、检测，如在使用一栏内记述的重点内容为使用痕迹与修补痕迹。制卡内容要求翔实，为报告的编写打下坚实基础。

二　陶质、陶色、器类统计方法

由于卞营墓地埋葬的墓葬时代跨度大，涉及西周、春秋、战国、秦代、西汉、东汉、南朝、隋唐、宋代乃至明清时期。通过仔细观察，西周、春秋、战国墓的随葬品以日用陶器为主，陶礼器较少，陶质陶色的差别不是很大。因此把西周、春秋、战国墓出土陶器进行合并，作为周代墓进行统计。而秦、西汉、东汉墓葬与周代墓的陶质陶色差别较大，故分开统计。

三　报告的资料范围、体例

理想的考古报告是什么样的报告，把卞营墓地整理编写成什么样的考古报告，这是我们内心十分纠结的问题。考虑再三，总体指导思想是实事求是、全面系统地报道资料，如实地反映发掘和室内整理研究的成果。

本报告的体例分为四大部分，即绪论、墓葬综述、墓葬分述、结语。此种体例编排目的是在综述部分介绍报告的基本内容，使读者从宏观上对报告表述的内容有一个全面了解；分述部分按堆积单位全面完整地介绍每一座墓葬的详细资料，给后来研究者提供可以按个体单位复原墓葬，进行再研究的完整资料。

第二章 墓葬综述

第一节 墓地概况

卞营墓地位于卞营自然村，北邻邓城大道，东部紧邻襄阳五中新校区及回天胶业厂区，南部则靠近陈家楼自然村，西部紧邻内环线与古邓城遗址以东的建设控制地带。由于邓曼路从墓地中部自东向西穿过与内环路相接，将墓地分隔成南、北两部分。墓地内的墓葬又相对集中在三个小区域，为了便于做发掘记录，故将墓地的三个区域编为Ⅰ、Ⅱ、Ⅲ区（图三）。

Ⅰ、Ⅱ区在邓曼路以北，同在海容住宅小区北院，Ⅲ区在邓曼路以南，在海容房地产住宅小区南院。Ⅰ、Ⅱ区之间有黄龙沟东西向穿过。Ⅰ区在黄龙沟以北，Ⅱ、Ⅲ区在黄龙沟之南。Ⅰ区处于最北部，地势较高，属于小岗地，相对落差有1～2米，中部隆起，周围呈斜坡状，墓葬分布集中，因其上为农田，经过多年耕种，多数墓葬墓口已被破坏。Ⅱ区地势较平坦，略低于Ⅰ区，墓葬分布较少。Ⅲ区位于最南部，也是一处相对高于四周地面的小岗地，上部有冲积形成的淤积土层，因此墓葬保存相对较好。

Ⅰ、Ⅱ、Ⅲ墓区实际上是当时三个相对独立的墓地，墓地范围与面积是两个不同的概念：一

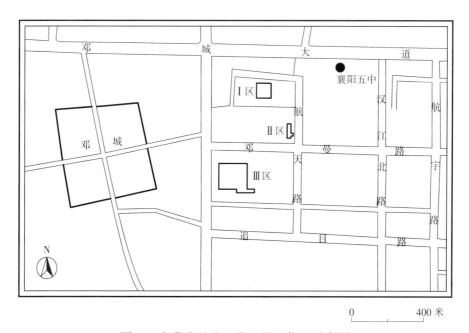

图三 卞营墓地Ⅰ、Ⅱ、Ⅲ区位置示意图

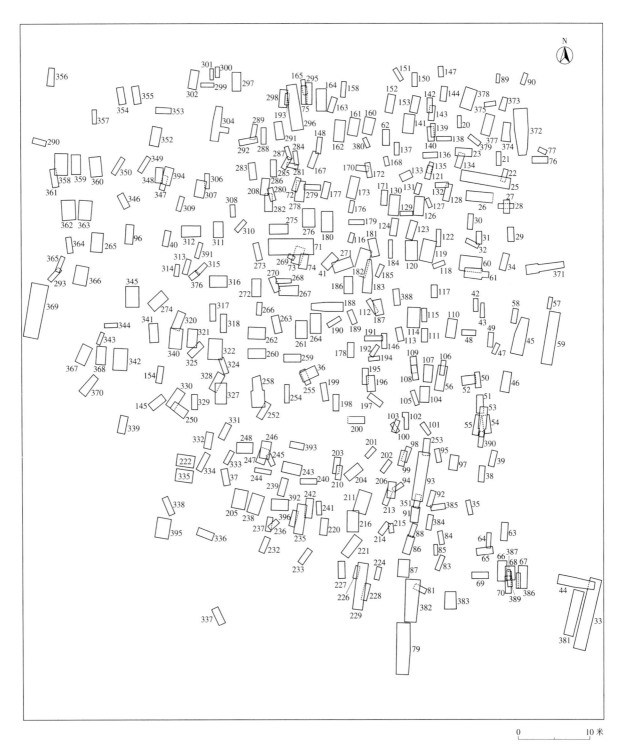

图四　Ⅰ区墓葬分布图

（图四至六中，图上数字为墓号）

是指墓葬分布范围，二是指探方揭露面积。

Ⅰ区：北部近邓城大道、东邻襄阳新五中西院墙，西靠内环线，东南部距Ⅱ区约140米，布设探方64个，探方编号TN23W3～TN30W10，揭露面积6400平方米；墓地占地东西长80、南北宽80米，清理墓葬342座，墓葬分布范围约5600平方米（图四；彩版二，1）。

Ⅱ区：东部邻近襄阳新五中西院墙南段，相距约50米，南距邓曼路约100米。布设探方15个，探方编号TN2E8～TN8E8、TN2E9～TN8E9和T3E10，探方揭露面积1500平方米，墓地占地南北长70、东西宽30米，分布范围约800平方米，埋有墓葬8座。墓区范围较小，埋墓少且稀（图五；彩版二，2）。

Ⅲ区：北距邓曼路约100米，西距内环线约50米。布设探方244个，探方编号由东至西为TS14W16～TS14W31，由南向北为TS14W16～TS27W31和TS28W12～TS28W21，TS29W12～TS29W21。探方揭露面积24400平方米，墓地东西长约160、南北宽约160米，墓葬分布面积约9400平方米，清理墓葬189座（图六）。

卞营墓地此次共发掘墓葬539座，墓葬编号M11～M549（M1～M10为1999年发掘，资料已发表）。其中西周墓3座、春秋墓108座、战国墓149座、秦墓58座、西汉墓164座、东汉墓37座、南朝墓1座、隋唐墓3座、宋墓11座、明清墓5座。墓地时代跨度长，墓葬间形成77组叠压打破关系。其中2座墓发生叠压打破关系的有60组，3座墓发生叠压打破关系的12组，4座墓发生叠压打破关系的有3组，5座墓发生叠压打破关系的有2组。现将77组叠压打破关系用系统图标示如下。

第二节　周代墓葬

260座。其中西周墓3座；春秋墓108座，其中有随葬品的墓72座，无随葬品的空墓36座；战国墓149座，其中有随葬品的墓81座，无随葬品的空墓68座（附表一）。在墓地发掘现

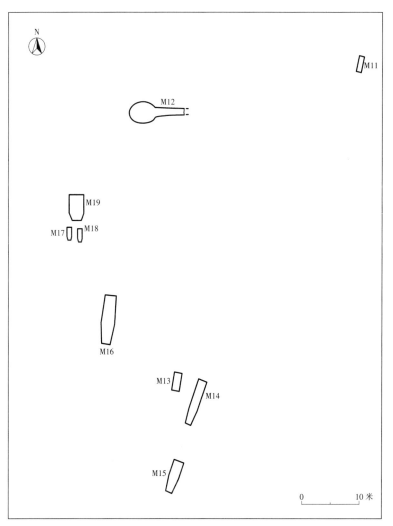

图五　Ⅱ区墓葬分布图

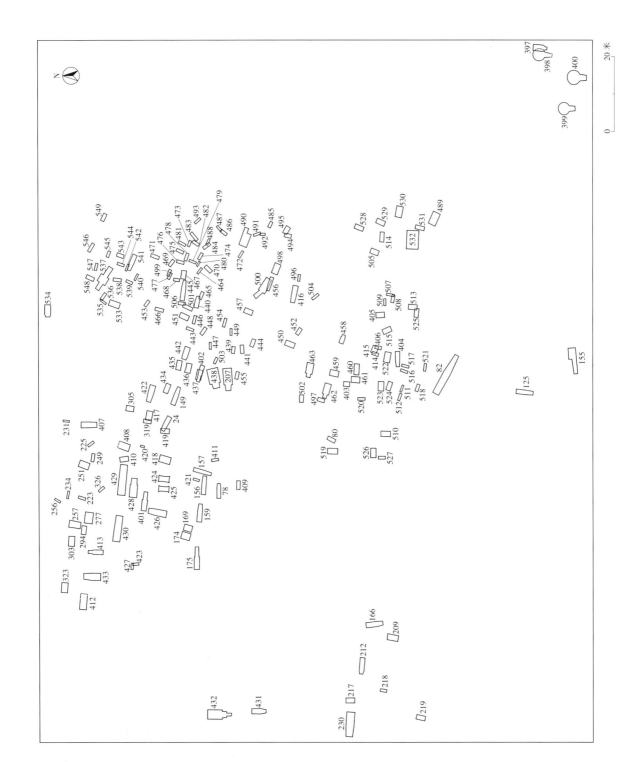

图六　Ⅲ区墓葬分布图

场观察无随葬品空墓形成的原因，一是赤贫者，下葬时本身就无随葬品；二是下葬时有随葬品，因晚期墓打破损毁，成了无随葬品的空墓。

对无随葬品的空墓、有随葬品但无法判定时代的墓（如只出石玲、出 1 件镞或石璧、料珠的墓）相对时代的判定，一是考虑墓葬的相互叠压打破关系来判断，如 M65→M64，M65 的随葬品有盂、罐，时代属战国晚期早段，M64 虽无随葬品，但其时代明显早于 M65；二是同类墓随葬品的对比，如 M468 随葬日用陶器的形态为西周晚期早段，同出的还有 5 粒石玲，因此我们把出石玲而无其他随葬品墓的年代与之相同；三是依据与相同墓葬形制、墓坑的大小、墓葬方向等因素确定空墓的大致时代；四是根据埋葬环境、深度来判定空墓的时代与相邻墓葬的关系。

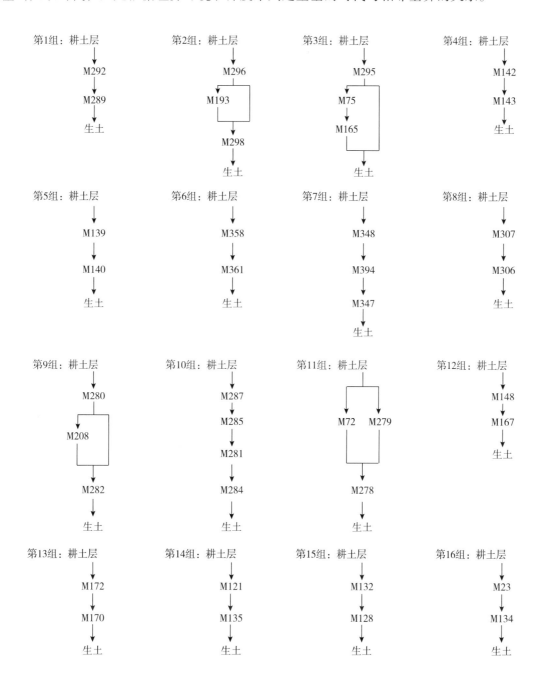

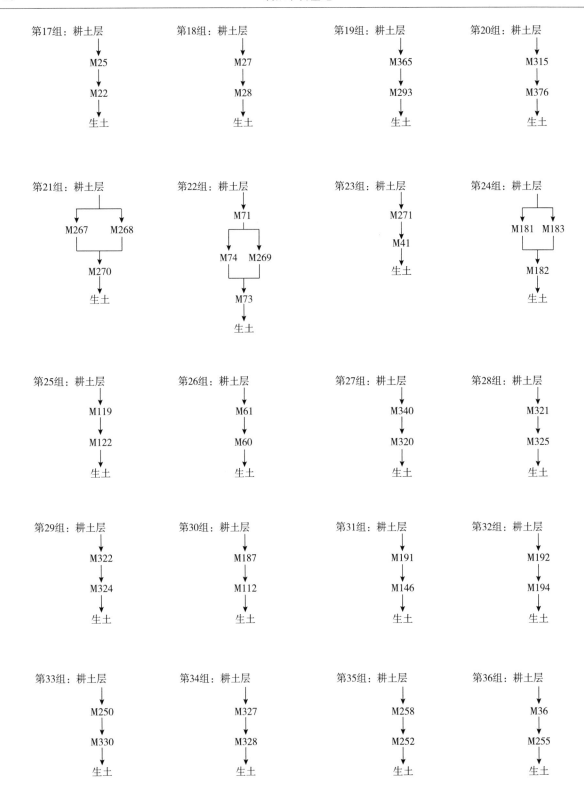

第17组：耕土层
↓
M25
↓
M22
↓
生土

第18组：耕土层
↓
M27
↓
M28
↓
生土

第19组：耕土层
↓
M365
↓
M293
↓
生土

第20组：耕土层
↓
M315
↓
M376
↓
生土

第21组：耕土层
M267 M268
↓
M270
↓
生土

第22组：耕土层
M71
M74 M269
↓
M73
↓
生土

第23组：耕土层
↓
M271
↓
M41
↓
生土

第24组：耕土层
M181 M183
↓
M182
↓
生土

第25组：耕土层
↓
M119
↓
M122
↓
生土

第26组：耕土层
↓
M61
↓
M60
↓
生土

第27组：耕土层
↓
M340
↓
M320
↓
生土

第28组：耕土层
↓
M321
↓
M325
↓
生土

第29组：耕土层
↓
M322
↓
M324
↓
生土

第30组：耕土层
↓
M187
↓
M112
↓
生土

第31组：耕土层
↓
M191
↓
M146
↓
生土

第32组：耕土层
↓
M192
↓
M194
↓
生土

第33组：耕土层
↓
M250
↓
M330
↓
生土

第34组：耕土层
↓
M327
↓
M328
↓
生土

第35组：耕土层
↓
M258
↓
M252
↓
生土

第36组：耕土层
↓
M36
↓
M255
↓
生土

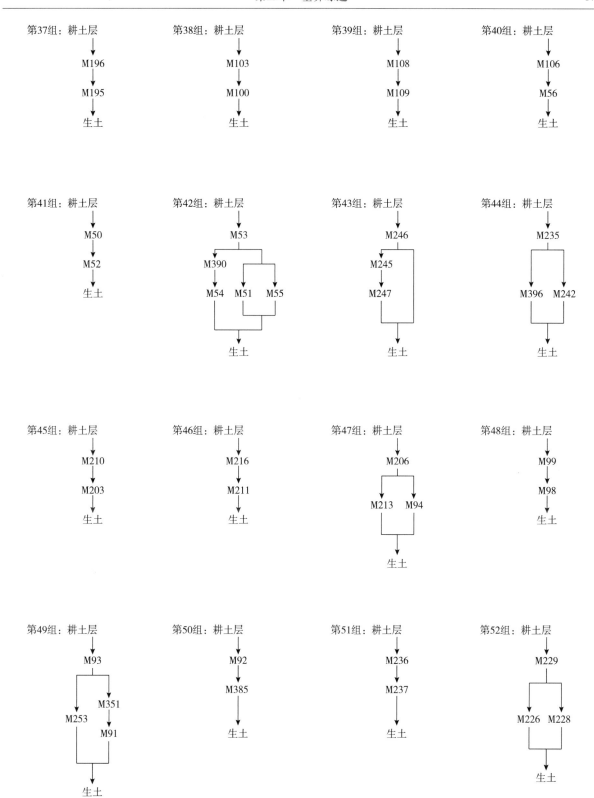

第37组：耕土层 → M196 → M195 → 生土

第38组：耕土层 → M103 → M100 → 生土

第39组：耕土层 → M108 → M109 → 生土

第40组：耕土层 → M106 → M56 → 生土

第41组：耕土层 → M50 → M52 → 生土

第42组：耕土层 → M53 → M390 → M54、M51、M55 → 生土

第43组：耕土层 → M246 → M245 → M247 → 生土

第44组：耕土层 → M235 → M396、M242 → 生土

第45组：耕土层 → M210 → M203 → 生土

第46组：耕土层 → M216 → M211 → 生土

第47组：耕土层 → M206 → M213、M94 → 生土

第48组：耕土层 → M99 → M98 → 生土

第49组：耕土层 → M93 → M253、M351 → M91 → 生土

第50组：耕土层 → M92 → M385 → 生土

第51组：耕土层 → M236 → M237 → 生土

第52组：耕土层 → M229 → M226、M228 → 生土

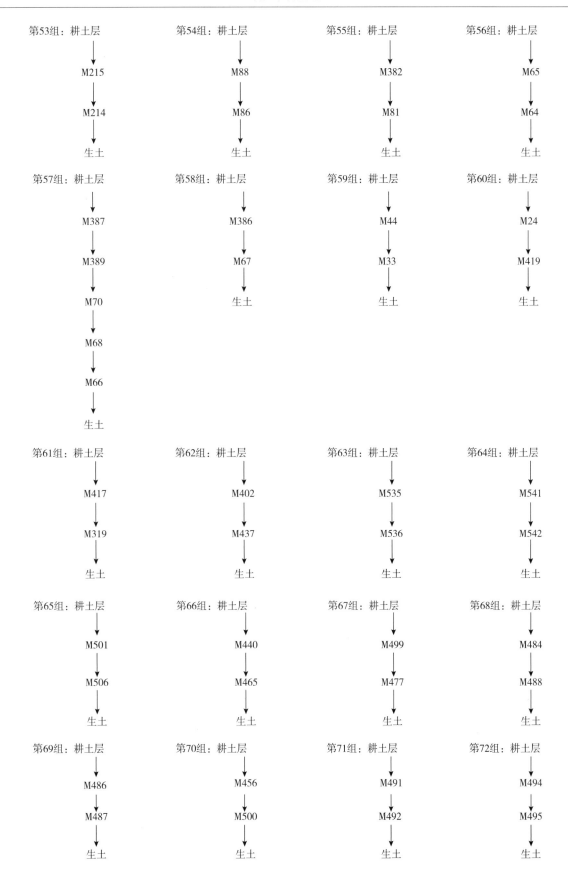

第53组：耕土层 → M215 → M214 → 生土

第54组：耕土层 → M88 → M86 → 生土

第55组：耕土层 → M382 → M81 → 生土

第56组：耕土层 → M65 → M64 → 生土

第57组：耕土层 → M387 → M389 → M70 → M68 → M66 → 生土

第58组：耕土层 → M386 → M67 → 生土

第59组：耕土层 → M44 → M33 → 生土

第60组：耕土层 → M24 → M419 → 生土

第61组：耕土层 → M417 → M319 → 生土

第62组：耕土层 → M402 → M437 → 生土

第63组：耕土层 → M535 → M536 → 生土

第64组：耕土层 → M541 → M542 → 生土

第65组：耕土层 → M501 → M506 → 生土

第66组：耕土层 → M440 → M465 → 生土

第67组：耕土层 → M499 → M477 → 生土

第68组：耕土层 → M484 → M488 → 生土

第69组：耕土层 → M486 → M487 → 生土

第70组：耕土层 → M456 → M500 → 生土

第71组：耕土层 → M491 → M492 → 生土

第72组：耕土层 → M494 → M495 → 生土

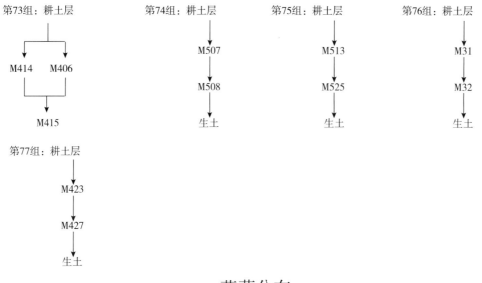

一　墓葬分布

（一）西周墓

西周墓3座，分布在Ⅲ区的东北部。分别是西周晚期早段的M468及晚期晚段的M481、M482。3座墓墓坑均呈南北向，头向南。M468与M481东西相距约10米，位于M481、M482西北部，M482位于M481的东南部，两墓呈南向北错开，相距约2米（彩版三）。

（二）东周墓

东周墓主要分布在Ⅰ区和Ⅲ区，Ⅱ区只有1座墓。

1. Ⅰ区

Ⅰ区东周墓159座。其中春秋墓79座，有随葬品的墓52座，无随葬品的墓27座；战国墓80座，有随葬品的墓30座，无随葬品的墓50座。春秋有随葬品的墓为M29、M32、M35、M54、M56、M63、M66、M75、M76、M81、M86、M100、M105、M110～M113、M118、M128、M134、M143、M144、M148、M152、M162、M165、M167、M176、M182、M189、M211、M228、M245、M247、M270、M279、M284、M286、M291、M298、M299、M325、M328、M334、M347、M361、M364、M374～M377、M388（彩版四）。无随葬品的墓有M28、M64、M73、M77、M83、M98、M109、M127、M129、M147、M170、M185、M252、M253、M278、M289、M290、M293、M297、M300、M301、M306、M308、M357、M378、M379、M385。战国有随葬品的墓是M20～M22、M41、M42、M65、M91、M106、M126、M132、M136、M142、M146、M172、M195、M203、M214、M223、M241、M255、M269、M281、M317、M324、M337、M346、M349、M365、M380、M396（彩版五）。战国无随葬品的墓有M27、M30、M31、M34、M39、M40、M43、M48、M51、M58、M68、M92、M94、M117、M123、M124、M130、M131、M135、M137～M140、M150、M151、M153、M158、M164、M168、M173、M178、M190、M193、M197、M220、M221、M224、M233、M236、M237、M240、M282、M309、M320、M330、M338、M353～M355、M373。从Ⅰ区

墓葬分布的疏密程度来看，以东北部的墓葬分布最为密集，西、南部较为稀疏，西南、东南边沿地带埋葬更稀。墓坑多呈南北向，少数为东西向。其内部可划分若干个埋葬单元，单元有大有小，埋葬的墓葬数量不等，单元与单元之间有一定的空间距离（图七）。

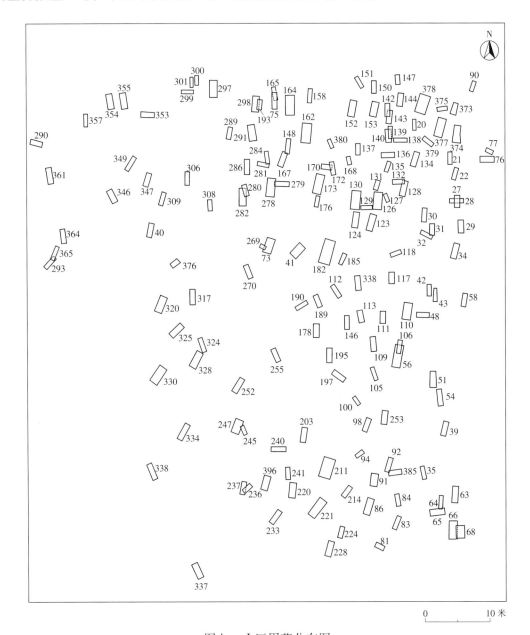

图七　Ⅰ区周墓分布图

2. Ⅱ区

Ⅱ区分布有东周墓 1 座，编号 M13，墓葬呈南北向，位于Ⅱ区的西南角，据墓坑形状与深度判定其时代为战国。

3. Ⅲ区

Ⅲ区埋葬东周墓 97 座。其中春秋墓 29 座，有随葬品 20 座，无随葬品 8 座；战国墓 68 座，有随葬品51座，无随葬品18座。有随葬品的春秋墓是 M84、M209、M326、M437、M443、M452、M454、M460、M466、M473、M474、M477、M488、M489、M491、M503、M504、M526、M542、M547（彩版六至八）。无随葬品的春秋墓有 M453、M475、M476、M478、M480、M492、M493、M549。有随葬品的战国墓是 M90、M169、M174、M207、M319、M415、M418～M420、M423、M424、M434～M436、M438、M439、M441、M446、M448、M455、M462～M465、M467、M469、M484、M485、M487、M495、M496、M498～M500、M502、M506、M508、M516、M518、M519、M521、M522、M525、M530、M532、M536、M538～M540、M545、M546（彩版九至一二）。无随葬品的战国墓有 M218、M225、M409、M411、M421、M427、M444、M447、M449、M471、M472、M486、M501、M509、M520、M528、M533、M544（图八）。

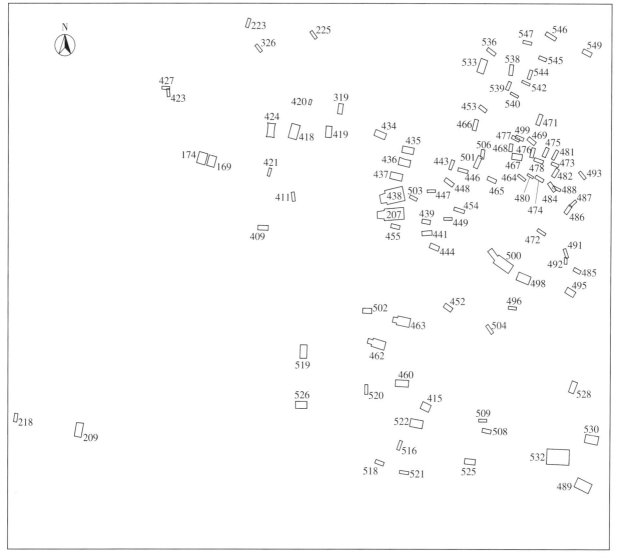

图八　Ⅲ区周墓分布图

Ⅲ区内墓葬时代跨度较长，从西周晚期延续到战国晚期。从总体分布情况来看，墓葬主要集中在东北部，以东北部为轴心成扇形分布，向西南渐稀疏。西周晚期和春秋时代的墓多埋葬在此，由此推测周代在卞营墓地的埋葬应起始于Ⅲ区东北角。Ⅲ区墓葬分布成三个大单元，东北角为最大的一个单元，埋墓密集，数量最多。东南角墓分散，墓数少于东北角；西北角墓葬稀疏，数量最少。各单元内墓葬有一定规律，部分墓葬为两墓并列，两墓相距很近。另有 2 墓在Ⅲ区西南角，与其他墓葬相距甚远，是Ⅲ区埋葬最远的墓葬。

二　墓葬形制

（一）墓坑

周代墓葬都是长方形竖穴土坑，坑壁多数微斜向底内收，少数坑壁陡直。多数墓葬上部已被破坏，下部大多保存完好，少数墓被晚期墓葬打破。墓坑的长、宽略有不同，据墓坑底部的长宽统计，3 座西周墓墓底长 2.02 ~ 2.24、宽 0.34 ~ 0.7 米；春秋、战国墓长宽相差不是很大，绝大多数墓坑长 1.8 ~ 3、宽 0.5 ~ 1 米，也有 10 座战国墓的墓底长度超过 3、宽度超过 1.5 米。

（二）墓道

有墓道的墓共 5 座，都是战国中晚期的墓葬。墓道设在西壁，仅 M500 墓道较长，约 3.1 米，且向北歪斜；余 4 座墓的墓道长 1 ~ 1.46、宽 1.3 ~ 1.7 米，有的墓道很宽，稍窄于墓坑。墓道两壁微向底斜内收，近墓坑的部位略宽，墓道尾部显窄。墓道坡度不等，4 座墓坡度为 24°~ 28°，1座墓坡度为 9°。

（三）壁龛

有壁龛的墓共 40 座，其中西周墓 1 座，春秋墓 18 座，战国墓 21 座。可见壁龛的设置从西周晚期一直延续至战国早期晚段。西周晚期墓葬的壁龛设置在西壁；春秋墓葬的壁龛有 10 座设置在南壁，3 座设置在东壁，3 座设置在西壁，2 座设置在北壁；战国墓葬有 14 座设置在南壁，6 座设置在西壁，1 座设置在北壁。从壁龛设置部位的总体情况来看，春秋、战国时期的墓多把壁龛设置在南壁，其次设置在西壁，设在北壁最少。西周晚期墓葬（M481）壁龛高 0.26、宽 0.4、进深0.24 米；春秋墓葬壁龛的高度多已被破坏，保存完整的最高为 0.36、宽 0.24 ~ 0.82、进深 0.12 ~0.46 米；战国墓壁龛高 0.12 ~ 0.52、宽 0.22 ~ 0.76、进深 0.12 ~ 0.34 米。如果把春秋与战国墓的壁龛进行比较，春秋墓壁龛高度比战国低，宽度比战国的宽，进深比战国墓深。

（四）台阶

有台阶的墓共 4 座，分别是 M330、M438、M495、M532，都是战国中期以后的墓葬。均为生土二层台，M330 的台阶设在东、西两壁，M438 的台阶设在接近墓口的南、北、西三壁，M495、M532四壁均有台阶。除 M330 的台阶设在墓底外，余 3 座墓的台阶都距墓口较近。

（五）填土

三个墓区原为略高于四周的小型台地，后因襄阳高新技术开发区建设，台地上部的土层被挖掉用来填平周围的凹地，因此部分墓葬的开口已被破坏，墓坑的深度已不是原深度。墓坑内填土为黄褐色夹黄斑块花土，土质较硬，内含少量红烧土颗粒和炭颗粒，少数墓填土内包含几片夹砂红陶和泥质灰陶陶片。极少数墓底部填青膏泥，有的填土与青膏泥之间有一层厚 2~4 厘米的黄褐色铁锈细沙。

三　葬具、葬式与方向

葬具　从发掘清理的迹象来看，周代墓葬的棺椁已腐烂，绝大部分墓葬仅保留有棺椁痕迹。保留有棺椁痕的墓 33 座，保留有棺痕的墓 218 座，未见棺椁痕迹的墓 10 座。棺椁痕迹与周围泥土有显著差别，从痕迹可以清晰划出棺椁结构。有棺椁的墓均为一椁一棺，有棺无椁的墓均为单棺。

葬式　墓中的人骨架虽已全部腐烂，通过细心剥离，有 36 座墓能看出完整的人骨架痕迹，24 座墓有下肢骨痕迹，6 座墓有完整的头骨痕迹，45 座墓有牙齿痕迹，这些人骨架痕迹都无法起取进行年龄、性别、病理、种族鉴定。从人骨架痕迹摆放的姿势来看，全部为仰身直肢葬。

方向　周代墓葬方向，一是以头骨所在方位进行测定，二是无人骨架、无墓道的墓以器物放置的一端进行测定；三是有墓道的墓，以墓道所在的方位进行测定。从统计的数据来看，头向北，北偏东 0°~45°的墓有 29 座，北偏西 315°~360°有 11 座；头向东，东偏北 45°~90°的墓 8 座，东偏南 90°~135°有 11 座；头向南，南偏东 135°~180°的墓 48 座，南偏西 180°~225°有 81 座；头向西，西偏南 225°~270°的墓 17 座，西偏北 270°~315°有 55 座。从统计的数据可以看出，以 180°~225°南偏西方向的墓葬最多，以 45°~90°东偏北方向的墓葬最少。

综观西周、春秋、战国墓葬的头向，3 座西周晚期墓葬的头向都为南偏西。春秋阶段有随葬品的墓 14 座西偏北，11 座南偏东，6 座南偏西，5 座东偏南，1 座东偏北。战国时期有随葬品的墓 31 座西偏北，25 座南偏西，6 座南偏东，7 座西偏南，4 座北偏东，3 座北偏西，3 座东偏南。墓葬方向统计数据表明，西周墓埋葬的头向与东周墓的头向相差较大，春秋墓的头向与战国墓的头向虽然存在差别，但差别不是很大。

四　随葬品放置

西周晚期的 3 座日用陶器墓，1 墓放在南部壁龛，2 墓放置坑底南端。春秋时期的墓葬把日用陶器放置在南壁头龛有 11 座墓，北壁头龛有 3 墓，东壁头龛有 3 墓，西壁头龛有 1 墓；放置于坑内南端的有 11 墓，坑内西端有 11 墓，坑内东端 4 墓，坑内南端 1 墓，坑内北端 2 墓；装饰品放置在棺底南部的有 7 墓，棺底西部 1 墓，棺底中部 1 墓；玲均出现在棺底南端的头骨内。春秋墓中的 M209 是在墓坑之外南部设有专门的头坑，日用陶器全部放置在头坑内。战国时期日用陶器放置在南壁头龛的有 12 墓，北壁头龛有 3 墓，西壁头龛有 3 墓，东壁头龛的有 2 墓；放置在坑底西端的有 22 座墓，坑底南端 15 墓，坑底北端 6 墓，坑底东端 3 墓；放置在墓内西边箱有 6 墓，东边箱 3 墓。陶礼器放置在西部头箱的有 3 墓，放置南部头箱 3 墓，放置在东边箱 1 墓。装饰品放置在棺内底部南端的有 2

墓，棺内底部西端 1 墓。值得注意的是 M485，日用陶器放置在西壁壁龛内，陶礼器放置在南边箱。

统计的数据表明，西周、春秋、战国墓葬因时代的变迁，随葬品放置的部位略有差别。墓葬的头向与器类的用途不同，放置的位置也就不同。

日用陶器主要放置在壁龛与头箱内，陶礼器多放在边箱和头箱内。

兵器中铜剑、戈一般置于棺内一侧，镞放在棺内人骨架腰旁，少数与头部平行放置，也有置于棺外侧的。

佩饰、杂件中铃、环放置在头箱，带钩在腰部，佩饰放置在颈部和胸部，石琀放置在口内，钱币放在边箱。

五　随葬品器类

共 433 件。按质料分有陶器 359 件，铜器 21 件，铁器 3 件，锡器 1 件，漆器 3 件，石器 42 件，骨器 3 件，料器 1 件。陶器按用途分有日用陶器 280 件，陶礼器 78 件，建筑材料 1 件。铜器按用途分有生活用具 3 件，服饰器 3 件，兵器 12 件，车马器 2 件，钱币 1 件（30 枚）。铁器有工具 3 件。锡器有薄片 1 件。漆木器有奁 1 件，器形不明 2 件。石器有装饰品 15 件，琀 27 件。骨器有管 2 件，片饰 1 件。料珠 1 件。

（一）陶器

本报告将陶器分为日用器和礼器两大类。至于豆既是礼器（铜礼器中有豆），又是日用生活器（陶豆），既与生活日用陶器之鬲、盂、罐成组合，亦与陶礼器搭配，似不可或缺，具有双重功用。

陶质陶色，359 件陶器多为泥质陶，器表都有一层烧制时烟垢形成的黑衣，黑衣大多脱落，少量局部保存。有的鼎、敦、壶、豆等的胎泥细腻，经淘洗，70% 的鼎足、Aa 和 B 型鬲足、底部及少数勺、盘夹砂。但为按个体（件）统计，以器物主体为主，其附件差异就不再细分。

陶色一律以胎色为主，色单纯的，只注明本色，如灰、褐、红、黑等。复合色表述为红褐、灰褐、灰红。陶器的色度以"深""浅"似不能表达较为明确的色彩深度信息，故一般不用。

有的器物的附件或零构件的颜色与主体部分不同，如鼎之腿、耳，少数器物盖与身等，皆不另述，仅做必要说明。

值得注意的是肉眼所见实物的颜色与照片中光照颜色差别较大。陶色有灰、褐、灰褐、灰黑、灰黄、红和红褐等颜色（表一）。

从表一中可以看出，陶器陶色以灰色为主，总量占全部陶器的 46.5%；次为灰褐陶，占 30.4%；最少见的是红陶与红褐陶。

制法，分轮制、模制、手制。结构简单的器物仅用其中一种制法完成，形体结构较为复杂的器物则往往运用多种制法结合完成。器物的球形、半球形、圆形、圆柱形等部位，一般采用轮制；器物的方形、长方形等部位和重复使用的零附件，一般采用模制。个体小且结构单一的器物，多为手制。

表一　周代墓陶器陶质陶色统计表

器类＼陶质陶色	泥质							夹砂					小计	百分比（%）
	灰	褐	灰褐	灰黑	灰黄	红	红褐	灰	褐	灰褐	灰黑	红		
鼎	9	4	12					3					28	7.8
敦	7	6	6										19	5.3
盉										1			1	0.3
壶	4	7	11	1									23	6.4
盘	2	1											3	0.8
匜	2	1											3	0.8
盆			1										1	0.3
盏	1												1	0.3
瓦					1								1	0.3
鬲	15	6	14	3	2	2	1	9	1	9		1	63	17.6
盂	44	4	13	6	6		1						74	20.6
罐	46	5	23	9	3	1	1	1			1		88	24.5
豆	24	4	17	1	5								52	14.5
釜			1							1			2	0.6
合计	154	38	98	20	17	2	3	13	1	11	1	1	359	100
百分比（%）	42.9	10.6	27.3	5.6	4.6	0.6	0.8	3.6	0.3	3.1	0.3	0.3	100	

　　一件器物同时使用两种以上制法，则分别制成部件后，组合形成，一般采用泥浆粘合或以透榫结合，如有的鼎、敦之纽等。

　　鼎盖身（包括凹凸弦纹）轮制，耳、足、纽模制，组装时，耳分泥浆和透榫粘合两种，其他部件一律粘合，唯鼎足常在膝部连接处或刻划错乱条纹或拍印绳纹，以便粘接牢固，还有的鼎足在其正面、背面，以手工刮削成棱或刻划成凹槽。

　　小口鼎、盉的制法与鼎的制法大体相同。

　　敦盖、底轮制，纽、足模制，泥浆或穿榫连接，极个别敦之底、盖内壁有泥条痕迹，应是先用泥条盘筑而后轮修的手轮结合制法。

　　壶，轮制，盖纽、附耳手制。

　　盘，均轮制。

　　匜，身轮制，流手制。

　　鬲，身轮制，足模制，有的在装足时，裆部有手工挤压的变形现象。

　　盂、罐皆用快轮制作，经慢轮修整。

　　豆、盖豆的盘与柄座分别轮制，然后粘接成型。

　　瓦，模制，经慢轮修整。

纹饰，分为平面着色纹饰（A类）、非平面无彩纹饰（B类）。

A类纹饰多施用于陶礼器上，B类则在陶礼器、日用陶器兼而有之。

A类纹饰又分为平涂（a）、勾绘（b）；B类纹饰又分为浮雕（a）、浅痕（b）。A类纹饰用画具（笔）蘸颜料敷于器表，B类纹饰用模具压印或用工具刻划而成。

Aa类彩饰，主要是一种仿铜绿色，即先在器表遍涂黑色，然后于黑色之上再敷白色，陶器的泥色（均有黄色色素）浸透器表，形成一种铜绿色，尤其是在器物刚出土时，常造成将陶器认为铜器的错觉。这种施彩法是有意仿铜而为，否则只施一层白色足矣，何以要用黑色做底？因为如此做法，符合色彩构成法则（经验的）：黑＋白＝灰色，灰＋黄≌石绿（中国画颜料名），即铜绿色。其次也有遍涂黑色（黑衣）、褐色（褐衣）等做法。

Ab类纹饰主要是以红、白、黑色涂绘制成，黑色、白色多做底色，红色一般用来勾画纹样，其纹饰主要有菱形纹（多为二方连续）、三角纹、涡纹、云纹、绦纹等几何形。

Ba类纹饰纹样主要有高浮雕兽纽（如敦之兽形纽足）和兽面纹等。

Bb类纹饰有弦纹（凸弦纹、凹弦纹、两并列凹弦纹中间凸起的凹凸弦纹，多类器物施有）、绳纹（间断绳纹、交错绳纹等多施于鬲、鼎底部）、暗纹（放射纹、平行线、"S"形、三角），主要于豆盘内，少数于豆柄及座上。

1. 日用器

280件，器类有鬲、盂、罐、豆、盆、釜。以鬲、盂、罐、豆数量居多，盆、釜数量少。

鬲　63件。分别出于62座墓，出1件的有61座，出2件1座。型式可辨者55件，不明型式者8件。据其口部特征，分为A型小口鬲（口径小于足外距，足外距即侧视两足尖外切点之间的距离。下同）、B型大口鬲（口径大于足外距）。

A型　41件。据其圆柱形高足（圆锥截尖）与乳丁矮足的不同，分两亚型。

Aa型　38件。根据口沿由仰折沿尖唇变平折沿、平折凸唇，颈由长束变短，腹由折变长弧再变尖弧凸，瘪裆变弧裆再变平裆下垂，足窝由深变浅，三足尖由内聚至外斜，分十三式。

Ⅰ式　1件。

M481：1，已残成碎片。泥质褐陶。黑衣少部脱落。侈口，外折平沿，圆唇，束颈，截尖矮锥足，足窝较深。口径15厘米（图九，1）。

Ⅱ式　2件。

M105：1，泥质灰褐陶，黑衣脱落。口沿已残，束颈，鼓腹，弧裆，截尖柱足，足窝浅。上腹至足饰竖绳纹，底饰交错绳纹。残高13厘米（图九，2；彩版一三，1）。

M474：1，泥质红陶，黑衣脱落。身轮制，足模制。口沿残，束颈，溜肩，鼓腹，腹大径偏上，弧拱裆，锥足截尖，足窝较深。腹饰竖绳纹，间两道抹痕，裆饰交错绳纹。残高16.1、腹径16.1厘米（图九，3；彩版一三，2）。

Ⅲ式　2件。

M279：1，泥质灰褐陶，黑衣脱落殆尽。身轮制，足模制。侈口，折沿，尖唇，束颈，溜肩，腹最大径偏上，腹壁略下收，联弧裆平，锥足截尖，足窝较浅。肩以下饰竖绳纹，裆饰交错绳纹。高18.8、口径15.2、腹径18.8厘米（图九，4；彩版一三，3）。

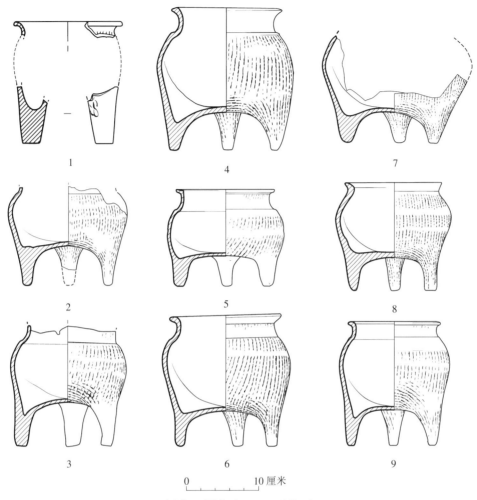

图九　周墓出土 Aa 型陶鬲

1. I 式（M481：1）　2、3. II 式（M105：1、M474：1）　4、5. III 式（M279：1、M477：1）　6、7. IV 式（M29：1、M100：1）　8、9. V 式（M111：2、M489：4）

M477：1，泥质灰陶，黑衣脱落。身轮制，足手制。直口，外折平沿，高束颈，溜肩，腹微鼓，瘪裆，截尖锥足，足窝较浅。颈部绳纹被抹，腹部饰竖绳纹间一道抹痕。高 12.8、口径 13.5、腹径 16.1 厘米（图九，5；彩版一三，4）。

IV 式　3 件，分别为 M29：1、M100：1、M443：3（残）。

M29：1，泥质灰陶，黑衣少部脱落。身轮制，足模制。侈口，平沿，圆唇，束颈，溜肩，圆鼓腹，裆微弧，柱足。颈以下饰竖绳纹，颈、腹各有一道抹痕，裆饰交错绳纹。高 17.1～17.6、口径 15.4、腹径 17.7 厘米（图九，6；彩版一三，5）。

M100：1，泥质灰褐陶，黑衣大部脱落。足手制。鼓腹略折，弧裆，矮柱足，足窝浅。残高 14 厘米（图九，7）。

V 式　4 件，分别为 M111：2、M299：1（残）、M489：4、M542：1（碎）。

M111：2，泥质灰褐陶，黑衣少部脱落。身轮制，足手制。侈口，仰折沿，尖唇，束颈，溜肩，鼓腹，平裆，截尖柱足直立，足窝浅。肩至足饰竖绳纹，肩有一道抹痕，裆下饰交错绳纹。高14.3、口径13、腹径16厘米（图九，8；彩版一三，6）。

M489：4，泥质灰陶，黑衣局部脱落。身轮制，足手制。侈口，圆唇，束颈，溜肩，鼓腹，腹大径在肩上部，裆部微上弧拱，截锥足，足窝较深。上腹至足饰竖绳纹，裆饰交错绳纹。高16.3~16.9、口径13、腹径15.4厘米（图九，9；彩版一四，1）。

Ⅵ式　4件，分别为M209：2、M326：4、M452：1、M466：2（残）。

M209：2，泥质灰陶，黑衣少部脱落。身轮制，足模制。侈口，沿向外仰折，束颈，溜肩，腹最大径靠上，联弧裆，柱状蹄足尖直立，足窝较深。肩至足饰竖绳纹。高21.2~21.5、口径14、足外切径16.4厘米（图一〇，1；彩版一四，2）。

M326：4，泥质灰黑陶，黑衣少部脱落。身轮制，足模制。敛口，外折平沿，圆唇，束颈下张，溜肩，腹最大径靠肩部，联裆上弧，截尖柱足直立，足窝较浅。肩至足饰竖绳纹，肩部有两道抹痕，裆饰交错绳纹。高20.4、口径15.6、腹径21.5厘米（图一〇，2；彩版一四，3）。

M452：1，泥质灰陶，黑衣脱落。身轮制，足手制。沿向外微仰折，沿面有凹槽，圆唇，溜肩，长深腹，腹大径在上部，瘪裆，矮柱足，足窝较浅。肩饰密集凹弦纹，上腹至足饰竖斜绳纹，裆部饰交错绳纹。高20.2、口径12.4、腹径15.8厘米（图一〇，3；彩版一四，4）。

Ⅶ式　4件，分别为M35：3、M388：1（残）、M454：2、M521：3。

M35：3，泥质灰陶，黑衣少量脱落。身轮制，足模制。直口，平沿，圆唇，溜肩，鼓腹下收，腹最大径偏上，平裆微弧，柱足，足窝较浅。肩至足饰竖绳纹，底饰交错绳纹。高19.3、口径16.7、腹径19.8厘米（图一〇，4；彩版一四，5）。

M454：2，泥质灰陶，黑衣局部脱落。身轮制，足手制。窄沿向外折仰，溜肩，腹大径偏上，平裆，柱足，足窝较浅。沿面有一道凸棱，颈至肩竖绳纹被抹掉，肩部有三周凸棱纹，肩下至足饰竖绳纹，裆饰交错绳纹。高20.8、口径16.4、腹径20.5厘米（图一〇，5；彩版一四，6）。

Ⅷ式　3件，分别为M241：1（残）、M484：3、M539：1。

M484：3，夹砂灰陶，黑衣局部脱落。身轮制，足手制。口微敛，窄沿平外折，圆唇，束颈，溜肩，鼓腹，腹大径在上部，平裆，截锥足，足窝较浅。颈部绳纹被抹掉，肩至下腹及足饰竖绳纹间三道抹痕。高20.4、口径14.4、腹径19.5厘米（图一〇，6；彩版一五，1）。

M539：1，夹砂灰陶，陶质松软。窄沿外折微仰，沿下弧束，厚圆唇，溜肩，扁鼓腹，圆弧平裆，圆柱足，近裆部显粗，足根至尖渐细，足窝较浅。沿面有两道浅凹弦印痕，器外表饰竖绳纹，颈肩绳纹被抹过，上腹在绳纹上抹两周浅凹弦纹。高19.5、口径16、腹径20.5厘米（图一〇，7；彩版一五，2）。

Ⅸ式　3件。

M337：2，夹砂灰褐陶，黑衣脱落。身轮制，足手制。口微侈，平沿，尖唇，束颈，耸肩，鼓腹偏上，裆部较平，柱足直立，足窝较浅。颈至足饰竖绳纹，中腹有一道抹痕，下腹及裆底饰斜绳纹。高18.3、口径11.6、腹径17厘米（图一〇，8；彩版一五，3）。

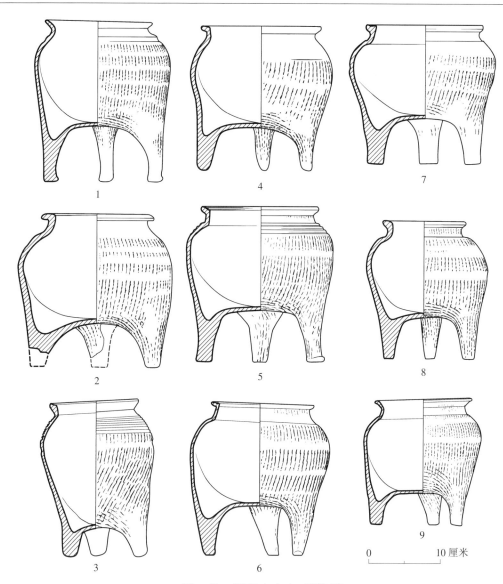

图一〇　周墓出土 Aa 型陶鬲

1～3. Ⅵ式（M209：2、M326：4、M452：1）　4、5. Ⅶ式（M35：3、M454：2）　6、7. Ⅷ式（M484：3、M539：1）
8、9. Ⅸ式（M337：2、M436：2）

　　M436：2，夹砂灰褐陶，黑衣大多脱落。身轮制，足模制。侈口，沿外斜仰折，束颈，溜肩，腹大径偏上，裆部近平，矮圆柱足，足窝较浅。肩至腹中及足饰竖绳纹间两道抹痕，下腹及裆部饰横斜绳纹。高 17、口径 13.6、腹径 16.4 厘米（图一〇，9；彩版一五，4）。

　　M502：1，夹砂灰褐陶，黑衣大多脱落。身轮制，足模制。侈口，外折平沿，束颈，溜肩，鼓腹，腹大径偏上，微弧裆，截锥足，足窝较浅。肩至腹饰竖绳纹间一道抹痕，下腹饰横斜绳纹。高 18.3、口径 12.7、腹径 18.8 厘米（图一一，1；彩版一五，5）。

　　Ⅹ式　4 件，分别为 M324：2、M380：1、M441：1、M508：1。

　　M324：2，泥质褐陶，黑衣脱落。身轮制，足模制。侈口，仰折沿，圆唇，束颈，溜肩，腹最大径偏上，联裆较平，截锥足直立，足窝较浅。高 20.2、口径 14.4、腹径 18.4 厘米（图一一，2；

彩版一五，6）。

M380：1，夹砂灰褐陶，黑衣脱落。身轮制。足模制。侈口，仰折沿，圆唇，束颈，溜肩，腹最大径偏上，平裆，截锥足，足窝较浅。残高16.7、口径13.6、腹径17.6厘米（图一一，3；彩版一六，1）。

M441：1，夹砂灰褐陶，黑衣脱落。身轮制，足模制。直口，外折平沿，圆唇，束颈，溜肩，腹最大径偏上，平裆微弧，截锥足，足窝较浅。肩至足部饰竖绳纹，上腹有一周抹痕，裆饰横绳纹。高16.7、口径13.5、腹径17.6厘米（图一一，4；彩版一六，2）。

XI式　3件。

M91：2，泥质灰褐陶，黑衣脱落殆尽。身轮制，足模制。侈口，外折平沿微仰，圆唇，束颈，溜肩，圆鼓腹，腹最大径居中，裆部下垂，圆柱足，足窝较浅。上腹至足部饰竖绳纹间一道抹痕，下腹及裆部饰横绳纹。高18.4、口径13.7、腹径17.4厘米（图一一，5；彩版一六，3）。

M467：1，灰陶，陶质略硬（腹以上泥质，以下夹砂）。小口矮领，沿外折微弧，圆溜肩，深斜腹，圆弧平裆，圆柱状足，足根粗，足尖细。上腹有六周浅凹弦纹，下腹饰直绳纹。高20.8、口径14.8、腹径20.5厘米（图一一，6；彩版一六，4）。

M496：3，夹砂灰陶，黑衣大部脱落。身轮制，足模制。敛口，圆唇外平折，束颈，溜肩，鼓腹，腹最大径靠上，平裆微下垂，截锥足，足窝较浅。腹饰竖绳纹，裆部饰交错绳纹。高约21.1、口径14.9、腹径20.5厘米（图一一，7）。

XII式　3件。

M319：2，夹砂灰陶，黑衣少部脱落。身轮制，足模制。侈口，外翻沿，圆唇，束颈，溜肩，

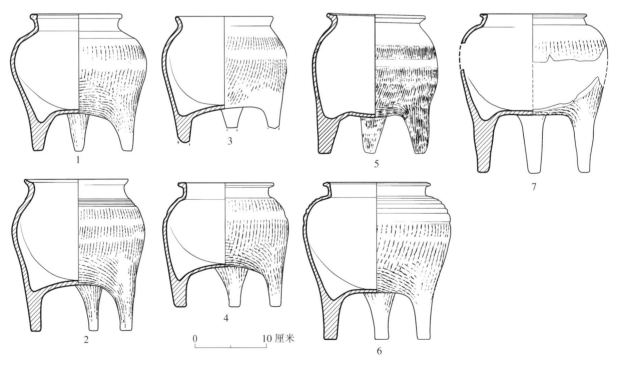

图一一　周墓出土 Aa 型陶鬲

1. IX式（M502：1）　　2~4. X式（M324：2、M380：1、M441：1）　　5~7. XI式（M91：2、M467：1、M496：3）

腹最大径靠上，联裆较平，柱足直立，足窝较浅。肩至中腹饰竖绳纹间两道抹痕，下腹及裆饰交错绳纹，足饰竖绳纹。高 21.4～21.5、口径 16.2、腹径 21 厘米（图一二，2；彩版一六，5）。

　　M439：3，夹砂灰陶泛白色，黑衣脱落。侈口，平沿，圆唇，束颈，溜肩，腹最大径居中，平裆，截锥足，足窝很浅。肩至腹饰竖绳纹，间两道抹痕，裆饰交错绳纹。高 18.4、口径 14.4、腹径 18.2 厘米（图一二，1；彩版一六，6）。

　　M536：3，夹砂灰陶，陶质偏软，外表有烟熏黑衣。外折平沿，沿下短颈弧内束，斜溜肩，弧鼓腹，三截尖圆锥状足，足窝较浅，平裆。上腹有一周浅凹弦纹，肩以下有竖绳纹。高 17.5、口径 12.2、腹径 17.5 厘米（图一二，3；彩版一七，1）。

　　XⅢ式　2件。

　　M435：2，夹砂灰褐陶，黑衣少部脱落。敛口，外折平沿，圆唇，束颈下张，耸肩，腹最大径在肩部，平裆，截锥状足，足窝较浅。上腹及足饰竖绳纹间一道抹痕，下腹及裆部饰横斜绳纹。高 21.4、口径 14.7、腹径 20.3 厘米（图一二，5；彩版一七，2）。

　　M525：1，泥质灰陶，陶质显软。沿向外平折，束矮颈，弧溜肩，腹部弧斜收，裆部下垂，三圆柱足，根粗尖细，足窝较浅。肩以下饰浅绳纹。高 17.6、口径 14.5、腹径 17.5 厘米（图一二，4；彩版一七，3）。

　　Ab 型　3件。乳丁锥足。据其裆部由弧拱变平，分三式。

　　Ⅰ式　1件。

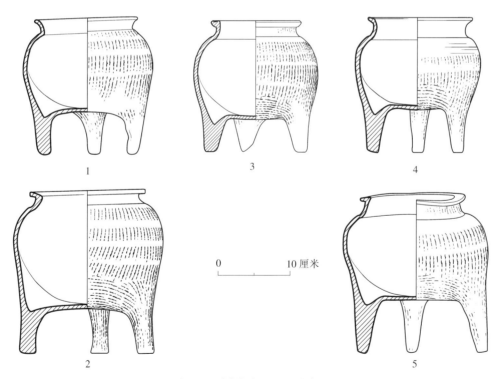

图一二　周墓出土 Aa 型陶鬲

1～3. XⅡ式（M439：3、M319：2、M536：3）　4、5. XⅢ式（M525：1、M435：2）

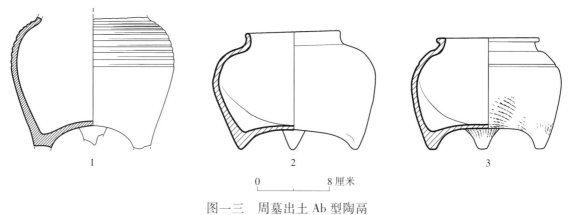

图一三　周墓出土 Ab 型陶鬲
1. Ⅰ式（M526:1）　2. Ⅱ式（M506:2）　3. Ⅲ式（M324:1）

M526:1，泥质红褐陶，外表有一层黑衣。陶质坚硬，易碎。圆溜肩，腹微外弧鼓，截尖圆锥足，足窝显浅。肩至上腹有八周凹弦纹。残高14、腹径18厘米（图一三，1；彩版一七，4）。

Ⅱ式　1件。

M506:2，泥质灰褐陶，黑衣脱落，陶质坚硬。直口，短直领，广肩，扁鼓腹，平裆，三乳丁状锥足，足窝较浅。高12.7、口径10.6、腹径18.2厘米（图一三，2；彩版一七，5）。

Ⅲ式　1件。

M324:1，泥质褐陶，黑衣脱落。身轮制，足模制。敛口，折沿，方唇，束颈下张，耸肩，腹最大径偏上，联裆较平，短锥足，足窝较浅。下腹及裆、足饰斜竖绳纹。高11.9、口径11.4、腹径16.8厘米（图一三，3；彩版一七，6）。

B 型　14件。大口鬲。根据口沿由外弧斜仰变平折，颈由长束变短束，腹由弧鼓变尖弧，裆由瘪变弧至平裆的变化，分五式。

Ⅰ式　1件。

M468:1，夹砂灰陶泛白，陶质较软。沿面向外弧斜仰，沿下微弧束，直溜肩，扁鼓腹，圆弧足窝，瘪裆，圆柱形足上粗向下渐细。外表饰斜行交错细绳纹，颈部绳纹被抹。高14、口径15.5、腹径14厘米（图一四，1；彩版一八，1）。

Ⅱ式　3件，分别为 M86:3、M112:1（残）、M488:1。

M86:3，泥质灰褐陶，黑衣少量脱落。身轮制，足手制。侈口，仰折沿，方唇，束颈，长圆腹下收，瘪裆，矮柱足，足窝较浅。上、中腹饰竖绳纹，下腹及裆、足饰稀疏斜绳纹。高13.1～13.8、口径13、腹径12.3厘米（图一四，2；彩版一八，2）。

M488:1，夹砂红陶，陶质略硬，黑衣脱落。身轮制，足手制。外卷平沿，方唇，束颈，斜溜肩，腹微鼓，腹最大径偏上部，瘪裆，截锥足，足窝较深。颈至下腹饰粗绳纹。高16.2、口径15.8、腹径16.1厘米（图一四，3；彩版一八，3）。

Ⅲ式　3件，分别为 M118:1（残）、M460:5、M504:1。

M118:1，残存下部。泥质灰陶，泛白，黑衣大部脱落。身轮制，足手制。腹壁直，平裆，矮柱足，足窝深。下腹至足饰竖绳纹，底饰交错绳纹。残高11.5厘米（图一四，4）。

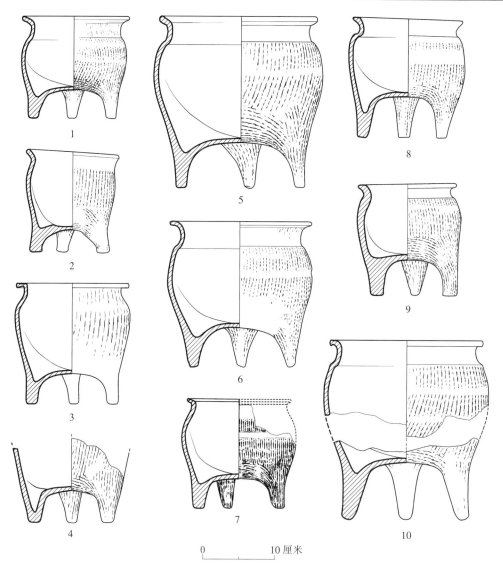

0　　　　　　　10厘米

图一四　周墓出土 B 型陶鬲

1. Ⅰ式（M468：1）　2、3. Ⅱ式（M86：3、M488：1）　4～6. Ⅲ式（M118：1、M460：5、M504：1）　7、8. Ⅳ式（M81：2、M270：3）　9、10. Ⅴ式（M364：1、M437：3）

M460：5，夹砂灰陶，陶质显硬，黑衣脱落。身轮制，足模制。侈口，仰折沿，尖唇，束颈，溜肩，腹微鼓，腹最大径微偏上，弧裆略瘪，足窝较深，截锥足。肩至足饰竖绳纹，上腹有一道抹痕，下腹及裆部饰横斜绳纹。高 23.1、口径 21.9、腹径 23.6 厘米（图一四，5；彩版一八，4）。

M504：1，夹砂灰陶，陶质显硬，黑衣脱落。身轮制，足手制。侈口，仰折沿，尖唇，束颈，溜肩，鼓腹，弧裆微瘪，尖锥足，足窝较深。颈部绳纹被抹，肩至足饰竖绳纹，裆部饰交错绳纹。高 19.5、口径 19.8、腹径 20.2 厘米（图一四，6；彩版一八，5）。

Ⅳ式　3 件，分别为 M75：3（残）、M81：2、M270：3。

M81：2，夹砂灰褐陶，陶质略软，黑衣脱落。身轮制，足模制。侈口，仰折沿，圆唇，束颈，溜肩，鼓腹，腹最大径偏上部，微弧裆，圆柱足，足窝显浅。肩至足饰竖绳纹，上腹至足饰竖绳纹间一道抹痕，下腹及裆部饰横绳纹。高14.6、口径14.4、腹径15.8厘米（图一四，7；彩版一八，6）。

M270：3，身夹砂灰褐陶，足夹砂红陶，黑衣少部脱落。身轮制，足手制。侈口，仰折沿近平，尖唇，束颈，溜肩，腹最大径在中部，腹壁略下收，联裆较平，柱足略外撇，足窝较深。肩以下饰竖绳纹间一道抹痕，裆饰交错绳纹。高15.7~16、口径15.3、腹径16.4厘米（图一四，8；彩版一九，1）。

Ⅴ式　4件，分别为M54：1、M113：4、M364：1、M437：3。

M364：1，夹砂褐陶，黑衣大部脱落。身轮制，足模制。侈口，仰折沿近平，圆唇，束颈，折肩，腹最大径偏上，联裆，裆底微弧，柱足直立，足窝浅。肩至足饰竖绳纹，下腹及裆底饰横斜绳纹。高14.7~15、口径13.8、腹径14.6厘米（图一四，9；彩版一九，2）。

M437：3，夹砂灰褐陶，黑衣脱落。身轮制，足模制。侈口，仰折沿外翻，方唇，束颈，削肩，腹最大径在中腹，裆部微弧拱，截锥足，足窝较浅。肩以下饰竖绳纹间一道抹痕，裆饰横绳纹。高约24、口径21.4、腹径22.9厘米（图一四，10；彩版一九，3）。

不明型式鬲有8件，分别为M76：1、M132：1、M142：1、M144：1、M176：3、M189：1、M281：1、M375：1。

盂　74件。出于67座墓，出1件有61座墓，出2件有5座墓，出3件有1座墓。型式可辨者65件，不明型式者9件。据深弧腹圜底与浅斜腹平底的不同，分两型。

A型　57件。深弧腹圜底。据有无圈足，分两亚型。

Aa型　55件。侈沿束颈深腹圜底，无圈足。据宽沿由外卷仰变窄仰至平折，折肩折腹变深弧鼓腹，再由深弧鼓胖腹变尖弧凸瘦腹，由底内凹变微内凹至平底，分十四式。

Ⅰ式　1件。

M468：2，泥质灰陶泛黄，陶质显软。外折沿微弧卷，颈短束，斜折肩，折腹深斜，平底微内凹。腹外有拍印斜行细绳纹，绳纹被抹过，隐约可见。高11.4、口径17.2、腹径17、底径8厘米（图一五，1；彩版一九，4）。

Ⅱ式　1件。

M482：1，泥质灰黑陶，黑衣少部脱落。轮制。侈口，外折仰沿，圆唇，高束颈，斜肩，深斜腹微弧，平底微内凹。高10.3、口径14.5、腹径13.8、底径8.4厘米（图一五，2；彩版一九，5）。

Ⅲ式　1件。

M474：2，泥质灰陶泛黄，黑衣脱落。轮制。侈口，外折平沿，方唇，短束颈，溜肩，弧腹下收，平底微内凹。肩下有一周浅槽，颈部绳纹被抹，腹饰绳纹，底饰交错绳纹。高14、口径21、腹径21.7、底径7.4厘米（图一五，3；彩版一九，6）。

Ⅳ式　3件，分别为M477：2、M460：1（残破）、M504：2。

M477：2，泥质灰陶泛黄，局部泛红。轮制。侈口，外折仰沿，尖唇，短束颈，微弧鼓腹，下腹斜收，平底。高11.6、口径22.8、腹径21.9、底径9厘米（图一五，4）。

M504：2，泥质灰陶，黑衣大部脱落。轮制。微侈口，外折平沿，尖唇，短束颈，溜肩，鼓腹

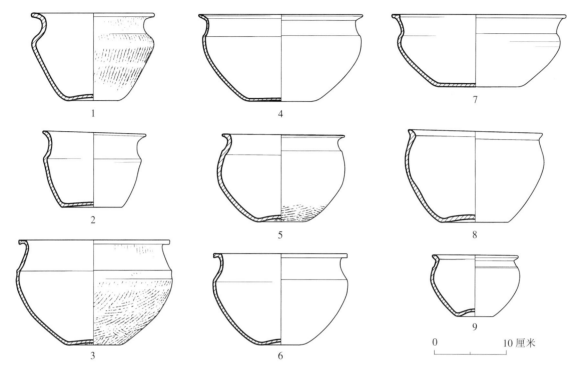

图一五　周墓出土 Aa 型陶盂

1. Ⅰ式（M468：2）　2. Ⅱ式（M482：1）　3. Ⅲ式（M474：2）　4、5. Ⅳ式（M477：2、M504：2）　6、7. Ⅴ式（M488：3、M547：3）　8、9. Ⅵ式（M75：1、M54：2）

斜下收，平底微内凹。下腹及底饰横斜绳纹。高 11.7、口径 16.9、腹径 17.6、底径 6.5 厘米（图一五，5；彩版二〇，1）。

　　Ⅴ式　4件，分别为 M299：2（残破）、M488：3、M547：1、M547：3。

　　M488：3，泥质灰陶，黑衣脱落。轮制。直口，外折平沿，方唇，溜肩，深弧腹下收，内凹圜底。腹底饰斜绳纹。高 12.2、口径 18.5、腹径 18.6、底径 5.8 厘米（图一五，6；彩版二〇，2）。

　　M547：1，泥质灰陶，外表有一层烟熏黑衣，陶质显软。轮制。沿向外弧卷仰，沿下凹弧束，斜溜肩，折腹，下腹斜收较深，平底。高 9.4、口径 14.2～14.7、腹径 14.5、底径 8.2 厘米。

　　M547：3，泥质灰陶泛黄，陶质显软。敞口，窄沿向外平折，沿下微凹弧束，腹微弧鼓，下腹斜收，平底。口径大于腹径。高 9.5、口径 23、底径 11.4 厘米（图一五，7；彩版二〇，3）。

　　Ⅵ式　5件，分别为 M54：2、M75：1、M113：1（残）、M489：3、M542：2。

　　M54：2，泥质灰陶，黑衣少部脱落。轮制。侈口，仰折沿，尖唇，束颈，削肩，鼓腹下收，平底内凹。肩饰一道凹弦纹。高 8.2、口径 12、腹径 12.4、底径 5.2 厘米（图一五，9；彩版二〇，4）。

　　M75：1，泥质灰褐陶，黑衣脱落。轮制。侈口，仰折窄沿，圆唇，束颈，深弧腹下收，凹圜底。高 11.9～12.3、口径 18.1、腹径 19.2、底径 9.6 厘米（图一五，8）。

　　M489：3，泥质灰陶，黑衣脱落。轮制。侈口，外折平沿微仰，圆唇，短束颈，削肩，深弧腹斜收，平底。下腹饰横斜绳纹，底饰交错绳纹。高 10.4、口径 14.2、底径 6.2 厘米（彩版二〇，5）。

　　Ⅶ式　4件，分别为 M209：4（残破）、M245：1、M466：1、M526：2。

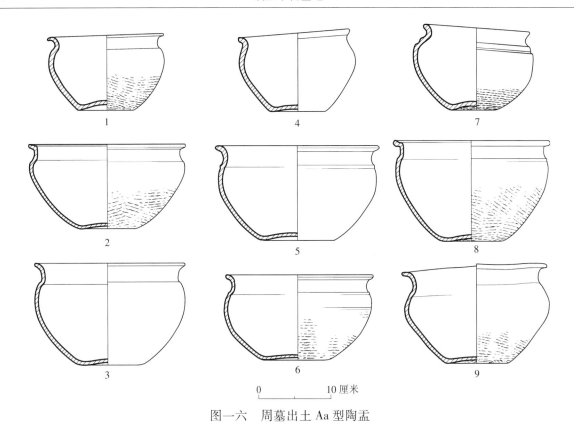

图一六　周墓出土 Aa 型陶盂

1～3. Ⅶ式（M245：1、M466：1、M526：2）　4～6. Ⅷ式（M111：3、M437：1、M454：1）　7～9. Ⅸ式（M21：2、M448：1、M455：3）

　　M245：1，泥质灰陶，黑衣大部脱落。轮制。侈口，外卷沿，尖唇，短束颈，削肩，鼓腹下收，平底内凹。下腹饰横绳纹，底饰交错绳纹。高 9.7～10.2、口径 16.2、腹径 16、底径 7.8 厘米（图一六，1；彩版二〇，6）。

　　M466：1，泥质灰褐陶，黑衣大部脱落。轮制。外折沿微仰，短束颈，溜肩，弧腹斜下收，平底内凹。下腹及底饰横斜绳纹。高 11.3、口径 21.9、腹径 21.6、底径 7.6 厘米（图一六，2；彩版二一，1）。

　　M526：2，泥质灰陶，陶质略软。轮制。外翻卷窄沿，沿下凹弧束，上腹扁鼓，下腹斜收，小平底内凹。高 13.5、口径 21、腹径 21、底径 8 厘米（图一六，3）。

　　Ⅷ式　4 件，分别为 M111：3、M437：1、M443：1、M454：1。

　　M111：3，泥质红褐陶，黑衣脱落殆尽。轮制。侈口，仰折窄沿，圆唇，束颈，削肩，鼓腹下斜收，平底微凹。高 10～10.9、口径 15.5、腹径 16、底径 7.6 厘米（图一六，4；彩版二一，2）。

　　M437：1，泥质灰陶泛白，陶质略软，黑衣脱落。侈口，外卷沿，尖唇，短束颈，溜肩，鼓腹弧下收，平底内凹。高 12.7、口径 22.8、腹径 22、底径 9.7 厘米（图一六，5）。

　　M454：1，泥质灰陶泛黄，陶质略软，黑衣大部脱落。轮制。侈口，外仰斜沿，圆唇，折肩，扁鼓腹弧下收，平底内凹。下腹饰横绳纹，底饰交错绳纹。高 11.4、口径 20.5、底径 8.6 厘米（图一六，6；彩版二一，3）。

　　Ⅸ式　7 件，分别为 M21：2、M448：1、M455：3、M469：1、M508：2、M521：2、M530：2。

M21：2，泥质灰陶泛白，黑衣局部脱落。轮制。侈口，平沿，圆唇，短束颈，溜肩，弧腹，平底内凹。上腹饰一道凹弦纹，下腹饰横向绳纹，底饰交错绳纹。高 10.5～11.3、口径 14.7、腹径 16.5、底径 6.2 厘米（图一六，7；彩版二一，4）。

M448：1，泥质灰褐陶，黑衣脱落。轮制。直口，平折沿，圆唇，束颈，折肩，弧腹，平底内凹。沿面有一道凹槽，腹及底饰交错绳纹。高 13.4、口径 21.9、腹径 21.2、底径 8 厘米（图一六，8；彩版二一，5）。

M455：3，泥质灰陶，黑衣脱落。轮制。侈口，外卷平沿，圆唇，束颈，扁鼓腹，下腹斜收，平底内凹。下腹饰横斜绳纹，底饰交错绳纹。高 13.3、口径 20.1、腹径 20.1、底径 8.3 厘米（图一六，9）。

M469：1，泥质灰陶，陶质略软。窄沿微外弧卷，沿下凹弧内束，耸肩，腹部弧扁，斜腹收向底，底微内凹。下腹及底饰错印绳纹。高 10.8、口径 20.8、腹径 19、底径 8 厘米（彩版二一，6）。

M508：2，泥质褐陶，黑衣脱落。轮制。直口，外折平沿，方唇，束颈显高，溜肩，鼓腹斜收至底，平底。下腹饰一道凹弦纹。高 11.2、口径 19.5、腹径 19.2、底径 11.2 厘米（图一七，1）。

M530：2，泥质灰陶，陶质略软。沿平外卷仰，沿下凹束，溜肩，弧腹，下腹斜收，平底内凹。下腹有斜绳纹。高 14、口径 21.8、腹径 20、底径 7.5 厘米（图一七，2；彩版二二，1）。

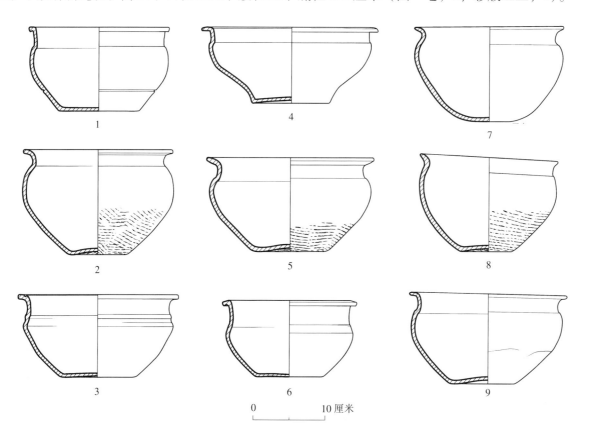

图一七　周墓出土 Aa 型陶盂

1、2. Ⅸ式（M508：2、M530：2）　3～6. Ⅹ式（M420：1、M434：2、M502：2、M516：1）　7～9. Ⅺ式（M172：3、M255：2、M439：2）

Ⅹ式 7件，分别为 M420：1、M420：2、M434：2、M502：2、M516：1、M536：1、M539：2（碎）。

M420：1，泥质褐陶，黑衣脱落。轮制。侈口，外折平沿微仰，圆唇，束颈显高，折肩，弧腹下斜收，平底。高 11、口径 22.3、腹径 20.9、底径 10 厘米（图一七，3；彩版二二，2）。

M434：2，泥质灰陶，黑衣脱落殆尽。轮制。直口，外折平沿，尖唇，颈微束，腹微鼓，下腹折收，平底微内凹。高 10.2、口径 24.5、腹径 22.5、底径 10.6 厘米（图一七，4）。

M502：2，泥质灰陶，黑衣脱落。轮制。侈口，外折沿上仰，圆唇，束颈，溜肩，鼓腹下收，平底内凹。下腹至底饰横斜绳纹。高 12.5、口径 23.2、腹径 22.4、底径 9.6 厘米（图一七，5）。

M516：1，泥质灰陶泛黄，黑衣大部脱落。轮制。直口，外折平沿下垂，圆唇，束颈较高，溜肩，鼓腹下斜收，平底。高 10.2、口径 18.6、腹径 17.6、底径 9.4 厘米（图一七，6；彩版二二，3）。

Ⅺ式 4件。

M172：3，泥质灰白陶泛黄，黑衣脱落。轮制。侈口，外折仰沿，束颈，鼓腹，下腹斜收，平底。高 12.5～12.7、口径 20.7、腹径 20.5、底径 6.4 厘米（图一七，7；彩版二二，4）。

M255：2，泥质灰陶，黑衣大部脱落。轮制。侈口，外折仰沿，尖唇，束颈显高，鼓腹下弧收，平底内凹。下腹饰横绳纹，底饰交错绳纹。高 12～13、口径 19.2、腹径 19、底径 7.2 厘米（图一七，8）。

M439：2，泥质灰陶，黑衣大部脱落。轮制。侈口，外折平沿，尖唇，束颈，折肩，鼓腹下斜收，平底微内凹。高 12.2、口径 21.9、腹径 21、底径 8.8 厘米（图一七，9）。

M498：2，泥质灰陶，黑衣脱落。轮制。侈口，外卷沿微仰，尖唇，束短颈，溜肩，扁鼓腹下收，平底微内凹。高 11.4、口径 20.4、腹径 20.1、底径 8 厘米（彩版二二，5）。

Ⅻ式 4件。

M42：1，泥质灰褐陶，黑衣少部脱落。轮制。侈口，仰折沿，圆唇，束颈，溜肩，鼓腹下收，平底内凹。下腹饰横绳纹，底饰交错绳纹。高 9.2～10、口径 13.2、腹径 14.5、底径 5.8 厘米（图一八，1；彩版二二，6）。

M65：1，泥质灰陶，黑衣脱落。轮制。侈口，仰折沿，尖唇，束颈，斜折肩，弧腹下收，平底内凹。高 12、口径 21.4、腹径 20.9、底径 7.8 厘米（图一八，2；彩版二三，1）。

M146：1，泥质灰褐陶，黑衣脱落殆尽。轮制。侈口，圆沿，圆唇，短束颈，削肩，鼓腹下斜收，平底内凹。高 11、口径 15.6、腹径 18.4、底径 8.4 厘米（图一八，3）。

M518：1，泥质灰陶，黑衣脱落。轮制。侈口，外折仰沿，圆唇，束颈，溜肩，上腹微鼓，下腹弧斜收，平底内凹。下腹饰横绳纹，底饰交错绳纹。高 13.5、口径 22.1、腹径 22.3、底径 7.7 厘米（图一八，4）。

ⅩⅢ式 5件，分别为 M65：2、M136：2（残破）、M203：1、M207：2（残破）、M337：3。

M65：2，泥质灰陶，黑衣脱落。轮制。侈口，仰折沿，尖唇，束颈，溜肩，鼓腹下收，平底内凹。高 8.6～9.6、口径 15.6、腹径 16.9、底径 7.4 厘米（图一八，5；彩版二三，2）。

M203：1，泥质灰褐陶泛白，黑衣脱落。轮制。侈口，外折平沿，尖唇，束颈，溜肩，尖鼓腹

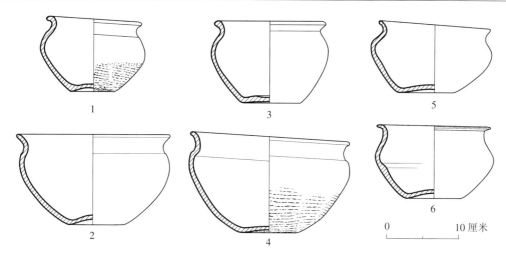

图一八　周墓出土 Aa 型陶盂

1～4. XII式（M42：1、M65：1、M146：1、M518：1）　　5、6. XIII式（M65：2、M203：1）

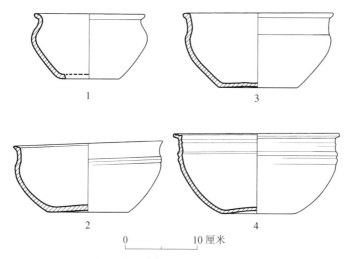

图一九　周墓出土 Aa 型陶盂

1. XIII式（M337：3）　　2～4. XIV式（M319：3、M207：1、M496：2）

下斜收，平底内凹。高 9.8、口径 15.7、腹径 16.4、底径 7.8 厘米（图一八，6）。

M337：3，泥质灰陶，黑衣少部脱落。轮制。侈口，仰折沿，尖唇，束颈显高，溜肩，鼓腹下斜收，平底。高 8.7、口径 15.4、腹径 16.2、底径 8.4 厘米（图一九，1；彩版二三，3）。

XIV式　5 件，分别为 M169：1、M207：1、M207：3、M319：3、M496：2。

M169：1，泥质灰陶泛白，黑衣脱落。轮制。直口，平沿，圆唇，束颈，削肩，斜弧腹下收，底微凹。高 8.9～9.2、口径 21.2、底径 9.4 厘米（彩版二三，4）。

M207：1，泥质灰黑陶，黑衣少部脱落。轮制。口微侈，平沿，圆唇，束颈，折肩，弧腹下斜，底微凹。高 9.9～10.1、口径 21、底径 11 厘米（图一九，3）。

M319：3，泥质灰陶泛白，黑衣脱落。轮制。侈口，翻沿，尖唇，束颈，折肩，弧腹下收，底略内凹。肩下饰两道浅凹弦纹。高 8.8～9.6、口径 20.8、底径 11.5 厘米（图一九，2；彩版二三，5）。

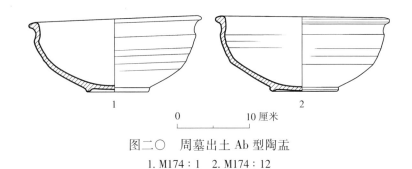

图二〇　周墓出土 Ab 型陶盂
1. M174：1　2. M174：12

M496：2，泥质灰陶，黑衣大部脱落。轮制。敛口，口内有凹槽，平折沿，沿面起一道凸棱，尖唇，束颈稍高，折肩，弧腹下收，平底微内凹。腹部有凹弦纹。高 10.9、口径 23.2、腹径 22.4、底径 10.5 厘米（图一九，4；彩版二三，6）。

Ab 型　2 件。同出于 M174。

M174：1，泥质灰陶，黑衣少量脱落。轮制。器内见密集旋痕。敞口，圆沿，圆唇，束颈，折肩，斜弧腹，矮圈足，平底。腹饰三道瓦棱纹。高 9.9～10、口径 23.9、圈足径 8.5 厘米（图二〇，1；彩版二四，1 上）。

M174：12，泥质灰陶泛白，黑衣脱落。轮制。器内见密集旋痕。敞口，圆沿，圆唇，束颈，折肩，斜弧腹，平底，矮圈足。腹饰三道瓦棱纹。高 9.1～10.2、口径 23.7、圈足径 9.4 厘米（图二〇，2；彩版二四，1 下）。

B 型　8 件。折沿，斜折腹，平底。分别出于 6 座墓葬。据沿面由微折仰变平折至下折，沿下颈部由微束变不束，腹由折腹变弧斜腹，分五式。

Ⅰ式　1 件。

M326：2，泥质褐陶，黑衣少部脱落。轮制。口微敛，外折窄沿，圆唇，颈下微束，弧腹下斜收，底微凹。颈下饰一道凹弦纹。高 9、口径 20.2、底径 9.8 厘米（图二一，1；彩版二四，2）。

Ⅱ式　1 件。

M484：2，泥质灰黄陶，黑衣大部脱落。轮制。微敛口，外折平沿，圆唇，上腹直下，下腹斜收，平底微内凹。高 10、口径 22.2、腹径 20.6、底径 10.2 厘米（图二一，2；彩版二四，3）。

Ⅲ式　2 件。同出于 M487。

M487：2，泥质灰黄陶，黑衣大部脱落。轮制。微敛口，窄沿外斜，尖唇，上腹微弧，下腹斜收，平底微内凹。高 8.9、口径 19.4、腹径 18.8、底径 8.7 厘米。

M487：3，泥质灰黄陶，黑衣大部脱落。轮制。侈口，外折平沿，方唇，沿下微束，肩部微鼓，下腹斜收，平底。高 9.9、口径 22.1、腹径 20.4、底径 8.6 厘米（图二一，3；彩版二四，4）。

Ⅳ式　3 件，分别为 M91：1、M485：4、M546：3。

M91：1，泥质灰陶，黑衣大部脱落。轮制。直口，平沿，尖唇，颈微束，斜弧腹下收，平底微凹。高 9.3～9.9、口径 20、底径 9.6 厘米（图二一，4；彩版二四，5）。

M485：4，泥质灰陶，黑衣局部脱落。轮制。侈口，外折平沿，圆唇，沿下微束，弧凸肩，腹部斜收至底，平底微内凹。高 9.6、口径 23、腹径 21.9、底径 11.2 厘米（图二一，5；彩版二四，6）。

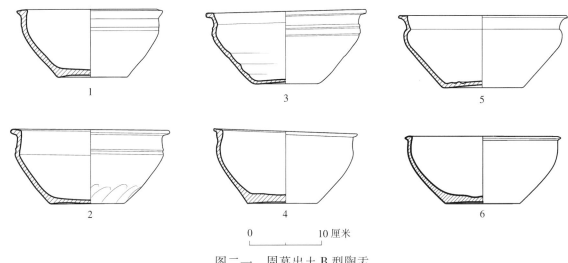

图二一 周墓出土 B 型陶盂

1. Ⅰ式（M326∶2） 2. Ⅱ式（M484∶2） 3. Ⅲ式（M487∶3） 4、5. Ⅳ式（M91∶1、M485∶4）
6. Ⅴ式（M396∶4）

Ⅴ式 1件。

M396∶4，泥质灰陶，黑衣局部脱落。轮制。口微敛，尖凸沿，尖唇，弧腹下斜收，平底微凹。上腹有一道浅宽凹槽。高8.9、口径21.4、底径10.4厘米（图二一，6；彩版二四，7）。

型式不明盂 9件，分别是 M35∶2、M81∶1、M86∶2、M105∶2、M176∶2、M365∶2、M380∶2、M436∶3、M499∶2。

罐 88件。分别出于83座墓，出1件有76墓，出2件有6墓。型别可辨者73件，型式不明15件。依据高领罐、长颈罐、矮领罐的不同，分三型。

A型 25件。高领罐。据颈部由直粗变细束，腹部由胖变瘦，腹中部由圆鼓变尖凸，底由平底微内凹变平底，分十式。

Ⅰ式 1件。

M488∶2，泥质灰陶，黑衣脱落。轮制。直口微侈，外折平沿，方唇下勾，圆筒形直高颈，溜肩，肩部有一道尖棱，胖鼓腹弧收至底，底微内凹。肩至中腹饰竖绳纹，下腹及底饰交错绳纹。高21、口径13.4、腹径24.2、底径7.4厘米（图二二，1；彩版二五，1）。

Ⅱ式 3件。

M100∶3，泥质灰褐陶泛黄，黑衣大部脱落。轮制。侈口，圆唇，束颈，弧溜肩，鼓腹下收，底微内凹。肩至中腹饰竖绳纹，下腹饰斜绳纹，底饰交错绳纹。高19.9、口径12.8、腹径19.2、底径7.6厘米（图二二，2；彩版二五，2）。

M460∶4，泥质灰陶，黑衣大部脱落。轮制。侈口，外折平沿，尖唇，圆筒形高直颈，溜肩，椭圆腹，底微内凹。颈部绳纹被抹掉，肩至中腹饰竖绳纹间两道抹痕，下腹饰横绳纹，底饰交错绳纹。高21.5、口径13.7、腹径19.1、底径7.8厘米（图二二，3；彩版二五，3）。

M504∶3，泥质灰黑陶，黑衣大部脱落。轮制。侈口，外折平沿，尖唇，圆筒形高直颈，溜肩，鼓腹，底微内凹。颈部绳纹被抹掉，肩至中腹饰竖绳纹间一道抹痕，下腹饰横绳纹，底饰交

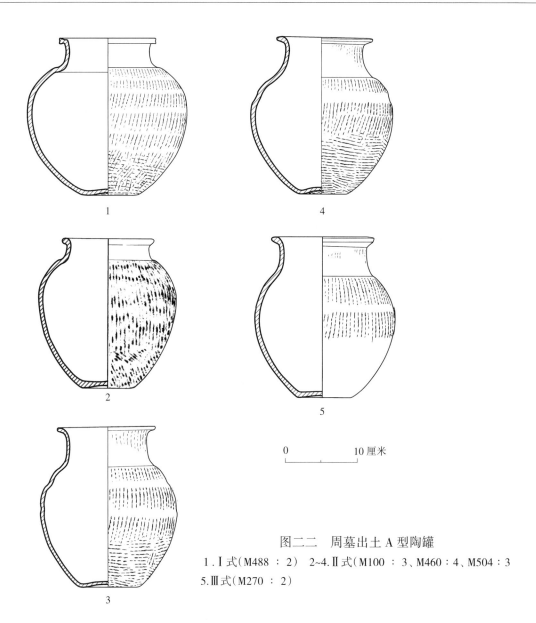

图二二　周墓出土 A 型陶罐

1.Ⅰ式（M488：2）　2~4.Ⅱ式（M100：3、M460：4、M504：3）
5.Ⅲ式（M270：2）

错绳纹。高 21.1、口径 13.4、腹径 19.8、底径 6.6 厘米（图二二，4）。

　　Ⅲ式　1 件。

　　M270：2，泥质灰陶，黑衣大部脱落。轮制。侈口，外折平沿，圆唇，束颈，削肩，长鼓腹，底微内凹。颈部饰浅绳纹，肩至中腹饰竖绳纹间一道凹弦纹。高 21.5、口径 14.4、腹径 18.6、底径 7.6 厘米（图二二，5；彩版二五，4）。

　　Ⅳ式　2 件。

　　M111：1，泥质灰黑陶，黑衣少量脱落。轮制。侈口，仰折沿，尖唇，圆筒形直颈，溜肩，鼓腹下斜收，底微内凹。肩至中腹饰竖绳纹，下腹饰横绳纹，底饰交错绳纹。高 19.9 ~ 20.5、口径 12.9、腹径 19、底径 8.8 厘米（图二三，1；彩版二五，5）。

　　M448：2，泥质灰陶，黑衣大部脱落。轮制。口微敛，沿微上仰，沿面有一道凹槽，圆唇，束

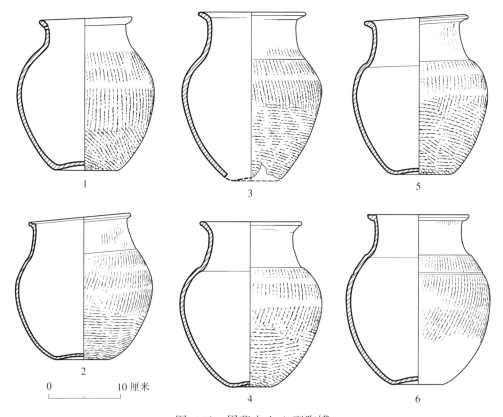

图二三　周墓出土 A 型陶罐
1、2. Ⅳ式（M111：1、M448：2）　3～6. Ⅴ式（M317：1、M446：1、M526：3、M530：3）

颈下张，削肩，鼓腹下收，底内凹。颈至中腹饰竖绳纹，颈部绳纹被抹，绳纹浅而稀，下腹饰横绳纹，底饰交错绳纹。高 19.4、口径 14.3、腹径 19.2、底径 7.3 厘米（图二三，2；彩版二五，6）。

Ⅴ式　7 件，分别为 M167：1、M317：1、M446：1、M455：2、M521：4、M526：3、M530：3。

M317：1，泥质灰陶，黑衣少部脱落。轮制。侈口，外折仰沿，尖唇，束颈，削肩，鼓腹近肩，下弧收。颈至上腹饰竖绳纹间两道抹痕，中腹以下饰横绳纹。残高 22.4、口径 15、腹径 19.4、底径 6.8 厘米（图二三，3；彩版二六，1）。

M446：1，泥质灰陶，黑衣局部脱落。轮制。侈口，外折仰沿，尖唇，圆筒形直颈，溜肩，鼓腹下弧收，底微内凹。肩至中腹饰竖绳纹间两道抹痕，下腹饰横绳纹，底饰交错绳纹。高 22.1、口径 14.2、腹径 19.7、底径 5.5 厘米（图二三，4）。

M526：3，泥质灰陶，陶质略软。外折平沿，圆筒形高领，斜肩，腹大径在肩部，肩以下渐弧斜收至底，弧鼓腹显瘦长，平底微内凹。高 21.4、口径 14.4、腹径 18.8、底径 7.4 厘米（图二三，5）。

M530：3，泥质灰陶泛黄，陶质略软。外折平沿，高颈，溜肩，弧鼓腹长胖，下腹斜收，平底微内凹。外表饰绳纹，颈部绳纹已抹掉，上腹有一周浅凹抹印。高 23、口径 14.5、腹径 21、底径 8 厘米（图二三，6；彩版二六，2）。

图二四　周墓出土 A 型陶罐

1～3.Ⅵ式（M436∶1、M502∶3、M545∶1）　4.Ⅶ式（M487∶1）　5、7.Ⅷ式（M462∶1、M467∶2）　6、9.Ⅹ式（M174∶11、M174∶10）　8.Ⅸ式（M439∶4）

Ⅵ式　3件。

M436∶1，泥质灰褐陶，陶质略软，黑衣大多脱落。外折平沿，圆唇，圆筒形高领，溜肩，鼓腹下收，底微内凹。肩至腹中部饰竖绳纹间两道抹痕，下腹饰横斜绳纹，底饰交错绳纹。高19.6、口径14.6、腹径19.8、底径5.7厘米（图二四，1；彩版二六，3）。

M502∶3，泥质灰陶，陶质略软，黑衣大多脱落。外折平沿，沿面有一道凹槽，圆唇，圆筒形高领，溜肩，鼓腹下收，底微内凹。肩至腹中部饰竖绳纹间两道抹痕。高21.6、口径13.8、腹径

20.4、底径6.5厘米（图二四，2）。

M545：1，泥质灰陶泛黄，陶质显软。窄平沿外折，高领，斜溜肩，腹微鼓，下腹斜收至底，小平底。残高22.8、口径13.8、腹径18.5、底径6厘米（图二四，3；彩版二六，4）。

Ⅶ式　1件。

M487：1，泥质灰陶，陶质显软，黑衣大部脱落。轮制。外折沿微仰，沿面微凹，方唇，圆筒形高领内束，斜溜肩，圆鼓腹弧收至底，底内凹，腹大径在中部。颈部绳纹被抹，肩至腹中饰竖绳纹间三道抹痕，下腹饰横斜绳纹，底饰交错绳纹。高19.7、口径14.5、腹径18.4、底径5厘米（图二四，4；彩版二六，5）。

Ⅷ式　3件。

M169：3，泥质灰陶，黑衣大部脱落。轮制。直口，平折沿，方唇，束颈，颈与肩相接处下凹，溜肩，鼓腹，底内凹。肩至上腹饰竖绳纹间一道抹痕，中腹至下腹饰横绳纹，底饰交错绳纹。高21.6~22.2、口径14.9、腹径20、底径9.8厘米（彩版二六，6）。

M462：1，泥质灰陶泛白，陶质显硬，黑衣大部脱落。轮制。外折沿微仰，尖唇，圆筒形高直领，溜肩，圆鼓腹弧收。颈部绳纹被抹掉，上腹饰竖绳纹间两道抹痕，中、下腹饰交错绳纹。残高20、口径13、腹径19.6厘米（图二四，5）。

M467：2，泥质灰陶，陶质偏软。外折窄平沿，高颈，口至肩渐粗，斜溜肩，弧腹微鼓，下腹斜收至底，底内凹。上腹饰直绳纹，绳纹上抹两周浅凹弦纹，颈外绳纹被抹光。高20、口径12.8、腹径18.5、底径9厘米（图二四，7）。

Ⅸ式　1件。

M439：4，泥质灰褐陶，黑衣脱落。轮制。侈口，平折沿，圆唇，圆筒形直领微束，削肩，鼓腹下收，底微内凹。肩至中腹饰竖绳纹间两道抹痕，下腹饰横绳纹，底饰交错绳纹。高22.2、口径14.4、腹径19.4、底径7.7厘米（图二四，8；彩版二七，1）。

Ⅹ式　3件，分别为M174：10、M174：11、M415：5（残存口沿）。

M174：10，泥质灰黑陶，黑衣少部脱落。轮制。侈口，平沿，圆唇，细束颈，溜肩，鼓腹下斜收，平底。上腹饰一周绳纹。高24.9、口径10.8、腹径21、底径10厘米（图二四，9；彩版二七，2）。

M174：11，泥质灰陶泛白，黑衣脱落。轮制。侈口，圆沿，细束颈，溜肩，鼓腹下斜收，平底。肩至中腹饰竖绳纹。高22.5~22.8、口径11.4、腹径23.1、底径12.6厘米（图二四，6）。

B型　42件。长颈罐。根据口、颈和底的不同，分两亚型。

Ba型　34件。长颈罐，上下呈圆筒形，中间弧鼓，平底。可辨式别者30件，式别不明4件。据身由粗短变细长，长颈由直筒形变内弧束颈，腹由胖变瘦，下腹由矮变高，分九式。

Ⅰ式　3件。

M75：2，泥质灰褐陶，黑衣脱落。轮制。直口，唇内钩，沿面内斜，圆筒长颈，近肩部微内束，斜肩，上腹较直，假圈足内收，平底微凹。高19.8、口径11、腹径12.8、底径8.9厘米（图二五，1；彩版二七，3）。

M81：3，泥质灰陶，陶质较软，黑衣脱落。残存底部，下腹斜收，平底微内凹。底径7.9厘米。

M443：2，泥质灰陶，陶质较软，黑衣脱落。残存下腹和假圈足。直腹，下腹折斜收，假圈足

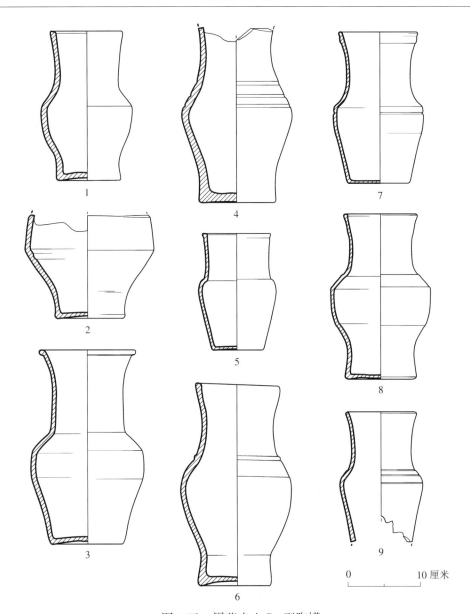

图二五　周墓出土 Ba 型陶罐

1、2. Ⅰ式（M75：2、M443：2）　3. Ⅱ式（M437：2）　4、5. Ⅲ式（M326：1、M466：3）　6～9. Ⅳ式（M35：1、M516：2、M532：2、M539：3）

较直，平底微内凹。残高 13.5、腹径 17.8、底径 9.6 厘米（图二五，2）。

　　Ⅱ式　2 件。

　　M113：5，泥质灰陶，黑衣大部脱落。残存底部。轮制。假圈足微内收，平底微内凹。底径 8.5 厘米。

　　M437：2，泥质灰黑陶，陶质略软，黑衣少部脱落。轮制。侈口，平沿，圆唇，高领，削肩，鼓腹下弧，底微凹。高 26、口径 13.3、腹径 15.7、底径 9.8 厘米（图二五，3；彩版二七，4）。

　　Ⅲ式　2 件。

　　M326：1，泥质灰陶，陶质略软，黑衣大部脱落。轮制。口残。圆筒形长颈微内束，斜肩，尖鼓腹靠肩，筒形下腹较长，平底。肩、颈际饰三道凹弦纹。残高23、腹径15.2、底径10.5厘米（图二五，4）。

M466：3，泥质灰陶，黑衣脱落。轮制。口微侈，平沿，尖唇，圆筒形直颈，溜肩，直腹斜下收，平底。高15.5、口径9.5、腹径10.7、底径7厘米（图二五，5；彩版二七，5）。

Ⅳ式　4件。

M35：1，泥质灰黄陶，陶质较软，黑衣大部脱落。轮制。口微侈，圆筒形高领微内束，斜肩，弧鼓腹，近底部较直，平底微内凹。肩饰一道凸棱纹。高26.4～26.8、口径11.6、腹径15.3、底径10厘米（图二五，6；彩版二七，6）。

M516：2，泥质灰黑陶，陶质较软，黑衣少部脱落。轮制。喇叭形口微侈，圆筒形高领微内束，斜肩，腹部直下斜收，平底。高20、口径10.5、腹径12.4、底径8.2厘米（图二五，7；彩版二八，1）。

M532：2，泥质灰陶，泥质显软。轮制。圆筒形喇叭形长颈，短斜肩，中腹较直，下腹微斜收呈圆筒形，平底。高22、口径10.5、腹径13.7、底径9.5厘米（图二五，8；彩版二八，2）。

M539：3，泥质灰陶，陶质较软，黑衣少部脱落。轮制。喇叭形口，圆筒形高领微内束，弧溜肩，腹部直下斜收。残高17.4、口径9.8、腹径11.4厘米（图二五，9）。

Ⅴ式　5件，分别为M172：2、M241：1、M324：3、M420：4、M484：1。

M172：2，泥质灰褐陶，陶质略软，黑衣脱落。轮制。直口微侈，平沿内斜，尖唇，直筒形长颈较粗，斜肩，扁鼓腹下收，假圈足较高，平底。高17、口径9.8、腹径14.2、底径8.8厘米（图二六，1；彩版二八，3）。

M241：1，泥质灰陶，表面泛白，陶质显软，黑衣脱落。轮制。器内有密集旋痕。颈口已残。弧溜肩，上腹弧鼓，下腹斜收近底呈圆筒形，最大径在肩部，平底。腹径16.6、底径11.4厘米。

M324：3，泥质灰褐陶，陶质显软，黑衣脱落。轮制。口已残。斜肩，上腹微斜收，下腹折收呈圆筒形，平底。残高28.6、腹径16.8、底径9.8厘米（图二六，2）。

M420：4，泥质灰陶泛白，陶质显软，黑衣脱落。轮制。喇叭形长颈，斜肩，中腹较直，微弧鼓，下腹微斜收呈圆筒形，平底。高26.6、口径12、腹径17.2、底径10.4厘米（图二六，3；彩版二八，4）。

M484：1，泥质灰褐陶，陶质显软，黑衣脱落。轮制。圆筒形喇叭口，长颈微内束，斜肩，中腹壁较直，下腹斜收呈圆筒形内束，平底。高22.3、口径12、腹径13.9、底径10厘米（图二六，4）。

Ⅵ式　3件。

M337：1，泥质灰褐陶，陶质显软，黑衣大部脱落。轮制。口颈上腹残失。下腹斜收至底，平底微内凹。底径9.5厘米。

M365：1，泥质褐陶，陶质较软，黑衣脱落。轮制。口颈残。斜肩，上腹较直，下腹呈圆筒形，平底。残高18、腹径16、底径11.2厘米（图二六，5）。

M434：3，泥质灰黄陶，陶质略软，黑衣脱落。口微侈，圆筒形长颈微束，斜肩，圆鼓腹腹壁

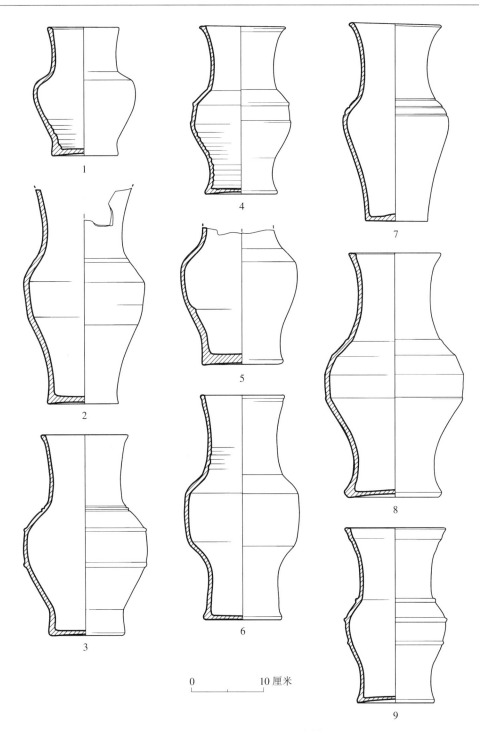

图二六　周墓出土 Ba 型陶罐

1 ~ 4. Ⅴ式（M172：2、M324：3、M420：4、M484：1）　5、6. Ⅵ式（M365：1、M434：3）　7 ~ 9. Ⅶ式（M319：1、M485：3、M538：1）

较直，圆筒形下腹，假圈足，平底。高 29.8、口径 11.6、腹径 15.9、底径 10.7 厘米（图二六，6；彩版二八，5）。

　　Ⅶ式　4 件，分别为 M319：1、M485：3、M518：3、M538：1，其中 M518：3 残存下腹。

M319：1，泥质灰陶，表面泛白，陶质较软，黑衣脱落。轮制。喇叭形侈口，圆唇，圆筒形长束颈，溜肩，上腹扁鼓，最大径靠肩部，下腹斜收呈筒状，平底。肩部有三道凹弦纹。高 26 ~ 26.2、口径 12.8、腹径 14.6、底径 8.4 厘米（图二六，7）。

M485：3，泥质灰褐陶，陶质较软，黑衣少部脱落。轮制。侈口，尖唇，圆筒形颈微束，斜肩，扁鼓腹，圆筒形下腹内束，平底内凹。腹中部有一周凸弦纹。高 32.4、口径 12.7、腹径 19.2、底径 13.4 厘米（图二六，8；彩版二八，6）。

M538：1，泥质灰陶，陶质显软。喇叭形侈口，圆筒形长颈内束，斜肩，上腹弧扁鼓，下腹筒形内束，平底内凹。肩、腹部有三周凸弦纹。高 23.5、口径 13.5、腹径 14、底径 10.7 厘米（图二六，9）。

Ⅷ式　5 件，分别为 M65：3、M207：4、M207：5、M536：5、M519：1。

M207：4，夹砂灰黑陶，黑衣少量脱落。轮制。近底处有削痕。侈口，圆沿，高领较粗，削肩，细长腹，肩部向下微斜收至底，平底。颈上部饰两道、下部饰一道凹弦纹。高 25.3 ~ 25.4、口径 11.6、腹径 13、底径 9.8 厘米（图二七，1；彩版二九，1）。

M536：5，夹砂灰陶，陶质略软，黑衣大部脱落。轮制。喇叭形侈口，圆筒形高领微内束，斜肩，上腹扁鼓，肩下微斜，下腹呈圆筒形，平底。肩部有两道凸弦纹。高 31.3、口径 17.2、腹径 19.1、底径 14.6 厘米（图二七，2；彩版二九，2）。

Ⅸ式　2 件。

M435：1，泥质灰黑陶，陶质较软，黑衣少部脱落。身轮制，耳手制。微侈口，平沿，口沿置圆饼形盖，圆筒形长束颈，斜肩，肩部有对称双耳，上腹微弧鼓，下腹斜收，平底。通高 28.4、口径 10.8、腹径 16.9、底径 11.1 厘米（图二七，3；彩版二九，3）。

M496：1，泥质灰陶，陶质略软，黑衣脱落。轮制。喇叭形侈口，唇内钩，圆筒形高领微内束，斜肩，上腹壁短直，下部斜收，下腹内束呈圆筒形，平底。高 28.9、口径 12.1、腹径 16.2、底径 11.5 厘米（图二七，4；彩版二九，4）。

不明式别 4 件，有 M269：1、M346：1、M540：2、M546：1。

Bb 型　8 件。长颈罐。分别出自 8 座墓。据外侈仰沿变外折平沿，颈由粗短变细长至内束，腹由宽短弧鼓变瘦长尖凸，分五式。

Ⅰ式　1 件。

M105：3，泥质灰褐陶，陶质较软，黑衣脱落。轮制。侈口，外翻沿，圆唇，圆筒形粗长颈，溜肩，扁鼓腹弧收至底，平底微内凹。高 13.8 ~ 14.3、口径 11.2、腹径 13.1、底径 4.2 厘米（图二八，1；彩版二九，5）。

Ⅱ式　1 件。

M464：1，泥质褐陶，陶质较软，黑衣脱落。轮制。喇叭形侈口，圆唇，圆筒形长颈内束，溜肩，鼓腹弧收至底，平底微内凹。肩部有两道凹弦纹。高 25.4、口径 12.6、腹径 18.1、底径 6.9 厘米（图二八，2；彩版二九，6）。

Ⅲ式　1 件。

M106：1，泥质灰陶，陶质较软，黑衣大部脱落。轮制。喇叭形侈口，圆唇，束颈粗长，削

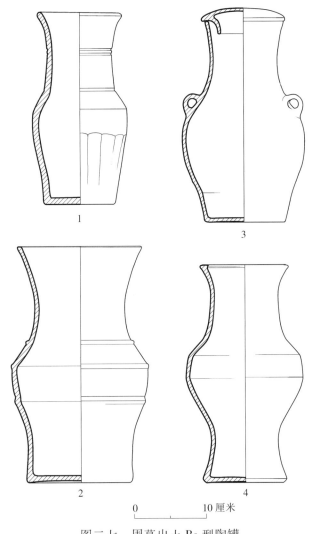

图二七　周墓出土 Ba 型陶罐

1、2. Ⅷ式（M207：4、M536：5）　3、4. Ⅸ式（M435：1、M496：1）

肩，鼓腹弧下收，平底内凹。高 21、口径 13.5、腹径 15.7、底径 6.3 厘米（图二八，3；彩版三〇，1）。

Ⅳ式　4 件，分别为 M214：2、M255：1、M498：1、M532：1。

M214：2，泥质灰陶泛白，陶质较软，黑衣脱落尽。轮制。侈口，尖唇，长束颈，溜肩，圆鼓腹，平底内凹。中腹饰一道凹弦纹，下腹及底饰横绳纹。高 19.8～21.4、口径 13.7、腹径 17、底径 6 厘米（图二八，4；彩版三〇，2）。

M498：1，泥质灰陶，陶质较软，黑衣脱落。轮制。侈口，外翻沿，方唇，圆筒形粗长颈内束，溜肩，扁鼓尖腹弧收至底，平底微内凹。颈与肩之间、腹中部各有一道凹弦纹，下腹及底饰斜绳纹。高 17.2、口径 12、腹径 14.1、底径 4.3 厘米（图二八，5）。

M532：1，泥质灰陶，陶质显软。喇叭形敞口，沿外侈略平仰，圆筒形长颈，斜溜肩，弧腹微鼓，平底微内凹。肩部有浅凹弦纹，下腹有浅错印绳纹。高 25.5、口径 16、腹径 17、底径 9.5 厘米（图二八，7；彩版三〇，3）。

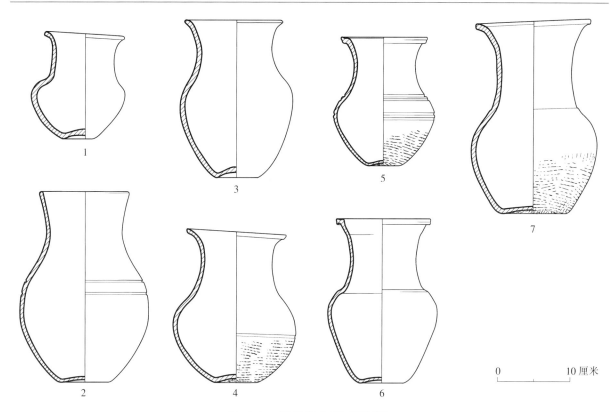

图二八　周墓出土 Bb 型陶罐

1. Ⅰ式（M105：3）　2. Ⅱ式（M464：1）　3. Ⅲ式（M106：1）　4、5、7. Ⅳ式（M214：2、M498：1、M532：1）

6. Ⅴ式（M465：1）

Ⅴ式　1件。

M465：1，泥质灰陶，黑衣少部脱落。轮制。侈口，平折折沿，方唇，长束颈，溜肩，鼓腹下收，平底内凹。高 22、口径 13.2、腹径 15.3、底径 6.2 厘米（图二八，6；彩版三〇，4）。

C 型　6件。矮领罐。根据肩与腹部的不同，分两亚型。

Ca 型　5件。矮领弧鼓腹，据领由矮变高至外折，腹部由胖弧变尖凸弧，分五式。

Ⅰ式　1件。

M477：3，泥质灰黑陶，陶质较软，黑衣少部脱落。口微敛，矮领，溜肩，领肩之间有小圆孔，胖弧腹下收，平底微内凹。高 13.2、口径 10.6、腹径 15.8、底径 5.4 厘米（图二九，1；彩版三〇，5）。

Ⅱ式　1件。

M547：2，泥质灰陶，陶质显软，黑衣局部脱落。小口，沿似矮领凸起，圆溜肩，胖弧腹，平底。肩部有一道凹弦纹。高 11.9、口径 9.5、腹径 15.5、底径 8.2 厘米（图二九，2；彩版三〇，6）。

Ⅲ式　1件。

M195：1，泥质灰褐陶，陶质显软，黑衣脱落。小口，矮直领，圆唇，圆溜肩，扁弧腹，腹大径靠上部，平底内凹。高 9.5～9.8、口径 9.5、腹径 14.3、底径 5.8 厘米（图二九，3；彩版三一，1）。

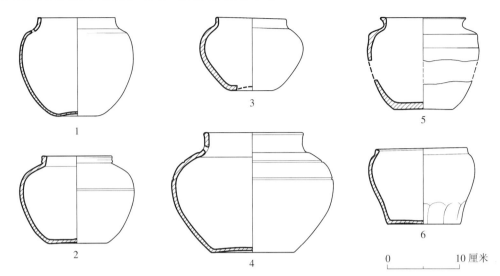

0　　　　　10 厘米

图二九　周墓出土 C 型陶罐

1. Ca 型 Ⅰ 式（M477：3）　　2. Ca 型 Ⅱ 式（M547：2）　　3. Ca 型 Ⅲ 式（M195：1）　　4. Ca 型 Ⅳ 式（M536：2）　　5. Ca 型 Ⅴ 式（M396：2）　　6. Cb 型（M506：1）

Ⅳ式　1 件。

M536：2，泥质灰陶，陶质偏软。矮直领，小口，弧溜肩，领肩之间有一小圆孔，圆弧腹，下腹斜收，平底内凹。肩与上腹各有一周凹弦纹。高 16.2、口径 13.9、腹径 22.6、底径 11.3 厘米（图二九，4；彩版三一，2）。

Ⅴ式　1 件。

M396：2，泥质灰褐陶，陶质较软，黑衣脱落。小直口，外折平沿，尖唇，矮领，斜折肩，弧腹下斜收，平底。上腹有一道较宽的瓦棱。高约 12.4、口径 12.8、底径 8.2 厘米（图二九，5）。

Cb 型　1 件。

M506：1，泥质灰陶，陶质较软，黑衣脱落。敛口，领与肩分界不明显，用一道凹弦纹突出领，上腹微鼓，下腹陡斜收，平底。高 10.2、口径 12.7、腹径 14.8、底径 9.8 厘米（图二九，6；彩版三一，3）。

型式不明 15 件，分别为 M20：1、M22：1、M29：2、M32：1、M86：1、M90：2、M136：3、M176：1、M189：2、M349：1、M349：2、M418：8、M499：1、M542：3、M546：2。

豆　52 件。出 1 件有 23 座墓，出 2 件有 9 墓，出 3 件 1 墓，出 4 件 2 墓。据浅腹盘高柄、深腹盘粗矮圈足、盖豆矮圈足的不同，分三型。

A 型　50 件。浅盘无盖。根据腹、柄、圈足的不同，分两亚型。

Aa 型　45 件。依据豆盘由折变微折，再变弧腹至斜腹，盘由深变浅，柄由短粗变细高，柄中空由粗变细至无孔实柄，分十二式。

Ⅰ式　2 件。

M468：3，泥质灰陶微泛黄，陶质显软。直沿外侈，折腹斜弧向底收，底微凹弧，喇叭形柄座，座沿弧上凸，盘与座之间有凸起圆箍。高 10.8、口径 18、座径 10 厘米（图三〇，1；彩版三一，4）。

Ⅱ式　1 件。

图三〇　周墓出土 Aa 型陶豆

1. Ⅰ式（M468：3）　　2. Ⅱ式（M481：2）　　3. Ⅲ式（M474：3）　　4、5. Ⅳ式（M473：1、M460：3）　　6、7. Ⅴ式
（M29：4、M489：1）　　8～10. Ⅵ式（M113：3、M270：1、M519：3）

M481：2，泥质灰褐陶，陶质略软，外表有一层黑衣。敞口，沿壁至底斜折弧收，盘底下凹弧，短柄，柄中有一道浅圆箍，喇叭形柄座。高 10.8、口径 17、座径 9.9 厘米（图三〇，2；彩版三一，5）。

Ⅲ式　1 件。

M474：3，泥质灰褐陶，陶质略软，外表有一层黑衣。敞口，凸沿，沿面有一道凹槽，腹壁至底微折弧收，盘底下凹弧，短柄，喇叭形座已残。残高 6.2、口径 18.2 厘米（图三〇，3）。

Ⅳ式　3 件，分别为 M473：1、M460：2、M460：3。

M473：1，泥质灰黄陶，陶质略软，黑衣脱落。盘、柄与座分体轮制。敞口，尖沿，弧斜腹深腹盘，圆柱状短柄，柄中空较粗，喇叭形小座。高 11.3、口径 14、座径 7 厘米（图三〇，4；彩版三一，6）。

M460：3，泥质灰黄陶，陶质略软，黑衣大部脱落。盘、柄与座分体轮制。敞口，圆唇，斜弧腹盘较深，圆柱状短柄，柄中空较粗，喇叭形小座。高8、口径11.6、座径5.9厘米（图三○，5；彩版三二，1）。

V式　4件，分别为M29：3、M29：4、M489：1、M489：2。

M29：4，泥质灰陶，陶质较软，黑衣少部脱落。盘轮制，柄、座模制。敞口，尖唇，斜弧腹，柄上粗下细，下部中空，喇叭形座。高14～14.2、口径13、座径7.8厘米（图三○，6；彩版三二，2）。

M489：1，泥质灰陶，陶质略软，黑衣脱落。盘、柄与座分体轮制。敞口，尖唇，斜弧腹盘较深，圆柱状短柄，柄中空较粗，喇叭形小座。高9.8、口径12.1、座径6.3厘米（图三○，7；彩版三二，3）。

Ⅵ式　6件，分别为M32：2、M113：2、M113：3、M270：1、M519：2、M519：3。

M113：3，泥质灰陶，陶质较软，黑衣大部脱落。盘与柄、座分体轮制。敞口，尖沿，浅弧盘，柄中空，喇叭形座。高11、口径15.2、座径7厘米（图三○，8；彩版三二，4）。

M270：1，泥质灰黑陶，陶质略软，黑衣少部脱落。盘与柄、座分体轮制。敞口，圆唇，浅弧盘，柄上细下粗，下半部中空，喇叭形座。高12.8～13、口径12.8、座径6.9厘米（图三○，9）。

M519：3，泥质灰陶，黑衣脱尽，陶质较软。盘与柄、座分体轮制。敞口，圆沿，深弧腹盘，圆柱形短柄，柄中空较宽，喇叭形座。高11、口径14、座径8.2厘米（图三○，10；彩版三二，5）。

Ⅶ式　7件，分别为M209：3、M209：5、M326：3、M326：5、M388：2、M452：2、M503：1。

M209：3，泥质灰褐陶，黑衣少部脱落，陶质较软。盘与柄、座分体轮制。敞口，尖唇，斜腹盘微弧，柄中空上窄下宽，喇叭形座。高12.7～13、口径12.1、座径7.4厘米（图三一，1）。

M326：5，泥质灰褐陶，黑衣脱落，陶质略软。盘与柄、座分体轮制，有明显粘接泥痕。侈口，尖沿，弧腹斜收深盘，斜弧壁，圆柱形短柄，柄内空上细下粗，喇叭形座。高12.4～12.8、口径14.8、座径8.3厘米（图三一，2；彩版三二，6）。

M452：2，泥质灰陶，黑衣脱光，陶质略软。盘与柄、座分体轮制，有明显粘接泥痕。敞口，沿微内敛，圆唇，弧腹斜收深盘，圆柱形短柄，柄内空上细尖下粗，喇叭形座。高11.3、口径14.4、座径6.8厘米（图三一，3；彩版三三，1）。

M503：1，泥质灰褐陶，黑衣大部脱落，陶质略软。盘与柄、座分体轮制，有明显粘接泥痕。敞口，沿微内敛，尖唇，弧腹斜收，深盘，圆柱形短柄，柄内空上细下粗，喇叭形座。高11.2、口径14.4、座径7厘米（彩版三三，2）。

Ⅷ式　6件，分别为M317：2、M455：4、M455：5、M455：6、M455：7、M521：1。

M317：2，泥质灰黄陶，泛白，黑衣脱落。陶质略软。盘与柄、座分体轮制。敞口，圆沿，浅弧盘，圆柱状柄，柄内空上细尖下宽粗，喇叭形座。高10.7～10.9、口径11.9、座径5.7厘米（图三一，4；彩版三三，3）。

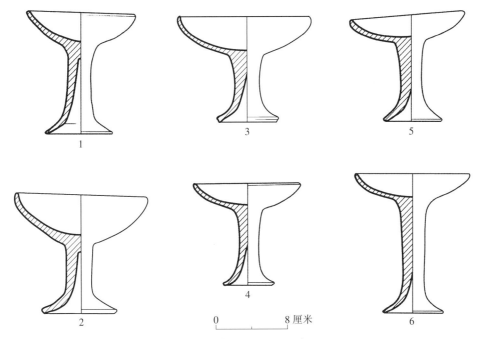

图三一　周墓出土 Aa 型陶豆

1 ~ 3. Ⅶ式（M209：3、M326：5、M452：2）　4. Ⅷ式（M317：2）　5. Ⅸ式（M420：3）　6. Ⅹ式（M146：2）

　　M455：7，泥质灰褐陶，黑衣少部脱落，陶质略软。盘与柄、座分体轮制。敞口，圆沿，斜浅盘，圆柱状柄，柄内空上细下粗，喇叭形座。高 12.1、口径 13.9、座径 7 厘米（彩版三三，4）。

　　M455：5，泥质灰泛黄，黑衣脱落，陶质略软。盘与柄、座分体轮制。敞口，圆沿，弧斜腹盘略深，圆柱状柄较短，柄中空，喇叭形座。高 11.5、口径 13.5、座径 7.4 厘米（彩版三三，5）。

　　M521：1，泥质灰黄陶，黑衣脱落，陶质略软。盘与柄、座分体轮制。敞口，尖沿，浅弧盘，圆柱状高柄，柄中空较细，喇叭形座。高 15.6、口径 14、座径 8.8 厘米（彩版三三，6）。

　　Ⅸ式　3 件，分别为 M420：3、M539：4、M540：1（残）。

　　M420：3，泥质灰褐陶，黑衣大部脱落，陶质松软。敞口，圆唇，浅斜微弧腹盘，细高柄，底部中空，喇叭形柄座。高 11.8、口径 12.6、座径 6.5 厘米（图三一，5；彩版三四，1）。

　　M539：4，泥质灰陶，质松软。敞口，浅弧腹，细高柄，柄上段实心，柄下段中空，上细下粗，喇叭形柄座。高 11.6、口径 12.2、座径 6.8 厘米（彩版三四，2）。

　　Ⅹ式　7 件，分别为 M146：2、M380：4、M380：5、M380：6、M485：5、M518：2（残）、M538：2。

　　M146：2，泥质灰褐陶，黑衣脱尽，陶质较软。盘与柄、足分体轮制。敞口，尖唇，浅弧盘，圆柱状细高柄，柄下部中空，小喇叭形座。高 14.8 ~ 15、口径 12.8、座径 6.7 厘米（图三一，6；彩版三四，3）。

　　M380：4，泥质灰陶，泛白，黑衣脱尽，陶质较软。盘与柄、座分体轮制。敞口，圆沿，深弧腹盘，圆柱形短柄，柄下部中空，喇叭形座。高 11.5、口径 12.8、座径 6.3 厘米（图三二，3）。

　　M485：5，泥质灰陶，黑衣大部脱落，陶质较软。盘与柄、足分体轮制。敞口，尖唇，斜弧壁浅弧盘，圆柱状细高柄，柄下部中空，小喇叭形座。高 19.6、口径 16.6、座径 11.1 厘米（图三

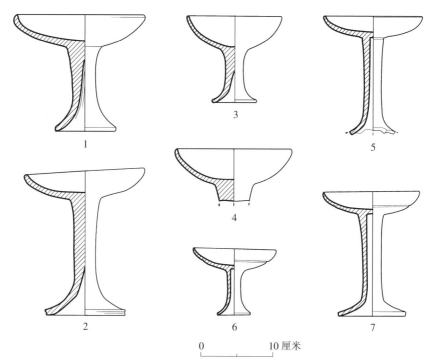

图三二 周墓出土 Aa 型陶豆

1~3. X 式（M538：2、M485：5、M380：4） 4、5. XI 式（M396：1、M536：4） 6、7. XII 式（M522：4、M522：3

二，2）。

M538：2，泥质灰陶，质地显软。敞口，弧斜壁浅盘，细高柄，喇叭形圈足，柄上细下粗。高15.5、口径 17.5、座径 8 厘米（图三二，1；彩版三四，4）。

XI 式 2 件。

M396：1，泥质灰褐陶，黑衣脱落，陶质略软。轮制。敞口，尖唇，浅弧腹盘，圆柱形柄，柄与座残。口径 16.2 厘米（图三二，4）。

M536：4，泥质褐红陶，陶质略软，器表有黑衣。盘口至底斜弧收，细高圆柄，喇叭形座。残高 16、口径 14 厘米（图三二，5；彩版三四，5）。

XII 式 3 件，分别为 M90：1、M522：3、M522：4。

M522：3，泥质灰陶，陶质较软。敞口，弧斜壁浅盘，细高柄，喇叭形圈足，柄较细。高16.7、口径 13.4、座径 9.4 厘米（图三二，7；彩版三五，1）。

M522：4，泥质灰陶，质地显软，黑衣脱落。敞口，弧斜壁浅盘，细矮柄，喇叭形圈足，柄较细。高 9.1、口径 11.5、座径 4.6 厘米（图三二，6）。

Ab 型 5 件。据盘腹由弧变折，分两式。

I 式 1 件。

M169：4，泥质灰陶泛白，黑衣脱落，陶质较软。盘与柄、座分体轮制。敞口微内敛，圆唇，斜弧盘壁，圆柱状柄，柄中空上细下粗，喇叭形座，座沿上凸。高 13~13.4、口径 15.7、座径8.8 厘米（图三三，1；彩版三五，2）。

II 式 4 件。均出于 M174。

M174：4，泥质灰陶泛白，黑衣大部脱落，陶质较软。盘与柄、座分体轮制。口微敞，圆唇，直腹微斜，盘腹折斜收至底，圆柱状短柄，柄中空较粗，喇叭形座，座沿上卷。高10.4～11.5、口径14.8、座径7.8厘米（图三三，2；彩版三五，3）。

B型　1件。

M21：1，泥质灰陶，黑衣大部脱落，陶质较软。盘与柄足分体轮制。敛口，尖沿，深弧腹，短柄，覆盘形座。高8.3～8.8、口径13.4、座径9厘米（图三三，3；彩版三五，4）。

C型　1件。

M100：2，泥质灰褐陶，黑衣大部脱落，陶质较软。身、圈足分体轮制。子母口内敛，圆沿，斜肩外折，弧鼓腹，圜底，喇叭状矮圈足。高16.7、口径16.8、腹径19.6、座径12.2厘米（图三三，4；彩版三五，5）。

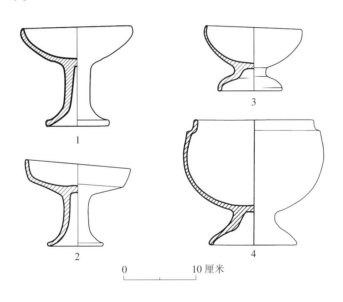

图三三　周墓出土陶豆

1. Ab型Ⅰ式（M169：4）　2. Ab型Ⅱ式（M174：4）　3. B型（M21：1）　4. C型（M100：2）

盆　1件。

M455：1，泥质灰褐陶，黑衣脱落。身轮制，足手制。直口，平沿，圆唇，颈微束，削肩，深弧腹，上腹微鼓，下腹弧收，圜底，底部有三乳丁足。肩部有六道凹弦纹，腹饰斜绳纹。高19.8、口径34.3厘米（图三四，1；彩版三五，6）。

釜　2件。

M174：8，泥质灰褐陶，黑衣脱落。轮制。侈口，平沿，方唇，束颈，溜肩，扁鼓腹，圜底。颈与肩相交处微凹。肩至上腹饰竖绳纹，中腹至下腹有密集的按压凹窝。高17.6、口径18、腹径22厘米（图三四，2）。

M174：9，夹砂灰褐陶，黑衣脱落。轮制。侈口，圆沿，尖唇，束颈，扁鼓腹，圜底。肩至上腹饰竖绳纹，中腹至下腹有密集的按压凹窝。高17.1、口径18.4、腹径22.8厘米（图三四，3；彩版三六，1）。

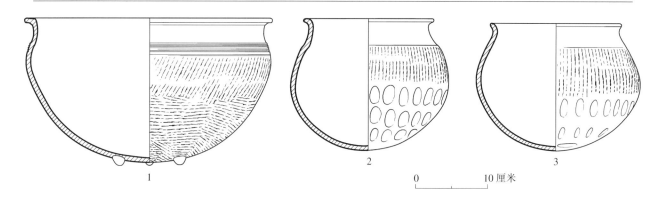

图三四　周墓出土陶盆、釜
1. 盆（M455：1）　2、3. 釜（M174：8、9）

2. 陶礼器

78 件，器类有鼎、敦、壶、盉、盘、匜、盏，其中残 3 件。分别出自 13 座墓。

鼎　28 件。出于 19 座墓，其中出 1 件有 11 座墓，出 2 件 7 墓，出 3 件 1 墓。根据双耳与无耳的不同，分两型。

A 型　21 件。双耳。据方耳与圆耳、大敞口与小圆口的区别，分两亚型。

Aa 型　20 件。敞口方耳盆形鼎，分别出自 12 座墓。一墓出 2 件有 8 座，一墓出 1 件有 4 座。依据其腹部由深变浅，底部由圜变平，腹下部由有拍印斜绳纹至无纹，足由圆柱腿蹄足变削腿蹄足，腿由矮变高，分五式。

Ⅰ式　1 件。

M434：1，泥质灰褐陶，黑衣脱落，陶质较软。身、盖轮制，耳、足、盖、纽模制。口微敛，子口，平肩，腹壁较直，圜底。长方附耳微外仰，耳外侧中、下部开长方形穿孔，三蹄足微外撇，胫呈圆形。中腹饰一道凹弦纹，下腹及底饰横斜绳纹。盖直口，平沿，折壁，弧顶，周边施三个等距横扁纽。通高 25.4、口径 19、腹径 22.4 厘米（图三五，1；彩版三六，2）。

Ⅱ式　2 件，分别为 M500：3、M500：5。

M500：3，身、盖、耳泥质褐陶，足夹砂褐陶。身、盖轮制，耳、足模制，盖纽手制。口内敛，折肩，浅腹，壁较直，圜底。附对称二环耳微外撇，三足略直立，膝凸起，胫呈六棱形，足尖外撇。上腹、耳、盖黑衣上涂白，腹饰一道凸棱纹。盖侈口，尖唇，弧顶。盖周边施三横泥条纽，中心施一乳突状纽，泥条纽际、顶中各饰一道凹弦纹。通高 21、口径 17.1、腹径 20.9 厘米（图三五，2；彩版三六，3）。

Ⅲ式　5 件，分别为 M418：3、M418：4、M424：4、M424：5、M485：2。

M418：3，泥质灰褐陶，黑衣大部脱落，陶质较软。身、盖轮制，耳、足模制。口微敛，子口，折肩，直深腹，圜底。二长方形附耳微外仰，耳中开长方形方孔，三蹄足直立。上腹饰两道凹弦纹。盖敞口，弧壁，已残。通高 29.2、口径 27.6、腹径 30 厘米（图三五，3）。

M424：5，器身泥质灰褐，足夹砂灰褐陶，黑衣大部脱落，陶质较软。身轮制、耳、足模制。口微敛，折肩，弧腹，圜底。二长方形附耳微外仰，中部至下开长方孔，三蹄足直立。中腹饰一

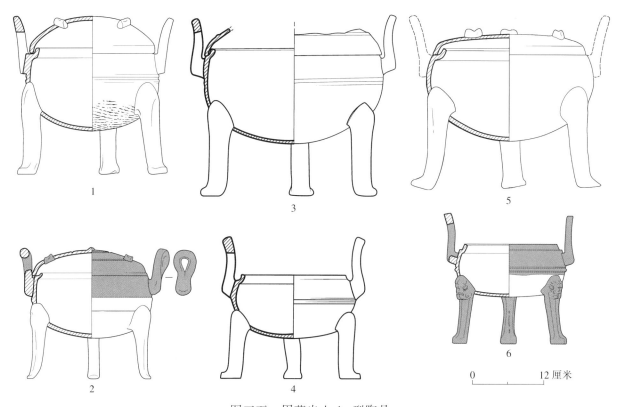

图三五　周墓出土 Aa 型陶鼎

1. Ⅰ式（M434∶1）　2. Ⅱ式（M500∶3）　3～5. Ⅲ式（M418∶3、M424∶5、M485∶2）　6. Ⅳ式（M495∶1）

组两道凹弦纹。通高 22.7、口径 17.6、腹径 20.8 厘米（图三五，4）。

M485∶2，泥质灰褐陶，足夹砂，黑衣大部脱落，陶质较软。身、盖轮制，耳、足模制，盖纽手制。口微敛，子口，折肩，浅鼓腹，圜底。二长方形附耳残，足膝部微残凸，胫圆形，蹄足外撇。盖侈口，平沿，折壁，顶微弧，周边施三个中间下凹的横扁纽。纽际顶中各饰一道凹弦纹。通高 25.2、口径 22.2、腹径 27.9 厘米（图三五，5；彩版三六，4）。

Ⅳ式　7 件，分别为 M419∶3、M419∶4、M462∶6、M462∶7、M495∶1、M495∶4、M519∶5。

M419∶3，耳、足残。泥质灰褐陶，黑衣大部脱落，陶质较软。身、盖轮制。口内敛，平肩，腹壁较直，圜底。中腹饰一道凸棱。盖敞口，弧壁，弧顶，顶饰一周矮圈足式捉手，纽残。残高 12.8、口径 18.4、腹径 18.2 厘米。

M495∶1，泥质褐陶，黑衣大部脱落，陶质较软。身、盖轮制，耳、足模制。口微敛，子口，浅弧腹，圜底近平。二长方形附耳微外撇，中间开长方形孔，足膝部作浅浮雕人面，胫内侧平，外侧略圆，蹄足外撇。上腹、耳、足在黑衣上涂白，腹饰一道凸弦纹。通高 20.7、口径 15.6、腹径 18 厘米（图三五，6；彩版三六，5）。

Ⅴ式　5 件，分别为 M415∶3、M415∶4、M438∶1、M438∶2、M463∶1。

M415∶3，泥质褐陶，黑衣大部脱落，陶质较软。身、盖轮制，耳、足模制，盖纽手制。子口微敛，折肩，腹微鼓，圜底。耳失，足膝部作兽面，胫作六棱形，足掌直立。腹饰一道凸棱纹。盖敞口，弧壁，弧顶。周边施三等距尖扁纽，中心施一横扁纽，三组中间绕横扁纽各饰一组两道凹弦纹。通高21.1、口径15.8、盖口径18.3厘米（图三六，1）。

M415：4，泥质褐陶，黑衣大部脱落，陶质较软。身、盖轮制，耳、足模制，盖纽手制。子口微敛，斜折肩，浅腹，腹壁较直，圜底。长方形附耳外撇，耳面开长方形孔，足膝部作兽面，胫作六棱形，足掌直立。腹饰一道凸棱纹。盖敞口，弧壁，弧顶。周边施三等距尖扁纽，中心施一横扁纽。三纽中间绕横扁纽各饰一组两道凹弦纹。通高26.7、口径22.3、腹径25.8厘米（图三六，2；彩版三六，6）。

M463：1，身泥质灰陶，足夹砂灰陶，黑衣大部脱落，陶质较软。身轮制，耳、足模制。口微敛，平肩，直腹较浅，平底。对称双环耳外仰，足膝部作微凸，作模糊状兽面，圆胫，足掌外撇。通高约22.6、口径18.6厘米（图三六，3）。

Ab型　1件。小口圆耳罐形鼎。

M418：7，泥质灰褐陶，黑衣大部脱落，陶质较软。身轮制，耳、足模制。直口，平沿，尖唇，短颈，溜肩，圆鼓腹，圜底。附对称折二环耳，三蹄足直立，足尖外撇。耳际饰两道凹弦纹。通高26.4、口径11.6、腹径22.4厘米（图三六，4；彩版三七，1）。

B型　7件。无耳釜形鼎，分别出于7座墓，型式可辨者4件，式别不明3件。值得注意的是B型鼎与日用陶器盂、罐构成组合，似不属于陶礼器，应有取代鬲的性质。据其口沿由厚变薄，唇部由圆变尖，腹部由深变浅，腹下部横绳纹由深变浅至无纹，由圆柱状足变为蹄形足至削蹄足，再至外撇尖足的变化，分四式。

I式　1件。

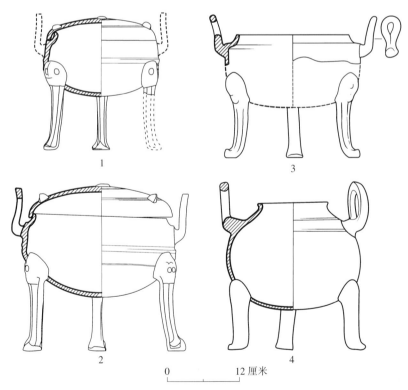

图三六　周墓出土A型陶鼎

1~3. Aa型V式（M415：3、M415：4、M463：1）　4. Ab型（M418：7）

M530：1，夹砂浅灰陶，陶质显软，黑衣脱落。外折平窄沿，沿下微凹弧，弧腹，圜底近平，三圆柱形蹄状足。下腹饰横印交错绳纹。高20.8、口径23.8、腹径24.8厘米（图三七，1；彩版三七，2）。

Ⅱ式 1件。

M448：3，泥质灰陶泛白，陶质显软，黑衣脱尽。身轮制，足模制。口微侈，外折沿微仰，沿下微凹弧，弧腹微鼓，圜底。三圆柱形蹄状足，膝部凸起。上腹饰稀疏竖绳纹，下腹及底饰横印交错绳纹。高18.6、口径23.7、腹径22.6厘米（图三七，2；彩版三七，3）。

Ⅲ式 1件。

M172：1，夹砂灰陶，黑衣大部脱落。身轮制。足模制。侈口，仰折沿，圆唇，束颈，溜肩，弧腹，圜底，三蹄足直立。肩饰两道凸棱纹。高17.1、口径20.3、腹径21厘米（图三七，3；彩版三七，4）。

Ⅳ式 1件。

M498：3，夹砂灰陶，陶质略软。口微敛，沿微上折仰，沿下内束，腹微鼓，圜底。三蹄足直立，胫呈六棱形，膝部突起，足尖外撇。高15.7、口径20.4、腹径20.9厘米（图三七，4；彩版三七，5）。

M136：1、M214：1、M396：3，已残，式别不明。

敦 19件。其中残4件。分别出自11座墓，其中一墓出2件的有8座，一墓出1件有3座。型式可辨15件，不明型式4件。据其兽形足与蹄形足的区别，分两型。

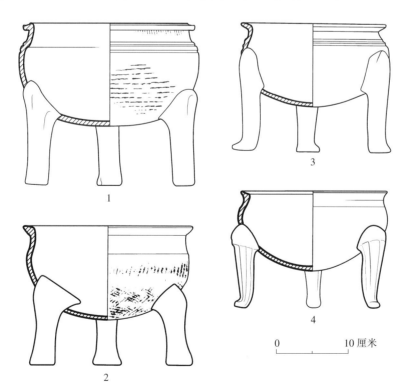

图三七 周墓出土B型陶鼎
1. Ⅰ式（M530：1） 2. Ⅱ式（M448：3） 3. Ⅲ式（M172：1） 4. Ⅳ式（M498：3）

A 型 13 件。兽形纽足。据其形体由纵椭圆变纵长圆、顶部由圆弧变尖弧，分五式。

Ⅰ式 2 件，分别为 M500：4、M500：8。

M500：4，泥质灰褐陶，黑衣大部脱落，纽、足近口沿处黑衣上涂白。底、盖轮制，纽、足模制。底、盖略等大，扣合呈椭圆形。侈口内钩，仰沿，尖唇。纽、足同作兽形。底盖腹中部各饰两道凹弦纹。通高 27.8、口径 20.6 厘米（图三八，1；彩版三七，6）。

Ⅱ式 3 件，分别为 M462：2、M462：8、M463：2。

M462：2，泥质灰陶，黑衣大部脱落。底、盖轮制，纽、足模制。底、盖体量相等，扣合呈椭圆形。敞口，底口沿面有浅凹槽，盖沿较平。纽、足同作兽形。底、盖近口处各饰一道凹弦纹。通高 27.6、口径 20.4 厘米（图三八，2）。

M463：2，泥质灰陶，黑衣大部脱落。底、盖轮制，纽、足模制。底、盖体量相等，扣合呈椭圆形。敞口，底口沿面有浅凹槽，盖沿较平。纽、足同作兽形。底、盖近口处各饰一道凹弦纹。通高约 27、口径 19.6 厘米（图三八，3）。

Ⅲ式 2 件，分别为 M495：3、M495：6。

M495：3，泥质灰褐陶，黑衣大部脱落。底、盖轮制，纽、足模制，耳手制。底、盖体量相等，扣合呈椭圆形。敞口，底口沿面较平。纽、足同作兽形。通高 24.8、口径 17.4 厘米（图三八，4；彩版三八，1）。

Ⅳ式 4 件，分别为 M415：7、M415：8、M438：3、M438：4。

M415：7，泥质褐陶，黑衣大部脱落。身轮制，纽、足模制。底、盖体量相等，扣合呈长椭圆形。敞口，底口沿面微内斜。纽、足同作兽形。通高 22.8、口径 17.8 厘米（图三八，5；彩版三八，2）。

M438：3，泥质灰褐陶，黑衣大部脱落。身轮制，纽、足模制。底、盖体量相等，扣合呈长椭圆形。敞口，底口沿面微内斜。纽、足同作兽形。通高 25.6、口径 18 厘米（图三八，6）。

Ⅴ式 2 件，分别为 M419：2、M419：5。

M419：2，泥质灰褐陶，黑衣大部脱落。身轮制，纽、足模制。底、盖体量相等，扣合呈长椭圆形，顶、底面微尖。敞口，底、口沿面较平。纽、足同作兽形。通高 22.4、口径 18 厘米（图三八，7）。

B 型 6 件。有 4 件式别不明。蹄形足。据其身由胖椭圆变瘦长椭圆，分两式。

Ⅰ式 1 件。

M418：5，泥质灰陶，黑衣大部脱落。身轮制，纽、足模制，耳手制。盖、底体量相等，扣合呈长椭圆形，顶、底面圆弧。敞口，底、口沿面较平。盖、顶近口沿处各施对称两圆纽，纽、足同作侧扁蹄形。纽、足际各饰一道凹弦纹。通高 29、口径 20.8 厘米（图三八，8）。

Ⅱ式 1 件。

M519：4，泥质灰陶，黑衣大部脱落。身轮制，纽、足模制。盖、底体量相等，扣合呈长椭圆形，顶、底面尖弧。器身敞口，口沿面较平，三足同作侧扁蹄形。纽、足际各饰一道凹弦纹。残高 16.5、口径 14.4 厘米（图三八，9）。

4 件已残，为 M424：6、M424：7、M522：5、M522：6，式别不明。

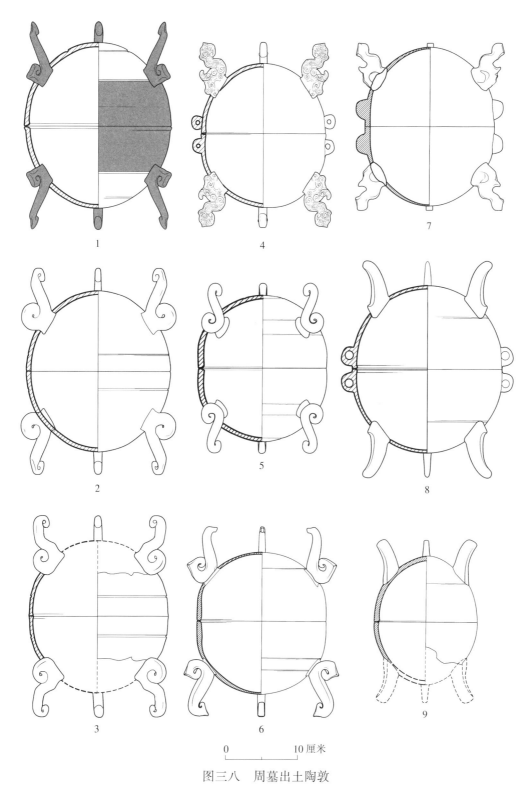

图三八 周墓出土陶敦

1. A 型 Ⅰ 式（M500：4） 2、3. A 型 Ⅱ 式（M462：2、M463：2） 4. A 型 Ⅲ 式（M495：3） 5、6. A 型 Ⅳ 式
（M415：7、M438：3） 7. A 型 Ⅴ 式（M419：2） 8. B 型 Ⅰ 式（M418：5） 9. B 型 Ⅱ 式（M519：4）

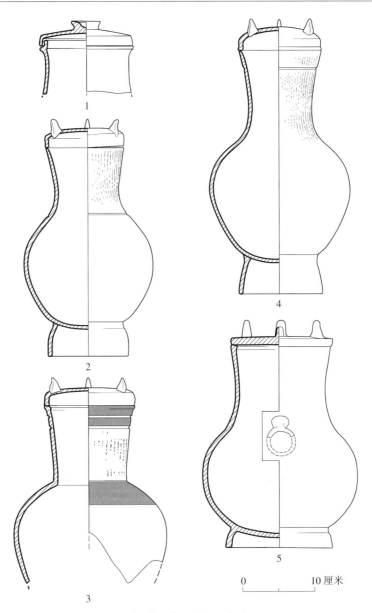

图三九　周墓出土陶壶

1. Ⅰ式（M209：1）　　2、3. Ⅱ式（M463：3、M500：1）　　4、5. Ⅲ式（M462：4、M485：1）

壶　23件。其中残、式别不明5件。分别出自14座墓，其中出1件有5墓，出2件有9墓。据其颈部由短直变细弧束，腹部由圆胖变尖瘦，圈足由矮变高，分六式。

Ⅰ式　1件。

M209：1，泥质灰褐陶，黑衣少量脱落。轮制。直口，圆沿，颈上部内有凹槽，口沿外起宽凸棱似子口承盖，圆筒直颈，颈以下残失。有盖，盖沿直，折壁，面微弧，顶部施一圈足纽。残高10、口径12.4厘米（图三九，1）。

Ⅱ式　3件，分别为M463：3、M500：1、M500：6。

M463：3，泥质灰陶，黑衣大部脱落。身、圈足、盖轮制，盖纽手制。侈口，尖沿，长束颈，溜肩，鼓腹，圜底，高圈足。颈饰浅竖绳纹，肩饰一周凹弦纹。盖直口，圆沿，折壁弧顶，周边施三个菱形纽。通高 31.9、口径 11、腹径 18、圈足径 11.3 厘米（图三九，2；彩版三八，3）。

M500：1，泥质灰褐陶，陶质较软，黑衣大部脱落，颈上部、肩黑衣上涂白。轮制。微侈口，沿面微内斜，圆筒形长颈较上式显细，溜肩，鼓腹下收，下腹、底残。颈上部饰两道凹弦纹、中、下部浅刻竖绳纹。盖直口，平沿，直壁，平顶，顶面有三尖棱形纽。残高 27.6、口径 12.7、腹径 21.3 厘米（图三九，3）。

Ⅲ式 3 件，分别为 M462：4、M462：5、M485：1。

M462：4，身泥质黄陶，黑衣脱落，盖泥质灰陶，陶质略软。身、圈足、盖轮制，盖纽手制。侈口，尖唇，圆筒形长束颈，溜肩，鼓腹下收，圜底，高圈足。颈外饰浅细竖绳纹间一道凹弦纹。盖直口，尖唇，折壁，弧顶，顶边施三等距尖棱纽。通高 36.8、口径 11.4、腹径 19.6、圈足径 11.6 厘米（图三九，4；彩版三八，4）。

M485：1，泥质灰褐陶，黑衣少部脱落，陶质略软。身、圈足、盖分体轮制，盖纽手制。侈口内钩，沿微仰，圆筒形高颈较粗，溜肩，鼓腹，圜底，矮圈足外撇。肩附对称铺首衔环。圆饼形盖，盖面较平，周边有三尖棱纽。通高 30.4、口径 13.9、腹径 21.6、圈足径 14.8 厘米（图三九，5）。

Ⅳ式 8 件，分别为 M418：1、M418：2、M419：1、M419：6、M438：5、M438：6、M495：2、M495：5。

M418：2，泥质灰褐陶，黑衣少量脱落，陶质略软。身、圈足、盖分体轮制，纽、耳模制。侈口，平沿，圆筒形颈上细下粗，削肩，长鼓腹下收，矮圈足直立。肩部有侧立对称双扁耳。肩、上腹、中腹各饰一道凹弦纹。盖子口，弧隆顶，周边立三个凸榫穿孔扁纽。通高 40.5、口径 11.6、腹径 25.2、圈足径 14.2 厘米（图四〇，1；彩版三八，5）。

M419：6，泥质灰褐黄陶，黑衣大部脱落，陶质略软。身、圈足、盖分体轮制，盖纽手制。侈口，窄平沿，圆筒形颈微束，近肩部较粗，削肩，长鼓腹下收，矮圈足直立。肩、上腹、中腹各饰一道凹弦纹。盖子口，弧隆顶，周边立三个等距尖棱纽。通高 28、口径 8.6、腹径 18、圈足径 9.4 厘米（图四〇，2）。

M438：5，泥质灰褐陶，黑衣少量脱落，陶质略软。身与圈足分体轮制，耳环手制。微侈口，圆沿，圆筒形颈内束，溜肩，椭圆形长鼓腹，微内凹圜底，圈足直立。肩塑铺首衔环。肩、上腹各饰一道凹弦纹。高 34.6～35.8、口径 12.2、腹径 23.6、圈足径 12.4 厘米（图四〇，3）。

M495：5，泥质褐陶，黑衣少部脱落，陶质略软。身、圈足、盖分体轮制，盖纽模制。侈口，平沿，圆筒形高颈微内束，削肩，椭圆腹，圜底，矮圈足直立。颈肩各饰两道，上、中、下腹各饰一道凹弦纹。圆饼形盖，盖面微弧，盖边立三鸟形纽。通高 31.6、口径 9.3、腹径 17.8、圈足径 11.5 厘米（图四〇，4；彩版三九，1）。

Ⅴ式 2 件，分别为 M415：1、M415：2。

M415：1，泥质褐黄陶，黑衣少量脱落，陶质略软。身与圈足分体轮制，盖纽手制。微侈口，窄平沿，尖唇，圆筒形细颈内束，溜肩，鼓腹下收，内凹圜底，圈足直立。肩、中腹各饰一组两道凹弦纹，下腹饰一道凹弦纹。盖圆饼状微隆弧，周沿立三尖圆纽，中间饰一周凹弦纹。通高 32.8、口径 9.2、腹径 19.6、圈足径 9.2 厘米（图四〇，5；彩版三九，2）。

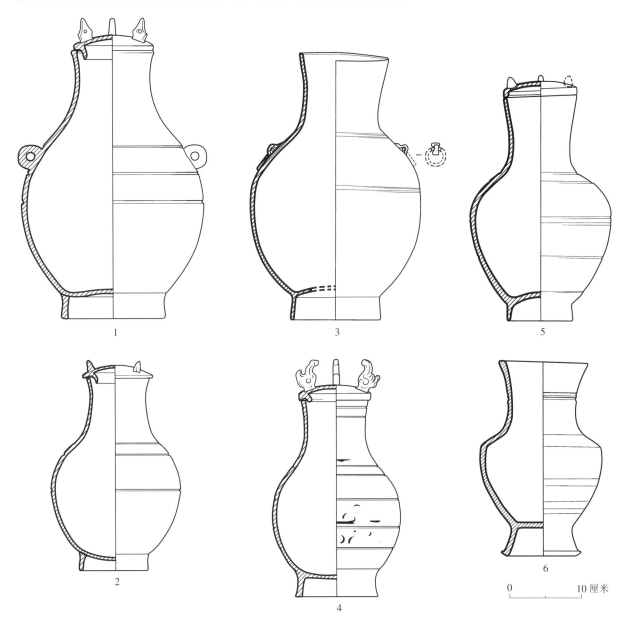

图四〇　周墓出土陶壶
1~4. Ⅳ式（M418：2、M419：6、M438：5、M495：5）　5. Ⅴ式（M415：1）　6. Ⅵ式（M169：2）

Ⅵ式　1件。

M169：2，泥质黑灰陶，黑衣少部脱落。身与圈足分体轮轮制。器内外有密集旋痕。侈口，平沿，尖唇，束颈较长，溜肩，鼓腹下收，颈与肩交接处下凹，平底，圈足着地沿尖而上翻。颈部饰两道凹弦纹。高25.7~26、口径11.4、腹径17、圈足径11厘米（图四〇，6；彩版三九，3）。

M380：3、M424：1、M424：2、M522：1、M522：2，5件已残碎，式别不明。

盉　1件。

M418：6，夹砂灰褐陶，陶质略软，黑衣大部脱落。身盖轮制，提梁、足、纽手制。微敛小口，直沿，溜肩，弧鼓腹，圜底。肩部有半环形提梁，提梁横断面呈圆形，两端假流一作兽头一

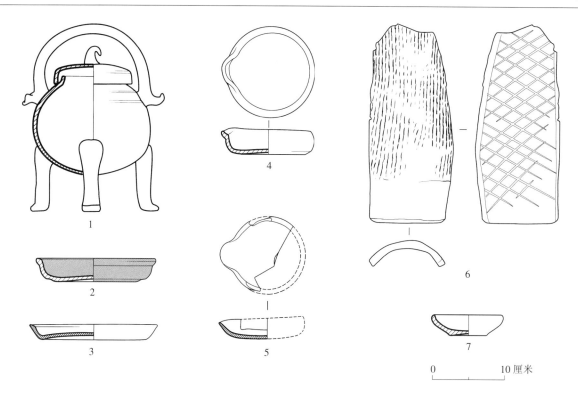

图四一 周墓出土陶器

1. 盉（M418：6） 2. Ⅰ式盘（M500：7） 3. Ⅱ式盘（M415：9） 4. Ⅰ式匜（M500：9）
5. Ⅱ式匜（M415：10） 6. 筒瓦（M496：4） 7. 盏（M420：5）

作兽尾，三圆柱形蹄足足尖外撇。假流际饰两道凹弦纹。盖直口，直壁，微弧顶，顶中心施一兽尾状纽。通高25、口径8.8、腹径16.5厘米（图四一，1；彩版三九，4）。

盘 3件。分别出自3座墓，1件式别不明。据盘沿由外折斜仰变无沿唇部斜侈，腹由深变浅，胎壁由厚变薄，分两式。

Ⅰ式 1件。

M500：7，泥质灰褐陶，黑衣大部脱落，黑衣上涂白，陶质较软。轮制。沿外凸仰，斜腹，平底微内凹。高3.1、口径16.7、底径11.2厘米（图四一，2）。

Ⅱ式 1件。

M415：9，泥质褐陶，陶质较软，黑衣脱尽。轮制。侈口，沿面内斜，尖唇，斜腹，平底内凹。高2、口径17.8、底径14.6厘米（图四一，3）。

M424：3，已成碎片，式别不明。

匜 3件。分别出自3座墓，1件式别不明。据流外折前侈变斜仰，腹部由深变浅，分两式。

Ⅰ式 1件。

M500：9，泥质灰陶，黑衣大部脱落，陶质较软。轮制。敛口，圆唇，鼓腹，平底微内凹，短流。高3.4、口径10.3、腹径12.3、底径8.9、流长1.5厘米（图四一，4）。

Ⅱ式 1件。

M415：10，泥质褐陶，黑衣脱落，陶质显软。圆形，敛口，平底，短流。高2.4、口径11.5、流长2厘米（图四一，5）。

M424：8，已成碎片，式别不明。

盏 1件。

M420：5，泥质灰陶，黑衣大部脱落，陶质较软。轮制。敞口，圆沿，斜弧腹，平底微内凹。高3、口径9.6、底径5.1厘米（图四一，7）。

3. 建筑材料

筒瓦 1件。

M496：4，泥质灰黄陶，黑衣脱落，陶质较软。模制。半圆形，榫肩残。背饰直绳纹，内饰网格纹。残长26.5、宽11.8、厚0.8~1厘米（图四一，6；彩版三九，5）。

（二）铜器

共21件。分别出自18座墓。有生活用具3件，服饰器3件，兵器12件，车马器2件，钱币1件（30枚）。

1. 生活用器

3件。分别出自3座墓。器类有铺首、削刀、铜片。

铺首 1件。

M21：3，为漆奁铺首，体量很小，铺首似小人形鼻，鼻上有一圆圈。铺首下有圆钉可嵌入奁内。圆圈直径2、圈剖面直径0.3厘米（图四二，3；彩版四〇，1）。

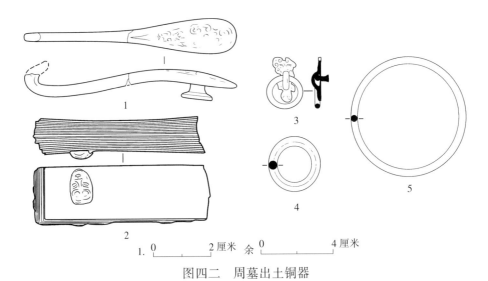

图四二 周墓出土铜器

1. 带钩（M223：1） 2. 铜片（M174：2） 3. 铺首（M21：3） 4、5. 环（M491：4-1、M491：4-2）

削刀 1件。

M439：5，铜质椭圆形柄，铁身呈长条形，尖锋已残。通长11.5、身长9、柄径2.9~3.7厘米。

铜片 1件。

M174：2，长方形，由多块薄铜片垒叠黏在一起，上黏附有一枚蚁鼻钱，叠加厚1.5~1.8厘米。长 9.3、宽 2.85、单薄片厚 0.5 厘米（图四二，2）。

2. 服饰器

3 件。分别出自 3 座墓，器类有带钩、环。

带钩　2 件。

M223：1，琵琶形，勾体呈细直条状，钩端向上卷曲成钩，下有铆钉状圆纽，腹部内凹成槽状。长 7.5、腹宽 1.1、厚 0.4 厘米（图四二，1；彩版四○，2）。

M469：2，似圆纽扣形，扣面有阴凹鸟形图案，钩体很短，钩反向侧弯。通长 1.7、扣纽径 1.7 厘米（彩版四○，3）。

环　1 号 2 件。

M491：4-1，圆环形，环剖面呈圆形。直径 3、内径 2、剖面厚 0.5 厘米（图四二，4；彩版四○，4）。

M491：4-2，圆圈形，横剖面呈圆形，较细。直径 6.5、剖面直径 0.4 厘米（图四二，5；彩版四○，5）。

3. 兵器

12 件。分别出于 12 座墓。器类有剑、戈、镞。

剑　4 件。分别出于 4 座墓。根据剑柄的不同，分两式。

Ⅰ式　2 件。

M415：6，残存剑茎，喇叭座形首，无箍，柄中空。残长 5、首茎 3.6、茎空 1.6~2.1 厘米。

M462：3，圆形实茎，喇叭座形首，平肩窄格，无箍，矮脊，剑身前窄后宽，锋后微束。有剑鞘，已朽。通长 40.4、茎长 8.4、身长 32、首径 3.3 厘米（图四三，1；彩版四○，6）。

Ⅱ式　2 件。

M439：1，喇叭座形圆首，细圆柄，实茎，双箍，素面格。浅脊，平从微斜，双面刃，尖锋，保存如新。有鞘，鞘已腐。通长 55、茎长 9、身长 46、首径 4 厘米（图四三，3；彩版四○，7、8）。

M500：2，喇叭座形圆首，细圆柄，实茎，双箍，素面格。浅脊，平从微斜，双面刃，尖锋，剑身微弧束。剑鞘已朽。残长 48.7、茎长 8.4、身残长 40.3、首径 3.35 厘米（图四三，2；彩版四○，9、10）。

戈　3 件。

M66：3，似明器。锋已残，阑旁有二假穿，短内，内上有长方形穿，无脊。制作粗糙，有小砂孔。残长 9、内长 4.5、宽 5.3 厘米（图四四，1）。

M298：1，似明器。锋已残，阑有一长方穿和一圆穿，浅脊，弧棱，短内。残长 8.5、内长 3、宽 6 厘米（图四四，2）。

M418：10，形体较小，无脊，两刃前聚，锋已残断，内上有长方形穿，阑旁三穿。戈柲呈圆筒形，筒中间有一小圆孔，形体规整，内残存木杆。柲长 5.1、外直径 2.2、内径 2、壁厚 0.1 厘米。戈残长 17.5、内长 7.5、宽 9.6 厘米（图四四，3；彩版四一，1）。

镞　5 件。

　　M128：2，镞身扁平，三角形棱脊关，两叶如翼，圆形四棱脊关，圆锥形长铤。通长6.8、铤长2.9厘米（图四四，4；彩版四一，2）。

　　M134：2，镞身残断成两段。棱脊，尖棱形镞身，铤已残。残长3.4厘米（图四四，5）。

　　M143：1，四棱形镞身，尖锥铤，锋已残。残长4、铤长2厘米（图四四，6）。

　　M291：2，双翼形，镞身扁平，三角形凸棱脊，两叶如翼，后锋下凸，菱形关，短圆铤。通长6、铤长1.3厘米（图四四，7）。

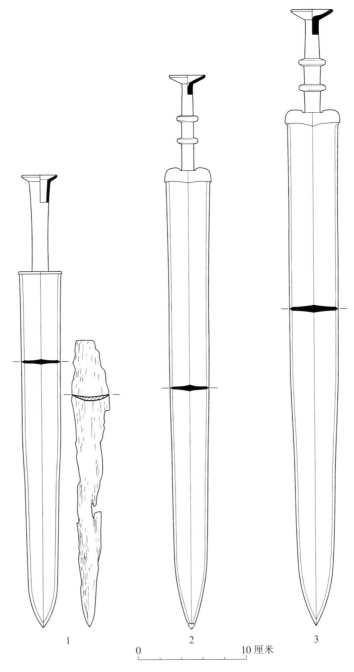

图四三　周墓出土铜剑

1. Ⅰ式（M462：3）　2、3. Ⅱ式（M500：2、M439：1）

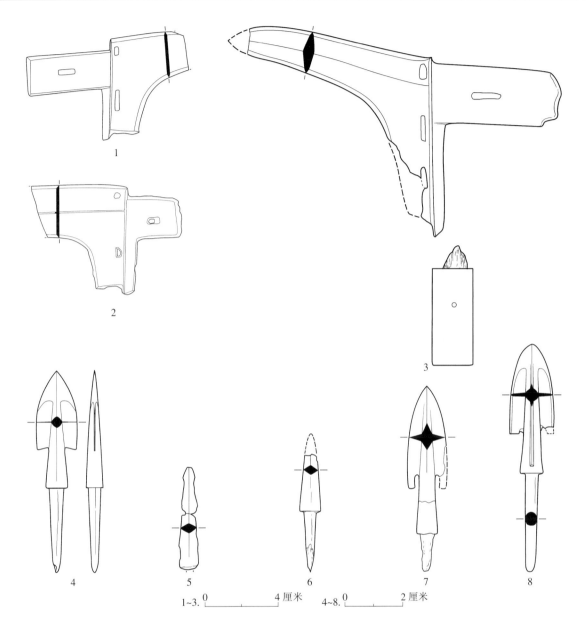

图四四　周墓出土铜戈、镞

1～3. 戈（M66：3、M298：1、M418：10）　4～8. 镞（M128：2、M134：2、M143：1、M291：2、M298：2）

　　M298：2，镞身扁平，凸棱脊，两叶如翼前聚成锋，圆形关，细圆尖锥长铤。通长7.5、铤长3.4厘米（图四四，8；彩版四一，3）。

　　4. 车马器

　　铃　2件（编2号，共17件）。分别出于2座墓。

　　M86：4（8件），形似编钟，体积较小，大小相同，皆为明器。弧纽，身为合瓦形。高3.4厘米（图四五，2）。

　　M491：1（9件），形状大体相同，皆为编钟形，体小轻薄，有5件为横长方形纽，4件为方形圆纽。M491：1-1，高5.6厘米（图四五，1；彩版四一，4、5）。

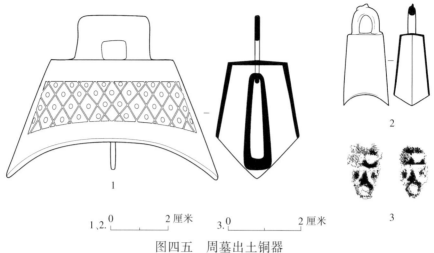

图四五　周墓出土铜器
1、2. 铃（M491：1－1、M86：4－1）　3. 蚁鼻钱（M174：3－1）

5. 钱币

蚁鼻钱　1件（30枚）。

M174：3，形状大小相同，其中1枚黏在铜片上。形似缩小了的面具，一面平，一面弧凸有"哭"字似鬼脸。长1.8～2、宽0.6～1.2、厚0.2厘米（图四五，3）。

（三）铁器

3件。分别出自3座墓。

铁刀　2件。出自2座墓。

M346：2，已锈蚀，残断成6块碎片。背厚，刃薄。宽约2.5厘米。

M432：1，已锈蚀，残断成碎片。小削刀。直尖锋，平背，薄刃。宽约2.5厘米。

铁剪　1件。

M281：2，锈蚀，已残断成数片。剪单叶宽2.1厘米。

（四）锡器

锡片　1件。

M291：3，长方形，用途不明。长10、宽6、厚0.1厘米。

（五）漆器

3件。出自3座墓，分别为M22：2、M418：9、M491：5，均为漆器腐烂痕迹。器形可辨者只有M418：9，是漆奁。

（六）玉石器

42件。出自38座墓。按用途分有装饰品和琀。

1. 装饰品

15 件。出于 12 座墓。器类有璧、玦、璜、环、珠。

石璧　4 件。分别出于 3 座墓。出 1 件 2 座墓，出 2 件 1 座墓。

M126：1、2，两件质色、体量、形状相同。M126：1，白色，质疏松。已碎成三小块，磨光，圆形，中间有一小圆孔。直径 3.4、孔径 0.9、宽 1.3、厚 0.3 厘米（图四六，1）。

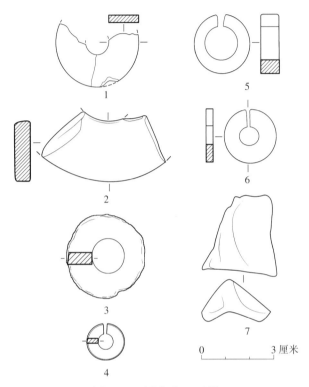

图四六　周墓出土石器

1 ~ 3. 璧（M126：1、M182：2、M491：2）　　4 ~ 6. 玦（M182：1、M328：1、M376：2）　　7. 石块（M291：1）

M182：2，灰透黑。中心有圆孔，已残。宽 2.4、厚 0.8 厘米（图四六，2）。

M491：2，白色。磨制。圆形，中间有圆孔。直径 3.2、孔径 1.4、厚 0.5 厘米（图四六，3）。

石玦　3 件。

M182：1，灰褐色石磨成。圆形。中间有一小圆孔，旁有一小缺口。直径 1.5、孔径 0.5、宽 0.4 厘米（图四六，4）。

M328：1，白泛绿，似大理石质。圆形。直径 2.2、孔径 1.3、宽 0.7、厚 0.75 厘米（图四六，5；彩版四一，6）。

M376：2，白色。圆形，中间有一圆孔。直径 2.2、孔径 0.65、宽 0.65、厚 0.35 厘米（图四六，6；彩版四一，7）。

璜　3 件。

M56：1，表皮白，内灰色，较精致。半圆弧形，两端各有一小圆孔。长 4.5、宽 1.1 厘米（图四七，1；彩版四一，8）。

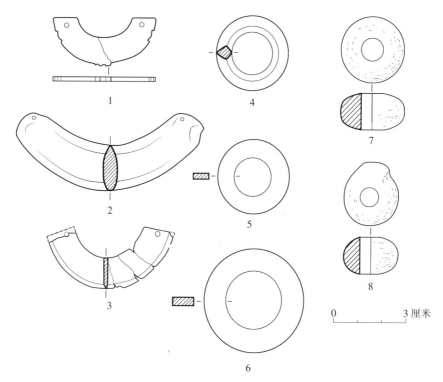

图四七　周墓出土玉石器

1、3. 石璜（M56：1、M286：1）　2. 玉璜（M66：1）　4. 玛瑙环（M21：5）　5、6. 石环（M21：6、M21：7）

7、8. 石珠（M491：3－1、M491：3－2）

M66：1，玉质，黄透红。扁平状，半圆（1/4）形，两端各有一小圆孔，磨光。宽1.8、厚0.6厘米（图四七，2；彩版四一，9）。

M286：1，白色。薄片，半圆环形。已碎成4块，两端各有一个小圆孔，磨光。宽1.3、厚0.15厘米（图四七，3）。

环 3件。同出于M21，形状大小各异。

M21：5，玛瑙质，红色。断面呈菱形。直径3、孔径1.7、厚0.5厘米（图四七，4；彩版四一，10）。

M21：6，似大理石，灰黑泛白。断面呈横长方形。直径3、孔径1.6、厚0.3厘米（图四七，5；彩版四二，1）。

M21：7，石质，黑色。外径4.3、孔径2.4、厚0.4厘米（图四七，6；彩版四二，2）。

石珠 1件2颗。

M491：3－1，砂石质，灰白色，质松疏。圆形，中间有一小圆孔。直径2.5、孔径0.9、厚1.5厘米（图四七，7）。

M491：3－2，算珠形，中间穿一小圆孔。直径2.3、孔径0.7、厚1.5厘米（图四七，8）。

石块 1件。

M291：1，肉黄色。多棱形。长3.3、宽1.7~3.3厘米（图四六，7；彩版四二，3）。

2. 琀

27 件。出于 26 座墓（其中 M63 编号 2 件）。每墓出土数量不等，多者 54 粒，最少者 1 粒，多数为小石子，少数为璜、璧、玦打碎后作琀。

M63：1、2，21 粒。乳白色小棱角形 19 粒；碎玦块 2 粒，白泛绿山。圆形，中间一小圆孔，边有一缺口。M63：2 – 1，直径 2.7、厚 0.5、孔径 0.8 厘米。

M66：2，6 粒。肉色多棱形碎小石（彩版四二，4）。

M84：1，29 粒。白色多棱形小石子（彩版四二，5）。

M110：1，1 粒。薄玉片，白色泛黄。似璜残片。残长 3、宽 1.8 厘米（彩版四二，6）。

M128：1，25 粒。白色碎小石子，多棱形，少圆形，大者如蚕豆，小者似小圆豆（彩版四二，7）。

M134：1，54 粒。纯白色 39 粒，绿色 15 粒。皆碎石子，小粒多为尖棱形，大小相差较大，大粒经磨光（彩版四二，8）。

M143：2，14 粒。白色 10 粒，绿色 4 粒。碎小石粒，多棱形，大者形如蚕豆，小粒似小圆豆（彩版四二，9）。

M148：1，36 粒。多棱形白色小石子，其中两粒为石璧打碎。大者长 2、宽 1.5、厚 0.7 厘米，小者长 1、宽 0.8、厚 0.5 厘米（彩版四二，10）。

M152：1，22 粒。白色石英，多棱小石子。大小不一，大者长 2.2、宽 2.2、厚 1.1 厘米，小者长 1、宽 0.6、厚 0.5 厘米（彩版四二，11）。

M162：1，32 粒。白色石英，豆状小石子，有椭圆形、多棱形，部分经磨光（彩版四二，12）。

M165：1，7 粒。多棱形小石子，4 粒白色，3 粒绿色，体量似小圆豆。

M211：1，5 粒。3 粒灰白色，1 粒鸡骨黄，1 粒铜绿色。形状不规则小石子，3 粒呈方形，1 粒三角形，1 粒半圆形，为石饰件打碎（彩版四三，1）。

M228：1，26 粒。多棱形白色小石子，似石英，个别磨过，大者如蚕豆，小者如小圆豆。

M247：1，4 粒。白色石子，大如蚕豆，经磨光。

M284：1，1 粒。白色石英，多棱形，长 1.5、宽 1、厚 0.3 ~ 0.8 厘米。

M286：2，3 粒。白色，局部黑色，多棱形，形如大豆。

M291：4，12 粒。多棱形小石子，白泛乌色，一粒经打磨，大者如大豆，小者如圆豆。

M298：3，2 粒。为白色玉璧打碎，一大一小（彩版四三，2）。

M325：1，6 粒。石英，白色三角形小碎片。

M334：1，10 粒。白色小石子，多面棱形（彩版四三，3）。

M347：1，16 粒。12 粒绿色，4 粒白色。多面棱形小小石子，局部磨光（彩版四三，4）。

M361：1，4 粒。白色石子，一颗似磨过。

M374：1，10 粒。白晶莹 5 粒，鸡骨黄 4 粒，白色 1 粒。4 粒骨黄色为管打碎，5 粒白晶莹为多棱形，1 粒白色呈长方形，一面有浅凹槽（彩版四三，5）。

M376：1，42 粒。呈绿色和白色，多棱形小石子（彩版四三，6）。

M377：1，4粒。大理石质，白泛绿。尖棱形，为璜打成4块碎片。

M468：5，5粒。黄泛白色小石子，如豆状，经磨过（彩版四三，7）。

（七）骨器

3件，分别出自2座墓。器形有管和片饰。制作工艺经锯截、打磨、钻孔、抛光等过程。

管 2件。

M21：8，圆柱形，中心有一小圆孔。长1.4、直径0.5、孔径0.1厘米（图四八，1；彩版四三，8）。

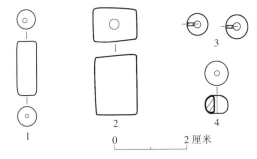

图四八　周墓出土骨器、料器

1、2. 骨管（M21：8、M41：1）　3. 骨片饰（M21：9－1）　4. 料珠（M21：4－1）

M41：1，鸡骨白色。长方形，中心穿一小圆孔。长1.7、宽1.15、厚0.8厘米（图四八，2；彩版四三，9）。

片饰 1件。

M21：9，共67片。串饰。圆形薄片，中有一小圆孔。直径0.6厘米（图四八，3；彩版四三，10）。

（八）料器

料珠 1件（5颗）。

M21：4，绿豆状，紫色，中间穿一小圆孔。高0.5、直径0.6、孔径0.15厘米（图四八，4；彩版四三，11）。

六　墓葬分类与分期

（一）随葬品组合

在确定典型器物群的基础上，随葬品的组合对于墓葬级别分类及其期别的划分无疑都是极为重要的依据。因为据历来墓葬资料看，等级高的墓葬与等级低的墓葬随葬品组合型式及品类、数量是有差别的，虽然战国时期礼制有所僭越，但在丧葬礼制上仍保留了旧有的形态，贫富、贵贱仍然有别。再者，同一级别类的墓葬，在不同时代（期）其组合形式也有嬗变。因此，在讨论墓葬分类和分期之前，首先应弄清随葬品组合。

按照常规做法，以铜礼器、陶礼器、日用陶器三大类分别进行组合归纳。鉴于卞营墓地未出铜礼器墓，故铜礼器墓不单独立类，只对陶礼器墓和日用陶器墓进行分析讨论。至于兼类器陶豆，是仿铜礼器和日用陶器组合横向关系的桥梁，理当分别纳入各组合排列。

1. 陶礼器组合

陶礼器全出于战国墓，组合以鼎、敦、壶为核心，以罐、豆、盘、匜、盉为主要配器进行组列，盉伴属日用陶器组合，但在13座陶礼器墓中有2墓作为配器随葬有盉（表二）。

表二　周代陶礼器墓随葬品组合表

墓号	陶礼器								伴出生活陶器	合计
	鼎	敦	壶	罐	豆	盘	匜	盉	盂	
M415	2	2	2	1		1	1			9
M418	3	1	2	1				1		8
M419	2	2	2							6
M424	2	2	2			1	1			8
M434	1			1					1	3
M438	2	2	2							6
M462	2	2	2	1						7
M463	1	1	1							3
M485	1		1	1	1				1	5
M495	2	2	2							6
M500	2	2	2			1	1			8
M519	1	1		1	2					5
M522		2	2		2					6
合计	21	19	20	6	5	3	3	1	2	80

陶礼器墓组合形式共分10组：

A组：鼎2、敦2、壶2、罐1、盘1、匜1组合1墓；

B组：鼎2、敦2、壶2、盘1、匜1组合2墓；

C组：鼎3、敦1、壶2、罐1、盉1组合1墓；

D组：鼎2、敦2、壶2、罐1组合1墓；

E组：鼎2、敦2、壶2组合有3墓；

F组：敦2、壶2、豆2组合有1墓；

G组：鼎1、壶1、罐1、盉1、豆1组合1墓；

H组：鼎1、敦1、罐1、豆2组合1墓；

I组：鼎1、罐1、盉1组合1墓；

K组：鼎1、敦1、壶1组合1墓。

2. 日用陶器组合

周代墓出土日用陶器共计280件。品类单一，器类有鬲、盂、罐、豆、盆、盏。以鬲、盂、罐、豆为核心，以盆、釜、壶、盏、无耳鼎为配器进行组列。

西周墓 3 座，以鬲、盂、豆成组合，其中 2 墓随葬鬲、豆（M481、M468），1 墓只随 1 件盂（M482）。

春秋墓虽有 72 座出随葬品，但其中 26 座只有琀而无其他随葬品。春秋墓随葬鬲、盂、罐组合的墓数量最多，鬲、盂、豆为组合的墓数量次之，只随葬 1 件盂的墓数最少。

战国有随葬品的 80 座墓，除 13 座随葬陶礼器，67 座随葬日用陶器鬲、盂、罐、豆、盆及无耳盆形鼎（B 型）。

从西周、春秋、战国各墓随葬品组合的器类与数量来看，战国日用陶器墓的组合在春秋日用陶器墓随葬品的基础上略微发生了一些变化，新出现了无耳的 B 型鼎和盆。而其中又以随葬 1 件罐的墓数量最多，其次为鬲、盂、罐和只葬 1 件鬲的墓，再次是鬲、罐组合和盂、罐组合，最少者是只出 1 件豆、1 件盆的墓（表三）。

表三 周代日用陶器墓随葬品组合表

墓号	鬲	盂	罐	盆	釜	B 鼎	壶	豆	盏	筒瓦	合计	备注
M20		1									1	
M21		1						1			2	
M22			1								1	
M29	1		1					2			4	
M32			1					1			2	
M35	1	1	1								3	
M42		1									1	
M54	1	1									2	
M65		2	1								3	
M75	1	1	1								3	
M76	1										1	
M81	1	1	1								3	
M86	1	1	1								3	
M90			1					1			2	
M91	1	1									2	
M100	1		1					1			3	
M105	1	1	1								3	
M106			1								1	
M111	1	1	1								3	
M112	1										1	
M113	1	1	1					2			5	
M118	1										1	

墓号	鬲	盂	罐	盆	釜	B鼎	壶	豆	盏	筒瓦	合计	备注
M132	1										1	
M136		1	1			1					3	B型鼎代鬲
M142	1										1	
M144	1										1	
M146		1						1			2	
M167			1								1	
M169		1	1				1	1			4	
M172		1	1			1					3	B型鼎代鬲
M174		2	2		2			4			10	
M176	1	1	1								3	
M189	1		1								2	
M195			1								1	
M203		1									1	
M207		3	2								5	
M209	1	1					1	2			5	
M214			1			1					2	B型鼎代鬲
M241	1		1								2	
M245		1									1	
M255		1	1								2	
M269			1								1	
M270	1		1					1			3	
M279	1										1	
M281	1										1	
M299	1	1									2	
M317			1					1			2	
M319	1	1	1								3	
M324	2		1								3	
M326	1	1	1					2			5	
M337	1	1	1								3	
M346			1								1	
M349			2								2	
M364	1										1	
M365		1	1								2	

墓号	鬲	盂	罐	盆	釜	B鼎	壶	豆	盏	筒瓦	合计	备注
M375	1										1	
M380	1	1					1	3			6	
M388	1							1			2	
M396		1	1			1		1			4	B型鼎代鬲
M420		2	1					1	1		5	
M435	1		1								2	
M436	1	1	1								3	
M437	1	1	1								3	
M439	1	1	1								3	
M441	1										1	
M443	1	1	1								3	
M446			1								1	
M448		1	1			1					3	B型鼎代鬲
M452	1							1			2	
M454	1	1									2	
M455		1	1	1				4			7	
M460	1	1	1					2			5	
M464			1								1	
M465			1								1	
M466	1	1	1								3	
M467	1		1								2	
M468	1	1						2			4	
M469		1									1	
M473								1			1	
M474	1	1						1			3	
M477	1	1	1								3	
M481	1							1			2	
M482		1									1	
M484	1	1	1								3	
M487		2	1								3	
M488	1	1	1								3	
M489	1	1						2			4	
M496	1	1	1							1	4	

续表三

墓号	鬲	盂	罐	盆	釜	B鼎	壶	豆	盏	筒瓦	合计	备注
M498		1	1			1					3	B型鼎代鬲
M499		1	1								2	
M502	1	1	1								3	
M503								1			1	
M504	1	1	1								3	
M506	1		1								2	
M508	1	1									2	
M516		1	1								2	
M518		1	1					1			3	
M521	1	1	1					1			4	
M525	1										1	
M526	1	1	1								3	
M530		1	1			1					3	B型鼎代鬲
M532			2								2	
M536	1	1	2					1			5	
M538			1					1			2	
M539	1	1	1					1			4	
M540			1					1			2	
M542	1	1	1								3	
M545			1								1	
M546		1	2								3	
M547		2	1								3	
合计	63	72	82	1	2	7	3	47	1	1	279	

注：盂74件，其中日用陶器墓72件，陶礼器墓2件（M434、M485各1件盂属仿铜礼器组合）。陶罐88件，其中日用陶器墓82件，陶礼器墓6件。壶23件，日用陶器墓3件，陶礼器墓20件。豆52件，其中日用陶器墓47件，陶礼器墓5件。

春秋墓的日用陶器组合的以鬲、盂、罐、豆为核心，据随葬品数量和器类搭配关系可分为12组。

A组：鬲、盂、罐、豆组合3墓；

B组：鬲、盂、罐组合12墓；

C组：鬲、盂、豆组合4墓；

D组：鬲、罐、豆组合2墓；

E组：鬲、盂组合2墓；

F组：鬲、罐组合2墓；

G组：鬲、豆组合2墓；

H组：盂、罐组合1墓；

I组：罐、豆组合2墓；

K组：鬲，只葬1件4墓；

L组：盂，葬1件1墓；

M组：豆，葬1件2墓。

战国墓日用陶器组合形式可分为17组：

A组：鬲、盂、罐、豆组合5墓；

B组：鬲、盂、罐组合8墓；

C组：盂、罐、豆组合2墓；

D组：盂、罐、盆、豆组合2墓；

E组：盂、罐、鼎、豆1墓；

F组：鼎（B型）、盂、罐、组合有6墓；

G组：鬲、盂组合1墓；

H组：鬲、罐组合7墓；

I组：盂、罐组合有7墓；

K组：盂、豆组合1墓；

L组：罐、豆组合5墓；

M组：鼎（B型）、罐组合1墓；

N组：鬲，1件有8墓；

O组：盂，1件有4墓；

P组：罐，1件有11座墓；

Q组：豆，1件有1墓；

R组：盆，1件有1墓。

（二）墓葬分类

墓葬分类实际上是墓葬等级的划分，其目的是为了辨别墓主人的阶级地位和社会身份，墓葬等级的不同也是某些社会状况的映射。而较能体现这些反映的一般是墓葬形制的规模大小，随葬品器类的优劣、数量多寡及组合形式等因素，这在考古学上已基本形成共识。按照考古学文化分类的一般规律，同一考古学文化中，两种以上的以相对稳定的形式伴出的器类，且频率最高的典型器物搭配关系作为分类的主体要素进行衡定。

卞营墓地周代墓葬是在陶礼器墓与日用陶器墓随葬品组合形式的基础上，归纳出随葬陶器主要品类的组合关系及数量，并与墓葬形制相对照，作为墓葬分类的条件依据。

1. 陶礼器墓分类

陶礼器墓以鼎、敦、壶、罐为中心，且依据鼎、敦、壶、罐和附属配器豆、盘、匜、盂、盂在各墓中随葬数量的多少，将墓中随葬品2鼎、2敦、2壶以上、总件数为6~9件的A、B、C、D、E、F组划归为甲类墓。将墓中随葬1鼎、1敦或1罐、1壶，总件数为3~5件的墓葬G、H、

K、L 组划归乙类墓。甲类墓共 9 座，有 M415、M418、M419、M424、M438、M462、M495、M500、M522。随葬品数量 6~9 件，墓坑底多长在 2.5、宽 1.5 米左右。有 3 座墓带墓道，1 座墓有台阶，1 座墓有壁龛。乙类墓共 4 座，有 M434、M463、M485、M519。随葬品 3~5 件，墓底长 2、宽 1 米左右。1 座墓带墓道，1 座墓有壁龛。甲、乙两类墓的差别不是很大。

2. 日用陶器墓分类

春秋墓以随葬鬲、盂、罐组合的墓数量最多，鬲、盂、豆为组合的墓数量次之，以只葬 1 件盂的墓数最少。亦根据各墓随葬品数量的多少，可将以鬲为核心，与盂、罐、豆构成组合，每墓随葬品 3~4 件的 A、B、C、D 组划归为甲类墓；以鬲为核心，或以鬲、盂，鬲、罐，鬲、豆，盂、罐，罐、豆为组合，每墓只随葬 2 件的 E、F、G、H、K、I 组划归为乙类墓；墓葬中只随葬 1 件鬲或盂或豆的墓划归为丙类墓；而无随葬品的空墓归入丁类墓。

到了战国时期，墓中随葬日用陶器的组合在春秋时期日用陶器组合的基础上发生了一些变化，新出现了无耳的 B 型鼎和盆。而其中以随葬 1 件罐的墓数量最多，其次为鬲、盂、罐和只葬 1 件鬲的墓，再次是鬲、罐组合和盂、罐组合。最少的是豆、盆各 1 墓。从总体上观察，战国时期日用陶器墓中的随葬品还是以鬲、盂、罐、豆为核心进行随葬，据其组合的不同将 A、B、C、D、E、F 组划归为甲类墓，将 G、H、I、K、L、M 组划归为乙类墓，将 N、O、P、Q、R 组划归为丙类墓，无随葬品的墓为丁类墓。

3. 墓葬等级与墓主身份

在前面的墓葬分类中已将陶礼器墓分为甲、乙两类，日用陶器墓分为甲、乙、丙、丁四类，但陶礼器墓与日用陶器墓的墓主身份存在一定差别。

把卞营墓地的陶礼器墓与邻近地区和楚核心腹地荆州地区的楚墓葬进行比较，可以确定这批墓葬属于战国楚墓。其中甲类墓，墓坑底部长约 2.5~3 米，宽约 1.5 米，个别墓有墓道、台阶和壁龛，葬具多为一椁一棺，随葬 2 鼎、2 敦、2 壶，无青铜礼器或车马器。甲类墓的墓主身份应为中士级。乙类墓底长 2、宽 1 米左右，个别墓有墓道和壁龛，葬具为单棺，随葬 1 鼎、1 敦、1 壶，墓主身份应为下士。

日用陶器墓中的甲类墓坑底长约 2~2.5、宽约 0.5~1.5 米，少数墓有壁龛，个别墓带墓道。葬具多为单棺，19 座墓为一椁一棺，以随葬鬲、盂、罐、豆为主，随葬器物 3~12 件，只有 1 墓随葬有铜片、蚁鼻钱。墓主身份为较富有的庶民墓。乙类墓坑底部长 2、宽 0.5 米左右，少数墓有壁龛，2 墓有台阶。葬具全是单棺，随葬日用陶器 2 件，以随葬鬲盂、鬲罐、盂罐、盂豆、鼎（B 型）为主，少数只随葬有璧、铜剑和铜削刀。墓主身份为一般庶民。丙类墓坑底长度多在 2 米以下，宽在 0.5 米左右，少数墓有壁龛。葬具全为单棺，随葬品只葬 1 件，多是鬲、盂、罐、豆、盆。春秋时期的丙类墓有部分墓只葬玲，墓主身份属较为贫困的庶民。丁类墓没有随葬品，墓主身份当是庶民墓中的赤贫者。值得考虑的是，没有随葬器物的空墓当分为两种情况，一是下葬时本身无随葬品，当属丁类墓；二是下葬时有随葬品，后被破坏或被晚期墓打破扰乱，墓主身份另当别论。

（三）墓葬分期

墓葬分期是对墓葬资料纵向发展阶段的划分，完成墓葬资料分期的首要条件是对发掘资料做总体的统一的文化属性归纳（多数情况下与时代特征或族属特征及地域文化特征相关联）。其次，必须在弄清楚随葬品各类型自身的纵横变化逻辑依据的基础上，进行排序。型式本身不能区分文化，它只是某属性文化发展阶段的表征，换言之，如果没有文化属性的制约，尤其是没有叠压打破关系时，可以排出几种不同的序列。再次，为使前二者成为可靠条件，一般以往的研究结果，尤其是本地区及邻近地区的研究成果为参照系作类比认识。以上三者有时是同时交叉运用于观察对象的。

　　一般情况下，编写报告的思辨程序与陈述程序是逆向的。从陈述程序看，似乎是首先对所有墓葬及其随葬品进行分类、分型、分式后分组，继而从组别中推导出期段，再将先行划分的各组器物与以往的确切资料对比，确定年代，最后作文化因素分析。然而从思辨程序审视，则恰好相反，即在面对发掘材料时（即使是田野工作的初始阶段），首先就是运用类比的方法，从总体上确认它们的文化属性，并且大体框定了它们所处的年代，继而寻找（很有可能在田野工作中就已经认定了某些器物的确切年代，特别是铜礼器）时代特征鲜明的参照器作为划分期段的"支点"，然后以此将所有随葬品确定大体年代期段之后，再按照这个框架去分型分式，如此便可将各式序列按既定年代期段分成若干与期段对应的组别。

　　另有一种情况例外，那就是发掘材料是全新的材料，这时两个程序才可能是同向的。实际操作时，我们从发掘第一座墓开始，就对它显现的各种文化信息与书刊文字的资料进行对比，努力判断它的文化属性及大致年代。当发掘的墓葬达到一定数量时，这种判断结论愈加明朗（尽管它不一定是准确的，更不是全面系统的）。当田野工作结束时，我们已基本确定这是一批西周晚期、春秋、战国时期的墓葬，其文化因素以楚文化为主体，其中西周晚期至春秋早期的墓葬则具有宗周文化和地域文化特点，到春秋中晚期至战国晚期则属于典型的楚文化墓葬。因为具有鲜明特征楚文化墓葬，学界对其认识已十分充分，已有《江陵雨台山楚墓》《当阳赵家湖楚墓》《九店东周墓》《信阳楚墓》《长沙楚墓》，以及紧邻卜营墓地的墓葬发掘报告《余岗楚墓》《襄阳王坡东周秦汉墓》《襄阳陈坡》楚墓作对比资料，所以对这批墓葬的基本判断并非难事。

　　在以上结论的大前提下，再进入室内整理，进一步核对相关资料，使上述初步判断形成有充分依据结论的同时，寻找分期的规律并确定分期的原则，这批墓葬分期主要考虑了以下因素。

　　a. 墓葬的相互叠压与打破关系；

　　b. 随葬品器类的组合与变化；

　　c. 器类形态的演进发展变化规律；

　　d. 器类型、式变化的桥联与横联；

　　e. 墓葬中出土的纪年材料，如货币；

　　f. 墓葬形制的变化规律；

　　g. 已有报告的类型学研究成果，对标型墓及标型器年代的共识。

　　在上述因素中，墓葬的相互叠压打破关系至关重要。周代墓葬发生叠压打破关系的为2、3、4、7、9、10、11、13、15、21、40、56、63、67、68、69组，这16组关系对于春秋战国墓分期具有一定作用。虽然有16组东周墓存在叠压打破关系，但有的墓无随葬品为空墓，对分期不起决定作用，其中只有第67组、68组墓葬的随葬品齐全，对分期具有决定意义。随葬品器类早晚序列框架的建立，期段的划分，也是以陶礼器与日用陶器为核心进行。

陶礼器中参加排队的器物以核心组合（亦是楚墓中的典型器物）鼎、敦、壶配以罐、盘、匜、盂、盅。日用陶器则以通行的鬲、盂、罐加入排序。兼类的豆鉴于它在横向联系中的重要作用，理所当然参加排队。

1. 陶礼器墓分期

参加排序的 13 座陶礼器墓的器类组合型式亦可编为 13 组，再据 13 组器物纵向轨迹变化的程度（式别），其核心组合划归为五组（表四）。

表四　周代陶礼器墓组合型式序列表

组别	器类型式	鼎		敦		壶	罐		盂		豆	盅	盘	匜
		Aa	Ab	B	A		A	Ba	Aa	B	Aa			
一组	1	Ⅰ						Ⅵ	Ⅹ					
二组	2	Ⅲ2		2		2								1	1
	3	Ⅴ			Ⅱ	Ⅱ									
	4	Ⅱ2			Ⅰ2	Ⅱ2								Ⅰ	Ⅰ
三组	5	Ⅳ2			Ⅱ2	Ⅲ2	Ⅷ								
	6	Ⅲ				Ⅲ		Ⅶ		Ⅳ	Ⅹ				
	7	Ⅳ2			Ⅲ2	Ⅳ2									
四组	8	Ⅴ2			Ⅳ2	Ⅴ2	Ⅹ							Ⅱ	Ⅱ
	9	Ⅲ2	1		Ⅰ	Ⅳ2							1		
	10	Ⅳ2			Ⅴ2	Ⅳ2									
	11	Ⅴ2			Ⅳ2	Ⅳ2									
	12	Ⅳ		Ⅱ			Ⅷ					Ⅵ2			
五组	13			2		2						Ⅻ			

第一组：有 1. 鼎 AaⅠ、罐 BaⅥ、盂 AaⅩ。

第二组：有 2. 鼎 AaⅢ、敦 B、壶（残）、盘（残）、匜；3. 有鼎 AaⅤ、敦 AⅡ、壶Ⅱ；4. 鼎 AaⅡ、敦 AⅠ、壶Ⅱ、盘Ⅰ、匜Ⅰ。

第三组：有 5. 鼎 AaⅣ、敦 AⅡ、壶Ⅲ、罐 AⅧ；6. 鼎 AaⅢ、壶Ⅲ、罐 BaⅦ、盂 BⅣ、豆 AaⅩ；7. 鼎 AaⅣ2、敦 AⅢ、壶Ⅳ。

第四组：有 8. 鼎 AaⅤ、敦 AⅣ、壶Ⅴ、罐 AⅩ、盘Ⅱ、匜Ⅱ；9. 鼎 AaⅢ、鼎 Ab、敦 BⅠ、壶Ⅳ、罐、盂；10. 鼎 AaⅣ、敦 AⅤ、壶Ⅳ；11. 鼎 AaⅤ、敦 AⅣ、壶Ⅳ；12. 鼎 AaⅣ、敦 BⅡ、罐 AⅧ、豆 AaⅥ。

第五组：有 13. 敦 B、壶、豆 AaⅫ。

以上归纳出的 5 组陶礼器组合型式序列是结合墓葬叠压打破关系、随葬品器类型式早晚演变、墓葬形制早晚的变化、器类的桥联与横联，可以确定第一组的年代最早，第五组的年代最晚。五组陶礼器归纳出三期五段（图四九）。

分期			鼎		敦	
时代	期	段	Aa	Ab	A	B
战国	早期	晚段	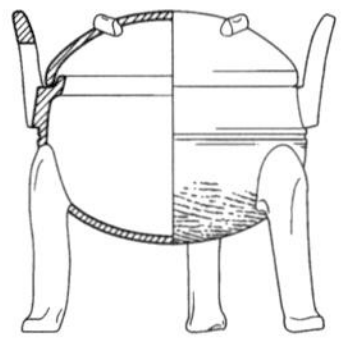 Ⅰ式（M434∶1）			
	中期	早段	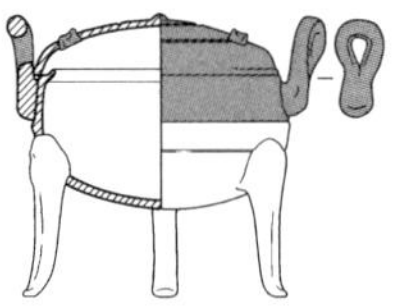 Ⅱ式（M500∶3）		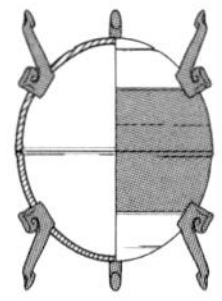 Ⅰ式（M500∶4）	
		晚段	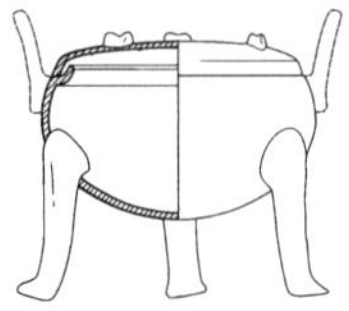 Ⅲ式（M485∶2）		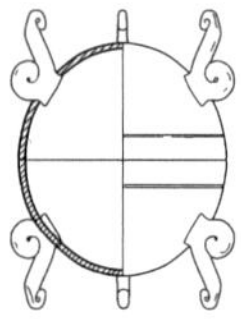 Ⅱ式（M462∶2）	
			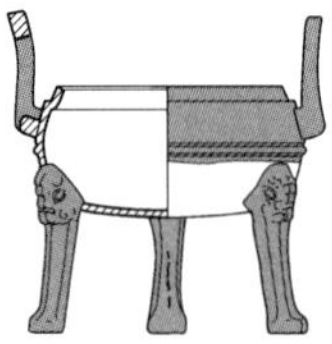 Ⅳ式（M495∶1）		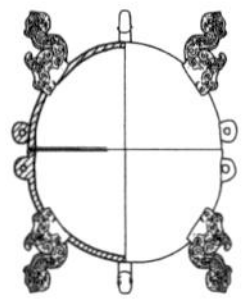 Ⅲ式（M495∶3）	
	晚期	早段	Ⅴ式（M415∶4）	M418∶7	Ⅳ式（M415∶7）　Ⅴ式（M419∶2）	Ⅰ式（M418∶5）　Ⅱ式（M519∶4）
		晚段				

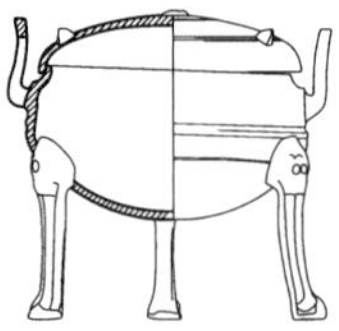

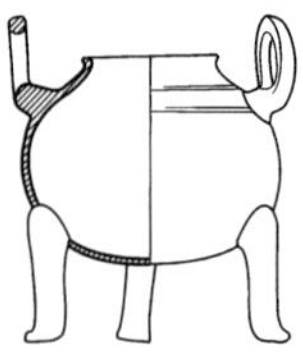

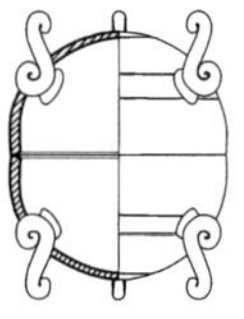

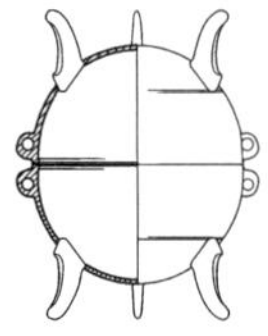

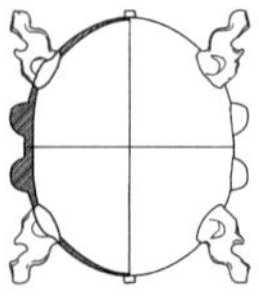

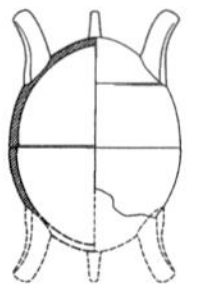

图四九 A　周代陶礼器墓分期图（一）

时代	期	段	壶	盉	盘	匜
战国	早期	晚段				
	中期	早段	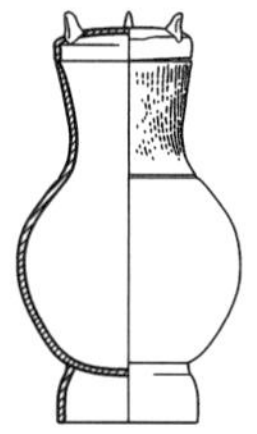 II式（M463：3）		 I式（M500：7）	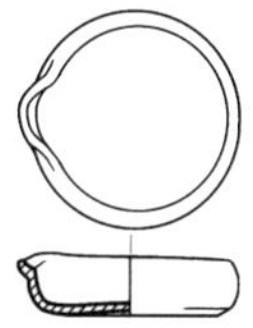 I式（M500：9）
		晚段	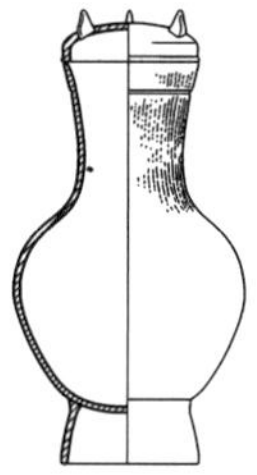 III式（M462：4）			
	晚期	早段	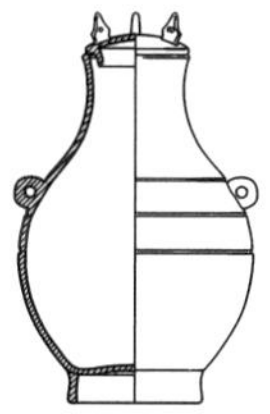 IV式（M418：2） 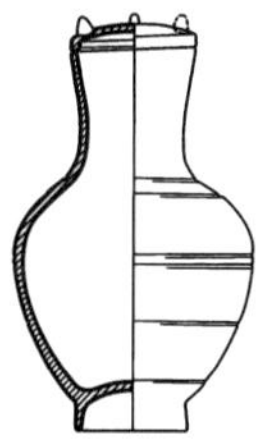 V式（M415：1）	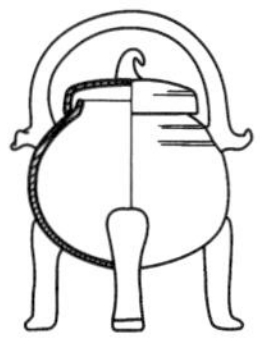 M418：6	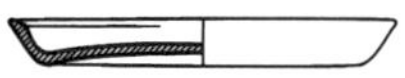 II式（M415：9）	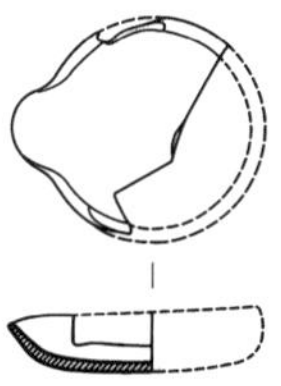 II式（M415：10）
		晚段				

图四九 B　周代陶礼器墓分期图（二）

第一组　一期一段：战国早期晚段，有M434。

第二组　二期一段：战国中期早段，有M424、M463、M500。

第三组　二期二段：战国中期晚段，有M462、M485、M495。

第四组　三期一段：战国晚期早段，有M415、M418、M419、M438、M519。

第五组　三期二段：战国晚期晚段，有M522。

2. 日用陶器墓分期

参加排序的共98座墓，其组合形式编为98组，再据98组纵向轨迹式别的变化程度，归并为十四大组（表五）。

表五　周代日用陶器墓组合型式序列表

组别		鬲			盂			罐					豆			
器类型式		Aa	Ab	B	Aa	Ab	B	A	Ba	Bb	Ca	Cb	Aa	Ab	B	C
一组	1			I	I								I 2			
二组	2	I											II			
	3				II											
三组	4			II												
	5	II								I						
	6			II												
	7	II			III								III			
	8			II	V			I								
四组	9			III												
	10	III														
	11			III	IV			II					IV2			
	12												IV			
	13	III			IV						I					
	14			III	IV			II								
五组	15	IV											V 2			
	16		IV		VI				I							
	17		IV						I							
	18	IV						II								1
	19		IV					III					VI			
	20	V			V											
	21	IV				VIII			I							
六组	22												1			
	23			V	VI											
	24	V				VIII		IV								

续表五

组别	器类型式	鬲 Aa	鬲 Ab	鬲 B	盂 Aa	盂 Ab	盂 B	罐 A	罐 Ba	罐 Bb	罐 Ca	罐 Cb	豆 Aa	豆 Ab	豆 B	豆 C
六组	25			IV	VI				II				VII2			
	26			V												
	27			V	VIII				II							
	28	V			VI								V2			
	29	V			VI											
	30				V2						II					
七组	31	VI			VII								VII2			
	32				VII											
	33	VI					I		III				VII2			
	34	VI											VII			
	35	VI			VII				III							
	36												VII			
八组	37	VII							IV							
	38							V								
	39	VII											VII			
	40	VII			VIII											
	41		I		VII			V								
九组	42															
	43				IX										1	
	44															
	45	VIII							V							
	46							V					VIII			
	47							V								
	48				IX			IV								
	49				IX			V					VIII4			
	50									II						
	51				IX											
	52	VIII					II	V								
	53		II									1				
	54	VII			IX			V					VIII			
	55				IX			V								
	56	VIII			X				IV				IX			

续表五

组别		鬲 Aa	鬲 Ab	鬲 B	盂 Aa	盂 Ab	盂 B	罐 A	罐 Ba	罐 Bb	罐 Ca	罐 Cb	豆 Aa	豆 Ab	豆 B	豆 C
十组	57									III						
	58	IX			XIII				VI							
	59				X2				V				IX			
	60	IX							VI							
	61	IX			X				VI							
	62				X				IV							
	63								1				IX			
	64								VI							
十一组	65				XI				V							
	66										III					
	67				XI					IV						
	68	X	III						V							
	69								VI							
	70	X											X3			
	71	X														
	72						III2	VII								
	73				XI					IV						
	74	X			IX											
	75								IV	IV						
十二组	76				XII											
	77	XI					IV									
	78				XII								X			
	79									IV						
	80									V						
	81	XI						VIII								
	82	XI			XIV				IX							
	83				XII				VII				X			
	84								VII				X			
十三组	85				XII XIII				VIII							
	86				XIII											
	87				XIII											
	88	XII			XIV				VII							

续表五

器类型式 组别		鬲			盂			罐					豆			
		Aa	Ab	B	Aa	Ab	B	A	Ba	Bb	Ca	Cb	Aa	Ab	B	C
十三组	89						V				V		XI			
	90	XII			XI			IX								
	91	XII			X				VIII		IV		XI			
十四组	92												XII			
	93				XIV			VIII						I		
	94					2		X 2						II 4		
	95				XIII XIV 2				VIII2							
	96	XIII							IX							
	97	XIII														
	98						IV		1							

第一组：有 1. 鬲 B I 、盂 Aa I 、豆 Aa I 。

第二组：有 2. 鬲 Aa I 、豆 Aa II ；3. 盂 Aa II 。

第三组：有 4、6. 鬲 B II ；5. 鬲 Aa II 、盂（碎）、罐 Bb I ；7. 鬲 Aa II 、盂 Aa III 、豆 Aa III ；8. 鬲 B II 、盂 Aa V 、罐 A I 。

第四组：有 9. 鬲 B III ；10. 鬲 Aa III ；11. 鬲 B III 、盂 Aa IV 、罐 A II 、豆 Aa IV ；12. 豆 Aa IV ；13. 鬲 Aa III 、盂 Aa IV 、罐 Ca I ；14. 鬲 B III 、盂 Aa IV 、罐 A II 。

五组：有 15. 鬲 Aa IV 、罐（碎）、豆 Aa V ；16. 鬲 B IV 、盂 Aa VI 、罐 Ba I ；17. 鬲 B IV 、盂（碎）、罐 Ba I ；18. 鬲 Aa IV 、罐 A II 、豆 C I ；19. 鬲 B IV 、罐 A III 、豆 Aa VI ；20. 鬲 Aa V 、盂 Aa V ；21. 鬲 Aa IV 、盂 Aa VIII 、罐 Ba I 。

六组：有 22. 罐（碎）、豆 Aa ；23. 鬲 B V 、盂 Aa VI ；24. 鬲 Aa V 、盂 Aa VIII 、罐 A IV ；25. 鬲 B IV 、盂 Aa VI 、罐 Ba II 、豆 Aa VI ；26. 鬲 B V ；27. 鬲 B V 、盂 Aa VIII 、罐 Ba II ；28. 鬲 Aa V 、盂 Aa VI 、豆 Aa V ；29. 鬲 Aa V 、盂 Aa VI 、罐（碎）；30. 盂 Aa V 、罐 Ca II 。

七组：有 31. 鬲 Aa VI 、盂 Aa VII 、壶 I 、豆 Aa VII ；32. 盂 Aa VII ；33. 鬲 Aa VI 、盂 B I 、罐 Ba III 、豆 Aa VII ；34. 鬲 Aa VI 、豆 Aa VII ；35. 鬲 Aa VI 、盂 Aa VII 、罐 Ba III ；36. 豆 Aa VII 。

八组：有 37. 鬲 Aa VII 、盂（碎）、罐 Ba IV ；38. 罐 A ；39. 鬲 Aa VII 、豆 Aa VII ；40. 鬲 Aa VII 、盂 Aa VIII ；41. 鬲 Ab I 、盂 Aa VII 、罐 A V 。

九组：有 42. 罐（碎）；43. 盂 Aa IX 、豆 B ；44. 罐（碎）；45. 鬲 Aa VIII 、罐 Ba V ；46. 罐 A V 、豆 Aa VIII ；47. 罐 A V ；48. 盂 Aa IX 、罐 A IV 、鼎 B II ；49. 盂 Aa IX 、罐 A V 、盆、豆 Aa VIII ；50. 罐 Bb II ；51. 盂 Aa IX ；52. 鬲 Aa VIII 、盂 B II 、罐 Ba V ；53. 鬲 Ab II 、罐 Cb ；54. 鬲 Aa VII 、盂 Aa IX 、罐 A V 、豆 Aa VIII ；55. 盂 Aa IX 、罐 A V 、鼎 B I ；56. 鬲 Aa VIII 、盂 Aa X 、罐 Ba IV 、豆 Aa IX 。第九组中开始出现 B 型鼎，B 型鼎在 7 座墓中代替鬲。

十组：有 57. 罐 Bb III ；58. 鬲 Aa IX 、盂 Aa XIII 、罐 Ba VI ；59. 盂 Aa X 、罐 Ba V 、豆 Aa IX ；

时代	期	段	鬲			盂		
			Aa	Ab	B	Aa	Ab	B
西周	晚期	早段			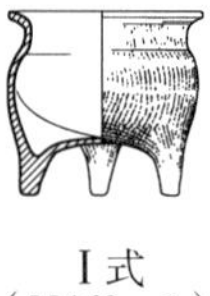 I 式 （M468∶1）	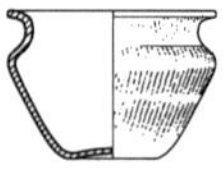 I 式 （M468∶2）		
		晚段	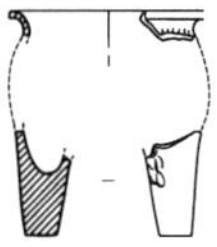 I 式 （M481∶1）			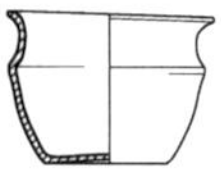 II 式 （M482∶1）		
春秋	早期	早段	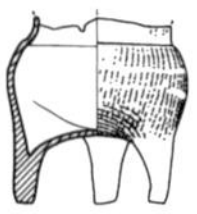 II 式 （M474∶1）		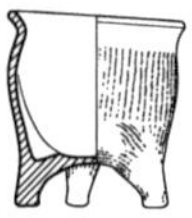 II 式 （M86∶3）	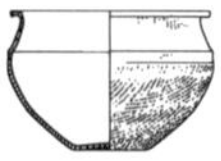 III 式 （M474∶2）		
		晚段	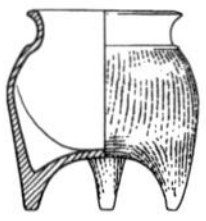 III 式 （M279∶1）		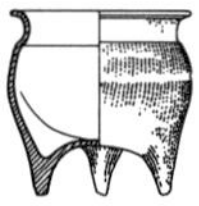 III 式 （M504∶1）	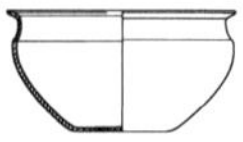 IV 式 （M477∶2）		
	中期	早段	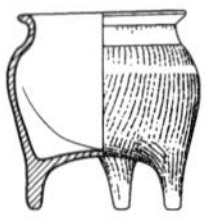 IV 式 （M29∶1）		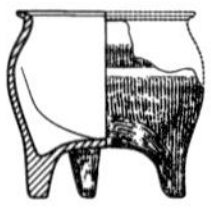 IV 式 （M81∶2）	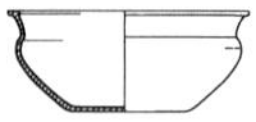 V 式 （M547∶3）		
		晚段	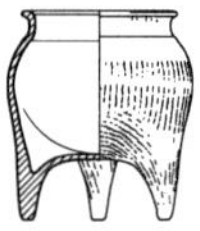 V 式 （M489∶4）		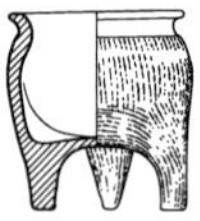 V 式 （M364∶1）	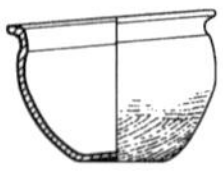 VI 式 （M489∶3）		
	晚期	早段	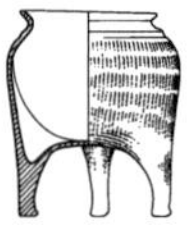 VI 式 （M209∶2）			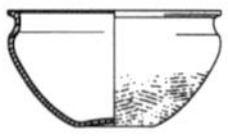 VII 式 （M466∶1）		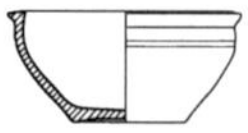 I 式 （M326∶2）

图五〇 A　周代

分期			鬲			盂		
时代	期	段	Aa	Ab	B	Aa	Ab	B
春秋	晚期	晚段	Ⅶ式 （M35：3）	Ⅰ式 （M526：1）		Ⅷ式 （M111：3）		
战国	早期	早段	Ⅷ式 （M484：3）	Ⅱ式 （M506：2）		Ⅸ式 （M21：2）		Ⅱ式 （M484：2）
战国	早期	晚段	Ⅸ式 （M502：1）			Ⅹ式 （M502：2）		
战国	中期	早段	Ⅹ式 （M441：1）	Ⅲ式 （M324：1）		Ⅺ式 （M498：2）		Ⅲ式 （M487：3）
战国	中期	晚段	Ⅺ式 （M467：1）			Ⅻ式 （M518：1）		Ⅳ式 （M91：1）
战国	晚期	早段	Ⅻ式 （M319：2）			ⅩⅢ式 （M203：1）		Ⅴ式 （M396：4）
战国	晚期	晚段	ⅩⅢ式 （M525：1）			ⅩⅣ式 （M207：1）	M174：12	

日用陶器墓分期图（一）

分期			罐				豆		
时代	期	段	A	Ba	Bb	Ca	Aa	Ab	B、C
西周	晚期	早段					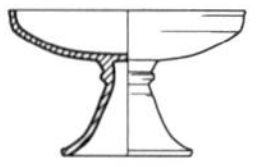 I 式 （M468：3）		
		晚段					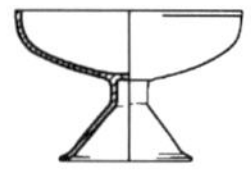 II 式 （M481：2）		
春秋	早期	早段	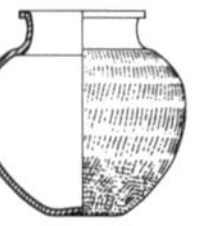 I 式 （M488：2）		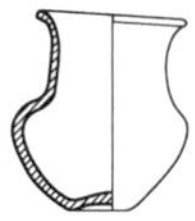 I 式 （M105：3）		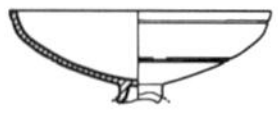 III 式 （M474：3）		
		晚段	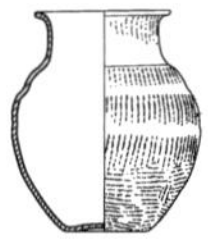 II 式 （M460：4）			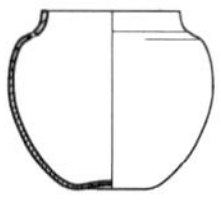 I 式 （M477：3）	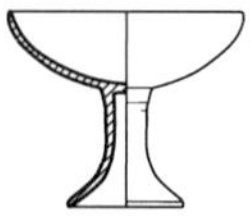 IV式 （M473：1）		
	中期	早段	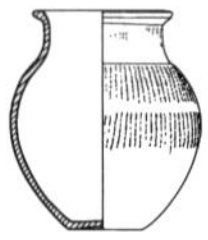 III 式 （M270：2）	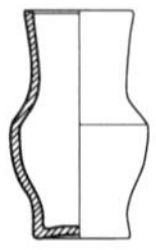 I 式 （M75：2）			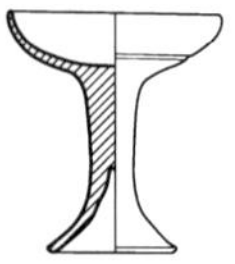 V 式 （M29：4）		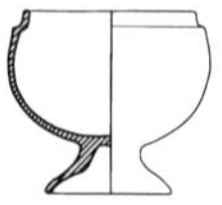 C型 （M100：2）
		晚段	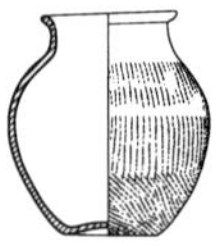 IV式 （M111：1）	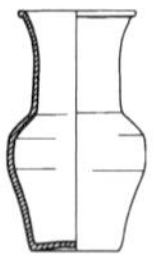 II 式 （M437：2）		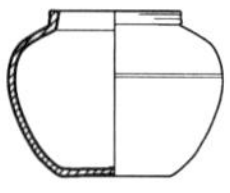 II 式 （M547：2）	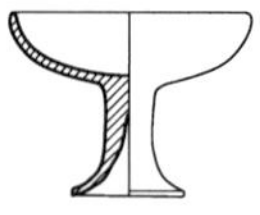 VI式 （M113：3）		
	晚期	早段	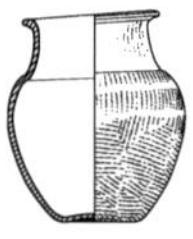 V式 （M526：3）	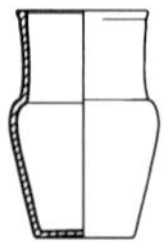 III 式 （M466：3）			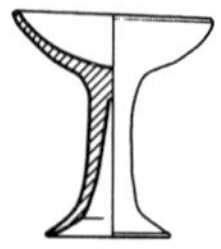 VII式 （M209：3）		

图五〇 B　周代

分期			罐				豆		
时代	期	段	A	Ba	Bb	Ca	Aa	Ab	B、C
春秋	晚期	晚段		Ⅳ式（M35：1）			Ⅷ式（M455：7）		
战国	早期	早段	Ⅴ式（M446：1）	Ⅴ式（M484：1）	Ⅱ式（M464：1）		Ⅸ式（M539：4）		B型（M21：1）
战国	早期	晚段	Ⅵ式（M436：1）	Ⅵ式（M337：1）	Ⅲ式（M106：1）		Ⅸ式（M420：3）		
战国	中期	早段	Ⅶ式（M487：1）	Ⅵ式（M365：1）	Ⅳ式（M498：1）	Ⅲ式（M195：1）	Ⅹ式（M380：4）		
战国	中期	晚段	Ⅷ式（M467：2）	Ⅶ式（M538：1）	Ⅴ式（M465：1）	Ⅳ式（M536：2）	Ⅹ式（M538：2）		
战国	晚期	早段	Ⅸ式（M439：4）	Ⅷ式（M536：5）		Ⅴ式（M396：2）	Ⅺ式（M536：4）	Ⅰ式（M169：4）	
战国	晚期	晚段	Ⅹ式（M174：11）	Ⅸ式（M435：1）			Ⅻ式（M522：4）	Ⅱ式（M174：4）	

日用陶器墓分期图（二）

60. 鬲 AaⅨ、盂（碎）、罐 AⅥ；61. 鬲 AaⅨ、盂 Aa Ⅹ、罐 AⅥ；62. 盂 Aa Ⅹ、罐 BaⅣ；63. 罐 Ba、豆 AaⅨ；64. 罐 AⅥ。

十一组：有 65. 盂 Aa ⅩⅠ、罐 Ba Ⅴ、鼎 B Ⅲ；66. 罐 Ca Ⅲ；67. 盂 Aa ⅩⅠ、罐 Bb Ⅳ；68. 鬲 Aa Ⅹ、鬲 Ab Ⅲ、罐 Ba Ⅴ；69. 盂（碎）、罐 BaⅥ；70. 鬲 Aa Ⅹ、盂（碎）、壶、豆 Aa Ⅹ；71. 鬲 Aa Ⅹ；72. 盂 B Ⅲ、罐 A Ⅶ；73. 盂 AaⅩⅠ、罐 Bb Ⅳ、鼎 BⅣ；74. 鬲 Aa Ⅹ、盂 AaⅨ；75. 罐 BaⅣ、罐 BbⅣ。

十二组：有 76. 盂 AaⅫ；77. 鬲 AaⅩⅠ、盂 BⅣ；78. 盂 AaⅫ、豆 Aa Ⅹ；79. 罐 Bb Ⅳ、鼎 B；80. 罐 Bb Ⅴ；81. 鬲 AaⅩⅠ、罐 A Ⅷ；82. 鬲 AaⅩⅠ、盂 AaⅩⅣ、罐 BaⅨ；83. 盂 AaⅫ、罐 Ba Ⅶ、豆 Aa Ⅹ；84. 罐 Ba Ⅶ、豆 Aa Ⅹ。

十三组：有 85. 盂 AaⅫ、盂 AaⅩⅢ、罐 Ba Ⅷ；86. 盂 AaⅩⅢ、罐、鼎 B；87. 盂 AaⅩⅢ；88. 鬲 AaⅫ、盂 AaⅩⅣ、罐 Ba Ⅶ；89. 盂 B Ⅴ、罐 Ca Ⅴ、鼎 B、豆 AaⅩⅠ；90. 鬲 AaⅫ、盂 AaⅩⅠ、罐 AⅨ；91. 鬲 AaⅫ、盂 Aa Ⅹ、罐 Ba Ⅷ、罐 CaⅣ、豆 AaⅩⅠ。

十四组：有 92. 罐、豆 AaⅫ；93. 盂 AaⅩⅣ、罐 A Ⅷ、豆 AbⅠ；94. 盂 Ab、罐 A Ⅹ、釜、豆 AbⅡ；95. 盂 AaⅩⅢ、盂 AaⅩⅣ、罐 Ba Ⅷ；96. 鬲 Aa ⅩⅢ、罐 BaⅨ；97. 鬲 AaⅩⅢ；98. 盂 BⅣ、罐 Ba、罐（碎）。

从日用陶器分组的情况观察，在日用陶器组合中，豆作为日用陶器与陶礼器两类组合共有的器形，没能辨别出其在两类组合中形态上的差别，因而统一划分型式，但式别的变化在两组中都能和其他器类的形态变化与组合相对应。7 件 B 型鼎从战国早期早段至战国晚期早段代替鬲与盂、罐构成组合，有 3 件壶代替罐与鬲、盂构成组合，釜在战国晚期晚段的 M94 中与盂、罐构成组合。据不同组合器类式别的变化，日用陶器可归纳为七期十四段（图五〇）。

第一组　一期一段，西周晚期早段：有 M468。

第二组　一期二段，西周晚期晚段：有 M481、M482。

第三组　二期一段，春秋早期早段：有 M86、M105、M112、M474、M488。

第四组　二期二段，春秋早期晚段：有 M118、M279、M460、M473、M477、M504。

第五组　三期一段，春秋中期早段：有 M29、M75、M81、M100、M270、M299、M443。

第六组　三期二段，春秋中期晚段：有 M32、M54、M111、M113、M364、M437、M489、M542、M547。

第七组　四期一段，春秋晚期早段：有 M209、M245、M326、M452、M466、M503。

第八组　四期二段，春秋晚期晚段：有 M35、M167、M388、M454、M526。

第九组　五期一段，战国早期早段：有 M20～M22、M241、M317、M446、M448、M455、M464、M469、M484、M506、M521、M530、M539。

第十组　五期二段，战国早期晚段：有 M106、M337、M420、M436、M502、M516、M540、M545。

第十一组　六期一段，战国中期早段：有 M172、M195、M255、M324、M365、M380、M441、M487、M498、M508、M532。

第十二组　六期二段，战国中期晚段：有 M42、M91、M146、M214、M465、M467、M496、

M518、M538。

　　第十三组　七期一段，战国晚期早段：有 M65、M136、M203、M319、M396、M439、M536。

　　第十四组　七期二段，战国晚期晚段：有 M90、M169、M174、M207、M435、M525、M546。

第三节　秦墓葬

一　墓葬分布

　　秦墓58座。有随葬品的墓50座，无随葬品8座（附表二）。其中Ⅰ区分布41座，有 M52、M69、M72、M74、M101、M103、M104、M107、M108、M116、M122、M133、M163、M171、M179、M181、M186、M196、M200、M201、M210、M213、M215、M226、M239、M242、M248、

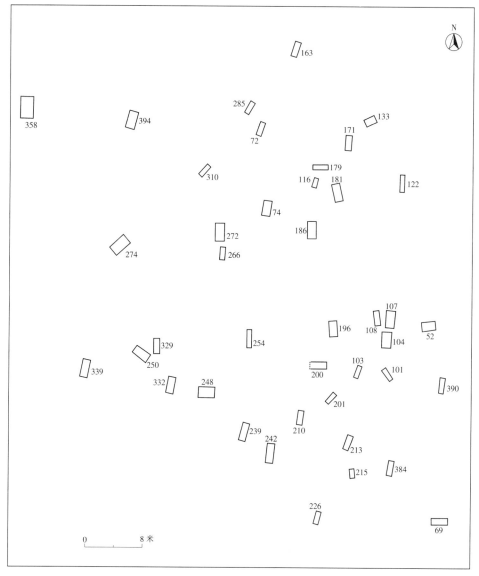

图五一　Ⅰ区秦墓分布图

M250、M254、M266、M272、M274、M285、M310、M329、M332、M339、M358、M384、M390、M394。Ⅰ区北部墓葬分布稀疏，南半部墓葬密集，大体分布在Ⅰ区中心地带（图五一）。Ⅲ区分布 17 座，有 M219、M234、M249、M277、M303、M305、M410、M457、M470、M483、M494、M505、M507、M517、M527、M531、M543。Ⅲ区墓葬分布散乱，墓葬多数分布在东北部和靠近东南部的边缘地带（图五二）。墓葬排列往往两座或数座较为整齐，但就整个墓地而言，则呈现出多样性特征。部分墓葬与其他不同时代的墓存在叠压打破关系。

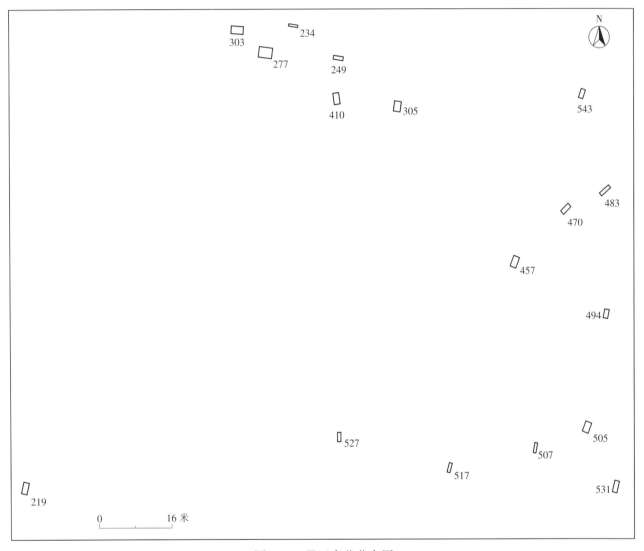

图五二　Ⅲ区秦墓分布图

二　墓葬形制

（一）墓坑

秦墓皆为长方形竖穴土坑墓。坑壁微向底内斜收，一般墓口略大于墓底，少数口、底等大，个别底大于口。壁面多未修整，较粗糙，墓底较平。据其墓坑大小，分两型。

A 型　6 座，置一椁一棺。Ⅰ区分布 3 座，编号为 M186、M358、M394。Ⅲ区分布 3 座，编号为 M457、M494、M505。墓口保存状况有的较好，有的较差。现墓口长 2.5～3.22、宽 1.2～1.86 米，面积约 3～5.99 平方米。墓口距地表多为 0.2～0.4 米，也有距 1.4 米的。墓底长 2.38～3.22、宽 1.2～1.86 米，面积约 2.86～5.99 平方米。墓口距墓底低者为 1.18 米（彩版四四）。

B 型　52 座。置单棺，其中极少数墓葬具痕不见。Ⅰ区分布 38 座，Ⅲ区分布 14 座。墓口保存状况多数较好，少数较差。现墓口长 1.61～2.9、宽 0.6～1.52、距地表深 0.2～1.4 米。墓底长 1.58～2.56、宽 0.36～0.96、距墓口深 0.25～2.9 米，少数仅 0.1 米。皆无墓道（彩版四五至四七）。

（二）壁龛

设壁龛的墓 4 座，全部位于Ⅰ区，编号 M133、M242、M384、M390，皆为头龛。其中 M133、M384 还设有台阶。M242、M390 单纯设壁龛。M133、M242 平顶，M384 弧顶，M390 顶残。壁龛宽 0.48～0.76、高 0.31～0.92、进深 0.1～0.26 米。M242 龛底距墓底 0.12 米，余皆与墓底平。

（三）台阶

设台阶的墓 27 座。皆为生土台。其中Ⅰ区 18 座，有 M52、M74、M103、M104、M116、M133、M171、M181、M196、M200、M215、M226、M239、M248、M272、M332、M339、M384。Ⅲ区 9 座，有 M219、M277、M303、M305、M410、M470、M483、M531、M543。台阶设在东、西两壁有 19 座墓，设在南、北两壁有 5 座墓，四壁有台阶 1 座墓，东、西、北壁有台阶 1 座墓，南、西、北壁设台阶 1 座墓。台阶的台面距墓底高度不等，最高 1.92 米，最低 0.3 米。台面宽度 0.08～1.26 米。

（四）填土

Ⅰ区墓坑内填土以黄褐色花土为主，也有褐夹灰白土。Ⅲ区墓坑填土以褐灰花土为主，有的夹红烧土颗粒、陶片，少量为褐夹黄斑块花土，土质较硬，结构较紧密，未经夯打。

三　葬具、葬式与方向

葬具　皆腐。据腐痕判断，少数墓置一椁一棺，棺偏于椁内一侧，多数墓置单棺。椁室痕长 2.02～3.08、宽 0.86～1.7、高 0.06～0.3 米，墙挡板痕厚 0.02～0.06 米。棺痕长 1.2～2.06、宽 0.34～0.64、高 0.1～0.18 米，墙挡板痕厚 0.02～0.06 米，有的可见底板痕迹，底板痕厚 0.01～0.04 米。也有的墓未见葬具痕。

葬式　人骨皆腐，有的仅存牙或部分肢骨，葬式不明。

方向　方向依墓道、头骨、人牙、随葬品放置部位确定。58 座墓中，南偏西方向 181°～225° 的墓 18 座，北偏东 0°～45° 的墓 16 座，东偏南 91°～135° 的墓 6 座，南偏东 136°～180° 的墓 8 座，西偏南 226°～270° 的墓 3 座，北偏西 315°～360° 的墓 3 座，东偏北 46°～90° 的墓 2 座，西偏北

271°~315°的墓2座。统计的数据表明，卞营墓地秦墓的方向以南偏西和北偏东为主，东偏南和南偏东为次。

四 随葬品放置

日用陶器主要置于棺外椁内的两侧、墓主头端，有壁龛的置于壁龛内。铜带钩、铜钱、铁耑、铁刀置于棺内墓主身旁。

五 随葬品器类

139件，其中残失不辨形制18件。按质地可分为陶器、铜器、铁器、漆器。其中主要为陶器。铜器、铁器甚少。漆器皆腐，仅见红漆皮。

（一）陶器

127件。其中残失不辨形制13件。按用途分为日用陶器、陶礼器。陶器以泥质灰陶为主，泥质灰褐陶次之，也有泥质灰黄陶、泥质灰黑陶；个别夹砂灰陶。较多器物表面泛白，呈粉状，易黏附；少数器物表面有黑衣。多数器物焙烧温度较高，质地较坚硬（表六）。

表六 秦墓陶器陶质陶色统计表

类别	泥质						夹砂			合计
	灰	灰褐	灰黄	灰黑	褐	红	灰	灰褐	灰黄	
小计	76	30	6	7	1	2	3	1	1	127
百分比（%）	59.8	23.6	4.7	5.5	0.8	1.6	2.4	0.8	0.8	100

制作方法主要为轮制、模制、手制。绝大多数器物轮制。有的器物轮制、模制兼用，如鼎、鬲、镳斗、豆，器身、盘、座轮制，足、流、柄模制。有的器物轮制、手制兼用，如双耳罐、鏊等，器身轮制，耳手制。个别器单纯轮制，如纺轮。

装饰纹样和手法比较简单。绳纹为主要纹饰，拍印于器物腹部。也有部分器物颈部刻划凹弦纹、凸棱纹。少数器物腹部旋制凸棱。

1. 日用器

114件。其中残11件。器类有鬲、盂、罐、釜、鏊、盆、钵、碗、镳斗、纺轮。

鬲 1件。

M272：1，泥质灰黑陶。直口，仰沿，圆唇，束颈，削肩，腹最大径在中部偏上，腹壁略下收，联裆较平，柱足略外撇，足窝较浅。肩以下饰竖绳纹，裆饰交错绳纹。高21.4~22.2、口径15.6、腹径21.2厘米（图五三，1；彩版四八，1）。

盂 4件。其中残1件。泥质灰陶为主，也有泥质灰褐陶。侈口，圆沿，圆唇，斜弧腹，底微凹。据颈、肩的变化，分三式。

Ⅰ式 1件。

M215：3，泥质灰陶。束颈较长，折肩。腹饰两道凹弦纹。高10.1~10.3、口径23.4、底径

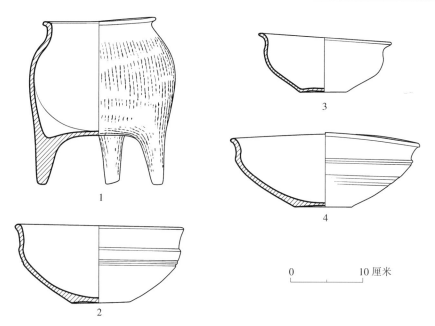

图五三　秦墓出土陶鬲、盂

1. 鬲（M272∶1）　2. Ⅰ式盂（M215∶3）　3. Ⅱ式盂（M200∶1）　4. Ⅲ式盂（M234∶3）

8.2 厘米（图五三，2；彩版四八，2）。

Ⅱ式　1 件。

M200∶1，泥质灰陶。束颈略长，溜肩。高 6.6～7.8、口径 18.4、底径 6.5 厘米（图五三，3；彩版四八，3）。

Ⅲ式　1 件。

M234∶3，泥质灰陶。束颈略短，折肩。颈下起一道凸棱，腹饰两道凹槽。高 8.5～9.8、口径 26.1、底径 8 厘米（图五三，4；彩版四八，4）。

M69∶3，残成碎片，式别不明。

罐　51 件。其中残 6 件。泥质灰陶为主，泥质灰褐陶次之，也有泥质灰黄陶、泥质灰黑陶。据无耳及鼓腹、折腹的区别，分三型。

A 型　34 件。肩施对称双牛鼻形耳。器身轮制，耳手制，附耳处见挤压凹窝、粘接痕。据腹的不同，分三亚型。

Aa 型　30 件。侈口，束颈，溜肩，鼓腹，多平底内凹。据口沿、腹的变化，分五式。

Ⅰ式　11 件，分别为 M52∶1、M52∶2、M104∶4、M104∶5、M163∶1、M305∶1、M329∶1、M384∶2、M390∶1、M410∶1、M470∶1。有的口内钩，圆沿或平沿，腹最大径偏上，底较小。

M52∶1，泥质灰陶。圆沿，尖唇。肩至中腹饰竖绳纹，耳际有一道抹痕，下腹饰横、竖绳纹，底饰交错绳纹。高 21.4～22、口径 15.2、腹径 22、底径 6.2 厘米（图五四，1；彩版四八，5）。

M410∶1，泥质灰陶。圆沿，尖唇。颈饰五道凸棱纹，肩至中腹饰竖绳纹间三道抹痕，下腹饰横绳纹，底饰交错绳纹。高 21、口径 13、腹径 21、底径 5.4 厘米（彩版四八，6）。

Ⅱ式　11 件，分别为 M103∶1、M122∶1、M133∶3、M181∶1、M242∶1、M332∶1、M457∶2、M494∶2、M517∶2、M527∶2、M531∶1。多平沿或折沿，少圆沿，腹最大径居中，底

图五四　秦墓出土 Aa 型陶罐

1. Ⅰ式（M52∶1）　　2、5. Ⅱ式（M133∶3、M494∶2）　3. Ⅳ式（M507∶2）　4. Ⅲ式（M107∶1）　6. Ⅴ式（M358∶1）

略大。

　　M133∶3，泥质灰陶。折沿，尖唇。颈旋四道凹弦纹，肩至中腹饰竖绳纹间三道凹槽，下腹饰横绳纹，底饰交错绳纹。高 20.7～21.7、口径 14.4、腹径 22、底径 7.2 厘米（图五四，2；彩版四九，1）。

　　M494∶2，泥质灰褐陶。折沿，圆唇。颈饰三道凹弦纹，上腹饰竖绳纹间两道抹痕，中、下腹饰横斜绳纹，底饰交错绳纹。高 20.9、口径 12.7、腹径 21.2、底径 6.9 厘米（图五四，5；彩版四九，2）。

Ⅲ式 6件，分别为 M107：1、M210：1、M219：1、M248：1、M249：2、M310：2。多折沿，少平沿、圆沿，腹最大径偏下，底较大，个别较小。

M107：1，泥质灰陶。折沿，尖唇。肩至中腹饰竖绳纹间三道抹痕，下腹饰横绳纹，底饰交错绳纹。高 22.2～22.7、口径 13.6、腹径 21、底径 8 厘米（图五四，4；彩版四九，3）。

Ⅳ式 1件。

M507：2，泥质灰陶。侈口，折沿，圆唇，口、颈较细，溜肩，腹最大径偏下，底较大。颈饰四道凸棱纹，肩至中腹饰竖绳纹间三道抹痕，下腹饰横绳纹，底饰交错绳纹。高 29.5、口径 13.3、腹径 27.6、底径 8 厘米（图五四，3；彩版四九，4）。

Ⅴ式 1件。

M358：1，泥质灰陶。折沿，尖唇，腹下垂，平底。口下有一道凹槽，肩至中腹饰竖绳纹间五道抹痕，下腹饰横绳纹，底饰交错绳纹。高 27.7～28.2、口径 14.4、腹径 25.5、底径 6 厘米（图五四，6；彩版四九，5）。

Ab型 3件。侈口，斜束颈，溜肩，长腹，平底内凹。据腹由粗渐细的变化，分三式。

Ⅰ式 1件。

M272：3，泥质灰陶。翻折沿，圆唇，椭圆腹。肩至中腹饰竖绳纹间三道抹痕，下腹饰横绳纹，底饰交错绳纹。高 27.7～28.1、口径 16.7、腹径 24.4、底径 9.6 厘米（图五五，1；彩版四九，6）。

Ⅱ式 1件。

M69：1，泥质灰陶。折沿，圆唇，腹略瘦，下收。肩至上腹饰竖绳纹间一道抹痕，中腹至下腹饰横绳纹，底饰交错绳纹。高 29.9～30.5、口径 18.4、腹径 23.5、底径 7.6 厘米（图五五，2；彩版五〇，1）。

Ⅲ式 1件。

M108：1，泥质灰陶。折沿，尖唇，造型瘦高，直壁下收。肩至中腹饰竖绳纹间两道抹痕，下腹饰横绳纹，底饰交错绳纹。高 28、口径 14.2、腹径 19、底径 9.6 厘米（图五五，3；彩版五〇，2）。

Ac型 1件。

M483：1，泥质灰褐陶。侈口，折沿，圆唇，束颈，溜肩，扁鼓腹，大平底内凹。肩至中腹饰竖绳纹间三道抹痕，下腹见刮削痕。高 18.3、口径 12.8、腹径 21.2、底径 14.6 厘米（图五五，4；彩版五〇，3）。

B型 8件。无耳，鼓腹。据腹、底的不同，分三亚型。

Ba型 4件。侈口，个别直口，溜肩，圆鼓腹，小底。据颈、腹的变化，分三式。

Ⅰ式 1件。

M171：1，泥质灰陶。平沿，尖唇，斜束颈，腹最大径居中，平底。肩下饰一道宽凹槽。高 18.5～19、口径 10、腹径 20.3、底径 8.8 厘米（图五六，9；彩版五〇，4）。

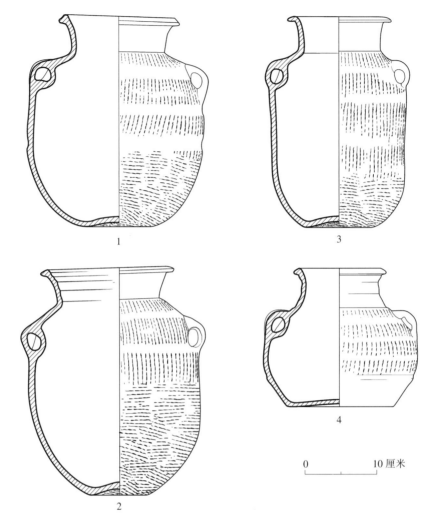

图五五　秦墓出土 A 型陶罐

1. Ab 型 I 式（M272：3）　2. Ab 型 II 式（M69：1）　3. Ab 型 III 式（M108：1）　4. Ac 型（M483：1）

II 式　2 件，分别为 M186：1、M339：1。平沿，圆唇或方唇，腹最大径居中，底平或微凹。

M339：1，泥质灰陶。圆唇，平底。高 15.5~15.8、口径 9.6、腹径 16.7、底径 9.7 厘米（图五六，1；彩版五〇，5）。

III 式　1 件。

M226：2，泥质灰陶。圆沿，圆唇，束颈较长，腹最大径偏上，平底。高 19、口径 11.6、腹径 18.4、底径 10.4 厘米（图五六，2；彩版五〇，6）。

Bb 型　3 件。侈口，鼓腹，大底。据颈、腹的变化，分三式。

I 式　1 件。

M215：1，泥质灰褐陶。圆沿，尖唇，短颈，耸肩，腹较短，底微凹。近底处有刮削痕。高 12.5、口径 11.5、腹径 17.6、底径 13 厘米（图五六，3；彩版五一，1）。

II 式　1 件。

M72：1，泥质灰陶。圆沿，圆唇，束颈，溜肩，腹较长，平底。高 18.1~18.4、口径 11、腹

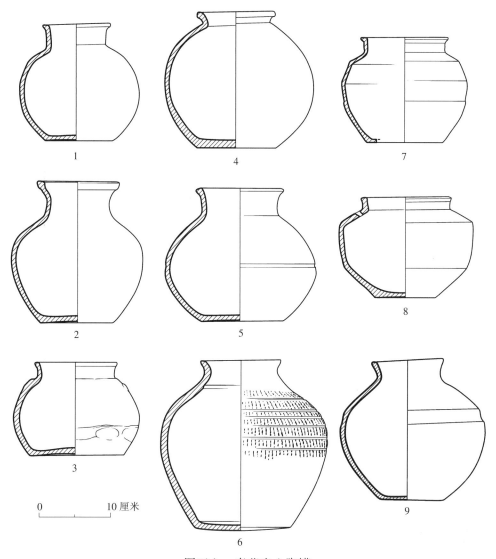

图五六 秦墓出土陶罐

1. Ba 型Ⅱ式（M339：1） 2. Ba 型Ⅲ式（M226：2） 3. Bb 型Ⅰ式（M215：1） 4. Bb 型Ⅱ式（M72：1） 5. Bb 型Ⅲ式（M358：2） 6. Bc 型（M277：5） 7. C 型Ⅰ式（M272：4） 8. C 型Ⅱ式（M249：1） 9. Ba 型Ⅰ式（M171：1）

径 20.8、底径 11.4 厘米（图五六，4；彩版五一，2）。

Ⅲ式 1件。

M358：2，泥质灰陶。折沿，尖唇，颈略长，溜肩，腹略高，底微凹。中腹饰一道凹弦纹。高 17.8、口径 12.2、腹径 21.1、底径 11.6 厘米（图五六，5；彩版五一，3）。

Bc 型 1件。

M277：5，泥质灰黑陶。侈口，平沿，圆唇，短束颈，溜颈，鼓腹下收，平底。肩至中腹浅饰细绳纹间六道凹弦纹。高 22.7～22.9、口径 11.2、腹径 23、底径 13.4 厘米（图五六，6；彩版五一，4）。

C 型 3件。直口，直领，折腹。据腹壁的变化，分两式。

Ⅰ式　1件。

M272：4，泥质灰陶。平沿，尖唇，领略长，溜肩，腹壁双折，平底。高14、口径12.2、底径10.8厘米（图五六，7；彩版五一，5）。

Ⅱ式　2件，分别为M249：1、M249：3。泥质灰陶。圆沿，尖唇，矮领，折肩，底近平。肩近颈处镂对称两孔。

M249：1，高13.4～13.6、口径12.7、底径8.6厘米（图五六，8；彩版五一，6）。

型式不明6件，有M69：2、M101：2、M234：1、M250：1、M303：1、M394：2。

釜　29件。其中残2件。泥质灰陶为主，泥质灰褐陶次之，也有泥质灰黑陶、泥质灰黄陶，个别夹砂灰陶。据口沿、颈及有无耳的不同，分四型。

A型　10件。侈口，仰折沿。据圜底、平底的不同，分两亚型。

Aa型　7件。束颈，溜肩，扁鼓腹，圜底。据底部由窄到宽的变化，分四式。

Ⅰ式　1件。

M200：2，泥质灰陶。圆唇，底较窄。高约14.4、口径15.4、腹径20.2厘米（图五七，1）。

Ⅱ式　2件，分别为M171：2、M272：2。泥质灰陶。尖唇，底较窄。有的颈下镂对称两孔。

M171：2，颈下镂两孔。高11.8、口径11.8、腹径15.8厘米（图五七，2；彩版五二，1）。

Ⅲ式　3件，分别为M72：2、M332：3、M358：3。泥质灰陶。尖唇，颈微束，底略宽。

M332：3，高10.7、口径13.4、腹径16厘米（图五七，3，彩版五二，2）。

Ⅳ式　1件。

M394：1，泥质灰陶。尖唇，底较宽。高11.4、口径10.8、腹径17.4厘米。

Ab型　3件。短颈，溜肩，扁鼓腹，平底。颈下镂对称两孔。据圆唇到尖唇、底由窄到宽、腹渐下垂的变化，分三式。

Ⅰ式　1件。

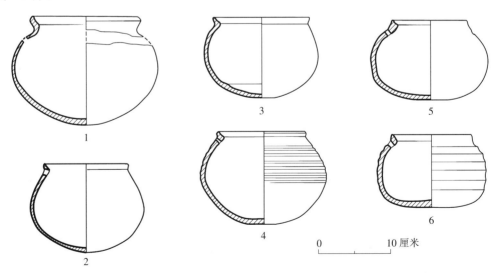

图五七　秦墓出土 A 型陶釜

1. Aa 型Ⅰ式（M200：2）　　2. Aa 型Ⅱ式（M171：2）　　3. Aa 型Ⅲ式（M332：3）　　4. Ab 型Ⅰ式（M250：2）　　5. Ab 型Ⅱ式（M186：2）　　6. Ab 型Ⅲ式（M254：1）

M250：2，泥质灰陶。圆唇，底较窄。上腹饰密集凹弦纹。高 12.2~12.3、口径 12.4、腹径 17.5、底径 4.2 厘米（图五七，4；彩版五二，3）。

Ⅱ式 1件。

M186：2，泥质灰黑陶。尖唇，底略宽。颈下镂对称双孔。高 10.6、口径 10.5、腹径 16.3、底径 4.8 厘米（图五七，5；彩版五二，4）。

Ⅲ式 1件。

M254：1，泥质灰陶。尖唇，底较宽。颈下镂对称双孔。腹饰六道凸棱纹。高 9.7、口径 11.2、腹径 15.2、底径 5.2 厘米（图五七，6；彩版五二，5）。

B 型 5件。多敛口，也有直口、侈口，或无颈，或颈甚长。据圜底、平底的不同，分两亚型。

Ba 型 2件。短颈近无，溜肩，扁鼓腹，圜底。据底由窄到宽的变化，分两式。

Ⅰ式 1件。

M122：2，泥质灰陶。敛口，圆沿，底略尖。颈下镂对称双孔。高 9.5~9.8、口径 10、腹径 14.6 厘米（图五八，1；彩版五二，6）。

Ⅱ式 1件。

M108：2，泥质灰陶。口微敛，尖沿，底较窄。高 8.8~10.1、口径 12、腹径 15 厘米（图五八，2；彩版五三，1）。

Bb 型 3件。平底。据直口变敛口至侈口，斜弧腹变扁鼓腹，分三式。

Ⅰ式 1件。

M104：3，泥质灰陶。直口，圆沿，直颈较长，平折肩，斜弧腹。高 9.3~9.6、口径 17.8、腹径 20.5、底径 6 厘米（图五八，3；彩版五三，2）。

Ⅱ式 1件。

M122：3，泥质陶陶。敛口，圆沿，短颈近无，溜肩，扁鼓腹。颈下镂对称双孔，下腹饰横绳纹，底饰交错绳纹。高 9.6~11、口径 10.4、腹径 14.6、底径 3.4 厘米（图五八，4；彩版五三，3）。

Ⅲ式 1件。

M210：2，泥质灰褐陶。侈口，圆沿，束颈较长，溜肩，扁鼓腹。高 10、口径 10.4、腹径 15.3、底径 4.8 厘米（图五八，5；彩版五三，4）。

C 型 10件。敛口，多折沿，沿面一般较宽，圜底。据底由尖到宽的变化，分四式。

Ⅰ式 3件，分别为 M215：2、M305：2、M410：2。敛口或直口，鼓腹下收，底较尖。

M215：2，泥质灰陶。直口，折沿，圆唇，束颈微斜，折肩。颈饰浅竖绳纹，肩至中腹饰竖绳纹，下腹及底饰横绳纹。高 15.2、口径 17.9、腹径 21.4 厘米（图五八，6；彩版五三，5）。

M410：2，泥质灰陶。敛口，卷沿，圆唇，斜束颈，溜肩。肩至中腹饰竖绳纹间两道抹痕，下腹及底饰横绳纹。高 13、口径 18.8、腹径 22 厘米（图五八，7）。

Ⅱ式 3件，分别为 M494：3、M505：1、M531：2。折沿，尖唇，短束颈，溜肩，鼓腹下收，底较窄。中腹以下饰横斜绳纹。

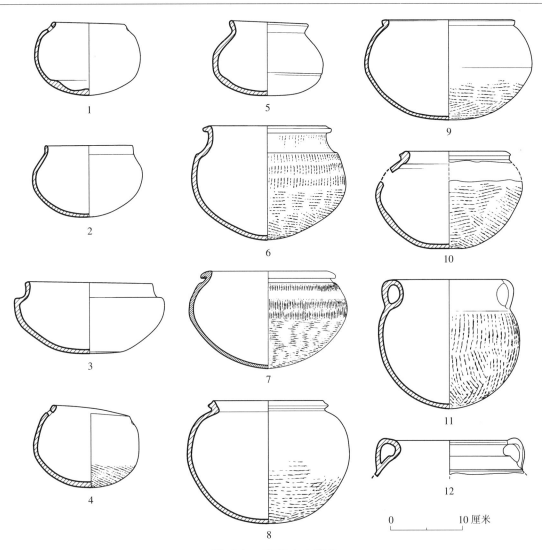

图五八　秦墓出土陶釜

1. Ba 型 I 式（M122：2）　　2. Ba 型 II 式（M108：2）　　3. Bb 型 I 式（M104：3）　　4. Bb 型 II 式（M122：3）　　5. Bb
型 III 式（M210：2）　　6、7. C 型 I 式（M215：2、M410：2）　　8. C 型 II 式（M505：1）　　9. C 型 III 式（M527：1）
10. C 型 IV 式（M303：3）　　11. D 型 I 式（M277：4）　　12. D 型 II 式（M133：2）

　　M505：1，泥质灰陶。高 16.4、口径 16.7、腹径 22.6 厘米（图五八，8；彩版五三，6）。

　　III 式　2 件，分别为 M103：2、M527：1。泥质灰陶。口略直，平沿，颈近于无，溜肩，扁鼓腹，底略宽。下腹饰横绳纹。

　　M527：1，高 13.4、口径 18.5、腹径 23.3 厘米（图五八，9；彩版五四，1）。

　　IV 式　2 件，分别为 M226：1、M303：3。泥质灰褐陶。敛口，尖唇或圆唇，圆沿较厚，扁鼓腹，底较宽。

　　M303：3，底近平。中腹以下饰横、斜绳纹。高约 13、口径 15.4、腹径 20.4 厘米（图五八，10）。

　　D 型　2 件。侈口，束颈，溜肩，口沿与肩之际附对称双牛鼻形耳。据耳的位置变化，分两式。

Ⅰ式 1件。

M277：4，泥质灰褐陶。仰折沿，圆唇，圆鼓腹，圜底较尖，双牛鼻形耳偏下。肩至底饰竖、斜绳纹。高17.2、口径14.6、腹径19.8厘米（图五八，11；彩版五四，2）。

Ⅱ式 1件。

M133：2，泥质灰陶。平沿，方唇，双牛鼻形耳上提，耳以下残。残高4.5、口径16.4厘米（图五八，12）。

M107：2、M179：1已残成碎片，型式不明。

鍪 8件。泥质灰陶为主，泥质灰褐陶、夹砂灰黄陶次之，个别泥质灰黑陶。据凹底、圜底、平底的不同，分三型。

A型 3件。侈口，凹底，肩附对称两耳。据腹最大径由上渐下移的变化，分三式。

Ⅰ式 1件。

M384：1，夹砂灰黄陶。尖沿，高领，耸肩，鼓腹下收。颈、肩际附泥条状环耳。高15.6～16.5、口径10.4、腹径15.6、底径6厘米（图五九，1；彩版五四，3）。

Ⅱ式 1件。

M457：3，泥质灰褐陶。圆沿，束颈，广肩，鼓腹较矮，腹最大径居中。肩附对称双扁耳。下腹饰横绳纹，底饰交错绳纹。高18.3、口径12.8、腹径21、底径7.6厘米（图五九，2；彩版五四，4）。

Ⅲ式 1件。

M219：3，泥质灰陶。圆沿，束颈，溜肩，腹下垂，底微凹。肩附对称双环耳。下腹及底饰交错绳纹。高18.3～18.6、口径12.4、腹径21、底径4.8厘米（图五九，3；彩版五四，5）。

B型 4件。侈口，肩附对称两环耳，圜底。据腹、底的变化，分三式。

Ⅰ式 1件。

M181：2，泥质灰黑陶。圆沿，束颈下张，削肩，长腹下垂，底略窄。高19、口径11.7、腹径19.6厘米（图五九，4；彩版五五，1）。

Ⅱ式 1件。

M517：1，泥质灰陶。圆沿，束颈，溜肩，扁鼓腹，底略宽。高15.1、口径12、腹径18.5厘米（图五九，5）。

Ⅲ式 2件，分别为M74：2、M507：1。泥质灰陶或泥质灰褐陶。束颈，溜肩，扁鼓腹，底较宽。下腹及底饰横、斜绳纹。

M507：1，泥质灰陶。高18、口径12.2、腹径20.2厘米（图五九，6；彩版五五，2）。

C型 1件。

M234：2，泥质灰陶。侈口，圆沿，束颈，削肩，腹下垂，平底。肩附对称双环耳。高15.5、口径13、腹径18.4、底径5.6厘米（图五九，7；彩版五五，3）。

盆 6件。其中残1件。泥质灰褐陶为主，泥质灰陶次之，也有泥质灰黄陶。据腹部的不同，分两型。

A型 4件。折腹。据腹下斜收略小到较大的变化，分三式。

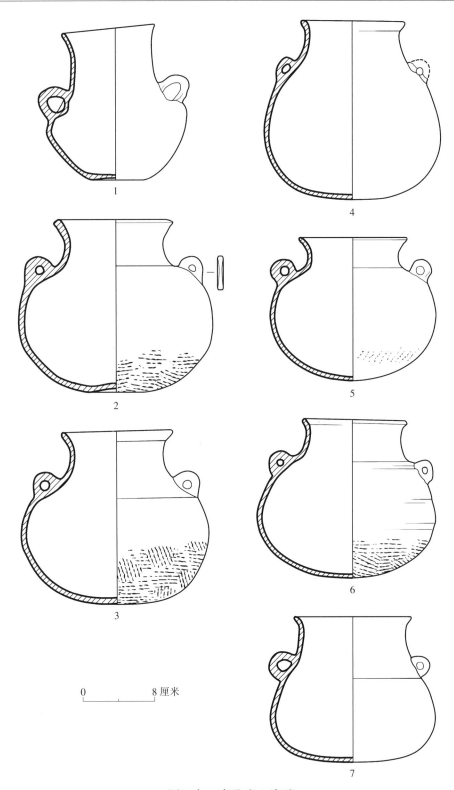

图五九　秦墓出土陶鍪

1. A 型Ⅰ式（M384∶1）　2. A 型Ⅱ式（M457∶3）　3. A 型Ⅲ式（M219∶3）　4. B 型Ⅰ式（M181∶2）　5. B 型Ⅱ式（M517∶1）　6. B 型Ⅲ式（M507∶1）　7. C 型（M234∶2）

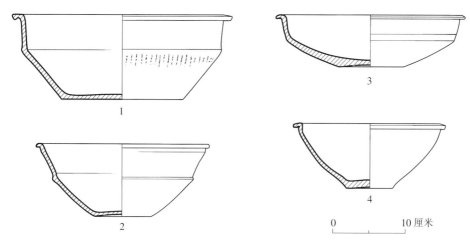

图六〇　秦墓出土陶盆

1. A 型 I 式（M277：3）　2. A 型 II 式（M101：1）　3. A 型 III 式（M310：1）　4. B 型（M249：5）

I 式　2 件，分别为 M277：2、M277：3。泥质灰褐陶。直口，卷沿，方唇，折腹下斜收略小，平底或微凹。

M277：3，平底。下腹浅饰竖绳纹。高 11.3、口径 30.4、底径 16.8 厘米（图六〇，1）。

II 式　1 件。

M101：1，泥质灰褐陶。敞口，圆沿，圆唇，折腹下斜收略大，底微凹。腹饰一道凸棱纹。高 9.6、口径 24、底径 8 厘米（图六〇，2；彩版五五，4）。

III 式　1 件。

M310：1，泥质灰黄陶。敞口，宽卷沿，圆唇，折腹下斜收较大，底凹。高 6.9、口径 26、底径 9 厘米（图六〇，3；彩版五五，5）。

B 型　1 件。

M249：5，泥质灰陶。直口，宽卷沿，方唇，斜弧腹，矮假圈足，底微凹。高 8.6、口径 21、底径 6.5 厘米（图六〇，4；彩版五五，6）。

M272：5，残成碎片，形态不明。

钵　9 件。其中残 1 件。泥质灰陶为主，泥质灰褐陶次之。据形体大小不同，分两型。

A 型　4 件。形体较大。斜腹。据腹壁的变化，分三式。

I 式　2 件，分别为 M305：3、M329：2。口略直，腹壁下弧较小，平底或底微凹。

M329：2，泥质灰陶。沿尖圆，平底。高 9.2～10、口径 23、底径 9.2 厘米（图六一，1；彩版五五，7）。

II 式　1 件。

M133：4，泥质灰褐陶。直口，平沿，腹壁下弧较大，平底。高 9.5、口径 23.6、底径 9 厘米（图六一，2；彩版五六，1）。

III 式　1 件。

M494：1，泥质灰陶。口略直，腹壁下弧较大且略折，底微凹。腹饰两道凹弦纹。高 8、口径

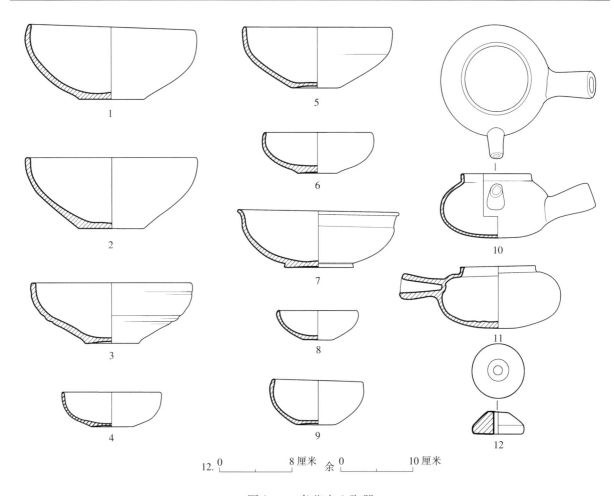

图六一 秦墓出土陶器

1. A 型 Ⅰ 式钵（M329：2）　2. A 型 Ⅱ 式钵（M133：4）　3. A 型 Ⅲ 式钵（M494：1）　4. B 型 Ⅰ 式钵
（M200：3）　5. B 型 Ⅱ 式钵（M505：2）　6. B 型 Ⅲ 式钵（M249：4）　7. Ⅰ 式碗（M52：5）
8. Ⅱ 式碗（M332：2）　9. Ⅲ 式碗（M74：1）　10. Ⅰ 式镳斗（M470：2）　11. Ⅱ 式镳斗（M219：2）
12. 纺轮（M470：3）

22.2、底径 7.4 厘米（图六一，3；彩版五六，2）。

B 型　4 件。形体较小，口微敛，斜腹，底微凹。据腹壁的变化，分三式。

Ⅰ 式　2 件，分别为 M200：3、M390：2。泥质灰褐陶。斜弧腹。

M200：3，高 4.6、口径 13.8、底径 5.8 厘米（图六一，4；彩版五六，3）。

Ⅱ 式　1 件。

M505：2，泥质灰陶。上腹略直，下斜收。高 8.2、口径 20.3、底径 6.2 厘米（图六一，5；
彩版五六，4）。

Ⅲ 式　1 件。

M249：4，泥质灰陶。上腹略外斜，下斜收。高 5.4、口径 15.4、底径 5.6 厘米（图六一，6；
彩版五六，5）。

M254：2，残破，型式不明。

碗　3 件。有泥质灰陶、泥质灰黄陶、泥质红褐陶。据口沿、腹壁的变化，分三式。

Ⅰ式　1 件。

M52：5，泥质灰黄陶。敞口，斜弧腹，矮假圈足。高 7.4 ~ 7.7、口径 22.4、足径 9.7 厘米（图六一，7；彩版五六，6）。

Ⅱ式　1 件。

M332：2，泥质灰陶。直口，浅斜弧腹，平底。高 3.9、口径 11.4、底径 4 厘米（图六一，8；彩版五六，7）。

Ⅲ式　1 件。

M74：1，泥质红褐陶。敛口，深斜弧腹，底微凹。高 5.7 ~ 6.1、口径 12.6、底径 5.6 厘米（图六一，9；彩版五六，8）。

镳斗　2 件。矮领，广肩，扁鼓腹，圜底。据流的有无，分两式。

Ⅰ式　1 件。

M470：2，夹砂灰陶。直口，腹一侧斜上伸圆形中空柄，其左侧有斜上管状流。高 8.6、口径 9.8、腹径 15、柄长 7.2 厘米（图六一，10；彩版五七，1）。

Ⅱ式　1 件。

M219：2，泥质灰陶。敛口，尖唇，肩下斜伸一圆形中空柄，无流。高 8.2 ~ 8.4、口径 10.4、腹径 16 厘米（图六一，11；彩版五七，2）。

纺轮　1 件。

M470：3，泥质灰陶。平面呈圆形，正面凸，背面平，顶部平，中心有圆孔。直径 5.8、孔径 1、厚 2.5 厘米（图六一，12；彩版五七，3）。

2. 礼器

13 件。其中残碎 2 件。器类有鼎、盒、蒜头壶、豆。

鼎　1 件。

M329：3，泥质灰陶。口内敛，平折肩，鼓腹，平底。方扁耳外撇，根部外侧中间作长方凹槽。足膝部扁平，下残。残高 16、口径 16.6 厘米（图六二，4）。

盒　3 件。据弧腹变折弧腹，分两式。

Ⅰ式　2 件，分别为 M242：2、M457：1。泥质灰陶。圆沿，弧腹微折，底微凹。

M457：1，盖直口，圆沿，折壁，平顶。通高 13.2、口径 20.7、底径 8.3、盖口径 20 厘米（图六二，1；彩版五七，4）。

Ⅱ式　1 件。

M303：2，泥质灰陶。口微敛，平肩，折弧腹上部较短，底略凹。盖敛口，圆沿，弧壁，顶凹，有圆孔。通高 18 ~ 18.3、口径 24.2、底径 10.9、盖口径 24 厘米（图六二，2；彩版五七，5）。

蒜头壶　1 件。

M505：3，泥质红陶。短直口，平沿，蒜头无瓣，细长颈，广肩，扁鼓腹，圈足外撇。高 24.9、口径 4、腹径 19.8、圈足径 13.2 厘米（图六二，3；彩版五七，6）。

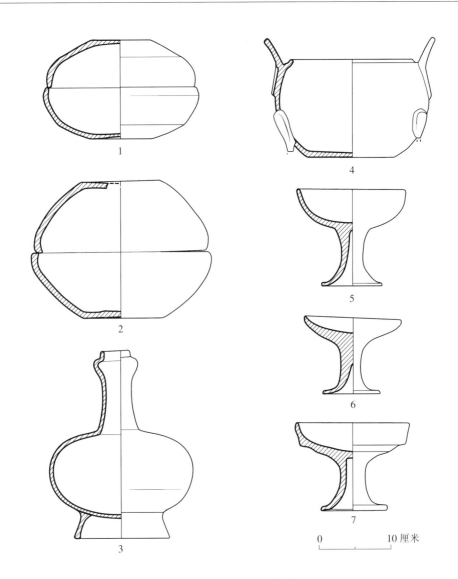

图六二　秦墓出土陶器

1. Ⅰ式盒（M457∶1）　　2. Ⅱ式盒（M303∶2）　　3. 蒜头壶（M505∶3）　　4. 鼎（M329∶3）　　5. A型豆（M52∶3）
6. B型豆（M104∶1）　　7. C型豆（M133∶1）

豆　8件。其中残2件。据盘、柄的不同，分三型。

A型　3件，分别为M52∶3、M52∶4、M52∶6。泥质灰陶。敞口，尖沿，深弧盘，圆柄中空，喇叭形座。

M52∶3，高12.8、口径15.2、座径8.4厘米（图六二，5；彩版五八，1）。

B型　2件，分别为M104∶1、M104∶2。夹砂或泥质灰陶。敞口，尖沿，浅弧盘，圆柄，下部中空，喇叭形座。

M104∶1，夹砂灰陶。高9.8～10.3、口径13.4、座径8厘米（图六二，6；彩版五八，2）。

C型　1件。

M133∶1，泥质灰陶。敞口，尖沿，折盘，圆柄中空，喇叭形座。高11.6～11.7、口径15.7、座径9.2厘米（图六二，7；彩版五八，3）。

M101：3、M186：3，已残碎，形态不明。

（二）铜器

5件。器类有带钩、铃、钱币。

带钩　3件。体宽扁，腹呈琵琶形，正面弧，背面平。腹背施圆形纽。据腹部由宽变窄，分三式。

Ⅰ式　1件。

M277：1，钩首残，腹部较宽。残长3.6、腹宽1.5、纽径1.2厘米（图六三，1；彩版五八，4）。

Ⅱ式　1件。

M254：3，钩首弯曲，腹部略宽。浮雕卷云纹。长4.3、腹宽1.1、纽径1厘米（图六三，2；彩版五八，5）。

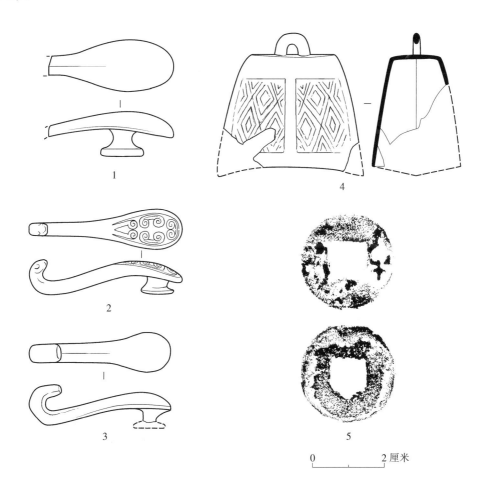

图六三　秦墓出土铜器

1. Ⅰ式带钩（M277：1）　2. Ⅱ式带钩（M254：3）　3. Ⅲ式带钩（M108：3）　4. 铃（M394：3）　5. 半两（M543：1）

Ⅲ式　1件。

M108：3，钩首弯曲，腹部略短窄，纽残。长4、腹宽1厘米（图六三，3；彩版五八，6）。

铃　1件。

M394：3，整体呈正面宽、侧面窄的扁圆形。肩部较宽，略窄于器口，肩上施环纽，正、背面器口微上弧。器身阳刻菱形纹。通高3.6、身高3、肩宽2.5厘米（图六三，4）。

半两　1件（6枚）。

M543：1，钱铭"半两"。"半"字上部作"八"首，上横画两端上翘，下横画较长，"两"字内二"人"竖笔较短。钱径2.6、穿宽1厘米（图六三，5）。

（三）铁器

2件。可辨器形有臿。

臿　M332：4，弧刃，弧背，扁柄。通高10.6、刃宽9、背厚1厘米。

M457：4，锈蚀，不辨器形。

（四）漆器

5件，分别为M133：5、M226：3、M272：6、M272：7、M384：3。皆腐，仅存红色漆皮，除M133：5可辨为耳杯外，余皆不辨器形。

六　墓葬分类与分期

（一）随葬品组合

秦墓的随葬品主要是陶器，铜器、铁器甚少，漆器皆腐。因此，只能以陶器为主分析器物组合，铜器、铁器可进行组合参考。有随葬品能进行组合的有49座墓。

1. 组合类别

随葬品有陶礼器、日用陶器、陶或铁工具，可归纳为三类组合。

A类　鼎或盒或豆、生活日用器组合（表七）。

共10座墓。陶礼器不成套。分以下8种。

鼎、罐、钵。有M329。

盒、罐。有M242。

盒、罐、鍪。有M457。

盒、罐、釜。有M303。

壶、釜、钵。有M505。

豆、罐、碗或盆。有M52、M101。

豆、罐、釜。有M104、M186。

豆、罐、釜、钵。有M133。

表七 秦墓 A 类组合的组别及序列表

组别	鼎	盒	壶	豆	罐	釜	鍪	盆	钵	碗	伴出
1	√			A、B	Aa Ⅰ	Bb Ⅰ			A Ⅰ	Ⅰ	
2		Ⅰ	√	C	Aa Ⅱ、Ba Ⅱ	Ab Ⅱ、C Ⅱ、D Ⅱ	A Ⅱ	A Ⅱ	A Ⅱ、B Ⅱ		铁器
3		Ⅱ				C Ⅳ					

B 类 日用陶器组合（表八）。

共 36 座墓，组合呈现多样性，既有鬲、盂为主导的组合，也有无鬲、盂的组合，还有的墓仅出 1 件罐或釜。分以下 15 种。

鬲、盆、罐、罐、釜。该组合的墓只有 M272。

盂、罐、釜。有 M215。

盂、釜、钵。有 M200。

盂、罐、罐。有 M69。

盂、罐、鍪。有 M234。

罐、罐、釜。有 M358。

罐、釜、盆。有 M277，伴出铜带钩。

罐、釜、钵。有 M305、M494。

罐、釜、釜。有 M122。

罐、罐、盆、钵。有 M249。

罐、釜。参加该组合的墓有 M72、M103、M107、M108（有铜带钩）、M171、M210、M226、M250、M394、M410、M527、M531。

罐、鍪。有 M181、M384、M507、M517。

罐、盆或钵。有 M310、M390。

鍪或釜、碗或钵。有 M74、M254（有铜带钩）。

罐或釜。有 M163、M179、M248、M339、M483。

表八 秦墓 B 类组合的组别及序列表

组别	鬲	盂	罐	釜	鍪	盆	钵	碗	伴出
1	√	Ⅰ、Ⅱ	Aa Ⅰ、Ab Ⅰ、Ba Ⅰ、Bb Ⅰ、Bc、C Ⅰ	Aa Ⅰ、Aa Ⅱ、Ab Ⅰ、C Ⅰ、D Ⅰ	A Ⅰ	A Ⅰ	A Ⅰ、B Ⅰ		铜带钩
2		Ⅲ	Aa Ⅱ、Ab Ⅱ、Ba Ⅱ、Bb Ⅱ	Aa Ⅲ、Ba Ⅰ、Bb Ⅱ、C Ⅱ、C Ⅲ	B Ⅰ、B Ⅱ、C		A Ⅲ		
3			Aa Ⅲ、Aa Ⅳ、Aa Ⅴ、Ab Ⅲ、Ac、Ba Ⅲ、Bb Ⅲ、C Ⅱ	Aa Ⅳ、Ab Ⅲ、Ba Ⅱ、Bb Ⅲ、C Ⅳ	B Ⅲ	A Ⅲ、B	B Ⅲ	Ⅲ	铜带钩、铜铃

C 类 日用陶器与陶、铁工具组合（表九）。

3 座墓。分以下 3 种。

罐、镭斗、纺轮。有 M470。

罐、釜、碗、铁臿。有 M332。

罐、鍪、镭斗。有 M219。

表九　秦墓 C 类组合的组别及序列表

组别	罐	釜	鍪	碗	镭斗	纺轮	铁臿
1	AaⅠ				Ⅰ	√	
2	AaⅡ	AaⅢ		Ⅱ			√
3	AaⅢ		AⅢ	Ⅱ			

2. 组合对应

以上三类组合及序列对应如下（表一〇）。

表一〇　秦墓 A、B、C 类组合及序列对应表

类别\组别	A 类	B 类	C 类
一	1	1	1
二	2	2	2
三	3	3	3

（二）墓葬分类

根据墓坑规模、葬具与随葬品组合，将 58 座墓分为甲、乙、丙、丁类。

1. 甲类墓

3 座。分别为 M186、M457、M505。墓底长 2. 38 ~ 2. 6、宽 1. 2 ~ 1. 44 米。葬具一椁一棺。随葬品有陶礼器盒或壶或豆。

2. 乙类墓

10 座。其中 M358、M394、M494 墓坑底长 2. 56 ~ 3. 22、宽 1. 4 ~ 1. 86 米，葬具一椁一棺，随葬品中无礼器。M52、M101、M104、M133、M242、M303、M329 墓坑底长 1. 58 ~ 2. 3、宽 0. 45 ~ 0. 96 米。随葬品中有陶礼器鼎或盒或豆。M104、M133、M242、M303 葬具只有一棺。值得注意的是 M52、M101、M329 墓坑底长 1. 9 ~ 2. 06、宽 0. 54 ~ 0. 66 米，发掘时不见棺腐痕。

3. 丙类墓

37 座。墓坑长 1. 63 ~ 2. 53、宽 0. 38 ~ 0. 9 米。M69 葬具已朽，余葬具只有一棺。随葬品中有陶日用器或陶纺轮、镭斗，有的墓伴出铁臿、铜带钩。

4. 丁类墓

8 座。分别为 M116、M196、M201、M213、M239、M266、M274、M285。墓底长 1. 7 ~ 2. 56、宽 0. 3 ~ 1. 28 米。多数墓葬具为一棺，无随葬品。M116、M196、M285 无葬具和随葬品。

甲类墓是这批秦墓中等级最高的墓葬。虽然使用一椁一棺，似乎合于"士再重"的棺椁制度，但随葬品中无成套礼器，只有盒或壶或豆，不合于士的用器制度。因此，甲类墓的墓主仍为平民，只不过是身份略高于一般平民的富有者。

乙类墓中用一椁一棺而无礼器者，墓坑较甲类墓大，为平民中较有经济实力者，属于地位上升的阶层。用一棺而有成套礼器者，为势力渐为削弱的一般平民。其中 M52、M104 中随葬弧盘豆，是受楚文化的影响，当为楚遗民。

丙类墓数量最多，葬具一棺，个别不见葬具，随葬日用生活器，数量皆不多。有的只随葬 1件。墓主当为一般平民。M272 用 1 件楚式鬲，表明其为楚遗民。

丁类墓部分用一棺，部分不见葬具，皆无随葬品，墓主当为平民中的贫困者。

（三）分期与年代

58 座秦墓中，M179 仅出 1 釜，残，型式不明，不能参与分期。M116、M196、M201、M213、M239、M266、M274、M285 无随葬品，不能参与分期。M543 出土 6 枚半两，可参与分期。其余48 座墓中，主要随葬品为陶器，且发展序列较为清楚。因此，现根据墓葬形制，随葬品组合及形制特征，参考其他地方秦墓资料，对这 49 座墓进行分期，划分为三个发展阶段（图六四）。

第一段　墓葬有 M52、M104、M163、M171、M200、M215、M250、M272、M277、M305、M329、M384、M390、M410、M470 共 15 座墓。随葬陶器有鼎，A、B 豆，鬲，Ⅰ、Ⅱ 盂，Aa Ⅰ、Ab Ⅰ、Ba Ⅰ、Bb Ⅰ、Bc、C Ⅰ 罐，Aa Ⅰ、Aa Ⅱ、Ab Ⅰ、Bb Ⅰ、C Ⅰ、D Ⅰ 釜，A Ⅰ 鍪，A Ⅰ 盆，A Ⅰ、B Ⅰ 钵，Ⅰ 碗，Ⅰ 镟斗，纺轮，个别墓有铜带钩。墓葬规模较小。无甲类墓，乙类墓 3 座，随葬品 A 类组合的 3 座墓中，M52、M104、M329 属乙类墓。

第二段　墓葬有 M69、M72、M101、M103、M122、M133、M181、M186、M234、M242、M332、M339、M457、M494、M505、M517、M527、M531，共 18 座墓。随葬品有 Ⅰ 盒，蒜头壶，C 豆，Ⅲ 盂，Aa Ⅱ、Ab Ⅱ、Ba Ⅱ、Bb Ⅱ 罐，Aa Ⅲ、Ab Ⅱ、Ba Ⅰ、Bb Ⅱ、C Ⅱ、C Ⅲ、D Ⅱ 釜，A Ⅱ、B Ⅰ、B Ⅱ、C 鍪，A Ⅱ 盆，A Ⅱ、A Ⅲ、B Ⅱ 钵，Ⅱ 碗，另有铁臿。甲类墓 3 座，乙类墓 4座，丙类墓 11 座。随葬品 A 类组合的墓 6 座，其中 M457、M186、M505 属于甲类墓，M101、M133、M242 属乙类墓。

第三段　墓葬有 M74、M107、M108、M210、M219、M226、M248、M249、M254、M303、M310、M358、M394、M483、M507、M543，共 16 座墓。随葬陶器有 Ⅱ 盒，Aa Ⅲ、Aa Ⅳ、Aa Ⅴ、Ab Ⅲ、Ac、Ba Ⅲ、Bb Ⅲ、C Ⅱ 罐，Aa Ⅳ、Ab Ⅲ、Ba Ⅱ、Bb Ⅲ、C Ⅳ 釜，A Ⅲ、B Ⅲ 鍪，A Ⅲ、B 盆，B Ⅲ 钵，Ⅲ 碗，Ⅱ 镟斗。少数墓有铜带钩、铜铃。此段有乙类墓 3 座，丙类墓 13 座。

这批秦墓除半两钱外，未出纪年器物，因此我们只能参照其他地方秦墓年代清楚同类器，根据这批随葬器物的组合、器类形态的演进、墓葬形制特征的发展变化，将这批秦墓划分为二期三段。

第一期一段　器物组合有单件陶礼器与日用生活器组合。有单纯日用生活器组合，有日用生活器与工具组合。比较突出的现象，一是单件陶礼器有用鼎的组合，二是生活日用器有用鬲的组合，皆为后二段所不见。鼎、鬲具有楚器特征，反映秦初占领该地后文化的征服与融合。器物明显特征是 Aa 型双耳罐、釜、鍪的底较窄、较尖。M329∶3 鼎深腹、平底的特征同于襄阳王坡 M135∶3B，

器类型式 期段		Aa	Ab	Ac	Ba	Bb	Bc	C
一期	一段	I式（M52:1）	I式（M272:3）		I式（M171:1）	I式（M215:1）	M277:5	I式（M272:4）
	二段	II式（M494:2）	II式（M69:1）		II式（M339:1）	II式（M72:1）		
二期	三段	III式（M107:1）　IV式（M507:2）　V式（M358:1）	III式（M108:1）	M483:1	III式（M226:2）	III式（M358:2）		II式（M249:1）

（罐）

<table>
<tr><th>期段</th><th colspan="2">器类型式</th><th>鬲</th><th>盂</th><th>Aa</th><th>Ab</th><th>Ba</th><th>Bb</th><th>C</th><th>D</th></tr>
</table>

图六四A 秦墓出土陶器分期图（一）

期段	器类型式	盏 A	盏 B	盏 C	盆 A	盆 B	钵 A	钵 B
一期	一段	I式（M384:1）			I式（M277:3）		I式（M329:2）	I式（M200:3）
	二段	II式（M457:3）	I式（M181:2）／II式（M517:1）	M234:2	II式（M101:1）		II式（M133:4）／III式（M494:1）	II式（M505:2）
二期	三段	III式（M219:3）	III式（M507:1）		III式（M310:1）	M249:5		III式（M249:4）

器类型式 期段	碗	镶斗	鼎	盒	蒜头壶	A	豆 B	C
1段　　1期	Ⅰ式（M52：5）	Ⅰ式（M470：2）	M329：3	Ⅰ式（M457：1）		M52：3	M104：1	
2段	Ⅱ式（M332：2）			Ⅱ式（M303：2）	M505：3			
3段　　Ⅱ期	Ⅲ式（M74：1）	Ⅱ式（M219：2）						M133：1

图六四B　秦墓出土陶器分期图（二）

式鼎[①]。M163：1、M305：1、M329：1、M390：1之AaⅠ式罐同于襄阳王坡M9：1 AⅡ式罐，M384：2 AaⅠ式罐近于湖北老河口九里山M8：1Ⅰ式罐[②]，M410：2 CⅠ式釜近于襄阳王坡M29：2 BⅠ式釜。M272：3 AbⅠ式罐，椭圆腹，初具橄榄特征，与之同出的有陶鬲，理当定为此段。综上，本期本段为战国晚期后段偏前，年代为公元前279年秦拔鄢邓后至公元前256年东周灭亡。

第一期二段　器物组合除无鼎、鬲外，保留了其他组合，显著变化是增加了盒、壶，日用生活器的组合比较繁复多样。Aa型双耳罐、釜、鍪的底较前段略宽、略圆。M242：1 AaⅡ式双耳罐同于湖北老河口九里山M151：3Ⅱ式罐。M69：1 AbⅡ式罐腹较前段加深、橄榄形特征愈趋突出。M101：1 AⅡ式盆基本同于咸阳塔儿坡秦墓M27063：8 Ⅲ式盆[③]，唯本器无绳纹。M505：3蒜头壶之蒜头无瓣，颈较短，手法较简朴，当略早于襄阳王坡M34：2 Ⅰ式铜蒜头壶。在墓葬类型方面，甲类墓增至3座，乙类墓也较多，墓葬总数也略有增加，表明此段秦的势力得到发展。本期本段为战国晚期后段偏后，年代为公元前255～前222年。

第二期三段　器物组合方面，器类变少。2件器物组合与只有1件器物的墓增多，说明此段秦的势力受到削弱。至于装饰品带钩增多，乃为前段之遗绪。在器物形制方面，Aa型罐腹出现下垂倾向，其底与釜、鍪底较宽、较圆。AbⅡ式罐腹较前甚为匀称，橄榄特征鲜明。M248：1 AaⅢ式罐同于襄阳王坡M117：2 AⅣ式罐。M226：1、M303：3 CⅣ式釜近于湖北老河口九里山M67：2 AⅠ式釜，也近于襄阳王坡M95：2 BⅣ式釜。M507：1 BⅢ式鍪近于襄阳王坡M4：2 Ⅲ式鍪。M310：1 AⅢ式盆近于荆州擂鼓台M1：4 Ⅱ式盂[④]。在墓葬类型方面，乙类墓3座，丙类墓13座。总体数量较前段有所减少，表明秦之暴政与战乱，给本地人口、经济造成一定损失。综上，本期本段为秦统一后到秦子婴亡，年代为公元前221～前207年。

第四节　西汉墓葬

一　墓葬分布

西汉墓葬164座。Ⅰ区分布124座，为M23、M25、M33、M36～M38、M46、M47、M49、M50、M55、M57、M59、M60、M62、M67、M70、M71、M79、M85、M87、M88、M93、M95、M96、M97、M99、M102、M114、M115、M119～M121、M141、M154、M160、M161、M177、M180、M184、M187、M191、M192、M194、M198、M199、M202、M204～M206、M208、M216、M222、M227、M229、M235、M238、M243、M244、M246、M258～M265、M267、M268、M271、M273、M275、M276、M280、M283、M287、M292、M295、M296、M302、M307、M311～M316、M318、M321、M322、M327、M333、M335、M336、M340～M345、M348、M350～M352、M359、M360、M362、M363、M366～M369、M372、M381～M383、M386、M387、M389、M391～M393、M395（图六五）。Ⅲ区分

① 湖北省文物考古研究所、襄阳市考古队、襄阳区文物管理处：《襄阳王坡东周秦汉墓》，科学出版社，2005年。

② 襄樊市文物考古研究所、武安铁路复线九里山考古队：《老河口九里山秦汉墓》，文物出版社，2009年。

③ 咸阳市文物考古研究所：《塔儿坡秦墓》，三秦出版社，1998年。

④ 湖北省荆州市荆州区博物馆：《荆州擂鼓台秦墓发掘简报》，《江汉考古》2003年第2期。

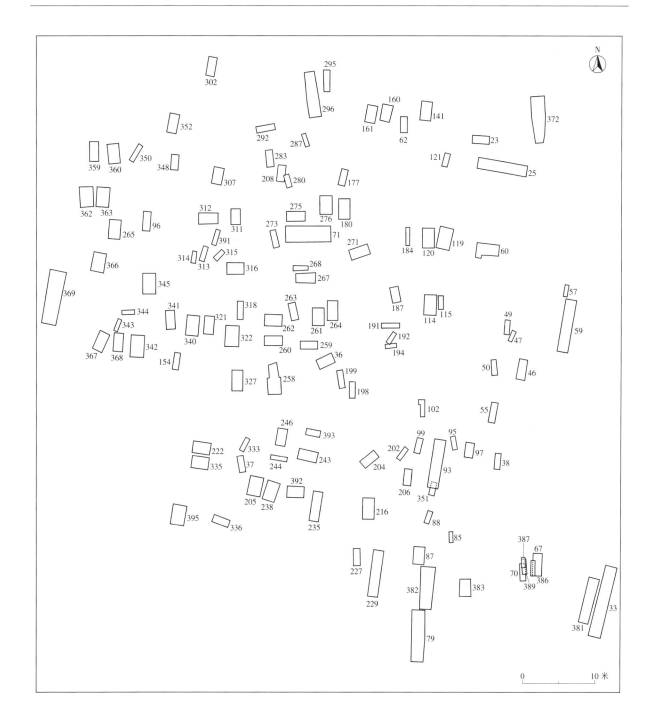

图六五　Ⅰ区西汉墓分布图

布 40 座，为 M155、M156、M217、M231、M251、M256、M257、M294、M323、M405 ～
M407、M412、M414、M417、M422、M425、M426、M428 ～ M430、M433、M450、M451、
M459、M461、M479、M490、M497、M510 ～ M515、M523、M524、M529、M535、M548
（图六六）。绝大部分为土坑墓；只有 5 座是砖室墓。其中Ⅰ区 2 座，Ⅲ区 3 座。148 座有随
葬品，16 座无随葬品。部分墓葬排列整齐，少数墓葬存在叠压打破关系（附表三）。

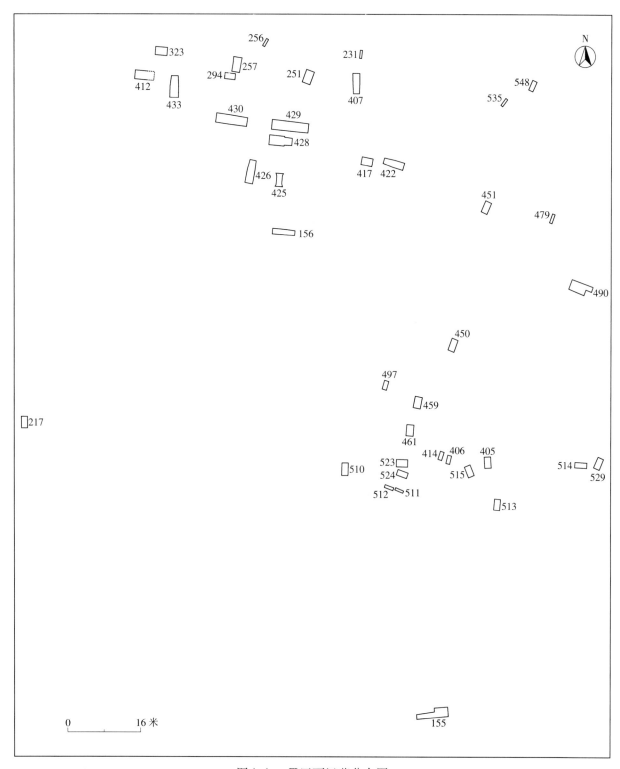

图六六　Ⅲ区西汉墓分布图

二　墓葬形制

（一）墓坑与砖室

竖穴土坑，平面呈长方形，个别呈凸形。坑壁较陡直，少数经过修整较光滑，多数未经修整较粗糙。墓口一般大于墓底，少数口底等大，个别壁外斜，底大于口。墓底较平。墓坑、砖室有如下四种形制。

1. 带墓道墓

19 座。坑内置一椁一棺。Ⅰ区分布 12 座，编号为 M25、M33、M59、M71、M79、M229、M235、M258、M369、M372、M381、M382。Ⅲ区分布 7 座，编号为 M407、M412、M422、M426、M428～M430。墓道偏于墓室一端。仅 2 座呈"甲"字形，其余墓道与墓室分界不明，墓道较墓室略窄。墓道下口直抵墓底。个别墓除墓道一侧外，另三侧近墓底施一级生土台阶（彩版五九至六一）。

2. 无墓道墓（A）

67 座。坑内置一椁一棺。Ⅰ区分布 47 座，编号为 M23、M36、M60、M87、M114、M119、M120、M141、M161、M180、M187、M205、M206、M208、M216、M222、M238、M246、M260、M261、M264、M265、M267、M271、M275、M307、M311、M312、M316、M321、M322、M327、M335、M340、M341、M342、M345、M352、M359、M360、M362、M363、M366、M368、M383、M392、M395（彩版六二至六四），Ⅲ区分布 20 座，编号为 M251、M257、M294、M323、M405、M406、M417、M425、M433、M451、M459、M461、M497、M510、M513～M515、M523、M524、M529（彩版六五）。墓坑底口长宽大体相等，长 2.3～3.4、宽 1.2～2.3 米。多数墓口大底小，也有口底同大。个别口小底大，墓深 0.48～3 米。个别墓坑已被破坏近底，平面呈长方形。个别墓壁中部向内凹弧，四角外侈。

3. 无墓道墓（B）

45 座。坑内置单棺或未见葬具。Ⅰ区分布 38 座，编号为 M37、M38、M50、M57、M62、M70、M88、M97、M99、M102、M115、M154、M160、M177、M184、M191、M192、M198、M199、M227、M243、M244、M259、M262、M263、M268、M273、M280、M283、M292、M295、M302、M313、M318、M344、M348、M387、M389。Ⅲ区分布 7 座，编号为 M217、M231、M256、M414、M450、M512、M535（彩版六六、六七）。现存墓口长 1.5～2.7、宽 0.6～1.9 米，墓底长 1.4～2.68、宽 0.5～1.82 米，墓深 0.18～2.1 米。平面呈长方形。有的墓设生土台，少数墓设头龛。

4. 砖室墓

5 座。Ⅰ区分布 2 座，编号为 M93、M296。Ⅲ区分布 3 座，编号为 M155、M156、M490（彩版六八）。土坑墓墓口长 2.6～3.6 米，墓口底基本同大，墓深 0.76～2.3 米。平面呈长方形。墓道偏在一端，比墓室略窄。个别墓道偏向一边，墓圹整体平面呈"刀"形。顶皆不存。葬具未见椁，有的置双棺，有的置单棺（彩版六九）。

（二）壁龛

设壁龛的墓共 7 座。其中Ⅰ区 6 座，编号为 M37、M70、M97、M99、M102、M227。Ⅲ区仅 1 座，为 M535。除 M37 为足龛外，余皆为头龛。甚为特别的是 M102，头龛左拐在墓坑一侧，与墓坑呈曲尺形。龛宽 0.2～0.8、高 0.16～0.36、进深 0.12～0.6 米。M37 龛底高于墓底 1.1 米，M535 高于墓底 0.2 米，其余龛底与墓底平。

（三）台阶

除 M369 有墓道带一级生土台阶外，其他设一级生土台阶的墓共 12 座。其中Ⅰ区 9 座，为 M50、M160、M177、M243、M273、M283、M318、M336、M348。Ⅲ 区 3 座，为 M217、M194、M450。除 M50、M217 只设一侧外，其他皆设于两侧。略长于墓底，宽 0.06～0.62 米，往往一端宽，一端窄，距墓底高 0.14～0.92 米。

（四）填土

墓坑内的填土为开挖墓坑埋葬后的回填土。Ⅰ区墓坑的填土以黄褐色花土为主，也有褐夹灰白土，包含少量红陶片。Ⅲ区墓坑填土以褐灰土夹红烧土、少许陶片为主，少数墓填褐灰花土、灰夹黄斑土。填土结构较致密，未经夯打。极少数墓底见少许青膏泥。

三　葬具、葬式与方向

葬具　绝大多数墓保存有葬具。葬具分两种情况：一是一椁一棺，二是单棺。这些葬具已基本腐烂，仅存腐痕，极少数残存部分板材。置放一椁一棺的椁室腐痕长 2.1～3.8、宽 1.04～1.98、高 0.04～0.54 米，墙、挡板腐痕厚多在 0.04～0.1 米之间，底板痕厚 0.02～0.06 米，少数残存部分椁板，墙板厚 0.08～0.1 米，底板厚 0.05～0.12 米。有的底板下见圆形垫木。椁内棺偏在一侧，棺痕长 1.84～2.32、宽 0.4～0.7、高 0.02～0.32 米。墙挡板痕厚 0.02～0.06、底板痕厚 0.01～0.04 米。少数残棺为平底方棺，如 M141、M407、M429。也有悬底方棺，如 M430。有的棺下置有垫木，如 M429。残存棺墙板厚 0.06～0.08、底板厚 0.06～0.1 米。置放单棺的棺痕一般长 1.7～2.02、宽 0.32～0.56、高 0.02～0.3 米。另有一些棺甚小，痕长 1.1～1.68、宽 0.34～0.48、高 0.02～0.06 米。棺板皆腐。砖室墓棺痕长 1.9～2.08、宽 0.46～0.56、高 0.12～0.2 米。有的不见腐痕。

葬式　人骨架多已腐烂，少数残存人骨架痕迹，从残存人骨架痕迹观察，均为仰身直肢。

方向　一般依墓道、人牙、肢骨放置部位确定方向。方向在 0°～45°之间的墓 49 座，在 46°～90°之间的墓 10 座，在 91°～135°之间的墓 17 座，在 136°～180°之间的墓 24 座，在 181°～225°之间的墓 34 座，在 226°～270°之间的墓 10 座，在 271°～315°之间的墓 8 座，在 316°～359°之间的墓 12 座。以上方向度数归类表明，墓葬北向或偏北向居多，南向或偏南向略少，东向或偏东向较少，西向或偏西向更少。

四　随葬品放置

日用陶器和陶礼器多放置在棺外墓主右侧，放置于棺外墓主左侧、头前次之，少部放置于壁龛内。棺内随身放置的有铜钱、铜镜、铜簪、铜带钩、铁削刀等。

五　随葬品器类

750 件。其中残失不辨形制 180 件。按质地可分为陶器、铜器、铁器、锡器、石器、漆器。以陶器数量最多，铜器、铁器、锡器甚少。

（一）陶器

582 件。其中残破不辨形制 71 件。按用途分为日用器、仿铜礼器、模型器和建筑材料。

陶系以泥质灰陶为主，泥质灰褐陶次之，少数泥质灰黑陶、泥质灰黄陶，甚少泥质褐陶。极少夹砂灰陶，少数器身为泥质而盖夹砂。泥质灰陶多泛白，以手触之，易黏附。多数器表黑衣脱落殆尽。部分器物焙烧火候较高，质坚，叩之锵锵然（表一一）。

表一一　西汉墓陶器陶色陶质统计表

类别	泥质							夹砂		夹炭	合计
	灰	灰褐	灰黄	灰黑	褐	红褐	红	灰	灰褐	黑	
小计	422	90	24	28	8	1	1	6	1	1	582
百分比（％）	72.5	15.5	4.1	4.8	1.3	0.2	0.2	1.0	0.2	0.2	100

制作方法有轮制、模制、手制，绝大部分为轮制。有的器物轮制、模制兼用，如鼎、铺首壶、豆器身、盘座轮制，耳、足、铺首、柄模制。盘口壶之器身与盘口、圈足分体轮制。有的器物轮制、手制兼用，如双耳罐、鍪，身轮制，耳手制，罐身接耳处见按压凹窝、粘接泥痕。有的器物身为单纯轮制，如盒、无耳罐、釜、瓮、盆、钵、碗、仓、井等，仅盖纽用手制。有的器物单纯用模制，如灶、磨、圈。也有用手制的器物，实际为附件，如圈中之猪。

装饰纹样和手法，纹饰主要为绳纹，拍印于器物腹部。凹弦纹也很多，主要刻划器物的颈、腹部。也有些凸棱纹，多旋制于器物肩部，盘口壶的盘底部。也有少量堆塑，如仓门侧之装饰。

1. 日用生活器

194 件，其中残破型式不明 29 件。器类有罐、釜、鍪、瓮、盆、铜、钵、镶斗、长颈瓶、碗、盏、器座。

罐　128 件。其中残碎、形态不明 19 件。据有无双耳、颈部长短的不同，分六型。

A 型　88 件。双耳。据腹、耳的不同，分四亚型。

Aa 型　59 件。牛鼻形耳。侈口，束颈，溜肩，鼓腹。据腹由矮变高，最大径由下变上，底由大变小，颈由内束变下部外张再下内斜变内束至较直，分十一式。

Ⅰ式　3 件，分别为 M177∶2、M302∶1、M513∶1。其中 M513∶1 为泥质灰褐陶，余为泥质灰陶。颈内束，腹最大径偏下。

图六七　西汉墓出土 Aa 型陶罐

1、2. Ⅰ式（M177：2、M302：1）　　3、4. Ⅱ式（M208：1、M267：2）　　5、6. Ⅲ式（M97：2、M433：5）　　7、8. Ⅳ
式（M71：5、M426：4）　　9. Ⅴ式（M180：7）

　　M177：2，折沿，尖唇，平底内凹。肩至中腹饰竖绳纹间五道抹痕，下腹及底饰交错绳纹。高
27.8、口径 15、腹径 25.2、底径 9 厘米（图六七，1；彩版七〇，1）。

　　M302：1，折沿，圆唇，平底。肩至中腹饰竖绳纹间三道抹痕，下腹饰横绳纹，底饰交错绳
纹。高 23.3～24.2、口径 12.4、腹径 22.6、底径 7.4 厘米（图六七，2；彩版七〇，2）。

　　Ⅱ式　4 件，分别为 M208：1、M267：2、M344：1、M515：1。其中 M208：1、M267：2 为泥
质灰黑陶，余为泥质灰褐陶。多圆沿，圆唇，颈内束，平底内凹，腹最大径略上移。

M208：1，口内钩，圆沿，圆唇。肩至中腹饰竖绳纹间四道抹痕，下腹饰横绳纹，底饰交错绳纹。高 26～26.6、口径 16、腹径 25.8、底径 8 厘米（图六七，3）。

M267：2，圆沿，圆唇。肩起一道凸棱，肩至中腹饰竖绳纹间四道抹痕，下腹饰横绳纹，底饰交错绳纹。高 31.6～31.8、口径 15.4、腹径 30.4、底径 11.4 厘米（图六七，4；彩版七〇，3）。

Ⅲ式　8 件，分别为 M70：3、M97：2、M194：1、M256：1、M259：2、M348：2、M414：1、M433：5。其中 M97：2、M259：2、M414：1 为泥质灰褐陶，余为泥质灰陶。颈内束，腹最大径偏下，平底内凹。

M97：2，圆沿，圆唇。颈饰四道凹弦纹，颈至中腹饰竖斜绳纹，下腹饰横绳纹，底饰交错绳纹。高 22.8～23.3、口径 13.8、腹径 22.6、底径 8.4 厘米（图六七，5；彩版七〇，4）。

M433：5，平折沿，方唇。肩至中腹饰竖绳纹间四道抹痕，下腹饰横斜绳纹，底饰交错绳纹。高 23.8、口径 11.9、腹径 22.6、底径 8.4 厘米（图六七，6）。

Ⅳ式　6 件，分别为 M71：5、M243：2、M295：1、M406：3、M426：4、M512：1。其中 M71：5 为泥质灰褐陶，M243：2、M295：1 为泥质灰黑陶，余为泥质灰陶。颈内束，腹较深，最大径居中。M295：1 为圜底，余为平底内凹。

M71：5，折沿，尖唇。肩至中腹饰竖绳纹间四道抹痕，下腹饰横绳纹，底饰交错绳纹。高 29.4～29.6、口径 17.2、腹径 27.5、底径 11 厘米（图六七，7；彩版七〇，5）。

M426：4。翻折沿，沿面起一道凸棱，尖唇。肩至中腹饰竖绳纹间五道抹痕，下腹及底饰横斜绳纹。高 28.4、口径 16.6、腹径 26.8、底径 10.3 厘米（图六七，8）。

Ⅴ式　5 件，分别为 M25：1、M180：7、M184：1、M206：2、M271：1。其中 M180：7 为泥质灰黑陶，M271：1 为泥质灰褐陶，余为泥质灰陶。颈内束，鼓腹，腹最大径居中。M206：2 为圜底，余为平底内凹，底较小。

M180：7，翻折沿，圆唇。肩至中腹饰竖绳纹间三道抹痕，下腹饰斜绳纹，底饰交错绳纹。高 23.2～24、口径 14.2、腹径 22.6、底径 6.8 厘米（图六七，9；彩版七〇，6）。

M206：2，折沿，尖唇。肩至上腹饰竖绳纹间两道抹痕，中腹以下饰横绳纹，底饰交错绳纹。高 22.4、口径 12.8、腹径 20.8、底径 6 厘米。

Ⅵ式　10 件，分别为 M57：1、M141：1、M227：1、M235：3、M238：1、M238：2、M307：1、M381：2、M383：2、M429：1。其中 M57：1、M141：1、M227：1 为泥质灰黑陶，M238：1、M381：2、M383：2 为泥质灰褐陶，余为泥质灰陶。颈内束，鼓腹略高，腹最大径居中，平底或平底内凹，底略大。

M141：1，翻折沿，圆唇。肩至中腹饰竖绳纹间四道抹痕，下腹饰横绳纹，底饰交错绳纹。高 29.4～30、口径 16.2、腹径 28.6、底径 9.2 厘米（图六八，1；彩版七一，1）。

M383：2，翻折沿，尖唇。肩至中腹饰竖绳纹间四道抹痕，下腹饰横绳纹，底饰交错绳纹。高 27.3、口径 14.2、腹径 26.6、底径 9.8 厘米（图六八，2）。

Ⅶ式　5 件，分别为 M87：5、M307：2、M307：3、M307：5、M313：2。其中 M307：3、5 为泥质灰褐陶，M313：2 为泥质灰黑陶，余为泥质灰陶。颈下部外张，椭圆腹，凹圜底，较大。

M87：5，翻折沿，方唇。肩至中腹饰竖绳纹间四道抹痕，下腹饰横绳纹，底饰交错绳纹。高

图六八　西汉墓出土 Aa 型陶罐

1、2. Ⅵ式（M141：1、M383：2）　3. Ⅶ式（M87：5）　4. Ⅷ式（M257：1）　5、6. Ⅸ式（M23：3、M407：6）
7. Ⅹ式（M155：3）　　8、9. Ⅺ式（M79：5、M93：8）

29.1~29.5、口径 17.6、腹径 27.8、底径 8 厘米（图六八，3；彩版七一，2）。

　　Ⅷ式　3 件，分别为 M257：1、M362：4、M372：2。其中 M362：4 为泥质灰黑陶，余为泥质
灰陶。翻折沿，尖唇，颈下斜，腹较高，平底内凹，底略大。

　　M257：1，肩至中腹饰竖绳纹间四道凹弦纹，下腹饰横绳纹，底饰交错绳纹。高 30.5~30.9、
口径 16.4、腹径 27.8、底径 10 厘米（图六八，4；彩版七一，3）。

　　Ⅸ式　6 件，分别为 M23：3、M263：1、M340：3、M369：1、M407：6、M407：10。其中

M340：3 为泥质灰褐陶，余为泥质灰陶。束颈，腹较高，平底内凹，底略小。

M23：3，翻折沿，方唇。肩至中腹饰竖绳纹间两道抹痕，下腹饰横绳纹，底饰交错绳纹。高 24.6～25.1、口径 13.7、腹径 23.6、底径 6.4 厘米（图六八，5；彩版七一，4）。

M407：6，平折沿，方唇。肩至中腹饰竖绳纹间五道抹痕，下腹饰横绳纹，底饰交错绳纹。高 25.1、口径 16.5、腹径 25、底径 11.4 厘米（图六八，6）。

Ⅹ式　3 件，分别为 M155：1、M155：3、M335：2。泥质灰陶。颈微内束，腹较高，平底内凹，底较小。

M155：3，折沿，圆唇。肩至中腹饰竖绳纹间三道抹痕。下腹饰横绳纹，底饰交错绳纹。高 25.7、口径 13、腹径 24、底径 10.2 厘米（图六八，7；彩版七一，5）。

Ⅺ式　6 件，分别为 M79：5、M93：3、M93：8、M102：3、M156：1、M490：5。其中 M79：5 为泥质灰褐陶，余为泥质灰陶。沿面较窄，颈略束，较直，长腹，平底内凹，底较小。

M79：5，折沿，尖唇。肩至中腹饰竖绳纹间四道抹痕，下腹饰横绳纹，底饰交错绳纹。高 29.6、口径 14.9、腹径 27.4、底径 8 厘米（图六八，8；彩版七一，6）。

M93：8，窄平沿，圆唇。肩至中腹饰竖绳纹间三道抹痕，下腹饰横绳纹，底饰交错绳纹。高 27、口径 12.2、腹径 25、底径 6.4 厘米（图六八，9）。

Ab 型　25 件。牛鼻形耳，橄榄腹。侈口，束颈，溜肩。M114：5、M119：8、M342：2 为平底，余为平底内凹。据颈由下斜变微斜再变内曲，腹由甚高变较高至略高，底由大变较大再变小，分八式。

Ⅰ式　4 件，分别为 M99：1、M121：2、M154：1、M199：3。其中 M99：1、M199：3 为泥质灰陶，M121：2 为泥质灰褐陶，M154：1 为泥质灰黄陶。腹甚长。

M99：1，翻折沿。肩至中腹饰竖绳纹间三道抹痕，下腹饰横绳纹，底饰交错绳纹。高 25.8～27、口径 16.2、腹径 20.6、底径 8.6 厘米（图六九，1；彩版七二，1）。

Ⅱ式　3 件，分别为 M88：1、M119：7、M216：2。其中 M88：1 为泥质灰褐陶，余为泥质灰陶。形体较前式大，腹较前式高，较前式弧。

M216：2，折沿。肩至中腹饰竖绳纹间三道抹痕，下腹饰横绳纹，底饰交错绳纹。高 32.2～32.8、口径 19.4、腹径 23.6、底径 9.4 厘米（图六九，2；彩版七二，2）。

Ⅲ式　6 件，分别为 M62：2、M119：8、M191：2、M216：7、M327：1、M524：2。其中 M62：2 为泥质灰黄陶，余为泥质灰陶。平折沿或翻折沿，圆唇，颈下部内斜，长腹，有的微下垂，底略大。

M62：2，平折沿。肩至中腹饰竖绳纹间两道抹痕，下腹饰横绳纹，底饰交错绳纹。高 27.7～28.2、口径 19.4、腹径 24、底径 10.4 厘米（图六九，3；彩版七二，3）。

Ⅳ式　2 件，分别为 M38：2、M461：3。泥质灰陶。颈下部内斜，腹较高，微下垂，底较小。

M461：3，折沿，圆唇。肩至中腹饰竖绳纹间两道抹痕，下腹及底饰横斜交错绳纹。高 27.4、口径 18.4、腹径 22.2、底径 6.4 厘米（图六九，4；彩版七二，4）。

Ⅴ式　2 件，分别为 M114：5、M294：3。泥质灰陶。平沿或平折沿，圆唇，颈微束，腹较高，底较大。

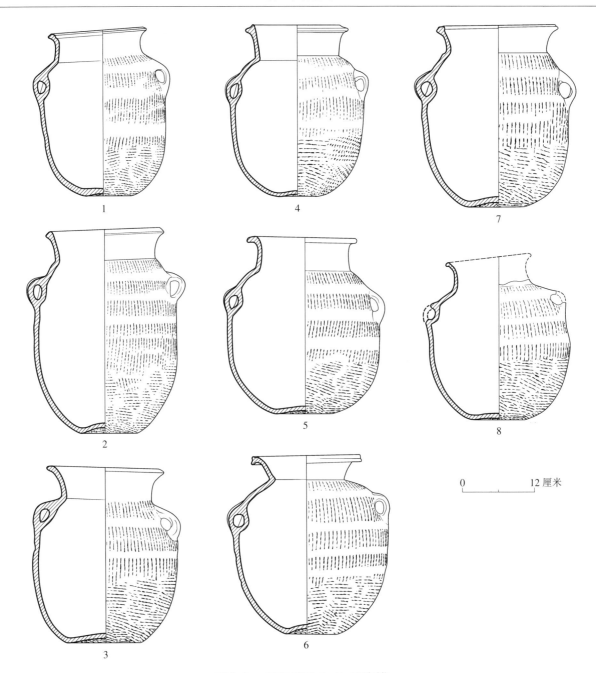

图六九　西汉墓出土 Ab 型陶罐

1. Ⅰ式（M99：1）　2. Ⅱ式（M216：2）　3. Ⅲ式（M62：2）　4. Ⅳ式（M461：3）　5. Ⅴ式（M294：3）　6. Ⅵ式
（M59：3）　7. Ⅶ式（M363：4）　8. Ⅷ式（M352：1）

　　M294：3，平折沿。肩至中腹饰竖绳纹间三道抹痕，下腹饰横斜绳纹，底饰交错绳纹。高28～
28.2、口径18.2、腹径25.2、底径9.4厘米（图六九，5；彩版七二，5）。

　　Ⅵ式　4件，分别为 M59：3、M273：1、M292：1、M342：2。其中 M292：1 为泥质灰陶，
M342：2 为泥质灰褐陶，余为泥质灰黑陶。翻折沿或折沿，腹较高，最大径居中，底较小。

　　M59：3，翻折沿，尖唇。肩至中腹饰竖绳纹间四道抹痕，下腹饰横绳纹，底饰交错绳纹。高
28.2～28.8、口径18.4、腹径25.2、底径8.6厘米（图六九，6；彩版七二，6）。

Ⅶ式　3件，分别为 M363：3、M363：4、M368：3。其中 M363：3 为泥质灰黑陶，M363：4 为泥质灰褐陶，M368：3 为泥质灰黄陶。翻折沿，圆唇，颈微下斜，腹较高，最大径居中，底略大。

M363：4，颈下饰一道凸棱纹，肩至中腹饰竖绳纹间三道抹痕，下腹饰横绳纹，底饰交错绳纹。高 28.8～29.2、口径 20.2、腹径 24.4、底径 9 厘米（图六九，7；彩版七三，1）。

Ⅷ式　1件。

M352：1，泥质灰褐陶。折沿，尖唇，颈内曲，腹略高，最大径居中，底略大。肩至中腹饰竖绳纹间三道抹痕，下腹饰横绳纹，底饰交错绳纹。高 25～26.5、口径 14、腹径 23.4、底径 8.8 厘米（图六九，8；彩版七三，2）。

Ac 型　3件。肩附双环耳，矮腹，宽底。据盘口由直变侈，分两式。

Ⅰ式　1件。

M268：1，泥质灰黑陶。盘口外侈，内口下有一道凹槽，窄平沿，尖唇，束颈，削肩，圆鼓腹，底微凹。肩施对称双竖扁圆孔耳。耳际、中腹各饰一组两道凹弦纹。高 19.8、口径 10.4、腹径 20.9、底径 11.9 厘米（图七〇，1；彩版七三，3）。

Ⅱ式　2件，分别为 M318：1、M318：2。其中 M318：1 为泥质灰褐陶，M318：2 为泥质灰陶。侈口，平折沿，圆唇，束颈，溜肩，圆鼓腹，底微凹。肩施对称双竖扁形圆孔耳。

M318：1，高 18、口径 12、腹径 19.3、底径 14.2 厘米（图七〇，2；彩版七三，4）。

Ad 型　1件。

M244：1，泥质灰黑陶。侈口，平沿，方唇，唇面有一道凹槽，束颈，溜肩，矮圆鼓腹，宽底

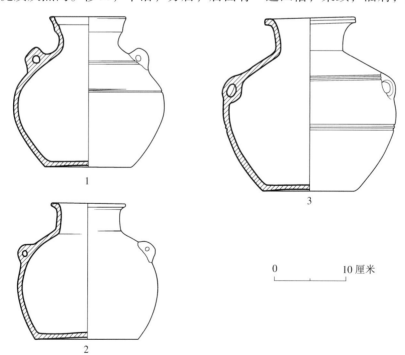

0　　　　　　10 厘米

图七〇　西汉墓出土 A 型陶罐
1. Ac 型Ⅰ式（M268：1）　2. Ac 型Ⅱ式（M318：1）　3. Ad 型（M244：1）

微凹。肩施对称双牛鼻形耳。耳际、中腹各饰一组两道凹弦纹。高 22.7～23、口径 12.6、腹径 24、底径 12.8 厘米（图七〇，3；彩版七三，5）。

　　B 型　10 件。束颈。据腹、底的不同，分两亚型。

　　Ba 型　6 件。矮鼓腹，大底。据颈由短变长，腹最大径由上至下，分五式。

　　Ⅰ 式　1 件。

　　M208：2，泥质灰褐陶。侈口，圆沿，圆唇，矮束颈，广肩，腹上部鼓凸，平底。肩饰两道凹弦纹。高 12.6、口径 10.8、腹径 17.9、底径 9.5 厘米（图七一，6；彩版七三，6）。

　　Ⅱ 式　1 件。

　　M389：1，泥质灰陶。侈口，平沿，圆唇，束颈略长，溜肩，腹最大径居中，平底。颈饰细绳纹。高 14.4、口径 10.7、腹径 17.6、底径 12.6 厘米（图七一，2；彩版七四，1）。

　　Ⅲ 式　1 件。

　　M160：2，泥质灰陶。侈口，圆沿，圆唇，束颈，溜肩，腹最大径居中，平底。器表有密集旋

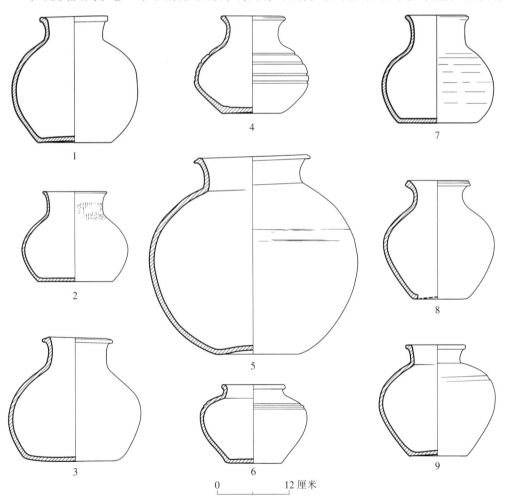

0　　　　　　　　12 厘米

图七一　西汉墓出土 B 型陶罐

1. Bb 型 Ⅱ 式（M160：1）　　2. Ba 型 Ⅱ 式（M389：1）　　3. Ba 型 Ⅴ 式（M265：6）　　4. Ba 型 Ⅳ 式（M261：1）

5. Bb 型 Ⅰ 式（M260：1）　　6. Ba 型 Ⅰ 式（M208：2）　　7. Ba 型 Ⅲ 式（M160：2）　　8. Bb 型 Ⅲ 式（M205：1）

9. Bb 型 Ⅳ 式（M265：3）

痕。高 17.3、口径 10.5、腹径 18.6、底径 13 厘米（图七一，7；彩版七四，2）。

Ⅳ式　1件。

M261：1，泥质灰陶。侈口，圆沿，圆唇，束颈，溜肩，腹中部鼓凸，最大径微偏下，底微凹。腹饰四道凹弦纹。高 15.8、口径 10.9、腹径 19、底径 9.8 厘米（图七一，4；彩版七四，3）。

Ⅴ式　2件，分别为 M85：2、M265：6。M85：2 为泥质灰陶，M265：6 为泥质灰黑陶。

M265：6，侈口，折沿，方唇，束颈较长，溜肩，腹下垂，平底。高 19.8～20、口径 11.6、腹径 22.2、底径 16 厘米（图七一，3；彩版七四，4）。

Bb 型　4件。圆鼓腹，小底。据腹由圆鼓变瘦长，分四式。

Ⅰ式　1件。

M260：1，泥质灰褐陶。侈口，翻折沿，尖唇，溜肩，束颈，圆鼓腹，平底内凹。上腹饰两道凹弦纹。高 31.6～32.1、口径 18.4、腹径 34.9、底径 14 厘米（图七一，5；彩版七四，5）。

Ⅱ式　1件。

M160：1，泥质灰陶。直口，平沿，方唇，束颈，溜肩，鼓腹略圆，平底微凹。高 20.4、口径 11.2、腹径 21、底径 12.2 厘米（图七一，1；彩版七四，6）。

Ⅲ式　1件。

M205：1，泥质灰陶。侈口，折沿，圆唇，溜肩，鼓腹略高。高 18.9～19.2、口径 10.9、腹径 18.5、底径 9.2 厘米（图七一，8；彩版七五，1）。

Ⅳ式　1件。

M265：3，泥质灰褐陶。侈口，平沿，方唇，束颈，溜肩，鼓腹略高，下斜收，平底微凹。高 17.8、口径 10、腹径 19.4、底径 9.7 厘米（图七一，9；彩版七五，2）。

C 型　5件。矮直颈。据口由直变侈，底由大变小，分五式。

Ⅰ式　1件。

M312：6，泥质灰褐陶。口较直，圆沿，直领，溜肩，鼓腹下弧，平底。高 11.8～12、口径 11.9、腹径 17、底径 7.8 厘米（图七二，1；彩版七五，3）。

Ⅱ式　1件。

M38：1，泥质灰褐陶。口微侈，颈微下斜，削肩，扁鼓腹，平底。颈下部施对称两孔。孔际饰一道凹弦纹。高 9.6～10、口径 10.5、腹径 16.6、底径 7 厘米（图七二，2；彩版七五，4）。

Ⅲ式　1件。

M235：2，泥质灰陶。口微侈，颈微内斜，溜肩，腹上鼓下斜收，底微凹。高 12.6、口径 9.2、腹径 15、底径 8 厘米（图七二，3；彩版七五，5）。

Ⅳ式　1件。

M93：2，泥质灰陶。口微侈，颈微内斜，广肩，腹上鼓凸下斜收，平底。高 13.8、口径 11.4、腹径 20.8、底径 10.4 厘米（图七二，4；彩版七五，6）。

Ⅴ式　1件。

M102：2，泥质灰陶。侈口，束颈，溜肩，鼓腹下斜收，平底内凹。高约 12、口径 10.6、腹径 15.4、底径 5 厘米（图七二，5）。

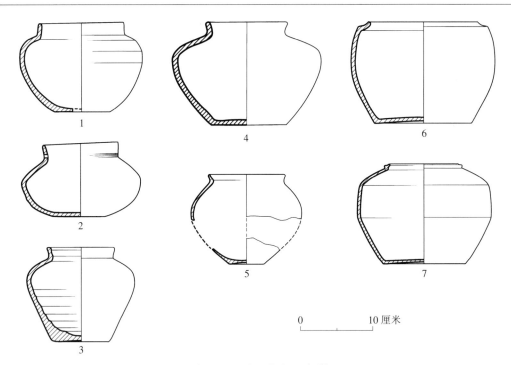

图七二　西汉墓出土陶罐

1. C 型Ⅰ式（M312∶6）　　2. C 型Ⅱ式（M38∶1）　　3. C 型Ⅲ式（M235∶2）　　4. C 型Ⅳ式（M93∶2）　　5. C 型Ⅴ
式（M102∶2）　　6. D 型Ⅰ式（M433∶3）　　7. D 型Ⅱ式（M510∶2）

　　D 型　2 件。子口，矮腹。据口沿与腹部的变化，分两式。

　　Ⅰ式　1 件。

　　M433∶3，泥质灰陶。敛口，短颈，斜折肩，弧腹下收，平底微凹。高 13.6、口径 15.1、腹径 20.2、底径 13.5 厘米（图七二，6；彩版七六，1）。

　　Ⅱ式　1 件。

　　M510∶2，泥质灰陶。敛口内钩，短颈，广肩，折腹下收，平底微凹。高 13.4、口径 10.4、腹径 18.7、底径 11.4 厘米（图七二，7；彩版七六，2）。

　　E 型　3 件。斜颈。据口沿与腹部的变化，分三式。

　　Ⅰ式　1 件。

　　M25∶6，泥质灰陶。侈口内钩，窄平沿，溜肩，腹最大径偏上，下部弧度较小，平底。肩至下腹近底处饰麻布纹。高 28～28.3、口径 12.4、腹径 24、底径 13 厘米（图七三，1；彩版七六，3）。

　　Ⅱ式　1 件。

　　M428∶4，泥质灰陶。侈口，窄平沿，溜肩，腹最大径偏上，平底内凹。肩至下腹近底处饰网格纹。高 25.4、口径 13.1、腹径 24、底径 10.7 厘米（图七三，2；彩版七六，4）。

　　Ⅲ式　1 件。

　　M490∶1，夹砂灰陶。侈口，窄平沿，溜肩，腹最大径略下移，下部内收较大，平底内凹。肩至下腹饰纵向浅细绳纹，底饰交错绳纹。高 17.8、口径 11.9、腹径 17.4、底径 8.6 厘米（图七三，3；彩版七六，5）。

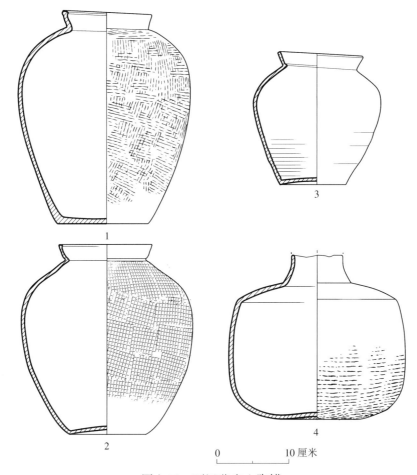

图七三　西汉墓出土陶罐

1. E 型 I 式（M25：6）　　2. E 型 II 式（M428：4）　　3. E 型 III 式（M490：1）　　4. F 型（M479：1）

F 型　1 件。

M479：1，泥质褐陶。口沿残，细颈，广肩，腹较粗，壁较直，平底微凹。中、下腹饰横绳纹，底饰交错绳纹。残高 22.1、腹径 24.6、底径 11 厘米（图七三，4）。

残 19 件，型式不明有 M46：1、M47：1、M49：1、M97：1、M115：1、M121：1、M177：1、M191：1、M198：1、M199：2、M229：3、M229：7、M246：2、M313：3、M321：1、M350：1、M350：2、M351：1、M395：4。

釜　23 件。其中型式不明 7 件。据肩、底的区别，分三型。

A 型　6 件。溜肩，圜底。据颈下镂两孔、四孔的不同，分两亚型。

Aa 型　5 件。颈下镂两孔。侈口，短束颈，扁鼓腹。据颈由下斜束变近于无颈，底由小变大，分四式。

I 式　1 件。

M62：1，泥质灰陶。圆沿，颈下斜，底略小。肩至中腹饰密集凹弦纹。高 11.2、口径 12.2、腹径 17 厘米（图七四，1；彩版七六，6）。

II 式　1 件。

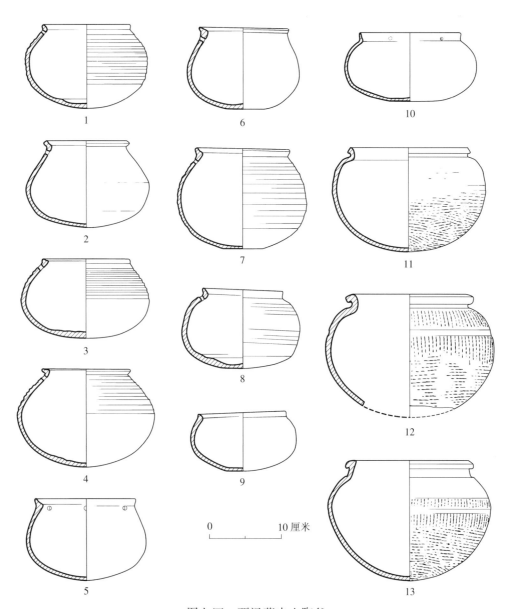

图七四　西汉墓出土陶釜

1. Aa 型 Ⅰ 式（M62：1）　　2. Aa 型 Ⅱ 式（M206：1）　　3. Aa 型 Ⅲ 式（M238：3）　　4. Aa 型 Ⅳ 式（M59：5）　　5. Ab 型（M23：2）　　6. Ba 型 Ⅰ 式（M246：1）　　7. Ba 型 Ⅲ 式（M327：2）　　8. Ba 型 Ⅳ 式（M295：2）　　9. Ba 型 Ⅴ 式（M115：2）　　10. Bb 型（M102：1）　　11. C 型 Ⅰ 式（M535：1）　　12. C 型 Ⅱ 式（M70：1）　　13. C 型 Ⅲ 式（M348：3）

　　M206：1，泥质灰褐陶。折沿较宽，颈下斜，底略大。高 11.4～11.9、口径 11.8、腹径 17.1 厘米（图七四，2；彩版七七，1）。

　　Ⅲ式　2 件，分别为 M238：3、M383：1。泥质灰陶。折沿或圆沿，颈微下斜，底较大。

　　M238：3，圆沿。上腹饰密集凹弦纹。高 10.6、口径 12.2、腹径 17.8 厘米（图七四，3；彩版七七，2）。

　　Ⅳ式　1 件。

　　M59：5，泥质灰陶。颈近无，底较大。肩至中腹饰密集凹弦纹。高 13.1、口径 12.3、腹径

19.1 厘米（图七四，4；彩版七七，3）。

Ab 型 1 件。

M23：2，泥质灰陶。颈下镂四孔。侈口，圆沿，短颈微束，扁鼓腹。高 11、口径 14、腹径 16.8 厘米（图七四，5；彩版七七，4）。

B 型 7 件。溜肩，平底。据颈下镂两孔、四孔的不同，分两亚型。

Ba 型 6 件。颈下镂两孔。侈口，短束颈，扁鼓腹。据颈由下斜束变近于无颈，腹由高变矮，底由略大变较小，分五式。

Ⅰ式 2 件。分别是 M246：1、M345：2。泥质灰陶。圆沿，颈下斜，腹略高，底略大。

M246：1，高 10.8 ~ 10.9、口径 12.4、腹径 15.6、底径 5 厘米（图七四，6；彩版七七，5）。

Ⅱ式 1 件。

M194：2，泥质灰陶。圆沿，圆唇，短直颈，扁鼓腹，底较大。高 9.4 ~ 9.8、口径 11.2、腹径 15.4、底径 4.4 厘米（彩版七七，6）。

Ⅲ式 1 件。

M327：2，泥质灰黑陶。圆沿，颈下斜，腹较高，底较大。腹饰密集凸棱纹。高 13.3 ~ 13.5、口径 13.2、腹径 18、底径 5.6 厘米（图七四，7；彩版七八，1）。

Ⅳ式 1 件。

M295：2，泥质灰陶。圆沿，颈微束，腹略矮，底略小。高 10.3 ~ 10.7、口径 11.2、腹径 16.5、底径 4.7 厘米（图七四，8；彩版七八，2）。

Ⅴ式 1 件。

M115：2，泥质灰陶。圆沿，颈近于无，腹较矮，底较小。高 7.6 ~ 8、口径 12.1、腹径 14.7、底径 3.7 厘米（图七四，9；彩版七八，3）。

Bb 型 1 件。

M102：1，泥质灰褐陶。颈下镂四孔。口微侈，圆沿，短直颈，溜肩，扁鼓腹较矮。高 9.1 ~ 9.2、口径 14.2、腹径 18.5、底径 7 厘米（图七四，10；彩版七八，4）。

C 型 3 件。凸肩。据口与腹的变化，分三式。

Ⅰ式 1 件。

M535：1，泥质灰陶。侈口，折沿，尖唇，束颈下内斜，扁鼓腹，圜底。下腹及底饰交错绳纹。高 14、口径 17、腹径 21.4 厘米（图七四，11；彩版七八，5）。

Ⅱ式 1 件。

M70：1，泥质灰陶。口微侈，圆沿，方唇，束颈，扁鼓腹，底残。上腹饰竖绳纹间一道抹痕，中腹以下饰横绳纹。残高 15、口径 17.8、腹径 23 厘米（图七四，12；彩版七八，6）。

Ⅲ式 1 件。

M348：3，泥质灰褐陶。敛口，卷沿，颈下部外张，耸肩，扁鼓腹较高，圜底。中腹饰竖绳纹间一道抹痕，下腹及底饰横绳纹。高 16、口径 17.8、腹径 22.7 厘米（图七四，13；彩版七九，1）。

残 7 件，型式不明，有 M57：2、M114：2、M243：1、M267：3、M368：2、M393：1、M512：2。

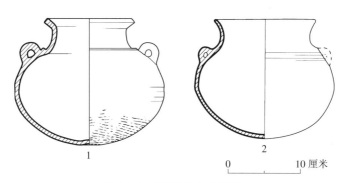

图七五　西汉墓出土陶瓮
1. Ⅰ式（M497：2）　　2. Ⅱ式（M368：1）

鍪　2件。据口沿与肩部的变化，分两式。

Ⅰ式　1件。

M497：2，泥质灰陶。侈口，折沿，尖唇，束颈上部折，耸肩，扁鼓腹，凹圜底。肩附对称双环耳。肩部起一道尖棱，下腹及底饰横斜绳纹。高17、口径12.6、腹径20.9、底径3厘米（图七五，1；彩版七九，2）。

Ⅱ式　1件。

M368：1，泥质灰黑陶。侈口，圆沿，圆唇，束颈，溜肩，扁鼓腹较高，圜底。肩附对称双环耳。耳际饰两道凹弦纹。高16.6、口径14、腹径19.2厘米（图七五，2；彩版七九，3）。

瓮　7件。其中残1件。据腹与单口、双口的区别，分三型。

A型　3件。单口，矮腹。据颈由短变略长，底由大变小，分三式。

Ⅰ式　1件。

M345：1，泥质灰陶。直口，平沿，尖唇，直颈甚短，溜肩，鼓腹下斜收，底微凹较大。肩至中腹饰三道带状竖绳纹。高29、口径22、腹径39、底径25.2厘米（图七六，1；彩版七九，4）。

Ⅱ式　1件。

M60：1，泥质灰黄陶。直口，圆沿，圆唇，颈微束，较前式略长，广肩，鼓腹下弧收，平底略小。高29、口径17.8、腹径40、底径21.4厘米（图七六，2；彩版七九，5）。

Ⅲ式　1件。

M235：8，泥质灰陶。侈口，折沿，尖唇，束颈较前式略长，颈内壁微凹，广肩，鼓腹下斜收，平底微凹，略小。高24.3～24.5、口径20.4、腹径34.2、底径20.8厘米（图七六，3；彩版七九，6）。

B型　2件。单口，高腹。据颈由束变直，分两式。

Ⅰ式　1件。

M312：9，泥质灰陶。直口，圆沿，圆唇，短束颈，溜肩，弧腹，平底微凹。上、中、下腹各饰一组两道凸棱状细密刻划纹。盖敞口，弧壁，弧顶，顶施矮柱状纽。通高36.5、口径14.8、腹径31.4、底径15厘米（图七六，4；彩版八〇，1）。

Ⅱ式　1件。

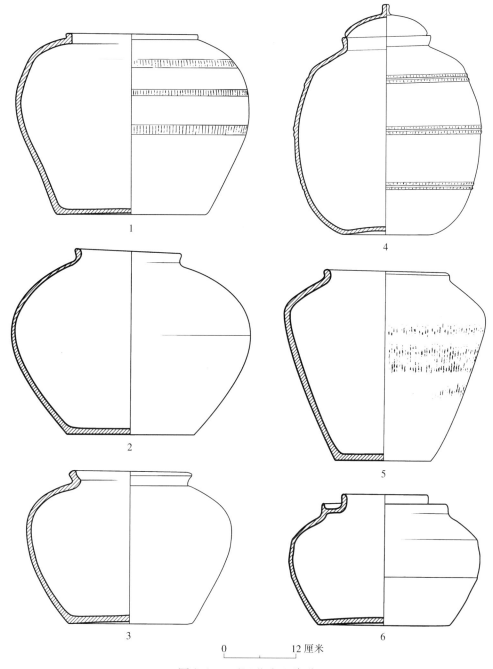

图七六　西汉墓出土陶瓮

1. A 型 I 式（M345：1）　2. A 型 II 式（M60：1）　3. A 型 III 式（M235：8）　4. B 型 I 式（M312：9）　5. B 型 II 式（M428：1）　6. C 型（M497：5）

M428：1，泥质灰陶。直口，圆沿，圆唇，短直颈，广肩，斜直腹，平底。上、中腹饰浅绳纹间两道抹痕。高 30.2～30.6、口径 21、底径 16 厘米（图七六，5；彩版八〇，2）。

C 型　1 件。

M497：5，泥质灰陶。双口。内口直，平沿，尖唇，直颈；外口较低，直口，尖沿，颈略直。溜肩，扁鼓腹，壁微折，底微凹。肩、腹各饰一道凸棱纹。高 21、内口径 14、外口径 20.8、腹径

32、底径22厘米（图七六，6；彩版八〇，3）。

M37：1，残，型式不明。

盆　7件。据腹的区别，分两型。

A型　5件。折腹。据腹由矮变高、腹壁斜度由大变小，分四式。

Ⅰ式　1件。

M70：2，泥质灰褐陶。敞口，卷沿，圆唇，腹壁下斜折较大，底微凹。上腹饰两道凸棱纹。高10.4~10.5、口径27.5、底径9.1厘米（图七七，1；彩版八〇，4）。

Ⅱ式　1件。

M37：2，泥质灰陶。直口，宽卷沿，圆唇，折弧腹，底残。下腹饰竖绳纹间四道凹弦纹。口径42.8、残高12.5厘米（图七七，2）。

Ⅲ式　2件，分别为M307：4、M313：1。泥质灰褐陶。腹壁下斜折略大。

M313：1，敞口，折沿，圆唇，平底微凹。下腹饰零星竖绳纹。高10.2~10.8、口径31.4、底径12.5厘米（图七七，3；彩版八〇，5）。

Ⅳ式　1件。

M59：1，泥质灰陶。口微侈，宽平沿，方唇，唇面有一道凹槽，沿下起台，腹壁下斜折略小，平底微凹。腹饰一组两道凹弦纹。高11~11.6、口径20.4、底径9.2厘米（图七七，4；彩版八〇，6）。

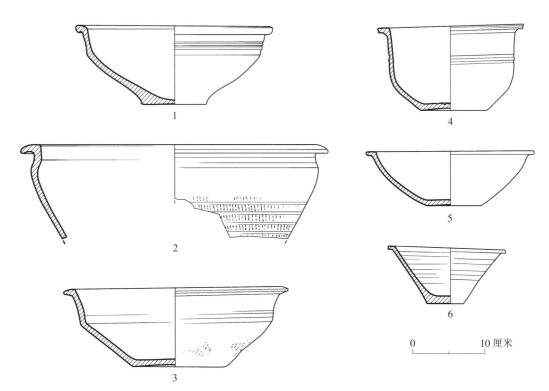

图七七　西汉墓出土陶盆

1. A型Ⅰ式（M70：2）　2. A型Ⅱ式（M37：2）　3. A型Ⅲ式（M313：1）　4. A型Ⅳ式（M59：1）　5. B型Ⅰ式（M199：1）　6. B型Ⅱ式（M296：8）

B 型　2件。据平沿变折沿，斜弧腹变斜直腹，分两式。

Ⅰ式　1件。

M199：1，泥质灰陶。敞口，平沿，尖唇，斜弧腹，平底微凹。高7.3、口径23.6、底径7.8厘米（图七七，5；彩版八一，1）。

Ⅱ式　1件。

M296：8，泥质灰陶。敞口，平折沿，沿面有一道凹槽，斜直腹，平底。器壁内外有密集旋痕。高7.2～7.6、口径17.4、底径5.1厘米（图七七，6；彩版八一，2）。

锅　4件。折腹。据口沿的区别，分两型。

A 型　2件。敞口，圆沿，尖唇。据腹由高变矮，分两式。

Ⅰ式　1件。

M154：2，泥质灰黄陶。腹较高，平底内凹。下腹饰横绳纹，底饰交错绳纹。高11.2～11.6、口径19.5、底径6厘米（图七八，1；彩版八一，3）。

Ⅱ式　1件。

M192：2，泥质灰陶。腹较矮，平底。腹饰四道凸棱。高8.9～9.3、口径28.6、底径10.2厘米（图七八，2；彩版八一，4）。

B 型　2件。侈口，窄沿，平底。据沿由折变仰，腹由高变矮，分两式。

Ⅰ式　1件。

M307：7，泥质灰褐陶。折沿，尖唇，腹较高。上腹饰三道凹弦纹。高9.8、口径23.6、底径7.5厘米（图七八，3；彩版八一，5）。

Ⅱ式　1件。

M335：5，泥质灰陶。仰沿，尖唇，腹较矮。高5.6～6.2、口径22.2、底径4.8厘米（图七八，4；彩版八一，6）。

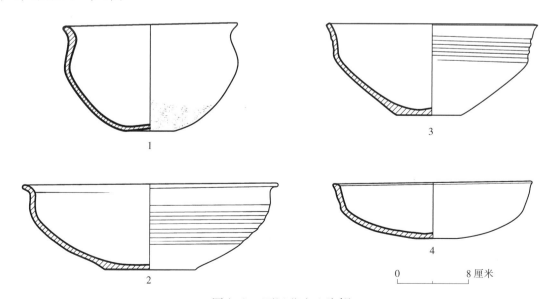

0　　　　　8厘米

图七八　西汉墓出土陶锅

1. A 型Ⅰ式（M154：2）　2. A 型Ⅱ式（M192：2）　3. B 型Ⅰ式（M307：7）　4. B 型Ⅱ式（M335：5）

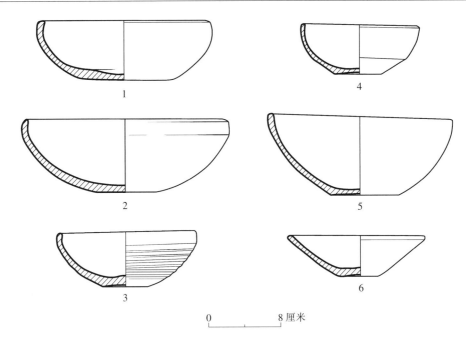

图七九　西汉墓出土陶钵
1. Ⅰ式（M322：10）　　2. Ⅱ式（M348：1）　　3. Ⅲ式（M187：4）　　4. Ⅳ式（M192：3）
5. Ⅴ式（M229：6）　　6. Ⅵ式（M296：3）

钵　15件，其中3件式别不明。据口由敛变侈，再变敞，分六式。

Ⅰ式　2件，分别为M322：10、M548：1。泥质灰陶。敛口，圆沿或折沿，斜弧腹。

M322：10，折沿，平底。高6.4、口径19.2、底径10厘米（图七九，1）。

Ⅱ式　3件，分别为M348：1、M422：3、M497：4。其中M422：3为泥质灰黄陶，余为泥质灰陶。直口或微侈，斜弧腹，平底或微凹。

M348：1，直口，圆沿，平底。高7.8、口径22、底径7厘米（图七九，2；彩版八一，7）。

Ⅲ式　2件，分别为M180：9、M187：4。泥质灰陶。口微侈，圆沿，斜弧腹，平底或微凹。

M187：4，底微凹。外壁有密集旋痕。高5.7~6、口径15.5、底径5厘米（图七九，3；彩版八二，1）。

Ⅳ式　2件，分别为M192：3、4。其中M192：3为泥质灰褐陶，余为泥质灰陶。侈口，圆沿，斜弧腹，底微凹。

M192：3，高5.2~5.3、口径13.2、底径5.2厘米（图七九，4；彩版八一，8）。

Ⅴ式　1件。

M229：6，泥质灰陶。口微敞，圆沿，斜弧腹，底微凹。高8.1~8.7、口径20.6、底径7.6厘米（图七九，5）。

Ⅵ式　2件，分别为M296：3、M296：5。泥质灰陶。敞口，圆沿，浅斜弧腹，平底或微凹。

M296：3，底微凹。高4.4、口径16.3、底径4.4厘米（图七九，6；彩版八二，2）。

M23：1、M276：8、M425：2，器已残碎，式别不明。

长颈瓶　1件。

M405：1，泥质灰陶。侈口，平折沿，尖唇，颈上细下粗，削肩，鼓腹下垂，平底微凹。颈饰两道、肩至中腹饰密集凹弦纹。高 25.4、口径 9.2、腹径 20.2、底径 14.2 厘米（图八〇，1；彩版八二，3）。

碗 1件。

M222：7，泥质灰陶。侈口，圆沿，斜弧腹，平底。高 3.6 ～ 3.8、口径 10、底径 4.4 厘米（图八〇，2；彩版八二，4）。

盏 1件。

M59：6，泥质灰陶。敛口，圆沿，腹上部鼓凸，下斜收，平底微凹。高 3.2、口径 8.8、底径 5 厘米（图八〇，3；彩版八二，5）。

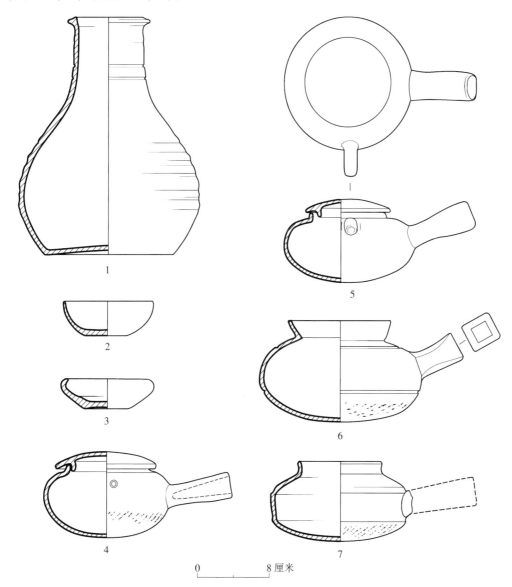

0   8厘米

图八〇 西汉墓出土陶器

1. 长颈瓶（M405：1）   2. 碗（M222：7）   3. 盏（M59：6）   4. A 型 I 式镳斗（M515：3）   5. A 型 II 式镳斗（M451：2）   6. A 型 III 式镳斗（M497：3）   7. B 型镳斗（M513：2）

鐎斗　4 件。据腹壁的区别，分两型。

A 型　3 件。据口沿由直变侈，由有流至无流，分三式。

Ⅰ式　1 件。

M515：3，身夹砂灰陶，盖泥质灰陶。直口，圆沿，短颈，广肩，扁鼓腹，圜底。腹一侧微斜上伸扁圆中空柄，左侧置流，流残。下腹饰浅绳纹。盖子口，弧顶。通高 9.2、口径 8.9、腹径 14.2、柄长 7.4 厘米（图八〇，4；彩版八二，6）。

Ⅱ式　1 件。

M451：2，夹砂灰陶。直口，圆沿，短颈，广肩，扁鼓腹，圜底。腹一侧斜上伸圆形中空柄，左侧斜上伸圆形中空流，流上端微下折。盖子口，弧顶。通高 9、口径 8.3、腹径 14.6、柄长 7.6 厘米（图八〇，5；彩版八二，7）。

Ⅲ式　1 件。

M497：3，夹砂灰陶。侈口，窄平沿，斜束颈，广肩，扁鼓腹，圜底。腹一侧斜上伸长方中空柄，无流。肩、中腹各饰一道凹弦纹，下腹饰浅稀疏绳纹。高 10.8、口径 11.4、腹径 18.1、柄长 5 厘米（图八〇，6；彩版八三，1）。

B 型　1 件。

M513：2，泥质灰褐陶。直口，圆沿，直颈，广肩，扁腹，直壁，圜底。腹一侧斜上伸圆形中空柄，柄残，无流。高 8.5、口径 9.4、腹径 15.2 厘米（图八〇，7；彩版八三，2）。

器座　1 件。

M312：5，泥质灰褐陶。盘口较直，圆沿，圆唇，束腰，底覆碗状，中空。腰下部镂对称四圆孔。口、底各饰一道、腰上、下部各饰一组两道凹弦纹。高 22.4～22.9、口径 15.8、底径 18.1 厘米（图八一；彩版八三，3）。

2. 仿铜礼器

216 件。器类有鼎、盒、壶、豆、匜、器盖。

鼎　70 件。其中残失不辨形制 11 件。据底、腹、有无足的区别，分四型。

A 型　45 件。圜底。主要为泥质灰陶，少数为泥质灰褐陶、泥质灰黄陶。据足的不同，分三亚型。

Aa 型　26 件。蹄足。据腹由浅变深，再变浅至深，足由矮变高，再变矮的变化，分七式。

Ⅰ式　3 件，分别为 M322：6、M450：1、M529：1。口内敛，平肩，浅腹，折壁，长方附耳微外撇，顶部切削，外侧中、下部开长方盲孔。足膝部凸起，胫内侧平，外侧圆，足掌外撇。器身中腹饰一道凸棱纹。盖直口，平沿，折壁，弧顶。盖面饰两道凹弦纹。

M450：1，泥质灰陶。通高 15.4、口径 15.6、腹径 20.4、盖口径 19 厘米（图八二，1；彩版八三，4）。

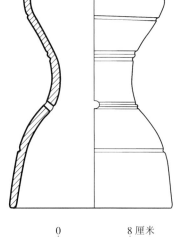

0 　　　　8 厘米

图八一　西汉墓
出土陶器座（M312：5）

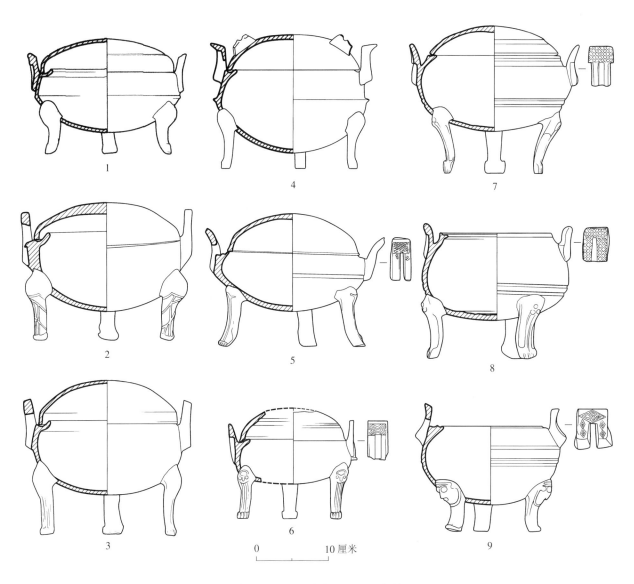

图八二 西汉墓出土 Aa 型陶鼎

1. Ⅰ式（M450：1） 2、3. Ⅱa式（M217：1、M451：6） 4. Ⅱb式（M312：1） 5. Ⅲ式（M187：2） 6. Ⅳ式（M141：10） 7. Ⅴ式（M265：2） 8. Ⅵ式（M363：2） 9. Ⅶ式（M33：6）

　　Ⅱ式　4件。口内敛，圆沿，折肩，方附耳直立，中间开长方穿孔。足略高，膝部凸起，胫内平外圆，掌微外撇。盖口微侈，折壁，弧顶。据耳及有无盖纽的不同，分两亚式。

　　Ⅱa式　3件，分别为 M217：1、M433：4、M451：6。

　　M217：1，泥质灰陶。胫部模印几何纹。通高18.3、口径16.8、腹径20.6、盖口径20.5厘米（图八二，2；彩版八三，5）。

　　M451：6，泥质灰陶。通高20.4、口径16.3、腹径20.8、盖口径19.4厘米（图八二，3）。

　　Ⅱb式　1件。

　　M312：1，泥质灰褐陶。方附耳根部拐出，顶部向外平折。腹饰一道凸棱纹。盖周边有三扁纽。残高17.9、口径16、腹径20.4、盖口径18.4厘米（图八二，4；彩版八三，6）。

Ⅲ式 5件，分别为M161：2、M180：1、M187：2、M366：4、M461：6。口内敛，圆沿，折肩，浅腹向下斜弧，短附耳外撇，高足，膝凸起，胫外侧圆。

M187：2，泥质灰陶。耸肩。耳外侧模印细网格纹，胫内侧有凹槽，外侧中间有一自上而下凸棱。足掌模印趾，腹有一周凹槽。盖敞口，弧顶，顶饰一周凹弦纹。通高17.7、口径18.2、腹径21、盖口径18.4厘米（图八二，5；彩版八四，1）。

M366：4，泥质灰陶。折肩，弧腹，足掌外撇。耳下部中间开长方盲孔。足胫外侧模印叶脉纹。通高13.8～14.6、口径14、腹径19.6厘米。

M461：6，泥质灰陶。折肩，腹壁微折。耳根外侧开长方盲孔。耳外侧孔上方模印斜方格纹，足膝部作猴面，胫外侧中心有一道竖凸棱，足掌模印趾。通高14.9、口径17.7、腹径19.8厘米。

Ⅳ式 6件，分别为M141：6、M141：10、M205：5、M258：2、M262：5、M392：3。口内敛，肩较宽，方耳，弧腹较深，高足。

M141：10，泥质灰黄陶。折肩，耳直立，外侧下部中间有凹槽，耳上部模印菱形纹，足膝部模印人面。盖敞口，沿外斜，盖面弧隆，顶残。残高14.6、口径12.4、腹径16、盖口径15厘米（图八二，6）。

M258：2，泥质灰陶。斜折肩，耳外张，足膝部模印人面。无盖。高14～14.5、口径14.4、腹径18.4厘米（彩版八四，2）。

Ⅴ式 2件，分别为M265：2、M359：5。口内敛，弧腹较深，方附耳。足较高，内聚，膝部作人面，鼓目，短鼻，胫内曲，掌外撇。

M265：2，泥质灰陶。耸肩。耳根部中间作长方孔，两侧饰竖条，胫内侧平。耳外廓模印斜方格纹，胫外侧饰三条竖凸棱。通高19.5、口径18.4、腹径21.5、盖口径17.8厘米（图八二，7；彩版八四，3）。

Ⅵ式 1件。

M363：2，泥质灰陶。口内敛，耸肩，深弧腹。长方附耳较直，外侧下部开长方盲孔，足较高，作简略熊形，内聚，膝部凸起，胫内曲，掌微外撇。通高16.6～17.6、口径15.8、腹径20.4厘米（图八二，8；彩版八四，4）。

Ⅶ式 5件，分别为M33：6、M36：1、M79：6、M222：1、M335：1。口内敛，弧腹较深。方附耳外张，有熊形足，也有膝部作人面，皆刻划清晰、逼真。

M33：6，泥质灰陶。肩有两道凹槽，三熊形足外撇。附耳孔两侧及上方模印菱形纹，耳际饰一道凹槽。通高17、口径15.6、腹径19.4厘米（图八二，9）。

M79：6，泥质灰陶。折肩，足膝部作人面，鼓目，长鼻，阔嘴，胫内曲。耳外侧饰麻布纹。通高15～15.7、口径11.2、腹径18厘米。

M222：1，泥质灰褐陶。折肩，三熊形足微外撇。盖敞口，弧壁，顶有一圆形捉手。通高22.1、口径15.2、腹径20.2、盖口径17.9厘米（彩版八四，5）。

Ab型 10件。泥质灰陶。柱足。据耳由外张变直立，腹由浅变深再变浅至较深，足由外张变直立、由矮变高再变较高，分七式。

Ⅰ式 1件。

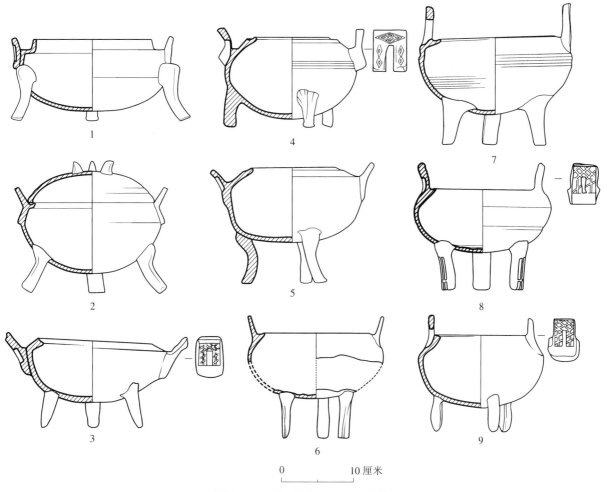

图八三　西汉墓出土 Ab 型陶鼎

1. Ⅰ式（M515：5）　2. Ⅱ式（M524：1）　3. Ⅲ式（M25：5）　4、5. Ⅳ式（M235：5、M323：1）　6. Ⅴ式
（M120：1）　7、8. Ⅵ式（M257：9、M372：4）　9. Ⅶ式（M369：4）

M515：5，口微敛，平肩，浅直腹。长方附耳微外张，中间开长方孔，矮足，膝凸起，胫内曲，掌外张。通高10.9、口径16.4、腹径20.5厘米（图八三，1；彩版八四，6）。

Ⅱ式　1件。

M524：1，口内敛，折肩，弧腹较深。附耳外张，矮足，膝凸起，胫内曲，掌外张。盖敞口，弧壁，弧顶，顶部施三个尖扁形纽。通高17.5、口径16.2、腹径19.5、盖口径16.6厘米（图八三，2；彩版八五，1）。

Ⅲ式　2件，分别为 M25：5、M71：2。敛口，浅斜腹，附耳外张，外侧开长方盲孔，足较高，微外张。

M25：5，耳孔上方及两侧模印方格纹。通高13、口径15.8、腹径19.4厘米（图八三，3；彩版八五，2）。

Ⅳ式　2件，分别为 M235：5、M323：1。口内敛，腹较深，长方附耳微外张，外侧中部开长方盲孔。

M235：5，折肩，矮足。耳孔上方及两侧模印菱形纹，耳际饰两道凹弦纹。通高 13、口径 10.4、腹径 18.3 厘米（图八三，4，彩版八五，3）。

M323：1，斜折肩。耳外侧中部为长方盲孔，足较高，胫内曲。通高 15.4～15.5、口径 11.2、腹径 18.4 厘米（图八三，5）。

Ⅴ式　1件。

M120：1，口内敛，平肩，腹较深。长方附耳微外张，外侧有长方盲孔，高足直立，膝部凸起，胫呈扁形，外侧有凹槽，凹槽中有一竖凸棱。通高 16.3、口径 15.6、腹径 18.8 厘米（图八三，6）。

Ⅵ式　2件，分别为 M257：9、M372：4。口内敛，折肩，腹较深，长方耳，高足直立。

M257：9，耳直立，中间穿孔。上腹饰两道凹弦纹。通高 19、口径 15.4、腹径 21.2 厘米（图八三，7）。

M372：4，耳略直立，外侧中部开长方盲孔。耳孔上方、两侧模印斜方格纹，胫外侧有两道凹槽。通高 16.5、口径 12.8、腹径 19 厘米（图八三，8；彩版八五，4）。

Ⅶ式　1件。

M369：4，口内敛，折肩，长方附耳直立，中部开长方穿孔，扁柱足外曲，较矮，外侧半圆，内侧开竖槽。耳孔上方及两侧模印斜方格纹。通高 15、口径 11.3、腹径 17.5 厘米（图八三，9；彩版八五，5）。

Ac 型　9件。尖足。据耳由外张变略直立，再变外敞，腹由浅变深，足由高变矮，分七式。

Ⅰ式　1件。

M119：5，泥质灰陶。口内敛，折肩，腹较深。长方附耳外张，外侧中间开长方盲孔，足膝部凸起，胫内曲，内侧略平，外侧圆，足尖外撇。耳孔外侧上方有刻划纹。通高 15.8、口径 7、腹径 15.5 厘米（图八四，1）。

Ⅱ式　2件，分别为 M430：10、M430：11。泥质灰陶。口内敛，折肩，浅弧腹。长方附耳外张，下部有长方穿孔，高足，膝部作猴面，胫内平外圆，足尖外撇。腹饰一道凹弦纹，耳孔外侧上方模印斜方格纹。盖直口、折壁、弧顶。

M430：10，泥质灰陶。通高 16.4、口径 17.8、腹径 20.2、盖口径 19.7 厘米（图八四，2；彩版八五，6）。

Ⅲ式　1件。

M360：3，泥质灰陶。口内敛，耸肩，腹较浅，下部微折。耳上部残，耳根中间有长方凹槽，足膝部凸起，堆塑模糊，胫内曲，掌外撇。盖敞口，弧壁，弧顶。通高约 17.7、口径 12、腹径 15.5 厘米（图八四，3；彩版八六，1）。

Ⅳ式　2件，分别为 M50：3、M362：2。口内敛，折肩，腹较浅。长方附耳外张，外侧中部开长方盲孔，足直立。耳孔上方及两侧模印网纹。

M362：2，泥质灰褐陶。足内侧平，外侧圆。膝部模印叶脉纹，胫部两道竖凹槽。盖敞口，弧壁，弧顶。通高 17、口径 15.2、腹径 19.2 厘米（图八四，4；彩版八六，2）。

Ⅴ式　1件。

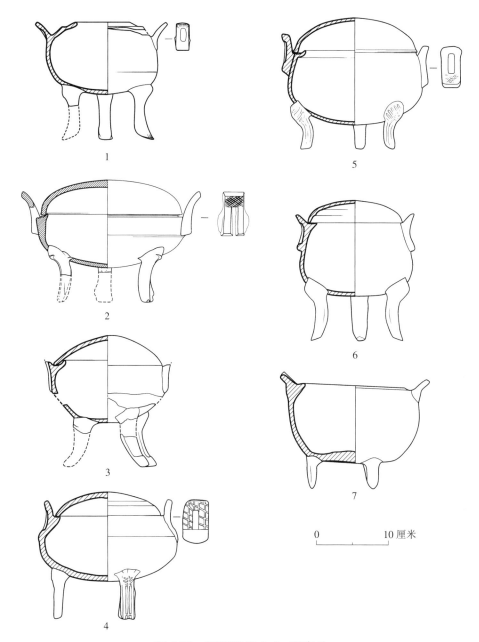

图八四 西汉墓出土 Ac 型陶鼎

1. Ⅰ式（M119：5） 2. Ⅱ式（M430：10） 3. Ⅲ式（M360：3） 4. Ⅳ式（M362：2） 5. Ⅴ式（M407：5）
6. Ⅵ式（M459：1） 7. Ⅶ式（M296：2）

M407：5，泥质灰陶。口内敛，折肩，腹较深。长方附耳微外张，外侧开长方盲孔，足膝部凸起，胫内曲，内侧平，外侧圆。耳孔周模印斜方格纹，足部模印叶脉纹、三条凸棱。盖敞口，弧壁，弧顶。通高 17.6、口径 13.9、腹径 18.8 厘米（图八四，5；彩版八六，3）。

Ⅵ式 1 件。

M459：1，泥质灰陶。口内敛，平肩，深腹。长方附耳外敞，外侧中部开长方盲孔，足膝部凸起，胫内曲，内侧平外侧圆，足尖外撇。盖侈口，弧壁，弧顶。通高 18.8、口径 11、腹径 15.8 厘米（图八四，6；彩版八六，4）。

Ⅶ式　1件。

M296：2，泥质灰陶。口内敛，平肩，深腹。双附耳外敞，尖短足。通高15.4、口径16.2、腹径18.2厘米（图八四，7；彩版八六，5）。

B型　11件。平底。据蹄足与柱足的区别，分两亚型。

Ba型　6件。蹄足。据耳由短变长，由外敞变外张，足由矮变高，分五式。

Ⅰ式　1件。

M510：5，泥质灰陶。口内敛，折肩，腹较深。长方附耳甚短，中间开长方孔，矮足，膝凸起，胫内侧平，外侧圆，有凸棱，掌直立。盖侈口，凸隆顶。通高19.2、口径15.5、腹径20.4厘米（图八五，1；彩版八六，6）。

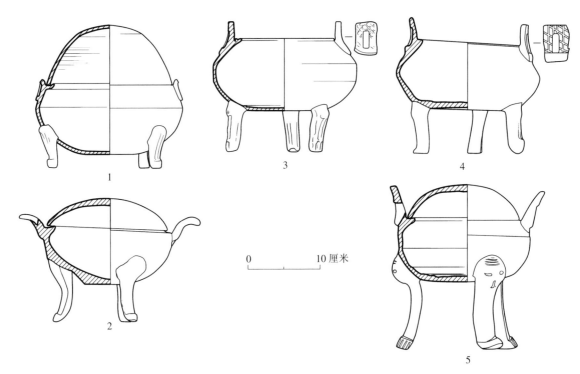

图八五　西汉墓出土Ba型陶鼎
1. Ⅰ式（M510：5）　2. Ⅱ式（M260：4）　3. Ⅲ式（M429：8）　4. Ⅳ式（M229：2）　5. Ⅴ式（M340：1）

Ⅱ式　1件。

M260：4，泥质灰黄陶。敛口，平肩，浅腹。附耳上部向外斜敞，中部开长方孔，足较高，膝凸起，胫内曲，内侧平，外侧圆，掌外撇。盖敞口，弧壁，弧顶。通高16.4、口径14.6、腹径17.5厘米（图八五，2；彩版八七，1）。

Ⅲ式　1件。

M429：8，泥质灰陶。口内敛，折肩，腹较浅。方附耳外撇，中间开长方盲孔，足横断面略呈方形，膝部作猴面，胫外侧凹。耳孔上方、两侧模印斜方格纹，足中间有一道竖凸棱，近掌处有一横凸棱。通高17.4、口径13.7、腹径20厘米（图八五，3；彩版八七，2）。

Ⅳ式　1件。

M229：2，泥质灰陶。敛口，平肩，折腹。长方附耳外张，外侧开长方盲孔，足微曲。耳外侧孔上方及两侧模印方格纹。通高 18、口径 13、腹径 20 厘米（图八五，4；彩版八七，3）。

Ⅴ式　2 件，分别为 M340：1、M382：4。泥质灰陶。敛口，平肩，直腹下折收。长方附耳外张，足膝部作人面。

M340：1，耳下部开长方孔，足膝部人面额有皱纹，胫内曲，掌外撇。盖敞口，弧壁，弧顶。通高 22、口径 14、腹径 19.3 厘米（图八五，5；彩版八七，4）。

Bb 型　5 件。柱足，据耳由外张变外敞，再变外张，后变直立，腹由浅变较深，足由模印纹饰变无纹饰，分四式。

Ⅰ式　1 件。

M216：4，身泥质灰陶，盖夹砂灰褐陶。口内敛，折肩，浅腹。长方附耳外张，外侧中间开长方孔。耳外侧孔上方及两侧模印方格纹，足膝部模印叶脉纹，胫、掌模印凸棱。盖敞口，弧壁，顶略平。通高 18、口径 13、腹径 18.8 厘米（图八六，1；彩版八七，5）。

Ⅱ式　1 件。

M428：6，泥质灰陶。口内敛，折肩，浅腹。长方附耳上部向外斜敞，外侧下部开长方孔，矮足，呈扁状。耳外侧孔上方模印菱形纹。通高 13、口径 15.2、腹径 19 厘米（图八六，2；彩版八七，6）。

Ⅲ式　1 件。

M261：6，泥质灰陶。敛口，凹肩，腹较浅。附耳根部凸起，耳外敞，足较高。盖敞口，弧壁，顶较平，中心施圆柱状捉手。通高 21、口径 17、腹径 28 厘米（图八六，3；彩版八八，1）。

Ⅳ式　2 件，分别为 M425：5、M523：5。泥质灰陶。口内敛，平肩，腹较深，柱足横断面呈圆形。

M523：5，耳直立，内侧顶端切削，外侧下部开长方盲孔。盖敞口，弧顶。通高 17.9、口径 13.4、腹径 19.8 厘米（图八六，4；彩版八八，2）。

C 型　2 件，分别为 M381：3、M429：5。泥质灰陶。口内敛，折肩，折腹。长方附耳外张，外侧中间开长方孔，器底附足。耳孔上方、两侧模印斜方格纹。据腹、底、足的变化，分两式。

Ⅰ式　1 件。

M381：3，浅腹，圜底，圆柱足。残高 11、口径 11.7、腹径 19 厘米（图八六，5；彩版八八，3）。

Ⅱ式　1 件。

M429：5，腹较深，平底。足横断面呈方形，膝部作猴面，胫外侧凹，中间有竖凸棱，近掌处有一道横凸棱，足掌尖。通高 17.2、口径 11.4、腹径 20 厘米（图八六，6；彩版八八，4）。

D 型　1 件。

M93：6，泥质灰陶。敛口，弧腹下收，平底。近口沿处附长方外张双耳，足残。通高 8.8、口径 18.2、底径 7.6 厘米（图八六，7；彩版八八，5）。

残 11 件，型式不明有 M60：4、M87：3、M275：1、M276：1、M296：4、M316：6、M395：3、M417：3、M425：4、M426：5、M426：6。

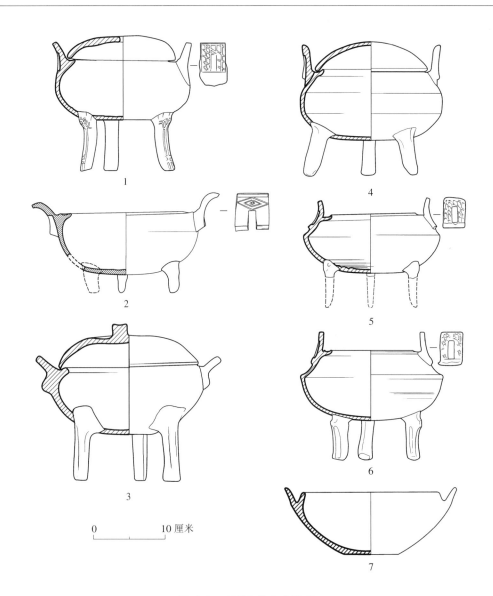

图八六　西汉墓出土陶鼎

1. Bb 型 Ⅰ 式（M216：4）　　2. Bb 型 Ⅱ 式（M428：6）　　3. Bb 型 Ⅲ 式（M261：6）　　4. Bb 型 Ⅳ 式（M523：5）　　5. C 型
Ⅰ 式（M381：3）　　6. C 型 Ⅱ 式（M429：5）　　7. D 型（M93：6）

　　盒　59 件。4 件型式不明。据器底、腹的区别，分三型。

　　A 型　27 件。平底内凹。泥质灰陶为主，泥质灰褐陶次之，还有泥质灰黑陶。据口沿的不同，分三亚型。

　　Aa 型　14 件。敛口，子口较长。多为泥质灰陶，个别为泥质灰黑陶。据腹由斜弧变折，斜弧度较大变较小，分六式。

　　Ⅰ 式　2 件，分别为 M510：4、M524：4。腹斜弧较大。盖敞口，壁微折，顶微弧。

　　M510：4，泥质灰陶。通高 17、口径 19.4、底径 7.9 厘米（图八七，1；彩版八八，6）。

　　Ⅱ 式　3 件，分别为 M426：10、M426：11、M461：9。腹斜弧较大，壁微折。盖敞口，弧壁，弧顶。

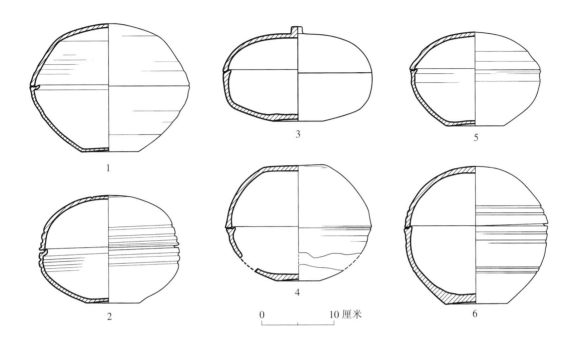

图八七　西汉墓出土 Aa 型陶盒

1. Ⅰ式（M510：4）　　2. Ⅱ式（M461：9）　　3. Ⅲ式（M141：7）　　4. Ⅳ式（M372：3）　　5. Ⅴ式（M459：2）　　6. Ⅵ

式（M363：5）

　　M426：10，泥质灰陶。通高约 12.3、口径 15、底径 6 厘米。

　　M461：9，泥质灰陶。盖顶饰一周凹弦纹，盖身近口沿处各饰两道凹弦纹。通高 14.3、口径

17.8、底径 7.4 厘米（图八七，2；彩版八九，1）。

　　Ⅲ式　2 件，分别为 M141：7、M405：2。直腹下斜折。

　　M141：7，泥质灰黑陶。盖敞口，弧壁，平顶施一扁纽。通高 12.6、口径 20.6、底径 5.4 厘

米（图八七，3；彩版八九，2）。

　　Ⅳ式　3 件，分别为 M257：8、M372：3、M395：2。腹斜弧较小，较浅。

　　M372：3，泥质灰陶。盖敞口，弧壁，平顶。通高约 15～15.3、口径 20、底径 6 厘米（图八

七，4）。

　　Ⅴ式　3 件，分别为 M369：2、M407：3、M459：2。腹斜弧较小，较浅。

　　M459：2，泥质灰陶。盖敞口，弧壁，弧顶。通高 12.4、口径 16.3、底径 7.9 厘米（图八七，

5；彩版八九，3）。

　　Ⅵ式　1 件。

　　M363：5，泥质灰陶。腹斜弧较小，深腹。盖敞口，弧壁，弧顶。上腹、中腹、盖壁下部各饰

两道凹弦纹。通高 18.3、口径 19.8、底径 8.5 厘米（图八七，6；彩版八九，4）。

　　Ab 型　7 件。M229：8 为泥质灰褐陶，余为泥质灰陶。子口较短。据腹由折变斜弧较大再变

斜弧度较小，分五式。

　　Ⅰ式　2 件，分别为 M161：3、M187：1。折腹。

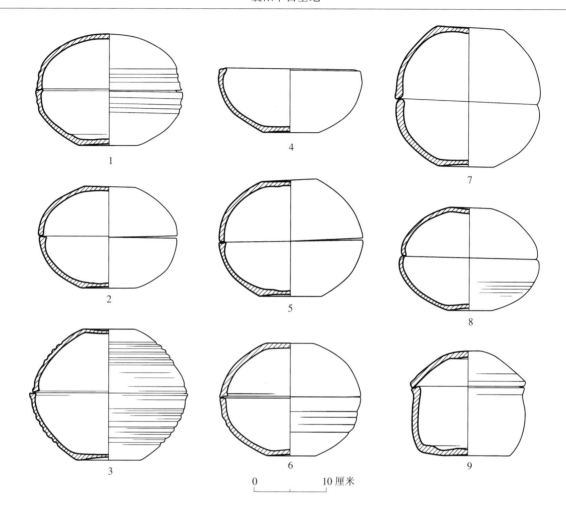

图八八　西汉墓出土 A 型陶盒

1. Ab 型 I 式（M187：1）　2. Ab 型 II 式（M87：4）　3. Ab 型 III 式（M429：11）　4. Ab 型 IV 式（M229：8）
5. Ab 型 V 式（M79：7）　6. Ac 型 I 式（M366：6）　7. Ac 型 II 式（M261：4）　8. Ac 型 III 式（M264：5）　9. Ac
型 IV 式（M296：9）

　　M161：3，盖敞口，弧壁，弧顶。通高 14.5、口径 19、底径 7.8 厘米（彩版八九，5）。

　　M187：1，盖直口，弧壁，弧顶。顶有一周凹弦纹，盖壁饰三道、器腹饰两道凹槽。通高
14.9、口径 20.4、底径 8.4 厘米（图八八，1；彩版八九，6）。

　　II 式　2 件，分别为 M87：4、M235：11。平肩，腹斜弧较大。

　　M87：4，盖直口，弧壁，平顶。通高 13～13.4、口径 19.1、底径 7.8 厘米（图八八，2；彩
版九〇，1）。

　　III 式　1 件。

　　M429：11，腹斜弧较大，腹较深。盖敛口，弧壁，凹顶。身、盖饰密集凸棱纹。通高 17.5、
口径 22、底径 8.8 厘米（图八八，3；彩版九〇，2）。

　　IV 式　1 件。

　　M229：8，腹斜弧较小。盖失。高 8.4～8.6、口径 19.6、底径 7.6 厘米（图八八，4）。

Ⅴ式　1件。

M79：7，腹斜弧较小。盖直口，弧壁，顶微凹。通高 15.2～15.6、口径 20、底径 8.8 厘米（图八八，5；彩版九〇，3）。

Ac 型　6件。无子口。M261：4 为泥质灰褐陶，余为泥质灰陶。据沿面由宽平变尖圆变宽折，腹由斜弧变深腹微弧，分四式。

Ⅰ式　2件，分别为 M71：6、M366：6。敛口，沿面宽平，斜弧腹。盖敞口，弧壁，顶平或微凹。

M366：6，盖顶平。器腹饰四道凹弦纹。通高 14.7～15、口径 19.5、底径 6.8 厘米（图八八，6；彩版九〇，4）。

Ⅱ式　2件，分别为 M261：4、M262：6。直口，沿面较宽平，斜弧腹。

M261：4，盖口微侈，弧壁，顶平。通高 18.4～18.6、口径 19.6、底径 8 厘米（图八八，7；彩版九〇，5）。

Ⅲ式　1件。

M264：5，敛口，沿面尖圆，斜弧腹。盖敛口，圆唇，弧壁，顶微凹。腹饰三道凹弦纹。通高 13.5～13.7、口径 18.4、底径 6.3 厘米（图八八，8；彩版九〇，6）。

Ⅳ式　1件。

M296：9，直口，沿面宽折，深腹微弧。盖敞口，弧壁，弧顶。通高 14、口径 15.7、底径 12.5 厘米（图八八，9；彩版九一，1）。

B 型　23件。平底。多为泥质灰陶，个别为泥质灰黄陶。据口沿的不同，分三亚型。

Ba 型　11件。子口较长。皆为泥质灰陶。据腹由斜弧变折变斜弧度较小，分六式。

Ⅰ式　1件。

M316：5，口内敛，腹上部略折，下斜弧。盖敞口，弧壁，平顶。通高 12.9、口径 16.5、底径 6.2 厘米（图八九，1；彩版九一，2）。

Ⅱ式　2件，分别为 M430：3、M430：6。口内敛，浅斜弧腹。盖口略直，折壁，弧顶。身、盖近口沿处各饰两道凹弦纹。

M430：3，通高 12.7、口径 20.6、底径 7 厘米（图八九，2；彩版九一，3）。

Ⅲ式　2件，分别为 M360：2、M392：6。口内敛，耸肩，斜弧腹较浅。盖敞口，弧顶。

M360：2，通高 13.8、口径 17.8、底径 7.6 厘米（图八九，3；彩版九一，4）。

Ⅳ式　3件，分别为 M265：4、M311：2、M359：4。敛口，折腹较浅。

M265：4，盖敞口，弧壁，弧顶。上腹、盖上饰两道凹弦敛。通高 12.9、口径 19.3、底径 7.3 厘米（图八九，4；彩版九一，5）。

Ⅴ式　1件。

M340：5，敛口，斜弧腹略深。盖敞口，弧壁，弧顶。通高 15.8～16.2、口径 19.9、底径 7.9 厘米（图八九，5；彩版九二，1）。

Ⅵ式　2件，分别为 M36：3、M296：13。口内敛。

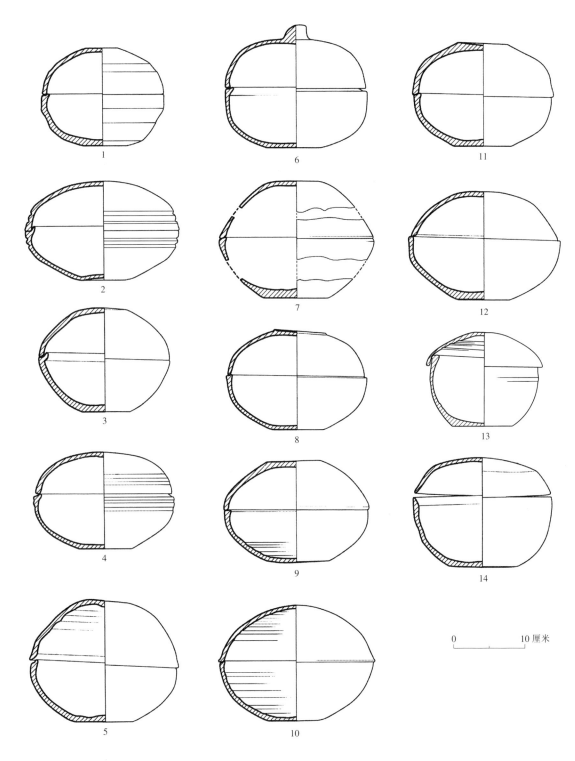

图八九　西汉墓出土 B 型陶盒

1. Ba 型Ⅰ式（M316：5）　2. Ba 型Ⅱ式（M430：3）　3. Ba 型Ⅲ式（M360：2）　4. Ba 型Ⅳ式（M265：4）
5. Ba 型Ⅴ式（M340：5）　6. Ba 型Ⅵ式（M36：3）　7. Bb 型Ⅰ式（M322：7）　8. Bb 型Ⅱ式（M275：2）
9. Bb 型Ⅲ式（M276：3）　10. Bb 型Ⅳ式（M323：2）　11. Bb 型Ⅴ式（M362：8）　12. Bc 型Ⅰ式（M119：3）
13. Bc 型Ⅱ式（M425：8）　14. Bc 型Ⅲ式（M257：5）

M36：3，斜弧腹较深。盖直口，弧壁，顶近平，施一扁纽。通高 16.3、口径 19.4、底径 7.6 厘米（图八九，6；彩版九一，6）。

M296：13，深腹。盖敞口，弧壁，平顶。通高 15、口径 16、底径 6.6 厘米（彩版九二，2）。

Bb 型　9 件。短子口。M362：8 为泥质灰黄陶，余为泥质灰陶。据腹由斜弧变折腹变斜弧较小，分五式。

Ⅰ式　1 件。

M322：7，敛口，斜弧腹。盖敞口，弧壁，平顶。通高约 15.4、口径 21.1、底径 9.2 厘米（图八九，7）。

Ⅱ式　3 件，分别为 M60：6、M216：1、M275：2。敛口，斜弧腹。盖敞口，弧壁。

M275：2，盖平顶，有矮圈足状捉手。通高 12.8～13.2、口径 19.4、底径 7.4 厘米（图八九，8；彩版九二，3）。

Ⅲ式　2 件，分别为 M180：2、M276：3。敛口，腹微折。盖口侈，弧壁，平顶。

M276：3，通高 13.8、口径 21.4、底径 9.8 厘米（图八九，9；彩版九二，4）。

Ⅳ式　2 件，分别为 M120：2、M323：2。敛口，腹斜弧较小。

M323：2，盖敞口，弧壁，弧顶。通高 15.3、口径 21.3、底径 7.4 厘米（图八九，10；彩版九二，5）。

Ⅴ式　1 件。

M362：8，敛口，腹斜弧较小。盖侈口，弧壁，顶微凹。通高 13.5～13.7、口径 18.5、底径 7.8 厘米（图八九，11；彩版九二，6）。

Bc 型　3 件。无子口。皆为泥质灰陶。分三式。

Ⅰ式　1 件。

M119：3，直口，平沿，折弧腹。盖敞口，尖唇，弧壁，平顶。通高 14.3、口径 20.9、底径 7.3 厘米（图八九，12；彩版九二，7）。

Ⅱ式　1 件。

M425：8，敞口，平沿，弧腹。盖口微敞，弧壁，顶略平。通高 13.9、口径 16.4、底径 9.4 厘米（图八九，13；彩版九三，1）。

Ⅲ式　1 件。

M257：5，侈口，圆沿，深弧腹。盖敞口，弧壁微折，弧顶。通高 14.6、口径 19.1、底径 9.6 厘米（图八九，14；彩版九三，2）。

C 型　5 件。圈足。据圈足高、矮之别，分两亚型。

Ca 型　3 件。圈足较高。M312：2 为泥质灰黄陶，余为泥质灰陶。据圈足由直变外侈、子口由矮平变高直，分三式。

Ⅰ式　1 件。

M192：1，子口高直，斜弧腹，圈足外侈。盖失。腹饰两道凹弦纹。高 9.6～9.8、口径 19.4、圈足径 9.8 厘米（图九〇，3；彩版九三，3）。

Ⅱ式　1 件。

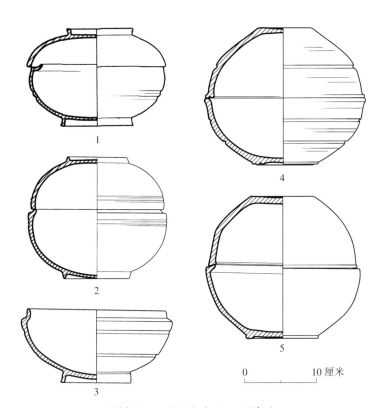

图九〇　西汉墓出土 C 型陶盒

1. Ca 型Ⅱ式（M450：2）　　2. Ca 型Ⅲ式（M312：2）　　3. Ca 型Ⅰ式（M192：1）　　4. Cb 型Ⅰ式（M429：6）　　5. Cb 型Ⅱ式（M222：3）

　　M450：2，子口矮平，斜弧腹，平底，圈足直立。盖直口，弧壁，平顶，施圈足状捉手。腹饰两道凹弦纹。通高 13.1、口径 15.4、圈足径 10.2 厘米（图九〇，1；彩版九三，4）。

　　Ⅲ式　1 件。

　　M312：2，子口略高，斜弧腹。盖侈口，弧壁，弧顶，施圈足状捉手。身、盖近口沿处各饰两道凹弦纹。通高 16.2、口径 17.5、圈足径 9 厘米（图九〇，2；彩版九三，5）。

　　Cb 型　2 件。圈足较矮。据口的变化，分两式。

　　Ⅰ式　1 件。

　　M429：6，泥质灰陶。侈口，圆沿，斜弧腹，底近平。盖直口，弧壁，顶微凹。身、盖各饰三道凸棱纹。通高 18.4、口径 22.4、圈足径 8.8 厘米（图九〇，4；彩版九三，6）。

　　Ⅱ式　1 件。

　　M222：3，泥质灰褐陶。子口内敛，斜弧腹，平底。盖侈口，折弧壁，顶微凹。通高 19、口径 21.5、圈足径 10.1 厘米（图九〇，5；彩版九三，7）。

　　残 4 件，型式不明，是 M260：2、M395：1、M417：2、M461：7。

　　壶　83 件。其中残失不辨形制 12 件。据有无盘口的区别，分两型。

　　A 型　66 件。盘口。据圈足的不同及有无铺首，分四亚型。

　　Aa 型　40 件。圈足微起台。据颈由较短变长再变短，腹由矮变高再变矮，圈足外侈由大变小，分九式。

Ⅰ式　1件。

M341：2，泥质灰陶。平沿，圆唇，溜肩，束颈，颈较短，圆鼓腹较矮，圜底，圈足外侈。肩、中腹各饰两道凹弦纹，下腹及底饰细斜绳纹，圈足饰两道凹槽。高32.4～33、口径15.8、腹径27.4、圈足径16.5厘米（图九一，1；彩版九四，1）。

Ⅱ式　3件。据圈足、纹饰的不同，分两亚式。

Ⅱa式　2件，分别为M60：5、M316：1。泥质灰陶。平沿，圆唇，束颈较长，溜肩，圆鼓腹较矮，圜底，圈足外侈。

M60：5，肩、中腹各饰两道凹弦纹，下腹饰横绳纹，底饰交错绳纹。高30.6～31、口径15.4、腹径24.6、圈足径15.8厘米（图九一，2；彩版九四，2）。

Ⅱb式　1件。

M275：3，泥质灰陶。上部残。溜肩，圆鼓腹，圜底，圈足外侈，较短。颈至中腹饰竖绳纹间两组各两道凹弦纹，下腹饰横绳纹，底饰交错绳纹。残高27、腹径26.8、圈足径15.2厘米（彩版九四，3）。

Ⅲ式　4件，分别为M71：1、M71：3、M366：1、M426：13。只有M71：1泥质灰黑陶，余泥质灰陶。折沿，尖唇，束颈较长，多溜肩，鼓腹略长，圜底，圈足外侈。

M71：1，削肩。中腹饰凹弦纹，下腹饰斜绳纹，底饰交错绳纹。高42、口径18、腹径36、圈足径23.2厘米（图九一，3；彩版九四，4）。

M426：13，溜肩。盖敞口，尖唇，弧隆顶。颈、肩、中腹各饰两道凹弦纹，下腹及底饰横斜绳纹，圈足饰一道凸棱纹。通高43.3、口径17.2、腹径29.1、圈足径17、盖口径15.4厘米（彩版九五，1）。

Ⅳ式　6件，分别为M187：7、M276：2、M426：12、M430：12、M430：13、M461：5。M276：2为泥质灰褐陶，余为泥质灰陶。束颈较长，溜肩，鼓腹略长，圜底，圈足微弧。

M187：7，平沿，圆唇。肩、中腹各饰两道凹弦纹，下腹及底饰横绳纹，圈足饰一道凸棱纹。高35.9～36.4、口径17、腹径28.2、圈足径19.2厘米（图九一，4）。

M430：12，圆沿，尖唇。盘壁饰一道、颈、肩、上腹、中腹各饰一组两道凹弦纹，下腹及底饰横绳纹，圈足饰一道凸棱。高35.1、口径15.6、腹径28.8、圈足径18.2厘米（彩版九五，2）。

Ⅴ式　4件，分别为M87：2、M120：5、M235：1、M323：5。泥质灰陶。束颈瘦长，溜肩，鼓腹较长，圜底，圈足外侈。

M87：2，平折沿，圆唇。肩、腹各饰两道、圈足饰三道凹弦纹，下腹及底饰横绳纹。高33.6～34.1、口径15.1、腹径27.1、圈足径16.5厘米（图九一，5）。

M235：1，圆沿，圆唇。肩、腹各饰两道、圈足饰一道凹弦纹，下腹饰横斜绳纹，底饰交错绳纹。高36.5～36.8、口径18、腹径27.8、圈足径17.6厘米（彩版九五，3）。

Ⅵ式　6件，分别为M205：6、M258：3、M323：3、M381：1、M392：4、M417：1。M392：4为泥质灰黄陶，余为泥质灰陶。折沿，圆唇，束颈略短，溜肩，鼓腹显深，圜底，圈足外侈，较矮。

图九一　西汉墓出土 Aa 型陶壶

1. Ⅰ式（M341∶2）　2. Ⅱa式（M60∶5）　3. Ⅲ式（M71∶1）　4. Ⅳ式（M187∶7）　5. Ⅴ式（M87∶2）
6. Ⅵ式（M323∶3）　7. Ⅶ式（M265∶1）　8. Ⅷ式（M363∶1）　9. Ⅸ式（M33∶2）

M323：3，肩饰一组两道、腹饰一道凹弦纹，下腹饰斜绳纹，底饰交错绳纹。高32.5~32.8、口径15.2、腹径28.8、圈足径14.4厘米（图九一，6；彩版九五，4）。

Ⅶ式 6件，分别为M257：2、M265：1、M311：1、M359：6、M429：2、M429：7。泥质灰陶。多圆沿，圆唇，束颈，略长，溜肩，鼓腹略深，圜底，圈足外侈，较高。

M265：1，圆沿，圆唇。肩、中腹各饰一组两道凹弦纹，下腹饰横绳纹，底饰交错绳纹，圈足饰一道凸棱纹。高35.8、口径17.6、腹径27.6、圈足径16.2厘米（图九一，7；彩版九六，1）。

M429：2，平折沿，沿面有一道凹槽，圆唇。肩、中腹、圈足各饰一组两道凹弦纹，下腹饰横斜绳纹，底饰交错绳纹。高32.8、口径15.6、腹径25.6、圈足径15.6厘米（彩版九六，2）。

Ⅷ式 5件，分别为M229：5、M264：2、M296：1、M363：1、M407：7。泥质灰陶。长束颈，溜肩，深腹，圜底，圈足较高。

M363：1，平沿，尖唇。肩、上腹、中腹各饰一组两道凹弦纹，下腹及底饰横绳纹，圈足饰一道凸棱纹。高35.8~36.4、口径16、腹径27.2、圈足径14.6厘米（图九一，8）。

Ⅸ式 5件，分别为M33：2、M36：2、M79：2、M222：2、M296：11。M36：2为泥质灰褐陶，余为泥质灰陶。多平折沿，圆唇，束颈略长，溜肩，圆鼓腹，圜底，圈足微弧，较矮。

M33：2，平折沿，圆唇。颈、肩、上腹、圈足各饰一组两道凹弦纹，中腹以下及底饰交错绳纹。高31~31.2、口径14.2、腹径24.8、圈足径14.6厘米（图九一，9；彩版九六，3）。

M296：11，圆沿，圆唇。下腹饰横绳纹，底饰交错绳纹。高33~33.2、口径16.6、腹径26.3、圈足径12.8厘米（彩版九六，4）。

Ab型 16件。圈足较陡直，无台。据颈由长变短，腹由矮变高变圆鼓，分六式。

Ⅰ式 3件，分别为M450：3、M515：2、M529：2。泥质灰陶。直口，圆沿，圆唇，细长颈，削肩，扁鼓腹，圜底。盖子口。

M515：2，盖折壁，平顶，周边刻划"S"纹，三扁钮。通高29.9、口径10.8、腹径19.6、圈足径13.7厘米（图九二，1；彩版九七，1）。

Ⅱ式 1件。

M422：1，泥质灰褐陶。平沿，圆唇，长束颈，溜肩，鼓腹略高，圜底。上腹饰一道凹弦纹。高33.9、口径17.2、腹径24.1、圈足径14.8厘米（图九二，2；彩版九七，2）。

Ⅲ式 6件，分别为M216：8、M433：1、M451：1、M497：1、M510：6、M524：3。其中M433：1、M497：1、M510：6为泥质灰陶，余为泥质灰黄陶。束颈较长，鼓腹略高，圜底。

M451：1，平沿，尖唇，削肩。高26.3、口径11.2、腹径20.8、圈足径11.7厘米（图九二，3；彩版九七，3）。

M510：6，圆沿，圆唇，溜肩。颈饰两组凹弦纹，肩、中腹各饰一组两道凹弦纹，下腹及底饰横斜绳纹。高35.5、口径16.3、腹径28.6、圈足径17.7厘米（彩版九七，4）。

Ⅳ式 1件。

M428：3，泥质灰陶。平沿，圆唇，盘底微凸，束颈下张，溜肩，鼓腹略高，圜底，圈足直立。肩、中腹各饰一组两道凹弦纹，下腹饰横绳纹，底饰交错绳纹。高32.9、口径16.4、腹径26.8、圈足径15.7厘米（图九二，4；彩版九八，1）。

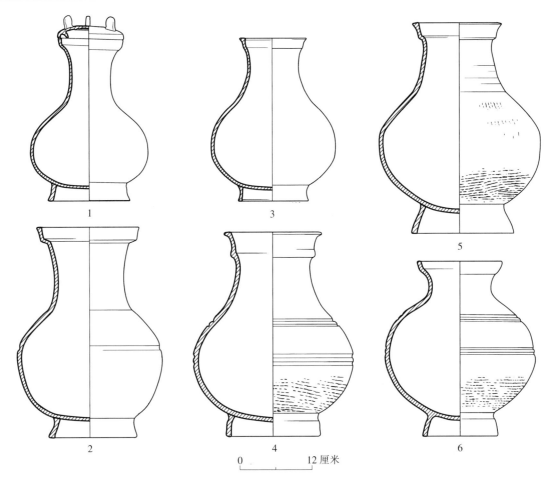

图九二　西汉墓出土 Ab 型陶壶

1. Ⅰ式（M515：2）　2. Ⅱ式（M422：1）　3. Ⅲ式（M451：1）　4. Ⅳ式（M428：3）　5. Ⅴ式（M425：7）　6. Ⅵ
式（M335：3）

　　Ⅴ式　4件，分别为 M261：2、M262：3、M425：1、M425：7。泥质灰陶。盘底微凸，颈下张，溜肩，腹略高，圜底。

　　M425：7，平沿，尖唇。中腹饰一组两道凹弦纹，下腹及底饰横绳纹。高 34、口径 15、腹径 27、圈足径 17 厘米（图九二，5；彩版九八，2）。

　　Ⅵ式　1件。

　　M335：3，泥质灰陶。圆沿，圆唇，短束颈，溜肩，圆鼓腹，圈足。肩、中腹各饰一组两道凹弦纹，下腹饰横绳纹，底饰交错绳纹。高 28.2、口径 14.2、腹径 25.2、圈足径 12.6 厘米（图九二，6；彩版九八，3）。

　　Ac 型　5件。圈足起台较大。M412：1 为泥质灰褐陶，余为泥质灰陶。据颈由长变短，腹由扁鼓变较高变圆鼓，分四式。

　　Ⅰ式　1件。

　　M412：1，平沿，尖唇，颈内斜，溜肩，扁鼓腹，圜底。肩、上腹、中腹各饰一组两道宽凹弦纹，下腹饰横绳纹，圈足饰一道凸棱纹。高 39.7、口径 20.5、腹径 37、圈足径 25.8 厘米（图九三，1；彩版九八，4）。

　　Ⅱ式　2件，分别为 M25：7、M161：1。束颈较长，溜肩，腹较高，圜底。

　　M161：1，平沿，圆唇。中腹饰两道凹弦纹，下腹饰横绳纹。高37.8、口径18、腹径28.6、圈足径18.2厘米（图九三，2；彩版九九，1）。

　　Ⅲ式　1件。

　　M405：4，折沿，圆唇，颈外张，溜肩，腹较高，圜底。肩饰两道凹弦纹。高33.8、口径18.3、腹径28.5、圈足径17.8厘米（图九三，3；彩版九九，2）。

　　Ⅳ式　1件。

　　M459：3，折沿，圆唇，束颈较短，溜肩，圆鼓腹，圜底。下腹及底饰横斜绳纹，圈足起一道凸棱。高32.1、口径16.6、腹径25.5、圈足径15.9厘米（图九三，4；彩版九九，3）。

　　Ad 型　5件。肩附铺首。分四式。

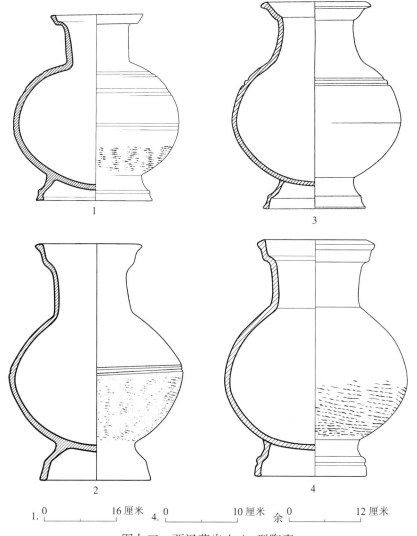

图九三　西汉墓出土 Ac 型陶壶
1. Ⅰ式（M412：1）　2. Ⅱ式（M161：1）　3. Ⅲ式（M405：4）　4. Ⅳ式（M459：3）

Ⅰ式　1件。

M312：3，泥质灰黄陶。平沿，圆唇，束颈内斜，削肩，鼓腹下垂，圜底，圈足外侈。颈、肩、上腹、下腹各饰一组两道凹弦纹。高37.8～38、口径16.8、腹径29、圈足径15厘米（图九四，1；彩版九九，4）。

Ⅱ式　1件。

M387：1，泥质灰褐陶。平沿，圆唇，束颈，溜肩，鼓腹略长，圜底，圈足外敞。上腹饰一组两道凸棱纹，下腹饰稀疏横绳纹。高33.2、口径15.6、腹径28.6、圈足径18.4厘米（图九四，2；彩版一〇〇，1）。

Ⅲ式　2件。泥质灰陶。盘口较直，溜肩，圆鼓腹。据颈长短不同，分两亚式。

Ⅲa式　1件。

M141：2，泥质灰陶。圆沿，圆唇，束颈较短，底残。上、中腹各饰一组两道凹弦纹。残高19.5、口径12、腹径23厘米（图九四，3）。

Ⅲb式　1件。

M523：4，泥质灰陶。仰沿，圆唇，束颈下张，圜底，圈足残。下腹及底饰横绳纹。残高30.1、口径14.8、腹径28.6厘米（图九四，4；彩版一〇〇，2）。

Ⅳ式　1件。

M382：3，泥质灰陶。平沿，方唇，束颈微下张，溜肩，鼓腹略矮，圜底，圈足较高。衔环盲孔。肩、中腹各饰一道凸带状纹，圈足饰两道凸棱纹。高36.4、口径17.8、腹径30.6、圈足径17.2厘米（图九四，5；彩版一〇〇，3）。

B型　5件。无盘口。据有无铺首衔环的不同，分两亚型。

Ba型　4件。无铺首衔环。分三式。

Ⅰ式　1件。

M514：1，泥质灰陶。侈口内钩，圆沿，圆唇，长束颈，削肩，鼓腹较长，平底，矮圈足。颈饰两组、肩、中腹各饰一组两道凹弦纹。盖子口，弧壁，圆饼式小平顶，顶周起四道凸棱。通高33.7、口径11.6、腹径20.5、圈足径11.5厘米（图九五，1；彩版一〇〇，4）。

Ⅱ式　1件。

M217：3，泥质灰陶。侈口，平沿，尖唇，束颈较长且下张，削肩，鼓腹略长，平底，圈足较高。高26.4～26.6、口径11.3、腹径20.5、圈足径11.2厘米（图九五，2；彩版一〇一，1）。

Ⅲ式　2件，分别为M85：1、M362：1。M85：1为泥质灰陶，M362：1泥质灰褐陶。

M362：1，侈口，仰折沿，尖唇，短束颈下张，削肩，圆鼓腹，圜底，高圈足。肩、中腹、圈足各饰一组两道凹弦纹，下腹及底饰横斜绳纹。高28.4、口径9.8、腹径25.6、圈足径16.6厘米（图九五，3；彩版一〇一，2）。

Bb型　1件。

M382：1，泥质灰黄陶。直口，圆沿，短直颈，溜肩，肩下附铺首衔环，圆鼓腹，圜底，圈足残。铺首间、中腹各饰一道凸带状纹。残高17、口径9.8、腹径20.4厘米（图九五，4；彩版一〇一，3）。

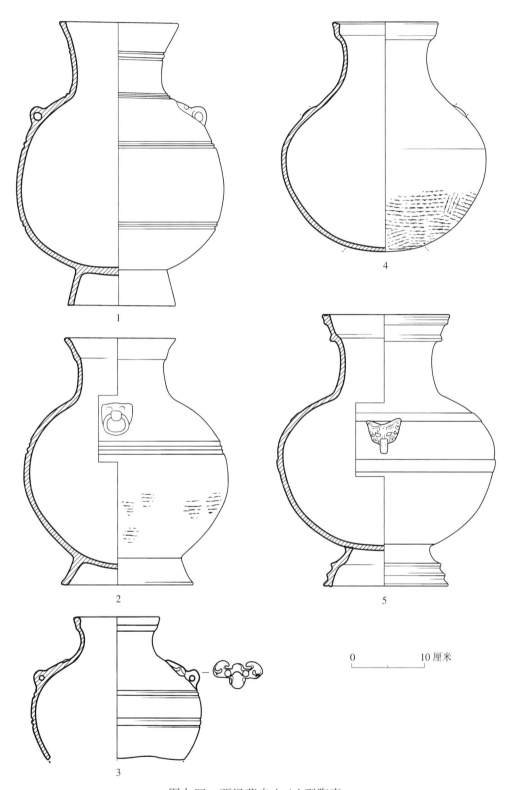

图九四　西汉墓出土 Ad 型陶壶

1. Ⅰ式（M312：3）　　2. Ⅱ式（M387：1）　　3. Ⅲa式（M141：2）　　4. Ⅲb式（M523：4）　　5. Ⅳ式（M382：3）

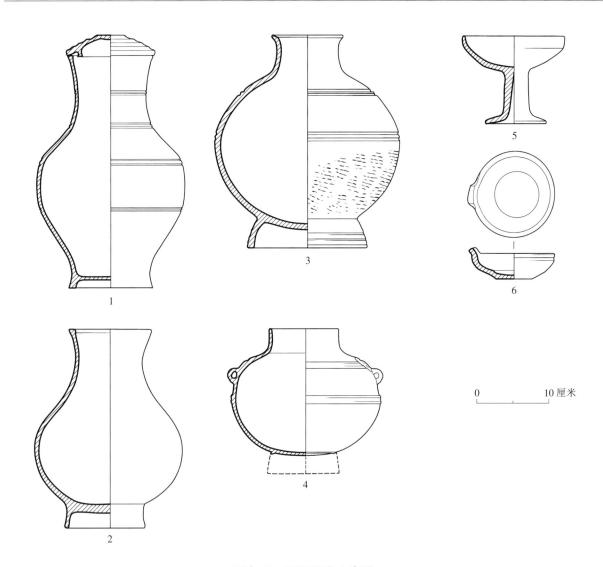

图九五　西汉墓出土陶器

1. Ba 型 I 式壶（M514：1）　2. Ba 型 II 式壶（M217：3）　3. Ba 型 III 式壶（M362：1）

4. Bb 型壶（M382：1）　5. 豆（M348：4）　6. 匜（M422：5）

残 12 件，型式不明，分别是 M33：1、M50：5、M55：1、M119：6、M180：3、M322：3、M340：2、M360：1、M369：8、M395：6、M395：8、M497：6。

豆　1 件。

M348：4，泥质灰陶。盘直口，圆沿，上部微折下弧收，柄上细下粗，中空，喇叭形座。高 11.7、口径 14.2、座径 8.4 厘米（图九五，5；彩版一〇一，4）。

匜　1 件。

M422：5，泥质灰黄陶。圆形。侈口，圆沿，折弧腹，平底，短流上仰。通高 4.2、口径 11.5、底径 5、流长 0.8 厘米（图九五，6；彩版一〇一，5）。

器盖　2 件。分两式。

I 式　1 件。

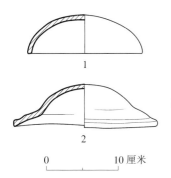

图九六　西汉墓出土陶器盖
1. I 式（M276∶7）
2. II 式（M382∶2）

M276∶7，泥质灰褐陶。侈口，平沿，弧壁，弧顶。高 5.1、口径 16 厘米（图九六，1）。

II 式　1 件。

M382∶2，泥质灰陶。敞口，圆沿，折壁，凸隆顶。高 5.8、口径 20 厘米（图九六，2）。

3. 模型器

170 件。其中残 14 件（M93∶4、5 皆为灶上器，计作 1 件）。器类有灶、仓、井、猪圈、磨。

灶　71 件。其中残失 7 件。据灶平面及单、双火眼的区别，分四型。

A 型　45 件。平面呈前宽且方、后窄而圆的船形，灶面设前、后火眼。据前壁火门的不同，分三亚型。

Aa 型　27 件。前壁设通地式弧顶火门。据平面由宽短变窄长，窄短变宽长，火门由宽高变窄高再变宽矮至窄矮，分八式。

I 式　1 件。

M341∶1，泥质灰褐陶。平面宽短，火眼上置两釜两甑，壁较直，前壁火门较宽而高，后壁上部设烟孔。釜，敛口，圆沿，扁鼓腹，一圜底，一平底。甑，敞口，平折沿，尖唇，弧腹下斜收，平底镂五箅孔。灶高 7.4～7.8、长 22.2、前部宽 13 厘米（图九七，1；彩版一〇二，1）。

II 式　5 件，分别为 M60∶3、M216∶5、M275∶4、M433∶7、M524∶5。其中 M216∶5 为夹砂灰褐陶，余为泥质灰陶。平面略宽短，火门宽而高。

M216∶5，灶面前端设挡火墙，尾端设烟囱。火眼上置两釜一锅一甑。釜，敛口，圆沿，扁鼓腹，圜底。锅，敞口，平折沿，圆唇，斜弧腹，平底。甑，敞口，平折沿，圆唇，平底镂二箅孔。灶高 8.4、长 27.6、前端宽 14.6 厘米（图九七，2）。

M275∶4，火眼上置两釜，后壁上部设烟孔。釜，敛口，圆沿，扁鼓腹，圜底。灶高 7.4、长 22.4、前端宽 13 厘米（图九七，3；彩版一〇二，2）。

III 式　3 件，分别为 M161∶5、M180∶4、M430∶8。其中 M161∶6 为泥质灰褐陶，余为泥质灰陶。平面略窄长，火门较宽、高。

M430∶8，火眼上置两釜一锅一甑，后壁上部设烟孔。釜，敛口，圆沿，扁鼓腹，圜底。锅，敞口，平折沿，圆唇，斜弧腹，底残。甑，敞口，平折沿，圆唇，斜弧腹，平底镂五箅孔。灶高 6.2～7.3、长 24、前端宽 12.4 厘米（图九七，4；彩版一〇二，3）。

IV 式　7 件，分别为 M87∶7、M141∶5、M205∶4、M235∶6、M323∶4、M381∶6、M523∶3。其中 M235∶6 为泥质灰陶，M323∶4 为泥质红褐陶，M523∶3 为泥质灰黄陶，余为泥质灰褐陶。灶上所附之釜、锅、甑少数与灶陶质陶色同，多数为泥质灰陶。平面窄、短，火门较宽、高。

M87∶7，火眼上置两釜一锅一甑，后壁上部设烟孔。釜，敛口，圆沿，扁鼓腹，平底。锅，敞口，折沿，圆唇，斜弧腹，平底。甑，敞口，平折沿，圆唇，斜弧腹，平底镂五箅孔。灶高 7.2、长 21.8、前端宽 12 厘米（图九七，5）。

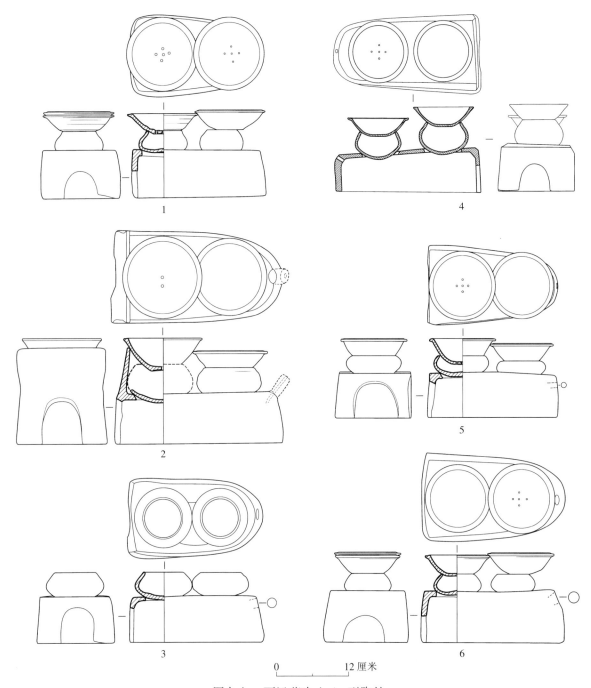

图九七　西汉墓出土 Aa 型陶灶

1. Ⅰ式（M341：1）　　2、3. Ⅱ式（M216：5、M275：4）　　4. Ⅲ式（M430：8）　　5. Ⅳ式（M87：7）　　6. Ⅴ式（M362：5）

　　M235：6，火眼上置两釜两甑，后壁上部设烟孔。釜，敛口，圆沿，扁鼓腹，一平底，一圈底，底部有刮痕。甑，敞口，仰沿，圆唇，斜弧腹，平底镂五箅孔，其中一甑自外向内镂，仅一孔镂透。灶高5.3、长19.2、前端宽11.4厘米（彩版一〇二，4）。

　　Ⅴ式　4件，分别为 M59：4、M257：7、M362：5、M429：9。其中 M429：9 为泥质灰陶，余为泥质灰褐陶。平面略窄、短，火门宽、矮。

M362：5，火眼上置两釜一锅一甑，后壁上部设烟孔。釜，敛口，圆沿，扁鼓腹，平底。锅，敞口，平折沿，圆唇，斜弧腹，平底。甑，敞口，平折沿，圆唇，斜弧腹，平底镂五算孔。灶高8.3～8.5、长24、前部宽14厘米（图九七，6；彩版一〇二，5）。

Ⅵ式 1件。

M50：4，泥质灰陶。平面窄而长，前壁火门宽而矮，后壁上部设烟孔。前、后火眼上釜等残。灶高6、长22.2、前端宽11厘米（图九八，1；彩版一〇二，6）。

Ⅶ式 4件，分别为M229：4、M368：4、M407：4、M459：4。其中M229：4为泥质灰褐陶，余为泥质灰陶，部分釜、锅、甑为泥质灰黄陶。平面略窄较短，火门宽而矮。

M368：4，火眼上置两釜一锅一甑，后壁未见烟孔。釜，敛口，圆沿，扁鼓腹，一平底，一凹底。锅，敞口，平折沿，圆唇，斜直腹，底微凹。甑，敞口，平折沿，圆唇，斜直腹，底微凹，镂五算孔。灶高7.8～8、长24、前端宽16.5厘米（图九八，2；彩版一〇三，1）。

Ⅷ式 2件，分别为M36：4、M79：4。泥质灰陶。平面略窄长，火门略窄矮。

M36：4，火眼上置两釜一锅一甑。灶面后端设烟孔。火门之上及两侧饰间断绳纹。釜，敛口，圆沿，扁鼓腹，圜底。锅，敞口，圆沿，圆唇，斜弧腹，平底。甑，敞口，平沿，方唇，斜弧腹，平底镂五算孔。灶高9.5、长31.2、前端宽14.6厘米（图九八，3；彩版一〇三，2）。

Ab型 13件。前壁设通地式平顶火门。据平面由宽变窄，由长变短，分四式。

Ⅰ式 3件，分别为M187：6、M366：5、M428：8。灶泥质灰陶，有的锅、甑为泥质灰褐陶、泥质灰黄陶。平面较宽，略长。灶后多无烟孔。

M366：5，灶中部微外弧。火眼上置两釜一锅一甑，壁较直，无烟孔。釜，敛口，圆沿，扁鼓腹，平底。锅，敞口，平沿，圆唇，斜弧腹，平底。甑，敞口，圆沿，圆唇，斜弧腹，平底镂五算孔。灶高5.8～6.4、长21.7、中部宽13.8厘米（图九八，4；彩版一〇三，3）。

Ⅱ式 5件，分别为M258：1、M261：5、M262：1、M360：5、M405：3。其中M258：1为泥质灰黄陶，M262：1为泥质灰褐陶，余为泥质灰陶。少部分釜、锅、甑为泥质灰褐陶。平面较宽、较长，个别无烟孔。

M360：5，火眼上置两釜一锅一甑。壁上折下张，后壁上部设烟孔。釜，敛口，圆沿，扁鼓腹，圜底。锅，敞口，平沿，尖唇，斜弧腹，平底。甑，敞口，平沿，尖唇，斜弧腹，平底镂五算孔。灶高6.6、长25、前部宽13.5厘米（图九八，5；彩版一〇三，4）。

Ⅲ式 2件，分别为M372：7、M395：5。泥质灰陶。平面略窄，较短，壁较直，M395：5后壁设烟孔。

M372：7，火眼上置两釜一锅一甑，无烟孔。釜，敛口，圆沿，扁鼓腹，平底。锅，敞口，平沿，圆唇，斜弧腹，平底。甑，敞口，平沿，斜弧腹，平底，镂五算孔。灶高5.5～6、长19.8、前部宽12.4厘米（图九八，6；彩版一〇三，5）。

Ⅳ式 3件，分别为M33：5、M155：2、M296：10。泥质灰陶。平面较窄、较短，四角弧。个别无烟孔。

M155：2，后端设烟孔，火眼上置两釜两锅。釜，敛口，圆沿，扁鼓腹，平底。锅，敞口，平折沿，圆唇，斜折腹，底微凹。灶高5.6～6、长21.6、前部宽11.6厘米（图九九，1；彩版一〇三，6）。

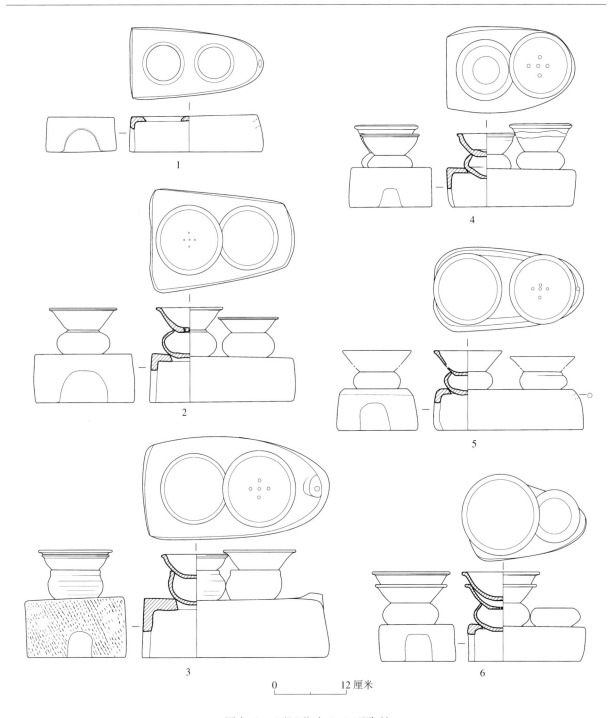

图九八　西汉墓出土 A 型陶灶

1. Aa 型Ⅵ式（M50：4）　2. Aa 型Ⅶ式（M368：4）　3. Aa 型Ⅷ式（M36：4）　4. Ab 型Ⅰ式（M366：5）
5. Ab 型Ⅱ式（M360：5）　6. Ab 型Ⅲ式（M372：7）

　　Ac 型　5 件。通地式尖顶火门。据平面前两角微弧变较弧，火门由微尖变尖甚，分四式。
　　Ⅰ式　1 件。
　　M119：1，泥质灰陶。灶面前宽后圆，前两角微弧，壁较直，前壁火门顶微尖，火眼上置两釜一锅。釜，敛口，尖沿，扁鼓腹，平底。锅，敞口，平沿，尖唇，斜弧腹，底残。灶高 8.5、残长

图九九 西汉墓出土陶灶

1. Ab 型Ⅳ式（M155：2） 2. Ac 型Ⅰ式（M119：1） 3. Ac 型Ⅱ式（M114：4） 4. Ac 型Ⅲ式（M264：3）
5. Ac 型Ⅳ式（M93：1） 6. B 型Ⅰ式（M322：2）

21、前端宽 16 厘米（图九九，2；彩版一〇四，1）。

Ⅱ式 1件。

M114：4，夹砂灰陶。灶面前两角较弧，尾部设盲孔烟囱。壁微曲，前壁火门顶微尖。火眼上釜等失。灶高7、长25.2、前部宽16厘米（图九九，3；彩版一〇四，2）。

Ⅲ式　2件，分别为 M264：3、M369：5。灶为泥质灰褐陶。灶上器仅1件釜为泥质灰褐陶，余为泥质灰陶。灶面前二角较弧。壁微曲，前壁火门顶微尖，后壁上部设烟孔。火眼上置两釜一锅一甑。

M264：3，釜，敛口，圆沿，扁鼓腹，一圜底，一平底。锅，敞口，平沿，尖唇，斜弧腹，平底。甑，敞口，仰折沿，圆唇，斜弧腹，平底，镂五箅孔。灶高6～6.4、长22.6、前部宽14.4厘米（图九九，4；彩版一〇四，3）。

Ⅳ式　1件。

M93：1，泥质灰陶。灶面前二角较弧。壁较直，前壁火门尖顶，后壁上部设烟孔。火眼上置两釜一锅一甑。釜，敛口，圆沿，扁鼓腹，平底。锅，敞口，平沿，圆唇，斜弧腹，平底。甑，敞口，平折沿，圆唇，斜弧腹，平底镂六箅孔。灶高5.9～6.3、长20.6、前部宽12.6厘米（图九九，5；彩版一〇四，4）。

B型　14件。平面呈前宽后窄梯形。据灶面由长变短，装饰由繁复变简单，分七式。

Ⅰ式　2件，分别为 M322：2、M322：5。其中 M322：2为泥质灰褐陶，余为泥质灰陶。灶面较长。

M322：2，火眼上置两釜两甑，尾端设烟囱，直壁微下斜，前壁中部开弧顶孔洞式火门。釜，敞口，圆沿，扁鼓腹，平底。甑，敞口，折沿，斜弧腹，平底镂五箅孔。灶高7.6～8.8、长27、前端宽15.6厘米（图九九，6；彩版一〇四，5）。

Ⅱ式　2件，分别为 M316：2、M510：1。泥质灰陶。部分釜、锅泥质灰褐陶。灶面较长。

M316：2，灶壁较直，前壁设通地式弧顶火门，后壁上部设斜直盲孔烟囱。灶面火眼上置两釜一锅一甑。釜，敛口，圆沿，扁鼓腹，平底。锅，敞口，折沿，圆唇，斜弧腹，平底。甑，敞口，折沿，圆唇，斜弧腹，平底镂五箅孔。灶高7.8～8.3、长24、前部宽14.6厘米（图一〇〇，1；彩版一〇四，6）。

Ⅲ式　1件。

M406：1，泥质灰陶。火眼上现仅存一锅，尾端设烟囱，前端边缘设较矮挡火墙，后端边缘至右侧边缘近前端设曲尺形挡墙，其上部置二挂物支钉。直壁下张，前壁中部开横向长方形孔洞式火门。灶壁下部、挡墙内侧上部饰绳纹、网纹。锅，敞口，平沿，尖唇，斜弧腹，平底。灶高9.2、长27.7、前部宽13.2厘米（图一〇〇，2；彩版一〇五，1）。

Ⅳ式　4件，分别为 M276：5、M392：2、M426：8、M461：2。其中 M276：5灶、釜泥质灰褐陶，余泥质灰陶。灶面略长，前壁设通地式弧顶火门，后壁多设烟孔。

M426：8，灶面火眼上置两釜一锅一甑，后壁上部设烟孔。釜，敛口，圆沿，扁鼓腹，一圜底，一平底。锅，敞口，平沿，圆唇，斜弧腹，平底。甑，敞口，平沿，圆唇，斜弧腹，平底镂五箅孔。灶高6.1～6.5、长24、前部宽14.8厘米（图一〇〇，4；彩版一〇五，2）。

Ⅴ式　1件。

M294：4，泥质灰黄陶。灶面长，火眼上置两釜一甑，尾端设烟孔。斜壁内收，前壁设通地式弧顶火门。釜，敛口，圆沿，扁鼓腹，平底。甑，敞口，折沿，尖唇，斜直腹，平底镂五箅孔。

图一〇〇　西汉墓出土 B 型陶灶

1. Ⅱ式（M316：2）　2. Ⅲ式（M406：1）　3. Ⅵ式（M265：5）　4. Ⅳ式（M426：8）　5. Ⅴ式（M294：4）
6. Ⅶ式（M363：6）

灶高6.6、长28、前端宽19.6厘米（图一〇〇，5；彩版一〇五，3）。

　　Ⅵ式　2件，分别为 M265：5、M342：3。泥质灰陶。灶面较长，设前后火眼，前壁设通地式弧顶火门，无烟孔。

M265：5，火眼上置两釜一锅一甑。釜，敛口，圆沿，扁鼓腹，平底。锅，敞口，沿上仰，微凹，圆唇，斜弧腹，平底。甑，敞口，平沿，圆唇，斜弧腹，平底镂五算孔。灶高7.6~8、长26.7、前部宽13.6厘米（图一〇〇，3；彩版一〇五，4）。

Ⅶ式　2件，分别为M340：6、M363：6。泥质灰褐陶。釜、锅多为泥质灰陶。灶面短。前壁设通地式弧顶火门，无烟孔。

M363：6，火眼上置两釜一锅一甑。釜，敛口，圆沿，扁鼓腹，平底。锅，敞口，平折沿，圆唇，斜弧腹，平底。甑，敞口，平折沿，圆唇，斜弧腹，底残。灶高8.6~9.2、长24、前部宽14.6厘米（图一〇〇，6；彩版一〇五，5）。

C型　3件。平面呈长方形，灶面设前后火眼。分三式。

Ⅰ式　1件。

M312：7，泥质灰黄陶。灶壁较直，前壁设通地式弧顶火门，后壁上部设不穿透烟囱。火眼上置两釜一锅一甑。釜，敛口，圆沿，鼓腹下收，平底。锅，敞口，仰沿，圆唇，深弧腹下收，平底。甑，敞口，仰沿，圆唇，深弧腹下收，平底镂五算孔。灶高12.2~12.6、长33.6、宽18.8~19.2厘米（图一〇一，1；彩版一〇五，6）。

Ⅱ式　1件。

M71：4，灶、釜泥质灰陶，锅泥质灰黑陶。略前宽后窄，四角弧，直壁下张，前壁设通地式平顶火门，后壁上部设烟囱，烟囱下部未穿透。火眼上置一釜一锅。釜，敛口，圆沿，扁鼓腹，平底。锅，敞口，平折沿，斜弧腹，平底。灶高9、长28.6、前部宽17.4厘米（图一〇一，2；彩版一〇六，1）。

Ⅲ式　1件。

M417：4，灶泥质灰黄陶，釜泥质灰陶。壁较直，前壁中部开尖顶孔洞式火门，后壁上部残，火眼上置两釜。釜，敛口，圆沿，扁鼓腹，圜底。灶高8~8.6、长25.4、宽15.2厘米（图一〇一，3；彩版一〇六，2）。

D型　2件。灶面设单火眼，分两式。

Ⅰ式　1件。

M422：4，泥质灰褐陶。灶前部残，后部甚窄。灶上附件不见。灶高8.2、残长18.6、残宽12.8厘米（图一〇一，4）。

Ⅱ式　1件。

M490：3，泥质灰陶。前宽后窄，四角弧。灶面中间设一固定于灶体的釜，釜上置一锅，前设矮挡火墙，后设无孔烟囱。壁面模印鱼、馍、叉等。壁较直，前壁设通地式平顶火门。釜，敛口，圆沿，扁鼓腹，圜底。锅，敞口，折沿，尖唇，斜弧腹，平底。灶高4.4、长20.4、前端宽11.8厘米（图一〇一，5；彩版一〇六，3）。

残7件，型式不明，有M25：3、M93：4、M120：6、M156：3、M311：5、M359：1、M425:6。

仓　42件。其中残失2件。据有无绳纹的区别，分两型。

A型　29件。有绳纹。据有无仓门及底的不同，分三亚型。

Aa型　17件。无仓门。据腹壁由外弧变弧腹下收，再变微弧至略直变较直，分七式。

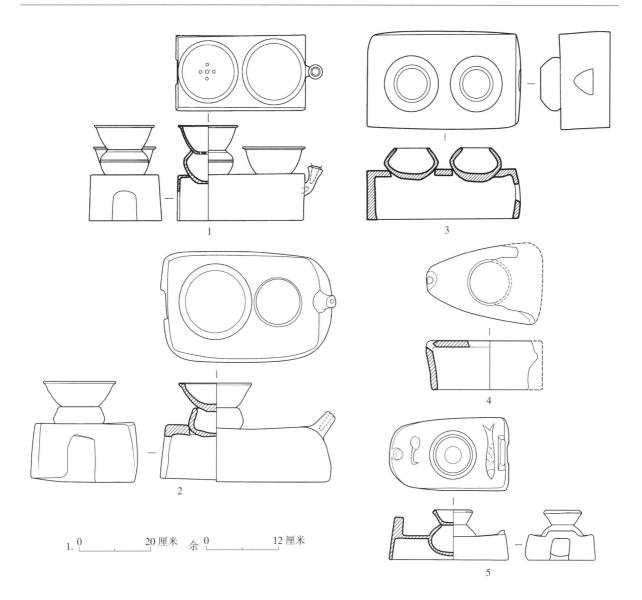

图一〇一　西汉墓出土陶灶

1. C 型 I 式（M312∶7）　　2. C 型 II 式（M71∶4）　　3. C 型 III 式（M417∶4）　　4. D 型 I 式（M422∶4）　　5. D 型 II 式（M490∶3）

I 式　2 件，分别为 M60∶2、M119∶2。泥质灰陶。敛口，圆沿，颈近于无，削肩，腹壁外弧，下收，平底。

M60∶2，肩至中腹饰竖绳纹间四道凹弦纹。高 21.4～21.8、口径 10.4、腹径 18.8、底径 13.8 厘米（图一〇二，1；彩版一〇六，4）。

II 式　3 件，分别为 M180∶6、M366∶3、M461∶4。泥质灰陶。敛口，圆沿，颈近于无，削肩或斜折肩，深弧腹下略收，平底或微凹。

M180∶6，削肩，底微凹。肩至近底处饰竖绳纹间两道凹弦纹。高 22～22.4、口径 10.6、腹径 16.8、底径 12.5 厘米（图一〇二，2；彩版一〇六，5）。

III 式　5 件，分别为 M120∶3、M235∶7、M360∶6、M381∶4、M392∶5。泥质灰陶。敛口，

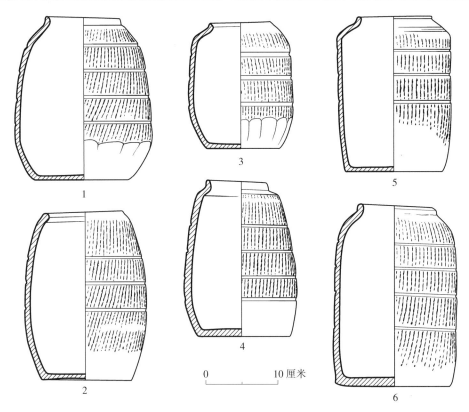

图一○二　西汉墓出土 Aa 型陶仓

1. Ⅰ式（M60：2）　2. Ⅱ式（M180：6）　3. Ⅲ式（M120：3）　4. Ⅳ式（M257：6）　5. Ⅴ式（M369：7）
6. Ⅵ式（M79：1）

圆沿，颈近于无，斜折肩或削肩，深腹下微收，多平底，个别底微凹。

M120：3，斜折肩，平底。肩至中腹偏下饰竖绳纹间三道凹弦纹，近底处有刮痕。高 16.5 ~ 16.8、口径 8.4、腹径 14.4、底径 10.3 厘米（图一○二，3；彩版一○六，6）。

Ⅳ式　4 件，分别为 M59：2、M257：6、M311：4、M372：5。其中 M59：2、M311：4 为泥质灰褐陶，余为泥质灰陶。圆唇，短颈或近于无颈，斜折肩或削肩，腹下部微弧，平底。

M257：6，侈口，短颈，斜折肩。肩至近底饰竖绳纹间四道凹弦纹。高 20.3 ~ 20.7、口径 8.4、腹径 15.5、底径 12.8 厘米（图一○二，4；彩版一○七，1）。

Ⅴ式　2 件，分别为 M369：7、M407：2。泥质灰陶。敛口，圆沿，短颈或近于无，斜折肩，腹略直或微弧，平底或微凹。

M369：7，短颈，腹略直，平底。肩部起两道宽凸棱，肩至中腹偏下饰竖绳纹间三道凹弦纹。高 20.6、口径 10.4、腹径 15.6、底径 13.6 厘米（图一○二，5；彩版一○七，2）。

Ⅵ式　1 件。

M79：1，泥质灰陶。直口，圆沿，短颈，溜肩，腹较直，平底。肩至近底饰竖绳纹间四道凹弦纹。高 23.6 ~ 24、口径 11.2、腹径 17.3、底径 16 厘米（图一○二，6；彩版一○七，3）。

Ab 型　5 件。有仓门。据腹由较细至略粗的变化，分三式。

Ⅰ式　1 件。

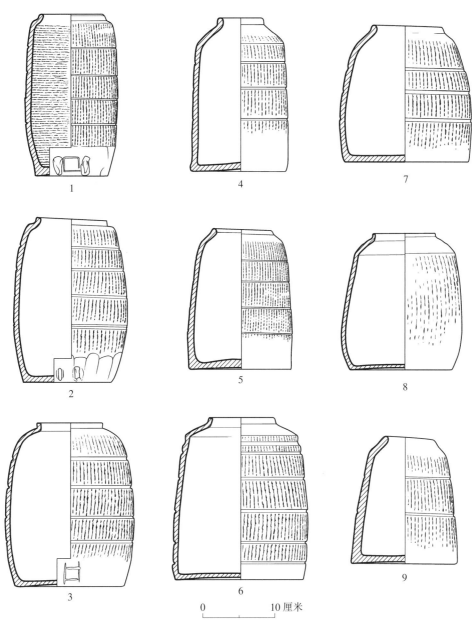

图一〇三　西汉墓出土 A 型陶仓

1. Ab 型 I 式（M216：6）　　2. Ab 型 II 式（M87：1）　　3. Ab 型 III 式（M429：3）　　4. Ac 型 I 式（M316：3）
5. Ac 型 II 式（M276：4）　　6. Ac 型 III 式（M523：1）　　7. Ac 型 IV 式（M262：4）　　8. Ac 型 V 式（M459：6）
9. Ac 型 VI 式（M33：3）

　　M216：6，泥质灰褐陶。敛口，圆沿，短颈，斜折肩，腹较细，底微凹。一侧近底处刻划方框式门，门两侧堆塑泥条。肩至近底饰竖绳纹间四道凹弦纹。器内有密集旋痕，器外近底有刮痕。高 21.6、口径 9.2、腹径 12.9、底径 10.1 厘米（图一〇三，1；彩版一〇七，4）。

　　II 式　1 件。

　　M87：1，泥质灰褐陶。直口，平沿，圆唇，短颈，斜折肩，腹略细，平底。近底刻划方门，门两侧堆塑泥条。肩至近底饰竖绳纹间四道凹弦纹，近底处有刮削痕。高 21.6～22、口径 10、腹径 15.9、底径 12.4 厘米 (图一〇三, 2; 彩版一〇七, 5)。

Ⅲ式　3件, 分别为 M362∶7、M429∶3、M429∶4。泥质灰陶。直口或敛口, 平沿, 尖唇, 短颈, 溜肩, 腹略粗, 平底或微凹。近底刻一方形门, 有的门两侧堆塑竖扁鼻。

M429∶3, 直口, 底微凹, 近底刻一门。肩至近底饰竖绳纹间四道凹弦纹。高 21.9、口径 9.2、腹径 18、底径 15 厘米 (图一〇三, 3; 彩版一〇七, 6)。

Ac 型　7件。宽底。据腹下斜较小变下斜较大, 分六式。

Ⅰ式　1件。

M316∶3, 泥质灰陶。直口, 圆沿, 圆唇, 短颈, 斜折肩, 腹下斜较小, 底略凹。肩至中腹偏下饰竖绳纹间四道凹弦纹。高 20.5、口径 6.2、腹径 13、底径 13.2 厘米 (图一〇三, 4; 彩版一〇八, 1)。

Ⅱ式　1件。

M276∶4, 泥质灰黑陶。敛口, 圆沿, 短颈, 斜折肩, 腹下斜略小, 底微凹。肩至中腹偏下饰竖绳纹间四道凹弦纹。高 18.6~18.8、口径 8.8、腹径 15、底径 14.2 厘米 (图一〇三, 5; 彩版一〇八, 2)。

Ⅲ式　1件。

M523∶1, 泥质灰陶。敛口, 圆沿, 短颈, 斜折肩, 直壁下斜略小, 底微凹。肩至近底饰竖绳纹间六道凹弦纹。高 21.6、口径 9、腹径 18.4、底径 17.6 厘米 (图一〇三, 6; 彩版一〇八, 3)。

Ⅳ式　2件, 分别为 M205∶2、M262∶4。其中 M205∶2 为泥质灰陶, M262∶4 为泥质灰褐陶。敛口, 平沿或圆沿, 颈近无, 削肩, 弧腹下斜略大, 平底。

M262∶4, 圆沿。颈至近底饰竖绳纹间三道凹弦纹。高 18~18.2、口径 10、腹径 18.4、底径 17.2 厘米 (图一〇三, 7; 彩版一〇八, 4)。

Ⅴ式　1件。

M459∶6, 泥质灰陶。直口, 平沿, 短颈, 斜折肩, 腹下斜略大, 底微凹。肩至下腹偏上浅饰竖绳纹。高 18.2、口径 8.7、腹径 16.2、底径 14.2 厘米 (图一〇三, 8; 彩版一〇八, 5)。

Ⅵ式　1件。

M33∶3, 泥质灰陶。敛口, 圆沿, 颈近无, 斜折肩, 直腹下斜较大。肩至近底饰竖绳纹间两道凹弦纹。高 16.6~17、口径 7.6、腹径 14.5、底径 14.7 厘米 (图一〇三, 9; 彩版一〇八, 6)。

B 型　11件。无绳纹。据有无仓门的区别, 分两型。

Ba 型　8件。无仓门。据腹壁由下斜较小至内收较大的变化, 分六式。

Ⅰ式　1件。

M433∶6, 泥质灰陶。敛口, 圆沿, 颈近无, 斜折肩, 腹较直, 底微凹。高 20.6、口径 7.3、腹径 14.4、底径 12.2 厘米 (图一〇四, 1; 彩版一〇九, 1)。

Ⅱ式　3件, 分别为 M25∶4、M187∶5、M430∶7。泥质灰陶。敛口, 圆沿, 颈近无, 斜折肩, 腹略直, 平底或略凹。

M430∶7, 底微凹。腹饰五道凹弦纹。高 21.4~21.9、口径 8.8、腹径 15.6、底径 13.4 厘米 (图一〇四, 2; 彩版一〇九, 2)。

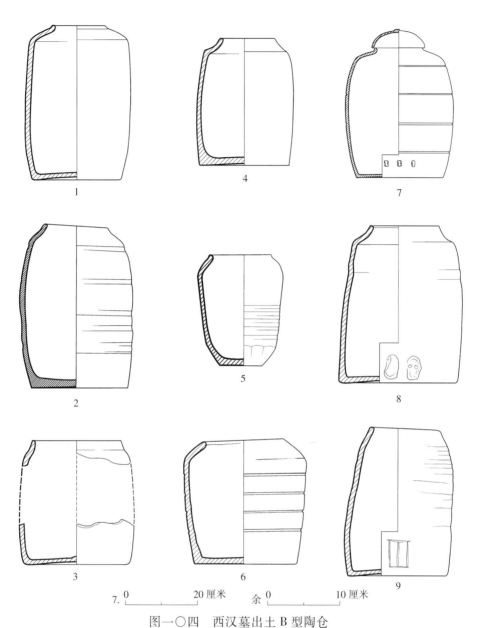

7. $\frac{0 \qquad 20 厘米}{}$ 余 $\frac{0 \qquad 10 厘米}{}$

图一〇四 西汉墓出土 B 型陶仓

1. Ba 型 I 式（M433：6） 2. Ba 型 II 式（M430：7） 3. Ba 型 III 式（M395：7） 4. Ba 型 IV 式（M264：6）
5. Ba 型 V 式（M93：10） 6. Ba 型 VI 式（M296：7） 7. Bb 型 I 式（M312：8） 8. Bb 型 II 式（M422：2）
9. Bb 型 III 式（M428：5）

III 式 1 件。

M395：7，泥质灰褐陶。敛口，圆沿，颈近于无，斜折肩，腹略直，底微凹。口径 12.4、底径 14.2 厘米（图一〇四，3）。

IV 式 1 件。

M264：6，泥质灰陶。敛口，圆沿，颈近于无，斜折肩，腹略弧，底微凹。高 17、口径 8、腹径 13.6、底径 12.9 厘米（图一〇四，4；彩版一〇九，3）。

V 式 1 件。

M93：10，泥质灰陶。敛口，圆沿，颈近于无，斜折肩，腹较直，下折收，底略凹。腹壁有旋痕，近底有刮削痕。高 14.8、口径 8.5、腹径 11.6、底径 5.7 厘米（图一〇四，5；彩版一〇九，4）。

Ⅵ式　1件。

M296：7，泥质灰陶。敛口，圆沿，无颈，斜折肩，腹较直下斜收，平底。腹饰四道凹弦纹。高 16.3 ~ 16.7、口径 11、腹径 16.8、底径 14.4 厘米（图一〇四，6）。

Bb 型　3件。有仓门。据腹由弧变较直至略直，分三式。

Ⅰ式　1件。

M312：8，泥质灰陶。直口，圆沿，短颈，斜折肩，腹略弧，平底。近底处刻横向长方门，门中部及两侧各施一半环形门闩。腹饰四道凹弦纹。盖敞口，弧壁，弧顶，顶施一短柱状捉手。通高 39.6、口径 13.4、腹径 29.9、底径 24 厘米（图一〇四，7；彩版一〇九，5）。

Ⅱ式　1件。

M422：2，泥质灰陶。敛口，圆沿，颈近于无，斜折肩，腹较直，底略凹。近底刻门，门面塑人面，一侧有长条形鼻。高 21、口径 9.6、腹径 16.7、底径 16.4 厘米（图一〇四，8）。

Ⅲ式　1件。

M428：5，泥质灰陶。敛口，圆沿，无颈，削肩，腹微弧，底微凹。近底一侧刻双门。腹饰六道凸棱纹。高 19.8、口径 9.8、腹径 14.9、底径 13.7 厘米（图一〇四，9；彩版一一〇，1）。

M50：1、M258：5 残成碎片，不能修复，型式不明。

井　55件。其中残失4件，据有无绳纹的区别，分两型。

A 型　37件。无绳纹。据高腹、矮腹、鼓腹的不同，分三亚型。

Aa 型　15件。高腹。据腹由直变弧至斜弧，底由大变小，分十式。

Ⅰ式　2件，分别为 M322：1、M322：8。泥质灰陶。

M322：1，直口，平沿，圆唇，直腹略曲，底较大，微凹。高 16.2 ~ 16.4、口径 13.1、腹径 12.6、底径 12.9 厘米（图一〇五，1）。

Ⅱ式　2件，分别为 M433：2、M510：3。泥质灰褐陶或泥质灰陶。直口，平沿，方唇，腹略弧，底较大，略凹。

M510：3，泥质灰陶。高 18、口径 13.4、腹径 15、底径 14 厘米（图一〇五，2；彩版一一〇，2）。

Ⅲ式　1件。

M428：7，泥质灰陶。侈口，内有凹槽，圆沿，圆唇，弧腹，底微凹，较小。高 12.4、口径 14.5、腹径 13.8、底径 9 厘米（图一〇五，3；彩版一一〇，3）。

Ⅳ式　2件，分别为 M187：3、M461：1。泥质灰陶。直口或微侈，平沿，方唇，直颈，折肩，腹微弧，大平底。

M187：3，口微侈，平底。沿面戳印圆珠纹，唇面饰一周凹弦纹。高 14.2 ~ 14.9、口径 11、腹径 11.3、底径 9.6 厘米（图一〇五，4；彩版一一〇，4）。

Ⅴ式　1件。

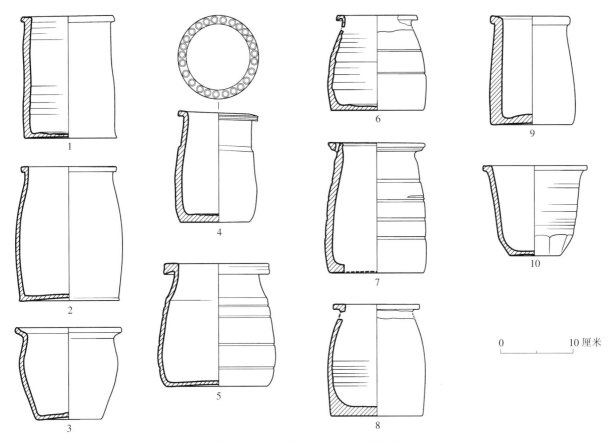

图一〇五　西汉墓出土 Aa 型陶井

1. Ⅰ式（M322∶1）　2. Ⅱ式（M510∶3）　3. Ⅲ式（M428∶7）　4. Ⅳ式（M187∶3）　5. Ⅴ式（M523∶2）
6. Ⅵ式（M395∶9）　7. Ⅶ式（M340∶8）　8. Ⅷ式（M296∶6）　9. Ⅸ式（M33∶7）　10. Ⅹ式（M93∶9）

　　M523∶2，泥质灰陶。直口，平沿，方唇，唇面微凹，弧腹下张，大底微凹。腹饰四道凹弦纹。高 16.5、口径 14.8、腹径 16.4、底径 14.6 厘米（图一〇五，5；彩版一一〇，5）。

　　Ⅵ式　1件。

　　M395∶9，泥质灰陶。侈口，平沿，方唇，弧腹下张，平底甚大。腹饰两道凹弦纹，腹内壁有密集凹槽。高约 12.8、口径 11.2、腹径 13.6、底径 12.8 厘米（图一〇五，6）。

　　Ⅶ式　1件。

　　M340∶8，泥质灰褐陶。敛口，口下有一道凹槽，平折沿，沿面镂对称两孔，尖唇，唇面微凹，壁较直，下张，平底较大。腹饰四道凹弦纹。高 17.4、口径 13.4、腹径 14、底径 13.2 厘米（图一〇五，7；彩版一一〇，6）。

　　Ⅷ式　1件。

　　M296∶6，泥质灰陶。敛口，平沿，方唇，弧腹，平底较大。高约 15、口径 12、腹径 13.6、底径 12.8 厘米（图一〇五，8）。

　　Ⅸ式　1件。

　　M33∶7，泥质灰陶。直口，沿微仰，圆唇，直腹微下张，大底微内凹，腹壁、底甚厚。高 14.6、口径 11、腹径 12、底径 11.4 厘米（图一〇五，9；彩版一一一，1）。

Ⅹ式　3件，分别为 M79：3、M93：9、M156：2。泥质灰陶。侈口，平折沿，方唇，斜弧腹下收，底较小，微内凹。

M93：9，高 12～12.2、口径 14.5、底径 7 厘米（图一〇五，10；彩版一一一，2）。

Ab 型　15件。矮腹。据腹由微下张变内收，底由大变小，分六式。

Ⅰ式　2件，分别为 M60：7、M275：5。泥质灰陶。口微侈，平折沿，尖唇，斜腹，底较大略内凹。

M275：5，腹近底微折。高 10～11、口径 13.3、底径 7 厘米（图一〇六，1；彩版一一一，3）。

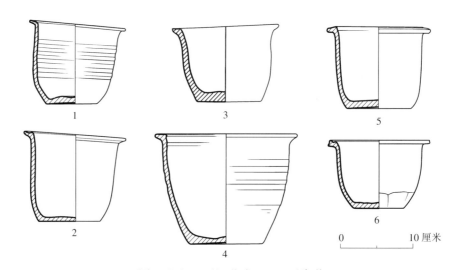

图一〇六　西汉墓出土 Ab 型陶井

1. Ⅰ式（M275：5）　2. Ⅱ式（M276：6）　3. Ⅲ式（M120：4）　4. Ⅳ式（M372：6）　5. Ⅴ式（M229：1）　6. Ⅵ式（M93：7）

Ⅱ式　2件，分别为 M276：6、M426：7。泥质灰褐陶。口微侈，平折沿，方唇或圆唇，腹近直，下张或弧收。

M276：6，圆唇，腹下弧收，平底较大。高 11～11.9、口径 14.2、底径 8.5 厘米（图一〇六，2；彩版一一一，4）。

Ⅲ式　4件，分别为 M120：4、M205：3、M381：5、M417：5。泥质灰陶。弧腹下收，平底略大。

M120：4，侈口，沿面微凹，圆唇。高 9.7～10.3、口径 14.6、底径 8.8 厘米（图一〇六，3；彩版一一一，5）。

Ⅳ式　3件，分别为 M362：6、M372：6、M429：12。其中 M429：12 为泥质灰陶，余为泥质灰褐陶。腹壁下收，底略小。

M372：6，侈口，宽平沿，圆唇，腹微弧，底微凹。腹饰密集凸棱纹。高 14.6、口径 19.6、底径 10.2 厘米（图一〇六，4；彩版一一一，6）。

Ⅴ式　3件，分别为 M229：1、M264：4、M369：6。泥质灰陶。腹较直，底较小。

M229：1，侈口，折沿，圆唇，腹下收，底微凹。高 10.7～10.8、口径 14.3、底径 8.8 厘米

（图一〇六，5；彩版——二，1）。

Ⅵ式 1件。

M93：7，泥质灰陶。侈口，平折沿，沿面有一道深凹槽，方唇，腹壁微弧，底微凹，较小。近底有刮痕。高9、口径14、底径6.9厘米（图一〇六，6；彩版——二，2）。

Ac型 7件。鼓腹。据腹由圆变下斜收，最大径由上至下移的变化，分四式。

Ⅰ式 1件。

M119：4，泥质灰陶。侈口，平折沿，圆唇，腹较圆，平底。高11、口径14.8、腹径14.6、底径10厘米（图一〇七，1；彩版——二，3）。

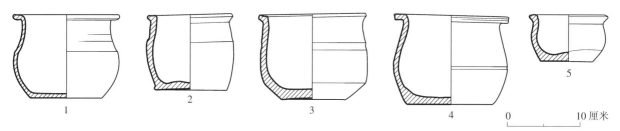

图一〇七 西汉墓出土 Ac 型陶井

1. Ⅰ式（M119：4） 2. Ⅱ式（M180：5） 3. Ⅲa式（M360：4） 4. Ⅲb式（M235：4） 5. Ⅳ式（M33：4）

Ⅱ式 2件，分别为M180：5、M366：2。其中M180：5为泥质灰黑陶，M366：2为泥质灰陶。腹最大径偏上，下斜。

M180：5，直口，平折沿，圆唇，底微凹。高9.9～10.2、口径11.8、腹径12、底径10厘米（图一〇七，2；彩版——二，4）。

Ⅲ式 3件。泥质灰陶。腹下斜，最大径偏下。据沿的不同，分两亚式。

Ⅲa式 1件。

M360：4，口微侈，平折沿，圆唇，底微凹。中腹饰一道凹槽。高11.1～11.5、口径14.8、腹径14.6、底径8.8厘米（图一〇七，3；彩版——二，5）。

Ⅲb式 2件，分别为M235：4、M425：3。侈口或直口，宽平沿，方唇，平底。

M235：4，腹饰一道凹弦纹。高11.6～11.9、口径15.8、腹径15.6、底径11.8厘米（图一〇七，4；彩版——二，6）。

Ⅳ式 1件。

M33：4，泥质灰陶。口微侈，平沿，圆唇，腹下微折，最大径偏下，平底。高6.1～6.2、口径10.8、腹径10.2、底径7.1厘米（图一〇七，5；彩版——三，1）。

B型 14件。有绳纹。据腹由下斜变微下张至微下收、底由小变大，分八式。

Ⅰ式 1件。

M216：3，泥质灰陶。侈口，宽沿平折，方唇，腹微弧，下斜收，平底较小。颈至中腹饰竖绳纹间三道凹弦纹。高14.1～14.3、口径14.6、底径9厘米（图一〇八，1；彩版——三，2）。

Ⅱ式 2件，分别为M316：4、M524：6。其中M316：4为泥质褐陶，M524：6为泥质灰陶。腹微弧，下张，大底。

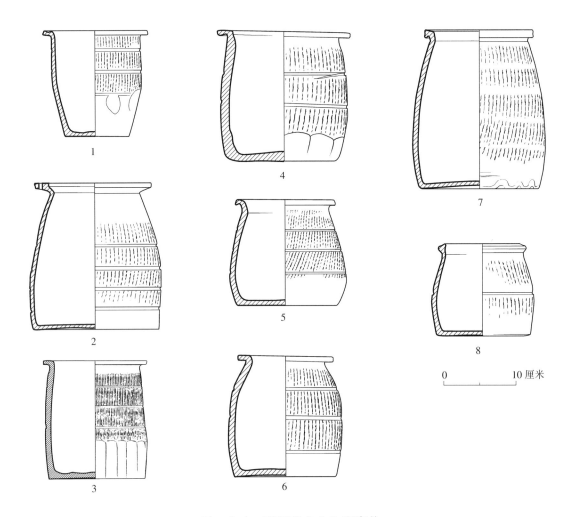

图一〇八　西汉墓出土 B 型陶井

1. Ⅰ式（M216：3）　2. Ⅱ式（M524：6）　3. Ⅲ式（M430：9）　4. Ⅳ式（M261：3）　5. Ⅴ式（M114：3）　6. Ⅵ式（M257：4）　7. Ⅶ式（M407：1）　8. Ⅷ式（M459：5）

　　M524：6，直口，宽平沿，施两孔，方唇，底微凹。中腹至下腹偏上饰竖绳纹间四道凹弦纹。高19.5、口径16.2、腹径18.2、底径17.3厘米（图一〇八，2；彩版一一三，3）。

　　Ⅲ式　2件，分别为 M392：1、M430：9。泥质灰陶。直口，宽平沿，方唇，腹较直，平底较大。颈至中腹饰竖绳纹间三道凹弦纹。

　　M430：9，下腹有刮削痕。高15.8~15.9、口径14.4、腹径14、底径13.4厘米（图一〇八，3；彩版一一三，4）。

　　Ⅳ式　1件。

　　M261：3，泥质灰陶。口微侈，宽平沿，方唇，腹略直，平底较大。颈下至下腹偏上饰竖绳纹间两道凹弦纹，近底有刮削痕。高17.4~17.6、口径18.6、腹径17.5、底径15.4厘米（图一〇八，4；彩版一一三，5）。

　　Ⅴ式　2件，分别为 M114：3、M262：2。其中 M114：3为泥质灰陶，M262：2为泥质灰褐陶。腹壁下张，底较大。

M114∶3，侈口，圆沿，方唇，平底。肩至中腹饰竖绳纹间三道凹弦纹。高 14.1、口径 14、腹径 16.2、底径 14 厘米（图一〇八，5；彩版一一三，6）。

Ⅵ式　3 件，分别为 M257∶4、M342∶1、M359∶2。泥质灰陶。口微侈，宽平沿，方唇，壁微弧，底较大，微凹。

M257∶4，肩至中腹饰竖绳纹间三道凹弦纹。高 16~16.2、口径 13.2、腹径 16、底径 14 厘米（图一〇八，6；彩版一一四，1）。

Ⅶ式　2 件，分别为 M363∶7、M407∶1。泥质灰陶。口微侈，宽平沿，方唇，腹微弧，底微凹。

M407∶1，颈至中腹偏下饰竖绳纹间四道抹痕。高 21.4、口径 15.1、腹径 18.5、底径 16.3 厘米（图一〇八，7；彩版一一四，2）。

Ⅷ式　1 件。

M459∶5，泥质灰陶。直口，折沿，圆唇，腹微弧，平底较大。上、中腹饰浅竖绳纹间一道凹弦纹。高 12.4、口径 12.2、腹径 14.2、底径 13 厘米（图一〇八，8；彩版一一四，3）。

残 4 件，型式不明，是 M50∶3、M87∶6、M161∶4、M258∶4。

磨　1 件。

M490∶2，泥质灰陶。上扇盖面弧，中间隆起，设两个半圆形窝，一侧有短手柄。下扇磨盘固定于磨盆，自磨盆底凸起，顶隆。磨盆直口，直壁，平底。盘盆中空。盖面饰模糊方格纹。通高 5.5、盖径 8.5、口径 17.5、底径 16 厘米（图一〇九，2；彩版一一四，4）。

猪圈　1 件。

M490∶4，泥质灰陶。平面呈长方形，四角呈弧形，栏壁直。一隅跨两面壁设厕屋，厕屋壁略高于栏壁，无屋顶，外开无额门，内有横槽，开一弧顶孔通圈内。圈内一猪，秃嘴前伸，竖耳，长鬃，卷尾，四短足外撇。猪高 5.6、长 11 厘米，圈通高 7、栏高 4.4、长 22.4、宽 18.5 厘米（图一〇九，1；彩版一一四，5）。

4. 建筑材料

2 件。器类有筒瓦、砖。

筒瓦　1 件。

M368∶5-1、5-2，其中 M368∶5-1 为泥质褐陶，M368∶5-2 为泥质灰黄陶。横断面呈半圆形。肩微斜，舌较短，舌尖上卷。背饰粗竖绳纹，有较大抹捺面，内有细密布纹或粗横绳纹。M368∶5-2，内有细密布纹。残长 24.6、横断面宽 13.6、厚 1.2 厘米（图一〇九，3；彩版一一四，6）。

砖　1 件。

M222∶6，夹炭黑陶。正方形，表面有划痕。边长约 32、厚 2.7 厘米（图一〇九，4）。

（二）铜器

65 件，其中残 17 件。按用途可分为日用器、服饰器、兵器、钱币、车饰、杂器。

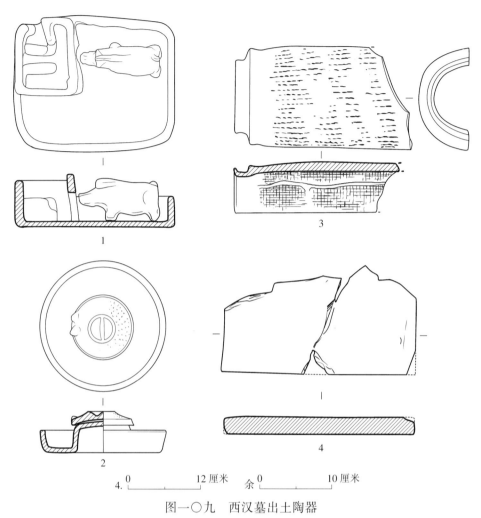

图一〇九　西汉墓出土陶器

1. 猪圈（M490：4）　　2. 磨（M490：2）　　3. 筒瓦（M368：5 - 2）　　4. 砖（M222：6）

1. 日用生活器

23 件，其中残 16 件。器类有盆、鉴、刷柄、镜。

盆　18 件。器壁甚薄，厚 0.03 ~ 0.05 厘米，生绿锈。仅 3 件略可辨形制。据口沿由较平变仰，腹由微弧变弧鼓，分三式。

Ⅰ式　1 件。

M251：1，沿面平仰，腹微弧，平底。口径 26、底径 13.5 厘米（图一一〇，1）。

Ⅱ式　1 件。

M428：2，沿面微仰，腹较弧，平底。口径 26.1、底径 17 厘米（图一一〇，2）。

Ⅲ式　1 件。

M141：3，沿面仰，腹较弧，底残。残高 8、口径 18.4 厘米（图一一〇，3）。

残碎 15 件，型式不明，分别为 M99：2、M114：1、M180：8、M259：1、M267：1、M296：12、M307：6、M312：4、M322：4、M340：7、M359：3、M362：3、M426：9、M429：13、M523：6。

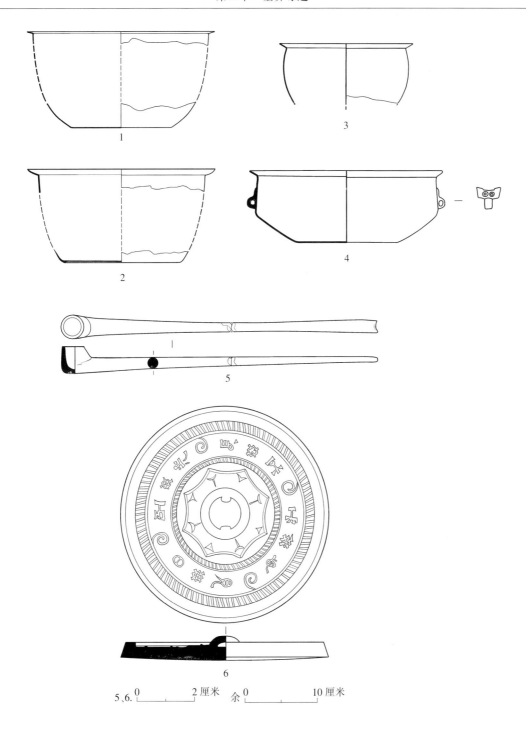

图一一〇　西汉墓出土铜器

1. Ⅰ式盆（M251∶1）　2. Ⅱ式盆（M428∶2）　3. Ⅲ式盆（M141∶3）　4. 鉴（M430∶4）

5. 刷柄（M363∶12）　6. 镜（M251∶2）

鉴　1件。

M430∶4，侈口，仰沿，圆唇，腹壁上直下折，平底。上腹附对称两个铺首衔环。高9.6、口径26.6、底径14厘米（图一一〇，4）。

刷柄 2 件，分别为 M363：12、M363：13。形如今之烟斗。实柄，扁圆形，正面两端宽、中部窄，侧面由斗至尾渐窄。

M363：12，通长 10.8、斗高 1、斗径 0.8、柄径 0.3～0.5 厘米（图一一〇，5；彩版一一五，1）。

镜 2 件，分别为 M251：2、M515：4，其中 M515：4 残。

M251：2，圆形，镜面光洁，微弧凸。背面周廓凸起，中心有一圆形小纽，纽座外饰内凹八连弧纹。宽素缘，缘内有两道带状凸棱纹。凸棱间铭文曰："见日之光，长系天心"。铭文间交替隔以云纹。直径 7.3、郭缘厚 0.4、宽 0.3 厘米（图一一〇，6；彩版一一五，2）。

2. 服饰器

8 件，其中残 1 件。器类有带钩、簪。

带钩 7 件，其中残 1 件。据蛇形与琵琶形的不同，分两型。

A 型 4 件。蛇形，圆纽。钩首、钩体似蛇形，背面中部凹弧。纽在身中偏后。素面。据钩体弧度由大变小，分三式。

Ⅰ式 2 件，分别为 M426：1、M430：1。蛇头较清晰，体凹弧较大。

M426：1，长 13.2、体宽 1.1、厚 0.5、纽径 1.3 厘米（图一一一，1；彩版一一五，3）。

Ⅱ式 1 件。

M294：2，蛇头略清晰，体凹弧度略大。长 10.5、体宽 1、厚 0.5、纽径 1.2 厘米（图一一一，2；彩版一一五，4）。

Ⅲ式 1 件。

M323：6，蛇头略清晰，体凹弧度较小。长 8.5、体宽 5.5、厚 0.3、纽径 1.2 厘米（图一一一，3；彩版一一五，5）。

B 型 2 件。琵琶形。据钩首由圆变平，纽由方变圆，分两式。

Ⅰ式 1 件。

M231：2，形体较小。钩首内圆外平，腹施方形纽。纽以下残。残长 4.1、体宽 1、厚 0.5、纽径 0.9 厘米（图一一一，5；彩版一一五，6）。

Ⅱ式 1 件。

M363：16，形体略大，钩首内外平，颈圆，腹微扁，较窄。颈腹间施一箍，腹施一圆纽。长 9、体宽 1、厚 0.7、纽径 0.9 厘米（图一一一，4；彩版一一五，7）。

M366：8，残，型式不明。

簪 1 件。

M294：5，锈蚀。一端粗，一端细，呈圆钉状。残长 6.2、径 0.3～1 厘米（图一一一，6；彩版一一五，8）。

3. 兵器

2 件。器类有矛、镞。其中镞出土于墓坑填土中。

矛 1 件。

M340：4，棱脊，两叶较长，两刃前折成尖锋，三角形，叶面血槽较深，叶末圆弧内收，圆骹

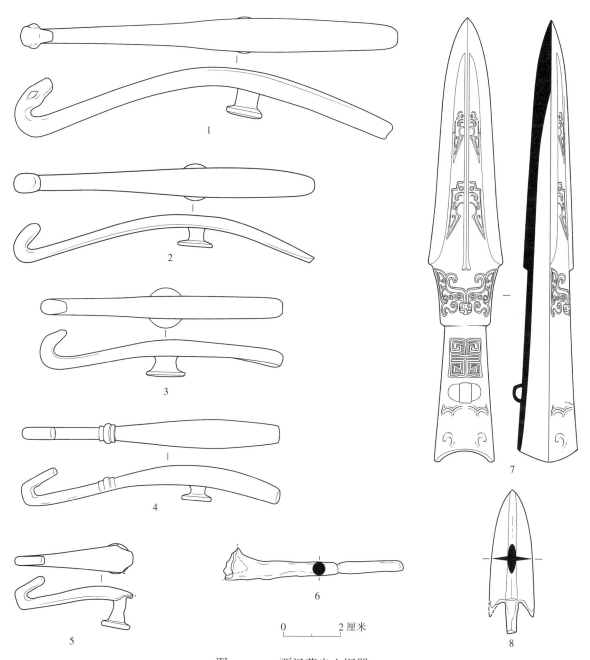

图一一一　西汉墓出土铜器

1. A 型 I 式带钩（M426：1）　2. A 型 II 式带钩（M294：2）　3. A 型 III 式带钩（M323：6）　4. B 型 II 式带钩
（M363：16）　5. B 型 I 式带钩（M231：2）　6. 簪（M294：5）　7. 矛（M340：4）　8. 镞（M231：01）

中空，直透前锋，骹上一桥形穿鼻。身饰云气纹，骹饰卷云纹。通长14.8、叶长8.4、骹口径2厘
米（图一一一，7；彩版一一六，1~3）。

　　镞　1件。

　　M231：01，两叶如翼，凸棱脊，两刃微弧，前聚成锋，后锋伸出，无关，圆铤残。残长4.8、
铤残长1、叶长4.5厘米（图一一一，8；彩版一一六，4）。

4. 钱币

26 件，257 枚。分别出于 24 座墓。其中有 5 墓钱已锈蚀，5 件钱文不明。M392∶8 为半两和五铢，编号 1 件。M490∶6 为大泉五十和小泉直一，编号 1 件。其中半两 2 件 11 枚，五铢 16 件 157 枚，货泉 1 件 26 枚，大泉五十 1 件 21 枚，小泉直一 1 件 18 枚，锈蚀不明 5 件 24 枚。

半两 2 件（11 枚），分别为 M154∶3、M392∶8 - 1。

M154∶3 - 1，无郭，钱径较小。"半"字上部作"八"首，下部二横画等长，上横画两端上翘。"两"字二"人"作一横。钱径 2.5、穿宽 0.8 厘米（图一一二，1）。

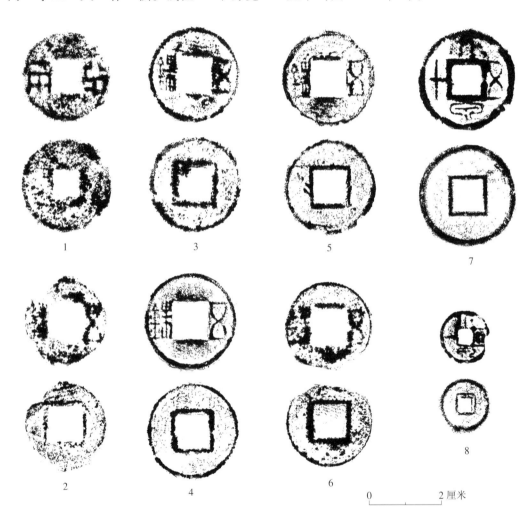

图一一二　西汉墓出土铜钱

1. 半两（M154∶3 - 1）　2. Ⅰ式五铢（M428∶9）　3. Ⅱ式五铢（M294∶1 - 1）　4. Ⅲ式五铢（M429∶15 - 1）　5. Ⅳ式五铢（M264∶1 - 1）　6. Ⅴ式五铢（M296∶14 - 1）　7. 大泉五十（M490∶6 - 1）　8. 小泉直一（M490∶6 - 2）

五铢 16 件（157 枚）。篆书阳刻。据铭文字体变化，分五式。

Ⅰ式　5 件（20 枚），分别为 M25∶8、M141∶9、M351∶2、M392∶8 - 2、M428∶9。

M428∶9，字体较高，"五"字方折，上下横画不出头，中间竖画较斜，交股斜曲，"铢"字"金"字头作三角形，四点较短，"朱"上画方折，下画圆折。钱径 2.3、郭宽 0.05、郭厚 0.1、穿宽 1 厘米（图一一二，2）。

Ⅱ式　4 件（45 枚），分别为 M235：10、M294：1、M425：9、M523：7。

M294：1 - 1，字体略矮。"五"字方折，上下两横画不出头，中间竖画较直，交股弯曲。"铢"字"金"头作三角形，四点较短，"朱"上画方折，下画圆折。钱径 2.5、郭宽 0.1、郭厚 0.2、穿宽 1 厘米（图一一二，3）。

Ⅲ式　3 件（36 枚），分别为 M273：2、M395：10、M429：15。

M429：15 - 1，字体较宽、略矮。"五"字方折，上下横画不出头，中间竖画略直，交股弯曲。"铢"字"金"头作三角形，四点较短，"朱"上画方折，下画圆折。钱径 2.5、郭宽 0.1、郭厚 0.15、穿宽 1 厘米（图一一二，4）。

Ⅳ式　3 件（53 枚），分别为 M264：1、M369：9、M407：8。

M264：1 - 1，字体略窄、略矮。"五"字方折，上下横画不出头，中间竖画较弯曲。"铢"字"金"头作三角形，四点略长，"朱"上画方折，下画圆折。钱径 2.5、郭宽 1、郭厚 0.15、穿宽 1 厘米（图一一二，5）。

Ⅴ式　1 件（3 枚）。

M296：14 - 1，字体较窄、略矮。"五"字方折，上下横画略出头，中间竖画略斜，相交两股较弯曲。"铢"字"金"头作三角形，四点较长，"朱"字上画方折，下画圆折。钱径 2.5、郭宽 1、郭厚 0.1、穿宽 1 厘米（图一一二，6）。

大泉五十　1 件（21 枚）。

M490：6 - 1，圆形，方穿。双面有内外郭。钱径 2.7、外郭宽 0.15、厚 0.2、穿宽 0.9 厘米（图一一二，7）。

小泉直一　1 件（18 枚）。

M490：6 - 2，圆形，方穿。双面有内外郭。钱径 1.5、外郭宽 0.05、厚 0.08、穿宽 0.5 厘米（图一一二，8）。

货泉　1 件（26 枚）。

M93：11 - 1，圆形，方穿。双面有内外郭。钱径 2.1、外郭宽 0.1、厚 0.1、穿宽 0.8 厘米。

锈蚀 5 件，钱文不明，分别是 M216：9、M351：2、M372：8、M430：2、M433：8。

5. 车饰

3 件。器类有盖弓帽、柿蒂形饰和泡钉（编号 1 件）。

盖弓帽　2 件（10 枚），为 M257：3（9 枚）、M363：8（1 枚）。形体较小。器形如笔筒，一侧有斜钩，中空。多残碎。

M257：3 - 1，残长 1、直径 0.6 厘米（图一一三，1）。

柿蒂形饰　1 件。

M141：8 - 1，平面作两两相对四个菱形叶片，正中施一圆孔。叶片通宽 3.2、厚 0.06、孔径 0.4 厘米（图一一三，2；彩版一一六，5）。

泡钉　1 件（3 枚）。

M141：8 - 2，浅盘状帽，内部中心出圆钉。高 0.8、盖径 1 厘米（图一一三，3）。

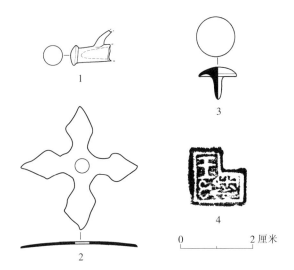

图一一三　西汉墓出土铜器

1. 盖弓帽（M257：3 - 1）　2. 柿蒂形饰（M141：8 - 1）　3. 泡钉（M141：8 - 2 - 1）　4. 印章（M231：1）

6. 杂器

3 件。器类有印章、铜器片。

印章　1 件。

M231：1，正方形缺一角，弧凸纽，印面阴刻"王鉥"，有补白卷云纹。通高 0.7、边长 1.5、厚 0.2 厘米（图一一三，4；彩版一一六，6、7）。

铜器片　2 件，分别为 M25：2、M363：11。残。

（三）铁器

9 件。其中残蚀不辨形制 5 件。分工具和生活用具，器类有銎、坠、削刀、剪。

1. 生活用具

2 件。器类有坠、銎。

坠　1 件。

M363：9，长扁圆形，有短颈，施一小穿孔。高 1.3、横扁径 0.7 ~ 1 厘米（图一一四，3；彩版一一六，8）。

銎　1 件。

M406：2，锈蚀，形体不明。

2. 工具

7 件。器类有削刀和剪。

削刀　6 件，其中残蚀不辨形制 3 件。厚脊薄刃，环首。据身、首的区别，分两型。

A 型　2 件，分别为 M363：15、M366：7。身较长，较直，环首略纵圆。

M366：7，残通长 28、刃宽 1.8 ~ 2、脊厚 0.6 厘米（图一一四，1）。

B 型　1 件。

M363：14，身较短，前锋翘起，环首横圆。刃宽 1.6、脊厚 0.3 厘米（图一一四，2）。

M246：4、M273：3、M323：7，锈蚀，形体不明。

剪　1件。

M360：7，握手处交股弯曲呈"8"字形，无钉卯合，前锋平。通长17、刃宽0.2～1.4厘米。

（四）锡器

耳杯　4件。锈蚀严重。半月形耳，斜腹，平底。据腹部弧度大小，分两式。

Ⅰ式　2件，分别为M426：2、M426：3。口较宽，腹弧度较大。

M426：2，高1.8、口长5.3、宽3.8厘米（图一一五，1）。

Ⅱ式　2件，分别为M362：11、M363：17。口较窄，腹弧度较小。

M362：11，高约1.3厘米（图一一五，2）。

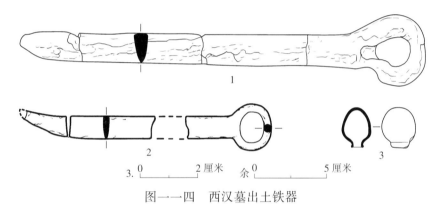

图一一四　西汉墓出土铁器

1. A型削刀（M366：7）　2. B型削刀（M363：14）　3. 坠（M363：9）

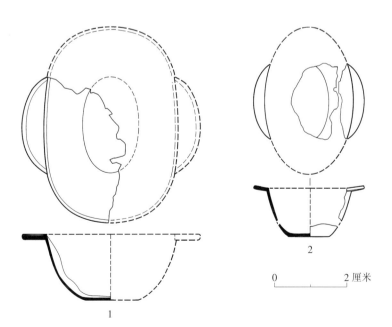

图一一五　西汉墓出土锡耳杯

1. Ⅰ式（M426：2）　2. Ⅱ式（M362：11）

（五）石器

3 件。器类有牌、片。

牌 2 件，分别为 M363：10、M407：9。深灰色，长方形。

M363：10，长 12.5、宽 5.2、厚 0.2 厘米。

石片 1 件。

M93：12，灰色，一面磨光。

（六）漆器

86 件。皆腐。其中 28 件据红漆皮及腐痕可辨器类，有盒、耳杯、盘、铞、奁、几。另有 58 件器形不明。

盒 8 件，分别为 M59：7、M93：14、M161：6、M180：10、M372：1、M429：10、M451：5、M529：3。

耳杯 12 件，分别为 M25：9、M25：10、M60：8、M93：13、M260：5、M336：1、M340：9、M429：14、M429：16、M451：3、M451：4、M459：7。

盘 5 件，分别为 M222：5、M246：3、M335：4、M336：2、M430：5。

铞 1 件。M141：4。

奁 1 件。M363：20。

几 1 件。M208：3。

只存残痕，不辨器形者有 58 件，分别为 M87：8、M119：9、M154：4、M154：5、M191：3、M199：4、M217：2、M222：4、M235：9、M260：6、M262：7、M262：8、M275：6、M276：9、M296：15、M307：8、M311：6～9、M312：10、M316：7、M321：2、M322：9、M341：3、M359：7、M362：9、M362：10、M363：18、M363：19、M368：6、M369：3、M381：7、M381：8、M382：5～7、M392：7、M395：11～13、M405：5、M405：6、M406：4～8、M414：2、M479：2、M497：7～10、M510：7～10。

六　墓葬分类与分期

（一）随葬品组合

西汉墓的随葬品以陶器数量最多，器类形态清楚，组合完整。铜器甚少，不能单独构成组合，只能作为伴出器参与。漆器均腐，无法进入组合。16 座墓无随葬品，另有 M231、M251 只出印章、铜镜，M336 只见已腐漆痕。以上 19 座墓不能参与组合分析。能参与陶器组合分析的墓共 145 座。

1. 组合类别

陶礼器、日用陶器、模型器的组合形态可分为以下六类。

A 类，陶礼器组合（表一二）。

7 座墓。可分以下 4 种情况。

鼎、盒、壶组合。有 M450。

鼎、壶、壶组合。有 M382。

鼎、壶组合。有 M217、M529。

壶。有 M55、M387、M412、M514。

表一二　西汉墓 A 类组合的组别及序列表

组别	鼎	盒	壶
1	AaⅠ	CaⅠ、CaⅡ	AbⅠ、AcⅠ、BaⅠ
2	AaⅡa		BaⅡ
3			AdⅡ
4	BaⅤ		AdⅣ、Bb

B 类，仿铜礼器与日用器、模型器组合（表一三）。

41 座墓。分以下 15 种。

鼎 2、盒 2、壶 2、盆、钵 2、灶、仓、井组合，伴出铜盆、五铢钱。该组合只有 M296。

鼎 2、盒 2、壶 2、罐、灶、仓、井组合，有的缺仓，伴出铜盆、带钩、五铢钱。该组合有 M426、M429。

鼎、盒 2、壶 2、罐、灶、仓、井组合，伴出五铢钱。该组合只有 M395。

鼎、盒 2、壶、罐、灶、仓、井组合，伴出铜盖弓帽、五铢钱。该组合有 M257、M461。

鼎、盒、壶、罐或瓮、钵、灶、仓、井组合，有的伴出铜盆、五铢钱。该组合有 M60、M87、M119、M180、M187、M216、M235、M276、M362、M369、M407。

鼎、盒、壶、罐（钵）、灶、井组合，有的伴出铜铜、矛。该组合有 M79、M229、M261、M322、M340、M363、M510、M524。

鼎、壶（盒）、罐（盆）、灶、仓、井组合，个别加瓮，有的伴出铜盆、铜钱。该组合的有 M205、M372、M381、M428、M433。

鼎、壶、灶、仓、井组合，伴出铜盆、五铢钱。该组合有 M523。

鼎、盒、壶、罐、灶组合，有的另加 1 罐。该组合有 M71、M141、M265。

鼎、盒、壶、罐、瓮、器座、灶、仓组合，伴出铜盆。该组合只有 M312。

鼎、盒、罐、灶组合。该组合只有 M260。

鼎、壶、罐、灶、仓组合，伴出五铢钱。该组合只有 M25。

盒、壶、长颈瓶、灶组合。该组合只有 M405。

鼎、罐、灶、仓、井组合，有的加盆，伴出货泉。该组合有 M93。

盒、匜、钵、灶、仓组合。该组合只有 M422。

表一三　西汉墓 B 类组合的组别及序列表

组别	鼎	盒	壶	罐	瓮	盆	长颈瓶	钵	灶	仓	井	伴出
1	AaⅠ	BbⅠ	残					Ⅰ	BⅠ		AaⅠ	
2	AaⅡ、AbⅡ、AcⅠ、BaⅠ、BbⅠ	AaⅠ、BbⅡ、BcⅠ、CaⅢ	AaⅡ、AbⅡ、AbⅢ、AdⅠ	AaⅢ、AbⅡ、AbⅢ、CⅠ、DⅠ、DⅡ	AⅡ、BⅠ			Ⅱ	AaⅡ、AcⅠ、BⅡ、CⅠ、DⅠ	AaⅠ、AbⅠ、BaⅠ、BbⅠ、BbⅡ	AaⅡ、AbⅠ、AcⅠ、BⅠ、BⅡ	铜盆
3	AaⅢ、AbⅢ、BaⅡ、BbⅡ	AaⅡ、AbⅠ、AcⅠ、BbⅢ	AaⅢ、AaⅣ、AbⅣ、AcⅡ	AaⅣ、AaⅤ、AbⅣ、BbⅠ、EⅠ、EⅡ	BⅡ			Ⅲ	AaⅢ、AbⅠ、BⅢ、BⅣ、CⅡ	AaⅡ、AcⅡ、BaⅡ、BbⅢ	AaⅢ、AaⅣ、AbⅡ	
4	AaⅣ、AbⅣ、BbⅢ、BbⅣ、CⅠ	AaⅢ、AbⅡ、AcⅡ	AaⅤ、AaⅥ、AbⅤ、AcⅢ、AdⅢ	AaⅥ、AaⅦ、AcⅠ、BaⅣ、BbⅢ、CⅢ	AⅢ		√		AaⅣ、AbⅡ、CⅢ	AaⅢ、AbⅡ、AcⅢ、AcⅣ	AaⅤ、AbⅢ、AcⅢ、BⅣ	铜盆，五铢
5	AaⅤ、AbⅥ、AcⅣ、BaⅢ、CⅡ	AaⅣ、AbⅢ、BaⅣ、BbⅤ、BcⅢ、CbⅠ	AaⅧ、BaⅢ	AaⅧ、BaⅤ、BbⅣ					AaⅤ、AbⅢ、BⅥ	AaⅣ、AbⅢ、BaⅢ	AaⅥ、AbⅣ、BⅥ	盖弓帽，五铢
6	AaⅥ、AbⅦ、AcⅤ、BaⅣ、BaⅤ	AaⅤ、AaⅥ、AbⅣ、BaⅤ	AaⅧ	AaⅨ、AbⅦ				Ⅴ	AaⅦ、AcⅢ、BⅦ	AaⅤ	AaⅦ、AbⅤ、BⅦ	五铢、铜矛、带钩、铜盆
7	AaⅦ、AcⅦ、D	AbⅤ、AcⅣ、BaⅥ	AaⅨ	AaⅪ、CⅣ		BⅡ		Ⅵ	AaⅧ、AbⅣ、AcⅣ	AaⅥ、BaⅤ、BaⅥ	AaⅧ、AaⅩ、AbⅥ	

C 类，仿铜礼器与模型器组合（表一四）。

21 座墓，分以下 8 种。

鼎 2、盒 2、壶 2、灶、仓、井，伴出铜鉴、带钩、五铢钱。该组合的只有 M430。

鼎 2、盒 2、壶 2、灶、井，伴出五铢钱。该组合只有 M425。

鼎、盒、壶、灶、仓、井，有的伴出铜带钩、半两钱、五铢钱、铁削刀、剪。该组合的墓有M262、M316、M360、M366、M392、M459。

鼎、盒、壶、灶、井，有的伴出铜盆。该组合的墓有 M161、M275、M359、M417。

鼎、盒、壶、灶，有的另加 1 壶，伴出铜带钩、铁削刀。该组合墓有 M36、M323。

鼎、壶（盒）灶、仓、井，有的加 1 壶、1 井。该组合的墓有 M33、M50、M120、M258。

盒、壶、灶、仓、井。该组合的墓有 M264、M311。

壶、灶。该组合的墓只有 M341。

表一四　西汉墓 C 类组合的组别及序列表

组别	鼎	盒	壶	灶	仓	井
1	残	残	AaⅠ	AaⅠ		
2	残	BaⅠ、BbⅡ	AaⅡ	AaⅡ、BⅡ	AcⅠ	AbⅠ、BⅡ
3	AaⅢ、AcⅡ	AbⅠ、AcⅠ、BaⅡ	AaⅢ、AaⅣ、AcⅡ	AaⅢ、AbⅠ	AaⅡ、BaⅡ	AcⅡ、BⅢ
4	AaⅣ、AbⅣ、AbⅤ、AcⅢ、BbⅣ	AcⅡ、BaⅢ、BbⅣ、BcⅡ	AaⅤ、AaⅥ、AbⅤ	AaⅣ、AbⅡ、CⅢ	AaⅢ、AcⅣ	AbⅢ、AcⅢ、BⅤ
5	AaⅤ、AcⅣ	BaⅣ	AaⅦ	AaⅥ	AaⅣ	AbⅣ、BⅥ
6	AaⅥ、AcⅥ	AaⅤ、AcⅢ、BaⅤ	AaⅧ、AcⅣ	AaⅦ、AcⅢ	AaⅤ、BaⅣ、AcⅤ	AbⅤ、BⅦ、BⅧ
7	AaⅦ	BaⅥ	AaⅨ	AaⅧ、AbⅣ	AcⅥ	AaⅨ、AcⅣ

D 类，仿铜礼器与日用器组合（表一五）。

8 座墓，分以下 8 种：

鼎、盒、壶、碗。该组合有 M222。

鼎、壶、罐、铏。该组合有 M335。

鼎、壶、罐、镰斗，伴出铜镜。该组合有 M515。

鼎、壶、镰斗。该组合有 M451。

壶 2、鋬、瓮、钵、镰斗。该组合有 M497。

盒、铏、钵。该组合有 M192。

壶、罐。该组合有 M85。

豆、罐、釜、钵。该组合有 M348。

表一五　西汉墓 D 类组合的组别及序列表

组别	鼎	盒	壶	豆	罐	釜	鋬	瓮	铏	钵	镰斗	碗
1	AbⅠ	CaⅠ	AbⅠ		AaⅡ				AⅠ	Ⅰ	AⅠ	
2	AaⅡ		AbⅢ	√	AaⅢ	CⅢ	Ⅰ	C		Ⅱ	AⅡ、AⅢ	

组别	鼎	盒	壶	豆	罐	釜	鍪	瓮	铞	钵	镶斗	碗
3			BaⅢ		BaⅤ							
4	AaⅦ	CbⅡ	AaⅩ、AbⅥ		AaⅩ				BⅡ			√

E 类，日用生活器与模型器组合（表一六）。

9 座墓，分以下 6 种。

罐、釜、盆、盏、仓。该组合有 M59。

罐、鍪、盆、灶。该组合有 M368。

罐、罐、灶、磨、圈，伴出大泉五十，小泉直一。该组合有 M490。

罐、釜、灶、井，伴出铜盆。该组合有 M114。

罐、灶、井，该组合有 M156、M342。

罐、灶，个别墓伴出铁鍪。该组合有 M155、M294、M406。

表一六　西汉墓 E 类组合的组别及序列表

组别	罐	釜	鍪	盆	灶	仓	井	磨	猪圈	伴出
1	AaⅣ				BⅢ					
2	AbⅤ	残			AcⅡ、BⅤ		BⅤ			铜盆
3	AbⅥ	AaⅣ		AⅣ	AaⅤ、BⅥ	AaⅣ	BⅥ			
4	AbⅦ	残	Ⅱ		AaⅦ					
5	AaⅩ、AaⅪ、EⅢ				AbⅣ、DⅡ		AaⅩ	√	√	

F 类，单纯日用陶器组合（表一七）。

59 座墓，分以下 13 种。

罐、盆、铞，伴出铜盆。该组合有 M307。

罐、釜、盆（钵），伴出铜盆。该组合有 M23、M70。

罐、罐、盆。该组合有 M199、M313。

罐、罐、釜。该组合有 M102、M238。

瓮、盆。该组合有 M37。

瓮、釜。该组合有 M345。

罐、釜，个别伴出铜盆。该组合有 M57、M62、M115、M194、M206、M243、M246、M267、M295、M327、M383、M512。

罐、罐。该组合有 M38、M97、M121、M160、M177、M191、M208、M318、M350。

罐、铞。伴出半两钱。该组合有 M154。

罐、镶斗。该组合有 M513。

罐。个别伴出五铢钱。该组合有 M46、M47、M49、M88、M99、M184、M198、M227、M244、

M256、M259、M263、M268、M271、M273、M292、M302、M321、M344、M351、M352、M389、M414、M479。

釜。该组合有 M393、M535。

钵。该组合有 M548。

表一七　西汉墓 F 类组合的组别及序列表

组别	罐	釜	盆	铞	瓮	钵	鐎斗	钱币
1	AaⅠ、AaⅡ、AbⅠ、BaⅠ	BaⅠ、CⅠ	BⅠ		AⅠ		B	半两钱
2	AaⅢ、AbⅡ、AbⅢ、BaⅡ	AaⅠ、BaⅡ、BaⅢ、CⅡ	AⅠ					
3	AaⅣ、AaⅤ、AbⅣ、BaⅢ、BbⅡ、CⅡ	AaⅡ、BaⅣ	AⅡ		残			
4	AaⅥ、AaⅦ	AaⅢ	AⅢ	BⅠ				
5	AbⅥ、AcⅠ、Ad	BaⅤ		AⅡ				
6	AaⅨ、AcⅡ	Ab				残		
7	AaⅪ、AbⅧ、CⅤ	Bb						

2. 组合对应

以上六类组合及序列对应如下（表一八）。

表一八　西汉墓 A、B、C、D、E、F 类组合及序列对应表

大组\小组\类别	A 类	B 类	C 类	D 类	E 类	F 类
一	1	1	1	1		1
二	2	2	2	2		2
三	3	3	3		1	3
四		4	4		2	4
五		5	5	3	3	5
六	4	6	6		4	6
七		7	7	4	5	7

（二）墓葬分类

根据墓坑规模、葬具情况及随葬品组合类别、多少，可将 164 座墓分为甲、乙、丙、丁四类。

甲类墓　5座。有 M296、M425、M426、M429、M430。墓坑底长 2.76～3.56、宽 1.66～2.3
米。M425 四角外侈，无墓道，M296 为砖室墓，单棺。其余墓皆有墓道。葬具一椁一棺。随葬品
中有二套陶礼器鼎、盒、壶。

甲类墓规模较大，随葬品较多，且有两套礼器，墓主为士中身份略高者，应在社会上居于领
导地位。

乙类墓　39 座。为 M36、M60、M71、M79、M87、M119、M161、M180、M187、M216、
M222、M229、M235、M257、M261、M262、M265、M275、M276、M312、M316、M322、M323、
M340、M359、M360、M362、M363、M366、M369、M392、M395、M407、M417、M450、M459、
M461、M510、M524。墓坑底长 2.78～3.4、宽 1.2～2.3 米。其中 M71、M79、M229、M235、
M369、M407 带墓道。除 M262、M450 葬具为一棺外，其余皆一椁一棺。随葬品中皆有一套鼎、
盒、壶。其中 M33、M71、M323 有两壶，M257、M461 有两盒。M395 有两盒两壶。这些礼器多与
日用器、模型器构成组合，只有 M450 无日用器、模型器。

乙类墓规格相对较大，葬具多用一椁一棺，随葬品中皆有一套礼器，有的另加一盒或一壶，
M395 则另加一盒和一壶。墓主身份亦当为士，地位略低于甲类墓。

丙类墓　99 座。除甲、乙、丁类墓外，皆属此类墓。46 座为一椁一棺，坑底长 2.4～3.26、
宽 1.2～1.96 米。其中 M33、M59、M258、M372、M381、M382、M412、M422、M428 带墓道。49
座为单棺墓，坑底长 1.4～2.68、宽 0.5～1.82 米。葬具一椁一棺的墓随葬礼器不成套，多数墓随
葬器类和数量较多，少数墓只随葬一两件物品。葬具一棺的墓一般只葬一两件日用陶器，极少墓
葬一两件礼器。M283 葬具为一棺，只出了数块砖，应为后来破坏所致，故归入此类墓。另外，5
座砖室墓中的 M93、M155、M156、M490 归入此类墓。

丙类墓规格较小，近一半墓葬具用一椁一棺，略微多数墓葬具用一棺，少量为砖室。墓主为
一般平民，但他们的社会、经济地位却有所差别。使用一椁一棺，随葬一两件礼器，日用陶器、
模型器略多者，应为该阶层地位略优的平民；使用一椁一棺，随葬品较少者，为本阶层地位一般
的平民；使用单棺、随葬品亦少者，为本阶层地位略低者。

丁类墓　21 座。其中 M55、M85、M102、M184、M387、M389 共 6 座墓未见葬具，墓底长
1.62～2.4、宽 0.44～0.58 米。随葬一两件器物，有的有礼器壶。M67、M95、M96、M202、
M204、M280、M287、M314、M315、M333、M343、M367、M386、M391、M511 共 15 座墓。虽然
部分墓有葬具，但皆无随葬品。

丁类墓或未见葬具，或无随葬品，墓主当为平民中的赤贫者。

（三）分期与年代

本次发掘的西汉墓 164 座，其中 M67、M95、M96、M202、M204、M280、M287、M314、
M315、M333、M343、M367、M386、M391、M511 无随葬品，不能参与分期。M46、M47、M49、
M55、M198、M321、M336、M350、M393 随葬品少且残，不辨型式。这 9 座墓随葬品也不能参与
分期。M231、M251，出土铜盆、带钩、印章，虽未进行随葬品组合排序，却可据其形制推断期
段。M283 仅填土中出 1 件陶豆，但据墓室内用砖的特征也可推测期段。

据此，本次发掘的西汉墓，有 140 座可进行分期。由于这批墓葬的随葬品主要是陶器，其型式的发展变化序列较为清楚，因此，现根据墓葬形制、随葬品中陶器及少量铜器的组合，并参照其他地方西汉墓年代较为清楚的资料，将这批西汉墓划分为七个发展阶段（图一一六）。

第一段　有 M99、M121、M154、M177、M199、M208、M246、M267、M302、M322、M341、M344、M345、M412、M450、M513、M514、M515、M529、M535、M548，共 21 座。随葬陶器有 AaⅠ、AbⅠ鼎，BbⅠ、CaⅠ、CaⅡ盒，AaⅠ、AbⅠ、AcⅠ、BaⅠ壶，AaⅠ、AaⅡ、AbⅠ、BaⅠ罐，BaⅠ、CⅠ釜，AⅠ瓮，BⅠ盆，AⅠ铒，Ⅰ钵，AⅠ、B镶斗，AaⅠ、BⅠ灶，AaⅠ井。铜器有镜（残）、半两钱。无日用陶器与模型器组合。此段无甲类墓，有乙类墓 2 座，其中 M322 为一椁一棺墓，M450 为一棺墓，一椁一棺的丙类墓 11 座，一棺的丙类墓 8 座。

第二段　有 M60、M62、M70、M88、M97、M119、M191、M194、M216、M217、M251、M256、M259、M275、M312、M316、M327、M348、M389、M414、M422、M433、M451、M497、M510、M524，共 26 座。随葬陶器有 AaⅡa、AaⅡb、AbⅡ、AcⅠ、BaⅠ、BbⅠ鼎，AaⅠ、BaⅠ、BbⅡ、BcⅠ、CaⅢ盒，AaⅡ、AbⅡ、AbⅢ、AdⅠ、BaⅡ壶，豆，AaⅢ、AbⅡ、AbⅢ、BaⅡ、CⅠ、DⅠ、DⅡ罐，AaⅠ、BaⅡ、BaⅢ、CⅡ、CⅢ釜，Ⅰ鉴，AⅡ、BⅠ、C瓮，AⅠ盆，Ⅱ钵，AⅡ、AⅢ镶斗，AaⅡ、AcⅠ、BⅡ、CⅠ、DⅠ灶，AaⅠ、AbⅠ、AcⅠ、BaⅠ、BbⅠ、BbⅡ仓，AaⅡ、AbⅠ、AcⅠ、BⅠ、BⅡ井，器座。铜器有Ⅰ铒、镜。仍无日用陶器与模型器组合。此段仍无甲类墓，一椁一棺的乙类墓 8 座，一椁一棺的丙类墓 5 座，一棺的丙类墓 12 座，未见葬具的丁类墓 1 座。

第三段　有 M25、M37、M38、M71、M160、M161、M180、M184、M187、M206、M243、M260、M271、M276、M295、M351、M366、M387、M406、M426、M428、M430、M461、M512 共 24 座。随葬陶器有 AaⅢ、AbⅢ、AcⅡ、BaⅡ、BbⅡ鼎，AaⅡ、AbⅠ、AcⅠ、BaⅡ、BbⅢ盒，AaⅢ、AaⅣ、AbⅣ、AcⅡ、AdⅡ壶，AaⅣ、AaⅤ、AbⅣ、BaⅢ、BbⅠ、BbⅡ、CⅡ、EⅠ、EⅡ罐，AaⅡ、BaⅣ釜，BⅡ瓮，AⅡ盆，Ⅲ钵，AaⅢ、AbⅠ、BⅢ、BⅣ、CⅡ灶，AaⅡ、AcⅡ、BaⅡ、BbⅢ仓，AaⅢ、AaⅣ、AbⅡ、AcⅡ、BⅢ井。铜器有鉴、Ⅱ铒、AⅠ带钩、Ⅰ五铢。铁器有 A、B 削刀。不见陶礼器与陶日用生活器组合，新出现日用器与模型器组合。此段有甲类墓 2 座，一椁一棺的乙类墓 7 座，一椁一棺的丙类墓 6 座，一棺的丙类墓 8 座，未见葬具的丁类墓 1 座。

第四段　有 M57、M87、M114、M120、M141、M205、M227、M231、M235、M238、M258、M261、M262、M294、M307、M313、M323、M360、M381、M383、M392、M405、M417、M425、M523，共 25 座。随葬陶器有 AaⅣ、AbⅣ、AbⅤ、AcⅢ、BbⅢ、BbⅣ、CⅠ鼎，AaⅢ、AbⅡ、AcⅡ、BaⅢ、BbⅣ、BcⅡ盒，AaⅤ、AaⅥ、AbⅤ、AcⅢ、AdⅢ壶，AaⅥ、AaⅦ、AbⅤ、BaⅣ、BbⅢ、CⅢ罐，AaⅢ釜，AⅢ瓮，长颈瓶，AⅢ盆，BⅠ铒，AaⅣ、AbⅡ、AcⅡ、BⅤ、CⅢ灶，AaⅢ、AbⅡ、AcⅢ、AcⅣ仓，AaⅤ、AbⅢ、AcⅢa、AcⅢb、BⅣ、BⅤ井。铜器有Ⅲ铒，印章，AⅡ、AⅢ、BⅠ带钩，Ⅱ五铢。铁器有剪。器物组合方面，单纯陶礼器组合不见，仍不见仿铜礼器与日用器组合。此段有甲类墓 1 座，一椁一棺的乙类墓 8 座，一椁一棺的丙类墓 11 座，一棺的丙类墓 5 座。

第五段　有 M50、M59、M85、M115、M192、M244、M257、M265、M268、M273、M292、M311、

期段		罐					
		Aa	Ab	Ac	Ba	Bb	C
一期	一段	 I式（M302：1）  II式（M267：2）	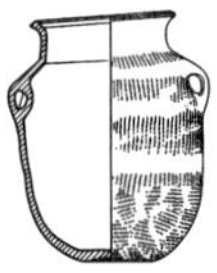 I式（M99：1）		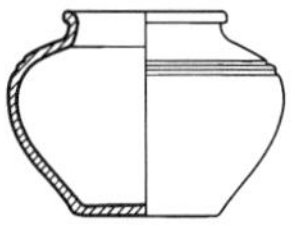 I式（M208：2）		
	二段	 III式（M433：5）	 II式（M216：2）  III式（M62：2）		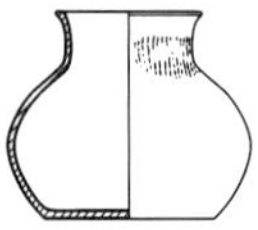 II式（M389：1）		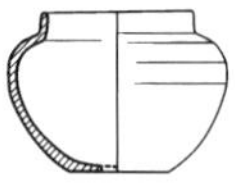 I式（M312：6）
二期	三段	 IV式（M71：5）  V式（M180：7）	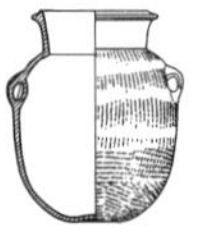 IV式（M461：3）		 III式（M160：2）	 I式（M260：1）  II式（M160：1）	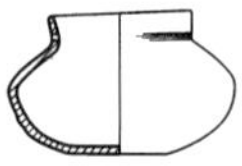 II式（M38：1）
	四段	 VI式（M383：2）  VII式（M87：5）	 V式（M294：3）		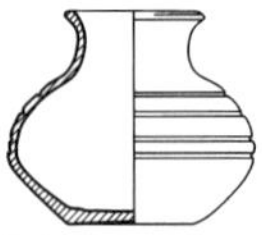 IV式（M261：1）	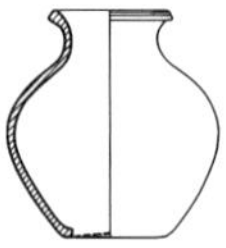 III式（M205：1）	 III式（M235：2）
三期	五段	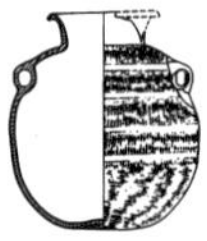 VIII式（M257：1）	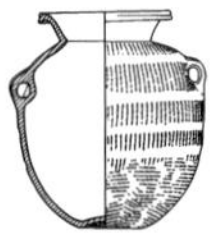 VI式（M59：3）	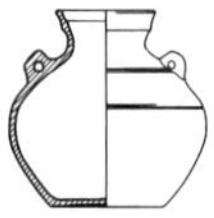 I式（M268：1）	 V式（M265：6）	 IV式（M265：3）	
	六段	 IX式（M407：6）	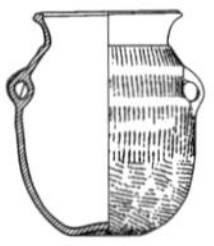 VII式（M363：4）	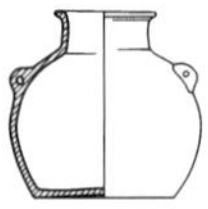 II式（M318：1）			
四期	七段	 X式（M155：3）  XI式（M93：8）	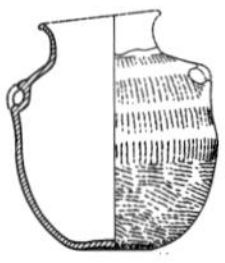 VIII式（M352：1）				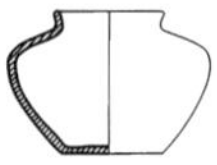 IV式（M93：2） 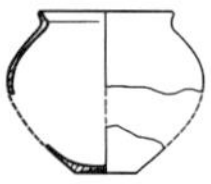 V式（M102：2）

图一一六 A　西汉墓出土

罐		鏊	釜			钵
D	E		Aa	Ba	C	
				I 式 （M246：1）	I 式 （M535：1）	I 式 （M322：10）
I 式（M433：3） II 式（M510：2）		I 式 （M497：2）	I 式（M62：1）	II 式（M194：2） III 式（M327：2）	II 式（M70：1） III 式 （M348：3）	II 式 （M348：1）
	I 式（M25：6） II 式（M428：4）		II 式（M206：1）	IV 式 （M295：2）		III 式 （M187：4）
			III 式（M238：3）			
			IV 式（M59：5）	V 式 （M115：2）		IV 式 （M192：3）
		II 式 （M368：1）				V 式 （M229：6）
	III 式（M490：1）					VI 式 （M296：3）

陶器分期图（一）

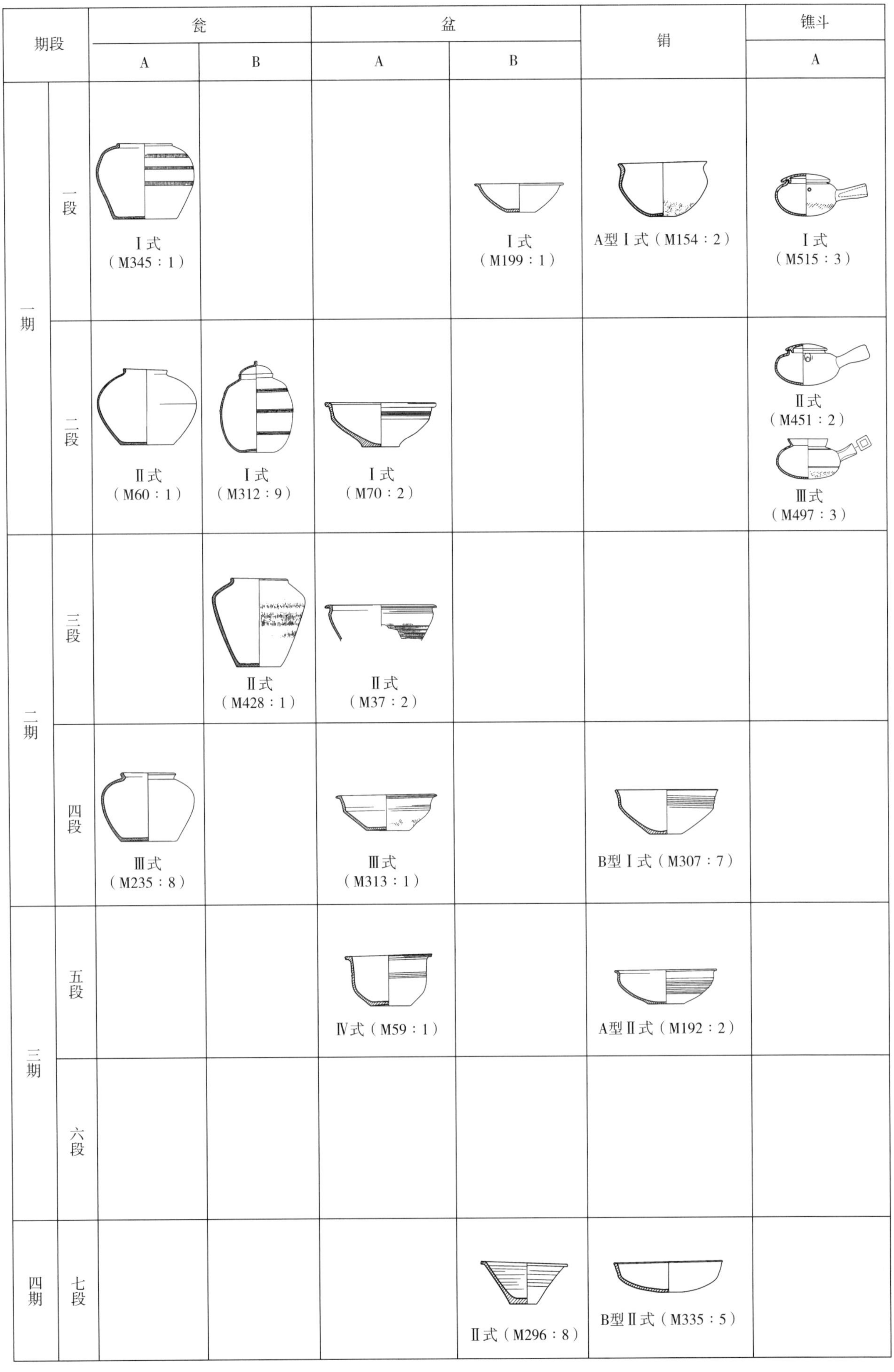

期段		瓮		盆		铜	镦斗
		A	B	A	B		A
一期	一段	I式 （M345：1）			I式 （M199：1）	A型I式（M154：2）	I式 （M515：3）
	二段	II式 （M60：1）	I式 （M312：9）	I式 （M70：2）			II式 （M451：2） III式 （M497：3）
二期	三段	II式 （M428：1）		II式 （M37：2）			
	四段	III式 （M235：8）		III式 （M313：1）		B型I式（M307：7）	
三期	五段			IV式（M59：1）		A型II式（M192：2）	
	六段						
四期	七段			II式（M296：8）		B型II式（M335：5）	

图一一六 B　西汉墓出土陶器分期图（二）

期段		鼎					
		Aa	Ab	Ac	Ba	Bb	C
一期	一段	I式（M450：1）	I式（M515：5）				
	二段	IIa式（M451：6） IIb式（M312：1）	II式（M524：1）	I式（M119：5）	I式（M510：5）	I式（M216：4）	
二期	三段	III式（M187：2）	III式（M25：5）	II式（M430：10）	II式（M260：4）	II式（M428：6）	
	四段	IV式（M141：10）	IV式（M235：5） V式（M120：1）	III式（M360：3）		III式（M261：6） IV式（M523：5）	I式（M381：3）
三期	五段	V式（M265：2）	VI式（M257：9）	IV式（M362：2）	III式（M429：8）		II式（M429：5）
	六段	VI式（M363：2）	VII式（M369：4）	V式（M407：5） VI式（M459：1）	IV式（M229：2） V式（M340：1）		
四期	七段	VII式（M33：6）		VII式（M296：2）			

图一一六C　西汉墓出土陶器分期图（三）

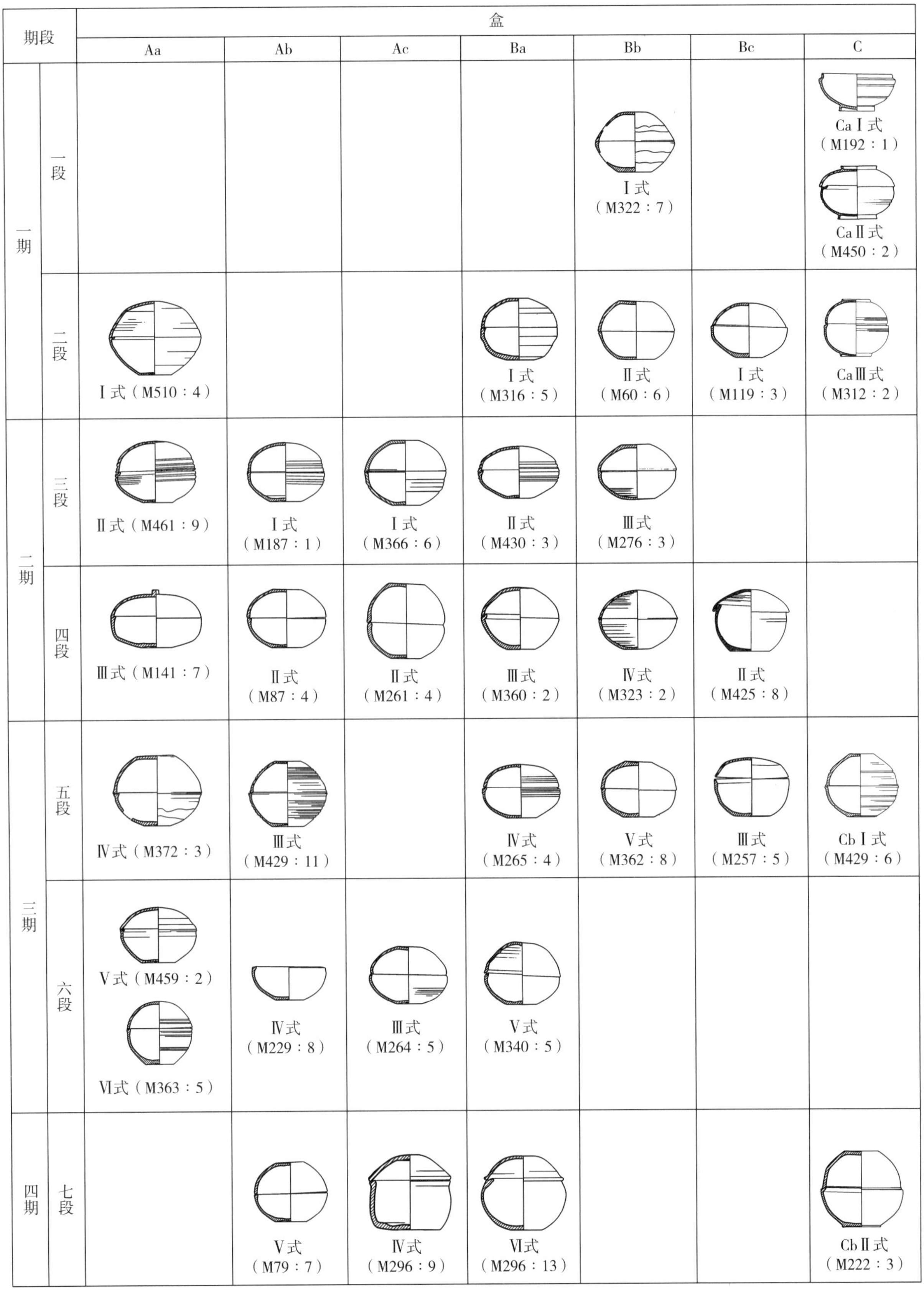

期段		盒						
		Aa	Ab	Ac	Ba	Bb	Bc	C
一期	一段					I式 （M322：7）		Ca I 式 （M192：1） Ca II 式 （M450：2）
	二段	I 式（M510：4）			I式 （M316：5）	II式 （M60：6）	I 式 （M119：3）	Ca III 式 （M312：2）
二期	三段	II 式（M461：9）	I 式 （M187：1）	I 式 （M366：6）	II式 （M430：3）	III式 （M276：3）		
	四段	III 式（M141：7）	II 式 （M87：4）	II 式 （M261：4）	III式 （M360：2）	IV式 （M323：2）	II 式 （M425：8）	
三期	五段	IV式（M372：3）	III式 （M429：11）		IV式 （M265：4）	V式 （M362：8）	III式 （M257：5）	Cb I 式 （M429：6）
	六段	V式（M459：2） VI式（M363：5）	IV式 （M229：8）	III式 （M264：5）	V式 （M340：5）			
四期	七段		V式 （M79：7）	IV式 （M296：9）	VI式 （M296：13）			Cb II 式 （M222：3）

图一一六 D 西汉墓出土陶器分期图（四）

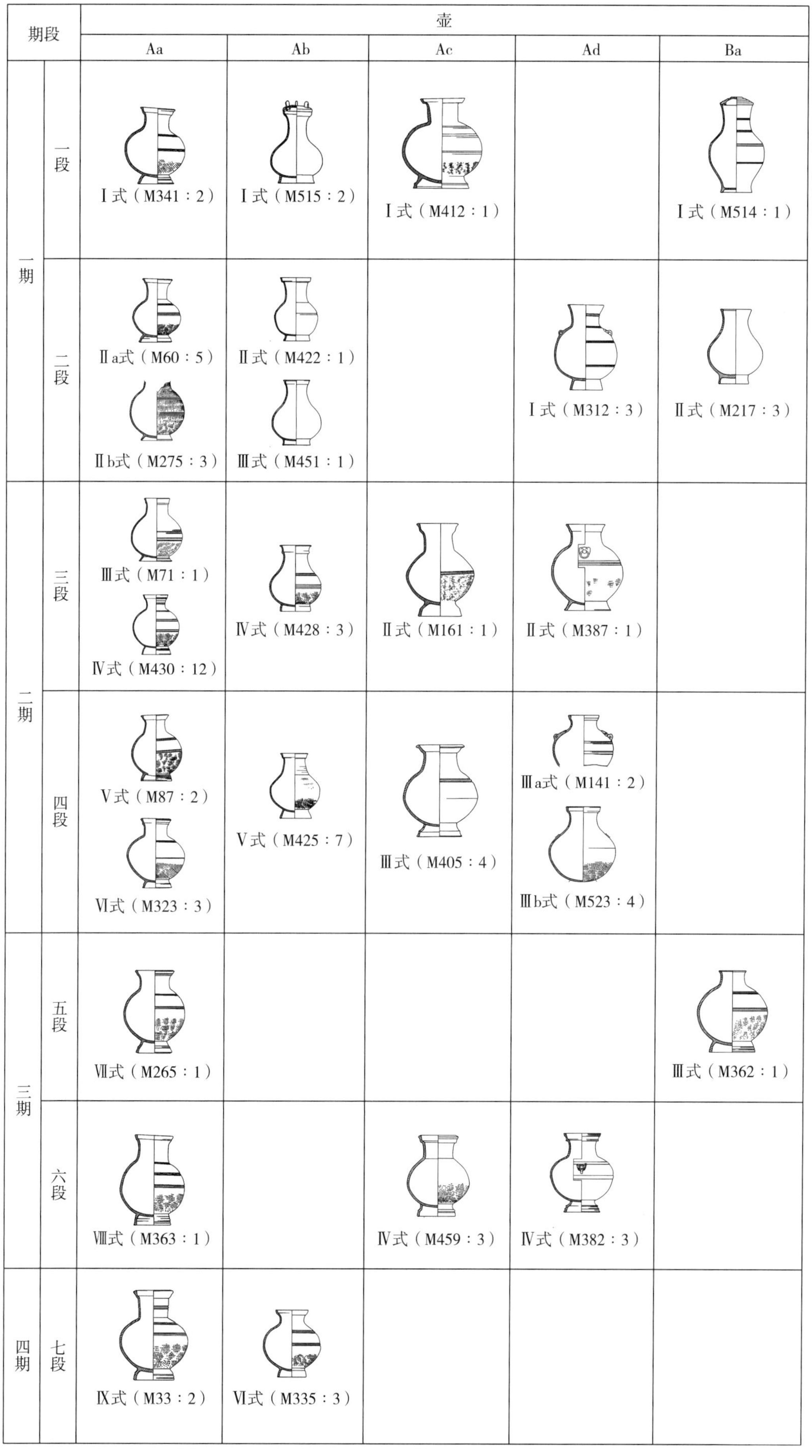

期段		壶				
		Aa	Ab	Ac	Ad	Ba
一期	一段	I式（M341：2）	I式（M515：2）	I式（M412：1）		I式（M514：1）
一期	二段	IIa式（M60：5） IIb式（M275：3）	II式（M422：1） III式（M451：1）		I式（M312：3）	II式（M217：3）
二期	三段	III式（M71：1） IV式（M430：12）	IV式（M428：3）	II式（M161：1）	II式（M387：1）	
二期	四段	V式（M87：2） VI式（M323：3）	V式（M425：7）	III式（M405：4）	IIIa式（M141：2） IIIb式（M523：4）	
三期	五段	VII式（M265：1）				III式（M362：1）
三期	六段	VIII式（M363：1）		IV式（M459：3）	IV式（M382：3）	
四期	七段	IX式（M33：2）	VI式（M335：3）			

图一一六 E　西汉墓出土陶器分期图（五）

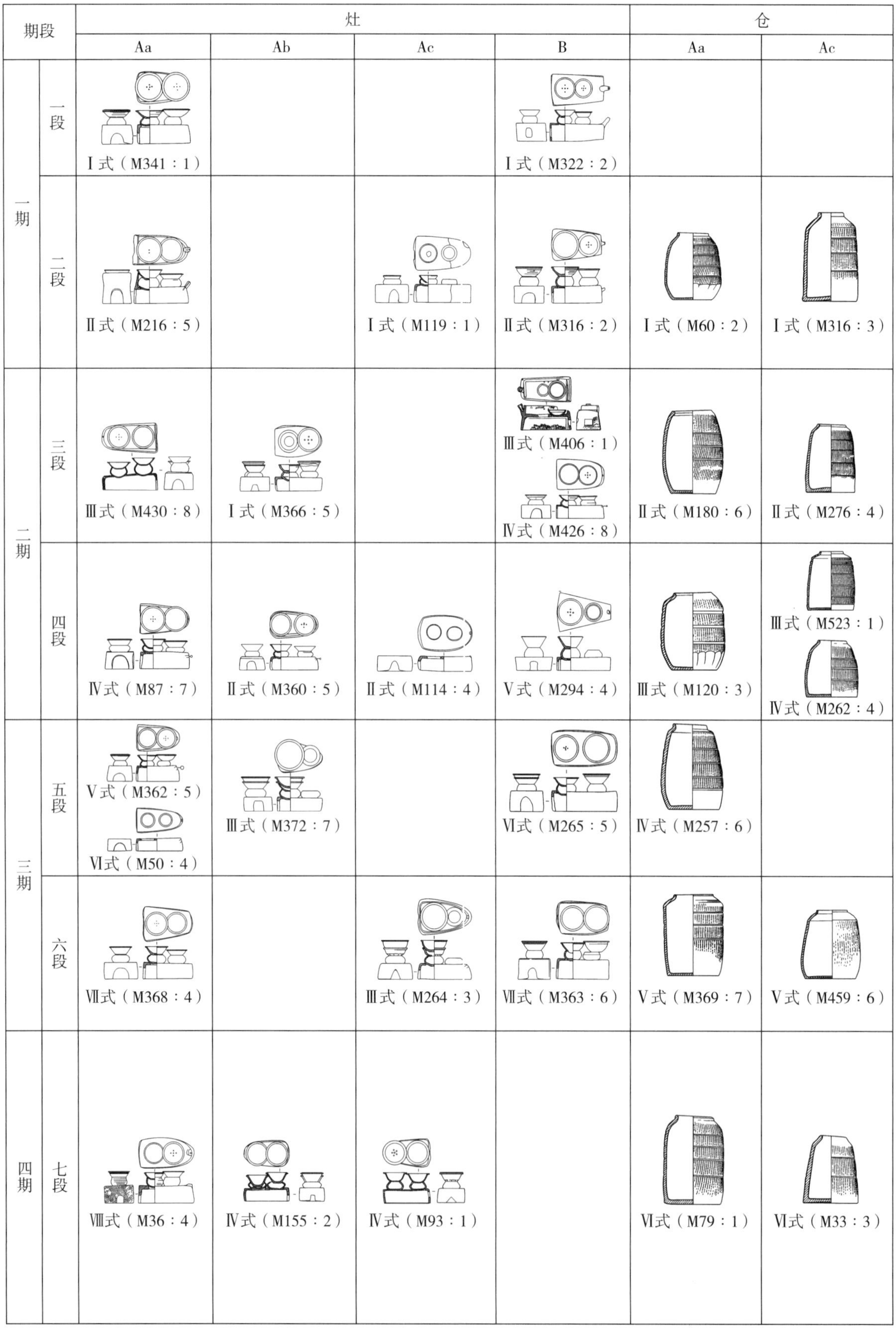

期段		灶				仓	
		Aa	Ab	Ac	B	Aa	Ac
一期	一段	Ⅰ式（M341：1）			Ⅰ式（M322：2）		
	二段	Ⅱ式（M216：5）		Ⅰ式（M119：1）	Ⅱ式（M316：2）	Ⅰ式（M60：2）	Ⅰ式（M316：3）
二期	三段	Ⅲ式（M430：8）	Ⅰ式（M366：5）		Ⅲ式（M406：1） Ⅳ式（M426：8）	Ⅱ式（M180：6）	Ⅱ式（M276：4）
	四段	Ⅳ式（M87：7）	Ⅱ式（M360：5）	Ⅱ式（M114：4）	Ⅴ式（M294：4）	Ⅲ式（M120：3）	Ⅲ式（M523：1） Ⅳ式（M262：4）
三期	五段	Ⅴ式（M362：5） Ⅵ式（M50：4）	Ⅲ式（M372：7）		Ⅵ式（M265：5）	Ⅳ式（M257：6）	
	六段	Ⅶ式（M368：4）		Ⅲ式（M264：3）	Ⅶ式（M363：6）	Ⅴ式（M369：7）	Ⅴ式（M459：6）
四期	七段	Ⅷ式（M36：4）	Ⅳ式（M155：2）	Ⅳ式（M93：1）		Ⅵ式（M79：1）	Ⅵ式（M33：3）

图一一六 F　西汉墓出土

仓		井			
Ba	Bb	Aa	Ab	Ac	B
		I式（M322：1）			
I式（M433：6）	I式（M312：8） II式（M422：2）	II式（M510：3）	I式（M275：5）	I式（M119：4）	I式（M216：3） II式（M524：6）
II式（M430：7）	III式（M428：5）	III式（M428：7） IV式（M187：3）	II式（M276：6）	II式（M180：5）	III式（M430：9）
		V式（M523：2）	III式（M120：4）	IIIa式（M360：4） IIIb式（M235：4）	IV式（M261：3） V式（M114：3）
III式（M395：7）		VI式（M395：9）	IV式（M372：6）		VI式（M257：4）
IV式（M264：6）		VII式（M340：8）	V式（M229：1）		VII式（M407：1） VIII式（M459：5）
V式（M93：10） VI式（M296：7）		VIII式（M296：6） IX式（M33：7） X式（M93：9）	VI式（M93：7）	IV式（M33：4）	

陶器分期图（六）

M342、M359、M362、M372、M395、M429，共 18 座。随葬陶器有 Aa Ⅴ、Ab Ⅵ、Ac Ⅳ、Ba Ⅲ、C Ⅱ鼎，Aa Ⅳ、Ab Ⅲ、Ba Ⅳ、Bb Ⅴ、Bc Ⅲ、Cb Ⅰ盒，Aa Ⅶ、Ba Ⅲ壶，Aa Ⅷ、Ab Ⅵ、Ac Ⅰ、Ad、Ba Ⅴ、Bb Ⅳ罐，Aa Ⅳ、Ba Ⅴ釜，A Ⅱ铞、盏、Ⅳ钵，Aa Ⅴ、Aa Ⅵ、Ab Ⅲ、B Ⅵ灶，Aa Ⅳ、Ab Ⅲ、Ba Ⅲ仓，Aa Ⅵ、Ab Ⅳ、B Ⅵ井，铜器有盖弓帽、Ⅲ五铢钱。锡器有耳杯。器物组合除无单纯陶礼器组合外，其他组合皆有。此段有甲类墓 1 座，一椁一棺的乙类墓 5 座，一椁一棺的丙类墓 3 座，一棺的丙类墓 9 座。

第六段　有 M23、M229、M263、M264、M318、M340、M363、M368、M369、M382、M407、M459、M479，共 13 座墓。随葬陶器有 Aa Ⅵ、Ab Ⅶ、Ac Ⅴ、Ac Ⅵ、Ba Ⅳ、Ba Ⅴ鼎，Aa Ⅴ、Aa Ⅵ、Ab Ⅳ、Ac Ⅲ、Ba Ⅴ盒，Aa Ⅷ、Ac Ⅳ、Ad Ⅳ、Bb 壶，Aa Ⅸ、Ab Ⅶ、Ac Ⅱ、F 罐，Ab 釜，A Ⅳ盆，Ⅱ鋬，Ⅴ钵，Aa Ⅶ、Ac Ⅲ、B Ⅶ灶，Aa Ⅴ、Ac Ⅴ、Ba Ⅳ仓，Aa Ⅶ、Ab Ⅴ、B Ⅶ、B Ⅷ井。铜器有刷柄、盖弓帽、B Ⅱ带钩、Ⅳ五铢。铁器有 A、B 削刀。锡器有耳环。单纯陶礼器组合又见，陶礼器与日用器组合不见，其他组合皆有。此段无甲类墓，一椁一棺的乙类墓 7 座，一椁一棺的丙类墓 4 座，一棺的丙类墓 3 座。

第七段　有 M33、M36、M79、M93、M102、M155、M156、M222、M283、M296、M335、M352、M490，共 13 座。随葬陶器有 Aa Ⅶ、Ac Ⅶ、D 鼎，Ab Ⅴ、Ac Ⅳ、Ba Ⅵ、Cb Ⅱ盒，Aa Ⅸ、Ab Ⅵ壶，Aa Ⅹ、Aa Ⅺ、Ab Ⅷ、C Ⅳ、C Ⅴ、E Ⅲ罐，Bb 釜，B Ⅱ盆，B Ⅱ铞，Ⅵ钵，Aa Ⅷ、Ab Ⅳ、Ac Ⅳ、D Ⅱ灶，Aa Ⅵ、Ac Ⅵ、Ba Ⅴ、Ba Ⅵ仓，Aa Ⅷ、Aa Ⅸ、Aa Ⅹ、Ab Ⅵ、Ac Ⅳ井，磨，猪圈。铜器有 Ⅴ五铢、货泉、大泉五十、小泉直一钱。器类组合除无单纯陶礼器组合外，其他组合皆有。此段出现砖室墓，其中 M296（砖室）为甲类墓。M33、M36、M79 为一椁一棺乙类墓。M93、M155、M156、M490 为砖室，定为丙类墓，M222、M335、M352 为丙类墓，M283 应非空墓，定为丙类墓。M102 未见葬具，定为丁类墓。

这批西汉墓出半两、五铢、货泉、大泉五十、小泉直一铜钱的墓可帮断代外，未出可资断代的纪年随葬品的墓，只能根据器类的型式组合、墓葬形制特征的发展变化，并参照其他地区同时段的同类器，推测其相对年代，将其分为四期七段。

第一期一段器类组合有两大特征，一是保留了传统的单纯陶礼器组合，二是未使用模型明器。陶礼器率先与模型器构成组合，而日用陶器尚未与模型器构成组合。器类的 Bb 型盒、Aa Ⅱ罐、Ab 型罐、Ba 型釜、C 型釜明显承了秦代某些因素。新出现的器类主要是模型器灶、井，传统陶礼器鼎、盒、壶组合较前期齐全。以上情形显现鲜明的时代特征。模型器在某些陶礼器墓中率先使用，反映出墓主的社会、经济地位较高。至于可辨期段的单纯陶礼器组合的 6 座墓中，本段即有 4 座。也有 1 座陶礼器与日用陶器组合的墓，反映其时传统势力仍然存在，但随葬品普遍较少，表明其经济地位和社会地位在开始下降。在器类形态上，M515：5 Ab Ⅰ鼎腹较浅，近于老河口市九里山汉墓 M56：10 A Ⅱ鼎[①]，M450：2 Ca Ⅰ盒同于老河口九里山汉墓 M56：11 A Ⅰ盒，M341：2 Aa Ⅰ壶

---

① 襄樊市文物考古研究所、武安铁路复线九里山考古队：《老河口九里山秦汉墓》，文物出版社，2009 年。以下老河口九里山秦汉墓资料均出自此书，不再一一注明。

近于襄阳王坡西汉墓 M109：10 CⅠ壶[①]，M515：2、M529：2 之 AbⅠ壶近于老河口市九里山汉墓 M54：6 BⅠ壶。M344：1 AaⅡ罐同于老河口九里山汉墓 M132：3 AaⅠ罐，M535：1 CⅠ釜同于老河口市九里山汉墓 M124：13 AaⅠ釜。M412：1 AcⅠ壶，造型浑厚，腹圆鼓与本段 AbⅠ壶的风格一致，与后之本式壶变化轨迹明显，定为此段当无问题。墓葬类型较秦代的显著变化是出现了使用一套陶礼器的乙类墓，较多墓使用一椁一棺，反映出新王朝建立，人们的思想发生了巨大变化。墓葬数量比秦代有所增加，表明其时大规模的战争已经结束。综上，本期本段为西汉早期早段，年代为高祖元年（公元前 206 年）至文帝前元四年（公元前 176 年）。

第一期二段单纯的陶礼器组合的墓降至 1 座，陶礼器与日用器组合的墓由前段 1 座增至 3 座。日用陶器仍未与模型器构成组合，模型器灶、仓、井与陶礼器的组合与陶礼器、日用陶器组合增多。与其他地方同时代的器类相比，M451：6 AaⅡa 鼎略同于襄阳王坡西汉墓 M48：8 AⅠ鼎，M312：1 AaⅡb 鼎近于老河口市九里山汉墓 M124：3 AⅡ鼎，M312：2 CaⅢ盒同于老河口市九里山汉墓 M128：5 AⅢ盒，M216：8 AbⅢ壶接近老河口市九里山汉墓 M111：6 BⅡ壶，M259：2 AaⅢ罐同于老河口市九里山汉墓 M154：4AaⅡ罐；M60：1AⅡ瓮近于老河口市九里山汉墓 M1139：7BⅢ瓮，亦近于西安龙首原汉墓西北医疗设备厂 M42：6 罐。M497：5 瓮为双口，西安北郊郑王村西汉墓 M89：1 F 型罐，也为双口，虽腹较浅高，平底较小，但双口作法相同[②]。M497：2 Ⅰ鍪近于老河口市九里山汉墓 M32：2 AⅡ鍪。M70：2 AⅠ盆同于西安龙首原汉墓西北区医疗设备厂 M14：3 陶盆[③]。本段鼎较前段的主要变化是腹显深，足略高。盒腹也略高。Aa 型壶的主要变化是颈略长，腹略矮。Ab 型罐的变化是腹略粗。模型器增多，灶体皆朴素规范，灶上附件皆不大于灶面。新出现仓，但仓的形制略多样，有的饰绳纹。有的井也饰有绳纹，较前段讲究装饰。随葬的陶器，无论数量，还是质量，本段随葬品都有所发展，大多数器类的承续关系甚为明显。本段仍无使用二套陶礼器甲类墓，但使用一套陶礼器的乙类墓增多。表明了本段社会稳定，经济得到了较大发展。综上，本期本段为西汉早期晚段，年代为文帝前元五年（公元前 175 年）至武帝元狩四年（公元前 119 年）。

第二期三段单纯的陶礼器组合、陶礼器与日用陶器、模型器组合，单纯日用陶器组合仍存在，陶礼器组合与日用陶器组合不见。新出现日用陶器与模型器组合，表明尤其是象征财富的模型器更为人们重视，同时也说明社会经济有所发展，人们的经济实力有所增强。在器类形态上，M461：9AaⅡ盒近于老河口市九里山汉墓 M189：2 CⅠ盒，也近于西安白鹿原国棉五厂 M84：15 A 型盒[④]，M430：6 BaⅡ盒接近于襄阳王坡西汉墓 M167：3 BⅢ盒，M461：5 AaⅣ壶同于老河口九里山汉墓 M132：5 BⅣ壶。M428：3 AbⅣ壶与襄阳王坡西汉墓 M33：1 AⅡ壶相似，M387：1 AdⅡ壶近于老河口市九里山汉墓 M192：5 CⅠ壶，M71：5 AaⅣ罐近于老河口市九里山汉墓 M88：5 AaⅢ

① 湖北省文物考古研究所、襄樊市考古队、襄阳区文物管理处：《襄阳王坡东周秦汉墓》，科学出版社，2005 年。以下襄阳王坡东周秦汉墓资料均出自此书，不再一一注明。

② 陕西省考古研究院：《西安北郊郑王村西汉墓》，三秦出版社，2008 年。

③ 陕西省西安市文物保护考古所：《西安龙首原汉墓》，西北大学出版社，1999 年。

④ 陕西省考古研究院：《白鹿原汉墓》，三秦出版社，2003 年。

罐，也近于河南南阳一中 M436：2 AaⅡ罐①。M160：2 BaⅢ罐近于襄阳王坡西汉墓 M85：2 BⅡ罐。M428：1 BⅡ瓮近于南阳一中 M431：1 BaⅡ瓮。鼎的显著变化是腹变浅，足变高。此时段鼎普遍有此特征。襄阳王坡 M33：4 AⅣ鼎亦有此特征。灶、仓的制作较为工整，个别拍印绳纹，个别井戳印圆珠纹，追求美观。灶、仓在各时段随葬品中数量最多。此段开始出现五珠钱。一椁一棺带墓道的甲类墓 2 座，表明人们对死后身份地位的追求更加强烈，政治秩序更加稳定，经济实力也在增强。综上，本期本段为西汉中期早段，年代为武帝元狩五年（公元前 118 年）铸行五铢钱至武帝后元元年（公元前 87 年）。

第二期四段器物组合的主要变化是单纯陶礼器组合消失，表明这一组合使用者的观念发生了变化。陶礼器与日用陶器的组合仍未见，其他组合未变。器类形态上 M261：4 AcⅡ盒同于老河口市九里山汉墓 M101：3 CⅡ盒，M120：5 AaⅤ壶近于老河口市九里山汉墓 M103：5 BⅣ壶，M294：3AbⅤ罐近于老河口市九里山汉墓 M88：5 AaⅢ罐，M523：4 AdⅢ壶近于湖北当阳岱家山汉墓M19：8BⅠ壶②，M205：1BbⅢ罐近于陕西西安北郊郑王村西汉墓 M172：3 DⅢ罐③，M383：1 AaⅢ釜近于老河口市九里山汉墓 M24：3 AaⅢ釜，M258：1 AbⅡ灶近于老河口市九里山汉墓 M12：1 AⅠ灶。鼎的特征是仍为浅腹，但腹较前段略深，足较高。唯 M235：5 AbⅣ鼎足较矮，变化与众不同。M381：3 CⅠ鼎与襄阳王坡西汉墓 M33：4 AⅣ鼎的浅腹、平底特征相同，所不同的是本器为折腹。鼎在该时段的另一重要特征是足膝部模印之人面甚为清晰，M425：8 Bc 盒身大盖小，造型别具风格。Ab 罐身变粗、变矮，显得浑重。模型器仓多饰绳纹，灶、井多制作朴素，不尚装饰，随葬五铢钱较多。值得注意的是，M392 出土Ⅰ式五铢、BⅣ灶、BⅢ井，应属前段，但鼎、盒、壶、仓皆属于本段，因此，可以认为该墓的年代为本段之中较早者。本段随葬品的总量较多，仅次于前段，反映了这一时段社会经济的良好态势。主要特征是墓类增多，仍有 1 座使用二套陶礼器的甲类墓，使用一椁一棺的乙类墓增多，反映出社会财富积累仍在增加，显示了社会的稳定与发展。综上，本期本段为西汉中期晚段，年代属昭帝始元元年（公元前 86 年）至宣帝黄龙元年（公元前 49 年）。

第三期五段器类组合的特点是陶礼器与日用陶器、模型器组合，陶礼器与模型器组合，日用陶器与模型器组合，单纯日用器组合延续前段。主要变化是重新出现陶礼器与日用陶器组合，器类形态显示，M429：5 CⅡ鼎腹较前段略深，近于襄阳王坡西汉墓 M162：11 D 型鼎，M429：11 AbⅢ盒近于老河口市九里山汉墓 M171：17 BⅦ盒，M265：1 AaⅦ壶近于老河口市九里山汉墓 M71：7 AⅦ壶，M257：1AaⅧ罐同于河南南阳一中战国秦汉墓 M135：1 AaⅢ罐，M268：1 AcⅡ罐近于襄阳王坡西汉墓 M162：1 CⅡ罐，M265：3 BbⅣ罐近于南阳一中战国秦汉墓 M310：2 AⅠ罐，M59：1 AⅣ盆近于西安北郊郑王村西汉墓 M190：8 BⅡ盆④，M429：9 AaⅤ灶同于襄阳王坡

① 南阳市文物考古研究所：《南阳一中战国秦汉墓》，文物出版社，2006 年。以下南阳一中战国秦汉墓资料均出自此书，不再一一注明。

② 湖北省宜昌博物馆：《当阳岱家山楚汉墓》，科学出版社，2006 年。

③ 陕西省考古研究院：《西安北郊郑王村西汉墓》，三秦出版社，2008 年。

④ 陕西省考古研究院：《西安北郊郑王村西汉墓》，三秦出版社，2008 年。

M162∶3 Ⅴ灶，M59∶2 AaⅣ仓近于老河口市九里山汉墓 M86∶1 AaⅢ仓，M311∶3 AbⅣ井略同于襄阳王坡西汉墓 M162∶7 井。这一阶段器物制作的总体风格只有延续性变化，无突破性进展。随葬品数量较前段明显减少。墓葬类型方面，一椁一棺的甲类墓与前段相等，但一椁一棺的乙、丙类墓比前段大为减少。综上，本期段为西汉晚期早段，年代为元帝初元元年（公元前 48 年）至成帝绥和二年（公元前 7 年）。

第三期六段器类组合的变化是单纯陶礼器组合又见，形态变化甚大。陶礼器与日用器组合又无。从器类形态上观察对比，M363∶2 AaⅥ鼎同于襄阳黄家村西汉墓 M114∶6 BⅡ鼎①，M369∶4 AbⅦ鼎近于老河口市九里山汉墓 M93∶6 CⅢ鼎，M340∶1 Ba 鼎近于老河口市九里山汉墓 M99∶1 AⅦ鼎。M365∶5 AaⅥ盒与老河口市九里山汉墓 M185∶2 CⅢ盒相似，M340∶5 BaⅤ盒近于襄阳王坡 M162∶9 BⅤ盒。M340∶3 AⅨ罐近于老河口九里山汉墓 M159∶2 AaⅣ罐，亦近于河南南阳一中战国秦汉墓 M396∶5 AaⅣ罐，M318∶2 AcⅡ罐较之襄阳王坡西汉墓 M162∶1 CⅡ罐，颈略直，耳略下，依其变化规律，年代应略晚，正属于此段，M368∶1 Ⅱ鍪近于老河口市九里山汉墓 M195∶1 AⅤ鍪。M363∶7 BⅦ井近于河南南阳一中战国秦汉墓 M6∶2 AaⅠ井。本段器类形态的变化是出现了熊形鼎足，有的鼎足膝部作人面。M368 随葬筒瓦，表明当时人对砖墙瓦面房屋的看重。随葬品数量明显较前段减少。墓葬类型方面，无甲类墓，一椁一棺的乙、丙类墓比前段略增，反映出了社会经济的缓慢发展。综上，本期段为西汉晚期晚段，年代为哀帝建平元年（公元前 6 年）至孺子婴居摄三年（公元 8 年）。

第四期七段器类组合除无单纯陶礼器组合外，其他组合皆有。器物形态上，M222∶1 AaⅦ鼎接近于老河口市九里山汉墓 M46∶3 BⅢ鼎。M296∶13 BaⅥ盒较之襄阳王坡 M162∶9 BⅤ盒，腹加高，盖变矮，时间当略晚，正属此段。M335∶3 AbⅥ壶腹造型略同于襄阳王坡西汉墓 M162∶6 CⅡ壶，但颈较短，时间当略晚，正属于此段。M155∶3 AaⅩ罐近于襄阳王坡西汉墓 M161∶4 AⅤ罐，M79∶5 AaⅪ罐略同于河南南阳一中战国秦汉墓 M12∶1 AbⅠ罐，M352∶1 AbⅧ罐近于老河口市九里山汉墓 M171∶9 AaⅤ罐，M93∶2 CⅣ罐近于西安北郊郑王村 M7∶2 DbⅢ罐②，M490∶1 EⅢ罐较之老河口九里山汉墓 M115∶7 Bb 罐，肩腹最大径略下移，时段当略晚，正属此段。M33∶5 AbⅣ灶近于襄阳王坡西汉墓 M161∶3 Ⅴ灶。本段随葬品总量较前段减，反映出这一时期社会经济状况处于衰落阶段。随葬品的变化甚为明显，此段突出的特点，一是开始使用磨、圈模型器，二是熊形鼎足使用较多，形成鲜明的文化特征。"大泉五十"等铜钱开始出现，"小泉直一"钱径较小。显现贫富差别的现象多见。墓葬的最大变化是出现砖室墓，并有 1 座随葬二套陶礼器的砖构甲类墓。综上，本期段为新莽时期，年代为新莽始建国元年（公元 9 年）至东汉建国前（公元 24 年）。

第五节 东汉墓葬

一 墓葬分布

东汉墓葬共 37 座，有随葬品 33 座，无随葬品 4 座。分布在Ⅰ区有 10 座（图一一七），分别

---

① 襄阳市文物考古研究所：《襄阳黄家村》，科学出版社，2013 年。

② 襄阳市文物考古研究所：《襄阳黄家村》，科学出版社，2013 年。

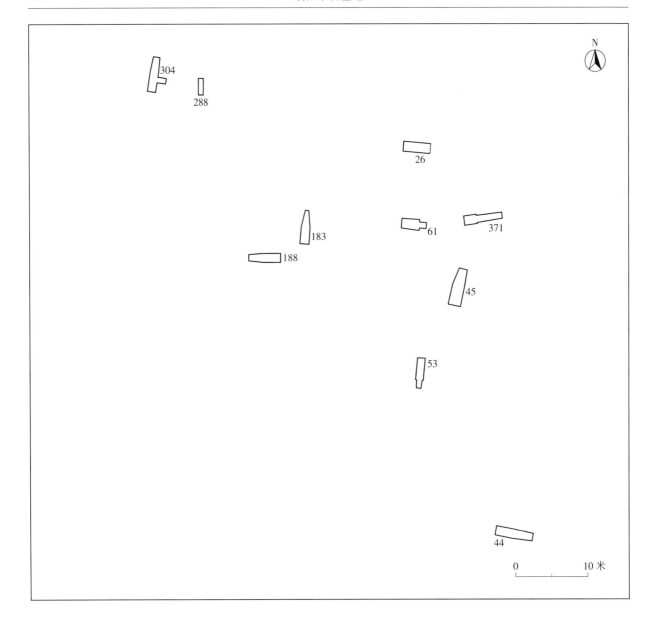

图一一七　Ⅰ区东汉墓分布图

为 M26、M44、M45、M53、M61、M183、M188、M288、M304、M371。分布在Ⅱ区的仅 M12；分布在Ⅲ区有 26 座（图一一八），分别是 M24、M78、M125、M149、M157、M159、M175、M212、M230、M401 ~ M404、M408、M413、M416、M431、M432、M440、M442、M445、M456、M458、M534、M537、M541（附表四）。

二　墓葬形制

（一）墓葬结构

皆为土坑竖穴砖室墓。先开挖土坑，后构筑砖室。土坑一般设有墓道。砖室皆铺底，起券、

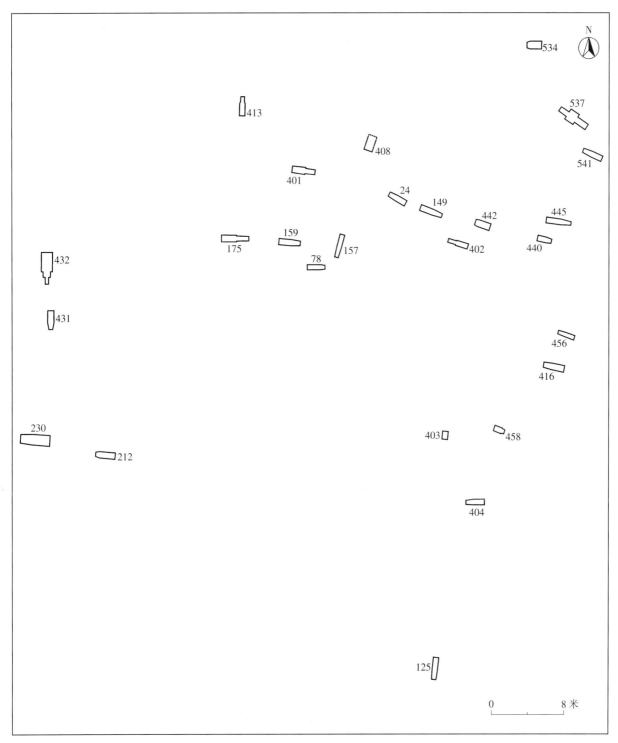

图一一八　Ⅲ区东汉墓分布图

封门。

1. 带甬道墓

4 座。编号为 M12、M230、M432、M537。砖室墓内空长 2.86、宽 1.2～3.5 米，面积6.81～12.9 平方米。据其多室、单室的不同，分两型。

A 型　2 座。双室或三室。M432 砖墓平面呈"凸"字形，由甬道、前室、双后室组成。前室呈横长方形，双后室并列，一宽一窄，呈长方形。窄后室铺底砖多残缺，顶缺失，余尚存，封门墙双行错缝平砌。M537 砖墓平面呈"中"字形，由甬道、前室、后室组成。甬道较短，前室呈横长方形，后室呈长方形，顶缺失。封门墙单行错缝平砌（彩版一一七，1）。

B 型　2 座。单室。M12 砖墓平面呈"凸"字形，由甬道、墓室组成。甬道残，未见铺底砖，封门墙尚存。墓室壁呈弧形。顶不存，当为穹隆顶。封门墙单行错缝平砌（彩版一一七，2）。M230 砖墓平面呈"凸"字形。由甬道、墓室组成。铺底砖多残失，四壁方正，墓室顶不存，甬道为券顶。

2. 无甬道墓

32 座。为 M24、M26、M44、M45、M53、M61、M78、M125、M149、M157、M159、M175、M183、M188、M212、M288、M304、M371、M401 ~ M404、M408、M413、M416、M431、M442、M445、M456、M458、M534、M541。砖构墓室内空长 2.4 ~ 2.86、宽 0.8 ~ 1.68 米，面积 2.11 ~ 4.62 平方米。据其墓室结构，分两型。

A 型　31 座。单室。平面呈长方形。有的顶已残失，所见者皆为券顶。少数铺底砖，封门墙已残（彩版一一七，3、4；彩版一一八）。

B 型　1 座。M304。于墓室右侧偏前部设一横向耳室。耳室进深较浅，面积较小。该墓铺底砖，墙壁残甚，顶不存。封门墙单行错缝平砌。

3. 单室小墓

1 座。M440。单室，平面呈长方形，规模甚小。砖室内空长 1.42、宽 0.68 米，面积约 0.97 平方米。中间纵向对缝平铺底，两端横向平铺底。顶不存。封门墙单行错缝平砌。

（二）墓室用砖

皆为泥质灰陶，俗称青砖。分四型。

A 型　窄条砖。砖宽略相当于砖长的三分之一，厚度多在 6.5 ~ 10 厘米。

B 型　宽条砖。砖宽略相当于砖长的二分之一，厚度多在 4.5 ~ 6 厘米。

C 型　略呈方形。砖宽略窄于砖长，厚度多在 4 ~ 6 厘米。

D 型　楔形砖。砖一侧厚，一侧薄。厚薄相差多在 1 ~ 2 厘米，个别相差 4 厘米。砖正面饰绳纹，单侧面饰菱形、三角形等几何纹，背面、另一侧面、端面无纹饰。也有许多砖为素面。

A、B 型砖用于砌壁、铺底、封门。C 型砖用于铺地。楔形砖用于起券。据现场发掘记录及收集实物，将各墓用砖的体量、花纹列表如下（表一九；彩版一一九）。

表一九　东汉墓砖登记表

（单位：厘米）

墓号	砌墙砖		铺地砖		起券砖		封门砖	
	长×宽×厚	纹饰	长×宽×厚	纹饰	长×宽×厚	纹饰	长×宽×厚	纹饰
M12	34×16×5	正面绳纹	34×16×5	正面绳纹	残失			
M24	34×11×7	素面	18×14×5	素面	残失			

墓号	砌墙砖		铺地砖		起券砖		封门砖	
	长×宽×厚	纹饰	长×宽×厚	纹饰	长×宽×厚	纹饰	长×宽×厚	纹饰
M26	35×12×7.5	正面绳纹，单侧面几何纹	36×20×4	素面	残失			
M44	34.5×12×9	单侧面几何纹	34×20×5	素面	34×12×（7~8）	单侧面几何纹		
M45	35×12×10	单侧面几何纹	34×20×6	素面	35×12×（8~10）	单侧面几何纹		
M53	35×12×7	单侧面几何纹	35×12×7	单侧面几何纹	残失			
M61	33×11×8	单侧面几何纹	34×18×4.5	素面				
M78	36×10×7	单侧面几何纹	26×22×5	素面				
M125	32×10×6	素面	26×22×5	素面	34×10×（5.5~6.5）	素面		
M149	34×11×8	单侧面几何纹	33×17×8	素面	34×11×（7~9）	素面		
M157	34×（11~12）×（6~7）	素面	34×12×6	素面	34×10.5×（6~7）	单面绳纹		
M159	34×10×7	单侧面几何纹	26×22×5	素面	残失			
M175	34×10×6	单侧面几何纹	26×22×5	素面	34×10×（5~6）	单侧面几何纹		
M183	34×11×6	单侧面几何纹	34×11×6	单侧面几何纹	残失			
M188	36×14×10	单侧面几何纹	33×20×6	素面	残失			
M212	32×16×5	正面绳纹，单侧面几何纹	32×16×4.5	正面绳纹，单侧面几何纹	残失			
M230	35×16×5	正面绳纹，单侧面几何纹	35×16×5	正面绳纹，单侧面几何纹	35×16×（3.5~5）	正面绳纹，单侧面几何纹	35×16×5	正面绳纹，单侧面几何纹

墓号	砌墙砖		铺地砖		起券砖		封门砖	
	长×宽×厚	纹饰	长×宽×厚	纹饰	长×宽×厚	纹饰	长×宽×厚	纹饰
M288	34.5×11×7、34×10.5×7、36×11.5×9.5	部分正面绳纹，单侧面几何纹	26.6×21.5×5	素面	残失			
M304	34×11×6	素面	27×22×4.5	素面	残失			
M371	35×11×8.5	正面绳纹，单侧面几何纹	36×36×4	素面	34×18×(5.5~6.5)	正面绳纹，单侧面几何纹		
M401	34×12×9	单侧面几何纹	34×12×9	单侧面几何纹	34×12×(7~9)	单侧面几何纹	34×12×9、32×12×7	单侧面几何纹
M402	33×10×7	素面	26×22×5	素面	33×10×(6~7)	单侧面几何纹		
M403	33×12.5×9.5	单侧面几何纹	35×19×5	素面	残失			
M404	33×12×7	单侧面几何纹	32×18×5	单侧面几何纹	33×12×(7~8)	单侧面几何纹		
M408	34×13×10	单侧面几何纹	35×20×5	素面	残失			
M413	(34~35)×12.5×(8.5~9)		36×21×5、36×20×5		35×13×(7~8)			
M416	33×11×6、34×10.5×6.5、34×11×6.7、32×15×6	正面绳纹，单侧面几何纹	28×22×5	素面	33×11×(5.5~6.5)	素面	33×11×6、34×11×6.7、32×15×6	正面绳纹，单侧面几何纹
M431	32×15×5	正面绳纹	33×15×5	正面绳纹	32×15×(3~4)	正面绳纹		
M432	32×16×6、32.5×15×5	正面绳纹	32×16×6、32.5×15×5	正面绳纹	32×16×(4~5)	正面绳纹	32×16×6、32.5×15×5	正面绳纹
M440	32.5×10.5×6.5	正面绳纹，单侧面几何纹	34×16×5	素面	32×10.5×(5~6)	正面绳纹，单侧面几何纹	32.5×10.5×6.5	正面绳纹，单侧面几何纹

墓号	砌墙砖		铺地砖		起券砖		封门砖	
	长×宽×厚	纹饰	长×宽×厚	纹饰	长×宽×厚	纹饰	长×宽×厚	纹饰
M442	36×12×7	单侧面几何纹	36×12×7	单侧面几何纹	残失		36×12×7	正面绳纹，单侧面几何纹
M445	34×10×7	正面绳纹，单侧面几何纹	34×15×4.5	正面绳纹，单侧面几何纹	残失		34×10×7	正面绳纹，单侧面几何纹
M456	(32~35)×(10~15)×(6~6.5)	正面绳纹，单侧面几何纹	27×21.5×5	素面	残失		33×10×6.5、32×15×6	正面绳纹，单侧面几何纹
M458	34×10×6		34×10×6		残失		34×10×6	
M534	34×12×7、34.5×12×7	正面绳纹，单侧面几何纹	34.5×12×6棺床：35×12×6	正面绳纹，单侧面几何纹	残失		34×12×7	正面绳纹，单侧面几何纹
M537	①36×18×6②30×13×5	①素面②单侧面几何纹	①36×18×6②30×13×5	①素面②单侧面几何纹	残失		①36×18×6②30×13×5	①素面②单侧面几何纹
M541	34×11×6.5	单侧面几何纹	34×18.5×5	素面	残失		34×11×6.5	单侧面几何纹

三　葬具、葬式与方向

葬具　皆腐。少数见腐痕，为单棺。

葬式　人骨架皆无存，少数见腐痕，为仰身直肢。

方向　以土坑墓道或封门墙所在位置测定。头向正东的墓3座，头向正南的墓2座，头向正西的墓3座，头向正北的墓1座，头向东偏南的墓8座，头向东偏北的墓2座，头向南偏西的墓4座，头向北偏西的墓8座，头向北偏东的墓6座。统计数据表明东汉墓的头向以东偏南与西偏北的墓葬最多，头向正北墓最少。

四　随葬品放置

绝大多数随葬品置于墓室内墓主左、右侧或头前。个别置于耳室、甬道内。

五　随葬品器类

280件，其中残失不辨形制36件。按质地分有陶器、瓷器、铜器、铁器、锡器、石器、漆器。

37座墓中，无随葬品的墓有4座，编号为M26、M212、M404、M440。另有M403出土1件陶罐，仅存一耳，未能修复。其余32座墓中的陶器、瓷器、铅器、石器多数保存较好。铜生活用器壁薄，保存不佳，铜钱少数锈蚀不辨铭文。铁器皆锈蚀残缺。漆器皆腐，有的仅存红漆皮，有的腐痕亦不见。

（一）陶器

220件，其中残失不辨形制24件。按用途分为仿铜礼器、日用生活器、模型器。陶系以泥质灰陶为主，占总数的80%以上。泥质灰黑、灰褐、灰黄陶比例相差不大，有少量掺炭灰陶。多数器物泛白，以手触之，易呈粉状黏附。少数器物表面有黑衣。许多器物焙烧火候较高，质坚无破损，叩之锵锵然。还有少数釉陶，多泥质褐胎，少泥质红胎，施青绿釉、淡黄釉（表二〇）。

表二〇 东汉墓陶器陶色陶质统计表

类别	泥质						夹砂		夹炭	釉	合计
	灰	灰黑	灰褐	灰黄	红	褐	灰	灰黑	灰		
小计	141	20	13	7	10	2	5	2	6	14	220
百分比（%）	64.1	9.1	5.9	3.2	4.5	0.9	2.3	0.9	2.7	6.4	100

制作方法有轮制、模制、手制三种。有三种制作方法兼用的，如鼎，鼎身轮制，鼎足、鼎耳多模制，少数手制。有两种制作方法共同的，如有铺首的圈足壶，身与圈足分体轮制，铺首模制。如双耳罐，身轮制，耳手制。如碓，栏模制，碓杆、碓窝手制。有单用轮制的，如无耳罐、井等。有单用模制的，如磨。有单用手制的，如部分动物模型。

装饰纹样和手法都比较简单。较多器物素面。凹弦纹所占比例较大，多数器物饰此纹。绳纹所占比例次之，多用于双耳罐。其他则有菱形、斜方格、圆圈等几何纹。部分灶面有鱼、鳖、蔬菜及刀杖等纹。灶墙面还有少量刻划纹。弦纹为作器物时旋转形成，绳纹为拍印，鱼、鳖等为戳印。此外，陶楼上还有墨绘。

1. 日用生活器

56件。其中残失不辨形制4件。器类有罐、钵、杯、炙炉、灯、长方盒。

罐 47件。其中残失不辨形制3件。泥质灰陶为主，泥质灰黑陶次之，也有泥质灰褐陶、泥质褐陶，黑衣多脱落。据形态的不同，分五型。

A型 36件。双耳。器身轮制，耳手制，以泥浆粘合，附耳处有按窝。据腹、耳的不同，分三亚型。

Aa型 34件。溜肩，肩下施牛鼻形对称双耳，鼓腹或长或短，个别下收，平底内凹。肩下至底饰绳纹间抹痕，个别上腹饰弦纹，下腹及底饰绳纹。据口沿变圆沿再变平沿至平折沿，沿面有较深凹槽变沿微卷或微仰，鼓腹较长变鼓腹较短再变长腹下收至圆鼓腹，分十式。

Ⅰ式 11件，分别为M149：19、M183：1、M402：1、M402：8、M431：2、M431：3、M432：4、M432：5、M442：3、M458：1、M537：1。

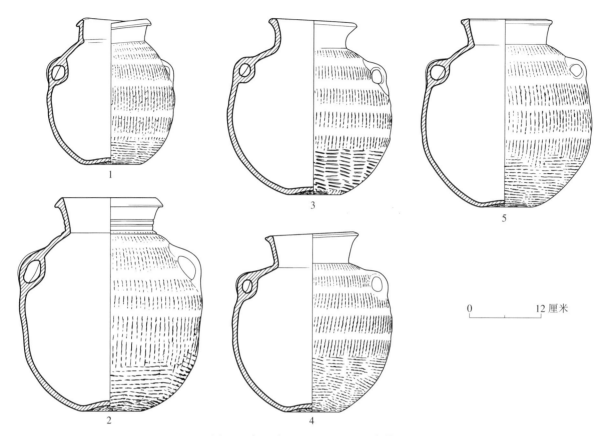

图一一九　东汉墓出土 Aa 型陶罐

1、2. Ⅰ式（M431∶2、M537∶1）　3. Ⅱ式（M125∶6）　4. Ⅲ式（M175∶1）　5. Ⅳ式（M445∶2）

M431∶2，泥质灰陶。侈口，折沿，尖唇，椭圆腹，平底内凹。肩至中腹饰竖绳纹间四道抹痕，下腹饰横绳纹，底饰交错绳纹。高 23.5、口径 12.5、腹径 21.4、底径 9.1 厘米（图一一九，1；彩版一二〇，1）。

M537∶1，泥质灰褐陶。侈口，折沿，尖唇，椭圆腹，平底内凹。肩至中腹饰竖绳纹间四道抹痕，下腹饰横绳纹，底饰交错绳纹。高 34.3、口径 18.2、腹径 30.8、底径 9.7 厘米（图一一九，2）。

Ⅱ式　3 件，分别为 M125∶5、M125∶6、M288∶1。侈口，圆沿，圆唇，束颈，溜肩，鼓腹略浅，平底内凹。

M125∶6，泥质灰陶。肩至中腹饰竖绳纹间四道带状抹痕，下腹饰横绳纹，底饰交错绳纹。高 27.6~28.2、口径 14.8、腹径 27.3、底径 9.1 厘米（图一一九，3；彩版一二〇，2）。

Ⅲ式　6 件，分别为 M24∶6、M159∶1、M159∶5、M175∶1、M175∶6、M288∶2。侈口，圆沿，颈微斜，腹较深。

M159∶1，泥质灰陶。圆唇。颈至中腹饰竖绳纹间四道带状抹痕，下腹饰横绳纹，底饰交错绳纹。高 31.1~31.3、口径 15.8、腹径 28.8、底径 11 厘米（彩版一二〇，3）。

M175∶1，泥质灰陶。尖唇。肩至中腹饰竖绳纹间四道带状抹痕，下腹饰横绳纹，底饰交错绳纹。高 28.3~29、口径 15.6、腹径 26.8、底径 9.3 厘米（图一一九，4）。

Ⅳ式　4件，分别为 M157：2、M445：1、M445：2、M534：1。侈口，平折沿，沿面有较深凹槽，圆唇，斜束颈，椭圆腹。

M445：2，泥质灰陶。肩至中腹饰竖绳纹间四道抹痕，下腹饰横绳纹，底饰交错绳纹。高 30.2～30.4、口径 15.2、腹径 26.8、底径 8.3 厘米（图一一九，5；彩版一二〇，4）。

Ⅴ式　1件。

M188：2，泥质灰陶。侈口，平沿微凹，方唇，唇面有一道凹槽，束颈，圆鼓腹。肩至中腹饰竖绳纹间四道抹痕，下腹饰横绳纹，底饰交错绳纹。高 25.9～26.8、口径 15、腹径 25.6、底径 8.6 厘米（图一二〇，1；彩版一二〇，5）。

图一二〇　东汉墓出土 Aa 型陶罐

1. Ⅴ式（M188：2）　2. Ⅵ式（M541：2）　3. Ⅶ式（M401：5）　4. Ⅷ式（M371：5）　5. Ⅸ式（M371：6）

6. Ⅹ式（M61：4）

Ⅵ式　2件，分别为 M45：2、M541：2。侈口，平折沿，方唇，唇面有一道凹槽，斜束颈，圆鼓腹下收，底略小。

M541：2，泥质灰褐陶。肩至中腹饰竖绳纹间四道抹痕，下腹饰横绳纹，底饰交错绳纹。高 27.8、口径 14.7、腹径 27.4、底径 9 厘米（图一二〇，2；彩版一二〇，6）。

Ⅶ式　2件，分别为 M44：1、M401：5。侈口，平折沿，方唇，沿面、唇面有较深凹槽，斜束颈，腹较长下收，底较小。

M401：5，泥质灰陶。肩至中腹饰竖绳纹间四道抹痕，下腹饰横绳纹，底饰交错绳纹。高27.6、口径17、腹径24.8、底径7.8厘米（图一二○，3；彩版一二一，1）。

Ⅷ式 3件，分别为M371：1、M371：5、M413：2。侈口，平沿或圆沿，圆唇，颈略束，内凹曲，椭圆腹。

M371：5，泥质灰陶。肩至中腹饰竖绳纹间三道带状抹痕，下腹饰横绳纹，底饰交错绳纹。高26.6～27.2、口径13、腹径25.3、底径8.4厘米（图一二○，4；彩版一二一，2）。

Ⅸ式 1件。

M371：6，泥质灰陶。侈口，沿微仰，圆唇，斜束颈，圆鼓腹，底较小。肩至中腹饰竖绳纹间五道抹痕，下腹饰横斜绳纹，底饰交错绳纹。高28.4、口径15.2、腹径26.4、底径8厘米（图一二○，5；彩版一二一，3）。

Ⅹ式 1件。

M61：4，泥质灰陶。侈口，沿微卷，圆唇，斜颈微束，圆鼓腹。肩至中腹饰五组密集凹弦纹间四道凹槽，下腹饰横绳纹，底饰交错绳纹。高27～27.2、口径14.8、腹径26.7、底径9.4厘米（图一二○，6；彩版一二一，4）。

Ab型 1件。器甚矮，平底，无绳纹。

M183：5，泥质灰陶。侈口，平折沿，方唇，沿面、唇面有一道凹槽，束颈，溜肩，鼓腹。肩施对称牛鼻形双耳。肩、上腹、中腹各饰一组两道凹弦纹。高19.3～19.6、口径12.6、腹径20.3、底径10.6厘米（图一二一，1；彩版一二一，5）。

Ac型 1件。器甚矮，肩施对称双环耳。

M159：7，泥质灰陶。盘口外侈，圆沿，圆唇，束颈，溜肩，鼓腹下弧收，底微凹。肩、中腹各饰一组两道凹弦纹。高21.1、口径11.4、腹径20.8、底径10.4厘米（图一二一，2；彩版一二一，6）。

B型 5件。泥质灰陶为主，个别泥质灰褐陶，质坚。据凸腹下弧收变下斜收再变下略直收至腹凸甚下曲收，底微凹变平底至小平底，分四式。

Ⅰ式 1件。

M149：7，泥质灰陶。直口，平沿，圆唇，直颈，溜肩，上腹鼓凸，下腹斜收，平底。高约15、口径13、腹径18、底径7.2厘米（图一二一，3）。

Ⅱ式 1件。

M24：3，泥质灰陶。侈口，圆沿，圆唇，颈下斜，溜肩，上腹鼓凸，下腹斜收，平底微内凹。肩至中腹饰竖绳纹。高28.8、口径21.3、腹径38.3、底径20.2厘米（图一二一，6；彩版一二二，1）。

Ⅲ式 1件。

M401：1，泥质灰褐陶。口微侈，窄平沿，尖唇，颈下斜，广肩，肩鼓凸，下腹略直收，平底。高14.1、口径10.8、腹径17.7、底径9.2厘米（图一二一，4；彩版一二二，2）。

Ⅳ式 2件，分别为M413：3、M413：4。口微侈，平沿，尖唇，颈直或微下斜，广肩，腹凸甚，下弧曲收，平底或微凹底。

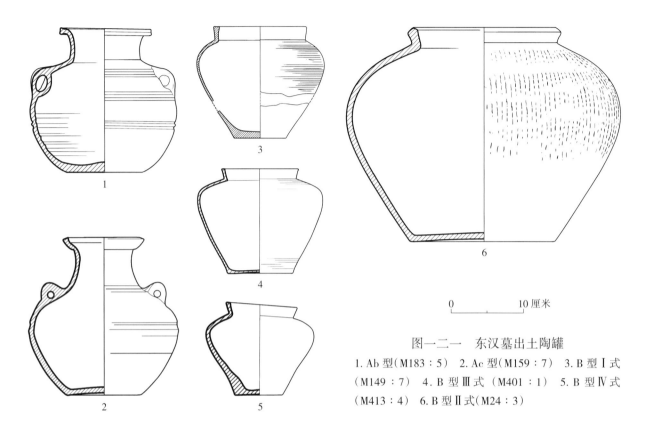

图一二一　东汉墓出土陶罐

1. Ab 型（M183∶5）　2. Ac 型（M159∶7）　3. B 型 Ⅰ 式
（M149∶7）　4. B 型 Ⅲ 式 （M401∶1）　5. B 型 Ⅳ 式
（M413∶4）　6. B 型 Ⅱ 式（M24∶3）

　　M413∶4，泥质灰陶。颈微下斜，平底。高 11.8～12.5、口径 9.9、腹径 15.1、底径 6.6 厘米
（图一二一，5；彩版一二二，3）。

　　C 型　1 件。

　　M157∶5，泥质灰陶，黑衣少量脱落。轮制。敛口，圆沿，削肩，长鼓腹，底微凹。肩、
腹各饰两道凹弦纹。高 17.8、口径 11.6、腹径 19、底径 10.6 厘米（图一二二，2；彩版一二
二，4）。

　　D 型　1 件。双口。

　　M12∶9，泥质灰陶，火候较高，质较硬。内口微敛，外口侈，低于内口，溜肩，圆鼓腹，平
底内凹。上腹饰三道、中腹饰两道、下腹饰三道凹弦纹，自上腹至下腹间断饰细麻布纹。高
31.3～31.7、口径 15、腹径 33.9、底径 18.2 厘米（图一二二，1；彩版一二二，5）。

　　E 型　1 件。小罐。

　　M149∶9，泥质红陶。器内上部空，下部实。侈口，圆沿，束颈，溜肩，鼓腹，平底。高
3.9、口径 2.2、腹径 3.3、底径 1.8 厘米（图一二二，3；彩版一二二，6）。

　　残 3 件，已成碎片，型式不明，分别是 M230∶3、M403∶1、M541∶1。

　　钵　2 件。泥质灰陶，黑衣少部脱落，个别大部脱落。据直口与敞口的区别，分两型。

　　A 型　1 件。

　　M45∶1，直口，圆沿，浅折腹下弧收，平底。高 3.6～4.2、口径 12.7、底径 4.6 厘米（图一
二二，4；彩版一二三，1）。

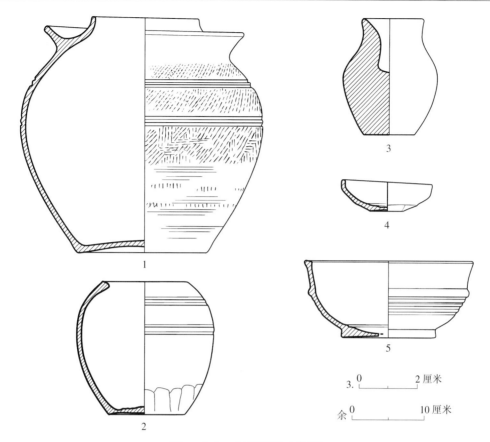

图一二二　东汉墓出土陶器
1. D 型罐（M12∶9）　2. C 型罐（M157∶5）　3. E 型罐（M149∶9）　4. A 型钵（M45∶1）
5. B 型钵（M230∶5）

B 型　1 件。

M230∶5，敞口，圆沿，弧腹下收，腹较深，假圈足，底微凹。中腹饰一道凸棱，下腹饰三道凹弦纹。高 10.2、口径 23.4、底径 13.2 厘米（图一二二，5）。

杯　1 件。

M149∶18，泥质灰黑陶。侈口，仰沿，圆唇，斜腹略直，底微凹。沿面刻划绚纹。高 5、口径 7、底径 4.2 厘米（图一二三，3；彩版一二三，2）。

炙炉　1 件。

M149∶4，泥质灰黑陶。口沿部一端长方一端椭圆，炉体平面呈长方形。侈口，宽平沿，方唇。椭圆端内壁近口沿处施三个锥状乳丁。长侧外壁各刻三道、短侧外壁各刻一道直线纹，象征炉孔。下部四角各附一熊形足。高 7.1～7.3、口长 21.3、最宽处 11.4 厘米（图一二三，7；彩版一二三，3）。

灯　4 件。其中 1 件型式不明。多泥质红胎釉陶器。分两型。

A 型　2 件。盏、承柱、承盘俱全。盏、承柱、承盘分体轮制，泥浆粘接，见粘痕。盏敛口，沿下凹，圆唇，弧腹，承柱上细下粗，中空。承盘侈口，斜弧腹，底中空与承柱相通。据有无施釉及盏、承柱的变化，分两式。

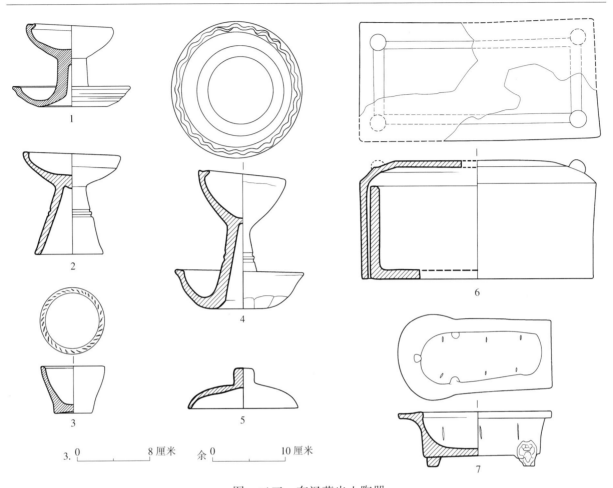

图一二三　东汉墓出土陶器

1. A 型 I 式灯（M149∶11）　　2. B 型灯（M12∶11）　　3. 杯（M149∶18）　　4. A 型 II 式灯（M12∶12）　　5. 器盖（M157∶7）　　6. 长方盒（M230∶2）　　7. 炙炉（M149∶4）

　　I 式　　1 件。

　　M149∶11，泥质灰陶。盏弧腹较浅，承柱较粗短。通高 10.6 ~ 11、盏口径 12、承盘口径 16、底径 9.6 厘米（图一二三，1；彩版一二三，4）。

　　II 式　　1 件。

　　M12∶12，泥质红胎，盏外、承柱外、承柱盘内施褐釉，承盘外有少量流釉。盏弧腹较深，沿面饰绚纹，承柱较细长，饰两道凹槽。通高 17.5 ~ 18.5、盏口径 13.4、承盘口径 17.8、底径 9.6 厘米（图一二三，4；彩版一二三，5）。

　　B 型　　2 件。无承盘。

　　M12∶11，泥质红胎，盏内、外施褐釉。盏轮制，足模制。盏直口，平沿，方唇，折盘，斜弧腹，平底。足上细下粗，呈喇叭形，中部饰两道凹槽。高 13.2 ~ 13.6、盏口径 13.4、足径 9.3 厘米（图一二三，2；彩版一二三，7）。

　　型式不明 1 件。M12∶14，残，仅存盏。泥质红胎，内外施青绿釉。敞口，平沿，尖唇，折盘，斜弧腹。外底见残断痕。盏高 3.6、口径 10.2、底径 3.5 厘米。

长方盒 1 件。

M230：2，泥质红陶。模制。长方体。盒体直口，平沿，直壁，平底。盖直口，平沿，直壁，套合盒体，盖面周边切削，微凸，中间隆起，四角有乳突状纽。盒体长 29.6、宽 12、高 12.4 厘米，盖长 32.8、宽 16 厘米，通高 16 厘米（图一二三，6；彩版一二三，6）。

2. 仿铜礼器

29 件。器类有鼎、壶、器盖。

鼎 14 件。据耳、足的不同，分三型。

A 型 7 件。泥质灰陶为主，个别泥质灰黄、灰褐陶。柱足。有的耳模印斜方格纹、菱形纹。据凹肩变折肩再至斜肩，耳由较直变外撇至外张，腹由略浅弧变扁斜至斜鼓，足由略高变矮，分六式。

Ⅰ式 1 件。

M402：7，泥质灰陶。口内敛，折肩，鼓腹，圜底。双扁耳甚短，外张，足甚短，外撇。高 9.8、口径 9、腹径 14 厘米（图一二四，1；彩版一二四，1）。

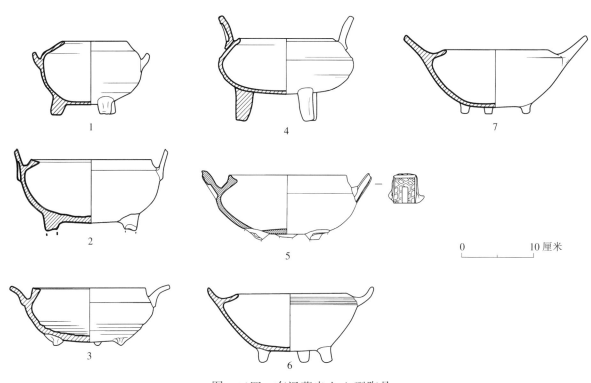

图一二四 东汉墓出土 A 型陶鼎

1. Ⅰ式（M402：7） 2. Ⅱ式（M159：2） 3. Ⅲa 式（M44：4） 4. Ⅲb 式（M401：8） 5. Ⅳ式（M413：7） 6. Ⅴ式（M371：4） 7. Ⅵ式（M61：1）

Ⅱ式 1 件。

M159：2，泥质灰陶。敛口，凹肩，浅弧腹，圜底，足残。长方附耳外侧有长方盲孔，孔上方模印菱形纹，两侧模印"十"字纹。残高 11、口径 16.6、腹径 19.4 厘米（图一二四，2；彩版一二四，2）。

Ⅲ式 2 件。敛口，扁鼓腹，圜底。据肩、耳、腹的不同，分两亚式。

Ⅲa 式　1 件。

M44：4，泥质灰黄陶。凹肩，腹较浅。长方附耳外张，耳外有长方盲孔。残高 8、口径 15.9、腹径 18.2 厘米（图一二四，3；彩版一二四，3）。

Ⅲb 式　1 件。

M401：8，泥质灰陶。折肩，腹鼓甚，三足直立。长方附耳外撇，耳外有长方盲孔，孔周模印叶脉纹。通高 14.2、口径 13.1、腹径 19 厘米（图一二四，4）。

Ⅳ 式　1 件。

M413：7，泥质灰褐陶。敛口，沿上仰微凹，斜肩，斜折腹，平底。双方耳微外张，耳外侧开长方盲孔。足残。耳外侧孔上方及两侧模印斜方格纹。残高 8.6、口径 16.5、腹径 19.1 厘米（图一二四，5；彩版一二四，4）。

Ⅴ 式　1 件。

M371：4，泥质灰陶。敛口，斜肩，浅斜腹，平底。长方附耳外张，耳面微凹，足较矮。通高 10～10.2、口径 15.2、腹径 19.2 厘米（图一二四，6；彩版一二四，5）。

Ⅵ 式　1 件。

M61：1，泥质灰陶。敛口，斜肩，浅斜弧腹，平底。长方附耳外张，耳较长，足甚矮。通高 10、口径 14、腹径 18.8 厘米（图一二四，7；彩版一二四，6）。

B 型　5 件。泥质灰陶为主，个别泥质灰黑陶。熊形足或膝饰叶脉、兽面。分三亚型。

Ba 型　3 件。熊形足。口内敛，弧腹，圜底。长方附耳外撇，外侧有盲孔。据肩、腹的变化，分两式。

Ⅰ 式　2 件，分别为 M149：12、M442：13。

M442：13，泥质灰陶。长方附耳外撇，外侧有盲孔。通高 16.3、口径 16.1、腹径 19.5 厘米（图一二五，1；彩版一二五，1）。

Ⅱ 式　1 件。

M24：9，泥质灰陶。肩与口平，腹较浅。长方附耳微外撇，外侧有盲孔。腹饰三道凹弦纹。通高 17～18、口径 17.8、腹径 22.6 厘米（图一二五，2；彩版一二五，2）。

Bb 型　1 件。

M188：5，泥质灰陶。口内敛，斜折肩，弧腹，圜底。短方耳外撇，外侧有长方孔，足外撇，径部截面呈扁状。膝部饰叶脉纹。高 14、口径 15.6、腹径 18 厘米（图一二五，3；彩版一二五，3）。

Bc 型　1 件。

M45：4，泥质灰陶。敛口，肩与口平，扁鼓腹，平底。长方附耳残，三兽面足直立。腹有两道凹槽。高 13.4～13.8、口径 16.6、腹径 21 厘米（图一二五，4；彩版一二五，4）。

C 型　2 件。夹砂灰陶。无耳。据直口变敛口，分两式。

Ⅰ 式　1 件。

M456：1，直口，圆沿，短颈，斜折肩，直腹壁下弧收，腹较深，圜底。底附三兽面足外撇。高 9.6、口径 13.8、腹径 17.2 厘米（图一二五，5；彩版一二五，5）。

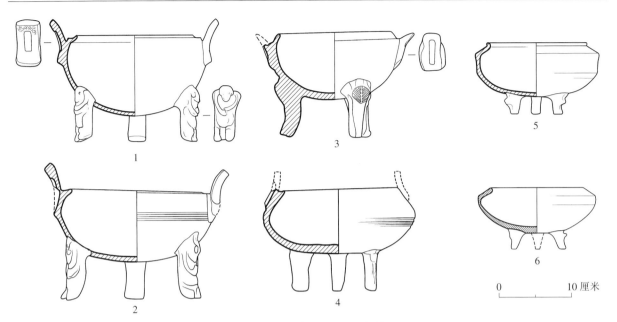

图一二五　东汉墓出土陶鼎

1. Ba 型 I 式（M442：13）　2. Ba 型 II 式（M24：9）　3. Bb 型（M188：5）　4. Bc 型（M45：4）　5. C 型 I 式（M456：1）　6. C 型 II 式（M416：2）

II 式　1 件。

M416：2，敛口，圆沿，斜折肩，直腹壁略短，下弧收，腹较浅，平底。底附三兽面扁足外撇。高 8.2、口径 12.8、腹径 16.2 厘米（图一二五，6；彩版一二五，6）。

壶　14 件。泥质灰陶为主，个别泥质红陶、釉陶。器身与圈足分体轮制，铺首模印。仅 1 件壶有盖。据铺首衔环及圈足之有无，分三型。

A 型　5 件。溜肩。肩部模印铺首衔环。据颈由细长变略粗，鼓腹由略长变略短，矮覆盘式圈足变高覆碗式圈足，分三式。

I 式　2 件，分别为 M149：15、M442：2。盘口外侈，圆沿，圆唇，束颈较细，鼓腹较长，覆盘式圈足略高，圜底。

M149：15，泥质灰陶。有盖，盖敞口，尖唇，弧顶。器盘口、圈足各饰一道凸棱纹，肩、腹各饰三道凹弦纹。盖面中心模印四叶纹、周围模印放射纹、圆圈纹、叶脉纹、斜线纹。通高 42.4、口径 17.4、腹径 28.7、圈足径 16.1 厘米（图一二六，1；彩版一二六，1）。

II 式　1 件。

M24：1，泥质灰陶。盘口微侈，平沿，圆唇，束颈略粗，鼓腹略长，覆盘式圈足较矮，圜底。盘口有两道凹槽，铺首际、中腹各饰三道一组凹弦纹，圈足饰一道凸棱纹。高 35.3～36、口径 17.3、腹径 24.5、圈足径 16.4 厘米（图一二六，2；彩版一二六，2）。

III 式　2 件，分别为 M12：6、M12：8。泥质红陶或釉陶。盘口较直，平沿，尖唇，束颈较粗，鼓腹微下垂，平底，高圈足呈覆碗状。颈下饰一道凹弦纹，铺首衔环际饰五道凸棱纹。

M12：6，泥质红陶。高 31、口径 13.6、腹径 19.6、圈足径 17.2 厘米（图一二六，3；彩版一二六，4）。

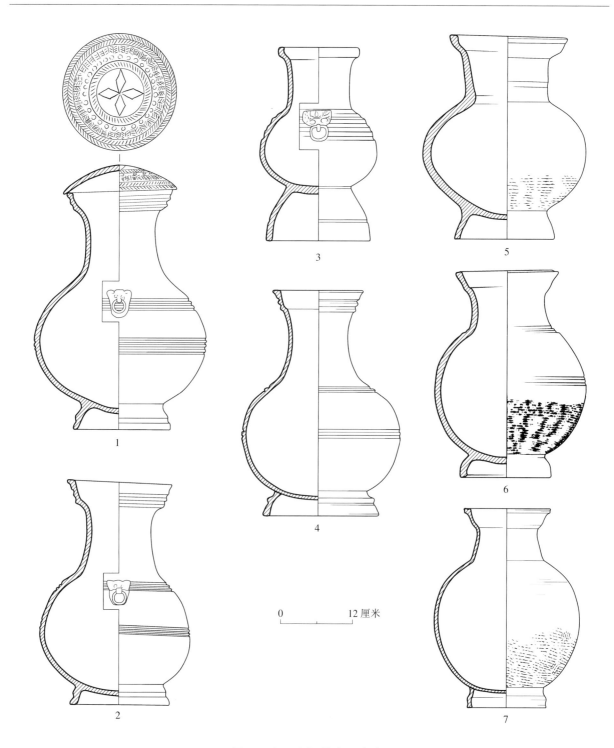

图一二六　东汉墓出土陶壶

1. A 型 I 式（M149：15）　　2. A 型 II 式（M24：1）　　3. A 型 III 式（M12：6）　　4. B 型 I 式（M534：17）

5. B 型 II 式（M188：3）　　6. B 型 III 式（M45：6）　　7. B 型 IV 式（M401：2）

　　B 型　4 件。溜肩，肩部无铺首衔环。据细长颈变短粗颈至短细颈，鼓腹变椭圆腹，覆盘式圈足起凸棱变覆盘式圈足无凸棱再变成覆碗式圈足，分四式。

Ⅰ式 1件。

M534：17，泥质灰陶。盘口较直，平沿，尖唇，束颈细长，鼓腹，圜底，覆盘式圈足起一道凸棱。盘、肩、中腹各饰两道凹槽。高36、口径15.2、腹径26.2、圈足径19.2厘米（图一二六，4；彩版一二六，3）。

Ⅱ式 1件。

M188：3，泥质灰陶。盘口较直，平沿，圆唇，颈较短，鼓腹，圜底，覆盘式圈足微外撇。下腹饰横绳纹，底饰交错绳纹。高32.4～32.8、口径19.8、腹径27.2、圈足径16.8厘米（图一二六，5）。

Ⅲ式 1件。

M45：6，泥质灰陶。盘口外侈，平折沿，圆唇，颈略粗短，鼓腹较长，圜底，覆碗式圈足。肩、中腹各饰两道凹弦纹，下腹饰横绳纹，底饰交错绳纹。高32.8～34.2、口径17.3、腹径25.4、圈足径15厘米（图一二六，6）。

Ⅳ式 1件。

M401：2，泥质灰陶。盘口外侈，平折沿，圆唇，颈较细短，椭圆腹，圜底，覆碗式圈足中间起台。下腹及底饰交错绳纹。高31.9、口径14.5、腹径24.4、圈足径13.2厘米（图一二六，7；彩版一二七，1）。

C型 5件。无圈足。泥质灰陶为主，也有泥质灰黄陶、泥质红陶。据口沿、腹的不同，分两亚型。

Ca型 3件。盘口，束颈，溜肩，鼓腹。据颈由粗变细长，平底内凹变平底，饰凹弦纹变饰绳纹至篮纹，分三式。

Ⅰ式 1件。

M159：8，泥质灰陶。口微侈，圆沿，圆唇，颈较粗，平底内凹。肩、中腹各饰一组两道凹弦纹，下腹饰横绳纹，底饰交错绳纹。高28、口径14.8、腹径24.2、底径7.6厘米（图一二七，1；彩版一二七，2）。

Ⅱ式 1件。

M157：6，泥质灰陶。直口，平沿，圆唇，颈略细，平底内凹。下腹饰横绳纹，底饰交错绳纹。高24～24.5、口径13.2、腹径20.8、底径9厘米（图一二七，2；彩版一二七，3）。

Ⅲ式 1件。

M44：2，泥质灰黄陶。口微侈，沿下折，圆唇，颈细长，平底。下腹饰篮纹。高27.8～28.5、口径14.4、腹径24、底径10厘米（图一二七，3；彩版一二七，4）。

Cb型 2件。束颈，溜肩，平底。分两式。

Ⅰ式 1件。

M402：5，泥质灰陶。侈口，内口凹曲，折沿，尖唇，束颈，溜肩，圆鼓腹。肩饰三道、腹饰两道凹弦纹，近底有刮痕。高22.9、口径12.6、腹径21.2、底径12.7厘米（图一二七，4；彩版一二七，5）。

Ⅱ式 1件。

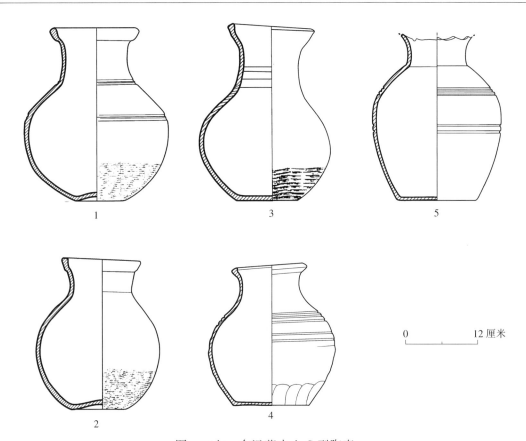

图一二七　东汉墓出土 C 型陶壶

1. Ca 型 I 式（M159：8）　　2. Ca 型 II 式（M157：6）　　3. Ca 型 III 式（M44：2）　　4. Cb 型 I 式（M402：5）　　5. Cb 型 II 式（M534：18）

M534：18，泥质灰陶。口沿残，长弧腹下收。肩饰三道、腹饰两道凹弦纹。残高25.8、腹径 21.6、底径13.2厘米（图一二七，5；彩版一二七，6）。

器盖　1 件。

M157：7，泥质灰陶，黑衣少部脱落。模制。敞口，平沿，圆唇，面弧。顶施一长方形纽。高 5.4、口径15.2厘米（图一二三，5；彩版一二二，4）。

3. 模型器

135 件。其中残失不辨型式20件。分建筑模型、人物俑和动物。建筑模型器类有楼、猪圈、 仓、灶、井、磨、碓、杵。

楼　1 件。

M12：1，泥质红胎，施泛黄青釉，甚薄，多剥落。焙烧火候较高，陶质坚硬。按楼层、大构 件模制，小构件手制，安装或整体以泥浆粘接后烧成。自下而上共三层，通高90厘米。第一层， 带院落。由楼后向前视，右侧墙加长并在加长部正面凹成竖槽，在门之间凸出一道隔墙。面阔 26.2厘米。左侧墙进深25、高22.4厘米，右侧墙进深27.2、高22.6厘米。正面设二门，左门高 12.1、宽4.8厘米，右门高13.2、宽6.8厘米。二门四周阴刻二浅线条以象征门楣、门框、门槛。 门框下有勾出门墩。右门额中间阴刻射线，两旁有门簪。门顶施两面坡式屋顶，皆有瓦垄，右门瓦垄较精细，各捏一条正脊、四条压住瓦垄的垂脊。院落底部接地。后部右侧设高24、阔16、深6.3厘米的长方体房屋。其正面开高15.6、宽11.2厘米的门，门上、下、左侧刻一道、右侧刻两道凹槽象征门楣、门框、门槛。门额阴刻斜方格纹。左右侧墙前隅起矮墙，设五脊顶式角楼。左、右隅设两面坡式角楼，檩下施斗拱式构件，其下塑窗棂，再下阴刻"人"字纹、阴刻并墨绘人物纹。第二层位于院落右后部，旁与左后隅角楼相连，前有过道通前角楼。底部施楼板，伸出右、后院墙。楼板之下，前后承以四枋，右侧承以二枋，左侧因接角楼见一枋。楼板中心开长6、宽4厘米的椭圆形孔，贯通一楼与本楼的长方体阁室。阁室面阔17.2、进深9.6厘米。

楼板之上阁室四周设围槛，长22.8、宽13.8、高5.4厘米。每面二扇槛板相连，用三柱，横楔条，方扶手。楼板之前两侧设过道通前角楼下，过道下承以挑枋，过道上外缘施槛。左过道长11.1、宽2.6、高3.2厘米，右过道长10.7、宽3.8、高4.2厘米。每侧二扇槛板相连，用三柱，横楔条，方扶手。围槛内为高18.6、阔17.3、深9.6厘米的长方体阁室。其正面开高6.8、宽6.2厘米的孔，孔周阴刻两道线纹。两侧上部镂斜方格窗。四角各斜出一根六棱形枋，前端施倒立熊形柱上托屋面，中部施正立熊形柱下接槛扶手。屋顶正面、两侧面施连为一体的宽板瓦、筒瓦。有圆形瓦当，中心饰乳突状日纹，周围饰勾连云纹。垂脊下部各施一叶形吻。屋面中部正面施三尊、两侧各施一尊立熊肩扛第三层楼板。第三层底为楼板，中心开长6、宽4厘米的椭圆形孔，贯通二楼与本楼的长方体阁室。四周设围槛，长21.4、宽12.8、高5.4厘米，形制与二楼槛同。围槛内为高23、阔16.6、深9.2厘米的长方阁室。正面中部开高10.2、宽4.2厘米孔，孔左、右两侧上部塑一斜方格窗，背面中部塑两扇分体斜方格窗，上部塑两扇连体槛。上设五脊式屋顶。正脊较短。正脊两端、垂脊下部施叶形吻。瓦垄、瓦当作法与二楼的相同。长方体阁室内空，既承下，又托上（图一二八；彩版一二八至一三一）。

猪圈　10件。其中残失不辨形制1件。泥质灰陶为主，也有泥质灰黑陶、泥质红陶。圈、屋顶模制，猪手制。据圈平面形状不同，分两型。

A型　5件。平面呈圆形，分四式。

Ⅰ式　1件。

M431：1，泥质灰褐陶。圈底圆形，栏直壁，一侧切割后内折并延长，食槽置于折出空间，中间有长方凹槽通圈内。圈内立一猪，嘴前伸，竖耳，长鬃，卷尾，四足外撇。栏高6、口径20.7、底径19.2、猪高4、长8.4厘米（图一二九，1；彩版一三二，1）。

Ⅱ式　1件。

M402：4，泥质灰陶。栏一侧壁开上半部向内下折，凿一方孔充食槽，食槽上方作卷棚，直壁微弧，平底。圈内立一猪，身扁，低首，垂尾，四足外撇。圈外壁饰三道凹弦纹。通高8.9、栏高5.8、口径14.9、底径14、猪高4、长6.9厘米（图一二九，2；彩版一三二，2）。

Ⅲ式　1件。

M157：1，泥质灰陶。平面呈圆形，一侧壁被半划开，向内折成平台，平台前端开一方口，无厕屋顶，圈内无动物。栏高6.2～6.4、口径17.3、底径16.6厘米（图一二九，3；彩版一三二，3）。

Ⅳ式　2件，分别为M416：10、M456：3。其中M416：10为夹炭灰陶。一侧施方形厕屋，四面坡式屋顶，外开长方形门，内开弧顶孔通圈内，厕屋左前设食槽。立一猪。

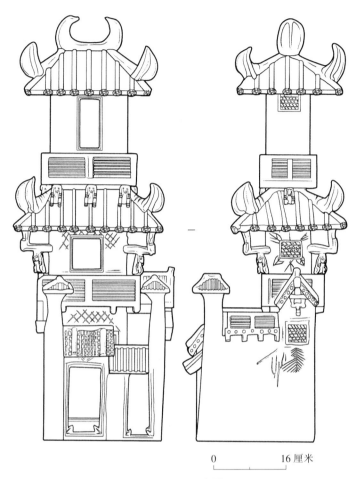

图一二八　东汉墓出土陶楼（M12∶1）

M456∶3，泥质灰陶。猪嘴前伸，耳外张，垂尾，四足外撇。通高15.1、栏高4、口径16、底径15.2、猪高4、长8.6厘米（图一二九，4；彩版一三二，4）。

B型　4件。平面呈方形，分三式。

Ⅰ式　2件，分别为M149∶1、M442∶4。其中M149∶1，圈体泥质红陶，屋面、猪泥质灰褐陶。栏下部一周设围墙，顶施两面斜分瓦垄，一侧隅设厕屋，厕屋设四面坡式屋顶，圈内厕屋旁设食槽，立一猪。

M442∶4，泥质灰陶。猪嘴前伸，竖耳，长鬃凸起，垂尾，四足外撇。通高14.4、栏高6.1、长18.9、宽18.7、猪高6.8、长12厘米（图一二九，5；彩版一三二，5）。

Ⅱ式　1件。

M24∶7，泥质灰陶。栏下部一周设围墙，一侧隅设厕屋，厕屋下近底处有一孔与圈相通。未设门。厕屋上设四面坡式屋顶，顶有屋脊、瓦垄。圈内前端设一食槽。圈内立一猪，短肥，长嘴前伸，鬃突起，尾贴臀，四足外撇。通高14.5、栏高5.8、长18.5、宽18、猪高6.6、长12厘米（图一三〇，1；彩版一三二，6）。

Ⅲ式　1件。

M534∶4，泥质灰陶。围栏壁较直，墙顶作瓦棱，一侧隅施厕屋，厕屋对外敞开，上部墙残，

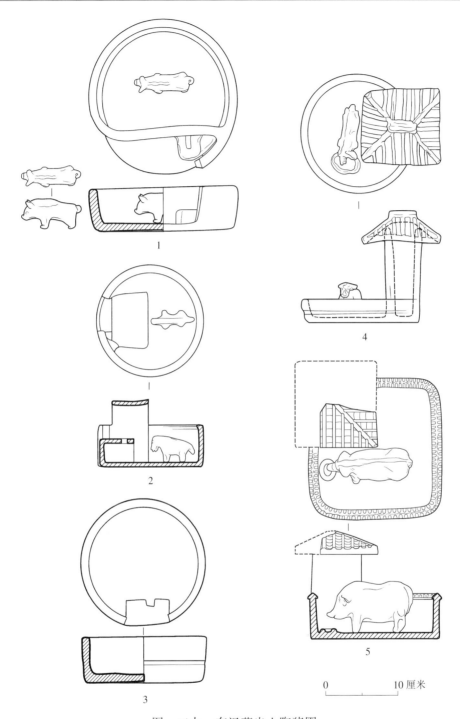

图一二九　东汉墓出土陶猪圈

1. A 型 I 式（M431：1）　　2. A 型 II 式（M402：4）　　3. A 型 III 式（M157：1）　　4. A 型 IV 式（M456：3）

5. B 型 I 式（M442：4）

存四面坡式屋顶，有瓦垄，底有槽与圈内通。厕屋同侧有固着于圈底的方形食槽。圈内立一猪，嘴前伸，圆目，张耳，长鬃，垂尾，四足外撇。栏高 7.8、长 21.2、宽 20、猪高 7.2、长 12 厘米（图一三〇，2；彩版一三三，1）。

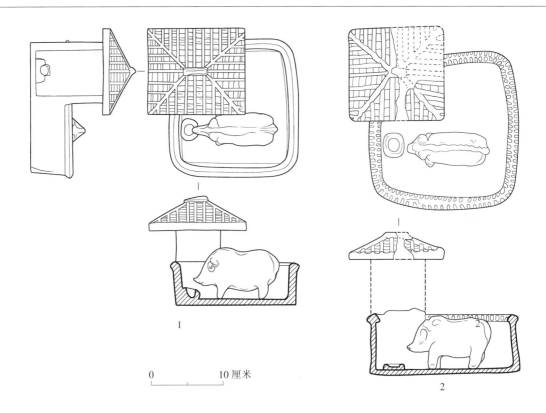

图一三〇　东汉墓出土 B 型陶猪圈
1. Ⅱ式（M24∶7）　2. Ⅲ式（M534∶4）

M432∶3，残。仅存 1 猪。泥质灰陶。秃嘴前伸，竖耳，长鬃，卷尾，四足外撇。高 4、长 5 厘米。

仓　26 件。其中仅存盖或残失不辨形制 2 件，博山盖 2 件。泥质灰陶为主，个别泥质灰黑陶、泥质灰黄陶，少量红胎或褐胎釉陶。器身轮制，博山顶式盖模制。据颈的不同，分三型。

A 型　11 件。无颈，多数腹部饰凹弦纹，少数素面。据有无盖及口颈的不同，分三亚型。

Aa 型　8 件。无盖。敛口，圆沿，斜折肩，底平或微凹，据肩、腹的变化，分五式。

Ⅰ式　2 件，分别为 M402∶2、M402∶3。肩较陡，腹壁较直，底较宽，微凹。

M402∶2，泥质灰黑陶。腹饰四道凹弦纹。高 13.2、口径 8.2、腹径 12.2、底径 12.1 厘米（图一三一，1；彩版一三三，2）。

Ⅱ式　2 件，分别为 M53∶1、M175∶5。肩略陡，上端微上仰，直壁下斜收，平底或微凹。

M53∶1，泥质灰陶。平底。腹间饰五道凹弦纹。高 17.2、口径 8.6、腹径 14.4、底径 11.8 厘米（图一三一，2；彩版一三三，3）。

Ⅲ式　1 件。

M430∶4，泥质灰陶。肩略陡，上端微上仰，直壁下斜收，平底。高约 22、口径 8.4、腹径 13.2、底径 10 厘米。

Ⅳ式　2 件，分别为 M416∶9、M456∶9。肩较陡，直壁下略弧收，底微凹。

M416∶9，泥质灰陶。腹饰四道凹弦纹。高 21.2～21.3、口径 9、腹径 14.8、底径 12.7 厘米

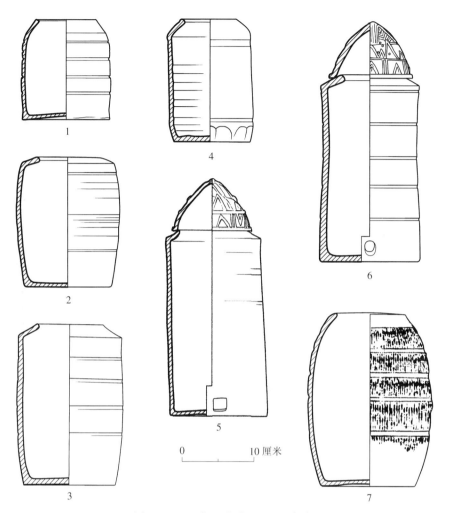

图一三一　东汉墓出土 A 型陶仓

1. Aa 型Ⅰ式（M402∶2）　2. Aa 型Ⅱ式（M53∶1）　3. Aa 型Ⅳ式（M416∶9）　4. Aa 型Ⅴ式（M44∶6）　5. Ab
型Ⅰ式（M442∶8）　6. Ab 型Ⅱ式（M24∶2）　7. Ac 型（M45∶7）

（图一三一，3；彩版一三三，4）。

　　Ⅴ式　1 件。

　　M44∶6，泥质灰陶。肩较陡，直腹下略折收，平底。近底处见刮削痕。高 16.2、口径 7.6、
腹径 11.6、底径 10.6 厘米（图一三一，4；彩版一三三，5）。

　　Ab 型　2 件。上承博山盖，敛口，圆沿，斜折肩，平底或微凹。据肩、腹的变化，分两式。

　　Ⅰ式　1 件。

　　M442∶8，泥质灰陶。肩较平，深腹，直壁，近底处开一孔，底微凹。腹间饰四道凹弦纹，盖
模印三周凸棱纹、几何纹、叶脉纹，戳多个圆孔。通高 31.5、口径 9.5、腹径 13.4、底径 13.6 厘
米（图一三一，5；彩版一三三，6）。

　　Ⅱ式　1 件。

　　M24∶2，泥质灰陶。肩较陡，深腹，直壁，近底处开一孔，底微凹。腹间饰五道凹弦纹，盖
面模印几何纹、树枝纹，戳多个圆孔。通高 31.8、口径 7、腹径 12.8、底径 13.6 厘米（图一三

一，6；彩版一三四，1）。

Ac 型　1 件。

M45：7，泥质灰陶。敛口，圆沿，圆肩，深弧腹，底微凹。腹饰竖绳纹间四道凹槽。高 22.8～23.1、口径 10.6、腹径 17.2、底径 13 厘米（图一三一，7；彩版一三四，2）。

B 型　7 件。短颈。分七式。

Ⅰ式　1 件。

M431：5，泥质灰陶。敛口，圆沿，斜折肩，腹微弧，平底。腹间凹弦纹。高约 20、口径 11、腹径 16、底径 12.4 厘米（图一三二，1）。

Ⅱ式　1 件。

M125：1，泥质灰陶。直口，圆沿，斜折肩，直腹下收，底微凹。腹饰六道凹弦纹。高 21.7～21.9、口径 7.6、腹径 15、底径 12.3 厘米（图一三二，2；彩版一三四，3）。

Ⅲ式　1 件。

M159：10，泥质灰陶。直口，圆沿，溜肩，深弧腹下收，平底。肩至中腹饰竖绳纹间三道凹弦纹。高 21.1～21.4、口径 11、腹径 17.2、底径 12.5 厘米（图一三二，3；彩版一三四，4）。

Ⅳ式　1 件。

M445：4，泥质灰陶。敛口，圆沿，斜折肩，腹微弧，底微凹。高 18.5、口径 8.7、腹径 15.3、底径 13.2 厘米（图一三二，4；彩版一三四，5）。

Ⅴ式　1 件。

M45：5，泥质灰黄陶。直口，圆沿，削肩，腹微弧，平底。肩至中腹饰竖绳纹间两道凹弦纹。高 20.9～21.6、口径 11.8、腹径 17.2、底径 12.8 厘米（图一三二，5；彩版一三四，6）。

Ⅵ式　1 件。

M371：3，泥质灰陶。直口，圆沿，斜折肩，腹壁较直，底微凹。高 21～21.3、口径 12.2、腹径 16.6、底径 14.3 厘米（图一三二，6；彩版一三五，1）。

Ⅶ式　1 件。

M401：6，泥质灰陶。敛口，圆沿，斜折肩，腹壁较弧，平底。肩至中腹饰竖绳纹间四道凹弦纹。高 21.1、口径 8.4、腹径 16.8、底径 14.1 厘米（图一三二，7；彩版一三五，2）。

C 型　4 件。罐形。溜肩，斜弧腹。分四式。

Ⅰ式　1 件。

M183：6，泥质灰陶。侈口，圆沿，颈较长，腹下收较大，平底内凹。肩至中腹偏下饰麻布纹。高 18、口径 9.8、腹径 14.2、底径 8.4 厘米（图一三三，1；彩版一三五，3）。

Ⅱ式　1 件。

M157：4，泥质灰陶。侈口，圆沿，颈略长，腹下收较小，平底微凹。肩饰一组三道、腹饰两组各两道凹弦纹。高 20.5～20.7、口径 11.6、腹径 18.7、底径 11 厘米（图一三三，2；彩版一三五，4）。

Ⅲ式　1 件。

M413：1，泥质灰陶。侈口内钩，平沿，斜束颈，腹上鼓下斜收，底微凹。肩至底饰麻布纹。

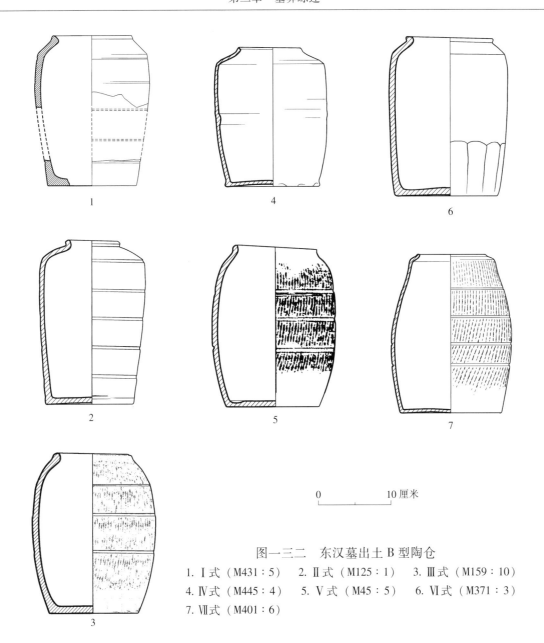

图一三二 东汉墓出土 B 型陶仓

1. Ⅰ式（M431：5） 2. Ⅱ式（M125：1） 3. Ⅲ式（M159：10）
4. Ⅳ式（M445：4） 5. Ⅴ式（M45：5） 6. Ⅵ式（M371：3）
7. Ⅶ式（M401：6）

高 27、口径 13、腹径 26.3、底径 12.4 厘米（图一三三，3；彩版一三五，5）。

Ⅳ式 1 件。

M12：15，泥质红胎，器外大部施青绿釉，近底无釉。直口，平沿，短颈，腹下收较大，平底。肩饰两道、上腹饰一道凹弦纹。高 23、口径 9.1、腹径 18、底径 9.4 厘米（图一三三，4；彩版一三五，6）。

博山顶式仓盖 2 件，分别为 M149：3、M149：6。泥质红胎或泥质灰褐胎，盖面施淡褐色釉。胎质不细腻，易呈粉状附物，胎釉结合不牢，釉脱落甚多。敞口，折沿，尖唇，斜腹，尖顶，顶施一圆珠。盖面饰动物、叶脉纹。

残 2 件，型式不明，分别为 M61：5、M432：8。

灶 27 件。其中残失不辨形制 6 件。泥质灰陶为主，个别泥质红陶。有的灶体泥质灰陶，灶

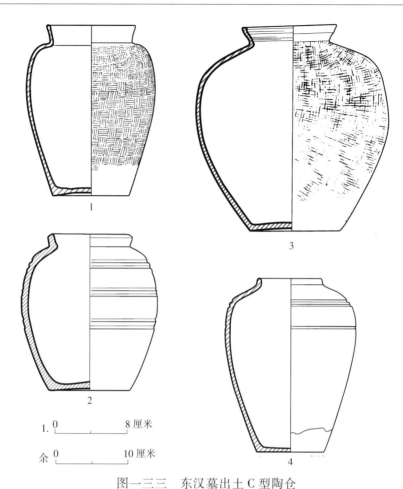

图一三三 东汉墓出土 C 型陶仓

1. I式（M183：6） 2. II式（M157：4） 3. III式（M413：1） 4. IV式（M12：15）

上附件泥质灰黑、灰褐陶，少量夹砂灰黑陶。灶体模制，灶上附件多手制，少数轮制。据其平面呈前方后圆形、长方形或梯形及火眼的不同，分四型。

A 型 10 件。平面呈前方后圆形。灶面设前后火眼，火眼上置釜、锅、甑，前壁设通地式火门。据火门顶的不同，分三亚型。

Aa 型 2 件。火门弧顶，直壁下张。据灶面前二角弧度由大变小，火门下部由宽变窄，分两式。

I 式 1 件。

M408：1，泥质灰陶。灶面前二角弧度略大，火门下部略宽。火眼上存一锅。锅敞口，平沿，斜腹，平底。灶体高 6.1~7、长 21.3、前宽 14.9 厘米（图一三四，1；彩版一三六，1）。

II 式 1 件。

M534：3，泥质灰陶。灶面前二角弧度略小，火门下部略窄。火眼上置一釜一锅。釜敛口，圆沿，扁鼓腹，圜底。锅敞口，平沿，方唇，斜弧腹，平底。灶体高 7.6、长 23、前宽 16 厘米（图一三四，2；彩版一三六，2）。

Ab 型 4 件。火门平顶。据前两角弧度由小变大至方，分四式。

I 式 1 件。

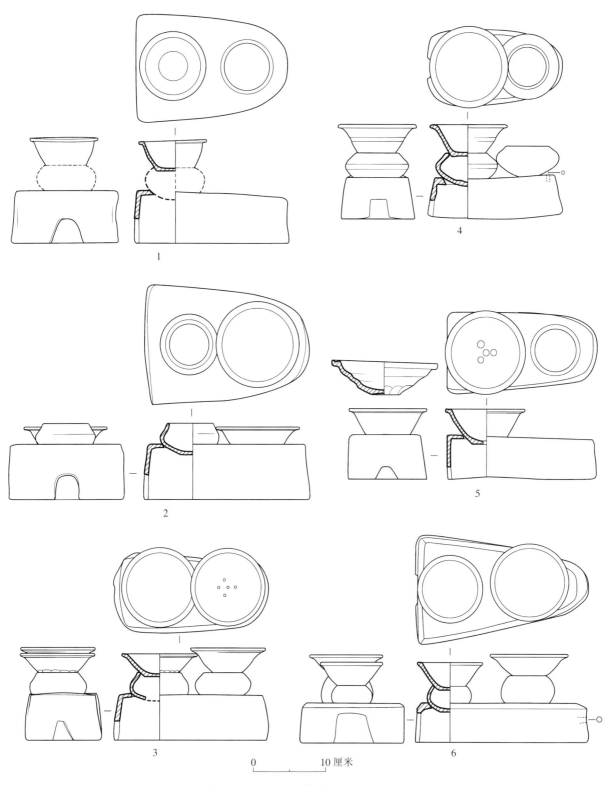

图一三四　东汉墓出土 A 型陶灶

1. Aa 型Ⅰ式（M408：1）　2. Aa 型Ⅱ式（M534：3）　3. Ab 型Ⅰ式（M183：3）　4. Ab 型Ⅱ式（M175：4）
5. Ab 型Ⅲ式（M445：5）　6. Ab 型Ⅳ式（M188：4）

M183：3，泥质灰陶。平面较小，前两角弧度较小，直壁下张，未见烟孔。火门较高，上部较窄。火眼上置两釜一锅一甑。釜敛口，圆沿，扁鼓腹，平底。锅敞口，平折沿，圆唇，斜弧腹，平底。甑敞口，仰折沿，斜弧腹，平底镂五箅孔。灶体高 6～6.2、长 21.4、前宽 10.6 厘米（图一三四，3；彩版一三六，3）。

Ⅱ式　1件。

M175：4，泥质灰陶。平面较小，前两角弧度较大，直壁下张，尾部设烟孔。火门略矮，上部较宽。火眼上置两釜一锅。釜敛口，圆沿，扁鼓腹，圜底。锅敞口，平折沿，圆唇，斜弧腹，平底。灶体高 5.4、长 19、中部宽 11 厘米（图一三四，4；彩版一三六，4）。

Ⅲ式　1件。

M445：5，泥质灰陶。平面较前两式略大，前两角略弧，直壁略下张，未见烟孔。火门甚矮，上部较窄。火眼上见一锅一甑。锅敞口，凹沿，圆唇，斜弧腹，平底。甑敞口，凹沿，圆唇，斜弧腹，平底镂四箅孔。灶体高 6、长 20.6、前宽 10.9 厘米（图一三四，5；彩版一三六，5）。

Ⅳ式　1件。

M188：4，泥质灰陶。平面较长，前两角较方，后部较窄，直壁下张，后壁中部偏上设烟孔。火门较高，上部较宽。火眼上置两釜两锅。釜敛口，圆沿，扁鼓腹，平底。锅敞口，平沿，圆唇，斜直腹，平底。灶体高 5.2、长 24、前宽 14.5 厘米（图一三四，6；彩版一三六，6）。

Ac 型　4件。火门尖顶。据灶平面由小变大，火门由矮变高，分三式。

Ⅰ式　1件。

M458：3，泥质灰陶。平面甚小，直壁下张，无烟孔。火门较矮，不甚规整。火眼上置两釜一锅一甑。釜敛口，圆沿，扁鼓腹，圜底。锅敞口，平折沿，圆唇，斜弧腹，平底。甑敞口，平折沿，斜弧腹，平底镂四箅孔。灶体高 5.3、长 19.2、前宽 8.5 厘米（图一三五，1；彩版一三七，1）。

Ⅱ式　2件，分别为 M53：2、M159：4。平面较前式略大，壁略弧，火门略高。火眼上置两釜一锅一甑。

M159：4，泥质灰陶。尾部设一烟孔。釜敛口，圆沿，扁鼓腹，圜底。锅敞口，平折沿，圆唇，斜弧腹，平底。甑敞口，平折沿，圆唇，斜弧腹，底微凹，镂五箅孔。灶体高 4.8、长 21、前宽 12.5 厘米（图一三五，2；彩版一三七，2）。

Ⅲ式　1件。

M44：5，泥质灰陶。平面略大，壁略直，后壁上部设烟孔。火门略高。火眼上设两釜一锅一甑。釜敛口，圆沿，扁鼓腹，平底。锅敞口，平折沿，圆唇，斜弧腹，平底。甑敞口，平折沿，圆唇，斜弧腹，平底镂五箅孔。灶体高 5.4～5.6、长 17.4、前宽 10.8 厘米（图一三五，3；彩版一三七，3）。

B 型　4件。平面呈长方形。灶面设前后火眼，火眼上置釜、锅、甑。灶面多模印纹，有的壁面也有模印纹。据火门由斜顶变弧顶至孔洞式，分四式。

Ⅰ式　1件。

M442：6，泥质灰陶。灶面设固着于灶体的前后两釜，釜上置一锅一甑。直壁，后壁设一烟

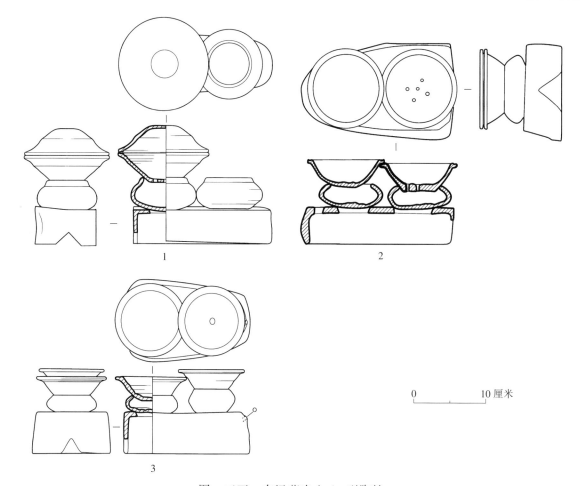

图一三五　东汉墓出土 Ac 型陶灶

1. Ⅰ式（M458：3）　　2. Ⅱ式（M159：4）　　3. Ⅲ式（M44：5）

孔，前壁设通地式斜顶火门。灶面模印馍、鱼、鳖、鸡、盘、杖等。釜敛口，圆沿，扁鼓腹，圜底。锅敞口，平折沿，圆唇，斜弧腹，平底。甑敞口，平折沿，圆唇，斜弧腹，平底镂五算孔。灶体高5.6、长24.8、宽12.6厘米（图一三六，1；彩版一三七，4）。

Ⅱ式　1件。

M24：8，泥质灰陶。灶面设固着于灶体的前后两釜，釜上置一锅一甑。直壁，未见烟孔，前壁设通地式弧顶火门。灶面模印馍、鱼、鳖、鸡、叉、几等。釜敛口，圆沿，扁鼓腹，圜底。锅敞口，平沿，圆唇，斜弧腹，平底。甑敞口，平沿，圆唇，斜弧腹，平底镂五算孔。灶体高5.7、长25.4、宽12.6厘米（图一三六，2；彩版一三八，1）。

Ⅲ式　1件。

M371：2，泥质灰陶。灶面前、后设有挡火墙，未见烟孔。前壁中部开弧顶平坎孔洞式火门。火眼上置两釜一锅一甑。前、后壁面模印菱形纹，两侧壁面四周模印菱形纹，中间模印鱼纹。釜敛口，圆沿，扁鼓腹，圜底。锅敞口，平折沿，圆唇，斜弧腹，平底。甑敞口，平折沿，圆唇，斜弧腹，平底镂五算孔。灶体高6~6.2、长16、宽9.4厘米（图一三六，5；彩版一三七，5、6）。

Ⅳ式　1件。

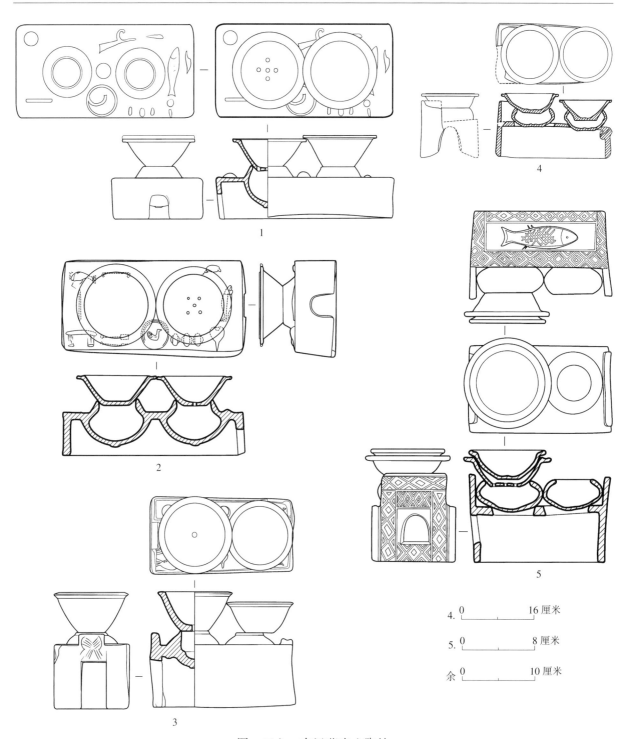

图一三六　东汉墓出土陶灶

1. B 型 I 式（M442：6）　　2. B 型 II 式（M24：8）　　3. B 型 IV 式（M12：23）　　4. C 型（M413：5）　　5. B 型 III 式（M371：2）

4. 0 ——————— 16 厘米

5. 0 ——————— 8 厘米

余 0 ——————— 10 厘米

M12：23，泥质灰陶。前、后火眼不通，灶面设固着于灶体的两釜，釜上置一锅一甑。灶面后部设无孔烟囱，前设挡火墙。前壁设通地式平顶火门，挡火墙正面与火门上方有刻划纹，灶面边缘饰凸棱，凸棱内模印馍、环首小刀、蔬菜等。锅敞口，平沿，圆唇，斜弧腹，平底。甑敞口，平沿，圆唇，斜弧腹，平底镂一箅孔。灶体高 10、长 20、宽 10 厘米（图一三六，3；彩版一三八，2）。

C 型　1 件。

M413：5，泥质灰陶。平面呈梯形，设前、后火眼，火眼上置两釜两锅。前部一隅循纵、横壁设曲尺形挡墙。后壁上部设烟孔，前壁设通地式弧顶火门。釜敛口，圆沿，扁鼓腹，平底。锅敞口，平折沿，圆唇，斜弧腹，平底。灶体高 7.5、长 24.4、宽 10.8～12.4 厘米（图一三六，4；彩版一三八，3）。

D 型　6 件。灶面设单火眼，火眼上置釜、锅、甑。平面呈前方后圆形。据灶平面由窄变宽，前二角由弧变方，分五式。

Ⅰ式　1 件。

M431：6，泥质灰陶。平面后部斜折。前壁残，火门不清。后壁上部见烟孔。火眼上置一釜一锅一甑。釜敛口，圆沿，扁鼓腹，平底。锅敞口，平沿，方唇，斜弧腹，平底。甑敞口，平沿，圆唇，斜弧腹，平底镂五箅孔。灶体高 7～8.1、长 21.8、前部复原宽 13.2 厘米（图一三七，1）。

Ⅱ式　1 件。

M402：6，泥质灰陶。平面较窄，前两角微弧，尾部设烟孔。火眼上置一釜两锅。直壁外张，前壁设通地式平顶火门。釜敛口，圆沿，扁鼓腹，平底。锅口微侈，圆沿，深弧腹，平底。灶体高 8、长 20.2、前宽 13.2 厘米（图一三七，2；彩版一三八，4）。

Ⅲ式　1 件。

M125：2，泥质灰陶。平面略短，前两角较弧，后部设烟孔，火眼上置一釜一锅一甑。直壁外斜，前壁设通地式窄弧顶火门。釜敛口，圆沿，扁鼓腹，平底。锅敞口，平折沿，圆唇，斜直腹，平底。甑敞口，平折沿，圆唇，斜直腹，平底镂五箅孔。灶体高 6.2～6.4、长 17、前宽 10.5 厘米（图一三七，3；彩版一三九，1）。

Ⅳ式　1 件。

M157：3，泥质灰陶。平面较宽，前两角微弧，后部设烟孔，火眼上置一釜一锅一甑。直壁微外弧，前壁设通地式平顶火门。釜敛口，圆沿，扁鼓腹，底微凹。锅敞口，圆沿，圆唇，深弧腹，平底。甑敞口，平折沿，圆唇，斜直腹，平底镂五箅孔。灶体高 8.2、长 22、前宽 14.6 厘米（彩版一三九，2）。

Ⅴ式　2 件，分别为 M416：7、M456：6。平面较宽，前两角略方，后部设烟孔。壁较直，前壁设孔洞式平坎弧顶火门。

M416：7，泥质灰陶。火眼上置一锅一甑。侧壁下部饰绳纹。锅敞口，平沿，圆唇，折腹，平底。甑敞口，平沿，圆唇，斜弧腹，平底镂五箅孔。灶体高 6.1～6.8、长 20.2、前宽 14 厘米（图一三七，4；彩版一三九，3）。

残 6 件，已成碎片。有的仅存釜或釜、锅、甑。分别为 M45：3、M61：2、M149：10、M401：3、M432：6、M541：3。

井　26 件。其中残失不辨形制 4 件。泥质灰陶为主，也有泥质灰黄、灰褐、红陶。有的焙烧火候高，质坚，叩之锵锵然。据有无肩的不同，分两型。

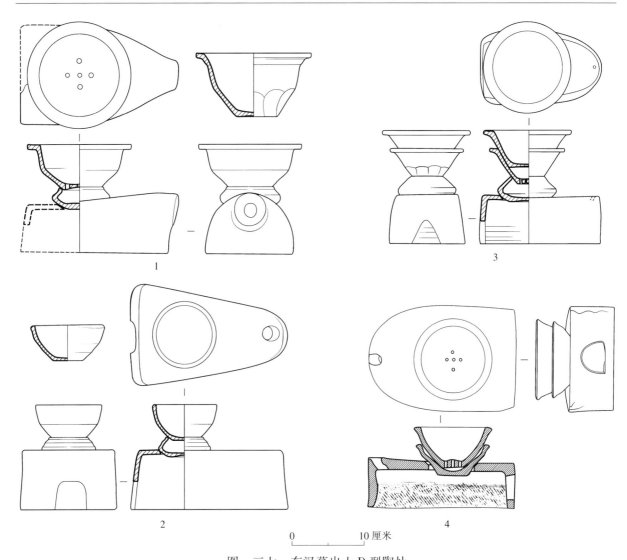

图一三七　东汉墓出土 D 型陶灶

1. Ⅰ式（M431∶6）　2. Ⅱ式（M402∶6）　3. Ⅲ式（M125∶2）　4. Ⅴ式（M416∶7）

A 型　18 件。无肩。腹壁多有刮削痕。据底大、小的不同，分两亚型。

Aa 型　11 件。底较小。泥质灰陶为主，也有夹砂灰陶、泥质灰黄陶、泥质红陶。据直口变侈口，弧腹变斜直腹再变折腹至直腹下收，分七式。

Ⅰ式　1 件。

M458∶2，泥质灰陶。直口，沿微仰，沿面微凹，方唇，弧腹，平底。腹饰两道凹弦纹。高 13.7、口径 12.7、腹径 12.4、底径 10 厘米（图一三八，1；彩版一三九，4）。

Ⅱ式　1 件。

M159∶9，泥质灰陶。侈口，沿微仰，沿边起棱，方唇，腹微弧下收，平底。高 10.9、口径 14.6、腹径 12.4、底径 6.9 厘米（图一三八，2；彩版一三九，5）。

Ⅲ式　2 件，分别为 M188∶1、M188∶6。直口，仰折沿，圆唇，腹微弧下收，平底。

M188∶6，泥质灰陶。高 13.7、口径 14.4、腹径 13.4、底径 8.4 厘米（图一三八，3；彩版一

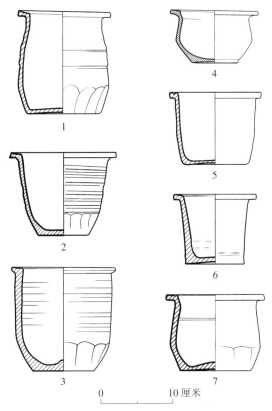

0　　　　　　　　10厘米

图一三八　东汉墓出土 Aa 型陶井

1. Ⅰ式（M458：2）　2. Ⅱ式（M159：9）　3. Ⅲ式（M188：6）　4. Ⅳ式（M416：3）　5. Ⅴ式（M401：7）
6. Ⅶ式（M78：1）　7. Ⅵ式（M413：8）

四〇，1）。

　　Ⅳ式　2件，分别为 M416：3、M456：7。夹砂灰陶。侈口内钩，平折沿，方唇，浅折腹，平底或微凹。

　　M416：3，井内附一汲水罐，侈口，圆沿，束颈，折腹，底微凹。井高 6.8~7.1、口径 12.2、腹径 10.6、底径 6.4 厘米，汲水罐高 5、口径 3.8、腹径 4.3、底径 2 厘米（图一三八，4；彩版一四〇，2）。

　　Ⅴ式　1件。

　　M401：7，泥质灰陶。侈口，平折沿，方唇，斜直腹下收，底微凹。高 9.5、口径 12.6、腹径 11.6、底径 8.2 厘米（图一三八，5；彩版一四〇，3）。

　　Ⅵ式　3件，分别为 M44：3、M371：8、M413：8。侈口，平沿或平折沿，方唇，浅腹微折，平底或微凹。

　　M413：8，泥质红陶。平折沿，底微凹。高 10.1、口径 13.6、腹径 12.4、底径 9.7 厘米（图一三八，7；彩版一四〇，4）。

　　Ⅶ式　1件。

　　M78：1，泥质灰陶。侈口，沿微仰，方唇，直腹略内曲下收，底略凹。高 9.1~9.2、口径 11.4、腹径 9.2、底径 8.1 厘米（图一三八，6；彩版一四〇，5）。

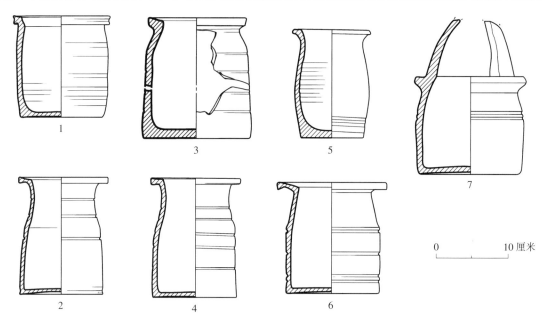

图一三九　东汉墓出土 Ab 型陶井

1. Ⅰ式（M183：2）　2. Ⅱ式（M442：5）　3. Ⅲ式（M432：7）　4. Ⅳ式（M24：14）　5. Ⅴ式
（M175：2）　6. Ⅵ式（M534：5）　7. Ⅶ式（M12：22）

Ab 型　7 件。底较大。泥质灰陶为主，也有泥质灰褐陶、泥质红陶。据口沿由侈变敛，沿由窄平沿变宽平沿，腹由斜直变弧腹至微弧，分七式。

Ⅰ式　1 件。

M183：2，泥质灰褐陶。侈口，沿微折，方唇，沿面，唇面有一道凹槽，口内侧切削，腹略弧，平底。高 13.4、口径 13.1、腹径 12.5、底径 11.2 厘米（图一三九，1；彩版一四〇，6）。

Ⅱ式　1 件。

M442：5，泥质灰陶。侈口，平沿，方唇，斜直腹下张，底微凹。腹饰三道凹弦纹。高 15.4、口径 12.3、腹径 11.4、底径 11.4 厘米（图一三九，2）。

Ⅲ式　1 件。

M432：7，泥质灰陶。敛口，沿微仰，圆唇，壁较直，平底。腹饰四道凹弦纹。高约 16、口径 13.6、腹径 14.7、底径 14.8 厘米（图一三九，3）。

Ⅳ式　1 件。

M24：14，泥质灰陶。侈口，平沿，方唇，斜弧腹微外张，底微凹。腹饰五道凹弦纹。高 15.7、口径 12.4、腹径 11.4、底径 11.6 厘米（图一三九，4；彩版一四一，1）。

Ⅴ式　1 件。

M175：2，泥质灰陶。侈口，平沿微凹，圆唇，弧腹，平底。高 14.5、口径 10.8、腹径 10.3、底径 8.7 厘米（图一三九，5；彩版一四一，2）。

Ⅵ式　1 件。

M534：5，泥质灰陶。口微侈，宽平沿，方唇，壁上弧下直，底微凹。腹饰三道凹弦纹。高 15、口径 15.2、腹径 13.1、底径 13 厘米（图一三九，6；彩版一四一，3）。

Ⅶ式 1件。

M12：22，泥质红陶。井架上部残。口内敛，宽平沿，圆唇，腹微弧，底微凹。腹饰两道凸棱纹。残高20.4、口径15.4、腹径14.3、底径14厘米（图一三九，7；彩版一四一，4）。

B型 4件。束颈，削肩，直壁下略收，底微凹。泥质灰陶为主，个别泥质灰褐陶。据颈的变化，分三式。

Ⅰ式 2件，分别为M183：4、M431：4。侈口，沿微仰，方唇，颈微内束。

M431：4，泥质灰陶。腹饰三道凹弦纹。高16.6、口径14.6、腹径15.1、底径14.6厘米（图一四〇，1；彩版一四一，5）。

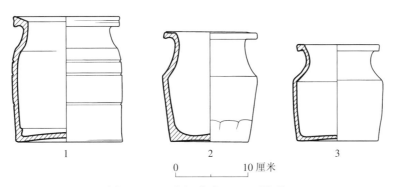

图一四〇 东汉墓出土B型陶井
1. Ⅰ式（M431：4） 2. Ⅱ式（M125：3） 3. Ⅲ式（M408：2）

Ⅱ式 1件。

M125：3，泥质灰陶。侈口，平折沿，方唇，颈较内束。高14.4、口径12.9、腹径13、底径10.7厘米（图一四〇，2；彩版一四一，6）。

Ⅲ式 1件。

M408：2，泥质灰陶。侈口，平沿，方唇，颈甚内束。高12.7、口径11.4、腹径12.4、底径11.2厘米（图一四〇，3）。

残4件，型式不明，分别为M61：3、M149：16、M432：2、M445：3。

磨 6件。泥质灰陶为主，少量泥质灰褐陶、泥质红陶。上扇磨盖与下扇磨盘、磨盆分体模制；下扇磨盘、磨盆连为一体，中空。据有无足、盖面、盆腹的变化，分五式。

Ⅰ式 1件。

M149：17，盖泥质灰陶，盘、盆泥质红陶。盖面弧，顶有圆窝，中有横隔，横隔两边各镂一孔，一侧设手柄，近手柄处镂一孔。盘面甚凸。磨盆敞口，内壁弧折。盘、盆中空，底附三熊形足。通高10、盖径10.8、盆口径17.2、底径15厘米（图一四一，1）。

Ⅱ式 1件。

M442：7，泥质灰陶。盖面弧，顶有两个半圆形槽，中有横隔，边缘一侧设扁状手柄，磨盘凸起于磨盆，中心凸起一锥形转轴。磨盆敞口，斜直壁，平底，附三熊形足。通高8、盖径8.7、盆口径16.2、底径15.2厘米（图一四一，2；彩版一四二，1）。

Ⅲ式 1件。

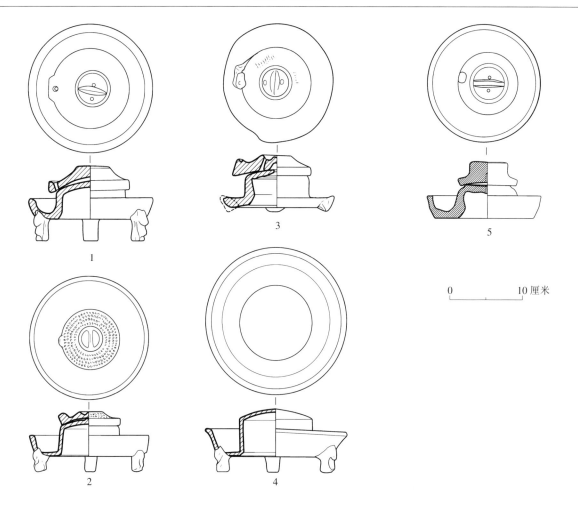

图一四一　东汉墓出土陶磨

1. Ⅰ式（M149：17）　　2. Ⅱ式（M442：7）　　3. Ⅲ式（M24：5）　　4. Ⅳ式（M534：2）　　5. Ⅴ式（M456：5）

　　M24：5，泥质灰褐陶。盖面弧，顶部有圆窝，中间设一横隔，横隔两侧各设一进料孔，边缘一侧设手柄，背面中心设一圆孔。下扇磨盘中心设一圆孔与磨盖中心孔相对应。磨盆敞口，内壁斜折，平底，附三熊形足。通高7.6、盖径9.4、盆口径15.6、底径15.2厘米（图一四一，3；彩版一四二，2）。

　　Ⅳ式　1件。

　　M534：2，泥质灰陶。顶隆。磨盆敞口，内壁斜折，平底，附三熊形足。盖残，磨盘固于磨盆底，凸起。通高8.2、盆口径19.6、底径15.2厘米（图一四一，4；彩版一四二，3）。

　　Ⅴ式　2件，分别为M416：1、M456：5。泥质灰陶。盖面凸起，中心有圆窝，窝内或设三孔，中间一孔与磨盘孔对应，或置横隔，两侧各设一进料孔，边缘一侧有手柄，磨盘凸起于盆，面微凹。磨盆敞口，直壁折收，内壁微弧折，平底。

　　M456：5，通高7.5～7.6、盖径8.4、盆口径16.8、底径13.6厘米（图一四一，5；彩版一四二，4）。

　　碓　2件，分别为M416：8、M456：2。泥质灰陶。碓栏模制，碓杆、碓窝手制。碓栏圆形，

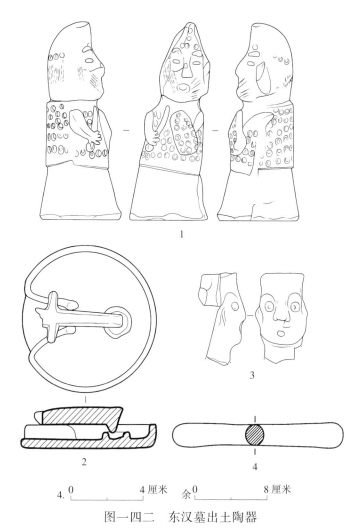

图一四二 东汉墓出土陶器

1. Ⅰ式人物俑（M12：26） 2. 碓（M456：2） 3. Ⅱ式人物俑（M12：27） 4. 杵（M149：8）

壁一侧开口内折并延长以承碓横杆。碓杆长条形，前端有碓头，后有横杆。碓窝圆形，固着于缺口前栏底。

M456：2，栏高2.4、口径14.7、碓杆残长9.3、碓窝口径3厘米（图一四二，2；彩版一四二，5）。

杵 1件。

M149：8，泥质红陶。长圆实心体。中间细，两端略粗，端面圆弧。长9.5、直径1.1~1.3厘米（图一四二，4；彩版一四二，6）。

人物俑 2件。据质地由红陶变釉陶及形态的变化，分两式。

Ⅰ式 1件。

M12：26，泥质红陶，质较硬。手制。浓眉，深目，隆鼻，阔嘴，宽颏，颐刻深皱纹。左手持盾，护于胸前，右手持短刀，亦护于胸前。双足不见，隐于袍裙中。头戴前后向扁帽，身着甲袍。帽后及甲袍上刻小方块状甲片。袍下为裾，宽幅曳地。通高21厘米（图一四二，1）。

Ⅱ式 1件。

M12：27，泥质灰褐胎，施绿釉。手制。仅存头部。头戴平顶圆冠，浓眉，圆目，隆鼻，大耳，张嘴。残高9.5厘米（图一四二，3；彩版一四三，1）。

动物　34件。有狗、羊、犀牛、鸡、鸭、鸳鸯，其中残失不辨形制7件。泥质灰陶为主，泥质灰黑陶次之，少数泥质红陶、泥质灰黄陶，还有夹炭灰陶、红胎或灰褐胎釉陶。模制或手制。

狗　10件。其中残失不辨形制3件。据张口或闭口，伏或直立的不同，分两型。

A型　5件。分四式。

Ⅰ式　1件。

M442：1，泥质灰陶。昂首左顾，张嘴，眦目，竖耳，踞伏，尾右卷，藏右后足，中空，颐刻皱纹。高20.1、长25.9厘米（图一四三，1；彩版一四三，2）。

Ⅱ式　1件。

M24：12，泥质灰陶，器薄而均匀，内空处见抹痕，模制。昂首右扭，张嘴，瞋目，竖耳，颊刻须，踞伏，藏一足与尾。高22.7、长27厘米（图一四三，2；彩版一四三，3）。

Ⅲ式　1件。

M230：1，泥质灰陶，模制。昂首右扭，闭嘴，鼓目，蹲踞，足、尾不明显。内空。高14.7、长20.5厘米（图一四三，6；彩版一四三，4）。

Ⅳ式　2件，分别为M416：4、M456：8。泥质灰陶或夹炭灰陶。手制，器粗糙。昂首右扭，嘴闭合，瞋目，竖耳，长颈，足蹲踞，尾松散曳地。内空。

M416：4，夹炭灰陶。高12.9、长19.9厘米（图一四三，3）。

B型　2件。直立，分两式。

Ⅰ式　1件。

M12：3，泥质红胎，绿釉，足下部无釉。手制，造型浑厚，内空。昂首，瞋目，竖耳，张口，尾上翘后下卷，四足站立。颈饰项带，前胸饰胸带。项带之颈后中心、胸带之前背中心共饰一圆环，其两侧各饰一筒状环。项带之颈下饰带连接胸带。高38.4、长38厘米（图一四三，5；彩版一四三，5）。

Ⅱ式　1件。

M304：1，泥质红胎，青黄釉。模制，内空。首平伸，张口，瞋目，竖耳，鬃毛栩栩，曲腰细腹，尾上卷，前、后足各自聚为横扁座。高6.8、长7.6厘米（图一四三，4；彩版一四三，6）。

残3件，分别为M149：2、M304：2、M534：6。

羊　1件。

M12：2，泥质红胎，施褐色釉。手制，中空处见捏痕。首右扭，圆目，刻划口吻闭合，角卷曲，短尾下垂，四足蹲踞。高12.8、长16.3厘米（图一四四，2；彩版一四四，1）。

犀牛　1件。

M12：24，泥质红胎，施绿釉，下部少量釉剥落。模制。残存头部。秃嘴，鼓目，独角后刺。残高9.3厘米（图一四四，3；彩版一四四，2）。

鸡　11件。其中残失不辨形制2件。泥质灰陶为主，泥质灰黑陶次之，也有个别泥质灰褐陶、夹炭灰陶、红胎釉陶。据雌、雄的不同，分两型。

A型　5件。雌鸡。分四式。

图一四三　东汉墓出土陶狗

1. A 型 I 式（M442：1）　　2. A 型 II 式（M24：12）　　3. A 型 IV 式（M416：4）　　4. B 型 II 式（M304：1）
5. B 型 I 式（M12：3）　　6. A 型 III 式（M230：1）

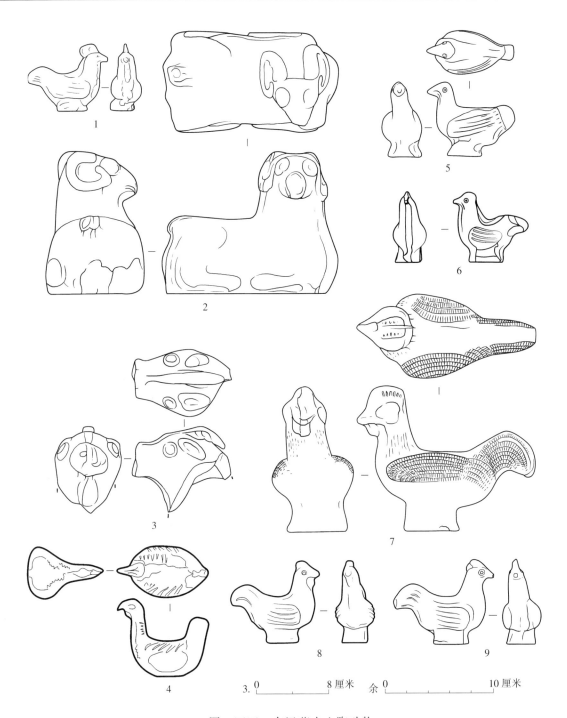

图一四四　东汉墓出土陶动物

1. B 型Ⅲ式鸡（M456：11－2）　2. 羊（M12：2）　3. 犀牛（M12：24）　4. A 型Ⅱ式鸡（M159：3）　5. A 型Ⅰ式鸡（M149：13）　6. A 型Ⅲ式鸡（M416：6－2）　7. A 型Ⅳ式鸡（M12：4）　8. B 型Ⅰ式鸡（M442：11）　9. B 型Ⅱ式鸡（M534：7－1）

Ⅰ式　1件。

M149：13，泥质灰黑陶。昂首、尖喙、无冠、短颈、翅贴身、尾残、双足聚为圈足。高6.7、长约8.2厘米（图一四四，5；彩版一四四，3）。

Ⅱ式　1件。

M159：3，泥质灰黑陶。昂首，尖喙，小冠，长颈，翘尾，无足。身刻翅、羽毛纹。高7、长8.6厘米（图一四四，4；彩版一四四，4）。

Ⅲ式　2件，分别为M416：6－2、M456：11－1。昂首，尖喙，圆目，矮冠，翅贴身，短曲尾，双足聚为圈足或方座。

M416：6－2，双足聚为圈足。高6.2、长7厘米（图一四四，6；彩版一四四，5）。

Ⅳ式　1件。

M12：4，泥质红胎，施绿釉。胸足未施釉。昂首，突目，尖喙，小冠，翅贴身，双足聚为圆座。高13、长16.8厘米（图一四四，7；彩版一四四，6）。

B型　4件。雄鸡。昂首，尖喙，圆目，翅贴身，双足聚为方座。据冠、尾的变化，分三式。

Ⅰ式　1件。

M442：11，泥质灰陶。高冠略高，尾略长。高7.4、长8.2厘米（图一四四，8；彩版一四五，1）。

Ⅱ式　1件。

M534：7－1，泥质灰陶。高冠略矮，尾较长。高7.2、长8.8厘米（图一四四，9；彩版一四五，2）。

Ⅲ式　2件，分别为M416：6－1（彩版一四四，5）、M456：11－2。泥质灰陶或夹炭灰陶。冠较高，尾较长。

M456：11－2，泥质灰陶。高5.9、长7.4厘米（图一四四，1）。

残2件，分别为M24：11、M534：7－2（彩版一四五，2）。

鸭　10件。其中残失不辨形制2件。泥质灰陶为主，个别泥质灰黑陶、泥质灰褐陶、夹炭灰陶。手制。据雌、雄的不同，分两型。

A型　6件。雌鸭，体较肥硕、矮壮。分四式。

Ⅰ式　1件。

M442：12，泥质灰陶，昂首，长扁嘴，圆目，短颈，长尾，双足扁状无趾外撇。高7.4、长9.7厘米（图一四五，1；彩版一四五，3）。

Ⅱ式　2件，分别为M149：14、M534：8－1。

M149：14，双足聚为圈足。长10.2、高7.6厘米（图一四五，2；彩版一四五，6）。

M534：8－1，泥质灰陶。昂首，长扁嘴，圆目，短颈，翅贴身，长尾，双足聚为方座。高8、长9.3厘米（彩版一四五，4）。

Ⅲ式　1件。

M159：12，泥质灰黑陶。昂首，扁嘴，圆目，长颈，短尾上翘，无足。身刻翅、羽纹。高5.8、长10厘米（图一四五，3）。

Ⅳ式　2件，分别为M416：5、M456：4－1。泥质灰陶或夹炭灰陶。昂首，圆嘴或扁嘴，圆目，长颈，翅贴身，翘尾较粗短，双足聚为方形座。

M456：4－1，泥质灰陶。圆嘴。高9.4、长11.4厘米（图一四五，4；彩版一四五，5）。

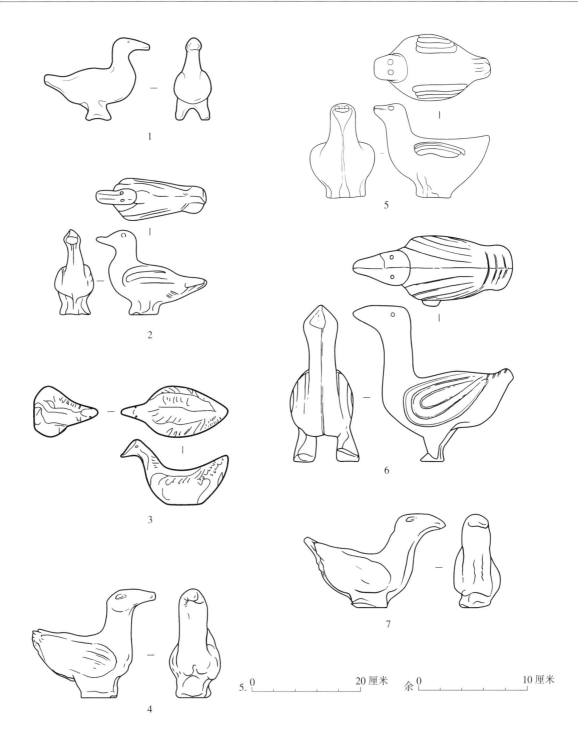

图一四五　东汉墓出土陶动物

1. A 型 I 式鸭（M442：12）　2. A 型 II 式鸭（M149：14）　3. A 型 III 式鸭（M159：12）　4. A 型 IV 式鸭（M456：4-1）　5. 鸳鸯（M12：25）　6. B 型 I 式鸭（M149：5）　7. B 型 II 式鸭（M456：4-2）

B 型　2 件。雄鸭。分两式。

I 式　1 件。

M149：5，泥质灰褐陶。昂首，扁嘴，圆目，长颈，翅贴身，短尾，双足立。翅、尾阳刻羽纹。高 14、长 14.8 厘米（图一四五，6；彩版一四六，1）。

Ⅱ式　1 件。

M456：4－2，泥质灰陶。昂首，扁嘴，圆目，长颈，翅贴身，翘尾，双足聚为方形座。高 8.4、长 13 厘米（图一四五，7；彩版一四五，5）。

残 2 件，分别为 M24：10、M534：8－2（彩版一四五，5）。

鸳鸯　1 件。

M12：25，泥质红胎，施青绿釉。模制，中空。昂首，圆目，秃嘴闭合，双翅贴身，足聚为方座。高 17、长 21.6 厘米（图一四五，5；彩版一四六，2）。

（二）瓷　器

2 件。器类为四系罐。

四系罐　2 件。灰白胎，质不甚纯。器身轮制，系手制，见贴附捏痕。侈口，圆沿，束颈，溜肩，肩附横向半环状四系。据高矮及腹底的不同，分两型。

A 型　1 件。

M12：16，器较矮，弧腹下鼓，底较大。唇面、肩部各饰一道凹弦纹。高 22.2、口径 12.8、腹径 23.4、底径 16 厘米（图一四六，1；彩版一四六，3）。

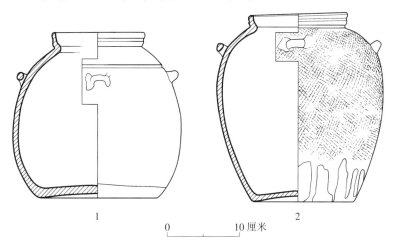

图一四六　东汉墓出土瓷罐
1. A 型（M12：16）　　2. B 型（M12：17）

B 型　1 件。

M12：17，器较高，弧腹下收，平底内凹。唇面饰一道凹弦纹，肩至中腹饰细网格纹。高 24.9～25.4、口径 13.9、腹径 23.2、底径 14 厘米（图一四六，2；彩版一四六，4）。

（三）铜　器

40 件。按用途分有生活用器、兵器、货币。其中残失不辨形制 4 件。

1. 生活用器

11 件。其中残失不辨形制 4 件。器类有盆、印章、印台、指扣、构件。

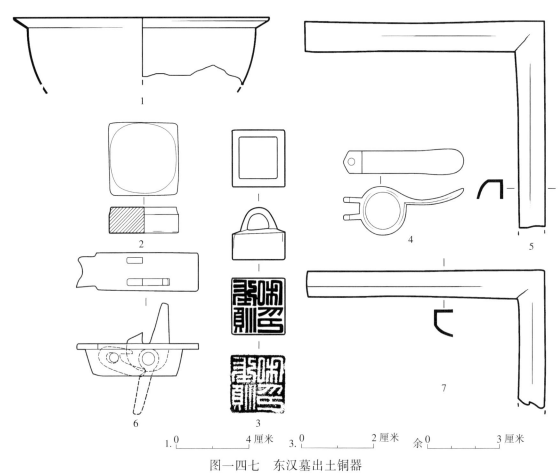

图一四七　东汉墓出土铜器

1. 盆（M175：3）　2. 印台（M534：10）　3. 印章（M534：9）　4. 指扣（M445：7）　5、7. 构件（M12：28）
6. 弩机（M12：20）

盆　6件。其中残碎3件。器甚薄。可辨器形者3件，分别为M159：6、M175：3、M442：9。侈口，仰沿，束颈，弧腹下收，底残。

M175：3，残高3.5、口径14厘米（图一四七，1）。

残3件，分别为M24：13、M401：4、M408：3。

印章　1件。

M534：9，正方形，拱形纽，印面阴刻"张顺和印"。通高1.5、面宽1.5厘米（图一四七，3；彩版一四六，5、6）。

印台　1件。

M534：10，平面呈正方形。高1.1、面宽3.1厘米（图一四七，2）。

指扣　1件。

M445：7，圆圈状。一边有伸出片状錾，一边有二卯扣。通体长4.9、錾长2.5、圆圈径1.7厘米（图一四七，4；彩版一四六，7）。

构件　1件（2块）。

M12：28，呈曲尺形，一面有凹槽，一面斜面。一块长9.8、宽5.4、厚0.8厘米，另一块长

10、宽8、厚0.6厘米（图一四七，5、7）。

残片　1件，形体不明，为M12：10。

2. 兵器

1件。M12：20，弩机。锈残（图一四七，6）。

3. 钱币

21件（374枚），分别出于21座墓。其中锈蚀以至铭文不辨16枚。有五铢、大泉五十、货泉。

五铢　6件（46枚）。其中铭文模糊6枚。据铭文字体结构不同，分三式。

Ⅰ式　4枚，编号M432：1，"五"字上横画出头，下横画不出头，中间竖画较直，交股较曲。"铢"字"金"头作三角形，四点较长，"朱"上下两画圆折。

M432：1-1，钱径2.5、穿宽1、郭厚0.15厘米（图一四八，1）。

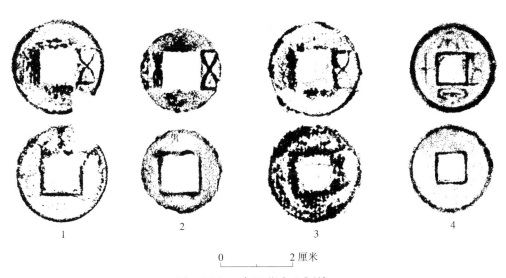

图一四八　东汉墓出土铜钱

1. Ⅰ式五铢（M432：1-1）　2. Ⅱ式五铢（M408：4-1）　3. Ⅲ式五铢（M371：7-1）　4. Ⅰ式大泉五十（M445：6-1）

Ⅱ式　13枚，编号M408：4。"五"字方折，上下横画不出头，中间两竖画较直，交股弯曲。"铢"字"金"头作三角形，四点较长，"朱"上画方折，下画圆折。

M408：4-1，钱径2.3、穿宽1、郭厚0.08厘米（图一四八，2）。

Ⅲ式　23枚。分别为M371：7、M413：6。"五"字方折，上下两横画出头，中间竖画较直，交股略弯曲。"铢"字"金"头作三角形，四点较长，"朱"上画方折，下画圆折。

M371：7-1，钱径2.2、穿宽0.9、郭厚0.1厘米（图一四八，3）。

M12：18、M188：7共6枚，铭文不甚清晰。M12：18似为剪轮五铢。

大泉五十　11件（286枚）。据钱径大小不同，分四式。

Ⅰ式　19枚。分别为M442：10、M445：6。"五"字交股斜曲，字体较小。钱径2.3～2.4厘米。

M445：6-1，钱径2.3、穿宽0.8、郭厚1厘米（图一四八，4）。

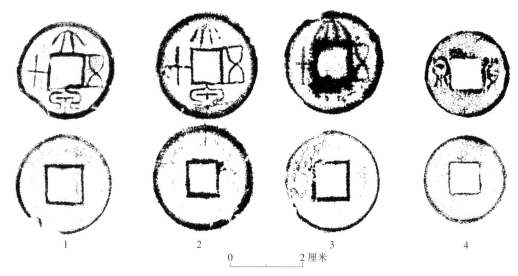

图一四九　东汉墓出土铜钱

1. Ⅱ式大泉五十（M442：10 - 2）　2. Ⅲ式大泉五十（M159：11 - 1）　3. Ⅳ式大泉五十（M78：2 - 1）
4. 货泉（M456：10）

Ⅱ式　169 枚。分别为 M125：4、M183：7、M402：9、M442：10 - 2、M445：6 - 2、M534：16。"五"字交股弯曲。

M442：10 - 2，钱径2.8、穿宽0.8、郭厚0.2 厘米（图一四九，1）。

Ⅲ式　69 枚。分别为 M159：11、M175：7。"五"字交股斜曲。

M159：11 - 1，钱径2.7、穿宽1、郭厚0.3 厘米（图一四九，2）。

Ⅳ式　29 枚。分别为 M61：6、M78：2、M541：4。"五字"交股斜曲。钱径2.6 ~ 2.65 厘米。

M78：2 - 1，钱径2.65、穿宽0.9、郭厚0.25 厘米（图一四九，3）。

货泉　2 件（35 枚）。分别为 M416：11、M456：10。体较小。钱径2.1 ~ 2.3 厘米。

M456：10，钱径2.3、穿宽0.7、郭厚0.2 厘米（图一四九，4）。

锈蚀，铭文不辨2 件，分别为 M24：4、M537：2。

（四）铁器

3 件。其中锈蚀不辨器类2 件，可辨器类仅有刀。

刀　1 件。

M12：13，锈蚀。残长47.4、宽3.6、背厚1.2 厘米（图一五〇，1）。

器片　2 件，分别为 M12：7、M12：21，锈蚀，形体不明。

（五）锡器

5 件。器类为耳杯、车饰。

耳杯　4 件。出自同一墓，编号为 M401：9。平面呈椭圆形，双耳微凹，斜弧腹，平底。

M401：9 - 2，高1、口长4、宽2.7 厘米（图一五〇，2）。

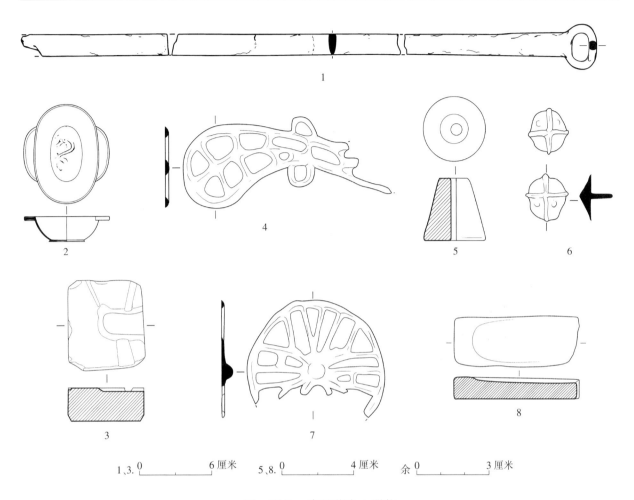

图一五〇　东汉墓出土器物

1. 铁刀（M12∶13）　2. 锡耳杯（M401∶9−2）　3. 石范（M534∶13）　4、6、7. 锡车饰（M12∶5）　5. 石纺轮（M534∶11−1）　8. 砺石（M534∶19）

车饰　1件。

M12∶5，残散，计有车轮、栏、钉（图一五〇，4、6、7）。

（六）石器

6件。器类有范、纺轮、砺石。

范　4件。出于同一墓，为 M534∶12~15。灰白色，两块相扣，扣合面有凹槽（彩版一四七，1~5）。

M534∶13，长6、宽7、厚2.6厘米（图一五〇，3）。

纺轮　1件（1号2件）。

M534∶11，白石。一为圆锥状，一为斗笠状，中心有一小圆孔。M534∶11−1，斗笠状，高3.2、底径3.4厘米（图一五〇，5）。

砺石　1件。

M534∶19，褐色沙石。不规则长方形。正、背面、两侧面均有使用磨痕。长7、宽2.6厘米

（图一五〇，8；彩版一四七，6）。

（七）漆木器

4件，分别为M12：19、M288：3、M445：8、M445：9。皆腐，存腐痕，不辨器形。

六　墓葬分类与分期

（一）随葬品组合

东汉墓的随葬品，只有陶器构成组合。其他质料器物或器类单一，或腐蚀莫辨，不能构成组合，铜钱只能作为组合参考。M26、M212、M404、M440无随葬品，不参加组合。余33墓参加组合。

1. 陶器组合类别

根据仿铜礼器、日用陶器、模型器的搭配关系，可归纳出五类组合。

A类　鼎、壶与日用器、模型器组合（表二一）。

有9座墓，分以下7种。

鼎、壶、罐、仓、灶、猪圈，伴出有大泉五十铜钱。该组合有M402、M442。

鼎、壶、罐、炙炉、杯、灯、仓、井、灶、猪圈、磨、狗、鸡、鸭。该组合有M149。

鼎、壶、罐、仓、井、灶、猪圈、磨、狗、鸡、鸭，伴出有铜盆、铜钱（铭文锈蚀不辨）。该组合有M24。

鼎、壶、罐、仓、井、灶、鸡、鸭，伴出铜盆、大泉五十铜钱。该组合有M159。

鼎、壶、罐、井、灶，伴出五铢。该组合有M188。

鼎、壶、罐、钵、仓、灶。该组合有M45。

鼎、壶、罐、仓、井、灶，有的伴出铜盆、锡耳杯。该组合有M44、M401。

表二一　东汉墓A类组合的组别及序列表

组别	鼎	壶	罐	炙炉	灯	杯	仓	井	灶	猪圈	磨	动物	伴出
1	AⅠ、BaⅠ	AⅠ、CbⅠ	AaⅠ、BⅠ、E	√	AⅠ	√	AaⅠ、AbⅠ	AbⅡ	BⅠ、DⅡ	AⅡ、BⅠ	Ⅰ、Ⅱ	AⅠ狗，AⅠ、BⅠ鸡，AⅠ、AⅡ、BⅠ鸭	大泉五十
2	AⅡ、BaⅡ	AⅡ、CaⅠ	AaⅢ、Ac、BⅡ				AbⅡ、BⅢ	AaⅡ、AbⅣ	AcⅡ、BⅡ	BⅡ	Ⅲ	AⅡ狗，AⅡ鸡，AⅢ鸭	
3	Bb	BⅡ	AaⅤ					AaⅢ	AbⅣ				
4	Bc	BⅢ	AaⅥ				Ac、BⅤ	AaⅣ					
5	AⅢ	BⅣ、CaⅢ	AaⅦ、BⅢ				AaⅤ、BⅦ	AaⅤ、AaⅥ	AcⅢ				铜盆、锡耳杯

B 类　鼎与日用器、模型器组合（表二二）。

5 座墓。分以下 3 种。

鼎、仓、井、灶、碓、磨、猪圈、狗、鸡、鸭，伴出货泉。该组合有 M416、M456。

鼎、罐、罐、仓、井、灶，伴出五铢。该组合有 M371、M413。

鼎、罐、仓、井、灶，伴出有大泉五十。该组合只有 M61。

表二二　东汉墓 B 类组合的组别及序列表

组别	鼎	罐	仓	井	灶	碓	磨	猪圈	动物	伴出
1	CⅠ、CⅡ		AaⅣ	AaⅣ	DⅤ	√	Ⅴ	AⅣ	AⅣ狗、AⅢ、BⅢ鸡，AⅣ、BⅡ鸭	货泉
2	AⅣ、AⅤ	AaⅧ、AaⅨ、BⅣ	BⅥ、CⅢ	AaⅥ	BⅢ、C					五铢
3	AⅥ	AaⅩ	残	残	残					大泉五十

C 类　壶与日用器、模型器组合（表二三）。

3 座墓。分以下 3 种。

壶、罐、仓、灶、猪圈。该组合有 M157。

壶、罐、仓、井、灶、磨、猪圈、狗、鸡、鸭，伴出铜印章、印台、大泉五十、石纺轮、石范。该组合有 M534。

壶、罐、仓、井、灶、楼、俑、狗、羊、犀牛、鸡、鸳鸯，伴出瓷罐、铜弩机、五铢、铁剑、铁刀等。该组合有 M12。

表二三　东汉墓 C 类组合的组别及序列表

组别	壶	罐	仓	井	灶	猪圈	磨	楼	俑	动物	瓷罐	铜弩机	铜印章	铜印台	其他
1	BⅠ、CaⅡ、CbⅡ	AaⅣ、C	CⅡ	AbⅥ	AaⅡ、DⅣ	AⅢ、BⅢ	Ⅳ			BⅡ鸡，AⅡ鸭			√	√	石纺轮，石范，大泉五十
2	AⅢ	D	CⅣ	AbⅦ	BⅣ			√	√	BⅠ狗，羊，犀牛，AⅣ鸡，鸳鸯	A、B	√			AⅡ、B灯，铁刀，锡车饰，漆器

D 类　日用器与模型器组合（表二四）。

9 座墓，分以下 9 种。

罐、井、灶。该组合有 M458。

罐、罐、仓、井、井、灶，伴出大泉五十。该组合有 M183。

罐、仓、井、灶、猪圈。该组合有 M431。

罐、仓、井、灶、猪圈，伴出五铢。该组合有 M432。

罐、罐、仓、井、灶，伴出大泉五十。该组合有 M125。

罐、仓、井、灶，伴出铜盆、大泉五十。该组合有 M175。

罐、仓、井、灶，伴出大泉五十。该组合有 M445。

罐、仓、长方盒、狗。该组合有 M230。

罐、罐、灶。该组合有 M541。

本类组合可分为 4 小组。

表二四　东汉墓 D 类组合的组别及序列表

组别	罐	仓	井	灶	猪圈	长方盒	动物	钵	伴出
1	AaⅠ、Ab	BⅠ、CⅠ	AaⅠ、AbⅠ、BⅠ	AbⅠ、AcⅠ、DⅠ	AⅠ				大泉五十
2	AaⅡ、AaⅢ	AaⅡ、BⅡ	AbⅢ、AbⅤ、BⅡ	AbⅡ、DⅢ	残				大泉五十、五铢、铜盆
3	AaⅣ	AaⅢ、BⅣ	残	AbⅢ		√	AⅢ狗	B	铜指扣、大泉五十
4	AaⅥ			残					

E 类　单纯日用器或模型器组合（表二五）。

7 座墓，分以下 6 种。

罐。有的伴出铜钱（铭文不辨）。有 M403、M537。

罐、罐。有 M288。

仓、灶。有 M53。

井、灶。有 M408。

井，伴出大泉五十。有 M78。

狗、狗。有 M304。

本类组合可分为 4 小组。

表二五　东汉墓 E 类组合的组别及序列表

组别	罐	仓	井	灶	狗	伴出
1	AaⅠ					铜钱
2	AaⅡ、AaⅢ	AaⅡ		AcⅡ		
3			BⅢ	AaⅠ		五铢、铜盆
4			AaⅦ		BⅡ	大泉五十

2. 器类组合对应

以上五类组合可归结为六大组，对应关系列表如下（表二六）。

表二六　东汉墓 A、B、C、D、E 类组合及序列对应表

类别 大组	A	B	C	D	E
一	1			1	1
二	2			2	2
三	3		1	3	3
四	4	1		4	
五	5	2			
六		3	2		4

（二）墓葬分类

根据墓葬形制、各墓随葬品的类别、多寡，可将 37 座墓分为甲、乙、丙、丁四类。

甲类墓　9 座。为 M24、M44、M45、M149、M159、M188、M401、M402、M442。无甬道，单室。墓室内空长 2.34～2.75、宽 1.08～1.68 米，面积 2.45～4.62 平方米。随葬 1 鼎、1 壶及日用器、模型器。

乙类墓　8 座。为 M12、M61、M157、M371、M413、M416、M456、M534。仅 M12 带甬道，皆为单室。砖室内空长 2.4～3.72、宽 0.86～3.5 米，面积 2.11～13.02 平方米。随葬品所用礼器多为 1 鼎，M12、M534 为 2 壶，M157 为 1 壶，多与日用器、模型器进行组合，唯 M416、M456 与模型器组合。

丙类墓　19 座。为 M26、M53、M78、M125、M175、M183、M212、M230、M288、M304、M403、M404、M408、M431、M432、M445、M458、M537、M541。其中 M432、M537 规模较大，有甬道、前后室。M230 有甬道，单室。余皆无甬道，单室。双室内空面积小者 8.97、大者 10.5 平方米。M304 有耳室，砖室内空长 2.46、宽 0.84 米，面积约 2.07 平方米，耳室面积约 0.79 平方米，合计约 2.86 平方米。其他单室内空一般长 2.4～2.86、宽 0.8～2.38 米，面积 0.81～2.16 平方米。只有 M458 较小，墓室内空长 1.58、宽 0.96 米，面积约 1.52 平方米。随葬品有的有日用器、模型器，有的只有日用器，有的只有模型器。M26、M212、M404 未见随葬品，应为早年破坏所致。

丁类墓　1 座。为 M440，单室，甚小。墓室内空长 1.42、宽 0.68 米，面积约 0.97 平方米。未见随葬品。

甲类墓随葬品除用陶礼器 1 鼎 1 壶，还有日用器、模型器，数量较多，唯墓葬规模不是很大。墓主应是谨守礼制的下士。乙类墓随葬品虽也使用鼎或壶，有的伴用日用器、模型器，但随葬品总量少于甲类墓，墓主身份当是较有实力者，有的或许是实际地方头目。丙类墓随葬品无礼器，但墓葬规模较大者，墓主应为平民中较富裕者，其他则为一般平民。丁类墓的墓主应为未成年人。

（三）分期与年代

37 座东汉墓，4 座无随葬品，1 座仅出 1 件残陶器，不能参与分期。余 32 座墓中，以陶器为大宗，且多数保存较好。根据墓葬形制、随葬品组合及器类形态的演变特征，参照其他地区东汉墓资料，将这批墓葬年代划分为六个发展阶段。

第一段　有 M149、M183、M402、M431、M442、M458、M537。随葬品保留了部分新莽时期的特征，熊形鼎足仍然存在，但略高。模型器比西汉更为丰富，且做工精美，如灶面模印馍、鱼、鳖、鸡、盘、权等。盒已消失。主要陶器有 AⅠ、BaⅠ鼎，AⅠ、CbⅠ壶，AaⅠ、Ab、BⅠ罐，炙炉，AⅠ灯，Ⅰ、Ⅱ磨，AⅠ、AⅡ、BⅠ猪圈，AaⅠ、AbⅠ、BⅠ、CⅠ仓，AaⅠ、AbⅠ、AbⅡ、BⅠ井，AbⅠ、AcⅠ、BⅠ、DⅠ、DⅡ灶，AⅠ狗，AⅠ、BⅠ鸡，AⅠ、AⅡ、BⅠ鸭。少数墓随葬品组合既有仿铜陶礼器（缺盒），又有日用陶器、模型器，多数墓只有日用陶器、模型器。M149、M402、M442 为甲类墓。M537 等皆为丙类墓。M537 虽规模较大，有砖构甬道、前室、后室，但随葬品中无礼器。

第二段　有 M24、M53、M125、M159、M175、M288、M432。随葬陶器有 AⅡ、BaⅡ鼎，AⅡ、CaⅠ壶，AaⅡ、AaⅢ、Ac、BⅡ罐，AaⅡ、AbⅡ、BⅡ、BⅢ仓，AbⅡ、AcⅡ、BⅡ、DⅡ灶，AaⅡ、AbⅢ、AbⅣ、AbⅤ、BⅡ井，BⅡ猪圈，Ⅲ磨，AⅡ狗，AⅡ鸡，AⅢ鸭。新增加 CaⅠ壶。仍是少数墓随葬既有仿铜礼器，又有日用陶器、模型器。多数墓有日用器与模型器组合，个别墓只有日用器或模型器。M432 有甬道、前室、双后室，但随葬品中无礼器。M24、M159 为甲类墓。M432 等皆为丙类墓。

第三段　有 M157、M188、M230、M408、M445、M534。随葬陶器有 Bb 鼎，BⅠ、BⅡ、CaⅡ、CbⅡ壶，AaⅣ、AaⅤ、C 罐，AⅢ、BⅢ猪圈，Ⅳ磨，AaⅢ、BⅣ、CⅡ仓，AaⅢ、AbⅥ、BⅢ井，AaⅠ、AaⅡ、AbⅢ、AbⅣ、DⅣ灶，B 钵，长方盒，AⅢ狗，BⅡ鸡；铜印章，印台，石范、石纺轮。出现陶长方盒。器类组合有的为陶日用器与模型器加 1 件壶，有的为陶日用器与模型器，有的只有井、灶模型器。墓葬规模都不大。仅 M230 略大，有砖构甬道，单室。M188 为甲类墓，M157、M534 为乙类墓，余为丙类墓。

第四段　有 M45、M416、M456、M541。随葬陶器有 Bc、CⅠ、CⅡ鼎，BⅢ壶，AaⅥ罐，A 钵，盆，AⅣ猪圈，Ⅴ磨，碓，AaⅣ、Ac、BⅤ仓，AaⅣ井，DⅤ灶，AⅣ狗，AⅢ、BⅢ鸡，AⅣ、BⅡ鸭。出现碓及 CⅠ、CⅡ鼎。多数墓葬有仿铜陶鼎、日用器与模型器，个别墓只有日用器与模型器。铜钱中见货泉，Ⅳ式大泉五十。墓葬规模都较小。M45 为甲类墓，M416、M456 为乙类墓，M541 为丙类墓。

第五段　有 M44、M371、M401、M413。随葬陶器有 AⅢa、AⅢb、AⅣ、AⅤ鼎，BⅣ、CaⅢ壶，AaⅦ、AaⅧ、AaⅨ、BⅢ、BⅣ罐，AaⅤ、BⅥ、BⅦ、CⅢ仓，AaⅤ、AaⅥ井，AcⅢ、BⅢ、C 灶。皆随葬陶礼器（部分无壶）、日用陶器与模型器。猪圈、磨消失。M44、M401 为甲类墓，M371、M413 为乙类墓。

第六段　有 M12、M61、M78、M304。随葬陶器有 AⅥ鼎，AⅢ壶，AaⅩ、D 罐，AⅡ、B 灯，CⅣ仓，AaⅦ、AbⅦ井，BⅣ灶，楼，人物俑，BⅠ、BⅡ狗，AⅣ鸡，鸳鸯，羊，犀牛；瓷 A、B

罐及铜弩机。出现瓷器、釉陶器、动物模型增多，出现具有地方特色的陶楼。部分墓葬用鼎或壶与日用陶器、模型器组合，也有墓葬只有模型器井或只有动物模型。M12 规模较大，有甬道、耳室、双耳室，但礼器只有盘口壶。M12、M61 为乙类墓，余为丙类墓。

在分析器类型式组合的基础上，式别从早至晚在发展阶段上质的变化就是分期分段的界标。

第一期一段　随葬品有 A、D、E 类组合。礼器只有鼎、壶，盒消失，但礼器使用比较规范。D 类组合与 E 类组合的使用与 A 类组合分界明显。随葬品中 M149：12、M442：13 之 Ba Ⅰ 鼎腹略深，熊形鼎足略高，明显是由新莽时期的熊形鼎足发展而来，其形态亦近于老河口九里山 M46：3 B Ⅲ 鼎①。M183：1、M402：1、M402：8、M431：2、M431：3、M537：1 之 Aa Ⅰ 罐同于襄阳王坡 A Ⅰ 罐②。M442：8Ab Ⅰ 仓近于南阳一中 M428：2 Aa Ⅲ 仓③。M431：4B Ⅰ 井同于老河口九里山 M63：3 Aa Ⅵ 井。M442：1A Ⅰ 狗近于老河口九里山 M69：1 Ⅰ式狗。在墓葬类型方面，有 3 座甲类墓。丙类墓 M537，有甬道、前室、后室，规模较大，随葬品却甚少，或许反映其时社会初定，骤富者未遑获得政治地位的时代特征。综上，将本段定为东汉早期前段，年代为光武帝建武元年（公元 25 年）至建武十五年（公元 39 年）。

第一期二段　随葬品组合承袭了前段因素，仍然既有 A 类组合，也有 D、E 类组合，只是器物形态有所变化。M432 与前段 M431 组合相近，但其间的区别也较明显，如 M431 组合用 B 型井，M432 用 Ab 型井，并伴出五铢钱。M432：4、M432：5Aa Ⅰ 罐较前段同式罐微有变化，表明 M432 略晚于前段。M24：9Ba Ⅱ 鼎较前段鼎腹部略浅，与襄阳王坡 M163：18B Ⅰ 鼎相似。M24：1A Ⅱ 壶近于襄阳王坡 M163：8 Ⅱ式壶。M125：6、M288：1Aa Ⅱ 罐近于襄阳王坡 M163：6 Ⅰ式罐。M24：6、M159：1、M159：2、M175：1、M175：6、M288：2Aa Ⅲ 罐近于南阳一中 M270：1Ab Ⅱ 罐。M24：3B Ⅱ 罐略同于陕西西安市东郊白鹿原绕城高速公路 M12：15Da Ⅰ 罐④。M24：2 Ab Ⅱ 仓近于襄阳王坡 M175：13 Ⅱ式仓。M432：7Ab Ⅲ 井近于南阳一中 M256：6Aa Ⅲ 井，M125：3B Ⅱ 井同于襄阳王坡 M163：1 Ⅱ式井。此段比较突显的特征是壶、罐开始出现盘口，无圈足壶替代有圈足壶，体现出对传统礼器的淡然。M24：8 灶面继承前段模印鱼、鳖、鸡、馍、叉、几的风格，表现出社会安定、丰衣足食的精神面貌。在墓葬类型方面，甲类墓 2 座。但丙类墓 M432，有甬道、前室、双后室，规模较大，与前段作风一致。综上，故将本段定在东汉早期后段，年代为光武帝建武十六年（公元 40 年）复行五铢至明帝永平十八年（公元 75 年）。

第二期三段　随葬品 A、D、E 类组合延续。与前段的变化是出现 C 类组合。器类形态较前段有所变化。M534：17 之 B 型壶再次出现，M157：6Ca Ⅱ 壶腹加深。Aa Ⅳ 罐的主要变化是沿面略内凹，下腹内收微折弧。M230：4 Aa Ⅲ 仓底变窄，M534：5 Ab Ⅵ 井近于西安市世家星城 M169：16

---

①　襄樊市文物考古研究所、武安铁路复线九里山考古队：《老河口九里山秦汉墓》，文物出版社，2009 年。

②　湖北省文物考古研究所、襄樊市考古队、襄州区文物管理处：《襄阳王坡东周秦汉墓》，科学出版社，2005 年。

③　南阳市文物考古研究所：《南阳一中战国秦汉墓》，文物出版社，2006 年。

④　陕西省考古研究院：《白鹿原汉墓》，三秦出版社，2003 年。

Aa Ⅱ 井①。M534：2Ⅳ式磨内壁斜折狭小。墓葬规模都不大，单室，唯丙类墓 M230 带甬道。综上，将本段定为东汉中期前段，年代为章帝建初元年（公元 76 年）至和帝元兴元年（105 年）。

第二期四段　随葬品 C 类组合不见，新出现 B 类组合，A 类组合中模型器见仓、灶者不见井、灶，见井、灶者不见仓、灶，亦不见动物模型，器类不全。D 类组合仍存在。熊形鼎足消失，在膝部代以兽面或叶脉纹。出现无耳、足装在底部的 C 型鼎。B 型壶之盘壁、圈足略去凹凸装饰。M45：2、M541：2AaⅥ罐同于当阳岱家山 M1：8Ⅰ式罐②。甲、乙、丙类墓皆有，规模也较小。综上，将本段定为东汉中期后段，年代为殇帝延平元年（106 年）至质帝本初元年（146 年）。

第三期五段　随葬品只有 A、B 类组合。其变化是 A 类组合中仓、井、灶皆全，B 类的模型器比前段减少。M371：4AⅤ鼎变化较大，口内敛甚，耳面弧曲，腹变浅，柱足甚矮。M401：2BⅣ壶的腹部加深，呈椭圆形。Ca 型壶颈变细长，平底内凹底变为平底。M44：1、M401：5AaⅦ罐较前段的显著变化是下腹内收，底变窄。M413：4BⅣ罐近于西安白鹿原 M35：3DaⅡ罐。M371：2BⅢ灶再度讲究装饰，但其变化是灶面的模印菱形、鱼纹移至四壁。墓葬只有甲、乙类。综上，将本段定为东汉晚期前段，即桓帝建和元年（147 年）至灵帝中平六年（188 年）。

第三期六段　随葬品组合中 A、D 类组合不见，仍延续前段 B 类组合，也延续了 C、E 类组合。在质地方面，釉陶器增多，出现了成熟的瓷器。器物形态上变化明显，M61：1AⅥ鼎较前段耳加长，M12：6AⅢ壶长颈、扁鼓腹、高圈足的作风与前段变化较大，与西安曲江雁鸣小区 M1：36CⅡ壶形态相近。M61：4AaⅩ罐上、中腹一改以往绳纹，饰密集凹弦纹。M12：3BⅠ釉陶狗近于河南淅川东沟长岭 M61：11 B 型狗③。M304：1BⅡ釉陶狗做工精致，应比 M12：3BⅠ狗稍晚。M12：1 之陶楼制作精美，独具本地特色。此前在襄阳城区的贾巷墓地与菜越墓地出土了 2 件陶楼，贾巷墓地 M10：1 陶楼的时代定在东汉晚期后段④，襄阳菜越 M1：128 陶楼的时代定在三国时期⑤。从陶楼质地、形状结构与风格看，M12：1 陶楼的年代应介于贾巷墓地 M10：1 与菜越 M1：128 之间。本段无甲类墓。乙类墓 M12 规模最大，随葬品甚为丰富，表明礼器地位愈趋式微。综上，将本段定为东汉晚期后段，年代为献帝永汉元年（189 年）至建安年间。

第六节　南朝墓葬

一　墓葬分布

1 座，编号为 M82。位于墓地Ⅲ区南部（附表五；彩版一四八，1）。

二　墓葬形制

由土坑和砖室构成。土坑由墓圹、墓道组成。墓圹平面略呈长方形，长 6.2、宽 2 米，墓深

---

①　陕西省考古研究院：《西安东汉墓》，文物出版社，2009 年。

②　湖北省宜昌博馆：《当阳岱家山楚汉墓》，科学出版社，2006 年。

③　河南省文物局：《淅川东沟长岭楚汉墓》，科学出版社，2011 年。

④　襄樊市文物考古研究所：《襄樊贾巷墓地发掘报告》，《襄樊考古文集》（第一辑），科学出版社，2007 年。

⑤　襄樊市文物考古研究所：《湖北襄樊樊城菜越三国墓发掘简报》，《文物》2010 年第 9 期。

2.68 米。墓道平面呈梯形，上口长 5.58、宽 0.5～2、底坡长 6、深 0.2～2.8 米，坡度为 22°。坑壁未经修整。坑内填黄褐色灰色土，土质较致密，夹少量红烧土及陶片。

砖室为长方形，由墓室和甬道组成。墓室西壁和墓顶破坏严重。墓室内空长 4.8、宽 1.56、高 2.42 米。地砖平铺呈"人"字形，人字形铺地砖通向墓室。砌壁后再横向错缝平铺一层棺床。棺床长 3.14 米。东、西、北壁以平砖错缝顺砌 14 层，继砌一层丁砖后，以楔形砖叠砌券顶。甬道内空长 1.38、宽 1.12、高 1.64 米。东西壁与墓室砌法相同，甬道与墓室之间设券顶封门墙。上层券顶与墓室券顶取齐，下层券顶与甬道券顶取齐。封门墙下部以"三顺一丁"作法砌三组，以上平砖错缝叠砌至下层券顶。上、下层券顶之间以或顺或丁或斜置的手法砌筑。甬道出口亦设券顶封门墙，作法与甬道内下层券顶封门墙相同。

墓砖有长方形和楔形两种。楔形砖用于起券，规格有：38×19×（3.5～6）厘米、38×19×（3～5.5）厘米。长方形砖用于砌壁和铺地。壁砖一平面饰直细篾纹，规格有：37.5×19×6 厘米、38×19×5.5 厘米。铺地砖素面，规格有：38×19×6 厘米、38×19×5 厘米。

墓室后墙处砌一桌形神龛，上部与后墙相接。残高 1.2、最长 1.4 米。龛内置一青瓷盏。

棺已腐，结构不详。人骨架朽尽无存，葬式不清。墓葬方向 240°。

三　随葬器物

2 件。有青瓷盏、铜五铢钱。青瓷盏置于后墙龛上，五铢置于棺床上。

青瓷盏　1 件。

M82：1，灰白胎，釉色偏绿。敞口，斜弧腹，饼状假圈足，凹底。内底有四个烧钉。高 3.4、口径 10、底径 5.5 厘米（图一五一，1；彩版一四九，1）。

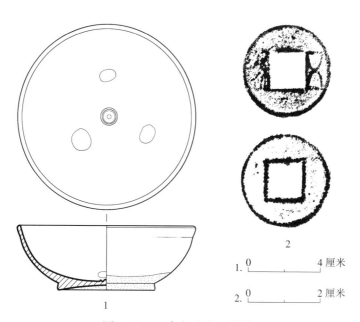

图一五一　南朝墓出土器物
1. 瓷盏（M82：1）　2. 铜五铢（M82：2）

铜五铢　1 枚。

M82∶2，铭文笔划较细，"五"字上下横画不出头，中间交笔弯曲。"铢"字金头作三角形，四点较长，"朱"上划方折，下划圆折。钱径 2.5、穿宽 1 厘米（图一五一，2）。

四　墓葬年代

青瓷盏近于湖北鄂城南朝前期 M2026∶10 Ⅲ 型 2 式青瓷盏[①]，M82 的年代也应与之相当，为南朝前期。

第七节　隋唐墓葬

一　墓葬分布

3 座。编号 M11、M14、M15，分布于 Ⅱ 区东南部。M11 位于东北角，M14 与 M15 位于南部，M14 位于 M15 北部，M15 位于最南端（附表五）。

二　墓葬形制

为地穴或半地穴式砖墓。先开挖土坑，然后以砖构墓室。据其规模、墓顶的不同，分两型。

A 型　2 座。编号为 M14、M15。土坑由墓圹、墓道组成。墓圹平面呈长方形。长 3.22 ~ 3.7、宽 1.6、深 1.44 米。墓道平面呈梯形，底坡呈直斜或折斜状。砖室平面呈长方形，券顶。砖室内空长 2.6 ~ 2.66、宽 1.1 ~ 1.16、高 1.3 ~ 1.4 米。

B 型　1 座。为 M11。土坑平面呈长方形，长 2.64、宽 0.76 ~ 0.84、深 0.6 米，砖室内空长 2.28、宽 0.4 ~ 0.48、高 0.45 米。墓道尺寸不明。砖室平面呈长方形，叠涩顶，规模较小。

墓砖有长方形、楔形。长方形砖用于砌壁、铺地，楔形用于起券。部分墓砖素面，部分于正面饰绳纹。侧面、端面无纹饰。各墓用砖形制如下（表二七）。

表二七　隋唐墓砖登记表

（单位：厘米）

墓号	砌壁砖	铺地砖	起券砖	纹饰
	长 × 宽 × 厚	长 × 宽 × 厚	长 × 宽 × 厚	
M11	36 × 18 × 4	36 × 18 × 4	36 × 18 ×（3 ~ 5）	正面绳纹
M14	36 × 18 × 4.5 36 × 18 × 5	36 × 18 × 4.5 36 × 18 × 5	37 × 18 ×（3 ~ 5）	正面绳纹
M15	34 × 18 × 5	34 × 18 × 5	无	素面

三　葬具、葬式与方向

葬具腐烂无存。M11 为侧身屈肢，余二墓骨架腐烂不辨。方向皆为 200°，头向南偏西。

---

①　南京大学历史系考古专业等：《鄂城六朝墓》，科学出版社，2007 年。

四　随葬品器类

18 件。器类有陶器、瓷器、铜器、铁器、银器。多数置于砖室内墓主头侧或左、右侧，只有 1 件青瓷碗置于墓主足端壁龛内。

（一）陶　器

罐　1 件。

M11∶6，泥质灰陶，火候较高，质坚硬，叩之锵锵然。形体规整，内外壁光滑。侈口，圆沿，短束颈，溜肩，鼓腹下收，底微凹。高 19.5、口径 15、腹径 20.8、底径 11 厘米（图一五二，1；彩版一四九，2）。

（二）瓷　器

6 件。器类有盘口壶、碗、杯。

盘口壶　2 件。盘口外侈，尖沿，深盘，盘底有凸棱，长颈，溜肩，长弧腹。盘内底偏下至器外中腹施青绿色釉，釉面有细密开裂。据腹、底及系的变化，分两式。

Ⅰ式　1 件。

M14∶2，灰白胎。肩附等距四个横向泥条系，腹最大径偏上，平底。高 38.4、口径 15.2、腹径 22.6、底径 11.2 厘米（图一五三，1；彩版一四九，3）。

Ⅱ式　1 件。

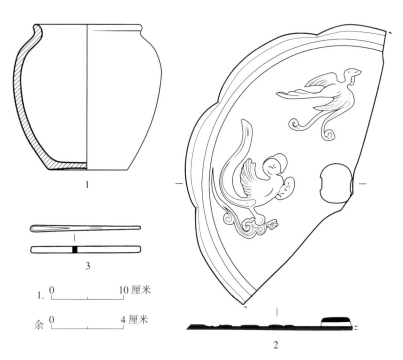

图一五二　隋唐墓出土器物

1. 陶罐（M11∶6）　2. 铜镜（M11∶3）　3. 铜耳匙（M11∶5）

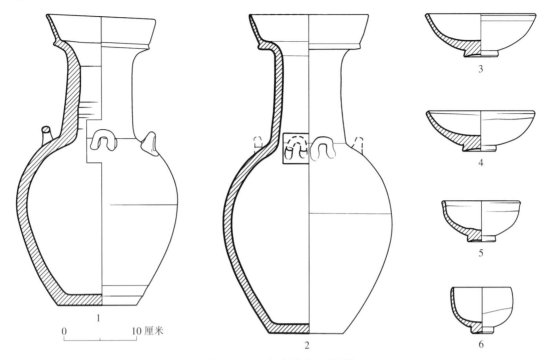

图一五三　隋唐墓出土瓷器

1. Ⅰ式盘口壶（M14∶2）　2. Ⅱ式盘口壶（M15∶2）　3、4. Ⅰ式碗（M14∶3、M15∶4）　5. Ⅱ式碗（M15∶3）
6. 杯（M14∶4）

　　M15∶2，灰褐胎，颈较Ⅰ式略长，肩附等距六个横向泥条系，其中四个系两两成组，腹最大径偏中，平底。高42.8、口径16.6、腹径23.6、底径10.5厘米（图一五三，2；彩版一四九，4）。

　　碗　3件。灰白胎，沿面及内外沿下施青绿色釉。假圈足，厚底微凹。据口由敞变侈，腹由斜弧变深，分两式。

　　Ⅰ式　2件。敞口，圆沿，斜弧腹较浅。

　　M14∶3，高5.8、口径15.6、底径4.8厘米（图一五三，3）。

　　M15∶4，高5.3、口径15.2、底径4.7厘米（图一五三，4；彩版一五〇，1）。

　　Ⅱ式　1件。

　　M15∶3，侈口，折沿，深弧腹。高5.5、口径11、底径4厘米（图一五三，5；彩版一五〇，2）。

　　杯　1件。

　　M14∶4，灰白胎，器内至器外中腹施青绿釉，釉面有细密开裂。直口，尖沿，深弧腹，假圈足，厚底微凹。高6.2、口径8、底径3.2厘米（图一五三，6；彩版一五〇，3）。

　　（三）铜器

　　5件。器类有镜、耳匙、钱币。

　　镜　1件。

　　M11∶3，残。八曲葵花外弧边，镜面较平，镜背宽素缘，桥形纽。纽座与外缘间见浮刻灵雀、

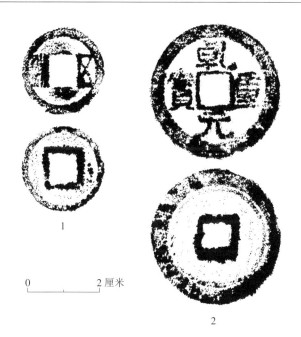

图一五四　隋唐墓出土铜钱

1. 五铢（M14：6－1）　　2. 乾元重宝（M11：2）

祥云。直径16.6、缘厚0.4、肉厚0.4厘米（图一五二，2；彩版一五〇，4）。

耳匙　1件。M11：5，残（图一五二，3）。

钱币　3件（46枚）。有五铢与乾元重宝。

五铢　1件（40枚）。

M14：6－1，字体较纤细。"五"字上下横画出头，中间交笔斜曲。"铢"字"金"字头作三角形，四点较长，"朱"上下画圆折，中间横画较长。钱径2.2、穿宽0.8、郭厚0.1厘米（图一五四，1）。

乾元重宝　1枚。

M11：2，钱径3.5、穿宽0.8、郭厚0.3厘米（图一五四，2）。

M11：4，5枚，钱铭腐蚀不辨。

（四）铁器

4件。器类有镰、舌、剪。

镰　2件。残。刀身弧，前窄后宽，尾部翻卷加厚，以绑柄。

M14：5，前锋尖。残长14.7、残宽1.5～3.2厘米（图一五五，1）。

M15：1，前锋平。残长23.8、残宽2.5～3厘米。

舌　1件。

M11：7，残。凹槽宽2.2、深3.7厘米（图一五五，2）。

剪　1件。

M11：1，残。一侧身长15.8、宽0.4～2.6厘米（图一五五，3）。

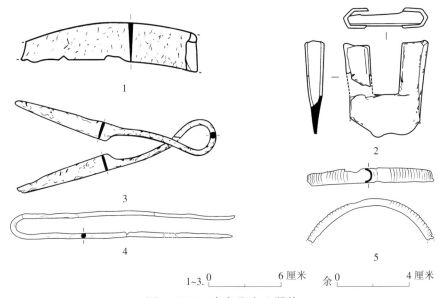

图一五五　隋唐墓出土器物

1. 铁镰（M14：5）　2. 铁舌（M11：7）　3. 铁剪（M11：1）　4. 银钗（M14：7）　5. 银镯（M14：1）

（五）银器

2 件。器类有钗、镯。

钗　1 件。

M14：7，两股弯曲呈长"U"形，股端较尖。长 12.5、股径 0.25 厘米（图一五五，4）。

镯　1 件。

M14：1，残。截面扁圆形。残长 7、截面宽 0.7、厚 0.5 厘米（图一五五，5）。

五　分期与年代

　　M14：2 I 式瓷盘口壶与鄂城南朝后期墓 M3005：13 V 型 2 式盘口壶①相较，本器盘底出现凸棱，理应晚于彼，而与襄阳檀溪墓地隋至唐初墓 M164：1 盘口壶②相近。M15：2 II 式青瓷盘口壶与当阳岱家山唐墓 M85：1 盘口壶③造型基本相同，唯本器内凹较浅。M14、M15 出土的青瓷碗、杯，为假圈足，厚底微凹，正处于隋向唐早期璧形底过渡的链条上。M14：6 五铢铜钱应是隋至唐初货币。因此，M14、M15 时代应为隋至唐初，且 M14、M15 都有 I 式瓷碗，M15 出有 II 式瓷碗，故 M14 应略早于 M15。M11：6 陶罐略同于襄樊上岗唐代 M3：2 陶罐。M11：2 乾元重宝应为当时使用钱。"乾元"为唐肃宗李亨年号。鉴于此，M11 年代应为唐中期。

①　南京大学历史系考古专业、湖北省文物考古研究所、鄂州市博物馆：《鄂城六朝墓》，科学出版社，2007 年。

②　襄樊文物考古研究所：《襄樊檀溪墓地第二次发掘报告》，《襄樊文物考古文集》（第一集），科学出版社，2007 年。

③　湖北省宜昌博物馆：《当阳岱家山楚汉墓》，科学出版社，2006 年。

第八节　宋代墓葬

一　墓葬分布

宋墓 11 座。M356 位于墓地 Ⅰ 区，M16 ~ M19 分布于墓地 Ⅱ 区，M80、M166、M397 ~ M400 分布于墓地 Ⅲ 区（见附表五；彩版一四八，2 ~ 4）。

二　墓葬形制

为地穴或半地穴式砖墓。先开挖土坑，然后以砖砌构墓室。除 M17 外，其他墓的土坑设有斜坡墓道，砖室带有甬道。据其规模、墓顶的不同，分三型。

A 型　3 座。为 M398、M399、M400。穹隆顶，墓室呈六角形，单室。土坑由墓圹、墓道组成。墓圹平面呈圆形，墓道平面呈梯形，底呈斜坡状，有的设台阶，有的抵近砖室处设竖井。砖室由门楼、甬道、墓室组成。门楼仿木构，室内也有仿木构柱、椅、灯架等。

B 型　7 座。规模小于 A 型。券顶，单室。据其墓室的单列与并列、平面形状的区别，分为三亚型。

Ba 型　4 座。为 M16、M18、M166、M397。土坑由墓圹、墓道组成。墓圹平面呈长方形，墓道平面呈梯形。底呈斜坡状，坡度一般为 30°~ 34°。砖室平面呈长方形，由甬道、墓室组成。

Bb 型　1 座。为 M19。土坑由墓圹、墓道组成。墓圹平面呈长方形。墓道平面呈梯形，底呈斜坡状。土坑内东西并列二砖室，东室略长、窄，西室略短、宽，平面皆呈梯形，前宽后窄，无甬道。

Bc 型　2 座。为 M80、M356。土圹呈梯形。墓葬上部被挖取甚多，墓道不清。砖室平面呈梯形，前宽后窄，无甬道。

C 型　1 座。为 M17。叠涩顶，规模较小。土坑由墓圹、墓道组成。墓圹平面呈长方形。墓道平面呈梯形，底呈斜坡状。砖室由甬道、墓室组成。墓室平面呈长方形。

墓砖有长方形和楔形两种，皆素面。长方形砖用于铺地和砌壁，楔形砖用于起券。各墓用砖尺寸列表如下（表二八）。

表二八　宋代墓砖登记表 （单位：厘米）

墓号	砌壁砖 （长×宽×厚）	铺地砖 （长×宽×厚）	起券砖 （长×宽×厚）	备注
M16	32×16×4	32×16×4	32×16×（3~4）	
M17	32×16×5	32×16×5	32×15×（3~5） 32×15×（2.5~5）	
M18	32×16×5	32×16×5	34×16×（3~5）	
M19	32×15×5	32×15×5	33×15×（3.5~4）	

墓号	砌壁砖 （长×宽×厚）	铺地砖 （长×宽×厚）	起券砖 （长×宽×厚）	备注
M80	30×14×4	30×14×4	30×14×5 30×16×5	
M166	32×14×4.5 30×14×4.5	30×14×5	残失	
M356	32×16×4	半截砖	残失	
M397	30×15×4.5	30×15×5	29×15×（3~4.5）	封门砖中有二块汉砖
M398	32×15×5	32×15×5	31.5×15.5×（4~4.5）	
M399	33×（15~16） ×（4~5）	33×（15~16） ×（4~5）	33×16×（3~5）	
M400	（30~33）×（15~16） ×（4~5）	（30~33）×（15~16） ×（4~5）	33×16×（3~5）	

三 葬具、葬式与方向

葬具 皆有木质葬具，腐烂无存。

葬式 M17 为二次迁葬，有两具人骨架堆放在一起。其他墓人骨皆腐，推测为仰身直肢。

方向 175°~205°之间。

四 随葬品放置

部分墓葬受到较大破坏，部分随葬品已散失。随葬品有的放置人骨旁，有的放置室内构件如灯架、斗拱上。M17、M18、M80、M398 未见随葬品。

五 随葬品器类

17 件。器类有陶器、瓷器、铜器、铁器、墓志。

（一）陶器

6 件。器类有盏、罐、砖。

盏 3 件。修复 2 件。据腹部由弧变斜分两式。

Ⅰ式 1 件。

M400：1，泥质灰黑陶。敞口，圆沿，浅斜弧腹，腹壁较厚，平底。器内浅刻放射纹。高 3.6、口径 10.6、底径 3.1 厘米（图一五六，1）。

Ⅱ式 1 件。

M19：1，泥质灰陶，敞口，尖沿，浅斜弧腹，腹壁不平，底近平。高 3~3.5、口径 10.3、底径 5.5 厘米（图一五六，2）。

M399：1，已残，式别不明。

罐 2件。据有无双耳，分两型。

A型 1件。

M166：1，泥质灰褐胎，器内颈部至器外中腹施黑色釉，器外有少量流釉。焙烧火候较高，胎釉结合较好。直口，平沿，圆唇，短束颈，溜肩，凸鼓腹，假圈足。高10.2～11、口径8.5、腹径14、底径7.4厘米（图一五六，3；彩版一五〇，5）。

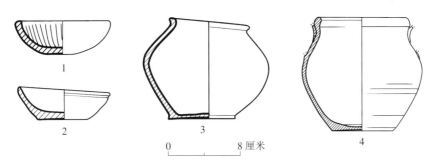

图一五六 宋墓出土陶器
1. I式盏（M400：1） 2. II式盏（M19：1） 3. A型罐（M166：1） 4. B型罐（M356：1）

B型 1件。

M356：1，泥质红胎，器外口沿至中腹施褐色釉，质欠细，胎釉结合不固。直口，圆沿，圆唇，束颈，内颈凹曲，溜肩，鼓腹，底略凹。肩附对称双扁耳。高12.1、口径10.8、腹径13.4、底径6.8厘米（图一五六，4；彩版一五〇，6）。

砖 1件。

M16：2，泥质灰陶，陶质较软。平面呈长方形，半边厚，半边薄。一面有左手拍印纹。长31.2、宽15.2、厚2.8～4.5厘米。

（二）瓷器

碗 4件。据圈足、底的不同，分四型。

A型 1件。

M166：2，酱色釉。敞口，尖沿，浅腹，近底处微折，大平底，圈足底部内外切削。高3.8、口径15.9、圈足径5.2厘米（图一五七，1；彩版一五一，3）。

B型 1件。

M166：3，米黄色釉。敞口，尖沿，斜弧浅腹较浅，平底，圈足底部外侧切削。通高5、口径16.3、圈足径5.5厘米（图一五七，2；彩版一五一，4）。

C型 1件。

M166：4，影青色。敞口，圆沿，斜直深腹，小假圈足，小底微凹。器内饰莲纹。高6.3、口径15、底径3.6厘米（图一五七，4；彩版一五一，5）。

D型 1件。

M356：2，泥质灰褐胎，器内至器外中腹施黑釉，下腹及底无釉。敞口，尖沿，斜腹略直，较

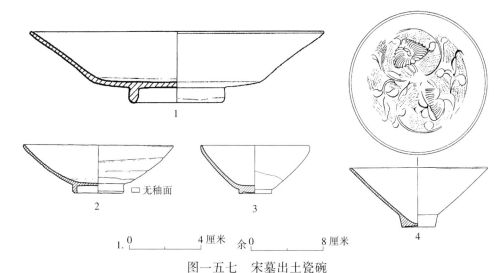

图一五七　宋墓出土瓷碗

1. A 型（M166：2）　2. B 型（M166：3）　3. D 型（M356：2）　4. C 型（M166：4）

深，厚平底，矮圈足。高 5.2、口径 12.2、圈足径 3.6 厘米（图一五七，3；彩版一五一，6）。

（三）铜器

4 件。器类有镜、钗、耳环、钱币。

镜　1 件。

M399：2，体较薄，锈蚀甚。周郭微凸起。直径 14、郭厚 0.1 厘米（图一五八，2）。

钗　1 件。

M397：2，两股一长一段，弯曲呈"U"形，截面呈圆形。长股长 22.6、短股长 18.5、股径 0.25 厘米（图一五八，1）。

耳环　1 件。

M397：1，圆形，股端较尖。环径 1.6、股径 0.2 厘米（图一五九，2）。

铜钱　1 件（70 枚）。

M166：5，圆形方穿，钱郭宽，穿郭较窄。铭文有"开元通宝""皇宋通宝""治平元宝""咸平元宝"。M166：5－1，钱径 2.5、穿宽 0.8、钱郭宽 0.35、穿郭宽 0.15、郭厚 0.12 厘米（图一五九，1）。

（四）铁器

铁钱　1 件（3 枚）。

M356：3，锈蚀，叠连在一起。可见圆郭方穿。铭文不辨。钱径 3.2 厘米。

（五）墓志

墓志　2 件。泥质灰陶。平面呈正方形。

M16：1，正面光滑，刻划便于书写的竖长线条，现文字无存（可能墨书），背面粗糙，模糊

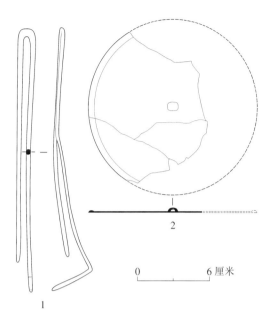

图一五八　宋墓出土铜器

1. 钗（M397：2）　2. 镜（M399：2）

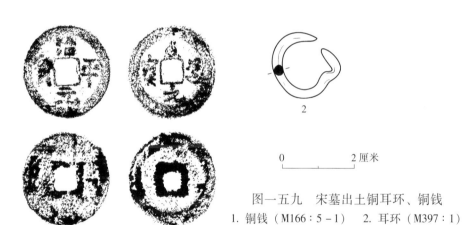

图一五九　宋墓出土铜耳环、铜钱

1. 铜钱（M166：5-1）　2. 耳环（M397：1）

见朱砂八卦。边长 35、厚 6 厘米（彩版一五一，1）。

M399：3，正面光滑，朱砂书写，剥落严重，文字不辨。边长 35.1、厚 5.1 厘米（彩版一五一，2）。

六　墓葬年代

M166：2 A 型酱釉碗造型同于襄阳城内运动路遗址宋代地层 T1①：31 B 型 I 式青绿釉碗①。M166：4 C 型影青瓷碗造型同于襄樊羊祜山墓地宋墓 M22：2 C 型青白釉碗②。M166：5 铜钱铭文有皇宋通宝、开元通宝、咸平元宝、治平元宝。“咸平”为宋真宗年号；“治平”为宋英宗年号，

① 襄樊市文物考古研究所：《襄阳城内遗址发掘报告》，《襄樊考古文集》（第一辑），科学出版社，2007 年。

② 襄樊市文物考古研究所：《襄樊羊祜山墓地第三次发掘简报》，《襄樊考古文集》（第一辑），科学出版社，2007 年。

时在 1064～1067 年。

M356∶2 D 型黑釉碗近于河北鹿泉市西龙贵墓地北宋晚期墓葬 M128∶1 青釉碗①。M16、M399 出有墓志，惜乎文字漫灭。虽如此，据上述，这批墓葬的年代应在北宋中、后期。

第九节　明清墓葬

一　墓葬分布

明清墓共 5 座，编号为 M89、M145、M232、M331、M370，分布在墓地 I 区南部（见附表五）。

二　墓葬形制

皆为土坑竖穴墓，平面呈长方形。现存墓口长 1.86～2.4、宽 0.56～1 米。M89、M232、M370 墓口，墓底同大。M145、M331 墓底小于墓口，长 1.96～2.04、宽 0.6～0.92 米。墓深0.4～0.94 米。墓壁未经修整，较粗糙。坑内填土多为褐色花土，仅 M89 为褐夹灰白土。

三　葬具、葬式与方向

葬具　木质单棺，已腐，仅存腐痕。棺痕内空长 1.58～1.82、宽 0.4～0.5、高 0.06～0.14 米，板痕厚 0.02～0.04 米。仅 M331 不见棺痕。

葬式　人骨架已腐，可辨者为仰身直肢。

方向　3 座北偏东，方向 5°～40°。1 座东偏北，方向 60°。1 座南偏西，方向 210°。

四　随葬品放置

碗、罐置于棺外墓主头前或足后。板瓦、卵石、砖块置于棺内墓主头、足部，铜钱置于棺内墓主头、腰部。M89 无随葬品。

五　随葬品器类

12 件。有陶器、瓷器、铜器、石器。

（一）陶器

5 件。器类有板瓦、砖、釉陶罐。

板瓦　2 件。有的为碎块，按大致拼接后的整块计。泥质灰陶。凹面饰布纹。

M370∶1，残长 19.6～19.8、宽 17.8～19、厚 0.8～1.4 厘米。

砖　1 件。

M232∶5，泥质灰陶。残砖块，素面。

釉陶罐 2 件。泥质灰褐胎，器表施酱色釉，近底有流釉。有密集轮制旋痕。侈口，折沿，尖唇，颈下张。据其肩、腹、底的变化，分两式。

Ⅰ式　1 件。

M232：3，削肩，鼓腹居中，底微凹，矮假圈足。颈饰一道凹弦纹，腹模印七个圆圈，圆圈内为双龙云纹。高 16.1、口径 9.8、腹径 15、底径 10.5 厘米（图一六〇，1；彩版一五二，1）。

Ⅱ式　1 件。

M331：2，溜肩，鼓腹偏上，矮假圈足，平底。腹饰密集凸棱纹。高 16.3 ~ 17.1、口径 8.7、腹径 15.5、底径 8.1 厘米（图一六〇，2；彩版一五二，2）。

（二）瓷器

碗 4 件。灰白胎。侈口，圆沿。据腹壁、圈足、釉色的变化，分两式。

Ⅰ式　2 件。

M232：1、2，通体施釉，色泛绿，釉质差，表面有许多麻点，沿抹酱色釉。斜弧腹较深，平底，圈足下端外侧切削。

M232：1，高 5.6、口径 11.2、圈足径 5.4 厘米（图一六〇，3；彩版一五二，3）。

M232：2，高 6.1、口径 11.4、圈足径 5.6 厘米（彩版一五二，4）。

Ⅱ式　2 件。

M331：1，底外、圈足内无釉，余施釉，色泛蓝，釉面光亮。内外沿下、内壁近底、外壁环圈足各饰一周蓝釉线。内底以蓝釉竖书"白玉斋"，"斋"近似今简体。敞口，斜弧腹较敞，圜底，圈足下端略尖。高 5.3、口径 11.4、圈足径 4.6 厘米（图一六〇，4；彩版一五二，5）。

M331：3，高 5.4、口径 11.6、圈足径 4.4 厘米。

（三）铜器

铜钱 2 件。

M232：4，1 枚，腐蚀，钱文不清。钱径 2.4、穿宽 0.5、郭厚 0.1 厘米。

M145：2（4 枚），正面楷书"康熙通宝"，背面铭蒙文。钱径 2.6、穿宽 0.5、郭厚 0.8 厘米（图一六〇，6）。

（四）石器

石枕 1 件。

M145：1，颜色黑夹黄，略呈长扁形。长 7 ~ 10.6、宽 7.5、厚 4.5 厘米（图一六〇，5）。

六　墓葬年代

墓主头下枕瓦，足下蹬瓦、砖为湖北境内明清小墓常见葬俗，意为其亲人希冀墓主在阴间得以居住砖瓦房。石乃屋内常用之物（此类石置于大门内，既支撑抵门杠，又避邪），头下枕石，功用与砖瓦同。

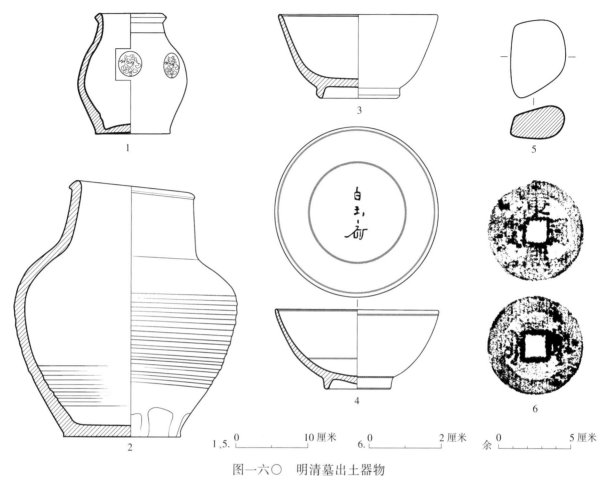

图一六〇　明清墓出土器物

1. I 式釉陶罐（M232：3）　　2. II 式釉陶罐（M331：2）　　3. I 式瓷碗（M232：1）　　4. II 式瓷碗（M331：1）
5. 石枕（M145：1）　　6. 铜康熙通宝（M145：2－1）

　　M232：1、2 之 I 式淡绿釉碗造型同于襄阳城内民主路遗址明代遗存 H13：2 之 A 型 II 式深绿
碗[1]。M331：1、3 之 II 式淡蓝釉碗造型同于襄阳城内民主路遗址明代遗存 H12：2 之 A II 式淡绿釉
碗。其器底内铭文合于《中国古陶瓷图典》"明代室名款……崇祯时有丛菊斋、雨香斋、白玉斋、
博古斋、吾斋等。万历时多落款于器物外底，崇祯时多落款于器物内底。"[2] 故 M232、M331 应为
明代。M145 出康熙通宝铜钱，其年代应为清代。M89、M370 年代应在明清之际。

①　襄阳市文物考古研究所：《襄阳城内民主路遗址明代遗存发掘简报》，《襄阳考古文集》（第一辑），科学出版社，
　　2007 年。
②　《中国古陶瓷图典》编辑委员会主编、冯先铭主编：《中国古陶瓷图典》，文物出版社，1998 年。

第三章　墓葬分述

第二章墓葬综述中对墓葬进行了分期，通过分期，每一座墓葬都有了明确的时代归属。本章将按时代尽可能全面、完整地介绍单个墓葬的资料，其目的是为了使读者能够通过分述介绍的资料，复原墓葬的埋葬状况，进行再研究。卞营墓地共清理 539 座墓葬，其中有随葬品的墓葬 400 座，无随葬品的墓葬 139 座。墓葬分述中选择的 310 座墓都是有随葬品的墓，占墓葬总数的 57.5%，占有随葬品墓的 77.5%。

第一节　西周墓葬

西周墓共 3 座，编号 M468、M481、M482。由于西周墓在邓城周围与卞营墓地发现的极少，故将 3 座墓葬的资料全部介绍。

M481　位于Ⅲ区东部边沿偏北，东南邻 M482。长方形竖穴土坑，墓坑呈南北向，方向 205°。四壁微向底斜收，西壁设置有壁龛，口大于底，墓坑上部已被取土破坏，壁面粗糙，墓底平整。墓口距地表 0.4 米，墓口长 2.3、宽 0.7 米，墓底长 2.16、宽 0.56 米，墓深 0.7 米。壁龛宽 0.4、高 0.26、进深 0.24 米，龛底部距墓底约 0.28 米。墓圹内填浅褐色花土，土质较松软，夹杂有早期碎陶片。

单棺已腐朽，留有灰色腐痕，棺痕长 2、宽 0.42、残高 0.1、棺墙板痕厚 0.02、底板痕厚 0.04 米。残存人骨架痕迹，下颌骨脱落，头向南，仰身直肢，双手抱腹。骨架长约 1.75 米，骨骼粗壮，骨架朽蚀严重，无法完整提取。

随葬器物 2 件，放置在壁龛内，器类有陶鬲 1、陶豆 1（图一六一）。

M482　位于Ⅲ区东部偏北，东壁中部被 M483 西北角打破，北邻 M473。长方形竖穴土坑，墓坑呈南北向，方向 205°。墓坑上部被毁，四壁微向底斜收，口大底小，壁面未经过人工修整，较粗糙，坑底较平。墓口距地表 0.3 米，墓口长 2.08、宽 0.78 米，墓底长 2.02、宽 0.58~0.68 米，墓深 0.64 米。坑内填褐夹灰黄色花土，土质板结，填土中无包含物。

单棺已腐朽，仅存青灰色腐痕。棺痕长 1.92、宽 0.4、残高 0.1、棺墙板痕厚 0.02 米。人骨已腐朽，葬式不明。

随葬器物放置在坑底棺外东南角，器类有陶盉 1（图一六二）。

M468　位于Ⅲ区东北部，北邻 M477 约 3 米，东南邻 M467。长方形竖穴土坑，墓坑呈南北向，方向 210°。原始坑口已被破坏，墓坑上部已被挖掉 1 米。墓坑壁陡直，口、底长宽相等，壁面未精细修整，较粗糙，坑底平整。墓口距地表 0.4 米，墓坑长 2.24、宽 0.82 米，墓深 0.34 米。

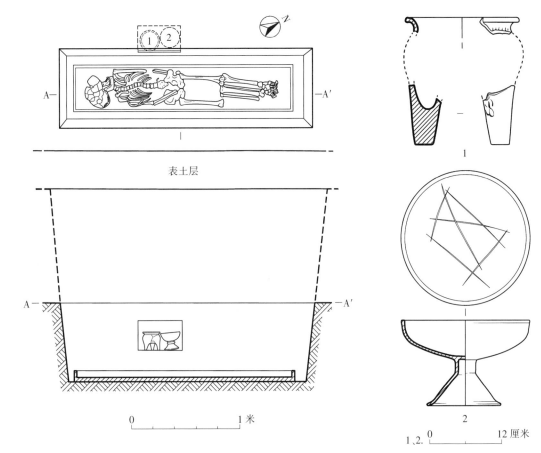

图一六一　西周 M481 平、剖面图及随葬品
1. Aa 型 Ⅰ 式陶鬲　2. Aa 型 Ⅱ 式陶豆

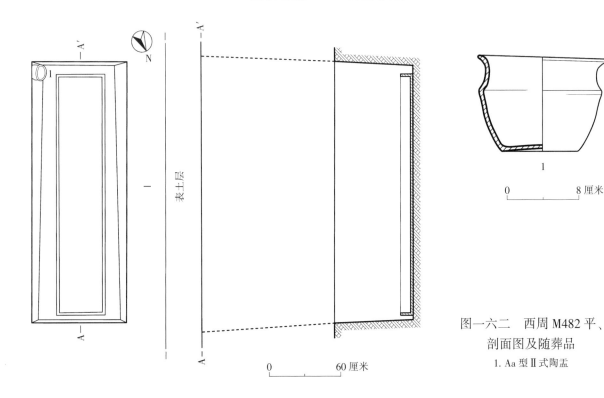

图一六二　西周 M482 平、
剖面图及随葬品
1. Aa 型 Ⅱ 式陶盂

坑内填黄褐色花土，土质较软，包含少量红陶和灰陶片。

　　木质葬具已腐烂，可见单棺腐痕。棺痕长 1.96、宽 0.45、残高 0.12、棺墙板残痕厚 0.02 米。人骨架痕迹保存完整，头向南，面朝东，仰身直肢。

　　随葬器物 4 件，放置在棺外南端，器类有陶鬲 1、盂 1、豆 2 及石玲 1（5 粒）（图一六三）。

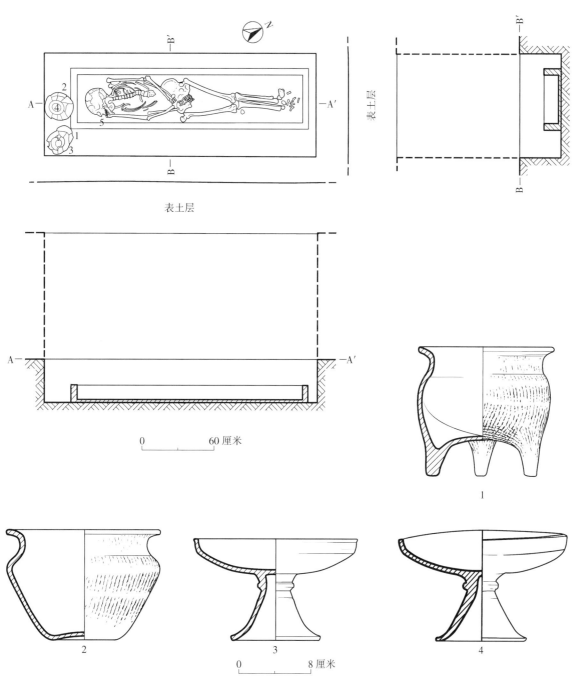

图一六三　西周 M468 平、剖面图及随葬品
1. B 型 I 式陶鬲　2. Aa 型 I 式陶盂　3、4. Aa 型 I 式陶豆　5. 石玲

第二节 春秋墓葬

确定为春秋时代的墓共 108 座，其中有随葬品的墓 72 座，无随葬品的墓 36 座。分述介绍墓葬 42 座，占春秋墓葬总数的 38.9%，占有随葬品墓总数的 58.3%。春秋墓分述的墓号分别是：M29、M32、M35、M54、M63、M66、M75、M81、M86、M100、M105、M111 ~ M113、M128、M134、M148、M165、M176、M182、M209、M228、M270、M279、M299、M326、M364、M376、M388、M437、M452、M454、M460、M466、M474、M477、M488、M489、M504、M526、M542、M547。

M29 位于Ⅰ区东部边沿偏北，西邻 M31，南邻 M34。长方形竖穴土坑，墓坑呈南北向，方向 178°。墓坑壁向底内微斜收，口大于底，壁面未精细修整，较粗糙，坑底平展。墓口距地表 0.3 米，墓口长 2.08、宽 0.84 ~ 0.9 米，墓底长 1.98、宽 0.76 ~ 0.78 米，墓深 0.5 米。坑内填黄褐夹灰白土，土质致密纯净，未见包含物。

单棺已朽，可见青灰色腐痕。棺痕长 1.72、宽 0.48、高 0.08、棺墙板腐痕厚 0.03 米。人骨架朽尽无存，葬式不明。南端棺底发现 1 颗牙齿，可知头向南。

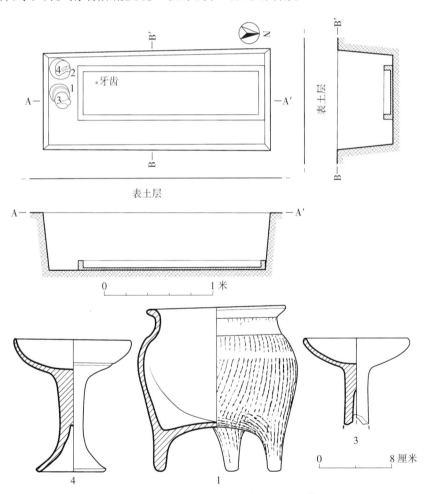

图一六四 春秋 M29 平、剖面图及随葬品
1. Aa 型Ⅳ式陶鬲 2. 陶罐（残） 3、4. Aa 型Ⅴ式陶豆

随葬器物 4 件，放置在墓底棺外南端，器类有陶鬲 1、罐 1、豆 2（图一六四）。

M32　位于 I 区东部，东北邻 M31，西南邻 M60。长方形竖穴土坑，墓坑呈东西向，方向 280°。墓坑壁向底微斜内收，口大于底，壁面未经人工精细修整，较粗糙，坑底平整。墓口距地表 0.3 米，墓口长 2.08、宽 0.6 米，墓底长 2、宽 0.54 米，墓深 0.3 米。坑内填土黄褐夹灰白土，土质致密、纯净，未见包含物。

单棺已朽，可见青灰色腐痕。棺痕长 1.64、宽 0.38、高 0.14、棺墙板腐痕厚 0.04 米。人骨架朽尽无存。葬式不明。

随葬陶器 2 件，放置在墓底棺外西端，器形有陶罐 1、豆 1。

M35　位于 I 区东南部，东北邻 M38，西邻 M385。长方形竖穴土坑，墓坑呈南北向，方向 170°。四壁向底微斜收，口大底小，坑壁粗糙，坑底面较平。墓口距地表约 0.5 米，墓口长 2.3、宽 0.64 米，墓底长 2.22、宽 0.56 米，墓深 0.26 米。坑内填黄褐色花土，土质较硬，无包含物。

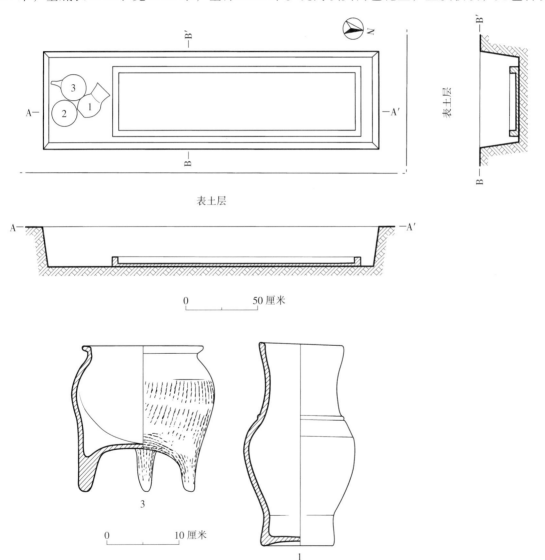

图一六五　春秋 M35 平、剖面图及随葬品
1. Ba 型 IV 式陶罐　2. 陶盉（残）　3. Aa 型 VII 式陶鬲

木质单棺已全部腐烂，仅见青灰色痕迹。长 1.7、宽 0.46、高 0.06、棺墙板腐痕厚 0.04、底板腐痕厚 0.05 米。人骨架朽尽无存，葬式不明。

随葬器物 3 件，置于南部棺外，器形有陶罐 1、鬲 1、盂 1（图一六五）。

M54　位于 Ⅰ 区东部，西部被 M53 打破，西南部被 M390 打破。长方形竖穴土坑，墓坑呈南北向，方向 173°。墓坑壁略向底斜收，口大底小。壁面未经过人工精细修整，较粗糙，坑底平整。墓口距地表 0.2 米，墓口长 2.22、宽 1.02 米，墓底长 2.1、宽 0.1 米，墓深 0.6 米。坑内填土为褐灰色花土，土质板结，填土中无包含物。

单棺已腐朽，可见青灰色朽痕。棺长 1.78、宽 0.44、残高 0.06、板厚 0.02 米。人骨架朽尽无存，葬式不明。

随葬陶器 2 件，放置在坑底南端，器形有陶鬲 1、盂 1（图一六六）。

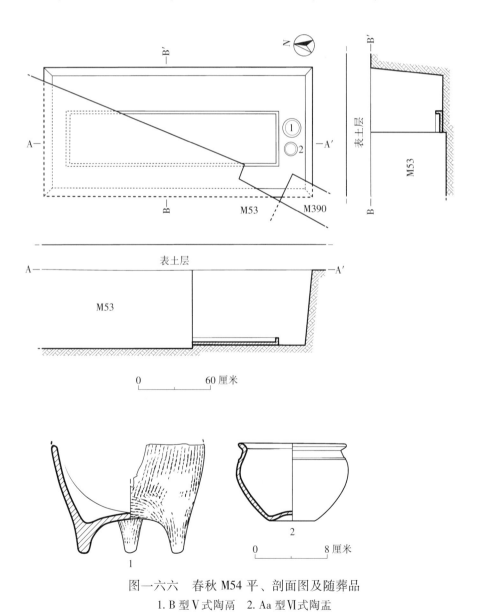

图一六六　春秋 M54 平、剖面图及随葬品
1. B 型 Ⅴ 式陶鬲　2. Aa 型 Ⅵ 式陶盂

M63　位于Ⅰ区东南部，西邻M64，南邻M66。长方形竖穴土坑，墓坑呈南北向，方向5°。墓坑壁微向底斜收，口大底小，壁面粗糙，坑底平整。墓口距地表约0.5米，墓口长2.6、宽1.02米，墓底长2.48、宽0.7米，墓深0.96米。墓坑内填黄褐色花土，土质较硬，无包含物。

木质单棺已全部腐烂，仅见腐痕，呈褐色。棺痕长2.12、宽0.52、高0.14、棺墙板腐痕厚0.04、棺底腐痕厚0.01米。人骨架朽尽无存，棺内北部发现有牙齿腐痕，可知头向北。

棺内南部牙齿附近发现石琀21粒（图一六七）。

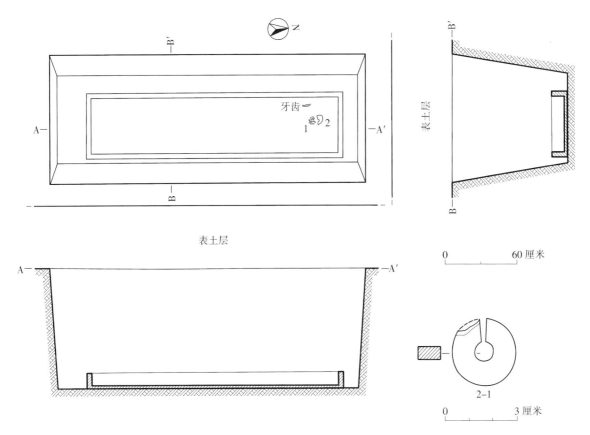

图一六七　春秋M63平、剖面图及随葬品
1、2. 石琀

M66　位于Ⅰ区东南角，西邻M69，北邻M63，东南壁被M68、M70、M387打破。长方形竖穴土坑，墓坑呈南北向，方向182°。墓坑口大于底，四壁微向底斜收，壁面光滑，坑底平整。墓口距地表0.5米，墓口残长2.7~2.9、宽1.18~1.3米，墓底长2.62~2.7、宽1.08米，墓深1.46米。墓坑内填土为黄褐色花土，土质较硬，无包含物。

葬具为单棺，木质已全部腐烂，仅见褐色腐痕。棺痕长2、宽0.54、高0.18、棺墙板腐痕厚0.4、底板腐痕厚0.01米。人骨架朽尽无存。

随葬器物3件，放置在棺内，器形有玉璜1、石琀1（6粒）、铜戈1（图一六八）。

M75　位于Ⅰ区北部边沿中间，东部被M295打破，叠压M165。长方形竖穴土坑，墓坑呈南北向，方向180°。墓壁直下，口、底长宽相等，壁面未经过人工修整，较粗糙，坑底较平。墓口距地表0.3米，墓长2.3、宽0.9米，墓深1.16米。坑内填褐色夹黄色花土，土质板结。

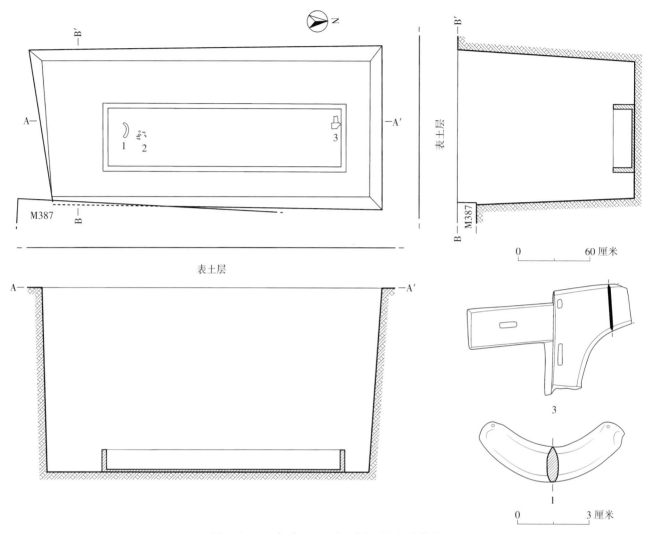

图一六八　春秋 M66 平、剖面图及随葬品
1. 玉璜　2. 石玲　3. 铜戈

　　单棺已腐朽，仅存青灰色腐痕。棺痕长 1.9、宽 0.46、残高 0.16、棺墙板腐痕厚 0.04 米。人骨已朽尽，仅在棺内南端发现几颗牙齿，可知头向南，葬式不明。

　　随葬器物 3 件，置于棺外南端，器类有陶鬲 1、盂 1、罐 1（图一六九）。

　　M81　位于Ⅰ区东南部，西部被 M382 打破，东邻 M383，西北邻 M87。长方形竖穴土坑，墓坑呈东西向，方向 125°。墓坑壁直下，口、底长宽相等，坑底平整。墓口距地表约 0.3 米，墓坑残长 1 ~ 1.4、宽 0.68 米，墓深 0.08 米。坑内填黄褐色花土，土质较硬，无包含物。

　　木质单棺已全部腐烂，仅见褐色腐痕。棺痕残长 0.65 ~ 0.9、宽 0.44、高 0.02、棺墙板厚 0.02 米。人骨架朽尽无存，葬式不明。

　　随葬陶器 3 件，放置在坑底东端。器类有陶盂 1、鬲 1、罐 1（图一七〇）。

　　M86　位于Ⅰ区东南部，南邻 M87，北部被 M88 打破，东邻 M85。长方形竖穴土坑，墓坑呈南北向，方向 197°。四壁向底内斜收，口略大于底，壁面粗糙，坑底平展。墓口距地表约 0.09 米，墓口长 2.13、宽 0.94 米，墓底长 1.84、宽 0.85 米，墓深 0.87 米。墓坑内填黄褐色花土，土

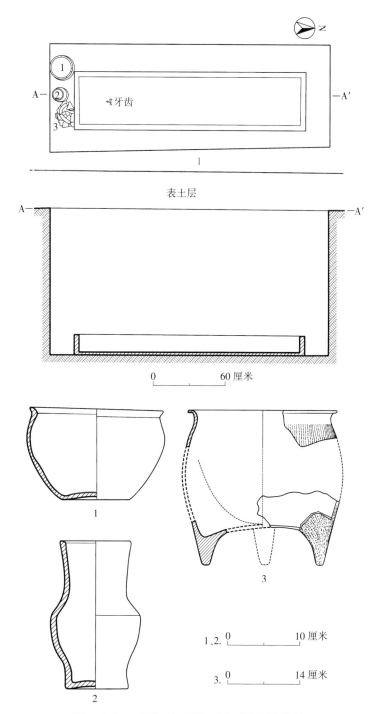

图一六九　春秋 M75 平、剖面图及随葬品

1. Aa 型 Ⅵ式陶盂　2. Ba 型 Ⅰ式陶罐　3. B 型 Ⅳ式陶鬲

质较硬，无包含物。南壁偏西设壁龛，壁龛平面呈长方形，平顶。宽 0.38、高 0.18、进深 0.16、顶部距墓口高约 0.2 米。

木质单棺已经全部腐烂，仅见褐色棺痕。棺痕长 1.78、宽 0.46、高 0.14、墙板厚 0.04、棺底板腐痕厚 0.01 米。人骨架朽尽无存，葬式不明。

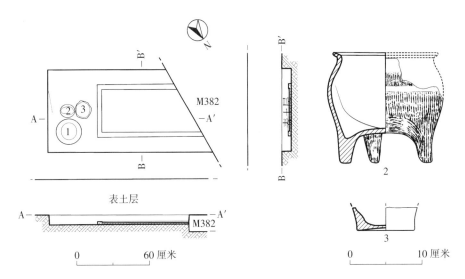

图一七〇　春秋 M81 平、剖面图及随葬品

1. 陶盂（残）　　2. B 型Ⅳ式陶鬲　　3. Ba 型 I 式陶罐

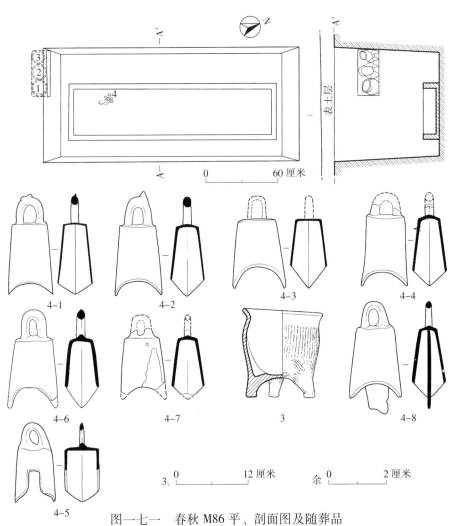

图一七一　春秋 M86 平、剖面图及随葬品

1. 陶罐（碎）　　2. 陶盂（碎）　　3. B 型Ⅱ式陶鬲　　4. 铜铃

随葬器物编号4件，置于南壁龛内，器类有陶鬲1、盂1、罐1及铜铃1（8枚）（图一七一）。

M100　位于Ⅰ区东部微偏南，坑中间被M103打破，东邻M102。长方形竖穴土坑，墓坑呈南北向，方向145°。四壁略向底斜收，口大底小。壁面未经过人工精细修整，较粗糙，坑底较平。墓口距地表0.4米，现存坑口长2.04、宽0.6米，墓底长1.7、宽0.43~0.48米，墓深0.74米。北壁东端设壁龛，龛长0.26、进深0.12、残高0.26、龛底距墓底0.32米。坑内填褐灰色花土，土质板结，填土中未见其他包含物。

木质葬具已朽，可见青灰色朽痕，朽痕显示为单棺。棺痕长1.7、宽0.36、高0.14、棺板厚0.03米。人骨架朽尽无存，葬式不明。

随葬器物3件，放置在壁龛，器类有陶鬲1、罐1、豆1（图一七二）。

M105　位于Ⅰ区中偏东南部，东邻M104，西南邻M102，北邻M108。长方形竖穴土坑，墓坑呈南北向，方向162°。墓坑壁向底微斜收，口大底小，壁面未经人工精细修整，较粗糙，坑底平整。墓口距地表0.2米，口长2.1、宽0.6米，墓底长2.04、宽0.46米，墓深0.36米。坑内填黄褐色五花土，填土较硬，未见包含物。

木质葬具已朽，可见青灰色单棺腐痕。棺痕长1.58、宽0.36、高0.06、棺板厚0.03米。人骨架朽尽无存，葬式不明。

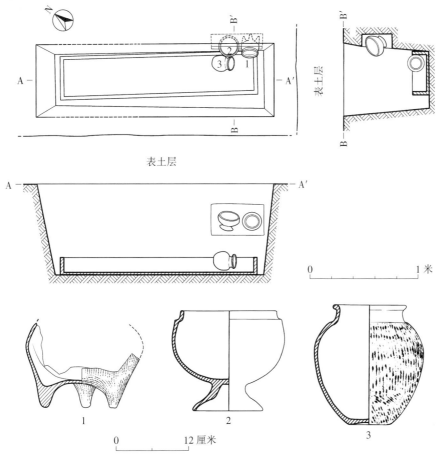

图一七二　春秋 M100 平、剖面图及随葬品
1. Aa 型Ⅳ式陶鬲　2. C 型陶豆　3. A 型Ⅱ式陶罐

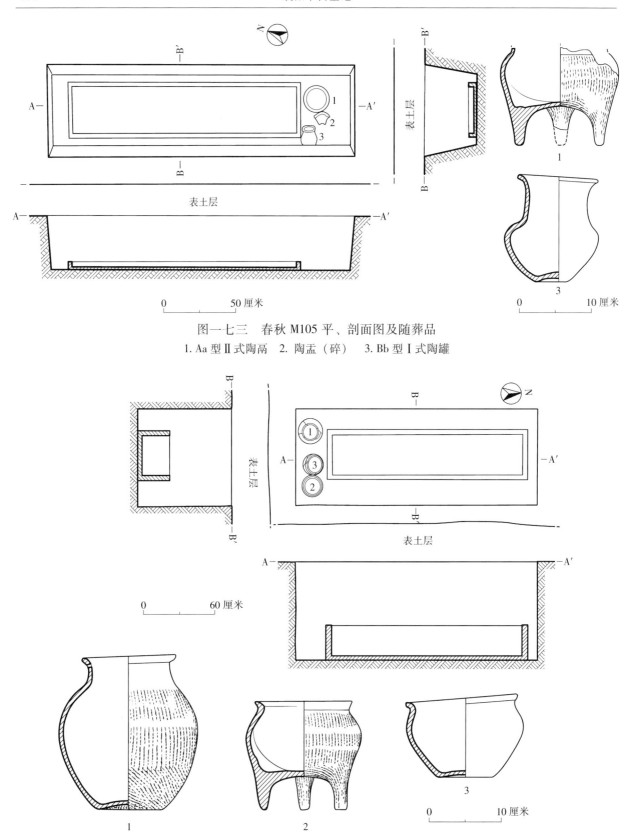

图一七三　春秋 M105 平、剖面图及随葬品
1. Aa 型 Ⅱ 式陶鬲　2. 陶盂（碎）　3. Bb 型 Ⅰ 式陶罐

图一七四　春秋 M111 平、剖面图及随葬品
1. A 型 Ⅳ 式陶罐　2. Aa 型 Ⅴ 式陶鬲　3. Aa 型 Ⅷ 式陶盂

随葬器物 3 件，放置在棺外南端，器类有陶鬲 1、盂 1、罐 1（图一七三）。

M111　位于 I 区东端，东邻 M110，西北邻 M114。长方形竖穴土坑，墓坑呈南北向，方向182°。墓壁陡直，口、底长宽相等。壁面未经过人工精细修整，较粗糙，底部较平。墓口距地表0.3 米，墓坑长 2、宽 0.76、深 0.78 米。坑内填褐色花土，土质较硬，填土中无包含物。

木质葬具已朽，可见青灰色单棺腐痕。棺痕长 1.68、宽 0.4、残高 0.28、壁厚 0.04、底板痕厚 0.02 米。人骨架朽尽无存，葬式不明。

随葬器物 3 件，放置在墓底棺外南端，器类有陶鬲 1、盂 1、罐 1（图一七四）。

M112　位于 I 区中部微偏东，东南部被 M187 打破，南邻 M191，西南邻 M189。长方形竖穴土坑，墓坑呈南北向，方向150°。墓壁略向底斜内收，口大底小。壁面未经过人工精细修整，较粗糙，底部平整。墓口距地表0.3 米，墓口长 2.2、宽 0.74 米，墓底长 2.1、宽 0.62 米，墓深 0.8米。墓坑内填黄褐色花土，土质较硬，填土中未见包含物。

木质葬具已朽，可见青灰色单棺腐痕。棺痕长 1.68、宽 0.42、残高 0.12、壁厚 0.04、底板痕厚 0.02 米。人骨架朽尽无存。

随葬器物陶鬲 1 件，放置在墓底棺外南端（图一七五）。

M113　位于 I 区中部略偏东南，东北邻 M114，西邻 M146。长方形竖穴土坑，墓坑呈南北

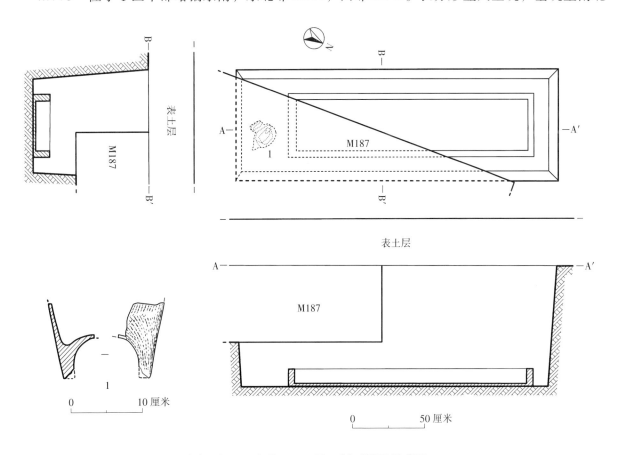

图一七五　春秋 M112 平、剖面图及随葬品

1. B 型 II 式陶鬲

向，方向 170°。墓坑坑壁向底微斜内收，口大于底，壁面粗糙，坑底平展。南壁有壁龛。墓口距地表 0.3 米，墓口长 1.8、宽 0.8 米，墓底长 1.72、宽 0.68 米，墓深 0.8 米。壁龛呈长方形，顶部已残，龛长 0.56、高 0.24、进深 0.18~0.2 米。墓坑内填黄褐色花土，土质板结，未见包含物。

棺已腐烂，留有青灰色腐痕。棺痕长 1.64、宽 0.46、残高 0.2、壁厚 0.04 米。人骨架朽尽无存，葬式不明。

随葬器物 5 件，放置在壁龛内。器类有陶鬲 1、盂 1、罐 1、豆 2（图一七六）。

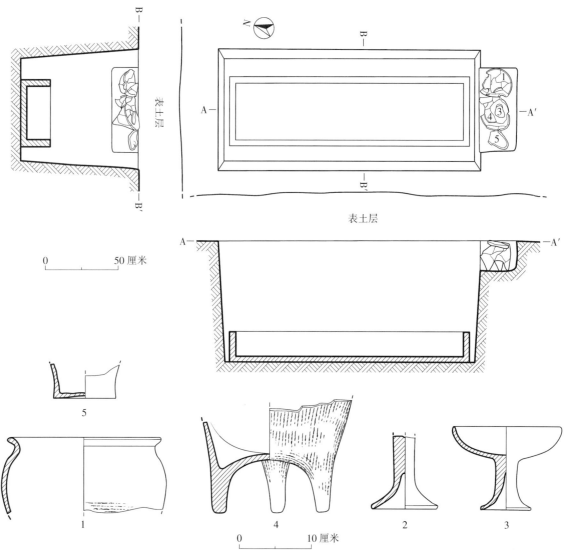

图一七六　春秋 M113 平、剖面图及随葬品
1. Aa 型Ⅵ式陶盂　2、3. Aa 型Ⅵ式陶豆　4. B 型Ⅴ式陶鬲　5. Ba 型Ⅱ式陶罐

M128　位于Ⅰ区东北部，西邻 M127，东邻 M26，西北角被 M132 打破。长方形竖穴土坑，墓坑呈南北向，方向 196°。墓坑壁略向底斜内收，口大底小，壁面粗糙，墓底较平。墓口距地表 0.4 米，墓口长 2.4、宽 0.88 米，墓底长 2.35、宽 0.82 米，墓深 0.9 米。坑内填土褐夹灰白色花土，土质板结，填土中未见包含物。

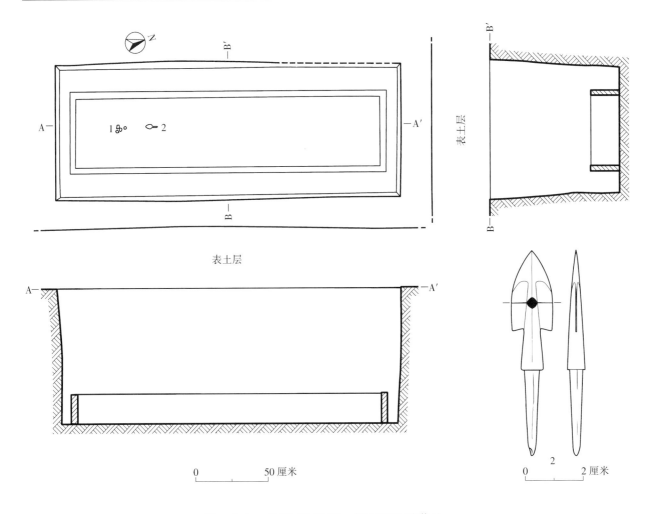

图一七七 春秋 M128 平、剖面图及随葬品
1. 石玲 2. 铜镞

木质葬具已朽，可见青灰色单棺腐痕。棺痕长 2.2、宽 0.54、残高 0.2、墙板壁厚 0.04 米。人骨架朽尽无存，葬式不明。

随葬器物 2 件，放置在棺内南端，器类有石玲 1（25 粒）、铜镞 1（图一七七）。

M134 位于 I 区东北部，北部被 M23 打破，东南邻 M25，西南邻 M121、M135。长方形竖穴土坑，墓坑呈南北向，方向 197°。墓坑壁向底内斜收，口略大于底，西壁短东壁长，壁面较粗糙，墓底平整。墓口距地表 0.4 米，墓口长 1.5～1.7、宽 0.9 米，墓底长 1.44～1.63、宽 0.8 米，墓深 1.02 米。坑内填褐夹灰白色花土，土质致密、纯净。

木质葬具已腐烂，从青灰色腐痕可以看出为单棺葬。棺痕残长 1.3、宽 0.44、残高 0.12、墙板痕厚 0.04 米。墓主人骨架已朽尽，葬式不明，棺底南端残留有牙齿痕迹，可知头向南。

随葬器物 2 件，放置在棺底南端，器类有石玲 1（54 粒）、铜镞 1（图一七八）。

M148 位于 I 区北部中间，西南角打破 M167 东北角，东北邻 M162。长方形竖穴土坑。墓坑呈南北向，方向 190°。四壁微向底内斜收，壁面未经过人工修整，较粗糙。墓口距地表 0.3 米，墓口长 2.4、宽 0.96 米，墓底长 2.32、宽 0.8，墓深 1.76 米。坑内填褐夹黄色花土，土质板结。

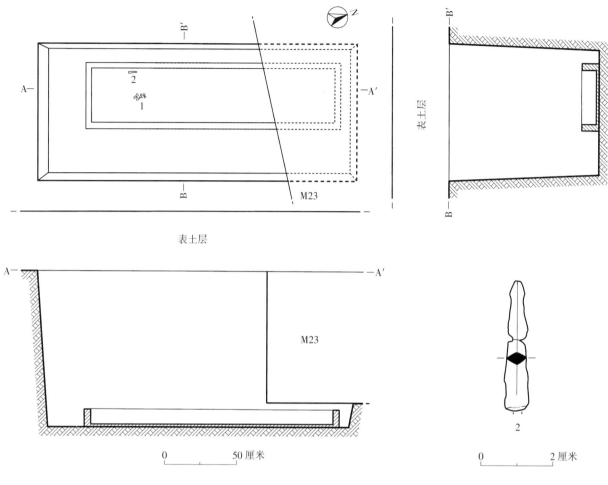

图一七八　春秋 M134 平、剖面图及随葬品
1. 石玲　2. 铜镞

　　木质单棺已腐烂，留存青灰色腐痕。棺痕长 2.24、宽 0.46、残高 0.24、棺墙板痕厚 0.02 米。人骨已朽尽，葬式不明。

　　随葬器物只有石玲 1 件（36 粒），放置在棺内南端。

　　M165　位于 I 区北端，墓坑南部被 M295、M75 打破，西邻 M296，东邻 M164。长方形竖穴土坑，墓坑呈南北向，方向 190°。墓坑壁直下，口、底长宽相等，壁面未经过人工修整，较粗糙，坑底平整。墓口距地表 0.3 米，墓口残长 0.9、宽 0.76 米，墓底长 2.32、南残宽 0.6、北宽 0.76 米，墓深 1.4 米。墓坑内填褐夹黄色花土，土质板结。

　　木质单棺已腐朽，仅存青灰色腐痕。棺痕长 2.16、宽 0.44、残高 0.1、棺墙板厚 0.04 米。人骨已朽尽，葬式不明。在棺内南端发现牙齿，可知头向南。

　　随葬器物有石玲 1 件（7 粒），放置在棺内南端。

　　M176　位于 I 区中偏东南部，北邻 M173，南邻 M179。长方形竖穴土坑，墓坑呈南北向，方向 192°。墓坑壁略向底斜收，口大底小，壁面未经过人工精细修整，较粗糙，墓底平坦。南壁有壁龛，壁龛上部已残。墓口距地表 0.4 米，墓口长 2.02、宽 0.64 米，墓底长 1.97、宽 0.6 米，墓深 0.84 米。壁龛宽 0.47、残高 0.06、进深 0.12、龛底距墓底 0.78 米。墓坑内填褐夹灰白色花土，土质板结，填土中未见包含物。

木质单棺已腐朽，仅存青灰色腐痕。棺痕长 1.78、宽 0.4、残高 0.04、壁厚 0.04、底板痕厚 0.02 米。人骨架朽尽无存，葬式不明。

随葬器物 3 件，放置在壁龛内，器类有陶鬲 1、盂 1、罐 1（图一七九）。

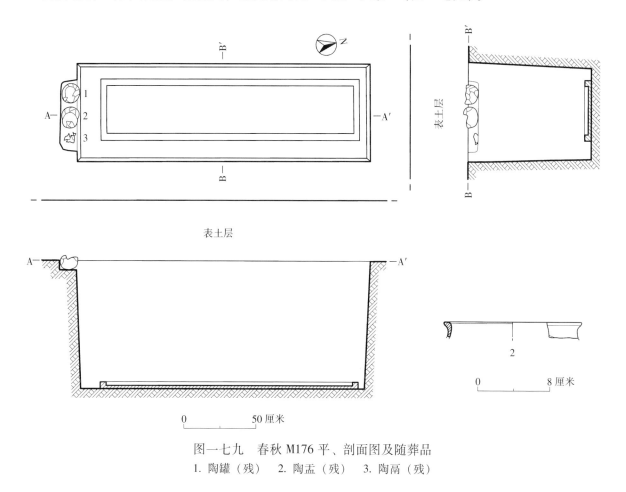

表土层

图一七九　春秋 M176 平、剖面图及随葬品
1. 陶罐（残）　　2. 陶盂（残）　　3. 陶鬲（残）

M182　位于 I 区中部偏东北，东北角被 M181 打破，东南壁被 M183 打破，西邻 M271。长方形竖穴土坑，墓坑呈南北向，方向 200°。墓坑壁向底斜内收，口略大于底，壁面粗糙，坑底平展。墓口距地表 0.3 米，墓口长 3.74、宽 1.7 ~ 1.8 米，墓底长 3.36、宽 1.3 ~ 1.56 米，墓深 2.2 米。墓坑内填黄褐夹灰白色土，土质致密、纯净，无包含物。

木质单棺已朽，仅残存的棺盖板塌陷在棺内痕迹，棺底有黑灰色腐痕。棺痕长 1.92、宽 0.52、高 0.5、厚 0.06 米，棺盖板腐痕残长 1.6、宽 0.35、厚 0.04 米。人骨架朽尽无存，葬式不明。

随葬器物 2 件，放置在墓底棺外南端。器类有石玦 1、石璧 1（图一八〇）。

M209　位于 III 区西南部，东北邻 M166。长方形竖穴土坑，墓坑呈南北向，方向 190°。墓坑壁向底内斜收，口大底小，壁面粗糙，坑底平整。墓口距地表 0.4 米，墓口长 3.16、宽 1.7 米，墓底长 2.76、宽 1.5 米，墓深 3 米。坑内填灰黄夹褐斑花土，土质较硬，包含少量红烧土块。

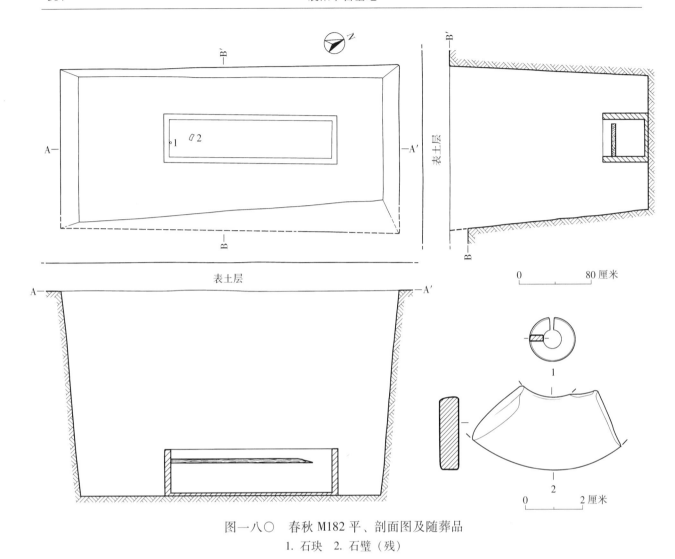

图一八〇 春秋 M182 平、剖面图及随葬品
1. 石玦 2. 石璧（残）

木质单棺已腐朽，留存青灰色泥腐痕。棺痕长 1.7、宽 0.46、残高 0.36、壁厚 0.05 米。墓坑外南端设置有类似于头箱的器物坑，器物坑长 0.84、宽 0.48、残高 0.38 米。人骨架朽尽，南部残存牙痕，葬式不明。

随葬器物 5 件，放置在南端器物坑内，器类有陶鬲 1、盂 1、壶 1、豆 2（图一八一）。

M228 位于 I 区南部边沿偏东，墓坑西部被 M229 打破，东北邻 M224。长方形竖穴土坑，墓坑呈南北向，方向 196°。墓坑壁向底内斜收，口略大于底，壁面较粗糙，坑底平整。墓口距地表 0.4 米，墓口长 2.4、宽 1.06 米，墓底长 2.34、宽 1 米，墓深 0.84 米。墓坑内填黄褐色花土，土质较硬，未见包含物。

木质单棺已朽，可见青灰色腐痕。棺痕长 1.88、宽 0.44、高 0.2、厚 0.04 米。人骨架朽尽无存，在棺内南端发现腐烂牙痕，葬式不明。

随葬器物 1 件，石琀 1（26 粒），放置在馆内南端。

M270 位于 I 区中心，墓坑东北部被 M268 叠压，东南角被 M267 打破，西邻 M272。长方形竖穴土坑，墓坑呈南北向，方向 160°。墓坑东、西壁向底斜内收，南北壁陡直，壁面粗糙，坑底

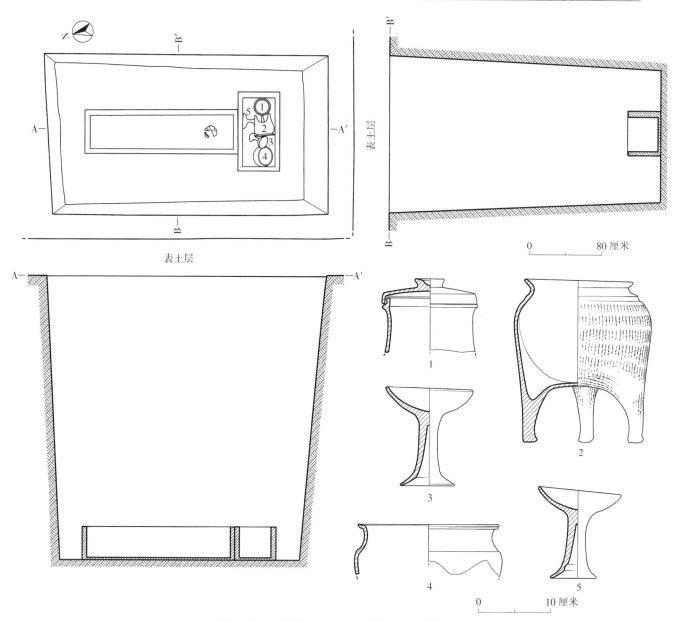

图一八一　春秋 M209 平、剖面图及随葬品
1. Ⅰ式陶壶　2. Aa 型Ⅵ式陶鬲　3、5. Aa 型Ⅶ式陶豆　4. Aa 型Ⅶ式陶盂

平整。墓口距地表 0.2 米，口长 2.1、宽 0.9 米，墓底长 2.14、宽 0.8 米，墓深 0.96 米。墓坑内填黄褐夹灰白色土，土质致密、纯净，未见包含物。

单棺已朽，可见青灰色腐痕。棺痕长 1.72、宽 0.48、高 0.18、厚 0.05 米。南端棺底仅存牙齿痕迹，人骨架朽尽无存，葬式不明。

随葬器物 3 件，放置在墓底棺外南端，器类有陶鬲 1、罐 1、豆 1（图一八二）。

M279　位于Ⅰ区中偏北部，墓坑西端打破 M278 坑东北部，东邻 M177。长方形竖穴土坑，墓坑呈东西向，方向 92°。墓坑壁略向底内斜收，壁面较粗糙，坑底较平。墓口距地表 0.4 米，墓口长 2.36、宽 0.74 米，墓底长 2.29、宽 0.69 米，墓深 1 米。坑内填褐色夹灰白色花土，土质板结，

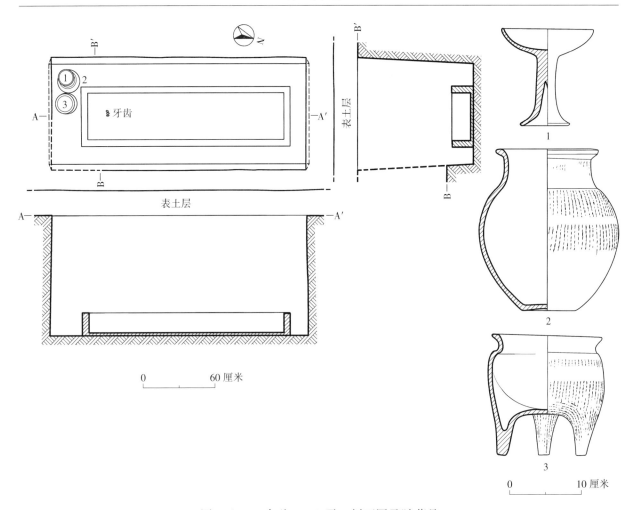

图一八二 春秋 M270 平、剖面图及随葬品
1. Aa 型 Ⅵ 式陶豆 2. A 型 Ⅲ 式陶罐 3. B 型 Ⅳ 式陶鬲

填土中未见包含物。

木质单棺已腐朽，仅存青灰色腐痕。棺痕长 1.94、宽 0.42、残高 0.26、壁厚 0.04、底板腐痕 0.04 米。人骨架朽尽无存，葬式不明。

随葬器物陶鬲 1 件，放置在坑底东端（图一八三）。

M299 位于 Ⅰ 区北部边沿偏西部，东邻 M297，西邻 M302，北邻 M301。长方形竖穴土坑，墓坑呈东西向，方向 270°。墓坑壁直下，西壁设壁龛，口、底长宽相等，壁面较粗糙，坑底平展。墓口距地表 0.3 米，墓坑长 1.9、宽 0.56、深 0.04 米。壁龛上部已被破坏，宽 0.36、进深 0.24、残高 0.02 米。墓坑内填黄褐色花土，土质板结，无包含物。

木质单棺已腐朽，仅存青灰泥腐痕。棺痕长 1.74、宽 0.36、残高 0.02 米。人骨已朽尽，葬式不明。

随葬器物 2 件，放置在壁龛，器类有陶鬲 1、盂 1（图一八四）。

M326 位于 Ⅲ 区北部偏西，东邻 M249，南邻 M429。长方形竖穴土坑，墓坑呈南北向，方向 130°。墓坑壁向底斜收，东壁有壁龛，坑口略大于坑底，壁面光滑，坑底平整。墓坑上部已被破

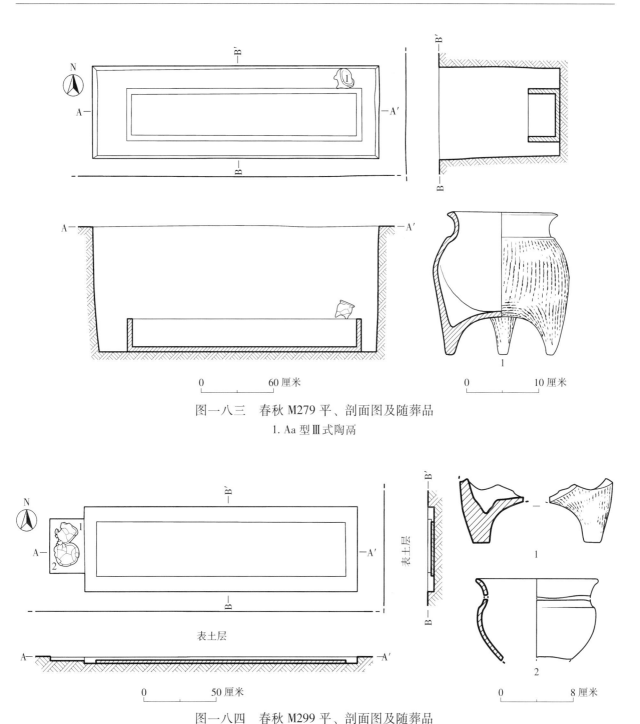

图一八三　春秋 M279 平、剖面图及随葬品
1. Aa 型 Ⅲ 式陶鬲

图一八四　春秋 M299 平、剖面图及随葬品
1. Aa 型 Ⅴ 式陶鬲　2. Aa 型 Ⅴ 式陶盂

坏，墓口距地表 0.27 米，墓口长 2.02、宽 0.8 米，墓底长 1.92、宽 0.7 米，墓深 0.8 米。壁龛上部也被破坏，龛宽 0.7～0.8、进深 0.26、高 0.3、龛底距墓底 0.5 米。坑内填黄褐灰色花土，土质致密，无包含物。

单棺已朽，留有青灰色腐痕。棺痕长 1.72、宽 0.48、高 0.12、墙板厚 0.04 米。人骨架朽尽，葬式不明。

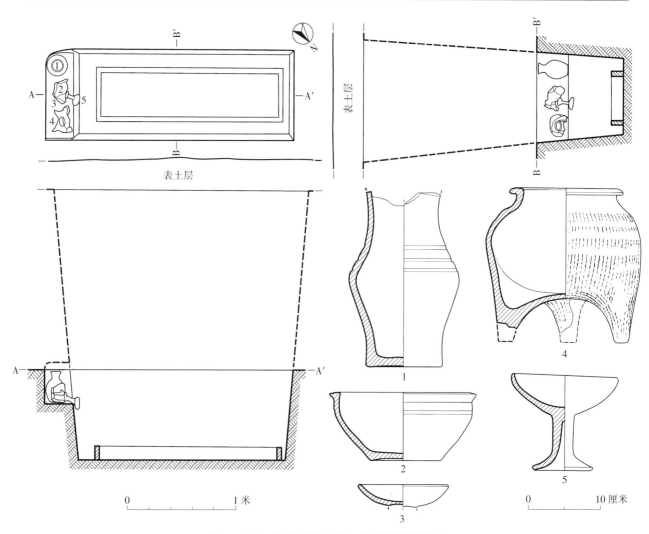

图一八五　春秋 M326 平、剖面图及随葬品
1. Ba 型 Ⅲ 式陶罐　2. B 型 Ⅰ 式陶盂　3、5. Aa 型 Ⅶ 式陶豆　4. Aa 型 Ⅵ 式陶鬲

随葬器物 5 件，放置在壁龛，器类有陶鬲 1、盂 1、罐 1、豆 2（图一八五）。

M364　位于 Ⅰ 区西部边沿，东邻 M265，南邻 M365。长方形竖穴土坑，墓坑呈南北向，方向 355°。墓坑壁直下，口、底长宽相等，壁面粗糙，坑底平整。墓坑上部已被破坏，墓口距现地表 0.2 米，墓坑长 2.08、宽 0.64 ~ 0.68、墓深 0.1 米。坑内填黄褐灰白土，土质致密、纯净，无包含物。

葬具腐烂无痕迹，人骨架已朽，葬式不明。

随葬陶鬲 1 件，放置在墓底北端（图一八六）。

M376　位于 Ⅰ 区中偏西北部，东北部被 M315 西南部打破，东邻 M313。长方形竖穴土坑，墓坑呈东西向，方向 235°。墓坑壁直下，墓坑口、底长宽相等，壁面较粗糙，坑底平展。墓口距地表 0.2 米，墓坑长 1.44 ~ 1.52、宽 0.74、深 0.3 米。墓坑内填黄褐灰白花土，土质致密、纯净，未见包含物。

木质单棺已腐烂，可见深灰色棺痕。棺痕长 1.14 ~ 1.18、宽 0.4、高 0.04、厚 0.04 米。人骨架无存，葬式不明。

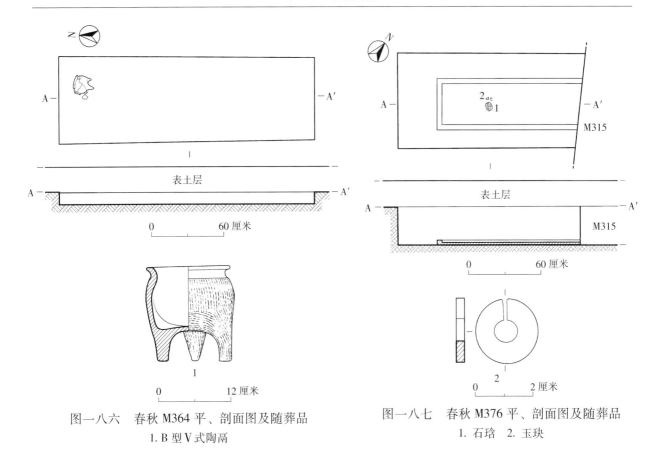

图一八六　春秋 M364 平、剖面图及随葬品
1. B 型 V 式陶鬲

图一八七　春秋 M376 平、剖面图及随葬品
1. 石琀　2. 玉玦

　　随葬器物 2 件，放置在棺内西端，器类有石琀 1（42 粒）、玉玦 1（图一八七）。

　　M388　位于 I 区中部偏东，西邻 M187，东南邻 M114。长方形竖穴土坑，墓坑呈南北向，方向 175°。墓坑壁向底内斜收，墓坑口大底小，壁面较粗糙，坑底平展。墓口距地表深 0.4 米，墓口长 2、宽 0.84 米，墓底长 1.92、宽 0.76 米，墓深 0.8 米。南壁有壁龛，壁龛上部被破坏，龛长 0.4、进深 0.24、高 0.16～0.18 米。墓圹内填黄褐色五花土，土质板结较硬，填土中未见包含物。

　　木质单棺已腐朽，可见棺腐烂痕迹。棺痕长 1.7、宽 0.58、残高 0.3、壁厚 0.04、底板痕厚 0.04 米。人骨架朽，仅存牙齿，葬式不明。

　　随葬器物 2 件，放置在壁龛，器类有陶鬲 1、豆 1（图一八八）。

　　M437　位于 III 区中部略偏北，墓坑大部被 M402 叠压，南邻 M438，北邻 M436。长方形竖穴土坑，墓坑呈东西向，方向 290°。墓坑四壁向底斜内收，口大底小，壁面粗糙。墓口距地表 0.2 米，墓口长 2.96、宽 1.68 米，墓底长 2.92、宽 1.6 米，墓深 0.7 米。墓圹内填黄褐灰色土，土质致密，包含少许陶片及红烧土。

　　葬具一椁一棺，棺椁已朽，可见青灰色腐痕。椁痕长 2.44、宽 0.8～0.82、高 0.4、厚 0.06 米，棺痕长 1.92、宽 0.54、高 0.04、厚 0.05 米。椁底东、西两端有方形垫木痕迹，垫木痕宽 0.12、厚 0.04 米。人骨架朽尽，葬式不明。

　　随葬器物 3 件，放置在椁内西部，器类有陶鬲 1、盂 1、罐 1（图一八九）。

　　M452　位于 III 区中部偏东南，西北邻 M450。长方形竖穴土坑，墓坑呈东西向，方向 296°。

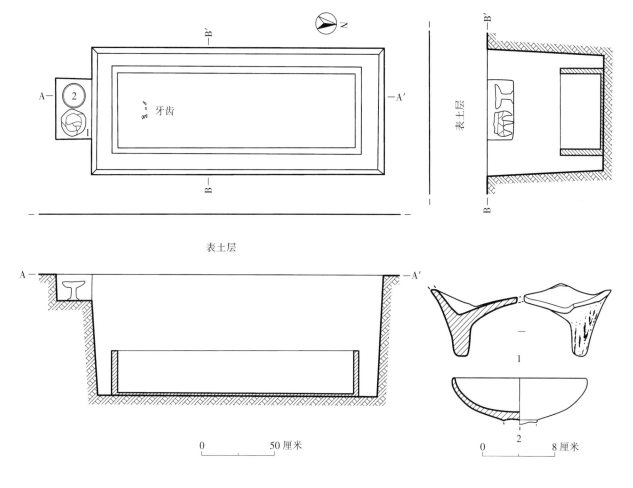

图一八八　春秋 M388 平、剖面图及随葬品
1. Aa 型 Ⅶ式陶鬲　2. Aa 型 Ⅶ式陶豆

墓坑壁向底斜内收，口略大于底，壁面较粗糙，坑底平展。墓坑上部已被破坏，墓口距现地表 0.4 米，口长 2.14、宽 0.8 米，墓底长 2.08、宽 0.76 米，墓深 0.7 米。坑内填黄褐色花土，土质较软，填土中包含少量红陶与灰陶片。

木质单棺仅存腐痕。棺痕长 1.72、宽 0.5、残高 0.12、底板厚 0.04 米。人骨架已腐烂，仅存头骨，头向西，面朝上。

随葬器物 2 件，放置在棺外西端头箱，器类有陶鬲 1、豆 1（图一九〇）。

M454　位于Ⅲ区东北部，西南邻 M449。长方形竖穴土坑，墓坑呈南北向，方向 105°。墓坑壁陡直，口、底长宽相等，壁面较粗糙，东壁设置壁龛，坑底平坦。墓坑上部已被破坏，现存墓口距地表 0.4 米，墓坑长 2.2、宽 0.74、深 1.06 米。壁龛宽 0.6、进深 0.34、残高 0.26、龛底部距墓底 0.8 米。墓圹内填浅褐色花土，土质较松软，夹有早期碎陶片和红烧土粒。

木质单棺已腐朽，可见灰黑色痕迹。棺痕长 1.82、宽 0.48、残高 0.2、墙板痕厚 0.04、底板厚 0.04 米。人骨架保存较差，头向东，仰身直肢葬。

随葬器物 2 件，放置在壁龛内，器类有陶鬲 1、盂 1（图一九一）。

M460　位于Ⅲ区中偏西南部，西邻 M461，北邻 M459。长方形竖穴土坑，墓坑呈东西向，方

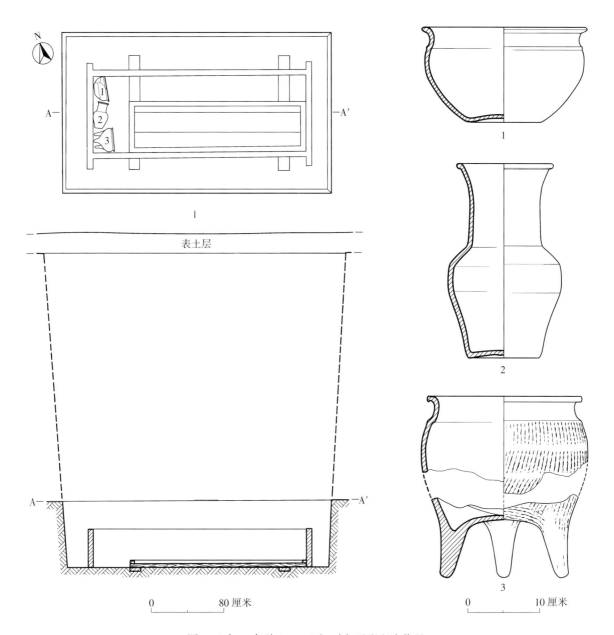

图一八九　春秋 M437 平、剖面图及随葬品
1. Aa 型 Ⅷ式陶盂　2. Ba 型 Ⅱ式陶罐　3. B 型 Ⅴ式陶鬲

向 280°。墓坑较陡直，口、底长宽相等，壁面光滑，坑底平展。墓坑上部被挖掉了 1 米，墓坑口距地表 0.4 米，现存墓坑长 2.94、宽 1.5 米，墓深 0.2 米。坑内填黄褐灰色土，土质致密，夹少许陶片与红烧土。

棺椁已腐烂，可见青灰色腐痕，为一椁一棺。椁痕长 2.28、宽 0.9～1、高 0.12、墙厚 0.06 米，棺痕长 1.9、宽 0.5、高 0.06、厚 0.05 米。人骨架朽尽，葬式不明，棺内西端残存有牙齿。

随葬器物 5 件，放置在椁内棺外西端，器类有陶鬲 1、盂 1、罐 1、豆 2（图一九二）。

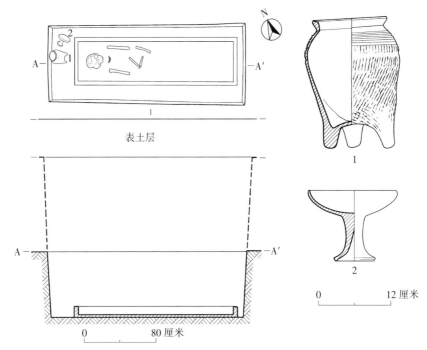

图一九〇 春秋 M452 平、剖面图及随葬品

1. Aa 型 Ⅵ式陶鬲　2. Aa 型 Ⅶ式陶豆

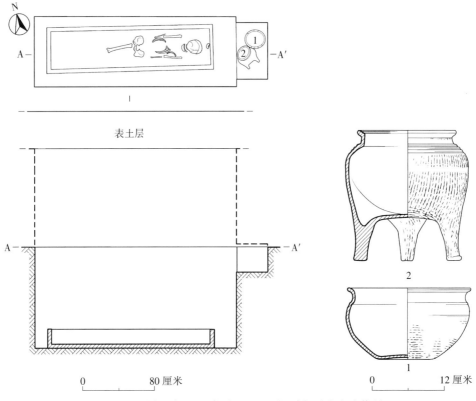

图一九一 春秋 M454 平、剖面图及随葬品

1. Aa 型 Ⅷ式陶盂　2. Aa 型 Ⅶ式陶鬲

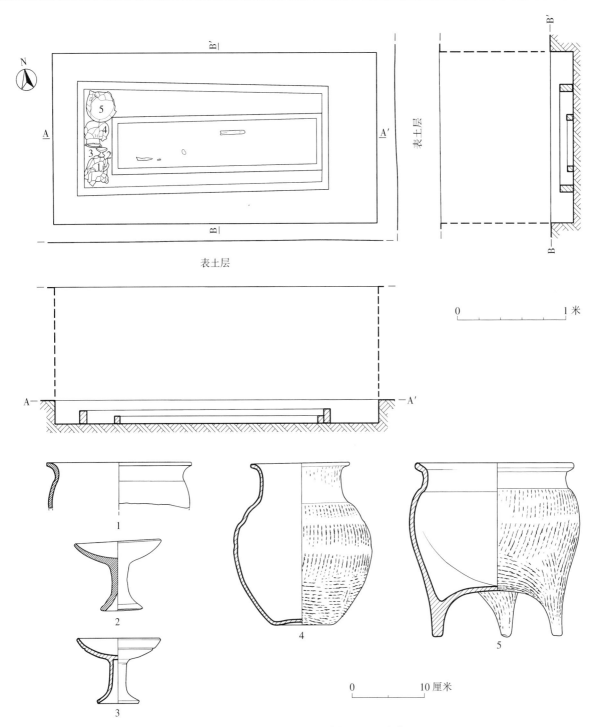

图一九二　春秋 M460 平、剖面图及随葬品
1. Aa 型 Ⅳ 式陶盂（底残）　2、3. Aa 型 Ⅳ 式陶豆　4. A 型 Ⅱ 式陶罐　5. B 型 Ⅲ 式陶鬲

　　M466　位于Ⅲ区东北部，东北邻 M453。长方形竖穴土坑，墓坑呈南北向，方向 200°。墓坑壁向底微斜内收，口大底小，壁面较粗糙，南壁设置有壁龛，墓底平展。墓坑上部已被挖掉了 1 米，墓口距地表 0.4 米，墓长 2.3、宽 0.84 米，墓底长 2.2、宽 0.74 米，墓深 0.98 米。壁龛呈长方形，宽 0.46、高 0.32、进深 0.24 米。墓坑内填黄褐色花土，土质较软，填土中包含少量红陶和陶片。

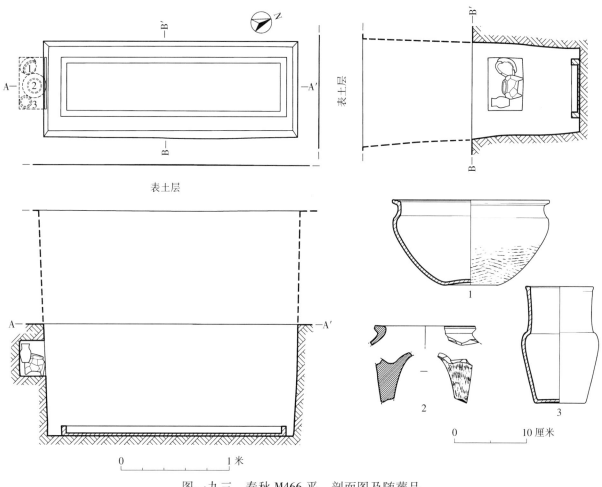

图一九三　春秋 M466 平、剖面图及随葬品
1. Aa 型Ⅶ式陶盂　2. Aa 型Ⅵ式陶鬲（残）　3. Ba 型Ⅲ式陶罐

　　木质单棺已腐烂，可见灰黑色棺痕。棺痕长 2.07、宽 0.52、残高 0.08、底板厚 0.04 米。人骨架已朽，葬式不明。

　　随葬器物 3 件，放置在壁龛，器类有陶鬲 1、盂 1、罐 1（图一九三）。

　　M474　位于Ⅲ区东部偏北，西南邻 M480，东南邻 M484。长方形竖穴土坑，墓坑呈东西向，方向 298°。墓坑西宽东窄，坑壁向底内斜收，北壁设置壁龛，口大于底，壁面粗糙，坑底平整。原始坑口距地表 0.2 米，现在墓坑上部已被挖掉 1 米。墓口长 2.34、宽 0.8 ~ 0.86 米，墓底长 2.18、宽 0.62 ~ 0.66 米，墓深 0.7 米。壁龛距墓底 0.4、宽 0.42、高 0.22、进深 0.26 米。墓坑内填黄褐灰色土，土质致密，包含有红烧土和少许陶片。

　　单棺已朽，可见青灰色腐痕。棺痕长 1.88、宽 0.4、高 0.06、厚 0.04 米。棺底东部仅存两节腿骨，应为仰身直肢葬。

　　随葬器物 3 件，放置在壁龛，器类有陶鬲 1、盂 1、豆 1（图一九四）。

　　M477　位于Ⅲ区东北部，东北部被 M499 打破，南邻 M468，东邻 M469。长方形竖穴土坑，墓坑呈东西向，方向 295°。墓坑东、西壁内敛，形成口短底长，西宽东窄，壁面光滑，坑底平坦。墓口距地表 0.2 米，现存墓口长 2.12、宽 0.76 ~ 0.82 米，墓底长 2.2、宽 0.64 ~ 0.72 米，墓深

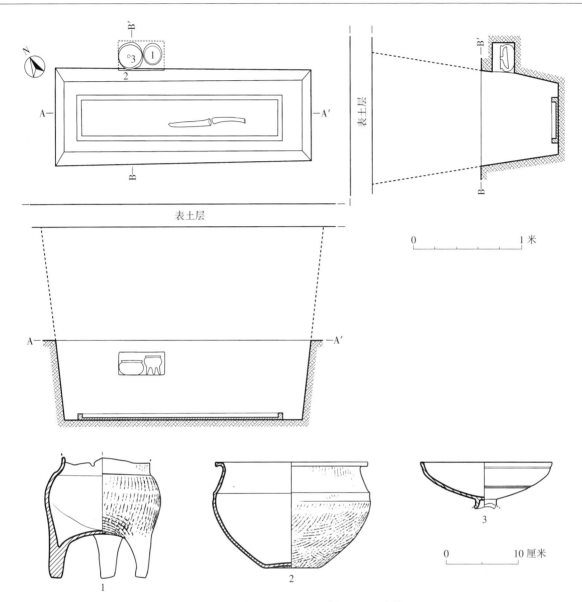

图一九四　春秋 M474 平、剖面图及随葬品
1. Aa 型 Ⅱ 式陶鬲　2. Aa 型 Ⅲ 式陶盂　3. Aa 型 Ⅲ 式陶豆

1.1 米。墓圹内填黄褐灰色土，土质致密，包含少量红烧土和碎陶片。

　　单棺已腐烂，留有青灰色腐痕。棺痕长 1.78、宽 0.44、高 0.04、厚 0.04 米。棺底东部残存腿骨痕迹，为仰身直肢葬。

　　随葬器物 3 件，放置在墓底棺外西端，器类有陶鬲 1、盂 1、罐 1（图一九五）。

　　M488　位于Ⅲ区东部边沿偏北，西南部被 M484 打破，西北邻 M474。长方形竖穴土坑，墓坑呈东西向，方向 295°。墓坑壁向底微斜内收，口、底长宽大体相等，壁面粗糙，坑底平展。墓口距地表深约 0.4 米，墓口残长 1.1～2.54、宽 0.92 米，墓底残长 1.12～2、宽 0.84 米，深 0.34 米。墓圹内填黄褐色夹黄斑块花土，土质较硬，包含少量夹砂红陶、泥质灰陶陶片、红烧土颗粒和炭粒。

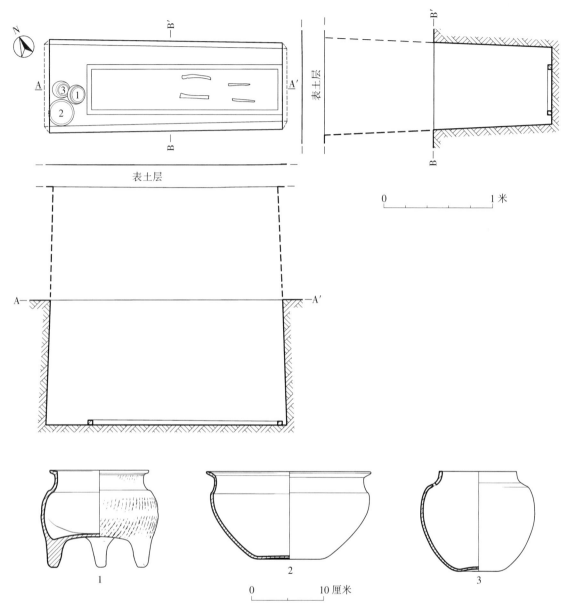

图一九五　春秋 M477 平、剖面图及随葬品
1. Aa 型 Ⅲ 式陶鬲　2. Aa 型 Ⅳ 式陶盂　3. Ca 型 Ⅰ 式陶罐

　　木质单棺已全部腐烂，仅见深灰色痕迹。棺痕长 1.18～1.86、宽 0.42、高 0.04、厚 0.04 米。人骨架保存较差，葬式为仰身直肢。

　　随葬器物 3 件，放置在棺外北侧，器类有陶鬲 1、盂 1、罐 1（图一九六）。

　　M489　位于Ⅲ区东南角，西北邻 M531。长方形竖穴土坑，墓坑呈东西向，方向 295°。墓坑壁向底斜内收，西壁有壁龛，口大底小，壁面粗糙，底部平整。墓口距地表约 0.3 米，墓口长 2.26、宽 1 米，墓底长 2.16、宽 0.84 米，墓深 0.9 米。墓坑内填黄褐色夹黄斑块花土，土质较硬，包含少量红烧土颗粒、炭颗粒、夹砂红陶和泥质灰陶陶片。壁龛平面呈长方形，南北长 0.54、东西进深 0.2、高 0.28、龛底距墓底深 0.62 米。

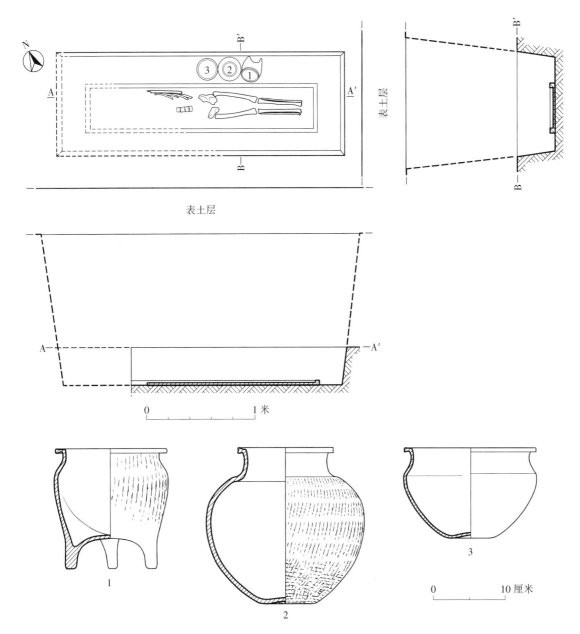

图一九六 春秋 M488 平、剖面图及随葬品
1. B 型Ⅱ式陶鬲 2. A 型 I 式陶罐 3. Aa 型 V 式陶盂

　　木质单棺已全部腐烂，仅见灰痕。棺痕长 1.96、宽 0.58、高 0.04、厚 0.04 米。人骨架朽尽无存，葬式不明。

　　随葬器物 4 件，放置在壁龛，器类有陶鬲 1、盂 1、豆 2（图一九七）。

　　M504 位于Ⅲ区东部偏南，北邻 M416，东北邻 M496。长方形竖穴土坑，墓坑呈东西向，方向 310°。墓坑壁陡直，口、底长宽相等，壁面粗糙，墓底较平。墓坑的上部已被破坏，现存坑口距地表 0.33 米，墓坑长 2.2、宽 0.9 米，墓深 0.3 米。

　　木质单棺已腐烂，可见深灰色腐痕。棺痕长 1.82、宽 0.42、残高 0.06、壁厚 0.02、底板痕厚

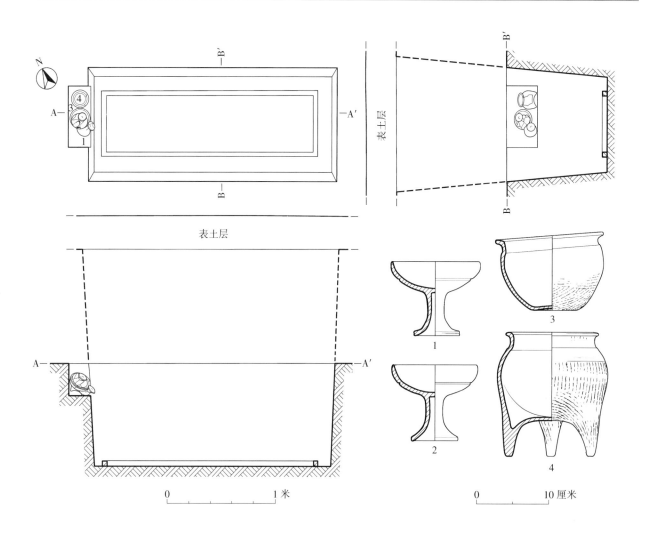

图一九七　春秋 M489 平、剖面图及随葬品
1、2. Aa 型 V 式陶豆　3. Aa 型 VI 式陶盂　4. Aa 型 V 式陶鬲

0.04 米。人骨架保存较差，头向西，仰身直肢，墓主人双手交叉置于腹部。

随葬器物 3 件，放置在墓底棺外西端，器类有陶鬲 1、盂 1、罐 1（图一九八）。

M526　位于Ⅲ区中部偏南，南邻 M527，东南邻 M510。长方形竖穴土坑，墓坑呈东西向，方向 270°。墓坑壁向底斜内收，口大底小，壁面光滑，坑底平整。墓口距地表 0.2 米，墓口长 2.74、宽 1.6 米，墓底长 2.5、宽 1.4 米，墓深 0.5 米。坑内填黄褐灰色土，土质致密，包含有红烧土和少许陶片。

木质单棺已朽，可见青灰色腐痕。棺痕长 1.8、宽 0.56、高 0.04、厚 0.04 米。人骨架已腐烂，棺底北部仅存上下 3 节肢骨，应为仰身直肢葬。

随葬器物 3 件，放置在棺外西端，器类有陶鬲 1、盂 1、罐 1（图一九九）。

M542　位于Ⅲ区东北角，南壁被 M541 打破，北邻 M544。长方形竖穴土坑，墓坑呈东西向，方向 292°。墓坑壁向底微斜内收，口略大于底，坑壁光滑，底部平整。墓口距地表 0.2 米，墓口长 1.84、宽 0.62 米，墓底长 1.8、宽 0.55 米，墓深 0.36 米。墓坑内填黄褐灰色土，土质致密，

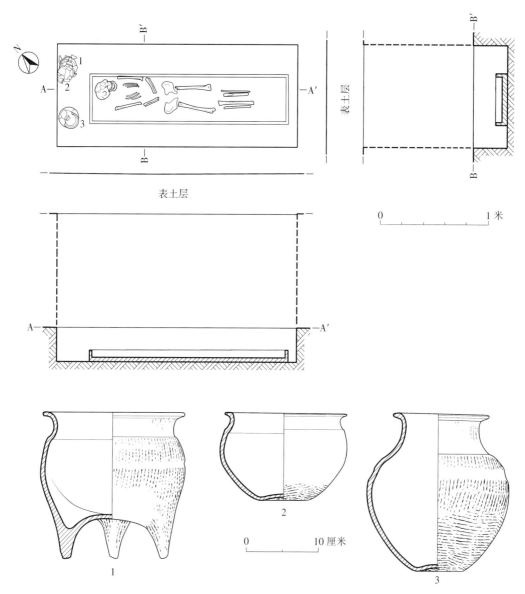

图一九八　春秋 M504 平、剖面图及随葬品
1. B 型Ⅲ式陶鬲　2. Aa 型Ⅳ式陶盂　3. A 型Ⅱ式陶罐

包含有红烧土和少许陶片。

木质单棺已朽，可见青灰色腐痕。棺痕长 1.5、宽 0.4、高 0.14、厚 0.02 米。人骨架朽尽，葬式不明。

随葬器物 3 件，放置在棺外西端，器类有陶鬲 1、盂 1、罐 1（图二〇〇）。

M547　位于Ⅲ区东北角，西北邻 M548，西南邻 M537，东北邻 M546。长方形竖穴土坑，墓坑呈东西向，方向 100°。墓坑东、西壁陡直，南、北壁向底内斜收，口大底小。壁面较粗糙，墓底平坦。墓坑的上部已被破坏，墓口距地表 0.4 米，墓口长 1.9、宽 0.7 米，墓底长 1.9、宽 0.54 米，墓深 1.5 米。墓坑内填浅褐色花土，土质较松软，夹杂有早期碎陶片和红烧土粒。

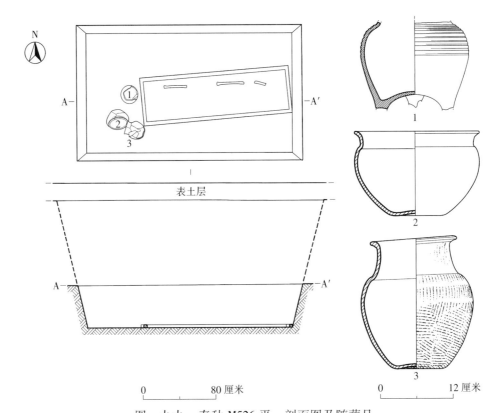

图一九九　春秋 M526 平、剖面图及随葬品

1. Ab 型 I 式陶鬲　2. Aa 型 Ⅶ式陶盂　3. A 型 V 式陶罐

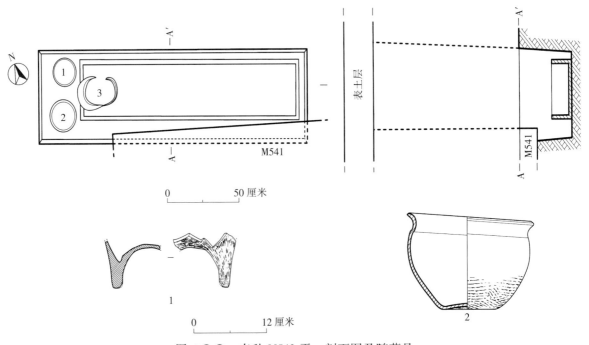

图二〇〇　春秋 M542 平、剖面图及随葬品

1. Aa 型 V 式陶鬲　2. Aa 型 Ⅵ式陶盂　3. 陶罐（碎）

木质单棺已腐朽，可见青灰色腐痕。棺痕长 1.86、宽 0.46、残高 0.2、壁厚 0.04、底板痕厚 0.04 米。人骨架已朽，仅在棺内东端发现有牙齿痕迹。

随葬器物 3 件，放置在坑底东端，器类有陶盂 2、罐 1（图二〇一）。

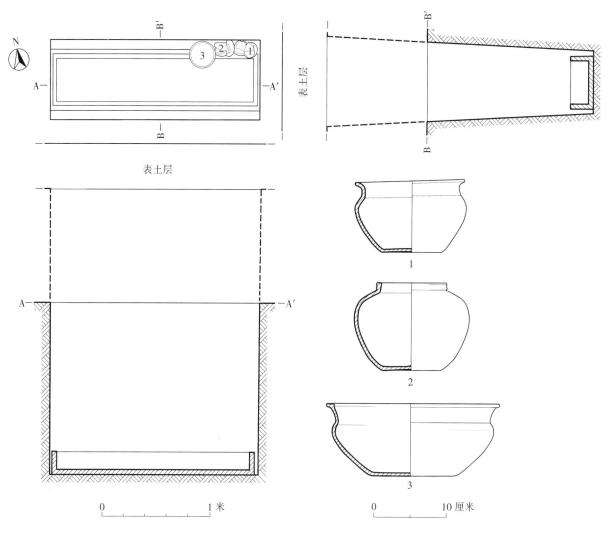

图二〇一　春秋 M547 平、剖面图及随葬品
1、3. Aa 型 V 式陶盂　2. Ca 型 Ⅱ 式陶罐

第三节　战国墓葬

发掘战国时期的墓共 149 座，其中有随葬品的墓 81 座，无随葬品的墓 68 座，分述介绍墓葬 55 座，占墓葬总数的 36.9%，占有随葬品墓总数的 67.9%。战国墓分述的墓号分别是：M21、M65、M91、M126、M136、M146、M169、M172、M174、M195、M207、M223、M255、M317、M319、M324、M337、M380、M396、M415、M418 ～ M420、M424、M434 ～ M436、M438、M439、M448、M455、M462、M463、M467、M484、M485、M487、M495、M496、M498、M500、M502、M506、M508、M516、M518、M519、M521、M522、M525、M530、

M532、M536、M538、M539。

M21　位于 I 区东北角，南邻 M22，北邻 M374，西邻 M23。长方形竖穴土坑，墓坑呈南北向，方向 182°。墓坑壁略向底内斜收，口大底小，壁面较粗糙，南壁有壁龛，坑底平整。墓口距地表 0.2 米，墓口长 1.96、宽 0.7 米，墓底长 1.89、宽 0.64 米，墓深 0.8 米。龛底距墓底 0.44、

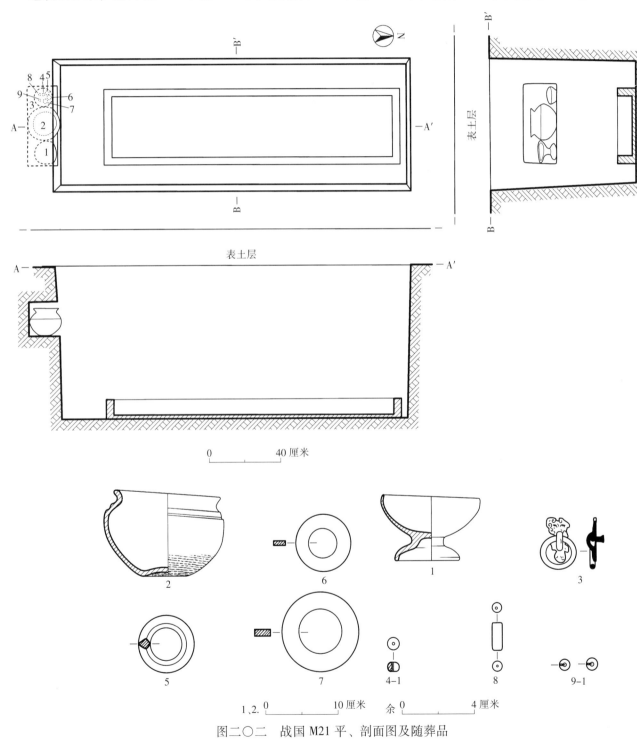

图二〇二　战国 M21 平、剖面图及随葬品

1. B 型陶豆　2. Aa 型Ⅸ式陶盂　3. 漆奁铜铺首　4. 料珠　5. 玛瑙环　6、7. 石环　8. 骨管　9. 骨片饰

壁龛宽 0.42、高 0.18、进深 0.16 米。墓坑内填褐色夹灰白色花土，土质板结，填土中未见包含物。

单棺已腐朽，留有灰黑色腐痕。棺痕长 1.62、宽 0.4、残高 0.1、壁厚 0.04 米。人骨架朽尽无存，葬式不明。

随葬器物 9 件，放置在壁龛，器类有陶盂 1、陶豆 1、料珠 1、玛瑙环 1、石环 2、漆奁铜铺首 1、骨管 1、骨片饰 1（图二〇二）。

M65　位于 I 区东南角，墓坑北壁打破 M64 南端，东南邻 M66，南邻 M69。长方形竖穴土坑，墓坑呈东西向，方向 265°。墓坑壁向底斜内收，口大底小，壁面粗糙，底部平整。南壁西端似壁龛，上部已毁。墓口距地表 0.5 米，墓口长 1.8、宽 0.82 米，墓底长 1.68、宽 0.78 米，墓深 0.38 米。坑内填黄褐色花土，土质较硬，无包含物。

木质葬具已全部腐烂，仅见褐色灰痕。棺痕长 1.62、宽 0.38、高 0.6、墙板厚 0.06、底板厚 0.01 米。人骨架朽尽无存，葬式不明。

随葬器物 3 件，放置在南侧西端，器类有陶盂 2、罐 1（图二〇三）。

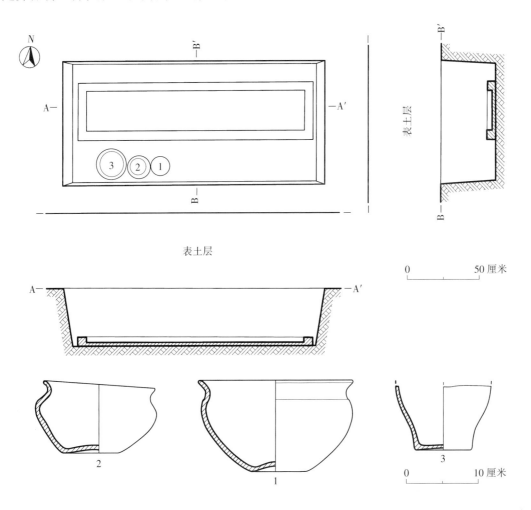

图二〇三　战国 M65 平、剖面图及随葬品
1. Aa 型 XⅡ 式陶盂　2. Aa 型 XⅢ 式陶盂　3. Ba 型 Ⅷ 式陶罐

M91　位于Ⅰ区东南部，南邻 M88。被 M351 打破。长方形竖穴土坑，墓坑呈南北向，方向 188°。南、北壁直下，东、西壁略向底内斜收，口大底小，坑壁粗糙，底部平坦。墓口距地表 0.2 米，墓口长 2.16、宽 0.8 米，墓底长 2.16、宽 0.72 米，墓深 1.35 米。墓圹内填黄褐色花土，土质较硬，无包含物。南壁设壁龛，平面呈长方形，内壁为弧角。龛顶面距墓口高 0.58、长 0.4、宽 0.22、进深 0.2 米。

木质单棺已全部腐烂，仅见褐色腐痕。棺痕长 1.82、宽 0.42、高 0.24、厚 0.04、底板腐痕厚 0.01 米。人骨架朽尽无存。

随葬器物 2 件，放置在壁龛，器类有陶鬲 1、盂 1（图二〇四）。

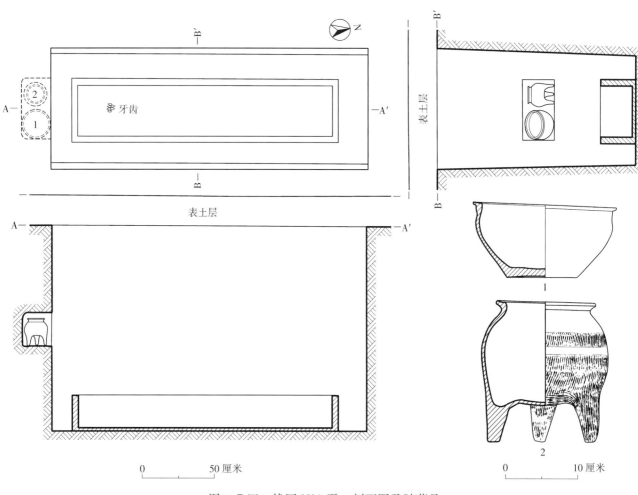

图二〇四　战国 M91 平、剖面图及随葬品
1. B 型Ⅳ式陶盂　2. Aa 型Ⅺ式陶鬲

M126　位于Ⅰ区东北部，北邻 M131，西南邻 M129，东邻 M127。长方形竖穴土坑，墓坑呈南北向，方向 185°。墓坑壁向底斜内收，口略大于底，壁面较粗糙，墓底平整。墓口距地表 0.4 米，墓口长 2.44、宽 1.26 米，墓底长 2.36、宽 1.19 米，墓深 1.36 米。坑内填褐夹灰白色五花土，土质致密、纯净。

木质葬具已腐烂，从青灰色腐痕可以看出为单棺。棺痕长 2.12、宽 0.58、墙板痕厚 0.04～

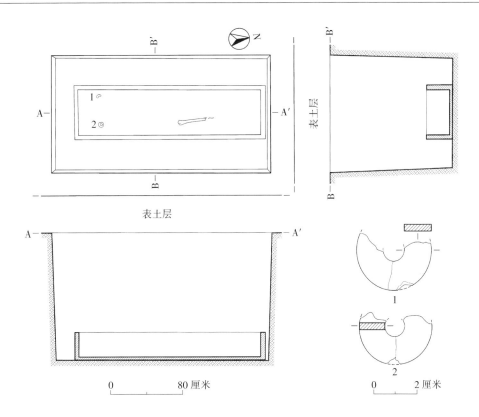

图二〇五　战国 M126 平、剖面图及随葬品
1、2. 石璧

0.05、残高 0.3、底板痕厚 0.04 米。人骨架已朽，在棺底北部残留一根下肢骨，为仰身直肢葬，头向南。

随葬品 2 件，放置在棺底南端，器类为石璧 2（图二〇五）。

M136　位于 I 区东北角，北邻 M140，南邻 M135。长方形竖穴土坑，墓坑呈东西向，方向 268°。墓坑壁向底内微斜收，口大底小。壁面未经过人工精细修整，较粗糙，坑底平整。墓口距地表 0.4 米，墓口长 2.12、宽 0.7 米，墓底长 2.07、宽 0.63 米，墓深 0.7 米。墓坑内填褐夹灰白色花土，土质板结，填土中未见包含物。

木质单棺已腐朽，仅见灰褐色腐痕。棺痕长 1.8、宽 0.44、残高 0.2、墙板痕壁厚 0.04、底板痕厚 0.02 米。人骨架已全部腐朽，在棺底东部残存有下肢腐痕，仰身直肢葬。

随葬器物 3 件，放置在棺外西端，器类有陶鼎 1、盂 1、罐 1（图二〇六）。

M146　位于 I 区中部偏东，墓坑西部被 M191 打破，西南邻 M192、M194。长方形竖穴土坑，墓坑呈南北向，方向 180°。墓坑口大底小，南、北两壁陡直，东、西两壁向底斜内收，墓壁较粗糙，未经人工修整，坑底平整。墓口距地表 0.3 米，墓口长 2.24、宽 0.82 米，墓底长 2.24、宽 0.74 米，墓深 0.95 米。坑内填黄褐色花土，土质板结，填土中未见包含物。

木质单棺已腐朽，可见灰褐色腐痕。棺痕长 1.76、宽 0.42、残高 0.12、墙板痕厚 0.04、底板痕厚 0.02 米。人骨架朽尽无存，葬式不明。

随葬器物 2 件，放置在坑底棺外南侧，器类有陶盂 1、豆 1（图二〇七）。

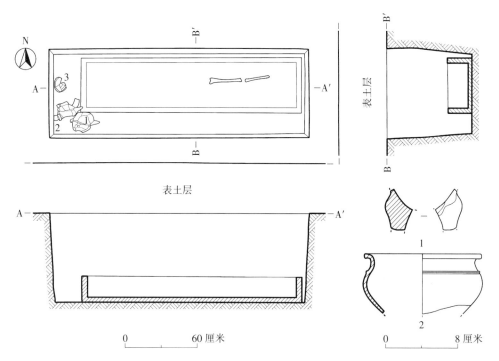

图二〇六　战国 M136 平、剖面图及随葬品
1. B 型陶鼎　2. Aa 型 XIII 式陶盉　3. 陶罐（残）

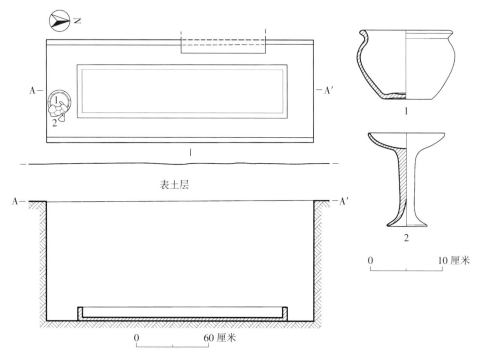

图二〇七　战国 M146 平、剖面图及随葬品
1. Aa 型 XII 式陶盉　2. Aa 型 X 式陶豆

M169 位于Ⅲ区西偏北，西邻 M174，东南邻 M159。长方形竖穴土坑，墓坑呈南北向，方向 195°。墓坑壁向底微斜收，口大底小，壁面经过精细修整，规整光滑，墓底平坦。墓口距地表 0.4 米，墓口长 2.5、宽 1.8 米，墓底长 2.3、宽 1.3 米，墓深 3 米。墓圹内填黄褐色花土，土质较松软。

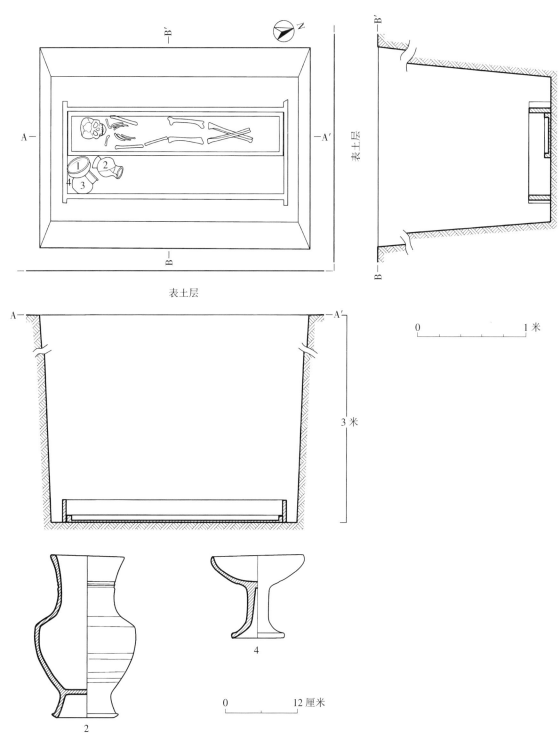

图二〇八 战国 M169 平、剖面图及随葬品
1. Aa 型 XIV 式陶盂 2. VI 式陶壶 3. A 型 VIII 式陶罐 4. Ab 型 I 式陶豆

　　木质单棺单椁,棺椁已腐烂,留有灰褐色腐痕。椁室平面呈长方形,椁痕长2.08、宽0.82、高0.2、墙板痕厚0.04米,棺位于椁内西部,棺痕长2、宽0.4、残高0.06、墙板厚0.04、底板痕厚0.02米。人骨架已朽,但可看出痕迹,仰身直肢,头向南,下肢交叉。

　　随葬器物4件,放置在椁内东部南端,器类有陶盂1、壶1、罐1、豆1(图二〇八)。

　　M172　位于Ⅰ区北部偏东,打破M170东部,东北邻M168,西南邻M173。长方形竖穴土坑,墓坑呈南北向,方向170°。四壁向底内微斜收,口大于底,壁面较粗糙,坑底平整。墓坑上部已被破坏,墓口距地表0.4米,墓口长2.26、宽0.64米,墓底长2.19、宽0.58米,墓深0.36米。坑内填褐夹灰白色花土,土质坚硬,无包含物。

　　木质葬具已腐朽,从青灰色腐痕可以看出是单棺葬。棺痕长1.74、宽0.52、高0.08、墙板痕厚0.04、底板痕厚0.02米。墓主人骨架已腐朽,残留肢骨和牙痕,可看出是仰身直肢葬,头向南。

　　随葬器物3件,放置在棺外南端,器类有陶鼎1、盂1、罐1(图二〇九)。

　　M174　位于Ⅲ区中偏西南部,东邻M169,与M169墓坑呈南北向并列,东南邻M159。长方

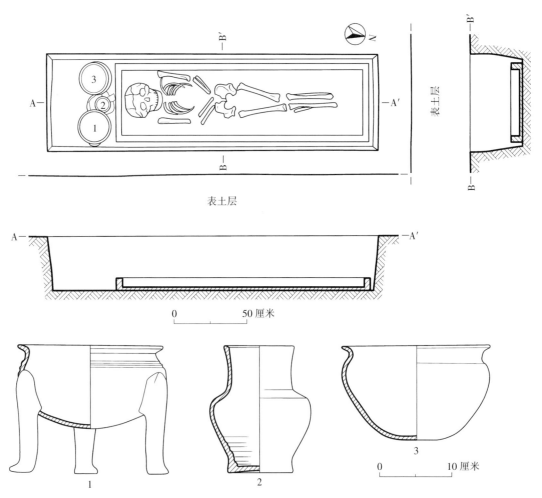

图二〇九　战国M172平、剖面图及随葬品
1. B型Ⅲ式陶鼎　2. Ba型Ⅴ式陶罐　3. Aa型Ⅺ式陶盂

形竖穴土坑，墓坑呈南北向，方向195°。墓坑壁向底内斜收，口大底小，壁面粗糙，坑底平整。墓口距地表0.3米，墓口长2.7、宽2米，墓底长2.54、宽1.52米，墓深3米。坑内填黄褐夹灰色花土，土质板结坚硬，包含有少量陶片。

图二一〇 战国 M174 平、剖面图及随葬品

1、12. Ab 型陶盂 2. 铜片 3. 铜蚁鼻钱 4~7. Ab 型Ⅱ式陶豆 8、9. 陶釜 10、11. A 型 X 式陶罐

木质棺椁已腐烂，留有青灰色腐痕，棺置东侧，西有边箱。椁痕长2.2、宽1.12、残高0.12、墙板壁痕厚0.06米，棺痕长2.1、宽0.54、残高0.08、壁痕厚0.06米。人骨架朽尽无存，葬式不明。

随葬器物12件，放置在西侧，器类有陶盂2、罐2、釜2、豆4及铜蚁鼻钱1（30枚）、铜片1（图二一〇）。

M195　位于Ⅰ区中偏东南部，墓坑东南部被M196打破，东北邻M194，东南邻M197。长方形竖穴土坑，墓坑呈南北向，方向180°。墓坑壁略向底内斜收、口大底小。壁面粗糙，坑底平整。墓口距地表0.2米，墓口长1.94、宽0.7米，墓底长1.88、宽0.6米，墓深0.76米。南端墓壁设壁龛，壁龛口残宽0.41、进深0.14、残高0.08米，龛底距墓底高0.68米。墓坑内填褐灰色花土，土质板结，无包含物。

木质单棺已腐烂，可见青灰色朽痕。棺痕长1.75、宽0.4、残高0.16、板厚0.04米。人骨架朽尽无存，葬式不明。

随葬器物1件，放置在龛内，器类为陶罐（图二一一）。

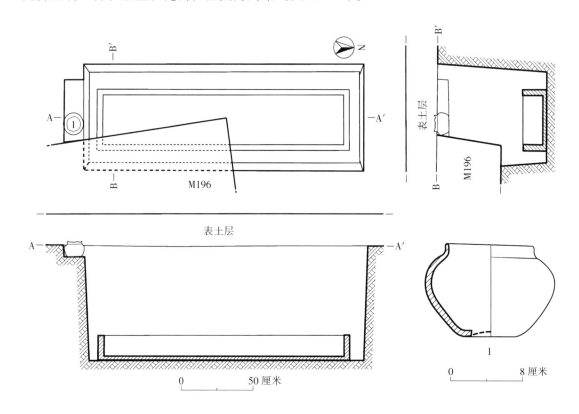

图二一一　战国M195平、剖面图及随葬品
1. Ca型Ⅲ式陶罐

M207　位于Ⅲ区中部，北邻M438，南邻M455。长方形竖穴土坑带长方形斜坡墓道，墓道设在西壁，平面呈甲字形，方向265°。墓坑壁向底内斜收，口大底小，壁面粗糙，坑底平展。墓口距地表0.4米，墓口长2.8、东宽1.74、西宽1.62米，墓底长2.56、东宽1.44、西宽1.49米，墓深1.5米。墓道平面呈梯形，口长1.3、宽1.3、底宽1.22~1.3、深0.36米。墓坑内填土黄褐色

夹黄斑块花土，土质较硬，内含少量红烧土颗粒和炭颗粒，包含少量夹砂红陶和泥质灰陶陶片。底部填青灰土，距墓底高 1 ~ 1.2 米，填土与青膏泥之间有一层 0.02 ~ 0.04 米厚的黄铁锈般沙层。

葬具一椁一棺，木质大部已经腐烂，残存少量未烂棺椁板。椁长 2.18、宽 1.06、高 0.4、墙板厚 0.04 ~ 0.06 米，棺板仅存一侧，残长 1.58、高 0.3、厚 0.08 米。人骨架朽尽无存，葬式不明。

随葬器物 5 件，放置在椁内西侧，器类有陶盂 3、罐 2（图二一二）。

M223 位于Ⅲ区北部边沿偏西，北邻 M234，西南邻 M277，东南邻 M326。长方形竖穴土坑，墓坑呈南北向，方向 200°。墓坑壁陡直，口底长宽相等，壁面粗糙，坑底平坦。墓坑已被破坏，

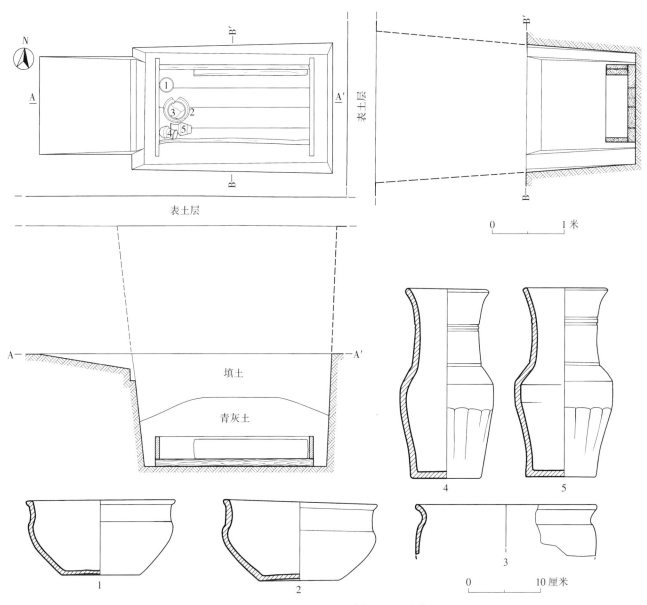

图二一二 战国 M207 平、剖面图及随葬品

1、3. Aa 型ⅩⅣ式陶盂 2. Aa 型ⅩⅢ式陶盂 4、5. Ba 型Ⅷ式陶罐

残存坑底。墓口距地表 0.4 米，墓坑长 2.1、宽 0.76 米，墓深 0.1 米。坑内填浅褐色花土，土质较松软，包含有碎陶片和红烧土粒。

木质单棺已腐烂，可见灰褐色腐痕。棺痕长 1.8、宽 0.46、残高 0.06、墙板壁痕厚 0.04、底板痕厚 0.02 米。人骨架保存较差，棺底北部残剩两节下肢骨，仰身直肢葬，头向南。

随葬器物有铜带钩 1 件，放置在棺内中部（图二一三）。

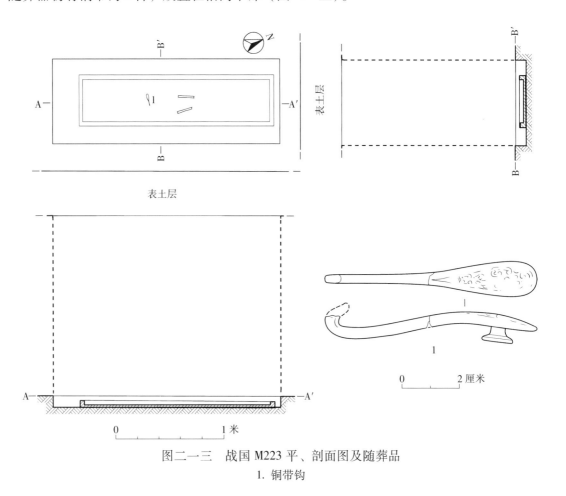

图二一三　战国 M223 平、剖面图及随葬品
1. 铜带钩

M255　位于 I 区中部略偏南，墓坑被 M36 打破，西南邻 M254。长方形竖穴土坑，墓坑呈南北向，方向 162°。墓坑壁向底内微斜收，口大底小。壁面未经过人工精细修整，较粗糙，坑底平坦。墓口距地表 0.2 米，墓口长 2.06、宽 0.76 米，墓底长 1.85、宽 0.6 米，墓深 0.86 米。南壁设壁龛，龛长 0.46、进深 0.16、残高 0.28 米，龛底面距墓底深 0.58 米。坑内填褐灰色花土，土质板结，填土中无包含物。

单棺已腐烂，可见青灰色朽痕。棺痕长 1.78、宽 0.42、残高 0.1、板厚 0.03 米。人骨架朽尽无存，葬式不明。

随葬器物 2 件，放置在壁龛，器类有陶盂 1、罐 1（图二一四）。

M317　位于 I 区西南部，东邻 M318，西邻 M320。长方形竖穴土坑，墓坑呈南北向，方向 180°。墓坑壁向底内斜收，口大底小，壁面较粗糙，坑底平展。墓口距地表 0.4 米，墓口长 2.28、

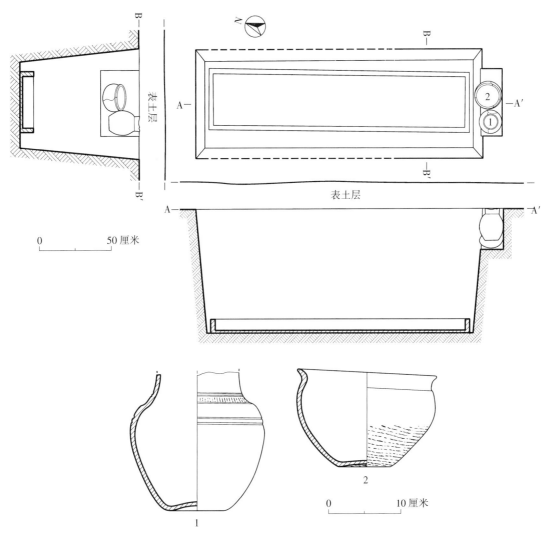

图二一四　战国 M255 平、剖面图及随葬品
1. Bb 型 Ⅳ 式罐　2. Aa 型 Ⅺ 式盂

宽 0.7 米，墓底长 2.2、宽 0.62 米，墓深 0.6 米。坑内填黄褐色花土，土质板结坚硬，无包含物。

木质单棺已腐烂，可见灰褐色痕迹。棺痕长 1.74、宽 0.44、残高 0.1、墙板痕厚 0.03~0.04、底板痕厚 0.02 米。人骨架朽尽无存，葬式不明。

随葬器物 2 件，放置在棺外南端。器类有陶罐 1、豆 1（图二一五）。

M319　位于Ⅲ区中偏北部，东南部被 M417 打破，南邻 M24。长方形竖穴土坑，墓坑呈南北向，方向 190°。墓坑壁向底内斜收，口大底小。壁面粗糙，底部平整。墓口距地表 0.4 米，墓口长 2.48、宽 1.16~1.2 米，墓底长 2.28、宽 0.96~1.06 米，墓深 0.94 米。坑内填土黄褐夹褐斑花土，土质较硬，填土中包含少量红烧土块和绳纹陶片。

木质棺椁已腐烂，留有青灰色痕迹。椁痕长 2.18、宽 0.74~0.76、残高 0.34、壁板厚 0.04 米，棺痕长 1.82、宽 0.44~0.52、残高 0.16、墙板痕厚 0.04 米。人骨架已朽，棺内南部见牙痕，中部偏东见一节腿骨，应为仰身直肢葬。

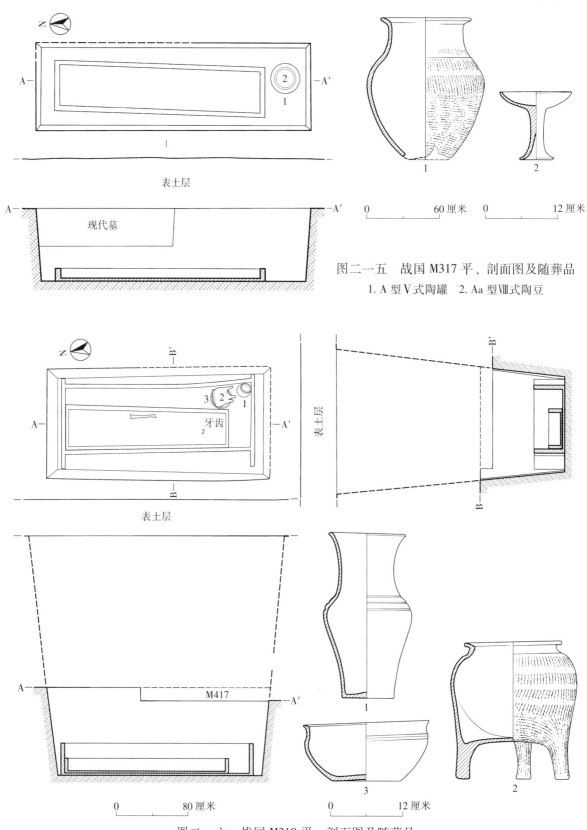

N

表土层

A —— —— A'

现代墓

表土层

图二一五　战国 M317 平、剖面图及随葬品
1. A 型 V 式陶罐　2. Aa 型 Ⅷ式陶豆

0　　　　60 厘米　　　0　　　12 厘米

N

B'

A —— —— A'

牙齿

表土层

B

表土层

M417

0　　　80 厘米　　　0　　　12 厘米

图二一六　战国 M319 平、剖面图及随葬品
1. Ba 型 Ⅶ式陶罐　2. Aa 型 Ⅻ式陶鬲　3. Aa 型 ⅩⅣ式陶盂

随葬品 3 件，放置在椁内棺外东南角，器类有陶鬲 1、盂 1、罐 1（图二一六）。

M324 位于 I 区西南部，西北角被 M322 打破，西南角邻 M328。长方形竖穴土坑，墓坑呈南北向，方向 160°。墓坑壁略向底内斜收，口大底小，壁面粗糙，坑底平整。墓口距地表 0.4 米，墓口长 2.42、宽 0.76 米，墓底长 2.12、宽 0.56 米，墓深 0.92 米。南壁设龛，龛长 0.76、进深 0.23、残高 0.44、龛底距墓底深 0.48 米。墓坑内填黄褐色花土，土质较硬，未见包含物。

单棺已朽，可见青灰色腐痕。棺痕残长 1.94、宽 0.47、残高 0.08、板厚 0.04 米。人骨架朽尽无存，葬式不明。

随葬器物 3 件，放置在壁龛，器类有陶鬲 2、罐 1（图二一七）。

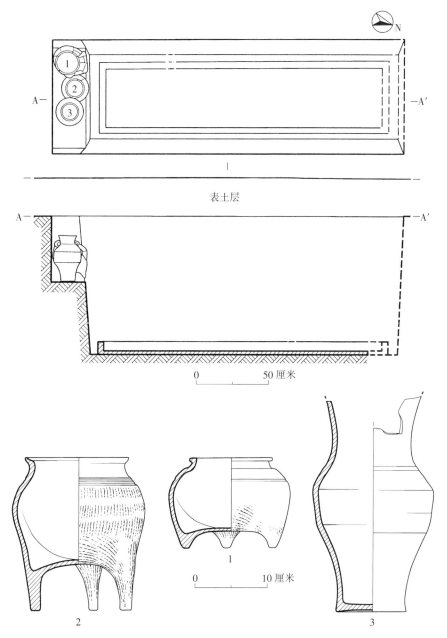

图二一七 战国 M324 平、剖面图及随葬品
1. Ab 型 III 式陶鬲 2. Aa 型 X 式陶鬲 3. Ba 型 V 式陶罐

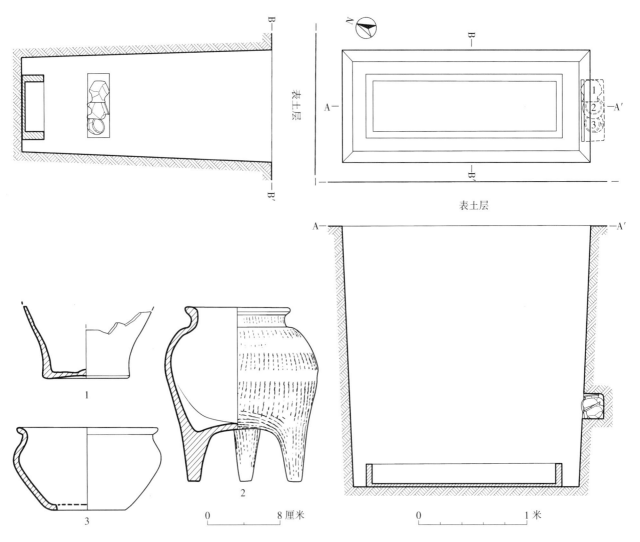

图二一八　战国 M337 平、剖面图及随葬品

1. Ba 型 Ⅵ式陶罐　2. Aa 型 Ⅸ式陶鬲　3. Aa 型 ⅩⅢ式陶盂

　　M337　位于Ⅰ区西南角边沿，北邻 M336，西、南部无墓葬分布。长方形竖穴土坑，墓坑呈南北向，方向 155°。墓坑壁向内斜收，口大底小，壁面粗糙，墓底平坦，南壁中部设置有长方形壁龛。墓口距地表 0.4 米，墓口长 2.3、宽 1 米，墓底长 2.1、宽 0.8 米，墓深 2.3 米。壁龛宽 0.56、进深 0.2、高 0.22、龛底距墓口深 1.7 米。墓坑内填褐色夹灰白色花土，土质板结，填土中包含有春秋时期灰陶盂残片。

　　木质单棺已腐朽，仅见灰褐色腐痕。棺痕长 1.82、宽 0.56、残高 0.2、墙板痕厚 0.06、底板痕厚 0.02 米。人骨架朽尽无存，葬式不明。

　　随葬器物 3 件，放置在壁龛，器类有陶鬲 1、盂 1、罐 1（图二一八）。

　　M380　位于Ⅰ区北部偏东，北邻 M160，东邻 M62，西邻 M162，南邻 M172。长方形竖穴土坑，南北向墓坑，方向 145°。墓坑壁向底内斜收，口大底小，壁面粗糙，坑底平整。墓口距地表 0.3 米，墓口长 1.8、宽 0.6 米，墓底长 1.72、宽 0.42~0.44 米，墓深 1.06 米。墓坑南壁中部设

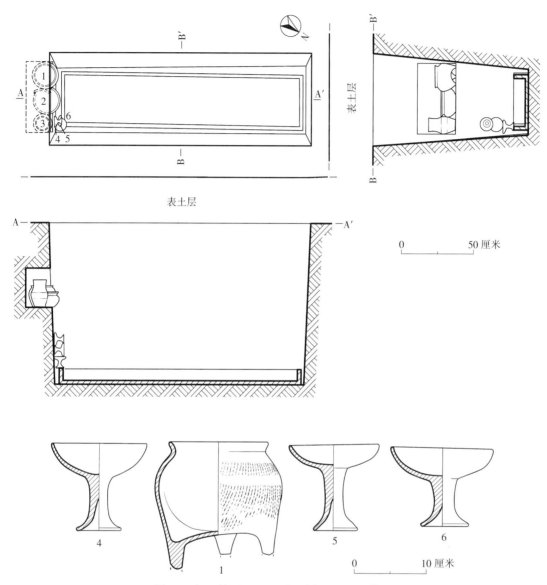

图二一九　战国 M380 平、剖面图及随葬品

1. Aa 型 X 式陶鬲　2. 陶盂（碎）　3. 陶壶（碎）　4 ～ 6. Aa 型 X 式陶豆

壁龛，龛宽 0.46、进深 0.19、高 0.26 米，龛顶距墓口 0.3、龛底距墓底 0.5 米。墓坑内填褐色夹灰白色花土，土质板结。

单棺已腐朽，留存青灰色腐痕。棺痕长 1.66、宽 0.36、残高 0.1、墙板痕厚 0.02 米。人骨已朽，葬式不明。

随葬器物 6 件，其中 3 件放置在壁龛，3 件置棺外东南角，器类有陶鬲 1、盂 1、壶 1、豆 3（图二一九）。

M396　位于 I 区西南部，墓坑东部被 M235 叠压，西北邻 M392，西邻 M236。长方形竖穴土坑，墓坑呈南北向，方向 195°。墓坑壁略向内斜收，口大底小，壁面粗糙，坑底平坦，南壁有壁龛。墓口距地表 0.4 米，墓口长 1.96、残宽 0.56 ～ 0.7 米，墓底长 1.88、宽 0.54 米，墓深 1 米。

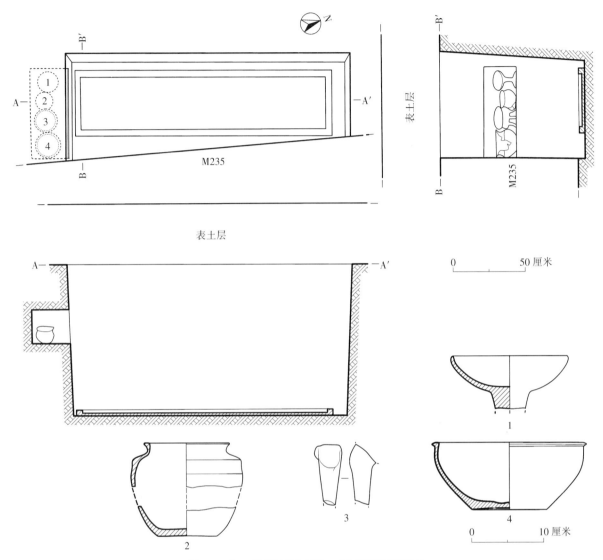

图二二〇　战国 M396 平、剖面图及随葬品
1. Aa 型 XI 式陶豆　2. Ca 型 V 式陶罐　3. B 型陶鼎　4. B 型 V 式陶盂

壁龛残宽 0.6、进深 0.26、高 0.22 米。墓坑内填黄褐色花土，土质较硬，填土中无包含物。

棺已腐朽，可见褐灰色腐痕。棺痕长 1.76、宽 0.42、残高 0.04、墙板痕厚 0.04 米。人骨架朽尽无存，葬式不明。

随葬器物 4 件，并排放置在壁龛，器类有陶鼎 1、盂 1、罐 1、豆 1（图二二〇）。

M415　位于 III 区东南部，西部被 M414 打破，东部被 M406 打破。长方形竖穴土坑，墓坑呈东西向，方向 295°。墓坑壁向底内略斜收，口大底小，壁面规整光滑，坑底较平坦。墓坑上部已被破坏，墓口距地表 0.4 米，墓口长 2.98、宽 1.92 米，墓底长 2.6、宽 1.62 米，墓深 1.5 米。墓坑内填黄褐色花土，土质较松软，夹杂有早期碎陶片、红烧土粒和草木灰。

木质棺椁已腐，可见灰褐色腐痕。椁痕长 2.34、宽 0.76～0.8、高 0.3、墙板痕厚 0.04 米。棺置于椁内东部，棺痕长 1.78、宽 0.44、残高 0.1、墙板痕厚 0.04、底板厚 0.04 米。人骨架朽尽

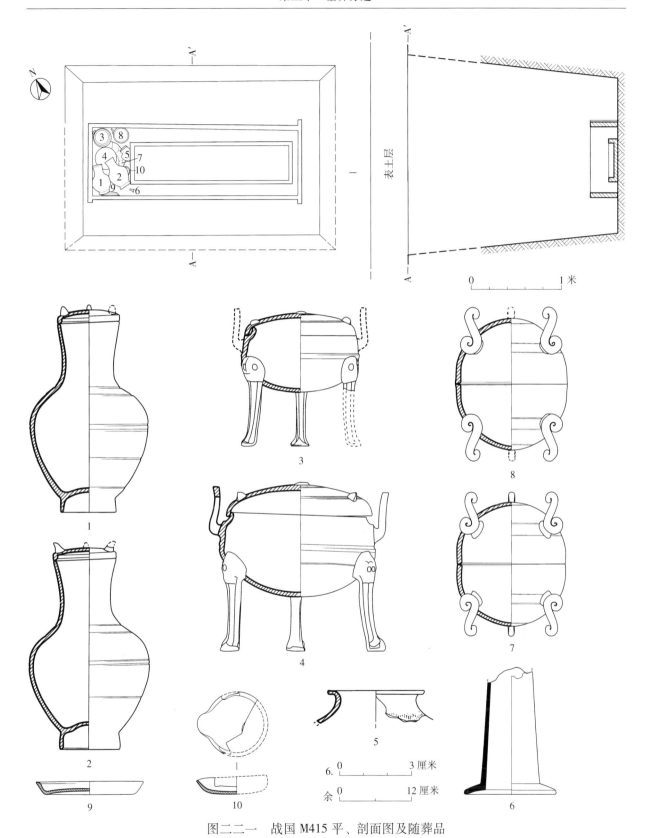

图二二一　战国 M415 平、剖面图及随葬品

1、2. V 式陶壶　3、4. Aa 型 V 式陶鼎　5. A 型 X 式陶罐　6. I 式铜剑首　7、8. A 型 IV 式陶敦　9. II 式陶盘　10. II 式陶匜

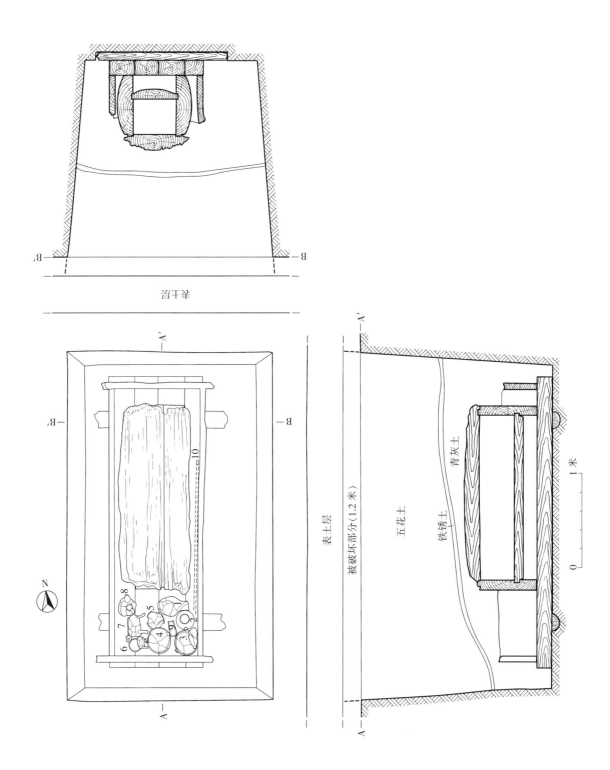

表土层

被破坏部分（1.2 米）

五花土

铁锈土

青灰土

0　　　　　　　　1 米

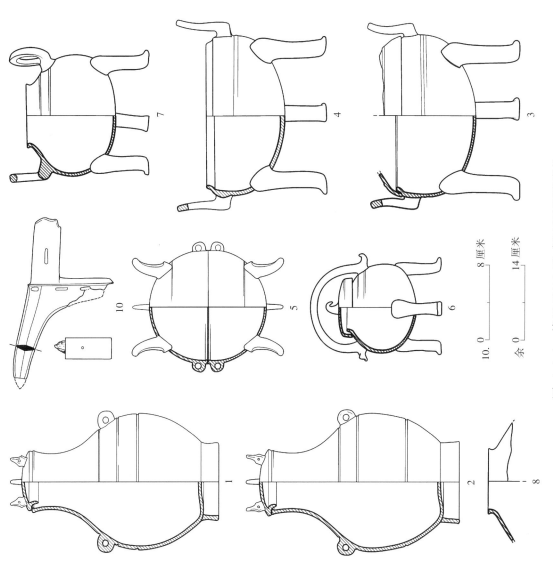

图二二二　战国 M418 平、剖面图及随葬品

1、2.Ⅳ式陶壶　3、4.Aa 型Ⅲ式陶鼎　5.B 型Ⅰ式陶敦　6.陶盉　7.Ab 型陶鼎　8.陶罐　9.漆奁　10.铜戈

无存，葬式不明。

随葬器物 10 件，放置在椁内西端，器类有陶鼎 2、敦 2、壶 2、罐 1、盘 1、匜 1 及铜剑首 1（图二二一）。

M418 位于Ⅲ区北部，西邻 M424，东邻 M419。长方形竖穴土坑，墓坑呈南北向，方向

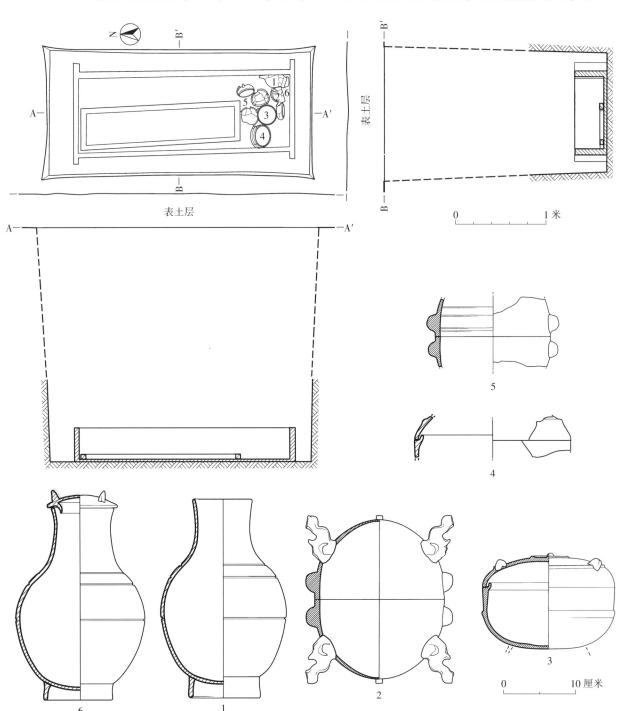

图二二三 战国 M419 平、剖面图及随葬品
1、6.Ⅳ式陶壶 2、5.A 型Ⅴ式陶敦 3、4.Aa 型Ⅳ式陶鼎

185°。墓坑壁向底微斜内收，口大底小，壁面光洁，墓底较平坦。墓口距地表 0.4 米，墓口长 3.68、宽 2.29 米，墓底长 3.44、宽 1.9 米，墓深 2.12 米。墓坑内填黄褐色花土，土质较软，包含少量红陶与灰陶片。墓坑内的西南角有一个圆形盗洞，盗洞口小底大，呈袋状。盗洞深 1.28、口径约 0.6、底径约 1.3 米。

木质一椁一棺保存较差。椁室平面呈长方形，长 3、宽 1.04、残高 0.6、壁板厚 0.06 米。椁底板方木由南向北平铺，厚 0.14、长 3.14 米，底板下南、北端各有一根垫木，垫木呈半圆形，残长 1.48~1.42、宽 0.16、厚 0.09 米。悬底弧棺置于椁室北侧，棺盖板呈长方形，上弧下平。棺复原长 1.98、宽 0.82、高 0.8、墙板厚 0.18 米。人骨架无存，葬式不明。

随葬器物 10 件，放置在南端，器类陶鼎 3、敦 1、壶 2、盂 1、罐 1 及铜戈 1、漆奁 1（图二二二）。

M419　位于Ⅲ区中部偏北，东北角被 M24 打破，北邻 M417、M319，西邻 M418。长方形竖穴土坑，墓坑呈南北向，方向 180°。墓坑口略凹陷，坑壁向底内微斜收，坑壁面光滑，底部平整。墓口距地表 0.36 米，墓口长 3、宽 1.4 米，墓底长 2.86、宽 1.3 米，墓深 0.86 米。坑内填黄褐夹灰色土，土质致密，包含少许陶片和红烧土。

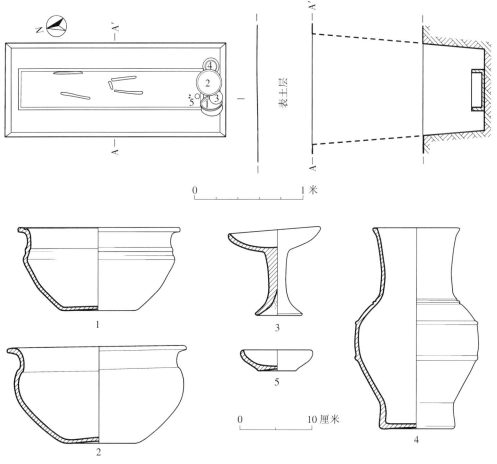

图二二四　战国 M420 平、剖面图及随葬品

1、2. Aa 型 X 式陶盂　3. Aa 型Ⅸ式陶豆　4. Ba 型 V 式陶罐　5. 陶盏

木质一椁一棺已朽，可见青灰色腐痕。椁痕长 2.44、宽 0.86～0.9、高 0.36、墙板痕厚 0.06 米，棺痕长 1.76、宽 0.42、高 0.08、墙板痕厚 0.06 米。人骨架朽尽，葬式不明。

随葬器物 6 件，放置在椁内南侧，器类有陶鼎 2、敦 2、壶 2（图二二三）。

M420　位于Ⅲ区中部偏北，东南邻 M319，北邻 M408。长方形竖穴土坑，墓坑呈南北向，方向 194°。墓坑四壁向底斜内收，口大底小，壁面光滑，底部平整。墓坑上部被挖掉 1 米，原始开口距地表 0.5 米，现存墓口长 2、宽 0.82 米，墓底长 1.9、宽 0.74 米，墓深 0.56 米。坑内填黄褐灰色土，土质致密，夹有红烧土和少许陶片。

单棺已朽，可见青灰色腐痕，棺痕长 1.68、宽 0.36、深 0.12、墙板痕厚 0.02 米。人骨架已朽，棺底南端保存牙齿痕迹，北部有残朽肢骨，应是仰身直肢葬。

随葬器物 5 件，放置在棺外南端，器类有陶盂 2、陶罐 1、豆 1、盏 1（图二二四）。

M424　位于Ⅲ区西部偏北，西邻 M425，东邻 M418。长方形竖穴土坑，墓坑呈南北向，方向 185°。墓坑壁陡直，口、底长宽相等，四壁微向坑内弧，壁面粗糙，坑底平坦。墓口距地表 0.4 米，墓坑长 3.2、宽 1.8～1.9 米，墓深 2.52 米。墓坑内填灰黄夹褐斑花土，土质较硬，填土中包含少量春秋时期的绳纹陶片和红烧土块。

木质棺椁已腐朽，青灰色腐痕清晰可见。椁痕长 2.68、宽 1.14、高 0.62、墙板痕厚 0.06 米，棺痕长 1.86、宽 0.54、残高 0.16、墙板痕厚 0.05 米。人骨架朽尽无存，葬式不明。

随葬器物 8 件，放置在南侧，器类有陶鼎 2、陶敦 2、壶盖 2、盘 1、匜 1（图二二五）。

M434　位于Ⅲ区东北部，北邻 M422，南邻 M149。长方形竖穴土坑，墓坑呈东西向，方向 295°。墓坑口略内凹，口略大于底，壁面光滑，坑底平整。原始墓口距地表 0.34 米，墓口长 2.5～2.54、宽 1.18～1.32 米，墓底长 2.6、宽 1.1～1.16 米，墓深 1.56 米。墓坑内填黄褐灰色土，土质致密。

木质一椁一棺已朽，可见青灰色腐痕。椁痕长 2.26、宽 0.8、高 0.22、墙板痕厚 0.05 米，棺痕长 1.75、宽 0.48、墙板痕厚 0.06 米。人骨架朽尽，葬式不明。

随葬器物 3 件，放置在椁内棺外西侧，器类有陶鼎 1、盂 1、罐 1（图二二六）。

M435　位于Ⅲ区中部略偏东，东邻 M442，南邻 M436。长方形竖穴土坑，墓坑呈东西向，方向 285°。墓坑壁向底内斜收，口略大于坑底，东窄西宽，壁面光滑，坑底平整。原始墓口距地表 0.4 米，墓口长 2.8、宽 1.32～1.4 米，墓底长 2.7、宽 1.22～1.3 米，墓深 1.72 米。墓坑内填黄褐灰色土，土质致密。

木质一椁一棺，棺椁已朽，可见青灰色腐痕。椁痕长 2.5、宽 0.84～0.88、高 0.3、墙板痕厚 0.06 米，棺痕长 1.66、宽 0.44、高 0.04、墙板痕厚 0.05 米。人骨架朽尽，葬式不明。

随葬器物 2 件，放置在椁内棺外西侧，器类有陶鬲 1、罐 1（图二二七）。

M436　位于Ⅲ区中偏东部，北邻 M435，南邻 M437，东北邻 M442。长方形竖穴土坑，墓坑呈南北向，方向 280°。墓坑壁向底内斜收，壁面平整，略显粗糙，底部平整。墓口距地表 0.4 米，墓口长 2.44、宽 1.44～1.54 米，墓底长 2.42、宽 1.38～1.49 米，墓深 1.7 米。墓坑内填黄褐色花土，土质较硬，填土中包含少量红烧土块。

木质一椁一棺已腐朽，仅见灰褐色腐痕。椁痕长 2.24、宽 0.86～0.92、残高 0.14、墙板痕厚

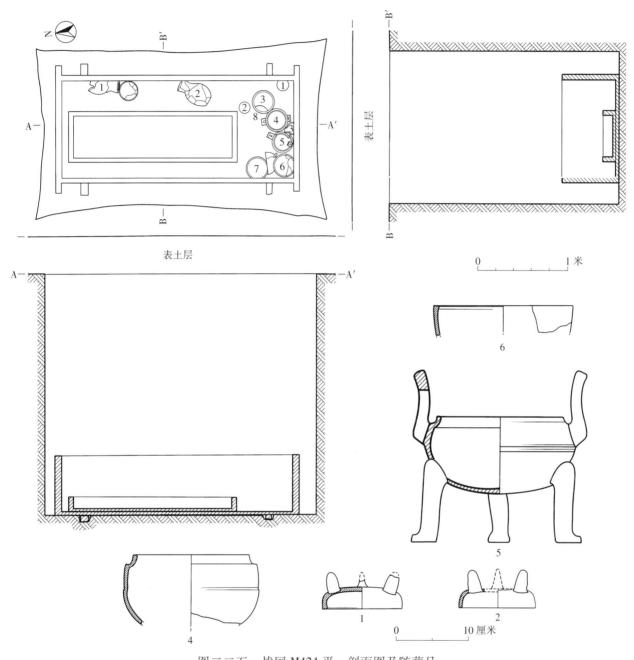

图二二五　战国 M424 平、剖面图及随葬品

1、2. 陶壶盖　3. 陶盘（碎）　4、5. Aa 型Ⅲ式陶鼎　6、7. B 型陶敦　8. 陶匜（碎）

0.04 米，棺痕长 1.82、宽 0.58、残高 0.12、墙板壁痕厚 0.05 米。人骨架较凌乱，头向西，仰身直肢葬式。

随葬器物 3 件，放置于椁内西侧，器类有陶鬲 1、盂 1、罐 1（图二二八）。

M438　位于Ⅲ区东北部，北邻 M402，东邻 M503，南邻 M207。长方形竖穴土坑带斜坡墓道，墓道设在西壁，平面呈甲字形，方向 260°。墓坑壁向底斜内收，口略大于底，壁面光滑，坑底平展。墓道与墓坑通长 5.76 米，墓口距地表 0.2 米，墓口长 4.3、宽 3.2~3.34 米，坑底长 3.5、宽

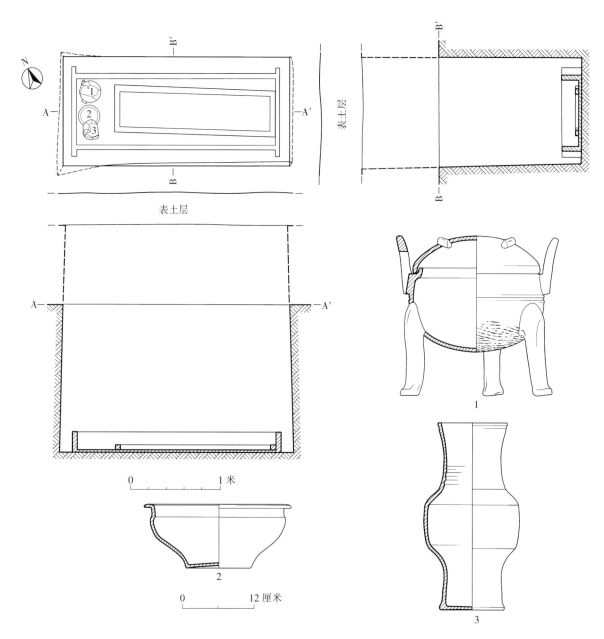

图二二六 战国 M434 平、剖面图及随葬品
1. Aa 型 I 式陶鼎 2. Aa 型 X 式陶盉 3. Ba 型 VI 式陶罐

1.96~2.06 米，墓深 2.62 米。墓道口长 1.46、宽 1.6~1.7 米，底宽 0.8~1.6、坡长 1.9 米，深 0.7 米。坡度 24°。东、南、北壁有一级台阶，台阶至墓口深 0.26 米，台面宽 0.54~0.62、高 2.4 米。坑内填黄褐灰土，土质致密，夹少许陶片与红烧土。椁室顶面有薄层青膏泥。

木质一椁一棺已朽，椁底板纵向平铺，残存 3 块椁底板，余为青灰色腐痕。椁痕长 2.62、宽 1.14~1.2、高 0.54、墙板痕厚 0.08 米，棺室残长 1.98、宽 0.6、高 0.38、墙板痕厚 0.06 米。人骨架朽尽无存，葬式不明。

随葬器物 6 件，放置在椁内西部，器类有陶鼎 2、陶敦 2、陶壶 2。

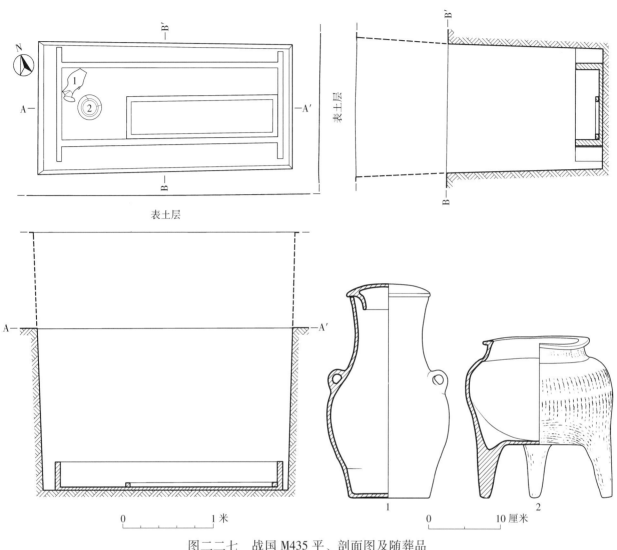

图二二七　战国 M435 平、剖面图及随葬品

1. Ba 型 IX 式陶罐　2. Aa 型 XIII 式陶鬲

M439　位于Ⅲ区中部，南邻 M441，东邻 M449。长方形竖穴土坑，墓坑呈南北向，方向 280°。墓坑壁向底斜内收，口大底小，壁面光滑，坑底平整。墓口东部略宽于西部，距地表 0.2 米，墓口长 2.3、宽 1.06～1.1 米，墓底长 2.06、宽 0.7～0.84 米，墓深 1.2 米。坑内填黄褐灰色土，土质致密，夹有红烧土和少许灰陶陶片。

木质单棺已朽，可见青灰色腐痕。棺痕长 1.82、宽 0.5、高 0.1、厚 0.04 米。棺内人骨架较完整，头西足东，仰身直肢葬。

随葬器物 5 件，陶器放置棺外西侧，铜剑、削刀置于骨架左臂。器类有陶鬲 1、盂 1、罐 1 及铜剑 1、铜削刀 1（图二二九）。

M448　位于Ⅲ区中部偏东，东北邻 M446，西南邻 M447。长方形竖穴土坑，墓坑呈东西向，方向 305°。墓坑壁向底斜内收，口略大于坑，壁面光滑，坑底平整，西壁有壁龛。墓口距地表 0.4 米，墓口长 2.18、宽 0.88 米，墓底长 2.1、宽 0.58～0.68 米，墓深 1.2 米。龛底距墓底 0.68、

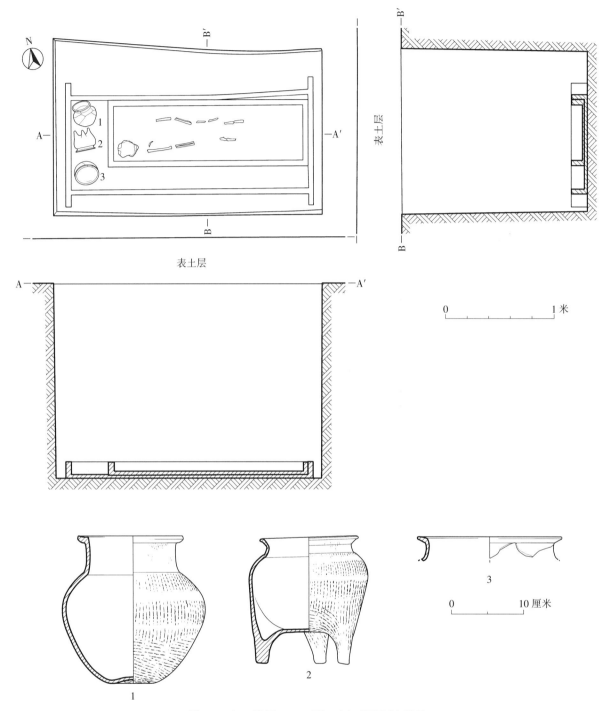

图二二八 战国 M436 平、剖面图及随葬品

1. A 型 Ⅵ式陶罐　2. Aa 型 Ⅸ式陶鬲　3. 陶盂（残存口沿）

壁龛宽 0.72、进深 0.22、高 0.52 米。墓坑内填黄褐灰色土，土质致密，夹有红烧土和少许陶片。

木质单棺已朽，可见青灰色腐痕。棺痕长 1.78、宽 0.38、高 0.18、墙板痕厚 0.03 米。棺内人骨架较完整，头西足东，仰身直肢葬。

随葬器物 3 件，放置在壁龛，器类有陶鼎 1、盂 1、罐 1（图二三〇）。

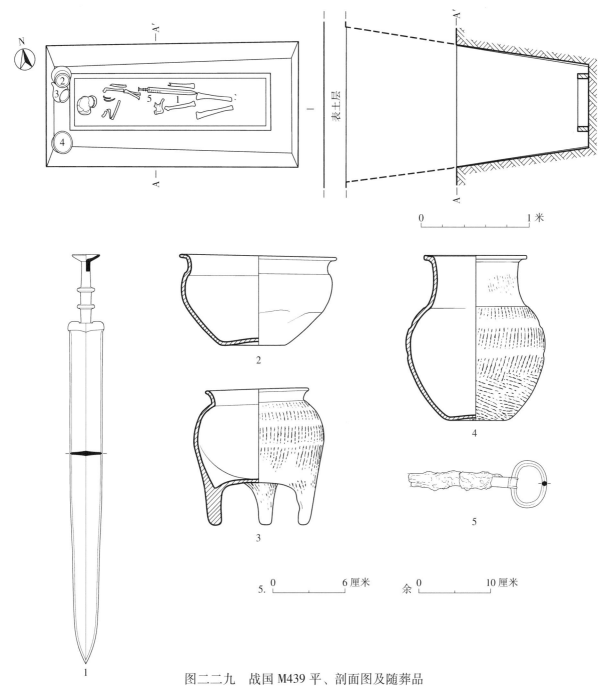

图二二九 战国 M439 平、剖面图及随葬品

1. Ⅱ式铜剑 2. Aa 型Ⅺ式陶盂 3. Aa 型Ⅻ式陶鬲 4. A 型Ⅸ式陶罐 5. 铜削刀

M455 位于Ⅲ区中部偏东北，北邻 M207，东邻 M441。长方形竖穴土坑，墓坑呈东西向，方向 280°。墓圹规整，坑壁向底内斜收，口略大于底，壁面粗糙，坑底平整。墓口距地表 0.2 米，墓口长 2.48、宽 1.32 米，墓底长 2.4、宽 1.14～1.16 米，墓深 1.4 米。坑内填黄褐灰色土，土质致密，包含少量陶片。

木质葬具一椁一棺已腐烂，可见青灰色腐痕。椁痕长 2.1、宽 0.82、高 0.3、墙板痕厚 0.04 米，棺痕长 1.8、宽 0.42、高 0.08、墙板痕 0.04 米。棺底西部残存上下肢骨，仰身直肢葬。

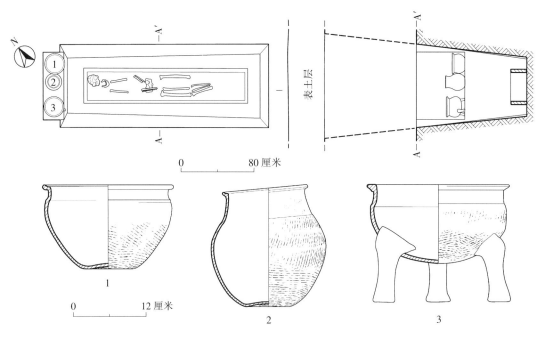

图二三〇　战国 M448 平、剖面图及随葬品

1. Aa 型 IX 式陶盂　2. A 型 IV 式陶罐　3. B 型 II 式陶鼎

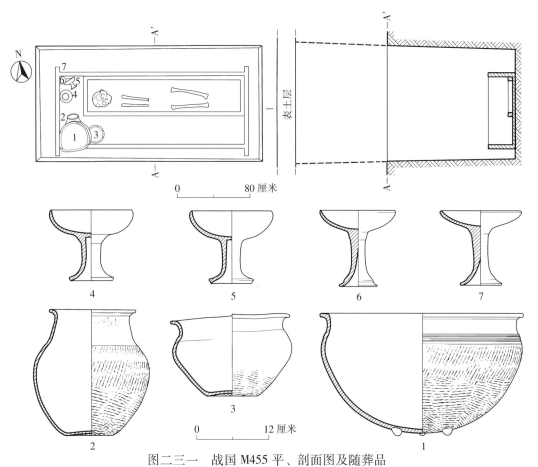

图二三一　战国 M455 平、剖面图及随葬品

1. 陶盆　2. A 型 V 式陶罐　3. Aa 型 IX 式陶盂　4～7. Aa 型 VIII 式陶豆

随葬器物 7 件，放置在椁内西部与南部，器类有陶盂 1、罐 1、盆 1、豆 4（图二三一）。

M462　位于Ⅲ区东南部，西邻 M497，东邻 M459。长方形竖穴土坑，墓坑呈东西向，方向 275°。墓坑口平面呈"甲"字形，墓道设在西壁。墓口略大于底，壁面光滑，坑底平整。墓口距地表 0.56 米，现存墓圹东窄西宽，墓口长 2.98、宽 1.5~1.6 米，墓底长 2.76~2.86、宽 1.4 米，墓深 2.36 米，墓道口长 1.4、宽 1~1.06 米，底宽 0.98~1 米，坡长 1.52、深 0.6 米。坡度 24°。坑内填黄褐灰色花土，土质致密，夹少许红烧土和灰陶片，椁室上填 0.1 米厚青膏泥。

木质葬具一椁一棺，椁盖板已朽。椁室长 2.5、宽 1.02、椁墙板残高 0.4、厚 0.06 米，悬底弧棺长 1.84、宽 0.6、高 0.54、棺墙板厚 0.08 米。棺底板悬高 0.14、厚 0.04 米。椁底板下东、西两侧有垫木痕迹，宽 0.08、厚 0.08 米。人骨架朽尽，葬式不明。

随葬器物 8 件，放置在椁内棺外西端，器类有陶鼎 2、敦 2、壶 2、罐 1 及铜剑 1（图二三二）。

M463　位于Ⅲ区中部偏东南，西邻 M502，南邻 M459。长方形竖穴土坑带斜坡墓道，墓坑平面呈"甲"字形，墓道设在西壁，方向 305°。坑壁规整，壁面光滑，口大底小。墓口距地表 0.2 米，墓口长 3.1、宽 1.86~1.9 米，墓底长 2.92、宽 1.46 米，墓深 2.5 米，墓道口长 1、宽 1.32 米，两壁略斜向底收，底宽 1.24~1.32 米，坡长 1.16、深 0.54 米。坡度 28°。坑内填黄褐灰色土，土质致密，夹少许红烧土和陶片，椁室上填有 0.1 米厚的青膏泥。

木质葬具一椁一棺，棺椁盖板已朽尽。椁室长 2.7、宽 1、高 0.6、厚 0.12 米，弧棺长 1.74、宽 0.64、高 0.37、厚 0.12 米。棺底板及挡板朽尽。椁底板下东西两边横向各铺一根圆形垫木，直径 0.12 米。人骨架朽尽，葬式不明。

随葬器物 3 件，放置在椁内棺外西端，器类有陶鼎 1、敦 1、壶 1（图二三三）。

M467　位于Ⅲ区东部偏北，西邻 M445，西北邻 M468，东北邻 M476。长方形竖穴土坑，墓坑呈东西向，方向 300°。墓坑壁向底斜内收，口大底小，壁面粗糙，墓底较平。墓口距地表约 0.4 米，墓口长 2.35、宽 1.3 米，墓底长 2.26、宽 1.2 米，墓深 1.2 米。坑内填黄褐色五花土，土质较软，填土中包含少量红陶和灰陶片。

木质一椁一棺已腐烂，可见灰褐色腐痕。椁痕长 2.16、宽 0.84、高 0.28、底板残存厚 0.06 米，棺痕长 1.94、宽 0.5、高 0.12、底板厚 0.05 米。尸骨腐朽无存，葬式不明。

随葬器物 2 件，放置在椁内棺外西端，器类有陶鬲 1、罐 1（图二三四）。

M484　位于Ⅲ区东北部，墓坑打破 M488 西北部，西北邻 M474。长方形竖穴土坑，墓坑呈南北向，方向 322°。墓坑壁微向底内斜收。墓口距地表 0.4 米，墓口长 2.56、宽 1.2 米，墓底长 2.28、宽 1.08 米，墓深 1.5 米。坑内填黄褐色花土，土质较硬，包含有少量红烧土颗粒、炭颗粒，并夹少许红陶和泥质灰陶陶片。

木质葬具一椁一棺，已全部腐烂，仅见灰痕。椁痕长 2.22、宽 0.94、高 0.48、厚 0.06 米，棺痕长 1.64、宽 0.46、高 0.14、墙板痕厚 0.04 米。人骨架朽尽无存，葬式不明。

随葬器物 3 件，放置在坑底北端，器类有陶鬲 1、盂 1、罐 1（图二三五）。

M485　位于Ⅲ区东部边沿偏南，东部无墓葬分布，西北邻 M492。长方形竖穴土坑，墓坑呈东西向，方向 295°。墓坑口大底小，西宽东窄，四壁向底斜内收，壁面光滑，坑底平整。墓口距

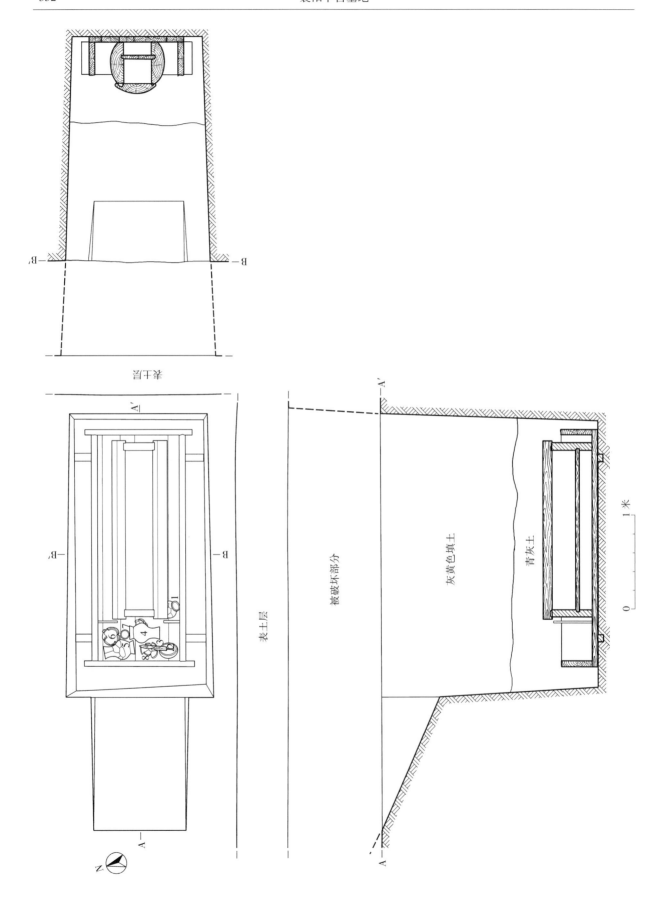

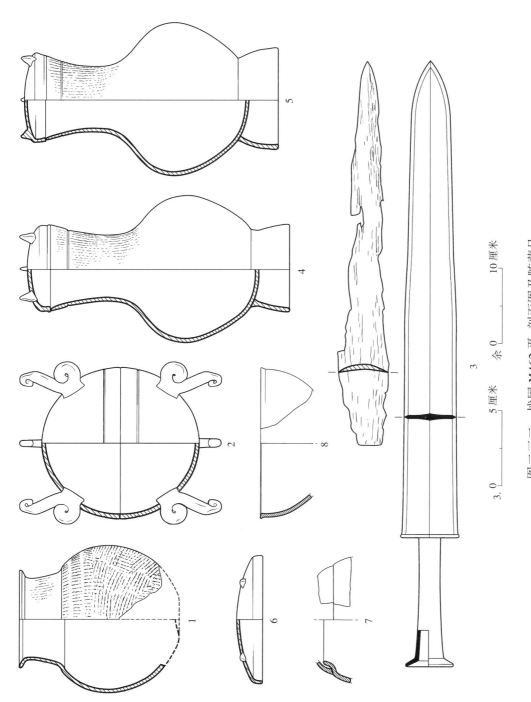

图二三三　战国 M462 平、剖面图及随葬品

1.A 型Ⅷ式陶罐　2、8.A 型Ⅱ式陶敦　3.Ⅰ式铜剑　4、5.Ⅲ式陶壶　6、7.Aa 型Ⅳ式陶鼎

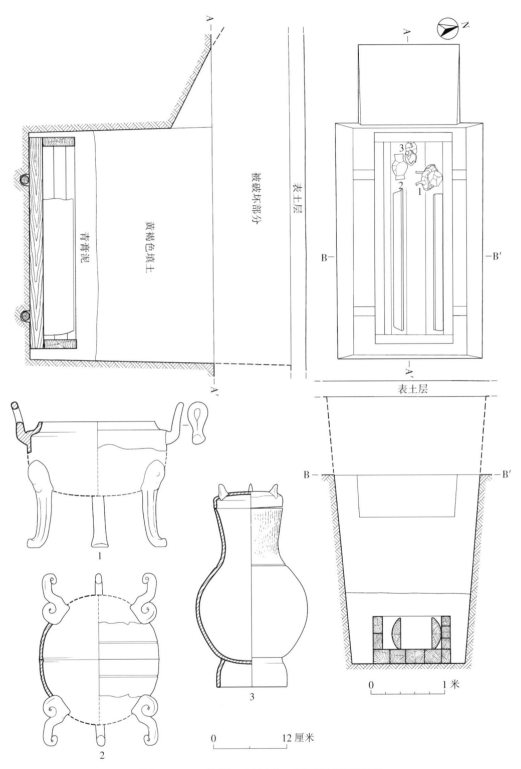

图二三三　战国 M463 平、剖面图及随葬品
1. Aa 型 V 式陶鼎　2. A 型 II 式陶敦　3. II 式陶壶

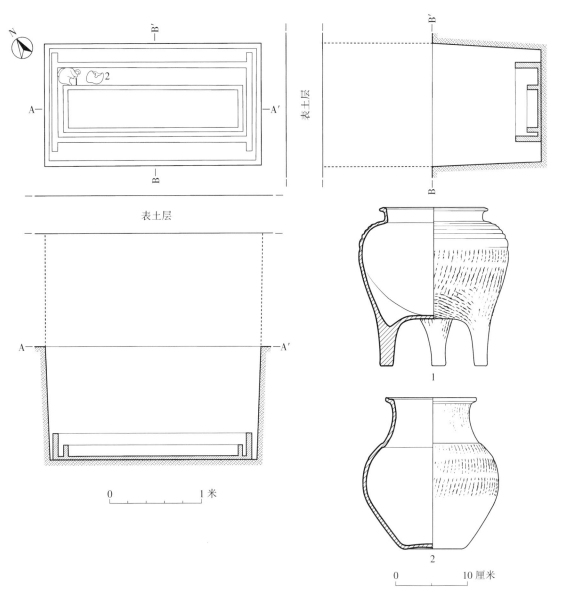

图二三四　战国 M467 平、剖面图及随葬品
1. Aa 型 XI 式陶鬲　2. A 型 VIII 式陶罐

地表 0.4 米，墓口长 2.54、宽 1.18～1.22 米，墓底长 2.34、宽 1.03～1.08 米，墓深 1.28 米。西壁设壁龛，龛底距墓底 0.72、壁龛宽 0.44、进深 0.22、高 0.3 米。墓圹内填黄褐灰土，土质致密，包含少量陶片和红烧土颗粒。

木质葬具一椁一棺，棺椁已朽，可见青灰色腐痕。椁痕长 2.04、宽 0.78、高 0.32、墙板痕厚 0.06 米，棺痕长 1.88、宽 0.42、高 0.1、墙板痕厚 0.06 米。人骨架朽尽，葬式不明。

随葬器物 5 件，放置在椁内棺外南部的器类有陶盂 1、罐 1、豆 1，放置在壁龛的器类有陶鼎 1、壶 1（图二三六）。

M487　位于 III 区东部边沿，东部无墓葬分布，西南部被 M486 打破，西北邻 M488。长方形竖穴土坑，墓坑呈南北向，方向 225°。墓坑壁向底内斜收，口大底小，壁面粗糙，坑底平整。墓坑

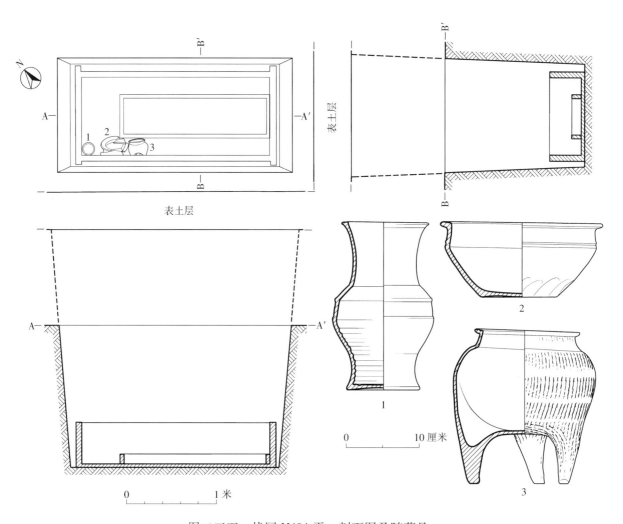

图二三五　战国 M484 平、剖面图及随葬品
1. Ba 型 Ⅴ 式陶罐　2. B 型 Ⅱ 式陶盂　3. Aa 型 Ⅷ式陶鬲

上部已被取土破坏，坑口距地表 0.4 米，墓口长 2.2、宽 0.7 米，墓底长 2.18、宽 0.6～0.66 米，墓深 0.9 米。墓坑内填浅褐色花土，土质较松软，包含有早期碎陶片与红烧土粒。

木质单棺已腐朽，可见灰褐色腐烂痕迹。棺痕长 1.8、宽 0.44、残高 0.1、墙板痕厚 0.02、底板痕厚 0.04 米。人骨架已朽，残存痕迹可辨，头向南，仰身直肢葬。

随葬器物 3 件，放置在棺外南端，器类有陶盂 2、罐 1（图二三七）。

M495　位于Ⅲ区东部边沿，东部无墓葬分布，西南角被 M494 打破，北邻 M485。长方形竖穴土坑，墓坑呈东西向，方向 295°。东壁南北两角呈弧形，四壁有一级台阶，坑壁陡直，壁面光滑，坑底平整。墓口距地表 0.4 米，墓口长 3.4、宽 2.26 米，墓底长 3.02、宽 1.84 米，墓深 1.58 米。台阶距现存墓口 0.2、宽 0.18～0.2、距墓底深 1.38 米。墓坑内填黄褐灰色土，土质致密，包含红烧土和少量陶片。

木质葬具为一椁一棺，棺椁已朽，可见青灰色腐痕。椁痕长 2.2、宽 0.98、高 0.44、墙板痕厚 0.06 米，棺痕长 1.84、宽 0.56、高 0.2、墙板痕厚 0.06 米。人骨架较完整，头向西，仰身直肢葬。

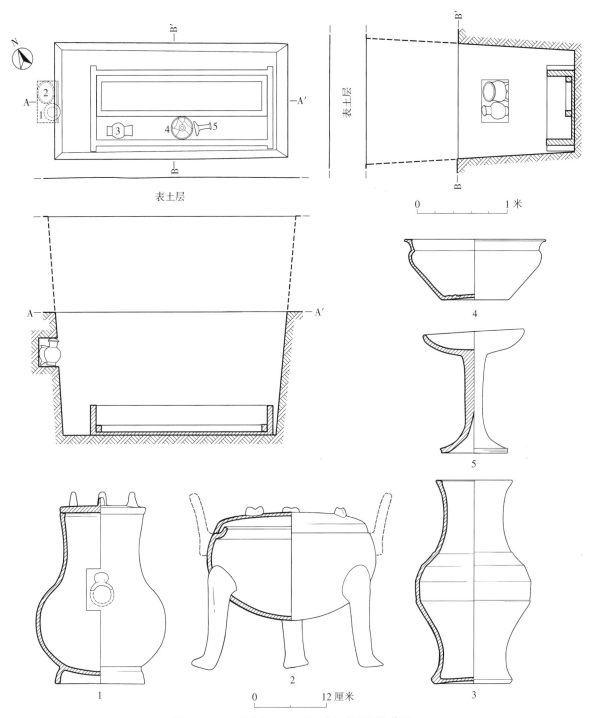

图二三六　战国 M485 平、剖面图及随葬品

1. Ⅲ式陶壶　2. Aa 型Ⅲ式陶鼎　3. Ba 型Ⅶ式陶罐　4. B 型Ⅳ式陶盉　5. Aa 型Ⅹ式陶豆

随葬器物 6 件，放置在坑底西部，器类有陶鼎 2、敦 2、壶 2。

M496　位于Ⅲ区中部偏东南，西邻 M416，东北邻 M498。长方形竖穴土坑，墓坑呈东西向，方向 310°。墓壁微向底内斜收，西宽东窄，壁面光滑，西壁有壁龛，坑底平整。墓坑上部已被破坏挖掉了 1 米，墓口距地表 0.4 米，墓长 1.9、宽 0.76~0.8 米，墓底长 1.86、宽 0.76~0.8 米，

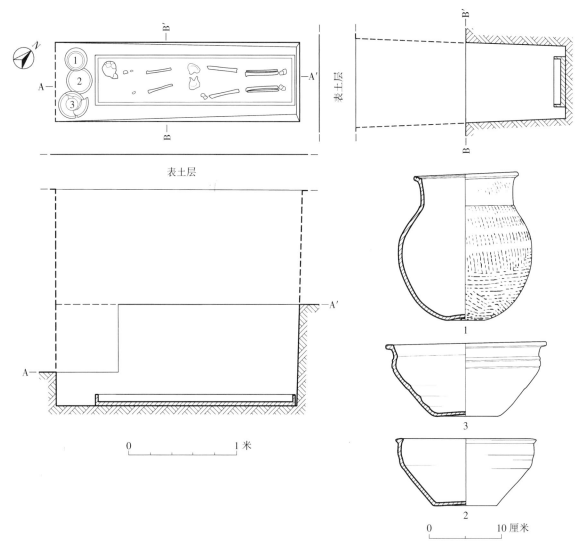

图二三七　战国 M487 平、剖面图及随葬品
1. A 型Ⅶ式陶罐　2、3. B 型Ⅲ式陶盂

墓深 0.7 米。龛底距墓底深 0.4、宽 0.64、进深 0.24、高 0.3 米。墓坑内填黄褐灰色土，土质致密，包含有少量红烧土和陶片。

木质单棺已朽，可见青灰色腐痕。棺痕长 1.72、宽 0.47、高 0.14、墙板痕厚 0.03 米。棺底残存头骨、牙齿痕迹和一根肢骨，应为仰身直肢葬。

随葬器物 4 件，日用陶器放置在壁龛，筒瓦放在头骨下，器类有陶盂 1、盂 1、罐 1 及筒瓦 1（图二三八）。

M500　位于Ⅲ区中部略偏东，墓坑南部被 M456 打破，东南邻 M498。长方形竖穴土坑，墓坑呈东西向，西部有斜坡墓道，方向 300°。墓坑壁向底斜内收，口大底小，壁面较平，底部平整。墓坑上部已被破坏，墓口距地表约 1.4 米，墓口长 2.98、宽 1.84 米，墓底长 2.8、宽 1.36 米，墓深 3.4 米。长方形斜坡墓道不甚规整，略向北偏。墓道口长 2.76～3.1、宽 1.32～1.6、底长约 3.1 米。坡度 33°。墓道深 1.72 米。墓圹内填浅褐色花土，土质较松软，椁室内有少量的青膏泥。

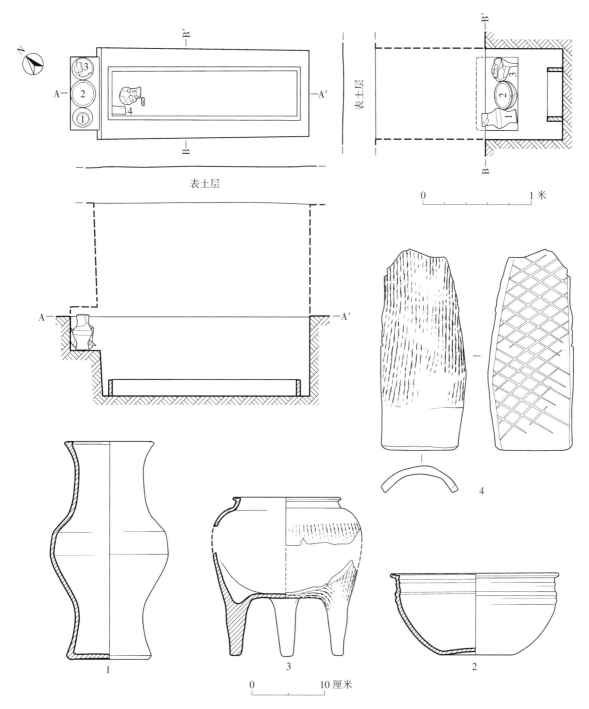

图二三八　战国 M496 平、剖面图及随葬品
1. Ba 型 Ⅸ 式陶罐　2. Aa 型 ⅩⅣ 式陶盉　3. Aa 型 Ⅺ 式陶鬲　4. 筒瓦

　　木质棺椁已腐烂，残存部分朽木。椁室平面呈长方形，长 2.7、宽 1.06、高 0.6、墙板厚 0.08 米，椁底东西两端有垫木痕迹，垫木长 1.32、宽 0.12、厚约 0.1 米。棺放置在椁内南部，悬底弧棺，残存盖板与墙板，盖板为弧形，残长 1.5、厚 0.1 米，棺长 2.14、宽 0.6、残高 0.5、墙板厚 0.04、底板痕厚 0.04 米，底板悬空高度 0.08 米。人骨架朽尽无存。

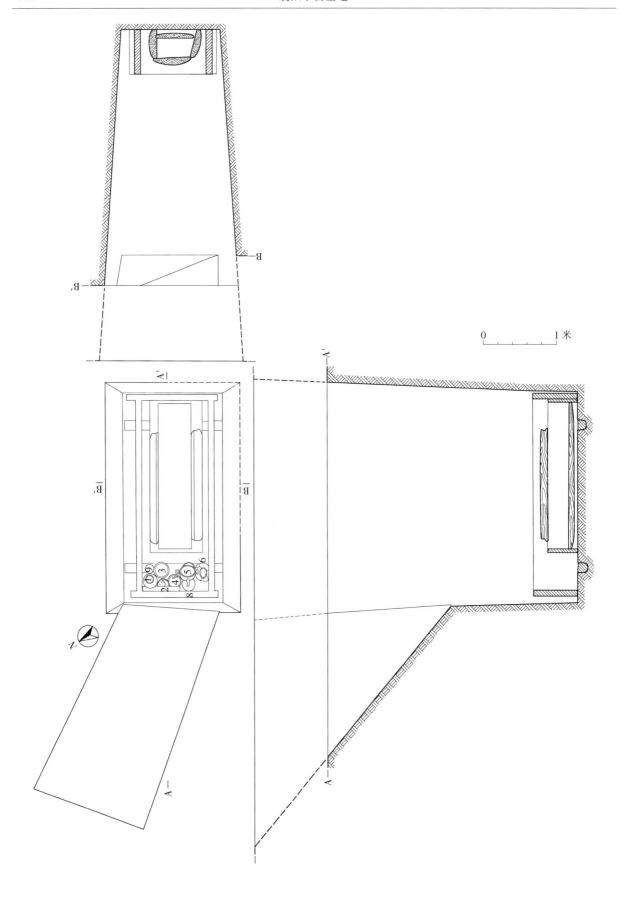

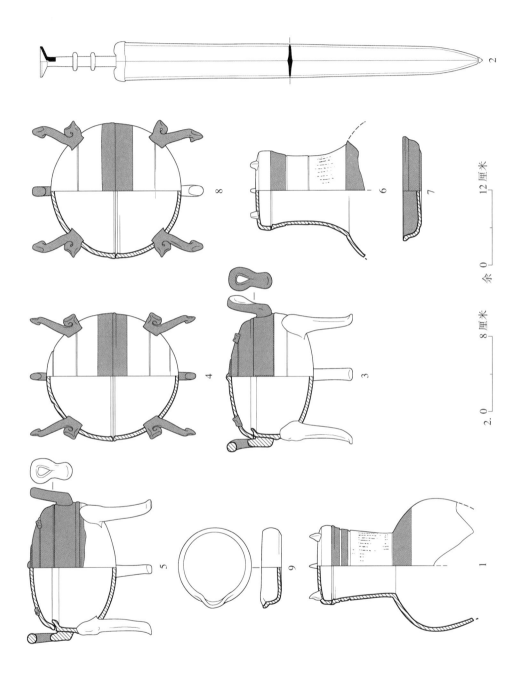

图二三九　战国 M500 平、剖面图及随葬品

1、6. Ⅱ式陶壶　2. Ⅱ式铜剑　3、5.Aa 型Ⅱ式陶鼎　4、8.A 型Ⅰ式陶敦　7. Ⅰ式陶盘　9. Ⅰ式陶匜

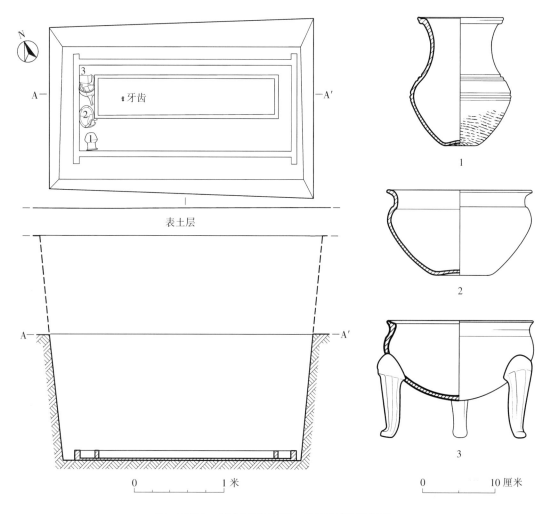

图二四〇　战国 M498 平、剖面图及随葬品
1. Bb 型 IV 式陶罐　2. Aa 型 XI 式陶盂　3. B 型 IV 式陶鼎

随葬器物 9 件，放置在椁内西部，器类有陶鼎 2、敦 2、壶 2、盘 1、匜 1 及铜剑 1（图二三九）。

M498　位于 III 区东部中，西北邻 M456，东南邻 M494。长方形竖穴土坑，墓坑呈东西向，方向 290°。墓坑壁陡直，口大底小，壁面粗糙，坑底平整。墓坑上部已被毁，墓口距地表 0.28 米，墓口长 2.86、宽 1.7～1.9 米，底长 2.58～2.6、宽 1.4 米，墓深 1.32 米。墓坑内填褐夹灰黄色花土，土质板结，填土中未见包含物。

木质棺椁已腐朽，仅存青灰色腐痕。椁痕长 2.42、宽 1.02、残高 0.1、墙板痕厚 0.06 米，棺痕长 2、宽 0.46、残高 0.1、墙板痕厚 0.04 米。人骨架已腐，棺内西部残存牙齿。

随葬器物 3 件，放置在椁内西部，器类有陶鼎 1、盂 1、罐 1（图二四〇）。

M502　位于 III 区中部，南邻 M497，东邻 M436，西北部有 10 余米的范围无墓葬分布。长方形竖穴土坑，墓坑呈东西向，方向 272°。墓坑东宽西窄，四壁向底内斜收，壁面光滑，坑底平整。墓口距地表 0.2 米，墓口长 2.38、宽 1.2～1.34 米，墓底长 2.28、宽 1.02～1.24 米，墓深 0.94 米。坑内填黄褐灰色土，土质致密，夹少许陶片和红烧土。

木质葬具为一椁一棺，棺椁已朽，可见青灰色腐痕。椁痕长 2.18、宽 0.86、高 0.22、椁墙痕

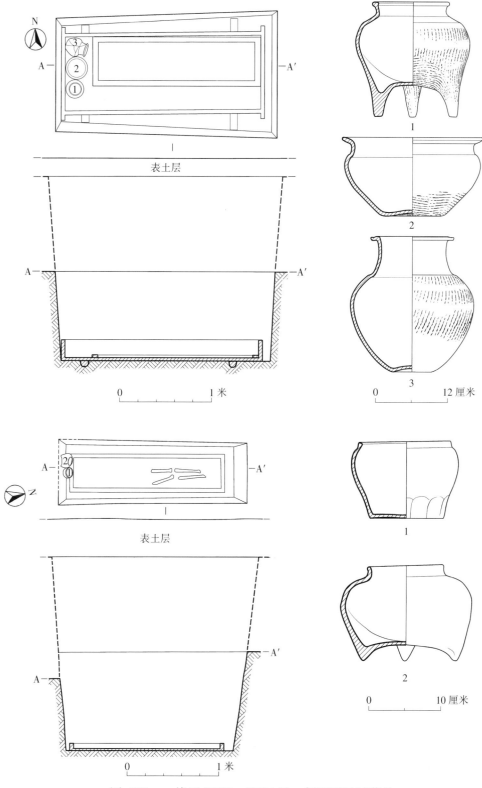

图二四一　战国 M502、M506 平、剖面图及随葬品

上：M502　1. Aa 型Ⅸ式陶鬲　2. Aa 型Ⅹ式陶盂　3. A 型Ⅵ式陶罐

下：M506　1. Cb 型陶罐　2. Ab 型Ⅱ式陶鬲

厚 0.04 米，椁室底部东、西部各有一垫木灰痕，痕呈半圆形，宽 0.08、厚 0.06 米。棺痕长 1.8、宽 0.52、高 0.06、墙板痕厚 0.06 米。人骨架朽尽，葬式不明。

随葬器物放 3 件，放置在椁内西部，器类有陶鬲 1、盂 1、罐 1（图二四一）。

M506 位于Ⅲ区东北部，M501 打破其西南角，东邻 M445。长方形竖穴土坑，墓坑呈南北向，方向 190°。墓坑壁向底斜内收，壁面粗糙，墓底平整。墓口上部已被挖掉了厚约 1 米，墓口距地表 0.4 米，墓口长 2.02、宽 0.64 米，墓底长 1.8、宽 0.54 米，墓深 1.04 米。坑内填黄褐色花土，土质较软，填土中包含少量红陶与灰陶片。

木质单棺，仅存灰褐色腐痕。棺痕长 1.66、宽 0.4、残高 0.08、底板厚 0.04 米。人骨架腐朽，仅存下肢骨，头向南，葬式不明。

随葬器物 2 件，放置在棺外南端，器类有陶鬲 1、罐 1（图二四一）。

M508 位于Ⅲ区东南部，东北角被 M507 叠压，北邻 M509。长方形竖穴土坑，墓坑呈东西向，方向 280°。墓坑壁陡直，口、底长宽相等。壁面粗糙，墓底平坦。墓坑上部已被破坏，墓口距地表 0.4 米，墓坑长 2.4、宽 1.1 米，墓深 1.1 米。坑内填浅褐色花土，土质较松软，包含有碎陶片与红烧土颗粒。

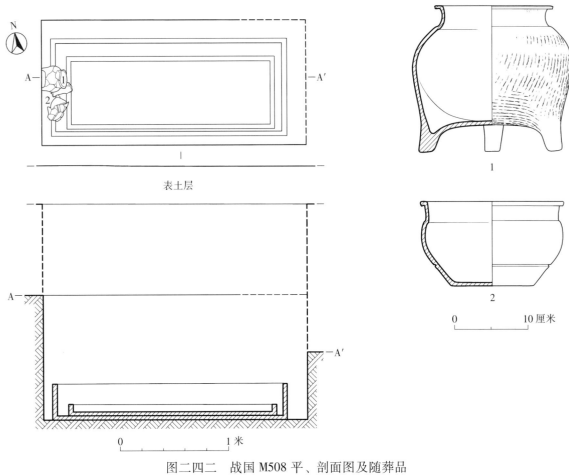

图二四二 战国 M508 平、剖面图及随葬品

1. Aa 型Ⅹ式陶鬲 2. Aa 型Ⅸ式陶盂

木质单棺单椁，棺椁均已腐朽，留有青灰色腐痕。椁痕平面呈长方形，长2.14、宽0.86、高0.32、壁厚0.04米。棺置于椁内南部，棺痕长1.9、宽0.64、残高0.14、墙板痕厚0.04、底板痕厚0.04米。人骨架朽尽无存。葬式不明。

随葬器物2件，放置在棺外西端紧贴坑壁，器类有陶鬲1、盂1（图二四二）。

M516　位于Ⅲ区南部，东邻M517，东北邻M404。长方形竖穴土坑，墓坑呈南北向，方向200°。墓坑壁向底内斜收，口略大于底，壁面粗糙，南壁有壁龛，坑底平整。墓口距地表0.2米，墓口长1.9、宽0.6米，墓底长1.82、宽0.42米，墓深0.7米。龛底距墓底0.4、宽0.66、高0.22、进深0.24米。墓圹内填黄褐灰色土，土质致密，夹有红烧土和少许陶片。

木质单棺已朽，可见青灰色腐痕。棺痕长1.7、宽0.42、高0.06、墙板痕厚0.04米。人骨架朽尽，葬式不明。

随葬器物2件，放置在壁龛，器类有陶盂1、罐1（图二四三）。

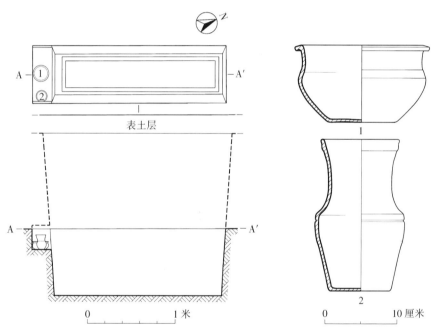

图二四三　战国M516平、剖面图及随葬品
1. Aa型X式陶盂　2. Ba型Ⅳ式陶罐

M518　位于Ⅲ区南部偏西，北邻M511，东邻M521，南邻M82。长方形竖穴土坑，墓坑呈东西向，方向290°。墓坑壁向底内斜收，口大底小，壁面光滑，西壁有壁龛，坑底平整。墓口距地表0.4米，墓口长2.08、宽0.82米，墓底长2.04、宽0.78米，墓深0.74米。墓坑内填黄褐色夹褐斑块花土，土质较硬，内含少量红烧土木炭颗粒与夹砂红陶和泥质灰陶陶片。壁龛平面呈半圆形，长0.7、进深0.23、高0.22、龛底距坑底0.52米。

木质单棺已全部腐烂，仅见灰痕。棺痕长1.72、宽0.54、高0.1、墙板痕厚0.04米，底板腐痕厚0.04米。人骨架朽尽无存，葬式不明。

随葬器物3件，放置在壁龛，器类有陶盂1、罐1、豆1（图二四四）。

M519　位于Ⅲ区中偏南部，东邻M80，西40余米、北20余米无墓葬分布。长方形竖穴土

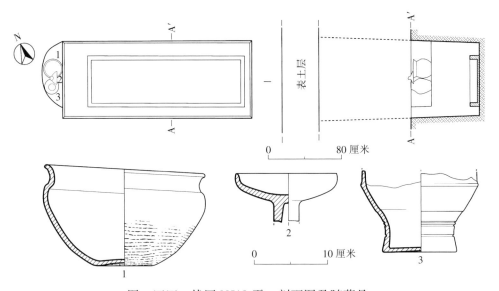

图二四四　战国 M518 平、剖面图及随葬品

1. Aa 型ⅫⅩ式陶盂　2. Aa 型Ⅹ式陶豆　3. Ba 型Ⅶ式陶罐

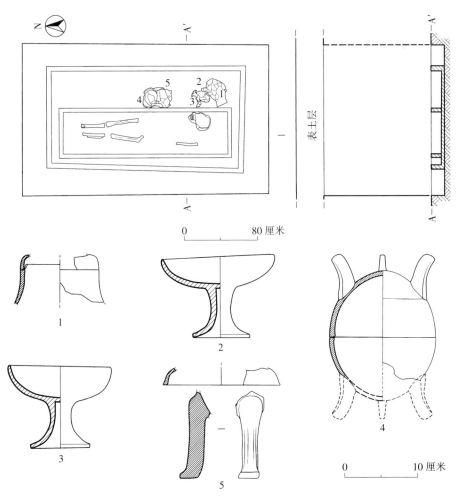

图二四五　战国 M519 平、剖面图及随葬品

1. Ba 型Ⅷ式陶罐　2、3. Aa 型Ⅵ式陶豆　4. B 型Ⅱ式陶敦　5. Aa 型Ⅳ式陶鼎

坑，墓坑呈南北向，方向180°。墓坑壁向底微斜内收，口底长宽大体相等，壁面粗糙，坑底平展。墓坑上部已遭破坏，墓口距地表0.3米，墓坑长2.7、宽1.56~1.6米，墓深0.14米。墓坑内填褐夹灰黄色花土，土质板结，填土中无包含物。

木质单棺单椁已腐朽，仅存青灰色腐痕。椁痕长2.16~2.2、宽1.06~1.12、残高0.1、墙板痕厚0.05米，棺痕长1.9、宽0.52、残高0.1、墙板痕厚0.04米。人骨架仅存头骨与部分肢骨，头向南，仰身直肢。

随葬器物5件，放置在椁内东侧，器类有陶鼎1、敦1、罐1、豆2（图二四五）。

M521　位于Ⅲ区南部偏东，北邻M517，南邻M82，西邻M518。长方形竖穴土坑，墓坑呈东西向，方向283°。墓坑壁陡直，口、底长宽相等，壁面粗糙，坑底平展。墓口距地表0.4米，墓坑长2.16、宽0.8米，墓深1.5米。坑内填黄褐色夹黄斑块花土，土质较硬，包含少量红烧土颗粒、炭颗粒和少量夹砂红陶和泥质灰陶陶片。

木质单棺已全部腐烂，仅见灰痕。棺痕长1.74、宽0.42、高0.16、墙板厚0.04、底板腐痕厚0.04米。人骨架朽尽无存，葬式不明。

随葬器物4件，放置在棺外西端，器类有陶鬲1、盂1、罐1、豆1（图二四六）。

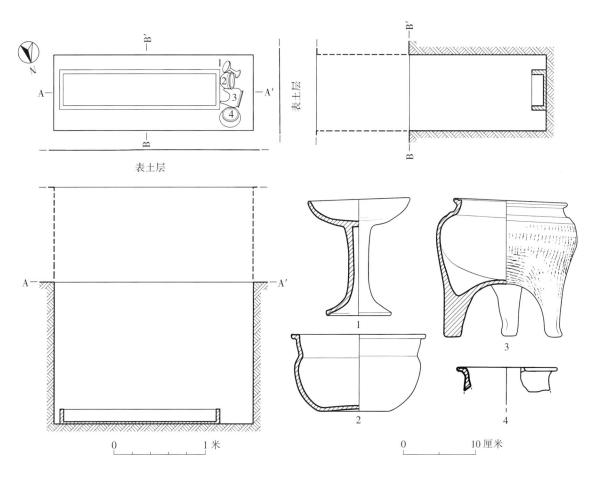

图二四六　战国M521平、剖面图及随葬品

1. Aa型Ⅷ式陶豆　2. Aa型Ⅸ式陶盂　3. Aa型Ⅶ式陶鬲　4. A型Ⅴ式陶罐（残存口沿）

M522 位于Ⅲ区南部，南邻 M404，北邻 M406、M414。长方形竖穴土坑，墓坑呈东西向，方向 280°。墓坑壁向底斜内收，东部宽于西部，墓圹规整，壁面光滑，底部平整。墓口距地表 0.2 米，墓口长 2.68、宽 1.58~1.64 米，墓底长 2.44、宽 1.16~1.3 米，墓深 1.32 米。墓坑内填黄褐灰色土，土质致密，夹少量陶片和红烧土。

木质一椁一棺，棺椁已朽，可见青灰色腐痕。椁痕长 2.26、宽 0.98、高 0.36、木墙板痕厚 0.06 米，棺痕长 1.82、宽 0.52、高 0.1、木墙板痕厚 0.06 米。人骨架已朽，葬式不明。

随葬器物 6 件，放置在椁内棺外西端，器类有陶敦 2、壶 2、豆 2（图二四七）。

M525 位于Ⅲ区东南部，东北角被 M513 打破，北邻 M508。长方形竖穴土坑，墓坑呈东西向，方向 275°。墓坑壁向底内斜收，口大底小，壁面光滑，坑底平整。墓坑上部已被破坏，墓口距地表 0.4 米，墓口长 2.8、宽 1.5 米，墓底长 2.7、宽 1.42 米，墓深 2 米。坑内填黄褐色花土，

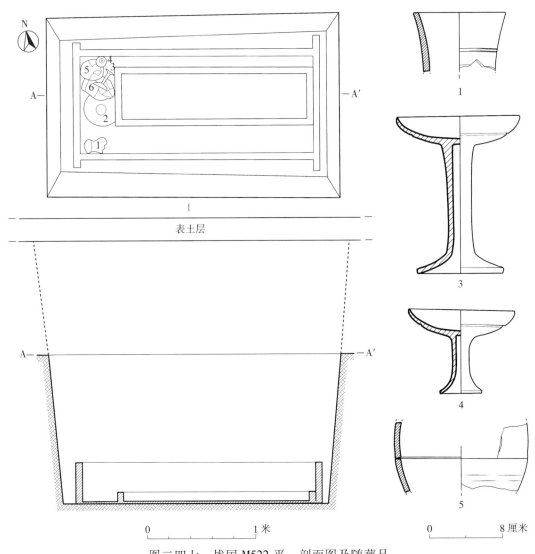

图二四七　战国 M522 平、剖面图及随葬品

1、2. 陶壶（残碎）　3、4. Aa 型Ⅻ式陶豆　5、6. B 型陶敦（残片）

土质较松软，包含有少量早期碎陶片、红烧土粒和草木灰。

木质单棺单椁，棺椁均已腐朽，留有青灰色腐痕。椁室平面呈长方形，椁痕长 2.16、宽 0.78、高 0.5、墙板壁痕厚 0.04 米。棺痕长 1.92、宽 0.52、残高 0.1、墙板壁痕厚 0.04、底板痕厚 0.04 米。人骨架已朽，仅存痕迹，从痕迹可判断为仰身直肢葬，头向西。

随葬器物陶鬲 1 件，放置在棺外西端（图二四八）。

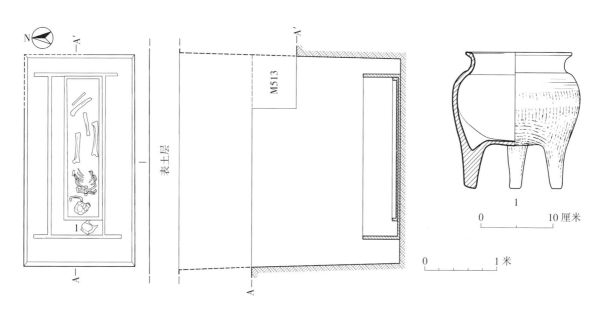

图二四八　战国 M525 平、剖面图及随葬品
1. Aa 型 XIII 式鬲

M530　位于Ⅲ区东南角边沿，西北邻 M529，西南邻 M531，东部无墓葬分布。长方形竖穴土坑，墓坑呈东西向，方向 280°。墓坑东宽西窄，四壁向底斜内收，壁面粗糙，坑底平整。墓口距地表 0.2 米，墓口长 2.7、宽 1.6~1.66 米，墓底长 2.55、宽 1.26~1.36 米，墓深 1.76 米。墓坑内填黄褐灰色土，土质致密，夹少许陶片与红烧土颗粒。

木质一椁一棺，棺椁已朽，可见青灰色腐痕。椁痕长 2.18、宽 0.86、高 0.34、墙板痕厚 0.06 米，棺痕长 1.78、宽 0.62、高 0.14、墙板痕厚 0.06 米。人骨架已朽，在棺底南端清理出头骨痕迹与少量牙齿。

随葬器物 3 件，放置在棺外西端，器类有陶鼎 1、盂 1、罐 1（图二四九）。

M532　位于Ⅲ区东南角，东南邻 M531，北邻 M514。长方形竖穴土坑，墓坑呈东西向，方向 275°。墓坑壁向底内斜收，口大底小，壁面光滑，坑底平整。西、南壁有二级台阶、东、北壁有一级台阶。墓口距地表 0.4 米，墓口长 4.7、宽 3.38 米，墓底长 2.84~2.86、宽 1.6~1.62 米，墓深 2.9 米。东、北壁台阶距坑口深 1.16、台面宽 0.35、高 1.74 米；西、南壁台阶距坑口深 0.26、宽 0.5~0.6、高 0.9 米，第二级台阶与东、北壁台阶相连，宽度尺寸相同。墓坑内填黄褐灰色土，土质致密，包含少量红烧土和灰陶陶片。

木质棺椁已朽，可见青灰色腐痕。椁痕长 2.36、宽 0.96~1、高 0.44、墙板痕厚 0.08 米，棺

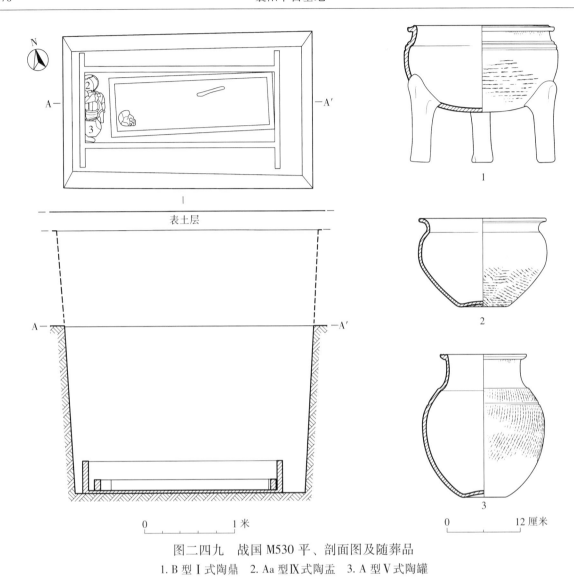

图二四九　战国 M530 平、剖面图及随葬品
1. B 型 I 式陶鼎　2. Aa 型 IX 式陶盂　3. A 型 V 式陶罐

痕长 1.8、宽 0.44~0.5、高 0.1、墙板痕厚 0.06 米。人骨架已朽，棺底西端可见头骨痕迹，葬式不明。

随葬器物 2 件，放置在棺外西端，器类有陶罐 2（图二五〇）。

M536　位于 III 区东北部，西南角被 M535 打破，南邻 M535，东北邻 M537。长方形竖穴土坑，墓坑呈东西向，方向 125°。墓坑壁向底斜内收，口大于底，壁面光滑，坑底平整。墓口距地表 0.4 米，墓口长 2.1、宽 0.76 米，墓底长 1.9、宽 0.66 米，墓深 1.3 米。墓坑内填黄褐灰色土，土质致密，无包含物。

木质单棺已朽，可见青灰色腐痕。棺痕长 1.6、宽 0.43、高 0.12、墙板痕厚 0.04 米。棺底东端残存头骨痕迹，葬式不明。

随葬器物 5 件，放置在棺外东端，器类有陶鬲 1、盂 1、罐 2、豆 1（图二五一）。

M538　位于 III 区东北部，北邻 M537，南邻 M539。长方形竖穴土坑，墓坑呈南北向，方向 190°。墓坑口大底小，南宽北窄，四壁向底斜内收，壁面光滑，坑底平整。墓口距地表 0.4 米，

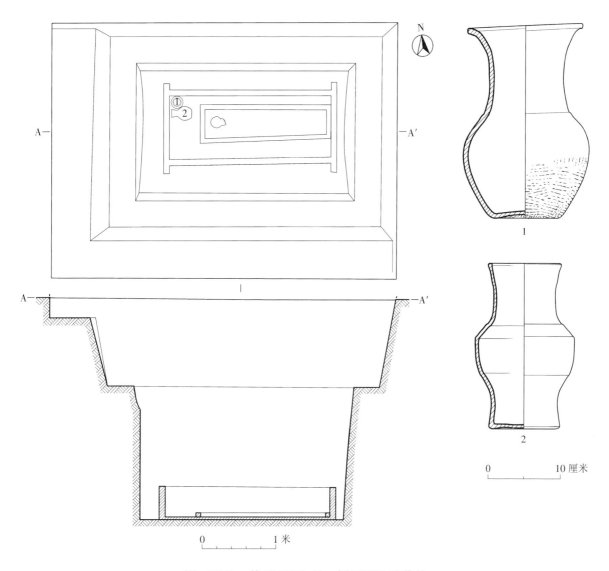

图二五〇 战国 M532 平、剖面图及随葬品
1. Bb 型 Ⅳ 式陶罐 2. Ba 型 Ⅳ 式陶罐

墓口长 2.32、宽 0.86 ~ 0.92 米，墓底长 2.16、宽 0.7 ~ 0.76 米，墓深 1.3 米。坑内填黄褐灰色土，土质致密，无包含物。

木质单棺已朽，可见青灰色腐痕。棺痕长 1.82、宽 0.44、高 0.12、墙板痕厚 0.06 米。人骨架已朽，在棺底南端发现牙齿痕迹。

随葬器物 2 件，放置在棺外东南端，器类有陶罐 1、豆 1（图二五二）。

M539 位于Ⅲ区东北部，北邻 M538，东南邻 M540。长方形竖穴土坑，墓坑呈南北向，方向 25°。墓坑壁向底内斜收，墓坑南宽北窄，口略大于底，壁面光滑，南壁有壁龛，坑底平整。墓口距地表 0.2 米，墓口长 2、宽 0.58 ~ 0.64 米，墓底长 1.92、宽 0.48 ~ 0.52 米，墓深 0.82 米。壁龛宽 0.57、进深 0.16、高 0.3、龛底距墓底深 0.28 米。墓坑内填黄褐灰色土，土质致密，夹有红烧土和少许陶片。

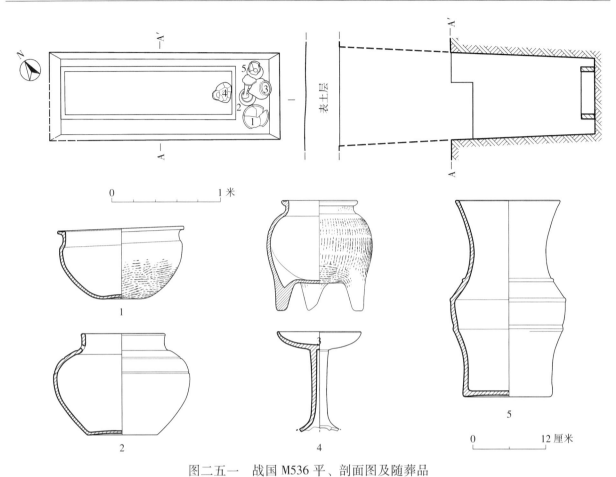

图二五一　战国 M536 平、剖面图及随葬品

1. Aa 型Ⅹ式陶盂　2. Ca 型Ⅳ式陶罐　3. Aa 型Ⅻ式陶鬲　4. Aa 型Ⅺ式陶豆　5. Ba 型Ⅷ式陶罐

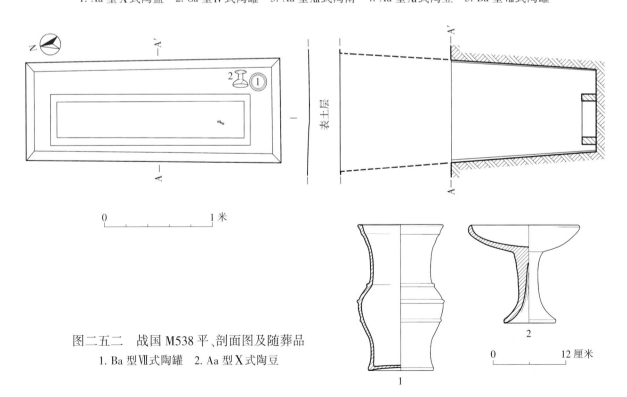

图二五二　战国 M538 平、剖面图及随葬品

1. Ba 型Ⅶ式陶罐　2. Aa 型Ⅹ式陶豆

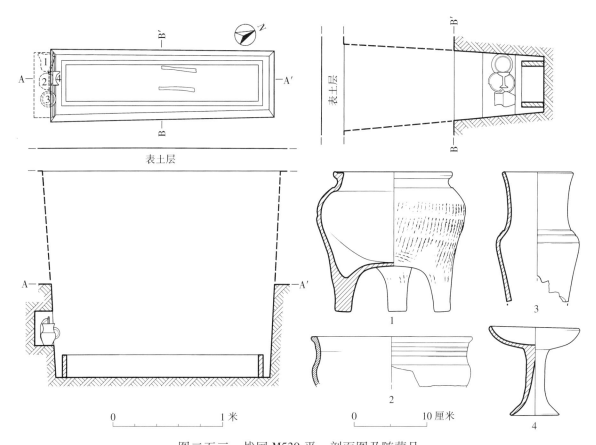

图二五三　战国 M539 平、剖面图及随葬品

1. Aa 型Ⅷ式陶鬲　2. Aa 型Ⅹ式陶盂（残）　3. Ba 型Ⅳ式陶罐　4. Aa 型Ⅸ式陶豆

　　木质单棺已朽，可见青灰色腐痕。棺痕内空长 1.8、宽 0.4、高 0.2、墙板痕厚 0.04 米。棺底仅存两节腿骨，仰身直肢葬。

　　随葬器物 4 件，放置在壁龛，器类有陶鬲 1、盂 1、罐 1、豆 1（图二五三）。

第四节　秦墓葬

　　发掘秦墓 58 座，其中有随葬品的墓 50 座，无随葬品的空墓 8 座。分述墓葬 46 座，占秦墓总数的 79.3%，占有随葬品墓总数 92%。秦墓分述的墓号分别是：M52、M69、M72、M74、M101、M103、M104、M107、M108、M122、M133、M163、M171、M181、M186、M200、M210、M215、M219、M226、M234、M242、M248 ~ M250、M254、M272、M277、M303、M305、M310、M329、M332、M339、M358、M384、M390、M410、M457、M470、M483、M494、M505、M517、M527、M531。

　　M52　位于Ⅰ区东部略偏南，东被 M50 打破，西邻 M56。长方形竖穴土坑，墓坑呈东西向，方向 85°。墓坑壁向底内微斜收，口大于底，壁面粗糙，坑底平整。墓口距地表 0.2 米，墓口长 2.04、宽 1.22 ~ 1.26 米，墓底长 1.93、宽 0.54 ~ 0.6 米，墓深 0.84 米。坑内南、北壁有生土二层台，南壁台面宽 0.14 ~ 0.2、北壁台面宽 0.14、台面距墓底高 0.36 米。坑内填黄褐色花土，填土较硬，未见包含物。

　　木质棺椁已腐烂。人骨架朽尽无存。坑底东端发现牙痕，葬式不明。

　　随葬器物6件，放置在坑底东端，器类有陶罐2、碗1、豆3（图二五四）。

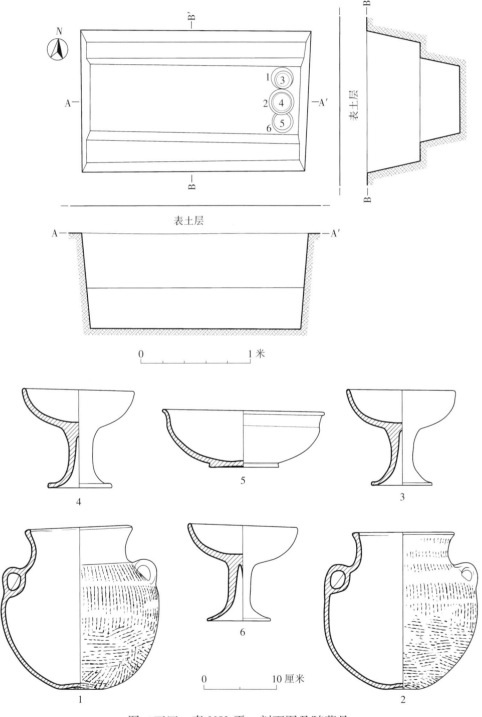

图二五四　秦M52平、剖面图及随葬品

1、2. Aa型Ⅰ式陶罐　3、4、6. A型陶豆　5. Ⅰ式陶碗

M69 位于Ⅰ区东南端，东邻M66，北邻M65。长方形竖穴土坑，墓坑呈东西向，方向271°。墓坑壁向底内斜收，口大底小，壁面粗糙，坑底较平。墓口距地表0.5米，墓口长2.3、宽0.9米，墓底长2.1、宽0.74米，墓深0.26米。坑内填黄褐色花土，质地较致密、纯净，无包含物。

木质葬具全部腐烂，无棺痕。墓主人骨架已朽，葬式不明。

随葬品3件，放置在坑底西端，器类有陶罐2、盆1、盂1（图二五五）。

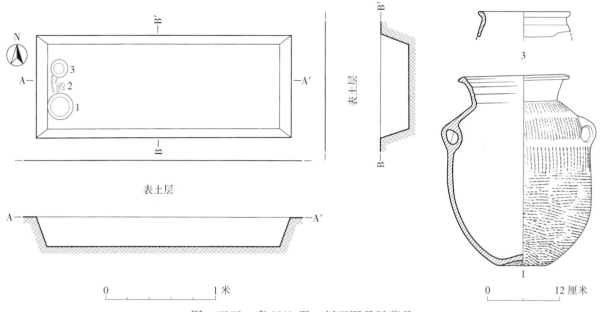

图二五五 秦M69平、剖面图及随葬品
1. Ab型Ⅱ式陶罐 2. 陶罐（残） 3. 陶盂（残）

M72 位于Ⅰ区北部，墓坑东部打破M278西北部，北邻M281。长方形竖穴土坑，墓坑呈南北向，方向200°。墓坑壁陡直，口、底长宽相等，壁面粗糙，坑底平整。墓口距地表0.4米，墓坑长1.96、宽0.7米，墓深0.7米。墓坑内填褐色夹灰白色花土，土质板结，填土中无包含物。

木质单棺已腐朽，可见灰黑色腐痕。棺痕长1.66、宽0.38、残高0.2、墙板痕厚0.04、底板痕厚0.02米。人骨架朽尽无存。

随葬器物2件，放置在坑底棺外南端，器类有陶罐1、釜1（图二五六）。

M74 位于Ⅰ区中部，墓坑西北部打破M73东南角，北部被M71打破，东邻M41。长方形竖穴土坑，墓坑呈南北向，方向10°。墓坑壁向底内斜收，口大于底，壁面粗糙，坑底平整。墓口距地表0.2米，墓口长2.22~2.3、宽1.3米，墓底长2.16、宽0.7米，墓深0.9米。坑内东、西壁有生土二层台，二层台面距坑口深0.42、台面北宽0.18、南宽0.2、高0.5米。墓坑内填黄褐夹灰白土，土质致密、纯净，未见包含物。

木质单棺已朽，可见青灰色腐痕。棺痕长1.68、宽0.4、高0.18、墙板痕厚0.05米。人骨架朽尽无存，葬式不明。棺底北端可见牙齿痕迹。

随葬器物2件，放置在坑底棺外北端，器类有陶碗1、鍪1（图二五七）。

M101 位于Ⅰ区东南部，北邻M104，南邻M253，西邻M102。长方形竖穴土坑，墓坑呈南

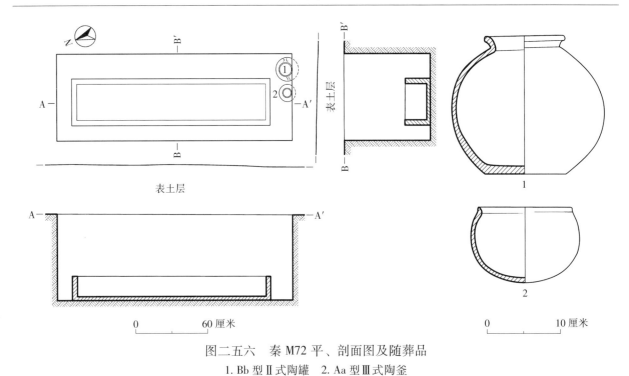

图二五六　秦 M72 平、剖面图及随葬品
1. Bb 型 II 式陶罐　2. Aa 型 III 式陶釜

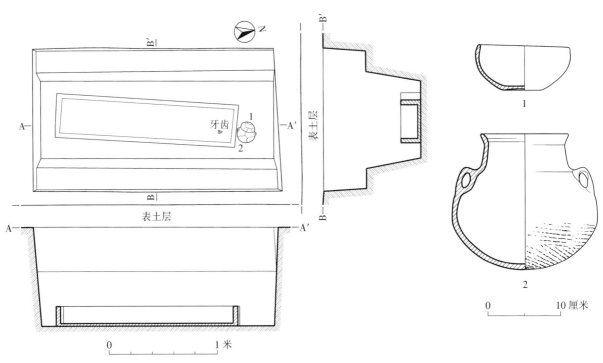

图二五七　秦 M74 平、剖面图及随葬品
1. III 式陶碗　2. B 型 III 式陶鍪

北向，方向 146°。墓坑壁陡直，口、底长宽相等，壁面粗糙，墓底平整。墓口距地表 0.2 米，墓长 1.76、宽 0.5~0.6 米，墓深 0.1 米。坑内填黄褐色花土，土质坚硬，未见包含物。

葬具腐烂无痕，人骨架朽尽无存，葬式不明。

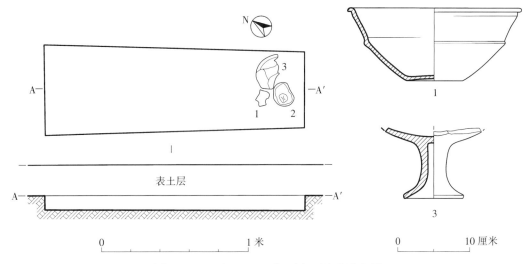

图二五八　秦 M101 平、剖面图及随葬品
1. A 型 II 式陶盆　2. 陶罐（残）　3. 陶豆（残）

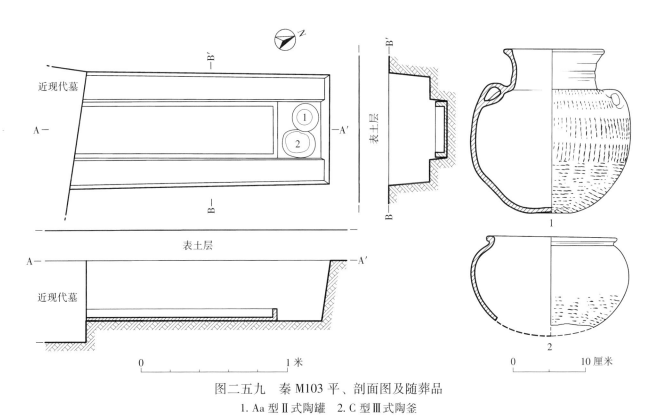

图二五九　秦 M103 平、剖面图及随葬品
1. Aa 型 II 式陶罐　2. C 型 III 式陶釜

随葬器物 3 件，放置在坑底南端，器类有陶罐 1、盆 1、豆 1（图二五八）。

M103　位于 I 区中偏东南部，墓坑叠压 M100 中部，东邻 M102。长方形竖穴土坑，墓坑呈南北向，方向 220°。墓坑壁向底内斜收，口大于底，壁面较粗糙，坑底平整。墓口距地表 0.2 米，墓口残长 1.68 ~ 1.76、宽 0.72 ~ 0.78 米，墓底残长 1.63 ~ 1.68、宽 0.38 米，墓深 0.4 米。墓坑东、西壁有生土二层台，台面距坑底深 0.12、面宽 0.14 ~ 0.16、高 0.13 米。墓坑内填褐灰色花土，土质板结，无包含物。

木质单棺已朽，可见青灰色朽痕，棺痕残长 1.38、宽 0.38、高 0.08、板厚 0.02 米。人骨架
朽尽无存，葬式不明。

随葬器物 2 件，放置在棺外北端，器类有陶罐 1、釜 1（图二五九）。

M104　　位于 Ⅰ 区中部偏东南，西邻 M105，北邻 M107，东北邻 M56。长方形竖穴土坑，墓坑
呈南北向，方向 182°。墓坑壁向底内斜收，口大底小，壁面粗糙，坑底平整。墓口距地表 0.2 米，
墓口长 2.18、宽 1.3～1.4 米，墓底长 2.04、宽 0.5～0.54 米，墓深 1.6 米。坑内东、西两壁有生

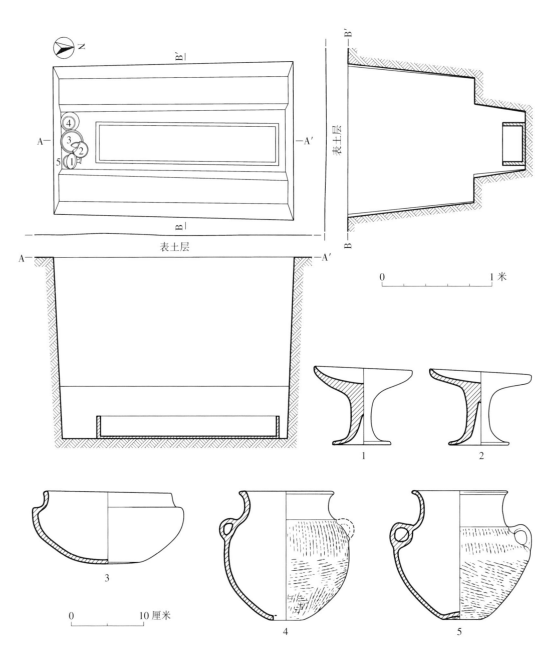

图二六〇　秦 M104 平、剖面图及随葬品

1、2. B 型陶豆　3. Bb 型 Ⅰ 式陶釜　4、5. Aa 型 Ⅰ 式陶罐

土二层台，台面长2.08、东壁台面宽0.2～0.24、西壁台面宽0.22～0.26、台面距墓底高0.46米。墓坑内填黄褐色花土，土质较硬，无包含物。

木质单棺已朽，可见青灰色腐痕。棺痕长1.65、宽0.36、高0.2、板厚0.02米。人骨架朽尽无存。葬式不明。

随葬器物5件，放置在棺外南端，器类有陶釜1、罐2、豆2（图二六〇）。

M107　位于Ⅰ区中部偏东，东邻M56，南邻M104，西邻M108。长方形竖穴土坑，墓坑呈南北向，方向189°。墓坑壁向底内斜收，口大底小，壁面粗糙，坑底平整。墓口距地表0.2米，墓口长2.44、宽1.2～1.28米，墓底长2.3、宽1.14～1.18米，墓深0.3米。墓坑内填黄褐色花土，填土较硬，未见包含物。

木质单棺已朽，可见青灰色腐痕。棺痕长1.88、宽0.54、残高0.08、板厚0.03米。人骨架朽尽无存，葬式不明。

随葬器物2件，放置在棺内南端，器类有陶罐1、陶釜1（图二六一）。

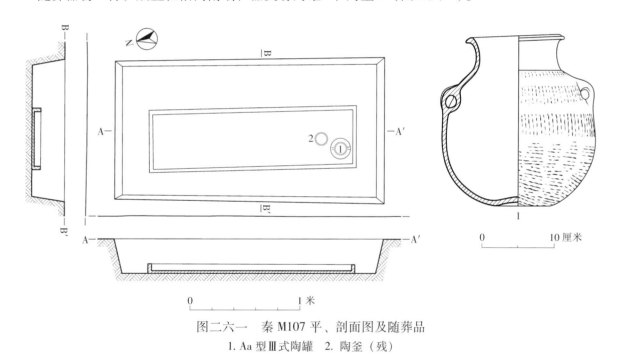

图二六一　秦M107平、剖面图及随葬品
1. Aa型Ⅲ式陶罐　2. 陶釜（残）

M108　位于Ⅰ区东南部，墓坑北部叠压M109南半部，东邻M107，南邻M104。长方形竖穴土坑，墓坑呈南北向，方向355°。墓口距地表0.2米，墓口长2.02、宽0.7米，墓深0.1米。墓坑内填黄褐色花土，填土较硬，未见包含物。

木质单棺已朽，可见青灰色腐痕，棺痕长1.54、宽0.4、高0.04、板厚0.02米。人骨架朽尽无存。葬式不明。

随葬器物3件，放置在棺外北端，器类有陶釜1、陶罐1、铜带钩1（图二六二）。

M122　位于Ⅰ区东北部，西南角被M119打破，南邻M118。长方形竖穴土坑，墓坑呈南北向，方向176°。墓坑南、北两端向底内斜收，东、西壁陡直，口长底短，壁面粗糙，墓底平坦。墓口距地表0.25米，墓口长2.68、宽0.74米，墓底长2.56、宽0.72米，墓深0.24米。坑内填

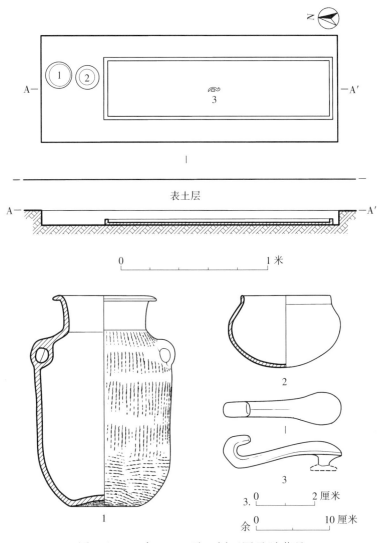

图二六二 秦 M108 平、剖面图及随葬品
1. Ab 型Ⅲ式陶罐　2. Ba 型Ⅱ式陶釜　3. Ⅲ式铜带钩

黄褐夹灰白土，土质致密、纯净，未见包含物。

木质单棺已朽，可见青灰色腐痕。棺痕长 1.78、宽 0.44、高 0.04、墙板痕厚 0.04 米。人骨架朽尽无存，在棺底南端发现有牙齿痕迹，葬式不明。

随葬器物 3 件，放置在墓底棺外南端，器类有陶罐 1、釜 2（图二六三）。

M133　位于Ⅰ区东北部，东邻 M121，东南邻 M131，西南邻 M130。长方形竖穴土坑。墓坑呈东西向，方向 70°。墓坑壁向底内斜收，口大底小，壁面粗糙，南、北壁各留一级生土台，东壁有壁龛，墓底平坦。墓口距地表 0.4 米，墓口长 1.61、宽 1 米，墓底长 1.58、宽 0.58 米，墓深 1.04 米。生土台长 1.58、台面宽 0.14～0.15、台高 0.16 米。壁龛底部与墓底水平，壁龛顶面距墓底 0.31、面宽 0.64、进深 0.19 米。墓圹内填褐色夹灰白色花土，土质板结，散开呈不规则小块，填土中未见其他包含物。

木质单棺已腐烂，留有青灰色腐痕。棺痕长 1.28、宽 0.38、残高 0.12、墙板痕厚 0.05、底板

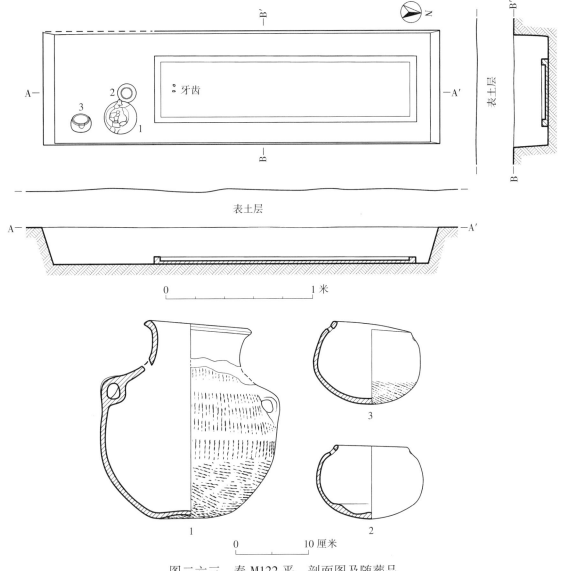

图二六三 秦 M122 平、剖面图及随葬品
1. Aa 型Ⅱ式陶罐 2. Ba 型Ⅰ式陶釜 3. Bb 型Ⅱ式陶釜

痕厚 0.02 米。人骨架朽尽无存。

　　随葬器物 5 件，放置在壁龛，器类有陶钵 1、豆 1、罐 1、釜 1 及漆耳杯痕 1（图二六四）。

　　M163　位于Ⅰ区北部边沿，西邻 M164，东南邻 M162，东北邻 M158。长方形竖穴土坑，墓坑呈南北向，方向 200°。墓坑壁向底内斜收，口大底小，壁面未经修整，较粗糙，坑底平整。墓口距地表 0.4 米，墓口长 2、宽 0.8 米，墓底长 1.9、宽 0.6~0.66 米，墓深 1.4 米。墓坑内填褐色夹黄色花土，土质板结。

　　木质单棺已腐朽，仅存青灰色腐痕。棺痕长 1.74、宽 0.4、残高 0.06、墙板痕厚 0.03 米。人骨已朽尽，葬式不明。

　　随葬器物有陶罐 1 件，放置在棺外南端（图二六五）。

　　M171　位于Ⅰ区东北部，东邻 M130。长方形竖穴土坑，墓坑呈南北向，方向 184°。坑壁向

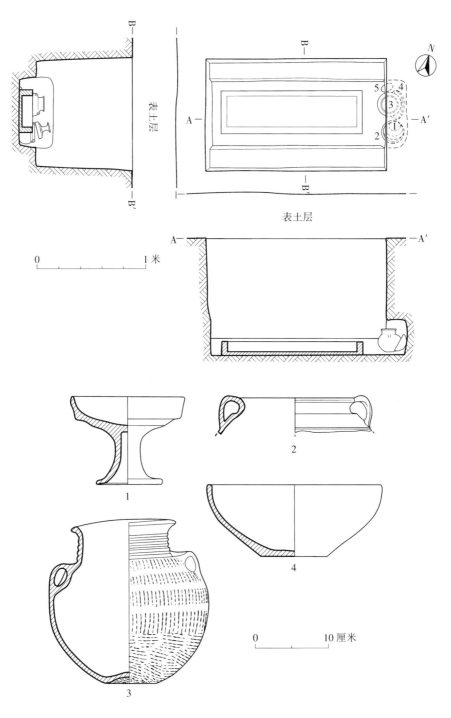

图二六四　秦 M133 平、剖面图及随葬品
1. C 型陶豆　2. D 型Ⅱ式陶釜　3. Aa 型Ⅱ式陶罐　4. A 型Ⅱ式陶钵　5. 漆耳杯

底内斜收，口大底小，壁面粗糙，东、西壁各一级生土二层台，台阶靠近底部，坑底平整。墓口距地表 0.3 米，墓口长 2.17、宽 0.86 米，墓底长 2.08、宽 0.46 米，墓深 0.6 米。生土二层台面宽、窄不一，东壁台阶长 2.12、面宽 0.14～0.16、高 0.2 米，西台阶长 2.13、面宽 0.14～0.16、高 0.2 米。墓坑内填褐色夹灰白花土，土质板结，填土中未无包含物。

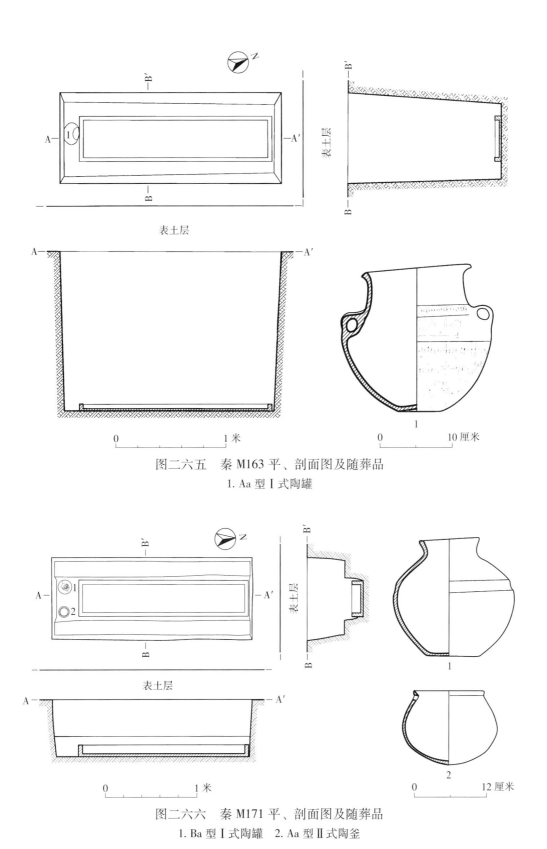

图二六五 秦 M163 平、剖面图及随葬品
1. Aa 型 I 式陶罐

图二六六 秦 M171 平、剖面图及随葬品
1. Ba 型 I 式陶罐 2. Aa 型 II 式陶釜

木质单棺已腐朽，残留灰褐色腐痕。棺痕长 1.84、宽 0.38、残高 0.12、墙板壁厚 0.04、底板痕厚 0.02 米。人骨架朽尽无存，葬式不明。

随葬器物 2 件，放置在棺外南端，器类有陶罐 1、釜 1（图二六六）。

M181　位于 I 区中部偏北，打破 M182 东北角，南邻 M185，东邻 M184。长方形竖穴土坑，墓坑呈南北向，方向 346°。东、西壁向底内斜收，壁面粗糙，东、西、北壁有生土台阶，坑底平整。墓口距地表 0.2 米，墓口长 2.6~2.7、宽 1.2 米，墓底长 2.44、宽 0.42、墓深 1.3 米。生土台阶距墓口深 1、高 0.3、面宽 0.25~0.38 米。坑内填黄褐夹灰白土，土质致密、纯净，未见包含物。

单棺已朽，可见青灰色腐痕。棺痕长 1.84、宽 0.44、高 0.08、墙板痕厚 0.04 米。人骨架朽尽无存，在棺底北端保存有 3 颗牙齿。

随葬器物 2 件，放置在棺外北端，器类有陶罐 1、鍪 1（图二六七）。

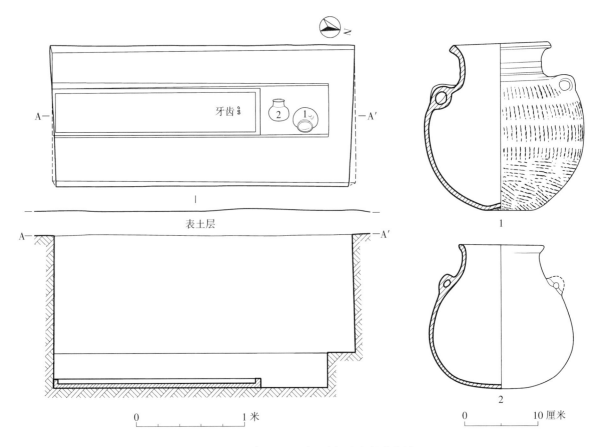

图二六七　秦 M181 平、剖面图及随葬品
1. Aa 型 II 式陶罐　2. B 型 I 式陶鍪

M186　位于 I 区中部偏北，东邻 M183，东北邻 M182。长方形竖穴土坑，墓坑呈南北向，方向 180°。墓坑南、北壁向底斜内收，口、底宽度相等，壁面粗糙，坑底平整。墓口距地表 0.2 米，墓口长 2.5、宽 1.2 米，墓底长 2.38、宽 1.2 米，墓深 1.18 米。坑内填黄褐夹灰白土，土质致密、纯净，未见包含物。

　　木质一椁一棺，棺椁已朽，可见青灰色腐痕。椁痕长 2.3、宽 1.12、高 0.18、厚 0.08 米，棺痕长 1.9、宽 0.5、高 0.18、墙板痕厚 0.05 米。人骨架朽尽无存，棺底南端残留牙痕，葬式不明。

　　随葬器物 3 件，放置在棺外东南，器类有陶罐 1、釜 1、豆 1（图二六八）。

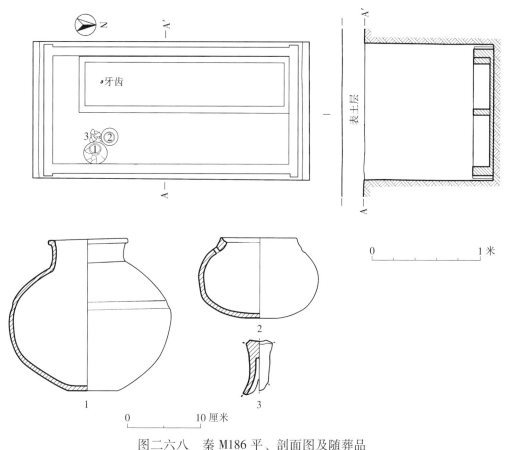

图二六八　秦 M186 平、剖面图及随葬品
1. Ba 型 II 式陶罐　2. Ab 型 II 式陶釜　3. 陶豆（残）

　　M200　位于 I 区中部偏东南，东北邻 M197，西部被一近现代墓打破。长方形竖穴土坑，墓坑呈东西向，方向 91°。墓坑壁向底内斜收，口大底小，壁面粗糙，坑底平整。墓口距地表 0.2 米，墓口残长 1.98～2.12、宽 0.84 米，墓底残长 1.9～2、宽 0.5 米，墓深 0.64 米。坑底南、北两壁有生土二层台，台面南宽 0.08、北宽 0.06、高 0.18 米。墓坑内填褐灰色花土，土质板结，无包含物。

　　木质单棺已朽，可见青灰色朽痕。棺痕残长 1.56～1.62、宽 0.38、高 0.1、板厚 0.04 米。人骨架朽尽无存，葬式不详。

　　随葬品 3 件，放置在棺外东端，器类有陶盂 1、釜 1、钵 1（图二六九）。

　　M210　位于 I 区南部，东邻 M204，西北打破 M203 墓坑东南部。长方形竖穴土坑，墓坑呈南北向，方向 10°。墓坑壁直下，口、底长宽相等，壁面粗糙，底部平整。墓口距地表 0.4 米，墓坑长 1.7、宽 0.59 米，墓深 0.28 米。墓坑内填黄褐色花土，土质较硬，未见包含物。

　　木质单棺已朽，留有青灰色腐痕。棺痕长 1.34、宽 0.29～0.34、残高 0.18、板厚 0.03 米。人

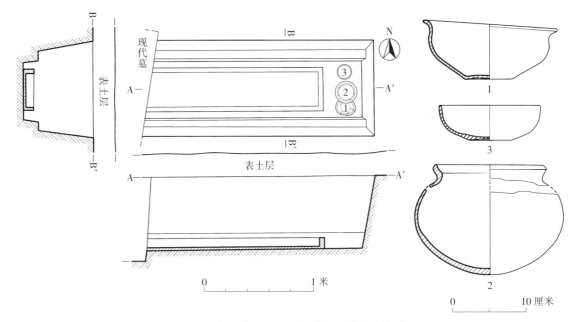

图二六九　秦 M200 平、剖面图及随葬品
1. Ⅱ式陶盂　2. Aa 型 Ⅰ式陶釜　3. B 型 Ⅰ式陶钵

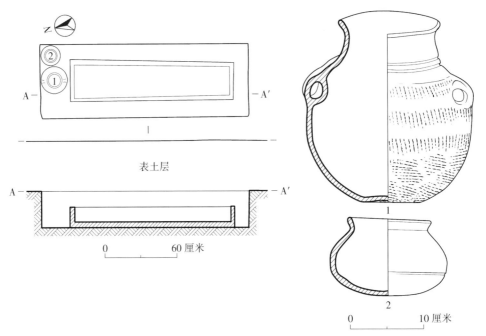

图二七〇　秦 M210 平、剖面图及随葬品
1. Aa 型 Ⅲ式陶罐　2. Bb 型 Ⅲ式陶釜

骨架朽尽无存，葬式不明。

随葬器物 2 件，放置在棺外北端，器类有陶釜 1、罐 1（图二七〇）。

M215　位于Ⅰ区东南部，西北角打破 M214 东北角，东邻 M88。长方形竖穴土坑，墓坑呈南北向，方向 174°。墓坑上部向底斜收至生土二层台，生土台下坑壁陡直，壁面粗糙，坑底平整。墓口距地表 0.3 米，墓口长 1.82、宽 0.78 米，墓底长 1.66、宽 0.58 米，墓深 0.58 米，东、西生土台宽 0.08、高 0.22 米。墓坑内填黄褐色花土，土质较硬，无包含物。

木质单棺已经全部腐烂，仅见褐色棺痕。棺长 1.2、宽 0.32、高 0.06、墙板痕厚 0.04、棺底板厚 0.01 米。人骨架朽尽无存，葬式不明。

随葬器物 3 件，放置在棺外南端，器类有陶罐 1、釜 1、盂 1（图二七一）。

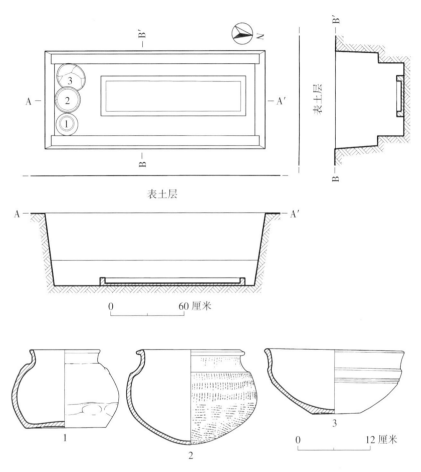

图二七一　秦 M215 平、剖面图及随葬品
1. Bb 型 I 式陶罐　2. C 型 I 式陶釜　3. I 式陶盂

M219　位于Ⅲ区西南角，其西、南、东部已无墓葬分布，北邻 M218。长方形竖穴土坑，墓坑呈南北向，方向 190°。墓坑壁向底微斜内收，壁面经过修整，较光滑，东、西壁有生土二层台，坑底平坦。墓口距地表 0.3 米，墓口长 2.5、宽 1.3 米，墓底长 2.5、宽 0.84～0.9 米，墓深 1.06 米。生土台距墓口 0.36、宽 0.06～0.26、高 0.7 米。墓坑内填黄褐灰色土，土质致密，夹少量红烧土与陶片。

木质单棺已朽，可见青灰色腐痕。棺痕长 1.96、宽 0.62～0.66、高 0.18、厚 0.03 米。人骨架朽尽，葬式不明。

随葬器物 3 件，放置在棺外南端，器类有陶罐 1、镶斗 1、鍪 1（图二七二）。

M226　位于Ⅰ区南部边沿偏东部，墓坑东部被 M229 叠压，西邻 M227。长方形竖穴土坑，墓坑呈南北向。方向 195°。墓坑东、西壁直下，南、北两壁向底斜内收，东、西壁近底部有生土二

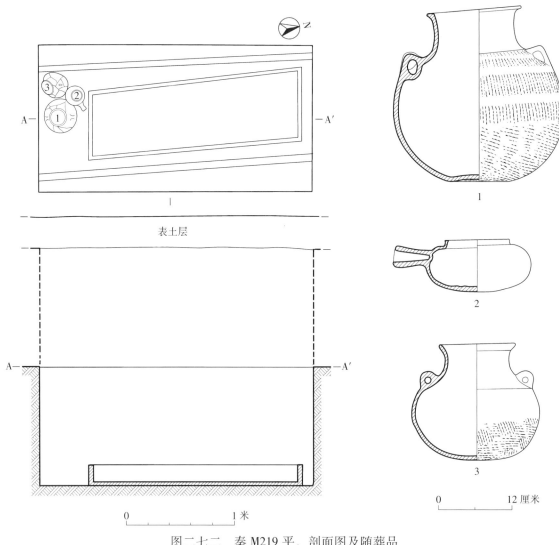

图二七二　秦 M219 平、剖面图及随葬品

1. Aa 型 Ⅲ 式陶罐　2. Ⅱ 式陶镳斗　3. A 型 Ⅲ 式陶鍪

层台，壁面粗糙，坑底平整。墓口距地表 0.4 米，墓口长 1.94、宽 1.3 米，墓底长 2.02、宽 0.77～0.86 米，墓深 2.22 米。二层台东台面宽 0.17～0.24、西台面宽 0.18～0.26、台面距墓底高 0.3 米。坑内填黄褐色花土，土质较硬，未见包含物。

木质单棺已朽，可见青灰色腐痕。棺痕长 1.3、宽 0.44、残高 0.14、板厚 0.04 米。棺底南、北两端各有一根垫木。人骨架朽尽无存，在棺内南端发现腐牙痕，葬式不明。

随葬器物 3 件，放置在棺外南端，器类有陶釜 1、陶罐 1、漆器痕 1 件（图二七三）。

M234　位于Ⅲ区西北边沿，西北邻 M256，南邻 M223。长方形竖穴土坑，墓坑呈东西向，方向 100°。墓坑壁陡直，口、底长宽相等，壁面粗糙，坑底平整。墓坑上部已经被挖掉 1.6 米，残存墓坑下部。原生坑口距地表 0.3 米，现存墓坑长 2.53、宽 0.68～0.76 米，墓深 0.2 米。墓坑内填黄褐灰色土，土质致密，夹有红烧土和少量陶片。

木质单棺已朽，可见青灰色腐痕。棺痕长 2.04、宽 0.44～0.48、高 0.17、墙板痕厚 0.05 米。

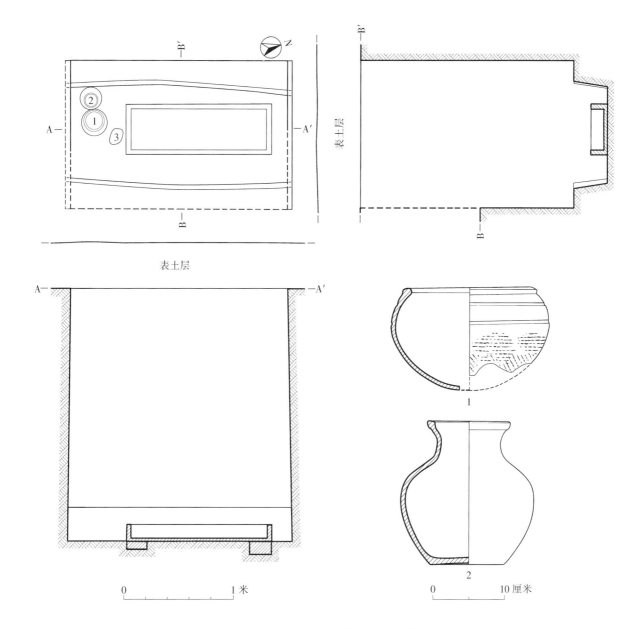

图二七三　秦 M226 平、剖面图及随葬品
1. C 型Ⅳ式陶釜　2. Ba 型Ⅲ式陶罐　3. 漆器

人骨架朽尽，葬式不明，棺底东端残存牙齿痕迹。

随葬器物 3 件，放置在棺外东端，器类有陶罐 1、鍪 1、盂 1（图二七四）。

M242　位于Ⅰ区中偏南部，西南部被 M235 叠压，东邻 M241，北邻 M240。长方形竖穴土坑，墓坑呈南北向，方向 5°。墓坑上部已被毁坏，坑壁陡直，壁面粗糙，北壁有壁龛，底部平整。墓口距地表 0.4 米，墓坑长 2.3、宽 0.96 米，墓深 0.72 米。壁龛宽 0.48、进深 0.24、高 0.4 米。坑内填黄褐夹灰白色花土，土质较硬，填土中无包含物。

木质单棺已腐朽，可见灰褐色腐痕。棺痕长 1.96、宽 0.5、残高 0.06、墙板壁厚 0.04 米。人骨架已朽尽，葬式不明。

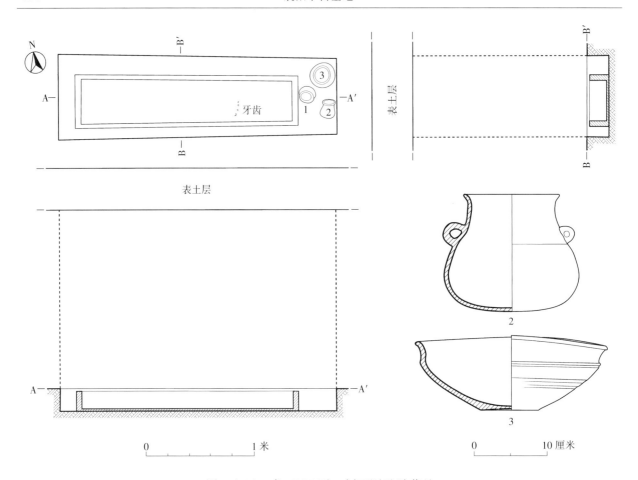

图二七四　秦 M234 平、剖面图及随葬品
1. 陶罐（残）　2. C 型陶鍪　3. Ⅲ式陶盂

　　随葬器物 2 件，放置在壁龛内，器类有陶罐 1、盒 1（图二七五）。

　　M248　位于Ⅰ区偏西南部，东邻 M246，西北邻 M331，西南邻 M333。长方形竖穴土坑，墓坑呈东西向，方向 280°。墓坑南、北两壁向底微斜收，口大于底，壁面粗糙，南、北壁有生土二层台，台壁陡直，坑底平整。墓坑上部已被破坏，墓口距地表约 0.4 米，墓口长 2.1、宽 1.24 米，墓底长 2、宽 0.42 ~ 0.5 米，墓深 0.8 米。北壁生土二层台宽 0.28 ~ 0.32、南壁生土二层台宽 0.32 ~ 0.36、高 0.3 米。墓圹内填浅褐色花土，土质较松软，夹杂有早期碎陶片和红烧土粒。

　　单棺已腐朽，仅见灰色腐痕。棺痕长 1.75、宽 0.38、残高 0.06、墙板痕厚 0.04、底板痕厚 0.02 米。人骨架已朽，在棺底内西端发现有牙齿。

　　随葬器物有陶罐 1 件，放置在棺外西端（图二七六）。

　　M249　位于Ⅲ区北部略偏西，西北邻 M251，东邻 M225。长方形竖穴土坑，墓坑呈东西向，方向 105°。墓坑南壁陡直，东、西、北壁向底内斜收，坑壁光滑，坑底平整。墓口距地表 0.4 米，墓口长 2.4、宽 0.8 ~ 0.9 米，墓底长 2.34、宽 0.64 ~ 0.8 米，墓深 0.6 米。坑内填黄褐灰色土，土质致密，无包含物。

　　单棺已朽，可见青灰色腐痕。棺痕长 1.9、宽 0.5 ~ 0.56、高 0.1、墙板痕厚 0.04 米。人骨架朽尽，葬式不明。

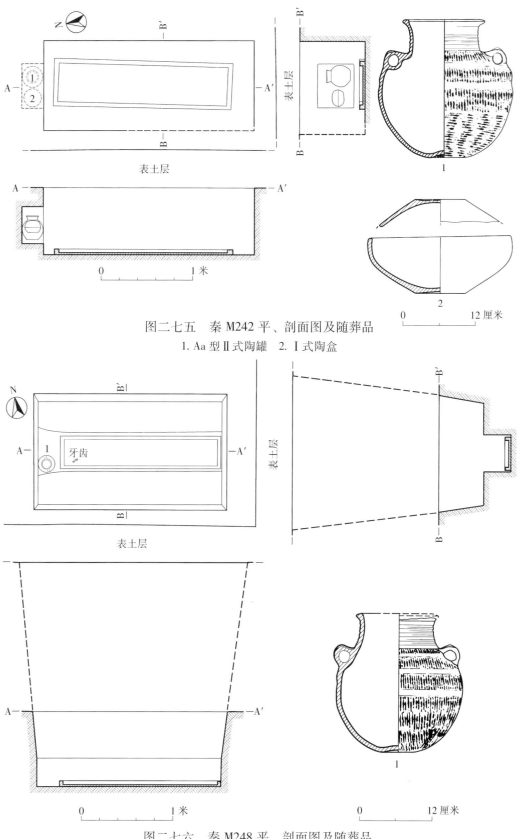

图二七五　秦 M242 平、剖面图及随葬品
1. Aa 型 Ⅱ 式陶罐　2. Ⅰ 式陶盒

图二七六　秦 M248 平、剖面图及随葬品
1. Aa 型 Ⅲ 式陶罐

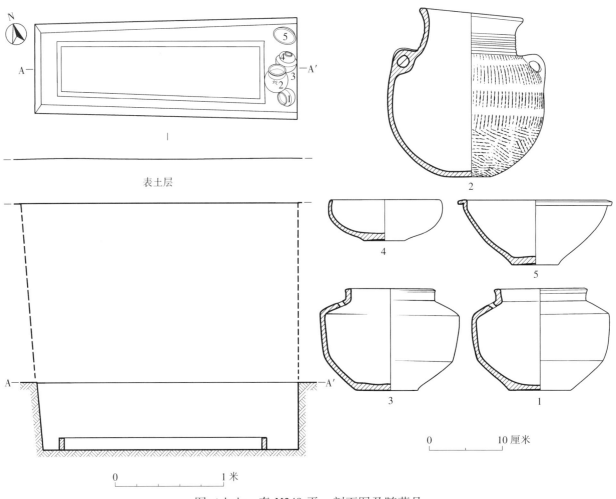

图二七七　秦 M249 平、剖面图及随葬品
1、3. C 型 Ⅱ 式陶罐　2. Aa 型 Ⅲ 式陶罐　4. B 型 Ⅲ 式陶钵　5. B 型陶盆

随葬器物 5 件，放置在棺外东端，器类有陶罐 3、钵 1、盆 1（图二七七）。

M250　位于 Ⅰ 区西南部，墓坑西北部打破 M330 东南角，东邻 M329。长方形竖穴土坑，墓坑呈东西向，方向 128°。墓坑壁向底斜内收，口大于底。壁面粗糙，坑底平整。墓口距地表 0.2 米，墓口长 2.26、宽 1.06～1.12 米，墓底长 2.1、宽 0.8～0.86 米，墓深 0.7 米。墓坑内填灰褐色花土，土质板结，填土中无包含物。

木质单棺已朽，可见青灰色朽痕。棺痕长 1.8、宽 0.5～0.56、高 0.1、板厚 0.04 米。人骨架朽尽无存，葬式不明。

随葬器物 2 件，放置在棺外东端，器类有陶罐 1、釜 1（图二七八）。

M254　位于 Ⅰ 区中部偏南，东北邻 M255，西邻 M258。长方形竖穴土坑，墓坑呈南北向，方向 180°。墓坑壁略向底内斜收，口大于底，壁面粗糙，坑底平整。墓口距地表 0.2 米，墓口长 2.34、宽 0.64 米，墓底长 2.25、宽 0.58 米，墓深 0.14 米。墓坑内填褐灰色花土，土质板结，填土中无包含物。

木质单棺已朽，可见青灰色朽痕。棺痕长 1.8、宽 0.4、高 0.06、板厚 0.02 米。人骨架不完整，葬式不明。

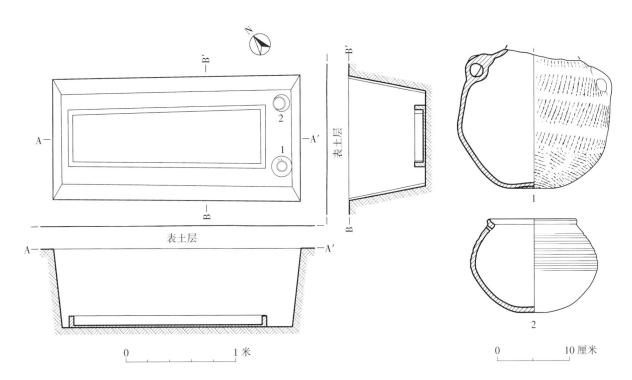

图二七八　秦 M250 平、剖面图及随葬品
1. 陶罐（残）　　2. Ab 型 I 式陶釜

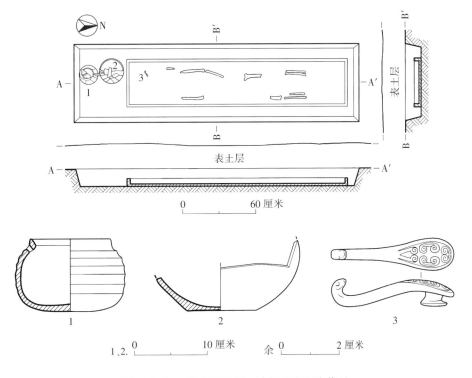

图二七九　秦 M254 平、剖面图及随葬品
1. Ab 型 III 式陶釜　2. 陶钵（残）　　3. II 式铜带钩

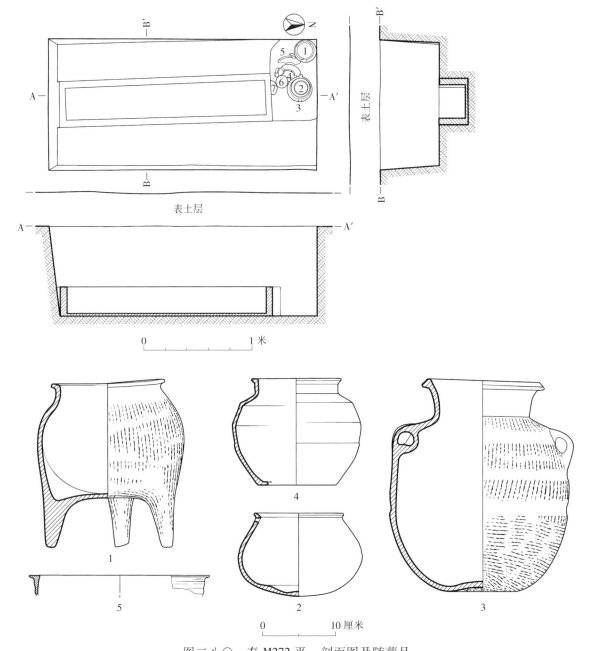

图二八〇　秦 M272 平、剖面图及随葬品

1. 陶鬲　2. Aa 型 Ⅱ 式陶釜　3. Ab 型 Ⅰ 式陶罐　4. C 型 Ⅰ 式陶罐　5. 陶盆（残）　6、7. 漆器

随葬器物 3 件，陶器放置在棺外南端，器类有陶釜 1、钵 1，铜器置于棺内南部，有铜带钩 1 件（图二七九）。

M272　位于 Ⅰ 区中偏西部，北邻 M273，东邻 M270，南邻 M266。长方形竖穴土坑，墓坑呈南北向，方向 0°。墓坑壁向底微斜收，口略大于底，壁面粗糙，东、西壁有生土二层台，墓底平整。墓口距地表 0.2 米，墓口长 2.46、宽 1.16 米，墓底长 2.36、宽 0.42~0.72 米，墓深 0.8 米。生土二层台距坑口深 0.54、台面宽 0.3~0.4、高 0.26 米。坑内填黄褐夹灰白土，土质致密、纯净，无包含物。

木质单棺已朽，可见青灰色腐痕。棺痕长 1.94、宽 0.42、高 0.26、厚 0.05 米。北端棺底有牙齿痕迹，人骨架朽尽无存，葬式不明。

随葬器物 7 件，放置在棺外北端，器类有陶鬲 1、釜 1、罐 2、盆 1 及漆器痕 2（图二八〇）。

M277 位于Ⅲ区西偏北部，西邻 M294。长方形竖穴土坑，墓坑呈东西向，方向 95°。墓坑壁略向底斜收，口略大于底，壁面粗糙，坑南、北、西壁有生土二层台，底部平整。墓口距地表 0.5 米，墓口长 2.9、宽 2.1 米，墓底长 2.62、宽 0.82～0.86 米，墓深 1.1 米。生土二层台距墓口 0.5、台面宽 0.1～0.7、高 0.6 米。坑内填黄褐灰色土，土质致密、纯净，未见包含物。

木质单棺已朽，可见青灰色腐痕。棺痕长 2.06、宽 0.66、高 0.3、厚 0.06 米。北壁残留有一

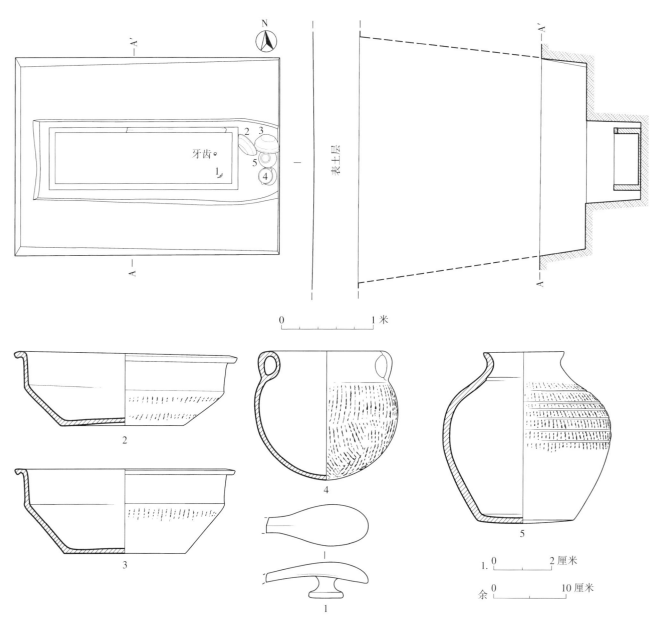

图二八一　秦 M277 平、剖面图及随葬品

1. Ⅰ式铜带钩　2、3. A 型Ⅰ式陶盆　4. D 型Ⅰ式陶釜　5. Bc 型陶罐

块残棺板，残长约 1.06 米。棺底铺有黑灰和朱砂，棺内底部东端残存牙齿痕迹，人骨架朽尽无存，葬式不明。

随葬器物 5 件，陶器放置在棺外东端，铜带钩置于棺内东偏南侧，器类有陶罐 1、盆 2、釜 1 及铜带钩 1（图二八一）。

M303 位于 Ⅲ 区西北角，东邻 M257，西邻 M323。长方形竖穴土坑，墓坑呈东西向，方向 95°。墓坑壁陡直，壁面粗糙，南、北壁有生土二层台，坑底平整。墓口距地表 0.4 米，墓口长 2.54、宽 1.52 米，墓底长 2.54、宽 0.66～0.76 米，墓深 2.9 米。生土台面不规整，宽窄不一，南壁二层台面宽 0.15～0.22、高 0.86 米，北壁二层台面宽 0.08～0.22、高 0.86 米。墓坑内填黄褐夹灰白色花土，土质较硬，无包含物。

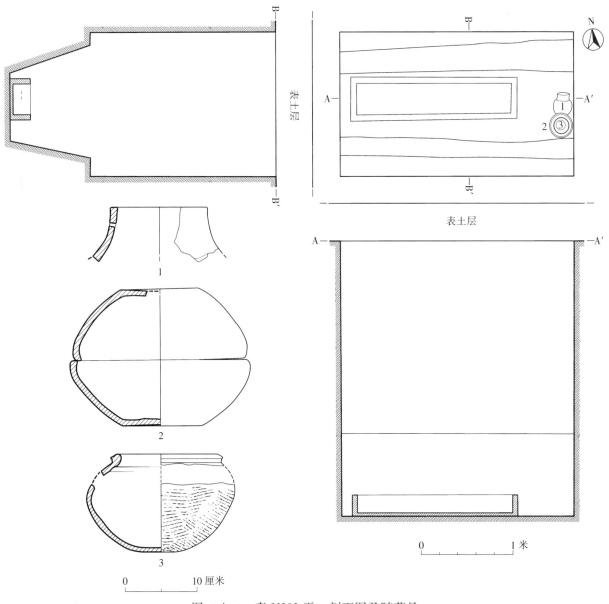

图二八二　秦 M303 平、剖面图及随葬品

1. 陶罐（残）　2. Ⅱ 式陶盒　3. C 型 Ⅳ 式陶釜

木质单棺已腐朽，残留灰褐色棺痕。棺痕长1.8、宽0.42～0.46、残高0.22、墙板痕厚0.06米。棺内人骨架已朽尽，葬式不明。

随葬器物3件，放置在棺外东端，器类有陶罐1、盒1、釜1（图二八二）。

M305　位于Ⅲ区北部，东南邻M422，西南邻M319、M417，其东北部有20余米长宽的空间与周围墓葬相隔。长方形竖穴土坑，墓坑呈南北向，方向195°。墓坑壁南、北陡直，东、西斜向底内收，壁面光滑，东、西两壁有生土台，底部平整。墓口距地表0.2米，墓口长2.36、宽1.48米，墓底长2.36、宽0.66～0.68米，墓深1.02米。生土二层台距墓口0.66、宽0.16～0.18、高0.35米。坑内填黄褐灰色土，土质致密，未见包含物。

木质单棺已朽，可见青灰色腐痕。棺痕长1.84、宽0.5～0.52、高0.08、墙板痕厚0.04米。人骨架已朽，南端棺底残存牙齿痕迹，葬式不明。

随葬器物3件，放置在棺外南端，器类有陶罐1、釜1、钵1（图二八三）。

M310　位于Ⅰ区西北部，西邻M311，西北邻308。长方形竖穴土坑，墓坑呈南北向，方向224°。南北壁坑口微向内敛，口略小于底，东、西壁向底斜收，壁面粗糙，坑底平整。墓口距地

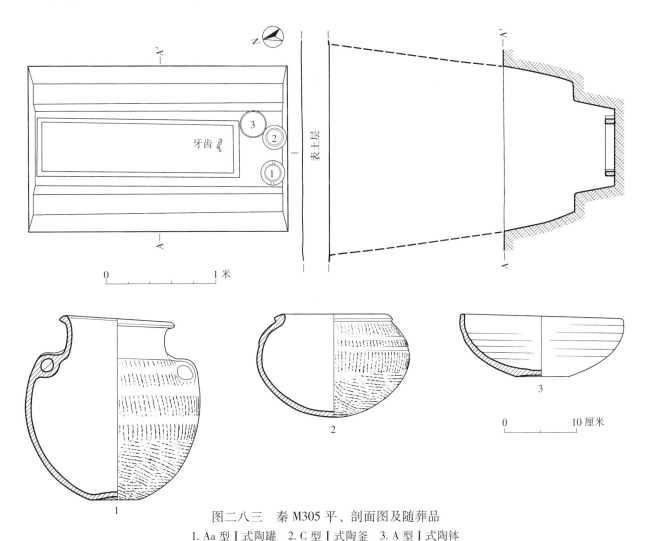

图二八三　秦M305平、剖面图及随葬品
1. Aa型Ⅰ式陶罐　2. C型Ⅰ式陶釜　3. A型Ⅰ式陶钵

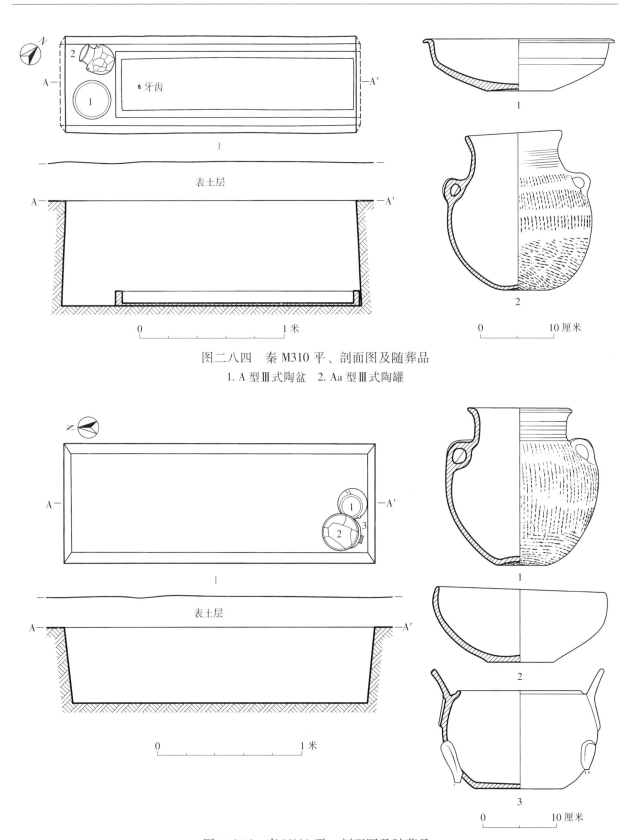

图二八四　秦 M310 平、剖面图及随葬品
1. A 型Ⅲ式陶盆　2. Aa 型Ⅲ式陶罐

图二八五　秦 M329 平、剖面图及随葬品
1. Aa 型Ⅰ式陶罐　2. A 型Ⅰ式陶钵　3. 陶鼎

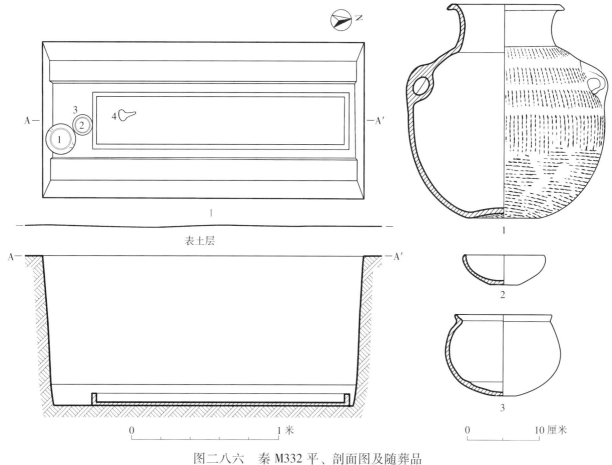

图二八六　秦 M332 平、剖面图及随葬品
1. Aa 型 Ⅱ 式陶罐　2. Ⅱ 式陶碗　3. Aa 型 Ⅲ 式陶釜　4. 铁臿

表 0.25 米，墓口长 2、宽 0.64 米，墓底长 2.06、宽 0.54 米，墓深 0.7 米。墓坑内填黄褐夹灰白土、土质致密、纯净，未见包含物。

木质单棺已朽，可见青灰色腐痕。棺痕长 1.68、宽 0.44、高 0.1、墙板痕厚 0.04 米。人骨架朽尽无存，棺底南端残存牙齿痕迹，葬式不明。

随葬器物放 2 件，放置在棺外南端，器类有陶罐 1、盆 1（图二八四）。

M329　位于 Ⅰ 区西南部，东南邻 M332，西北邻 M330。长方形竖穴土坑。墓坑呈南北向，方向 180°。墓坑壁向底内斜收，口大于底，壁面粗糙，坑底平整。墓口距地表 0.2 米，墓口长 2.16、宽 0.8 米，墓底长 2.06、宽 0.66 米，墓深 0.5 米。坑内填灰褐色花土，土质板结，填土中无包含物。

木质棺椁已腐烂，人骨架朽尽无存，葬式不明。

随葬器物 3 件，放置在坑底南端，器类有陶鼎 1、罐 1、钵 1（图二八五）。

M332　位于 Ⅰ 区西南部，东邻 M331，南邻 M334。长方形竖穴土坑，墓坑呈南北向，方向 190°。墓坑壁略向底内斜收，口略大于底，壁面较粗糙，坑内近底部东、西两壁有生土二层台，坑底平整。墓口距地表 0.2 米，墓口长 2.2、宽 1.04 米，墓底长 2.09、宽 0.5 米，墓深 1 米。生土二层台面宽 0.14、高 0.14 米。墓坑内填灰褐色花土，土质板结，填土中无包含物。

木质单棺已朽，可见青灰色腐痕。棺痕长 1.76、宽 0.38、高 0.75、板厚 0.03 米。人骨架朽尽无存，葬式不明。

随葬器物 4 件，日用陶器放置在棺外南端，铁工具置于棺内南部，器类有陶罐 1、釜 1、碗 1 及铁臿 1（图二八六）。

M339 位于 I 区西南边沿，东北邻 M145，其西南部是一片空地无墓葬分布。长方形竖穴土坑，墓坑呈南北向，方向 10°。墓坑口略大于底，东、南、北三壁直立，坑底东、西两壁有生土二层台，西壁生土台以下斜收，壁面较粗糙，坑底平整。墓口距地表 0.4 米，口长 2.38、宽 1.1 米，墓底长 2.38、宽 0.72 米，墓深 1.7 米。生土二层台东台面宽 0.12、西台面宽 0.14、高 0.4 米。坑内填黄褐色花土，填土较硬，未见包含物。

单棺已朽，可见青灰色腐痕。棺痕长 1.98、宽 0.58、残高 0.1、板厚 0.04 米。人骨架朽尽无存，葬式不明。

随葬器物有陶罐 1 件，放置在棺外北端（图二八七）。

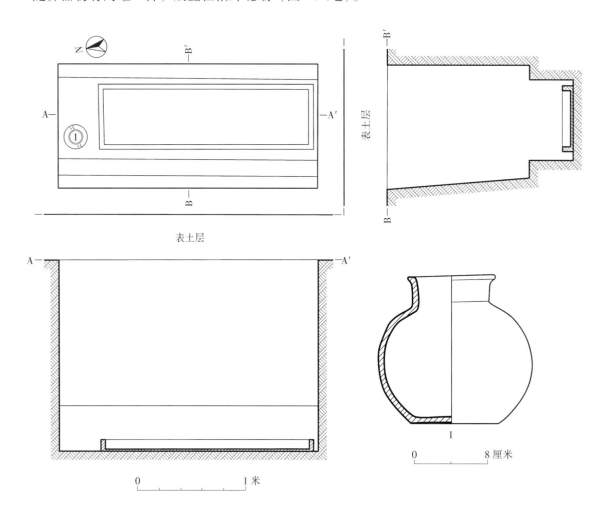

图二八七　秦 M339 平、剖面图及随葬品
1. Ba 型 II 式陶罐

M358　位于 I 区西北角边沿，墓坑西南角打破 M361 东北角，东邻 M359 约 1 米。长方形竖穴土坑，墓坑呈南北向，方向 182°。墓坑壁陡直，口、底长宽相等，壁面较粗糙，墓底平整。墓口距地表 0.4 米，墓坑长 3.22、宽 1.86 米，墓深 0.28 米。坑内填褐色夹灰白色花土，土质板结，填土散状呈不规则小块，未见包含物。

木质一椁一棺均已腐朽，残留灰色腐痕。椁室平面呈长方形，椁痕长 3.08、宽 1.7、残高 0.1、底板痕厚 0.02 米。单棺置于椁室中间，棺痕长 2.2、宽 0.54、残高 0.06、墙板痕厚 0.06、底板痕厚 0.02 米。人骨架朽尽无存，葬式不明。

随葬器物 3 件，放置在棺外南端，器类有陶罐 2、釜 1（图二八八）。

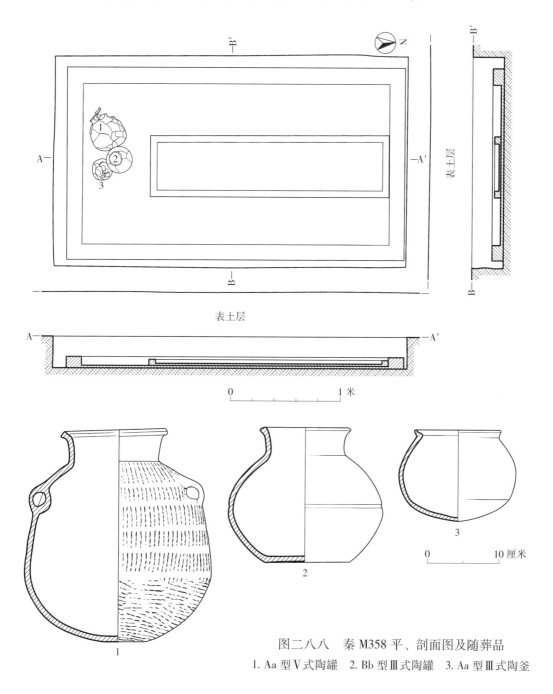

图二八八　秦 M358 平、剖面图及随葬品
1. Aa 型 V 式陶罐　2. Bb 型 III 式陶罐　3. Aa 型 III 式陶釜

M384　位于Ⅰ区东南部，东北邻M385，东南邻M84。长方形竖穴土坑，墓坑呈南北向，方向188°。口、底长宽相等，东、西壁留生土二层台，南部有壁龛，壁面粗糙，底部平整。墓口距地表0.5米，墓长2.2、宽1.2米，墓深1.46米。二层台宽0.22、高0.46米，坑内填黄褐色花土，土质较硬，无包含物。壁龛底与墓底平行，龛内壁与顶呈弧形，下口宽0.76、进深0.1、高0.92、龛顶部距墓口深0.94米。

木质单棺已全部腐烂，仅见褐色痕迹。棺痕长1.84、宽0.56、高0.12、墙板痕厚0.04、底板痕厚0.01米。人骨架朽尽无存，葬式不明。

随葬器物3件，放置在壁龛，器类有陶罐1、陶鍪1、漆器痕1（图二八九）。

M390　位于Ⅰ区东部偏南，北部被M53叠压，东部打破M54西部，西部打破M55东部。长方形竖穴土坑，墓坑呈南北向，方向8°。墓坑壁向底内斜收，口大于底，壁面粗糙，北壁底部有壁龛，坑底平整。墓口距地表0.18~0.3米，墓口长1.9、宽0.62~0.74米，墓底长1.84、宽0.52~0.7米，墓深0.2~0.3米。龛底面与墓底平行，龛长0.5、进深0.26、残高0.2米。墓坑内填黄褐色花土，质地较硬，未见包含物。

木质单棺已朽，可见青灰色腐痕。棺痕长1.66、宽0.38、高0.04、板厚0.02米。人骨架朽尽无存，葬式不明。

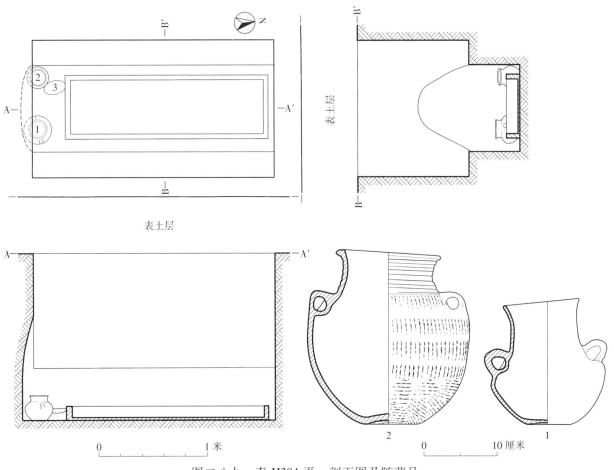

图二八九　秦M384平、剖面图及随葬品

1. A型Ⅰ式陶鍪　2. Aa型Ⅰ式陶罐　3. 漆器

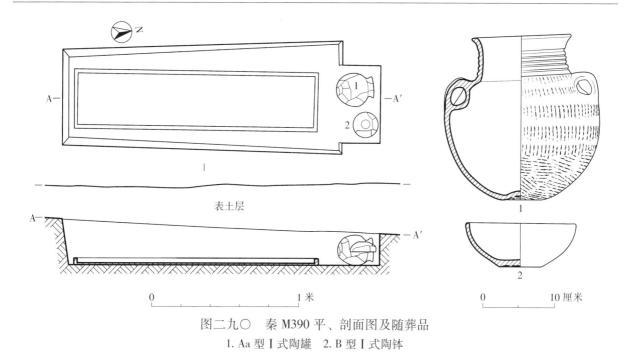

图二九〇　秦 M390 平、剖面图及随葬品
1. Aa 型Ⅰ式陶罐　2. B 型Ⅰ式陶钵

随葬器物 2 件，放置在壁龛，器类有陶罐 1 件、钵 1（图二九〇）。

M410　位于Ⅲ区西北部，东邻 M408，西邻 M429。长方形竖穴土坑，墓坑呈南北向，方向 185°。墓坑壁陡直，壁面光滑，东、西两壁有生土台，坑底平整。墓口距地表 0.35 米，墓口长 2.34、宽 1.36～1.4 米，墓底长 2.28、宽 0.56 米，墓深 0.72 米。生土台距墓口 0.3、宽 0.2～ 0.28、高 0.42 米。坑内填黄褐灰色土，土质致密，未见包含物。

木质单棺已朽，可见青灰色腐痕。棺痕长 1.82、宽 0.38、高 0.1、墙板痕厚 0.04 米。人骨架 已朽，棺底南端残存头骨、牙齿及胸骨痕迹，葬式不明，头向南。

随葬器物 2 件，放置棺外南端，器类有陶罐 1、釜 1（图二九一）。

M457　位于Ⅲ区东北部，东南邻 M500，西邻 M444。长方形竖穴土坑，墓坑呈南北向，方向 15°。墓坑壁陡直，口、底长宽相等，壁面粗糙，坑底平整。墓坑上部已被破坏，坑口距地表 0.4 米，墓坑长 2.6、宽 1.44 米，墓深 0.4 米。坑内填黄褐色花土，土质较松软，夹杂有碎陶片、红 烧土粒和草木灰。

木质棺椁已腐烂，留有青灰色腐痕。椁室平面呈长方形，椁痕长 2.06、宽 0.96、高 0.1、墙 板壁痕厚 0.04 米。棺位于椁内西部，棺痕长 1.98、宽 0.36、残高 0.02、墙板痕壁厚 0.02 米。人 骨架朽尽无存，在棺内北端发现有牙齿痕迹。

随葬器物 4 件，陶器放置在棺外东北角，铁器置于棺内南端，器类有陶罐 1、鍪 1、盒 1 及铁 器 1（图二九二）。

M470　位于Ⅲ区东北部，北邻 M464。长方形竖穴土坑，墓坑呈东西向，方向 226°。墓坑壁 向底内斜收，东、西两侧有生土二层台，口大底小，壁面粗糙，坑底平整。墓口距地表 0.4 米， 墓口长 2.12～2.24、宽 1.12～1.24 米，墓底长 2.08～2.2、宽 1.06～1.16 米，墓深 0.8 米。二层 台宽 0.18～0.22、高 0.4 米。坑内填黄褐色花土，土质较硬。

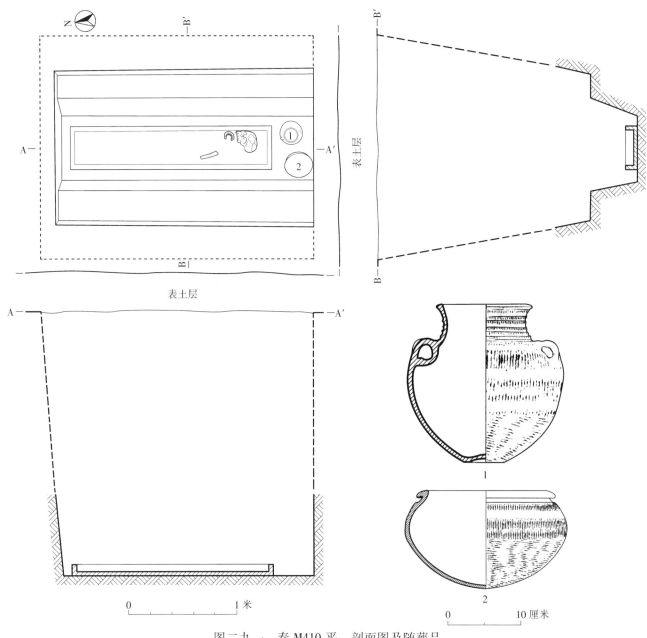

图二九一 秦 M410 平、剖面图及随葬品
1. Aa 型 I 式陶罐 2. C 型 I 式陶釜

木质单棺，已全部腐烂，留有灰色腐痕。棺痕长 1.84、宽 0.6、高 0.1、墙板痕厚 0.04、底板痕厚 0.02 米。人骨架腐朽，残存牙齿，葬式不明。

随葬器物 3 件，日用陶器放置在棺外南端，陶纺轮置棺内西部，器类有陶罐 1、镌斗 1、纺轮 1（图二九三）。

M483 位于Ⅲ区东北部边沿，西北邻 M482，东邻 M493。长方形竖穴土坑，墓坑呈东西向，方向 230°。墓坑壁向底微斜内收，口略大于底，壁面粗糙，东、西两侧有生土二层台，坑底平整。墓坑上部已被毁，墓口距地表 0.3 米，墓口长 1.72、宽 0.88 米，墓底长 1.6、宽 0.36 米，墓深 0.6 米。二层台宽 0.16、高 0.24 米。坑内填褐色夹灰黄色花土，土质板结，无包含物。

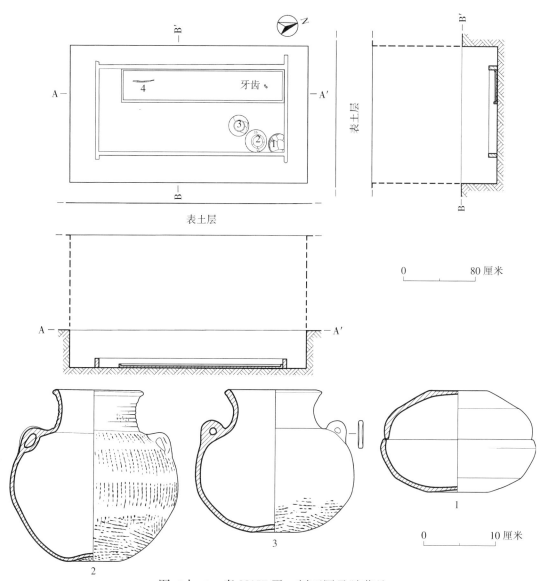

图二九二　秦 M457 平、剖面图及随葬品
1. Ⅰ式陶盒　2. Aa 型Ⅱ式陶罐　3. A 型Ⅱ式陶鍪　4. 铁器（碎）

　　木质单棺已腐朽，仅存青灰色腐痕，棺痕长 1.32、宽 0.32、残高 0.04、墙板痕厚 0.02 米。人骨已腐朽，在棺内西端残存牙齿，葬式不明。

　　随葬陶罐 1 件，放置在棺外西南端（图二九四）。

　　M494　位于Ⅲ区中部偏东南，墓坑东北角打破 M495 西南角，西邻 M498。长方形竖穴土坑，墓坑呈南北向，方向 18°。墓坑壁微向底内斜收，壁面光滑，坑底平整。墓口距地表 0.4 米，墓口长 2.64、宽 1.6 米，墓底长 2.46、宽 1.6 米，墓深 1.06 米。墓坑内填黄褐灰色土，土质致密，夹少量陶片和红烧土。

　　木质一椁一棺已朽，可见青灰色腐痕。椁痕长 2.4、宽 1.26、高 0.3、墙板痕厚 0.06 米，棺痕长 1.98、宽 0.5、高 0.04、墙板痕厚 0.04 米。棺底北端可见头骨痕迹，南部保存有下肢骨，仰身直肢葬。

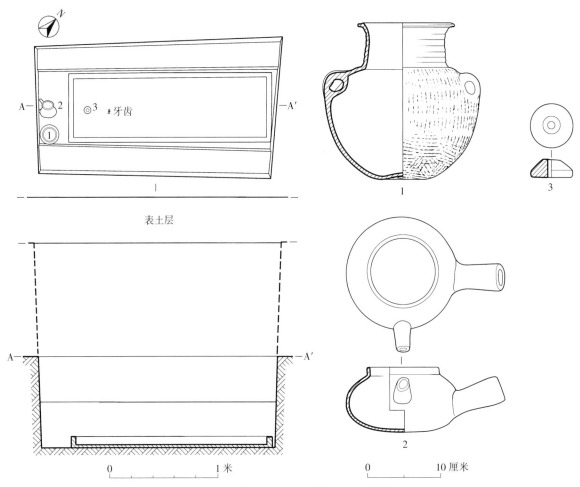

图二九三　秦 M470 平、剖面图及随葬品
1. Aa 型 I 式陶罐　2. I 式陶镳斗　3. 陶纺轮

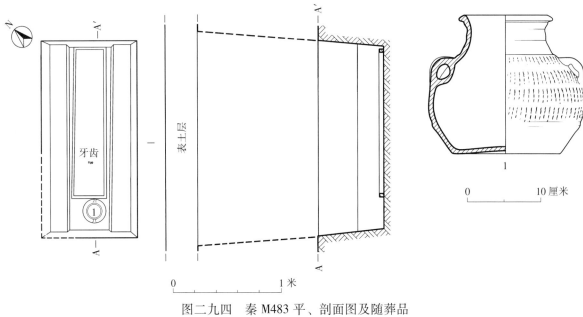

图二九四　秦 M483 平、剖面图及随葬品
1. Ac 型陶罐

随葬器物 3 件，罐、钵放置在东部，釜置于北部，器类有陶罐 1、陶釜 1、陶钵 1。

　　M505　位于Ⅲ区东南部，东南邻 M514。长方形竖穴土坑，墓坑呈南北向，方向 200°。墓坑壁南、北壁陡直，东西壁向底微斜内收，壁面粗糙，坑底平整。墓口距地表 0.2 米，墓口长 2.54、宽 1.4 米，墓底长 2.54、宽 1.36 米，墓深 0.7 米。墓圹内填黄褐灰色土，土质致密，夹少许陶片和红烧土。

　　木质一椁一棺已朽，可见青灰色腐痕。椁痕长 2.3、宽 0.96、高 0.22、墙板痕厚 0.06 米，棺痕长 2.06、宽 0.52、高 0.04、墙板痕厚 0.04 米。人骨架朽尽，葬式不明。

　　随葬器物 3 件，放置在棺外南端，器类有陶釜 1、钵 1、蒜头壶 1（图二九五）。

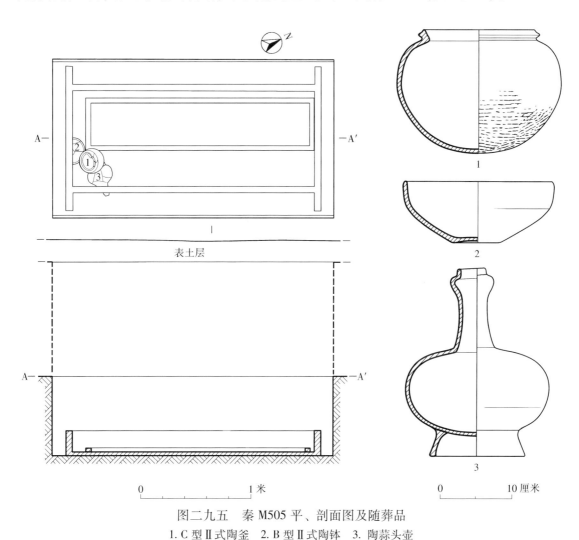

图二九五　秦 M505 平、剖面图及随葬品
1. C 型Ⅱ式陶釜　2. B 型Ⅱ式陶钵　3. 陶蒜头壶

　　M517　位于Ⅲ区南部，西邻 M516，北邻 M404。长方形竖穴土坑，墓坑呈南北向，方向 10°。墓坑壁向底微斜内收，南宽北窄，壁面粗糙，坑底平整。墓坑上部已被挖掉 1 米，墓口距地表 0.4 米，墓口长 2.32、宽 0.56 ~ 0.6 米，墓底长 2.28、宽 0.5 ~ 0.52 米，墓深 0.4 米。坑内填黄褐灰色土，土质致密，夹少量红烧土和灰褐色陶片。

　　木质单棺已朽，可见青灰色腐痕，棺痕长 1.92、宽 0.46、高 0.06、厚 0.04 米。人骨架朽尽，葬式不明。

　　随葬器物 2 件，放置在棺外北端，器类有陶鍪 1、罐 1（图二九六）。

　　M527　位于Ⅲ区中部偏南，北邻 M526，东邻 M510。长方形竖穴土坑，南北向墓坑，方向 10°。

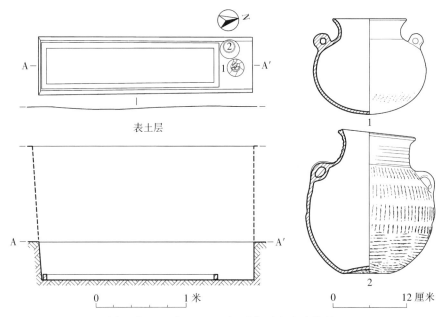

图二九六　秦 M517 平、剖面图及随葬品
1. B 型Ⅱ式陶鍪　2. Aa 型Ⅱ式陶罐

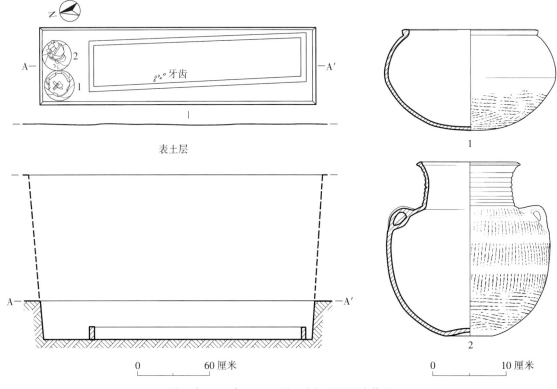

图二九七　秦 M527 平、剖面图及随葬品
1. C 型Ⅲ式陶釜　2. Aa 型Ⅱ式陶罐

墓坑壁向底微斜内收，壁面粗糙，坑底平整。墓坑上部被挖去1米。墓口距地表0.4米，底距口长2.26、宽0.6米，墓底长2.22、宽0.56米，深0.3米。坑内填黄褐灰色土，土质致密，无包含物。

木质单棺已朽，可见青灰色腐痕。棺痕长1.78、宽0.38~0.4、高0.1、墙板痕厚0.04米。棺底北部发现有牙齿痕迹，人骨架朽尽，棺内北部仅存牙齿痕迹，葬式不明。

随葬器物2件，放置在棺外北端，器类有陶釜1、罐1（图二九七）。

M531 位于Ⅲ区东南角，西邻M532，东南邻M489。长方形竖穴土坑，墓坑呈南北向，方向346°。墓坑壁向底微斜内收，口略大于底，壁面粗糙，坑底平整。墓口距地表0.4米，墓口长2.54、宽1.2米，墓底长2.34、宽0.76米，墓深0.96米。东、西壁有生土二层台，台宽0.14、高0.1米。坑内填黄褐色夹黄斑块花土，土质较硬，包含有少量红烧土颗粒、木炭颗粒、夹砂红陶和泥质灰陶陶片。

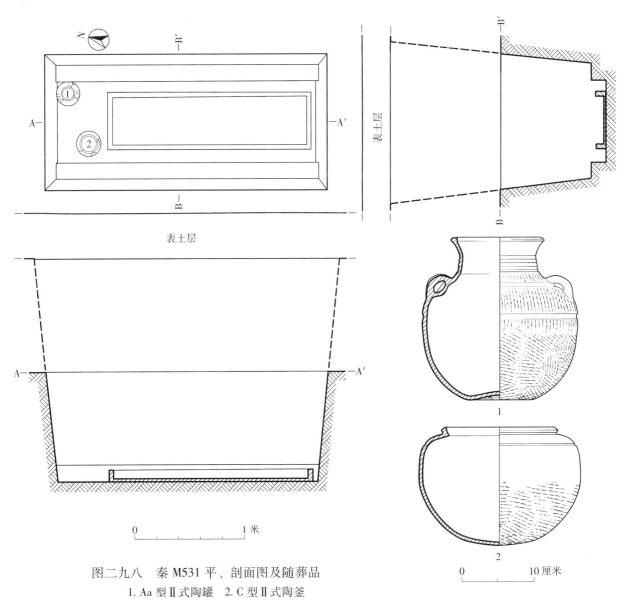

图二九八 秦M531平、剖面图及随葬品
1. Aa型Ⅱ式陶罐 2. C型Ⅱ式陶釜

木质单棺已全部腐烂，仅见灰色痕迹。棺痕长 1.84、宽 0.5、高 0.1、墙板痕厚 0.04、底板痕厚 0.02 米。人骨架朽尽无存，葬式不明。

随葬器物 2 件，放置在棺外北端，器类有陶罐 1、釜 1（图二九八）。

第五节　西汉墓葬

发掘西汉墓 164 座，其中有随葬品的墓 148 座，无随葬品的空墓 16 座。分述墓葬 126 座，占西汉墓总数的 76.8%，占有随葬品墓总数的 85.1%。西汉墓分述的墓号分别是：M23、M25、M33、M36 ~ M38、M50、M57、M59、M60、M62、M70、M71、M79、M87、M88、M93、M97、M99、M102、M114、M115、M119、M120、M141、M154 ~ M156、M160、M161、M177、M180、M184、M187、M191、M192、M199、M205、M206、M208、M216、M217、M222、M227、M229、M231、M235、M238、M243、M244、M246、M256 ~ M265、M267、M268、M271、M273、M275、M276、M292、M294 ~ M296、M307、M311 ~ M313、M316、M318、M322、M323、M327、M335、M340 ~ M342、M345、M348、M352、M359、M360、M362、M363、M366、M368、M369、M372、M381 ~ M383、M387、M389、M392、M395、M405 ~ M407、M412、M414、M417、M422、M425、M426、M428 ~ M430、M433、M450、M459、M461、M490、M513 ~ M515、M523、M524、M529、M535。

M23　位于 I 区东北部，墓坑南壁将 M134 北部叠压，东北邻 M379。长方形竖穴土坑。墓坑呈东西向，方向 273°。墓坑壁陡直，口、底长宽相等，坑壁粗糙，墓底较平。墓口距地表 0.4 米，墓坑长 2.4、宽 1.2 米，墓深 0.86 米。坑内填褐夹灰白色花土，土质致密、纯净。

木质葬具已腐朽成青灰色泥浆，从腐痕可看出一椁一棺，平面呈长方形。椁痕长 2.22、宽 1.02、残高 0.24、墙板痕厚 0.06、底板痕厚 0.04 米，棺痕长 2、宽 0.66、残高 0.1、墙板痕厚

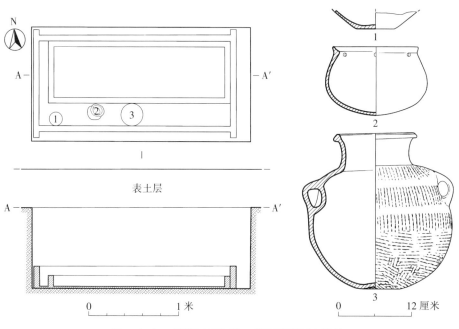

图二九九　西汉 M23 平、剖面图及随葬品

1. 陶钵（残）　2. Ab 型陶釜　3. Aa 型 IX 式陶罐

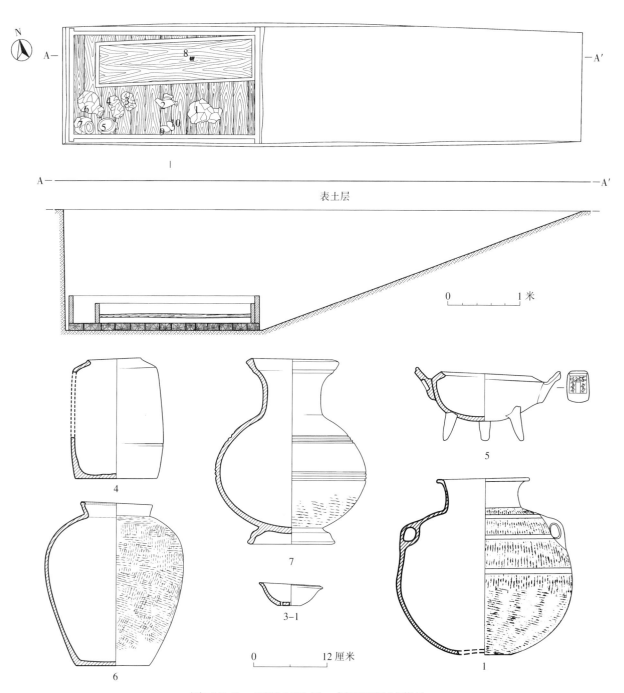

图三〇〇　西汉 M25 平、剖面图及随葬品

1. Aa 型 V 式陶罐　2. 铜器片　3. 陶灶（碎）　4. Ba 型 Ⅱ 式陶仓　5. Ab 型 Ⅲ 式陶鼎　6. E 型 Ⅰ 式陶罐　7. Ac 型 Ⅱ 式陶壶　8. Ⅰ 式铜五珠　9、10. 漆耳杯（碎）

0.06 米。墓主人骨架已朽尽，葬式不明。

随葬器物 3 件，放置在棺外西端，器类有陶钵 1、釜 1、罐 1（图二九九）。

M25　位于 Ⅰ 区东北部，南邻 M26，墓坑东北部打破 M22 南部。长方形竖穴土坑，墓坑呈东西向，方向 100°。墓坑南、北壁向底微斜内收，东部设斜坡墓道，口大于底，坑壁粗糙，墓底较平。墓口距地表 0.4 米,墓口长 2.74、宽 1.62～1.7 米,墓底长 2.69、宽 1.6 米,墓深 1.66 米。墓道两壁略向底斜内收,口长 4.4、宽 1.5～1.71 米,底宽 1.5～1.6、坡长 4.7 米。坡度 22°。墓坑内填黄褐夹灰白色花土,土质致密、纯净。

木质葬具大部分已腐朽,从残存凌乱的朽木可看出一椁一棺,平面呈长方形。椁室长 2.6、宽 1.48、墙板残高 0.48、底板厚 0.1 米。悬底方棺残长 2.18、宽 0.62、残高 0.15、棺底悬空高 0.08 米。墓主人骨架已朽尽,葬式不明。

随葬器物 10 件,铜钱放置在棺内,陶器漆器放置在棺外南端,器类有陶鼎 1、壶 1、罐 2、仓 1、陶灶甑 1 及铜器片 1、铜钱 1(五铢 9 枚)、漆耳杯痕 2(图三〇〇)。

M33 位于Ⅰ区东南角,西与 M381 并列,北部墓道被 M44 打破。长方形竖穴土坑,墓坑呈南北向,方向 15°。墓坑壁向底斜内收,口大底小,北部有斜坡墓道,墓道与墓坑宽度相等,壁面粗糙,坑底平整。墓口距地表 0.5 米,墓口长 3、宽 2.18 米,墓底长 2.94、宽 2 米,墓深 1.58 米。墓道东、西壁向底内斜收,口长 7、宽 2.18 米,坡度 10°。墓坑内填黄褐夹灰白色花土,土质致密、纯净。

木质葬具已朽,留有青灰色腐痕,从腐痕可看出一椁一棺。椁痕长 2.72、宽 1.72、残高 0.26、壁板痕厚 0.08、底板痕厚 0.02 米,棺痕长 2.32、宽 0.52、残高 0.22、壁板痕厚 0.06 米。墓主人骨架已朽尽,葬式不明。

随葬器物 7 件,放置在椁室内棺外东部,器类有陶鼎 1、壶 2、仓 1、灶 1、井 2(图三〇一)。

M36 位于Ⅰ区中部,西南邻 M254,打破 M255 北部。长方形竖穴土坑,墓坑呈东西向,方向 70°。墓坑周壁向底内斜收,口大底小,壁面粗糙,墓底平整。墓口距地表 0.4 米,墓口长 2.6、宽 1.26 米,墓底长 2.4、宽 1.15 米,墓深 0.66 米。坑内填土黄褐夹灰白色花土,土质致密、纯净。

木质葬具已朽,留有青灰色腐痕,从腐痕可看出是一椁一棺,棺放置在北侧。椁痕长 2.4、宽 1.15、残高 0.16、壁板痕厚 0.06 米,棺痕长 2.06、宽 0.46、残高 0.11、壁板痕厚 0.04 米。墓主人骨架已朽,葬式不明。

随葬器物 4 件,放置在棺外南端,器类有陶鼎 1、盒 1、壶 1、灶 1(图三〇二)。

M37 位于Ⅰ区西南部,北邻 M333,东南邻 M205。长方形竖穴土坑,墓坑呈南北向,方向 175°。墓坑东、西两壁向底微斜收,南、北两壁陡直,口大于底,壁面粗糙,坑底平整。北壁有壁龛,龛上部被破坏。墓口距地表 0.4 米,墓口长 1.8、宽 0.8 米,墓底长 1.8、宽 0.66 米,墓深 1.2 米。壁龛宽 0.8、进深 0.6、残高 0.1、龛底距墓底约 1.1 米。墓坑内填褐色土,土质致密,填土中无包含物。

木质单棺已腐朽,留有灰色腐烂痕迹。棺痕长 1.6、宽 0.42、残高 0.2、墙板痕厚 0.04、底板痕厚 0.02 米。人骨架朽尽无存,棺内南端发现数枚牙齿痕。

随葬器物 2 件,放置在壁龛内,器类有陶瓮 1、盆 1(图三〇三)。

M38 位于Ⅰ区东南部,东北邻 M39,西南邻 M35。长方形竖穴土坑,墓坑呈南北向,方向 6°。墓坑壁微向底内斜收,口大底小,壁面粗糙,坑底平整。墓口距地表 0.4 米,墓口长 2.26、宽 0.6～0.7 米,墓底长 2.18、宽 0.46～0.58 米,墓深 0.4 米。墓坑内填黄褐色花土,土质较硬,无包含物。

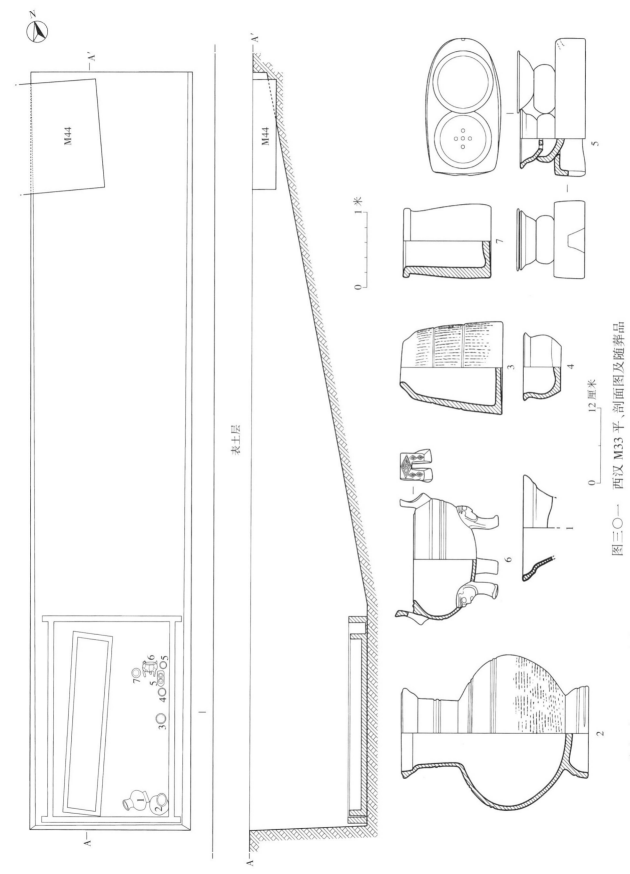

图三〇一　西汉 M33 平、剖面图及随葬品

1.陶壶（残）　2.Aa 型IX式陶壶　3.Ac 型VI式陶仓　4.Ac 型IV式陶井　5.Ab 型IV式陶灶　6.Aa 型VII式陶鼎　7.Aa 型IX式陶井

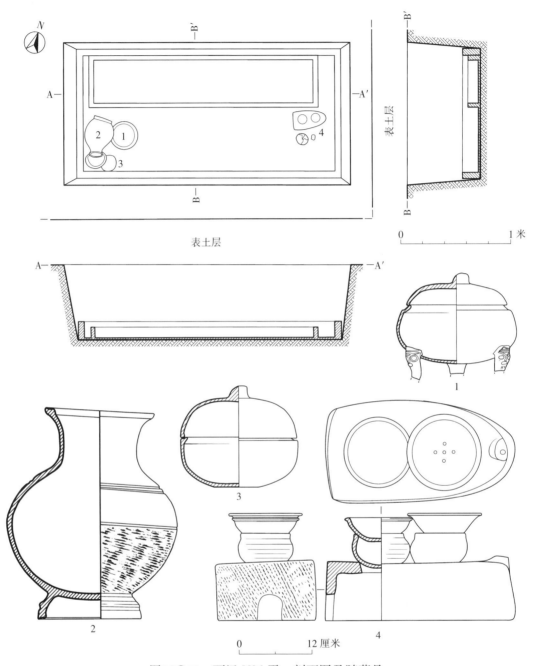

图三○二　西汉 M36 平、剖面图及随葬品
1. Aa 型Ⅶ式陶鼎　2. Aa 型Ⅸ式陶壶　3. Ba 型Ⅵ式陶盒　4. Aa 型Ⅷ式陶灶

　　木质单棺已全部腐烂，留有腐烂灰痕。棺痕长 1.88、宽 0.36、高 0.08、墙板痕厚 0.04、底板痕厚 0.01 米，人骨架朽尽无存。

　　随葬器物 2 件，放置在棺外北端，器类有陶罐 2（图三○四）。

　　M50　位于Ⅰ区东偏南部，东邻 M46，南邻 M51。长方形竖穴土坑，墓坑呈南北向，方向 356°。四壁向底斜内收，南窄北宽，口大于底，壁面粗糙，坑底平整。墓口距地表 0.2 米，墓口长 2.18、宽 0.7~0.82 米，墓底长 1.5、宽 0.62~0.72 米，墓深 0.18 米。坑底北端有生土台，台

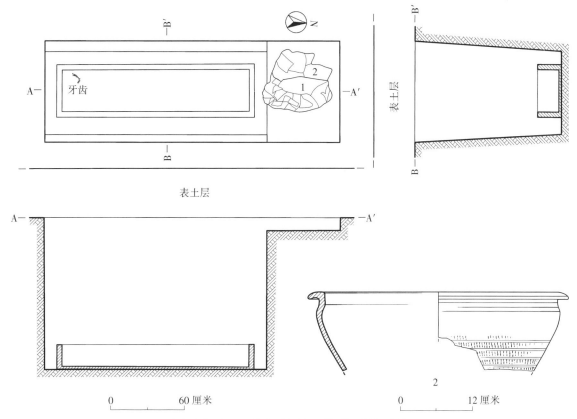

图三〇三　西汉 M37 平、剖面图及随葬品

1. 陶瓮（残）　　2. A 型 Ⅱ 式陶盆

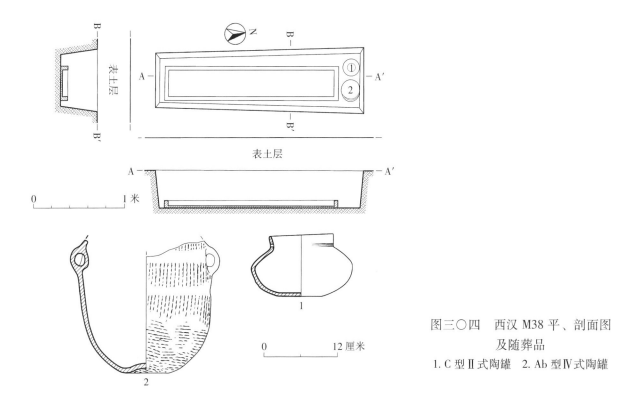

图三〇四　西汉 M38 平、剖面图
及随葬品

1. C 型 Ⅱ 式陶罐　　2. Ab 型 Ⅳ 式陶罐

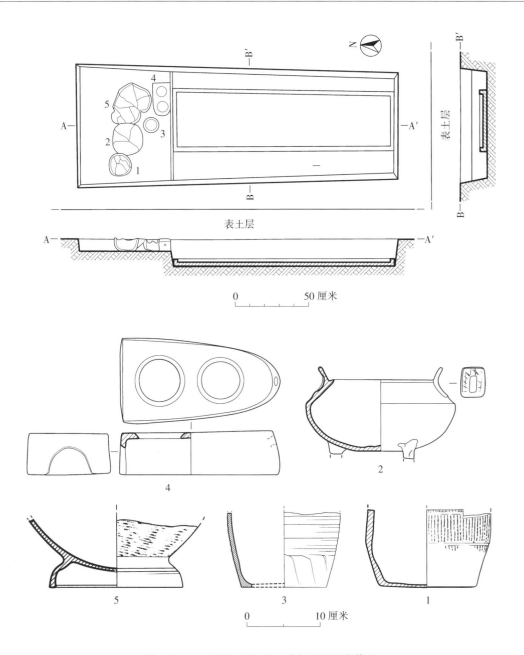

图三〇五　西汉 M50 平、剖面图及随葬品
1. 陶仓（残）　2. Ac 型Ⅳ式陶鼎　3. 陶井（残）　4. Aa 型Ⅵ式陶灶　5. 陶壶（残）

面宽 0.62、高 0.1 米。坑内填黄褐色花土，质地致密，无包含物。

　　木质葬具已腐朽，从腐烂后留存的青灰色痕迹可以看出是单棺葬。棺痕长 1.5、宽 0.38～
0.42、残高 0.05、墙板痕厚 0.03 米。墓主人骨架已朽尽，葬式不明。

　　随葬品 5 件，放置在北端生土台上，器类有陶鼎 1、壶 1、仓 1、灶 1、井 1（图三〇五）。

　　M57　位于Ⅰ区东部边沿偏北，南邻 M59，西邻 M45。长方形竖穴土坑，墓坑呈南北向，方
向 190°。墓坑壁陡直，口、底长宽相等，壁面粗糙，坑底平整。墓口距地表 0.5 米，墓坑长 1.8、
宽 0.6 米，墓深 0.2 米。坑内填黄褐色花土，土质较硬，填土中未见包含物。

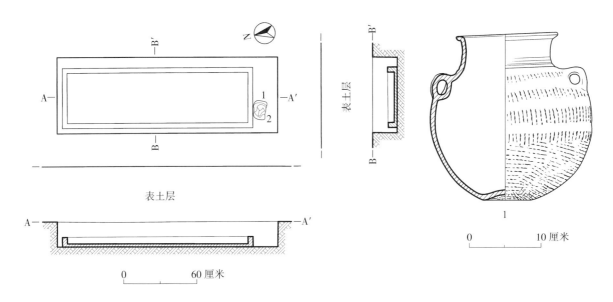

图三○六　西汉 M57 平、剖面图及随葬品
1. Aa 型Ⅵ式陶罐　2. 陶釜（碎）

木质单棺已腐烂，残留青灰色腐痕。棺痕长1.56、宽0.48、残高0.08、墙板痕厚0.04、底板痕厚0.04米。人骨架朽尽无存，葬式不明。

随葬器物2件，放置在棺外南侧，器类有陶罐1、釜1（图三○六）。

M59　位于Ⅰ区东部边沿，西北邻 M57。长方形竖穴土坑，墓坑呈南北向，方向10°。墓坑壁向底内斜收，口大于底，墓坑北窄南宽，北部为斜坡墓道，壁面粗糙，墓底平整。墓口距地表0.3米，墓口长2.8、宽1.9～2.1米，墓底长2.66、宽1.7～1.78米，墓深1.6米。墓道东、西两壁向底斜内收，口长5.1、宽1.52～1.9、坡长5.34米。坡度20°。坑内填黄褐夹灰白色花土，土质致密、纯净。

木质葬具已朽尽，从腐痕可看出是一椁一棺。椁痕长2.56、宽1.64、残高0.1、壁板痕厚0.08米，棺痕长2.12、宽0.6、残高0.1、墙板痕厚0.06米。墓主人骨架已朽尽，葬式不明。

随葬品7件，放置在椁内棺外西南侧，器类有陶罐1、盆1、釜1、盏1、仓1、灶1及漆盒痕1（图三○七）。

M60　位于Ⅰ区东北部，南部被 M61 打破，北邻 M32，东邻 M34。长方形竖穴土坑，墓坑呈东西向，方向82°。墓坑西宽东窄，口大于底，壁面粗糙，墓底平整。墓口距地表0.3米，墓口长2.72、宽1.9～2米，墓底长2.78、宽1.96米，墓深1.82米。坑内填黄褐夹灰白色花土，土质致密纯净。

木质葬具已朽尽，残存少量棺椁底板，从腐痕可看出一椁一棺。椁痕长2.58、宽1.6、残高0.42、壁板痕厚0.1、椁底板厚0.08米，棺痕长2.1、宽0.6、残高0.16、壁板痕厚0.1、底板厚0.04米。人骨架已朽，葬式不明。

随葬品8件，放置在棺外南部偏东，器类有陶鼎1、盒1、壶1、瓮1、仓1、灶1、井1及漆耳杯痕迹（图三○八）。

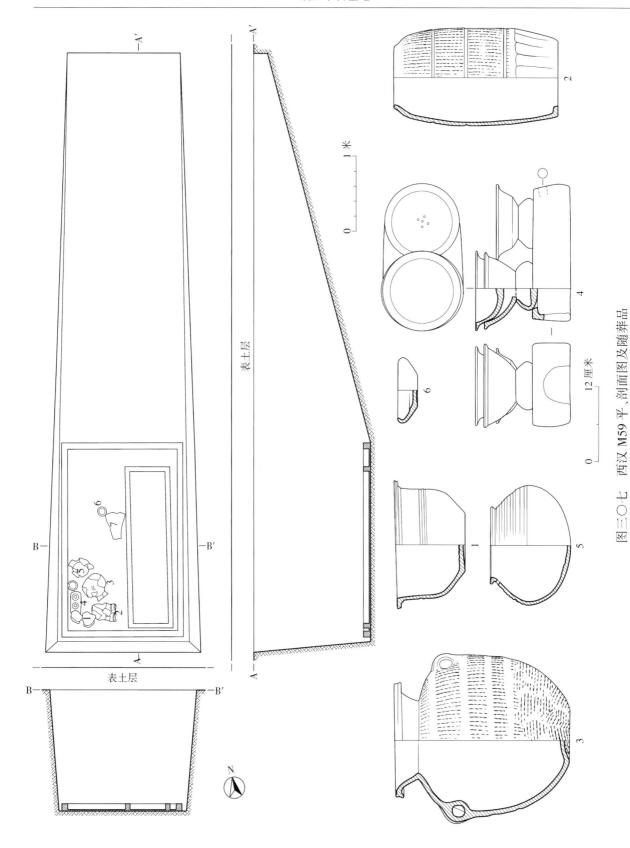

图三〇七　西汉 M59 平、剖面图及随葬品

1.A 型Ⅳ式陶盆　2.Aa 型Ⅳ式陶仓　3.Ab 型Ⅳ式陶罐　4.Aa 型Ⅵ式陶壶　5.Aa 型Ⅴ式陶灶　6.陶盏　7.漆木盒

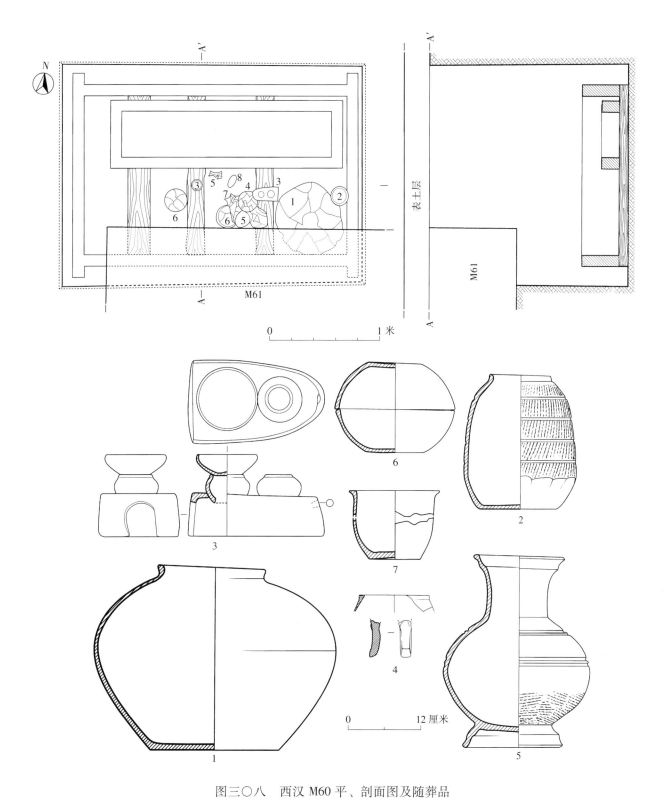

图三〇八　西汉 M60 平、剖面图及随葬品

1. A 型 Ⅱ 式陶瓮　2. Aa 型 Ⅰ 式陶仓　3. Aa 型 Ⅱ 式陶灶　4. 陶鼎　5. Aa 型 Ⅱa 式陶壶

6. Bb 型 Ⅱ 式陶盒　7. Ab 型 Ⅰ 式陶井　8. 漆耳杯

M62 位于Ⅰ区东北部，东南邻M137，西邻M160。长方形竖穴土坑，墓坑呈南北向。方向5°。东、西两壁斜内收至底，南、北两壁陡直，口大于底，壁面粗糙，坑底较平。墓口距地表0.5米，墓口长2.28、宽0.94~0.96米，墓底长2.28、宽0.74米，墓深1.16米。坑内填褐夹灰白色花土，质地致密、纯净，无包含物。棺底部填少量木炭渣夹绳纹灰陶陶片。

木质葬具已腐朽，从青灰色腐痕可以看出为单棺。棺痕长1.96、宽0.46、墙板痕厚0.04、残高0.06米。墓主人骨架已朽尽，葬式不明。

随葬品2件，放置在棺外北端，器类有陶罐1、釜1（图三〇九）。

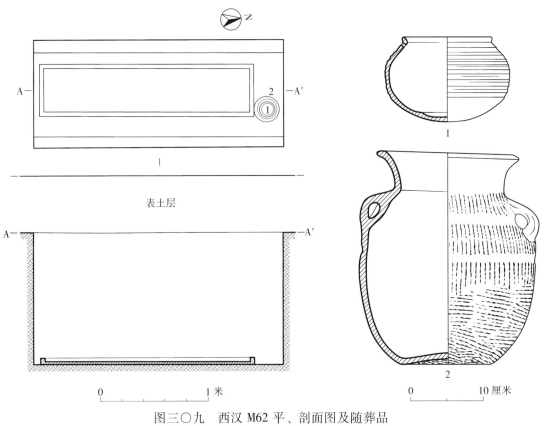

图三〇九　西汉M62平、剖面图及随葬品
1. Aa型Ⅰ式陶釜　2. Ab型Ⅲ式陶罐

M70 位于Ⅰ区东南角，东北部被M389打破，墓坑北部打破M66、M68。长方形竖穴土坑，墓坑呈南北向，方向3°。墓坑壁向底内微斜收，口略大于底，北壁有壁龛，壁面粗糙，坑底平整。墓口距地表0.5米，墓口长2.3、宽1.18米，墓底长2.1、宽1.04米，墓深1.26米。坑内填黄褐色花土，土质较硬，无包含物。壁龛平面呈长方形，东西壁呈弧形，龛底与墓底等平，龛顶面距地表高1.08、宽0.56、进深0.17、高0.18米。

木质单棺已全部腐烂，仅见褐色棺痕。棺痕长1.68、宽0.48、高0.12、厚0.04、棺底痕厚0.01米。人骨架朽尽无存，葬式不明。

随葬器物3件，放置在壁龛，器类有陶罐1、釜1、盆1（图三一〇）。

M71 位于Ⅰ区中部略偏北。墓坑南部打破M269西北角，叠压M73北部。西北邻M275，东

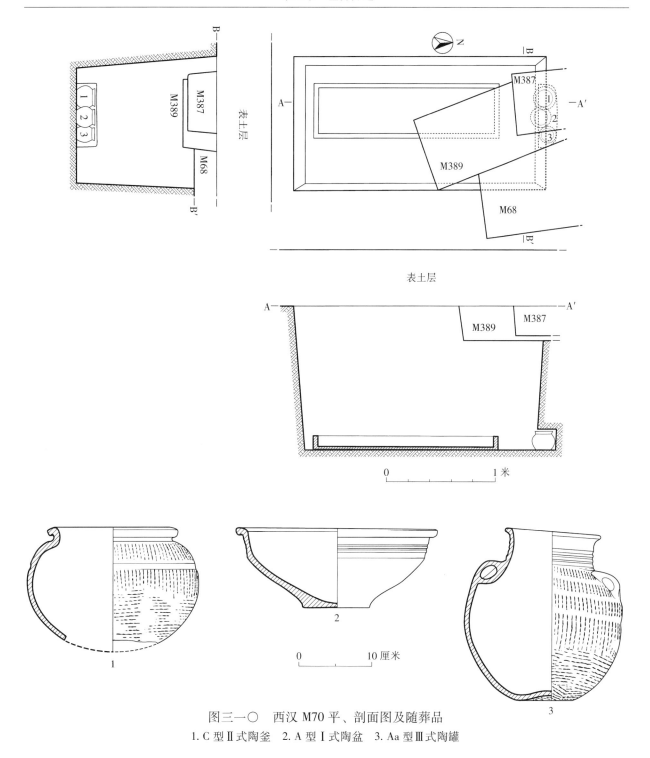

图三一〇　西汉 M70 平、剖面图及随葬品
1. C 型 II 式陶釜　2. A 型 I 式陶盆　3. Aa 型 III 式陶罐

北邻 M276。长方形竖穴土坑，墓坑呈东西向，方向 90°。墓壁略向底内斜收，口略大于底，墓坑东宽西窄，壁面粗糙，坑底平整。东壁有斜坡墓道，墓口距地表 0.2 米，墓口长 3.16、宽 2 ~ 2.02 米，墓底长 3.14、宽 1.92 ~ 1.94 米，墓深 1.22 米。墓道与墓坑宽度相等，南北两壁向内斜收至底，口长 3.04、宽 2.02 ~ 2.06、坡长 3.26 米。坡度 22°。坑内填黄褐夹灰白色五花土，土质致密、夹少许陶片。

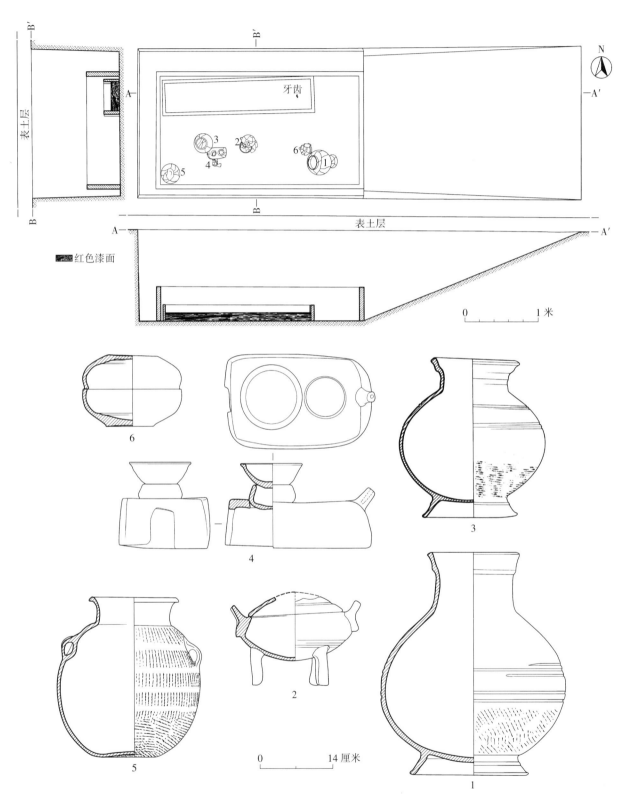

图三一一　西汉 M71 平、剖面图及随葬品

1、3. Aa 型 Ⅲ 式陶壶　2. Ab 型 Ⅲ 式陶鼎　4. C 型 Ⅱ 式陶灶　5. Aa 型 Ⅳ 式陶罐　6. Ac 型 Ⅰ 式陶盒

木质葬具已腐烂，从腐烂的青灰色痕迹可看出一椁一棺。椁痕长 2.85、宽 1.58、残高 0.46、壁板痕厚 0.06 米，棺痕长 2.14、宽 0.48、残高 0.22、墙板痕厚 0.04 米。墓主人骨架已朽尽，棺底东端留有牙齿痕迹，葬式不明。

随葬品 6 件，放置在棺外南侧，器类有陶鼎 1、盒 1、壶 2、罐 1、灶 1（图三一一）。

M79　位于 I 区南部边沿偏东，北邻 M382，南、东、西部无墓葬分布。长方形竖穴土坑，墓坑呈南北向。方向 181°。墓坑口略小于底，南部设斜坡墓道，墓道微窄于墓坑，墓坑壁面粗糙，墓底平整。墓口距地表 0.4 米，墓口长 2.44、宽 1.78～1.86 米，墓底长 2.5、宽 2 米，墓深 1.86 米。墓道东、西两壁外斜至底，口长 4.86、宽 1.67～1.86、坡长 5.2 米。坡度 20°。坑内填黄褐色花土，土质致密、纯净。

木质葬具已朽尽，从腐烂的痕迹可看出一椁一棺。椁痕长 2.5、宽 1.22、残高 0.26、壁板痕厚 0.08 米，棺痕长 2.18、宽 0.58、残高 0.2、墙板痕厚 0.06 米。墓主人骨架已朽尽，葬式不明。

随葬品 7 件，放置在棺外西北侧，器类有陶鼎 1、盒 1、壶 1、罐 1、仓 1、灶 1、井 1（图三一二）。

M87　位于 I 区东南部，南邻 M382，北邻 M86，东邻 M83。长方形竖穴土坑，墓坑呈南北向，方向 184°。东、西壁向底斜收，南、北壁陡直，口小底大，壁面粗糙，墓底平整。墓口距地表 0.2 米，墓口长 2.28、宽 1.58 米，墓底长 2.28、宽 1.46 米，墓深 1.14 米。坑内填黄褐色花土，土质致密、纯净。棺底填有黑灰。

木质葬具已朽尽，从腐烂的褐色痕迹可看出是一椁一棺。椁痕长 2.1、宽 1.38、残高 0.12、壁板痕厚 0.06 米，棺痕长 1.98、宽 0.48、残高 0.12、墙板痕厚 0.04、底板痕厚 0.02 米。墓主人骨架已朽尽，葬式不明。

随葬器物 8 件，放置在椁内东部，器类有陶鼎 1、盒 1、壶 1、罐 1、仓 1、灶 1、井 1 及漆器腐痕 1（图三一三）。

M88　位于 I 区东南部，打破 M86，北邻 M91。长方形竖穴土坑，墓坑呈南北向，方向 200°。墓坑壁陡直，口、底长宽相等，壁面粗糙，墓底平整。墓口距地表 0.5 米，墓坑残长 1.56、宽 0.56 米，墓深 0.26 米。墓圹内填土为黄褐色花土，土质较硬，无包含物。

棺已全部腐烂，留有褐色腐烂痕迹。棺痕长 1.1、宽 0.36、高 0.08、厚 0.04、底板腐痕厚 0.01 米。人骨架朽尽无存，葬式不明。

随葬器物陶罐 1 件，置于棺外南端。

M93　位于 1 区东南部，墓坑北部打破 M253，南部打破 M351。长方形竖穴土坑砖室，墓坑呈南北向，方向 190°。墓坑口、底长宽相等，墓口距地表深 0.5 米，长 3.1、宽 2.42 米，墓深 2.3 米。墓道设在墓坑南部，为梯形斜坡墓道，口长 5、宽 1.3～2.42、底坡长 9.6 米。坡度 35°。坑壁经过修整，底部平整。坑内填灰黄色土夹少量青灰色砖渣。

砖室分东、西室，先铺地后起壁。底砖为对缝七组平铺一层，东、西、北三壁以平砖错缝叠砌，13 层平墙起券封顶，封门二层平砖错缝叠砌。砖室呈长方形，西室内空长 2.88、宽 1.16、高 1.6 米。东室内空长 2.88、宽 1.18、高 1.6 米。砖有长方形和楔形两种，分几何纹与绳纹，规格为 34×12×7 厘米、36×12×9 厘米，楔形砖用于起券，规格为 34×12×（5～7）厘米、34×12×

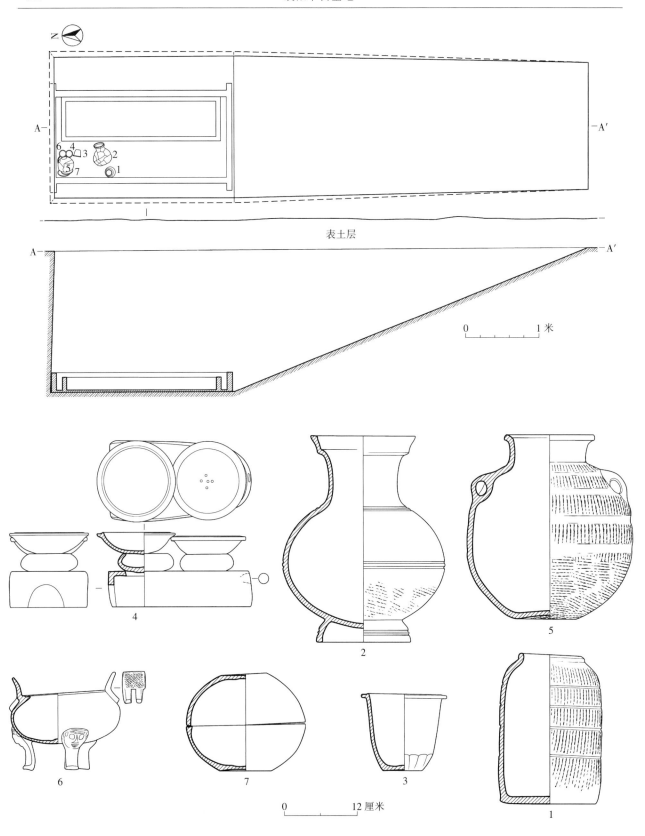

图三一二　西汉 M79 平、剖面图及随葬品

1.Aa 型 Ⅵ式陶仓　2.Aa 型Ⅸ式陶壶　3.Aa 型 Ⅹ式陶井　4.Aa 型Ⅷ式陶灶　5.Aa 型Ⅺ式陶罐　6.Aa 型Ⅶ式陶鼎　7.Ab 型 Ⅴ式陶盒

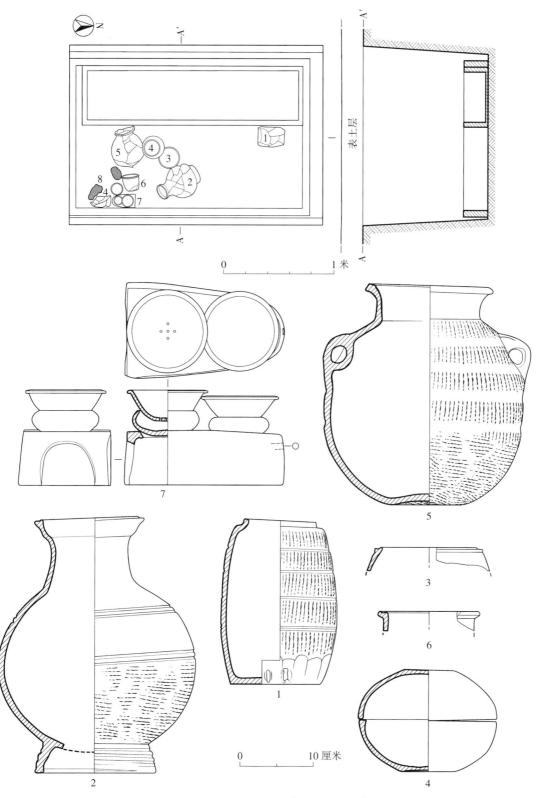

图三一三　西汉 M87 平、剖面图及随葬品

1. Ab 型 II 式陶仓　2. Aa 型 V 式陶壶　3. 陶鼎（残）　4. Ab 型 II 式陶盒

5. Aa 型 VII 式陶罐　6. 陶井（残）　7. Aa 型 IV 式陶灶　8. 漆器

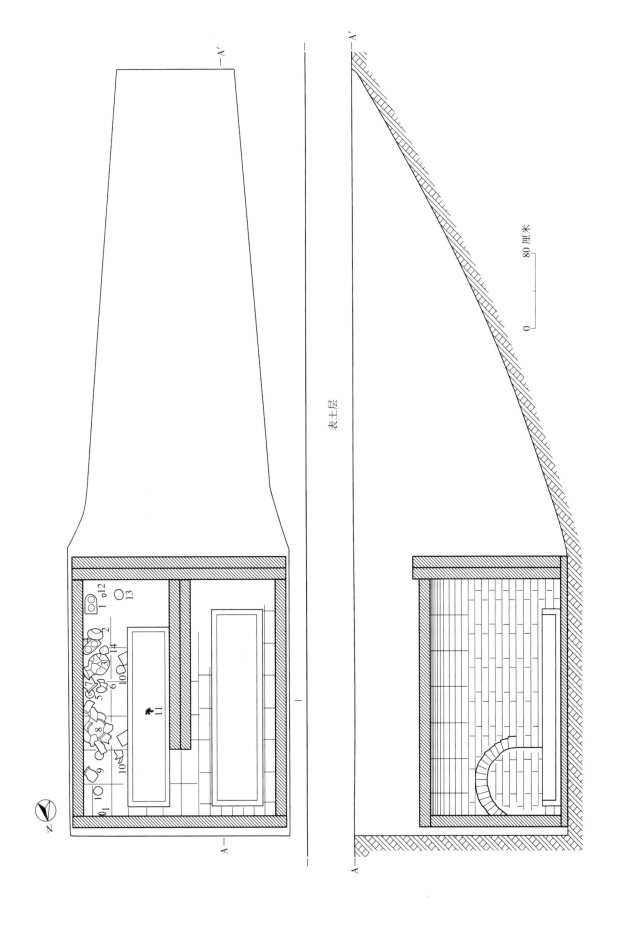

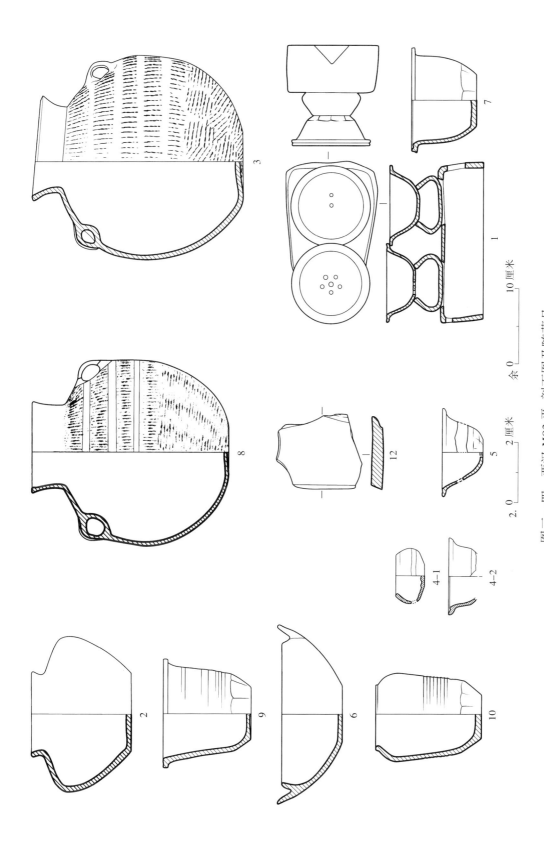

图三一四　西汉 M93 平、剖面图及随葬品

1.Ac 型 Ⅳ 式陶灶　2.C 型 Ⅳ 式陶罐　3、8.Aa 型 Ⅺ 式陶罐　4.陶灶上铜釜　5.陶甑　6.D 型陶鼎　7.Ab 型 Ⅵ 式陶井　9.Aa 型 Ⅹ 式陶井　10.Ba 型 Ⅴ 式陶仓　11.铜货泉　12.石片　13.漆木耳杯痕　14.漆木盒

（5～9）厘米。东、西室分置一长方形木棺，已腐，存棺痕及漆皮。西室棺长2.08、宽0.56、残高0.2米，东室棺长1.92、宽0.46、残高0.12米。棺下有单顺横向两道二层条形砖支棺。人骨已朽，葬式不明。

　　随葬器物14件，放置在东室东部，器类有陶罐3、陶鼎1、陶仓1、陶灶1、陶锅釜1、陶甑1、陶井2、铜货泉1（26枚）、漆耳杯痕1、漆盒痕1、石片1（图三一四）。

　　M97　位于Ⅰ区东南部，东邻M38，西邻M95。长方形竖穴土坑，墓坑呈南北向，方向15°。口大于底，东、西壁留有生土二层台，北壁坑近底部设壁龛，东、西壁斜内收至生土台，南、北壁微斜收至坑底，壁面粗糙，墓底平整。墓口距地表0.2米，墓口长2、宽1.32米，墓底长1.92、宽1.2米，墓深1.46米。生土台面宽0.2、台高0.32米。壁龛内壁呈弧形，龛底与墓底平行，龛上口

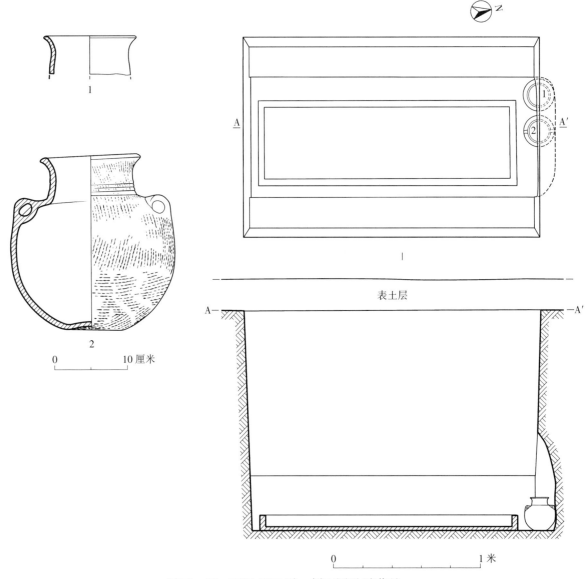

图三一五　西汉 M97 平、剖面图及随葬品

1. 陶罐　2. Aa 型 Ⅲ 式陶罐

距墓口 0.8、宽 0.8、高 0.66、进深 0.12 米。坑内填黄褐色花土，土质较致密、纯净，无包含物。

木质葬具已腐朽，从灰色腐痕可以看出为单棺。棺痕长 1.78、宽 0.56、残高 0.1、墙板痕厚 0.04、底板腐痕厚 0.02 米。墓主人骨架已朽尽，葬式不明。

随葬器物 2 件，放置在壁龛内，器类有陶罐 2（图三一五）。

M99　位于 I 区东南部，东邻 M93，墓坑东北部打破 M98 西南部。长方形竖穴土坑，墓坑呈南北向，方向 15°。墓坑南、北壁向内斜收至底，东、西壁斜收至生土台，口大于底，壁面粗糙，坑底平整。墓坑东、西壁留有生土二层台，北部坑底设壁龛。墓口距地表 0.5 米，墓口长 2.2、宽 0.92 米，墓底长 2.1、宽 0.56 米，墓深 0.86 米。生土台面东宽 0.14、西宽 0.1、台高 0.32 米。壁龛内壁呈弧形，龛底与墓坑底平等，龛口距墓口 0.5、宽 0.46、龛高 0.36、进深 0.24 米。坑内填黄褐色花土，土质较硬、纯净。

木质葬具已腐朽，从灰色腐痕可以看出为单棺。棺痕长 1.9、宽 0.4、残高 0.06、墙板痕厚 0.04、底板腐痕厚 0.02 米。墓主人骨架已朽尽，葬式不明。

随葬器物 2 件，放置在壁龛，器类有陶罐 1、铜盆残片 1（图三一六）。

M102　位于 I 区东南部，西邻 M103，东邻 M101。长方形竖穴土坑，墓坑呈南北向，方向 1°。墓坑上部已被破坏，坑壁向底内斜收，口大底小，壁面粗糙，坑底平整，西壁北端设壁龛，坑与龛呈"┓"形。墓口距地表 0.2 米，墓口长 2.12、宽 0.6 米，墓底长 2.04、宽 0.5 米，墓深 0.4 米。壁龛口、底与墓坑口、底平齐。龛宽 0.6、进深 0.34、高 0.4 米。坑内填褐灰色花土，土质致密、纯净。

葬具腐烂无痕迹。墓主人骨架已朽，葬式不明。

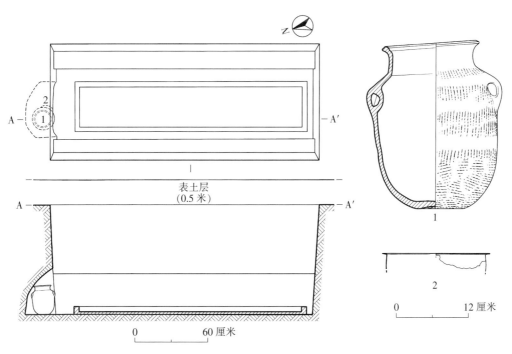

图三一六　西汉 M99 平、剖面图及随葬品
1. Ab 型 I 式陶罐　2. 铜盆

随葬器物 3 件，放置在壁龛，器类有陶罐 2、釜 1（图三一七）。

M114 位于 I 区中部偏东，东邻 M115，东南邻 M111。长方形竖穴土坑，墓坑呈南北向，方向 358°。南、北壁略斜收至底，东、西壁陡直，口略大于底，壁面较粗糙，墓底平整。墓口距地表 0.4 米，墓口长 2.8、宽 1.64 米，墓底长 2.72、宽 1.64 米，墓深 1.6 米。坑内填黄褐色花土，土质较致密、纯净。

木质葬具已腐烂，仅残留 4 根底板，从腐烂的痕迹可看出一椁一棺。椁痕长 2.58、宽 1.22、残高 0.4、壁板痕厚 0.06、底板痕厚 0.04 米，棺痕长 2.06、宽 0.5、残高 0.06、墙板痕厚 0.06、底板痕厚 0.04 米。墓主人骨架已朽尽，葬式不明。

随葬器物 5 件，放置在椁内棺外西部，器类有陶罐 1、釜 1、灶 1、井 1 及铜盆 1（图三一八）。

M115 位于 I 区中部偏东，西邻 M114，南邻 M111。长方形竖穴土坑，墓坑呈南北向，方向 0°。墓壁陡直，口、底长宽相等，壁面未经修整，较粗糙，坑底平整。墓口距地表 0.4 米，坑长 2.08、宽 0.7 米，墓深 0.14 米。墓坑内填黄褐色花土，土质板结，填土中未见包含物。

木质单棺已腐朽，仅见褐灰色腐痕。棺痕长 1.6、宽 0.48、残高 0.1、墙板痕厚 0.04、底板痕厚 0.02 米。人骨架朽尽无存，葬式不明。

随葬器物 2 件，放置在坑底棺外北端，器类有陶罐 1、釜 1（图三一九）。

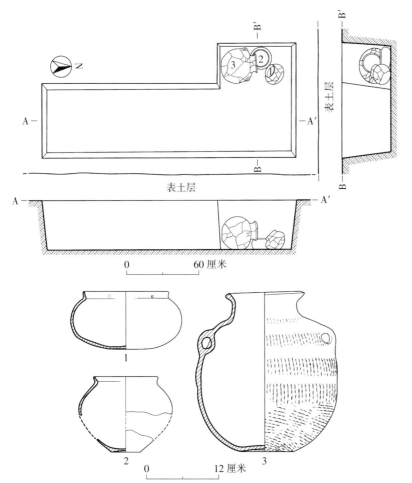

图三一七　西汉 M102 平、剖面图
及随葬品
1. Bb 型陶釜　2. C 型
V 式陶罐　3. Aa 型 XI 式陶罐

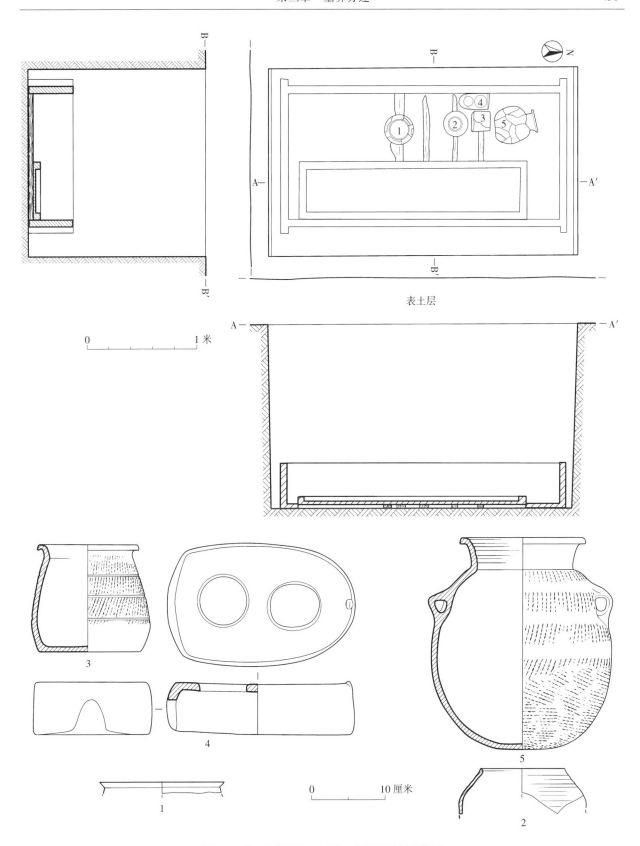

表土层

0 ⸺ 1 米

0 ⸺ 10 厘米

图三一八　西汉 M114 平、剖面图及随葬品

1. 铜盆　2. 陶釜（残）　3. B 型 V 式陶井　4. Ac 型 Ⅱ 式陶灶　5. Ab 型 V 式陶罐

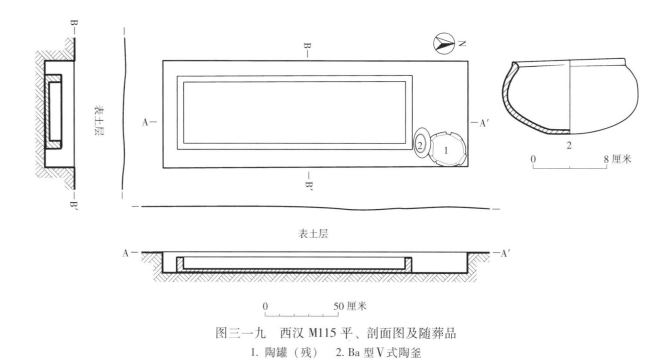

图三一九 西汉 M115 平、剖面图及随葬品

1. 陶罐（残） 2. Ba 型 V 式陶釜

M119 位于 I 区东北部，东北角打破 M122 西南角，东南邻 M118，西邻 M120。长方形竖穴土坑，墓坑呈南北向，方向 344°。东、西壁向底微斜内收，壁面粗糙，墓底平整。墓口距地表 0.25 米，墓口长 2.92~3.04、宽 1.74~1.9 米，墓底长 3.16、宽 1.82 米，墓深 1.86 米。坑内填黄褐夹灰白色花土，土质较硬、纯净。

木质葬具腐烂，仅留灰痕与少量残木，为一椁一棺。椁痕长 2.86、宽 1.52、高 0.66、壁板痕厚 0.09 米，西椁墙板残高 0.1、厚 0.09 米。残留的木板为横向铺底，宽 0.18~0.38、厚 0.12 米。棺痕长 2.22、宽 0.51、墙板痕厚 0.03、挡板厚 0.03、残高 0.1~0.2、底板痕厚 0.05 米。墓主人骨架已朽尽，葬式不明。

随葬器物 9 件，放置在椁内棺外西端，器类有陶鼎 1、盒 1、壶 1、罐 2、仓 1、灶 1、井 1 及漆器痕 1（图三二〇）。

M120 位于 I 区东北部，北邻 M123，东邻 M119。长方形竖穴土坑，墓坑呈南北向，方向 180°。东、西壁向内微斜收至底，南、北壁外微斜张至底，墓圹不规整，壁面较粗糙，墓底平整。墓口距地表 0.25 米，墓口长 2.68、宽 1.56~1.58 米，墓底长 2.8、宽 1.54 米，墓深 1.74 米。坑内填黄褐夹灰白色花土，土质较硬、纯净，无包含物。

木质葬具朽尽，从腐烂的青灰色痕迹看出为一椁一棺。椁痕长 2.62、宽 1.48、高 0.54、壁板痕厚 0.08 米，棺痕长 2.06、宽 0.6、残高 0.18、墙板痕厚 0.05、底板痕厚 0.18 米。墓主人骨架已朽尽，棺底南端残留有牙齿痕迹，头向南，葬式不明。

随葬器物 6 件，放置在椁内棺外东侧南、北两端，器类有陶鼎 1、盒 1、壶 1、仓 1、灶器 1（釜 2、甑 2）、陶井 1（图三二一）。

M141 位于 I 区北部偏东，北邻 M153。长方形竖穴土坑，墓坑呈南北向，方向 5°。坑壁向底内斜收，口大于底。壁面未经过人工修整，较粗糙，墓底平整。墓口距地表 0.3 米，墓口长

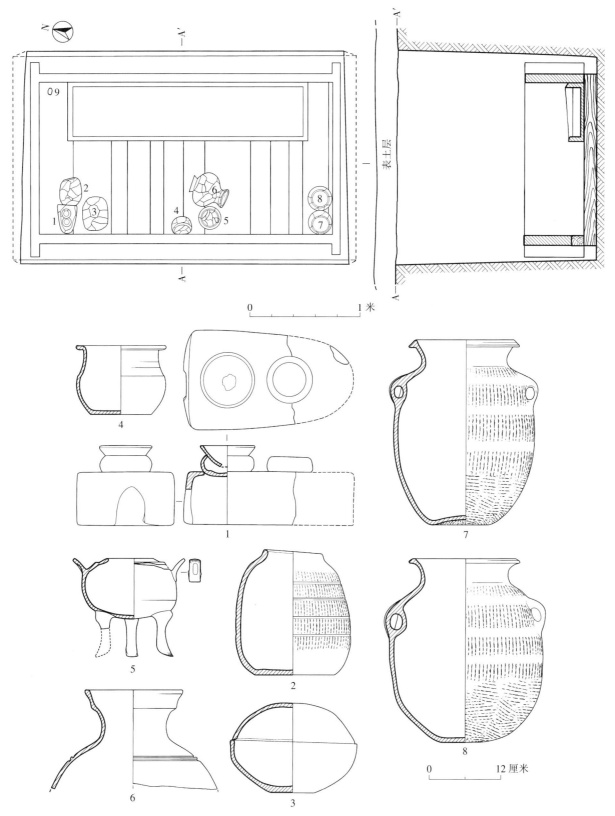

图三二〇　西汉 M119 平、剖面图及随葬品

1. Ac 型 I 式陶灶　2. Aa 型 I 式陶仓　3. Bc 型 I 式陶盒　4. Ac 型 I 式陶井　5. Ac 型 I 式陶鼎　6. 陶壶（残）

7. Ab 型 II 式陶罐　8. Ab 型 III 式陶罐　9. 漆器痕

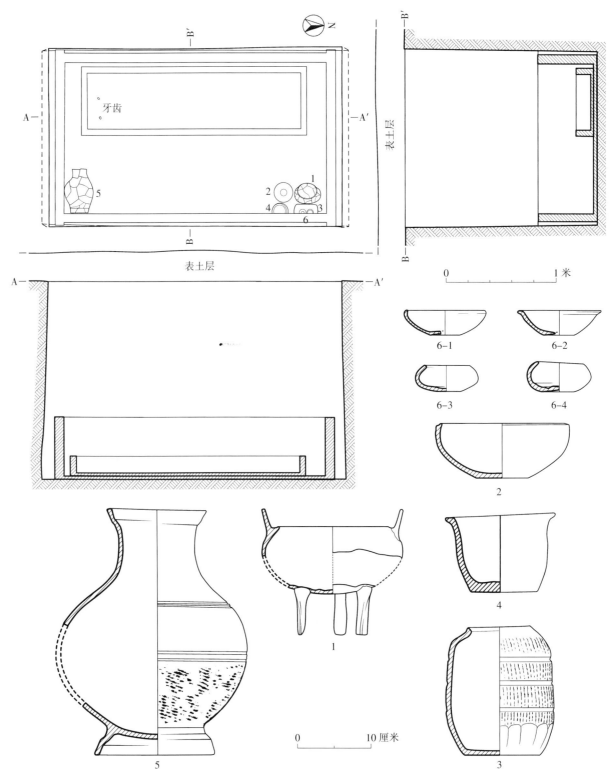

图三二一　西汉 M120 平、剖面图及随葬品

1. Ab 型 Ⅴ 式陶鼎　2. Bb 型 Ⅳ 式陶盒　3. Aa 型 Ⅲ 式陶仓　4. Ab 型 Ⅲ 式陶井
5. Aa 型 Ⅴ 式陶壶　6. 陶灶器（釜 2、甑 2）

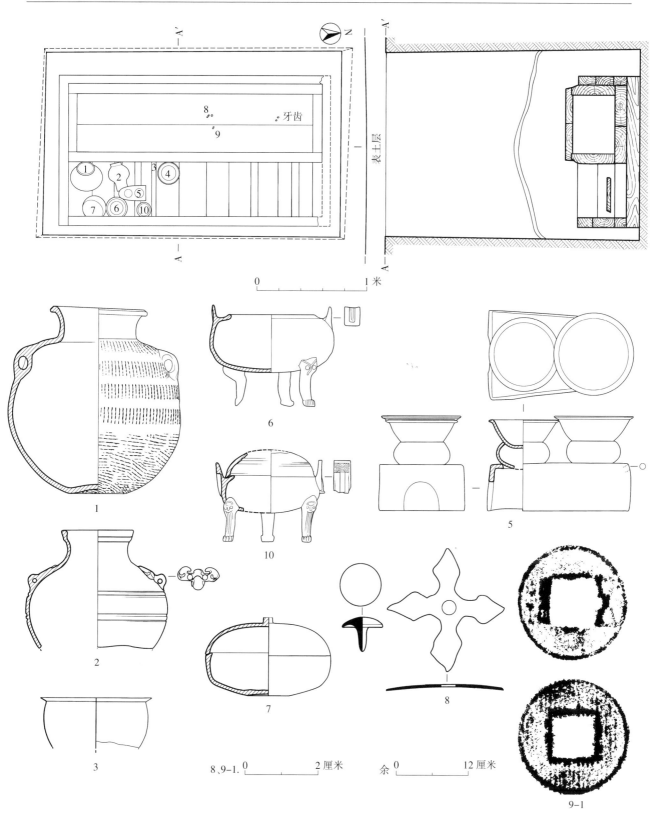

图三二二　西汉 M141 平、剖面图及随葬品

1. Aa 型Ⅵ式陶罐　2. Ad 型Ⅲa 式陶壶　3. 铜盆　4. 木锏　5. Aa 型Ⅳ式陶灶

6、10. Aa 型Ⅳ式陶鼎　7. Aa 型Ⅲ式陶盒　8. 铜棺饰　9. Ⅰ式铜五铢

2.68～2.7、宽1.62～1.65米，墓底长2.8、宽1.68～1.7米，墓深2.32米。坑内填褐色夹黄灰色花土，土质板结，填土中无包含物，椁上填有厚约0.3～0.44米厚的青膏泥，青膏泥上有一层0.03米厚的铁锈。

棺椁已腐烂，留有褐灰色腐烂痕迹，痕迹显示为单棺单椁。椁室长2.4、宽1.34、高0.56、板厚0.08米，棺痕残长2.3、宽0.69、高0.55、板厚0.08米。人骨已腐朽，在棺内北端发现有牙齿痕迹，葬式不明。

随葬器物10件，陶器、漆木器放置于椁内东部南端，铜钱、铜饰置于棺内中部，器类有陶鼎2、陶盒1、陶壶1、陶罐1、陶灶1、铜饰1、铜钱1（3枚）、铜盆1、漆木器痕1（图三二二）。

M154 位于Ⅰ区西南部，西邻M342，东南邻M330。长方形竖穴土坑，墓坑呈南北向，方向190°。墓坑口大底小，坑壁向底内斜收，壁面粗糙，坑底平整。墓口距地表0.4米，墓口长2.42、

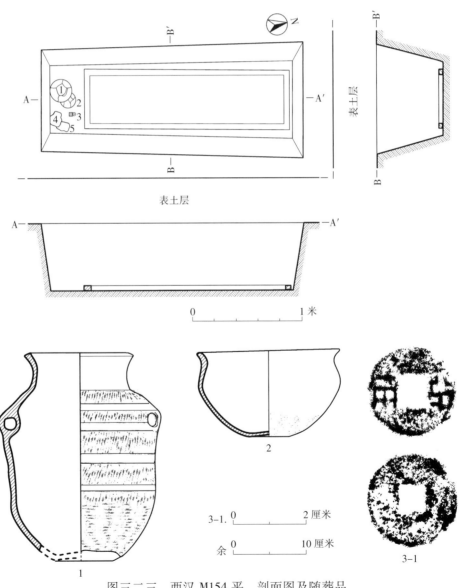

图三二三　西汉M154平、剖面图及随葬品

1. Ab型Ⅰ式陶罐　2. A型Ⅰ式陶钵　3. 铜半两　4、5. 漆器

宽 0.9～1.02 米，墓底长 2.22、宽 0.6～0.7 米，墓深 0.6 米。墓坑内填黄褐色花土，土质较硬，填土中未见包含物。

木质单棺已腐朽，可见灰褐色腐痕。棺痕长 1.9、宽 0.52、残高 0.04、墙板痕厚 0.05 米。人骨架朽尽无存，葬式不明。

随葬器物 5 件，放置在坑底棺外南端，器类有陶罐 1、陶铞 1、铜半两 1、漆器痕 2（图三二三）。

M155　位于Ⅲ区南部边沿，西北邻 M125，其西部、南部无墓葬分布。刀形竖穴土坑砖室，墓坑呈东西向，方向 265°。墓坑与墓道平面形似刀形，墓道设在墓坑西部，墓道南壁与墓坑南壁呈直线，坑壁陡直，坑底平整。坑口上部已遭破坏，墓口距地表 0.3 米，墓坑与墓道全长 7.2 米，墓口长 3.38、宽 2.16 米，墓深 1.16 米。墓道呈平缓的斜坡，墓道口长 3.82、宽 1.1～1.25、深 0.8～0.98 米。坡度 29°。

砖室是先铺底砖再砌墙壁，铺地砖以条砖横行平铺，墓壁以条砖顺向错缝叠砌，砖室封门是二层砖横侧立，后用条砖顺向错缝叠砌二层与土坑口平行。封门砖下部有青灰色腐痕，应为木板封门，腐痕残高 0.32、厚 0.08 米。砖室内空长 2.6、宽 1.88、高 1.05 米。墓室砌墙砖、铺地砖与封门砖形体各不相同，墙砖规格为 34×10.5×7 厘米，素面。铺地砖规格为 34×10.5×7 厘米，素面。封门砖规格为 34×10.5×7 厘米，一面饰绳纹。墓坑内填褐色夹黄色花土，土质板结。

砖室内放置双棺，棺木质已腐烂，可见青灰腐痕，中部的棺长 1.94、宽 0.56、高 0.14、厚 0.02 米，放置南侧的棺长 2.06、宽 0.62、高 0.14、厚 0.02 米。棺内东端保存有牙齿，人骨架已朽，葬式不明。

随葬器物 3 件，2 件放置在砖室内的西端，1 件在中部棺内西端，器类有陶罐 2、陶灶 1（图三二四）。

M156　位于Ⅲ区西北部，北邻 M421，东邻 M157。长方形竖穴土坑砖室。墓坑呈东西向，方向 95°。墓坑壁陡直，口、底长宽相等，壁面光滑，坑底平整。墓坑口上部已遭破坏，残口距地表深 0.7 米，土坑长 3.12、宽 1.24 米，墓深 0.83 米。斜坡墓道设在东壁，口平面呈横梯形。墓道长 1.5、宽 1～1.2 米，斜坡长 1.7 米，坡度 31°，深 0～0.82 米。

砖室平面呈长方形，墓门向外弧凸，墓顶毁残。砖室底部用砖对缝平铺，周壁与墓门用砖错缝平砌。砖室长 3.1、宽 0.68、残高 0.83 米。封门墙高 0.8 米。砖为青灰色素面，可分为长方形铺地砖和条砖，铺地砖规格为 34×18×6 厘米，条砖规格为（33～34）×10×6 厘米。坑内填灰黄色与黄褐色花土，包含少量碎砖块。葬具、人骨均已腐烂，葬式不明。

随葬器物 3 件，放置在室砖内南偏东部，器类有陶罐 1、灶 1、井 1。

M160　位于Ⅰ区北部略偏东，东邻 M62，西邻 M161，南邻 M380。长方形竖穴土坑。墓坑呈南北向，方向 12°。墓坑壁向底内斜收，口大底小，壁面粗糙，坑底平整，坑底东、西两壁设生土二层台。墓口距地表 0.3 米，墓口长 2.26、宽 1.36～1.5 米，墓底长 2.22、宽 0.68～0.77 米，墓深 1.54 米。生土台东面宽 0.18～0.44、高 0.6、西面宽 0.08～0.1、高 0.32 米。墓坑内填褐色夹黄色花土，土质板结。

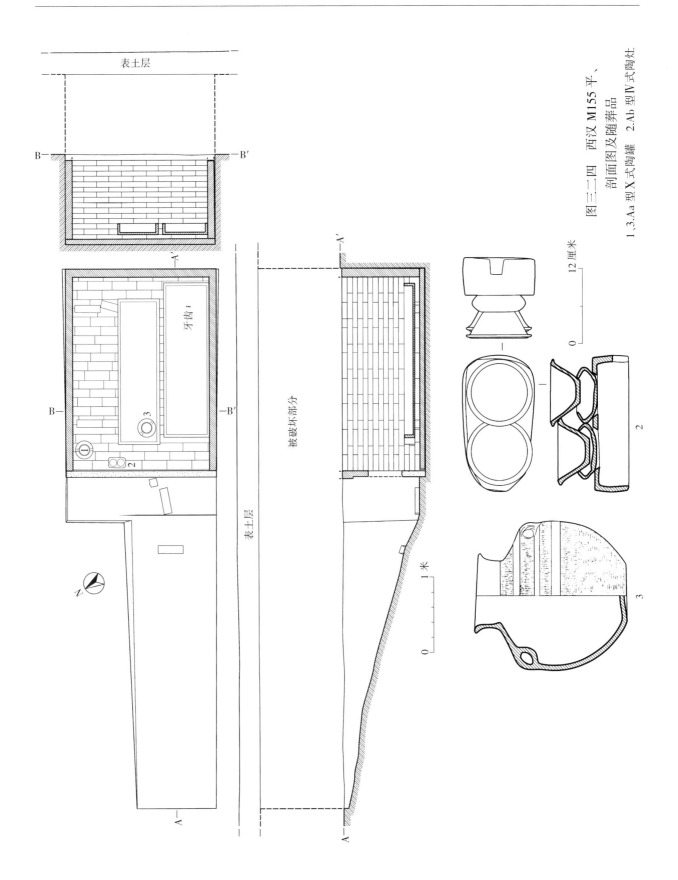

图三二四　西汉 M155 平、剖面图及随葬品
1、3.Aa 型 X 式陶罐　2.Ab 式 IV 式陶灶

　　木质单棺已腐朽，仅存青灰色腐痕，棺痕长 1.94、宽 0.44、残高 0.2、墙板痕厚 0.02 米。人骨已朽尽，葬式不明。

　　随葬器物 2 件，放置在墓底棺外北端，器类有陶罐 2（图三二五）。

　　M161　位于 I 区北部，东邻 M160，西邻 M162。长方形竖穴土坑，墓坑呈南北向，方向 12°。墓坑东、西壁向底内斜收，南、北壁向底渐外斜，壁面未经过人工修整，较粗糙，墓底平整。墓口距地表 0.3 米，墓口长 2.5、宽 1.46 米，墓底长 2.56、宽 1.42 米，墓深 1.1 米。坑内填褐色夹

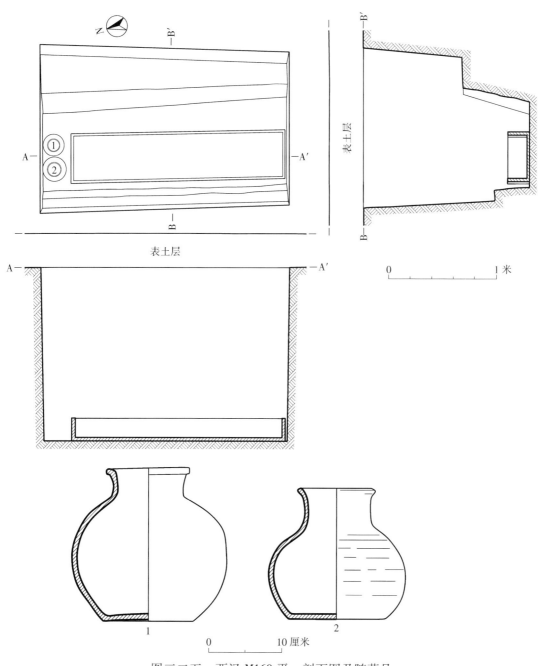

图三二五　西汉 M160 平、剖面图及随葬品

1. Bb 型 Ⅱ 式陶罐　2. Ba 型 Ⅲ 式陶罐

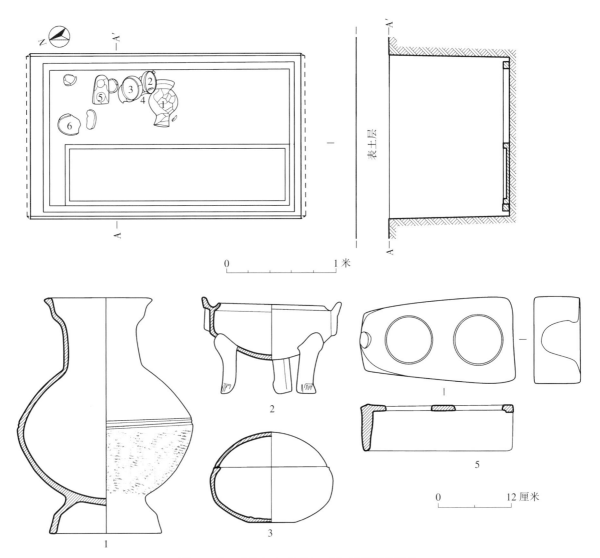

图三二六　西汉 M161 平、剖面图及随葬品

1. Ac 型 Ⅱ 式陶壶　2. Aa 型 Ⅲ 式陶鼎　3. Ab 型 Ⅰ 式陶盒　4. 陶井（残）　5. Aa 型 Ⅲ 式陶灶　6. 漆盒

黄色花土，土质板结。

木质单棺单椁已腐朽，仅存青灰色腐痕。椁痕长 2.38、宽 1.32、残高 0.06、墙板痕厚 0.06 米，棺痕长 2.12、宽 0.54、残高 0.4、棺墙板痕厚 0.04 米。人骨已朽尽，葬式不明。

随葬器物 6 件，放置在椁内棺外东端，器类有陶鼎 1、盒 1、壶 1、灶 1、井 1 及漆盒痕 1（图三二六）。

M177　位于Ⅰ区北部偏东，西邻 M279，东邻 M173，南邻 M180。长方形竖穴土坑，墓坑呈南北向，方向 192°。墓坑壁微向底内斜收，东、西壁有一级生土台，壁面光洁，坑底平整。墓口距地表 0.4 米，墓口长 2.28、宽 0.84 米，墓底长 2.28、宽 0.54~0.6 米，墓深 1.4 米。生土台面距坑口深 1、长 1.98、面宽 0.1~0.16、高 0.4 米。墓圹内填黄褐夹灰白色花土，土质板结，无包含物。

木质单棺已腐朽，可见灰褐色腐痕。棺痕长 1.98、宽 0.58、残高 0.2、墙板痕厚 0.06、底板

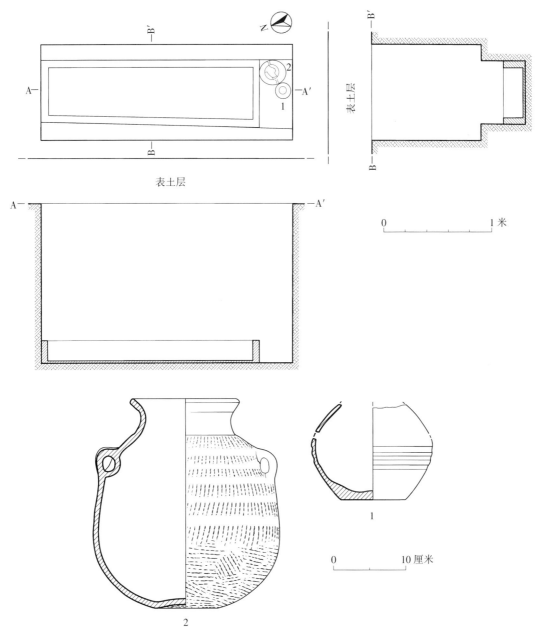

图三二七 西汉 M177 平、剖面图及随葬品
1. 陶罐 2. Aa 型 I 式陶罐

痕厚 0.04 米。人骨架朽尽无存，葬式不明。

随葬器物 2 件，放置在墓底棺外南端，器类有陶罐 2（图三二七）。

M180 位于 I 区中部偏北，西邻 M276，北邻 M177，东邻 M179，南邻 M41。长方形竖穴土坑，墓坑呈南北向，方向 180°。南、北壁向底内微斜收，东、西壁向底微外斜，口小底大，四壁粗糙，坑底平整。墓口距地表 0.2 米，墓口长 2.56、宽 1.36 米，墓底长 2.6、宽 1.2～1.26 米，墓深 0.96 米。坑内填黄褐夹灰白土，土质致密、纯净。

木质葬具已朽成青灰色泥土，从腐痕可看出为一椁一棺。椁痕长 2.46、宽 1.08、高 0.16、墙

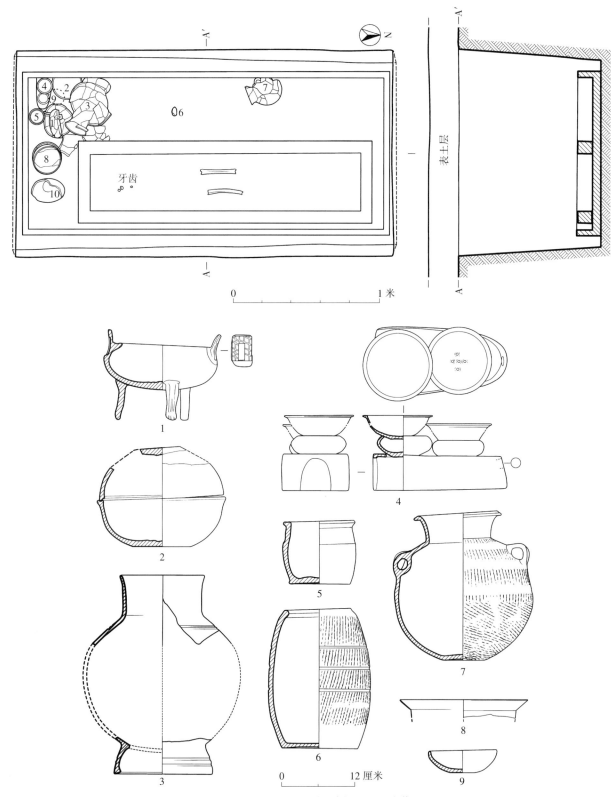

图三二八　西汉 M180 平、剖面图及随葬品

1. Aa 型Ⅲ式陶鼎　2. Bb 型Ⅲ式陶盒　3. 陶壶（残）　4. Aa 型Ⅲ式陶灶　5. Ac 型Ⅱ式陶井　6. Aa 型Ⅱ式陶仓　7. Aa 型Ⅴ式陶罐　8. 铜盆　9. Ⅲ式陶钵　10. 漆盒

板痕厚 0.04 米，棺痕长 2、宽 0.62、高 0.1、棺墙板厚 0.08 米。墓主人骨架已腐朽，棺底南端可见牙齿痕迹，棺中部见两根腿骨痕迹，可以看出是仰身直肢。

随葬品共 10 件，放置在椁内西端与南端，器类有陶鼎 1、盒 1、壶 1、罐 1、钵 1、仓 1、灶 1、井 1 及铜盆 1、漆盒痕 1（图三二八）。

M184　位于 I 区东部，北邻 M124，西邻 M181，东邻 M120。长方形竖穴土坑，墓坑呈南北向，方向 180°。墓坑壁向底内斜收，口大于底，壁面粗糙，墓底平坦。墓口距地表 0.25 米，墓口长 2.5、宽 0.5 米，墓底长 2.4、宽 0.44 米，墓深 0.2 米。坑内填黄褐色花土，土质致密，未见包含物。

木质棺椁腐烂无痕，人骨架朽尽无存，葬式不明。

随葬器物陶罐 1 件，放置在坑底南端（图三二九）。

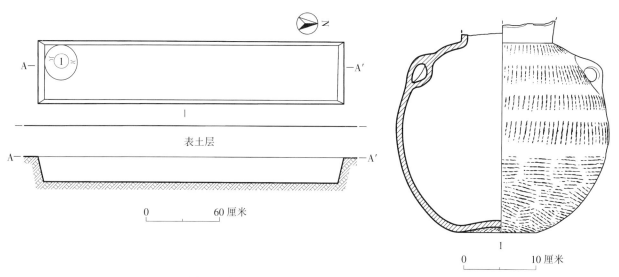

图三二九　西汉 M184 平、剖面图及随葬品
1. Aa 型 V 式陶罐

M187　位于 I 区中部偏东，打破 M112 东南部，北邻 M183，南邻 M191。长方形竖穴土坑，墓坑呈南北向，方向 170°。墓坑壁向底内微斜收，口大于底，壁面粗糙，坑底平整。墓口距地表 0.4 米，墓口长 2.48、宽 1.4 米，墓底长 2.36、宽 1.28 米，墓深 0.5 米。坑内填黄褐色花土，土质板结坚硬，无包含物。

木质一椁一棺已腐朽，可见灰色腐痕。椁痕长 2.2、宽 0.86、残高 0.1、墙板痕厚 0.06 米，棺痕长 1.86、宽 0.4、残高 0.1、墙板壁厚 0.04 米。棺置东侧，人骨架朽尽，葬式不明。

随葬器物 7 件，放置在椁内西部，器类有陶鼎 1、盒 1、壶 1、钵 1、仓 1、灶 1、井 1（图三三〇）。

M191　位于 I 区中部偏东，东端打破 M146 西北部，南邻 M192，北邻 M187。长方形竖穴土坑，墓坑呈东西向，方向 90°。墓坑壁向底内斜收，口大于底，墓壁粗糙，墓底平整。墓口距地表 0.3 米，墓口长 2.56、宽 0.7 米，墓底长 2.44、宽 0.66 米，墓深 0.8 米。墓坑内填黄褐色花土，土质板结，填土中无包含物。

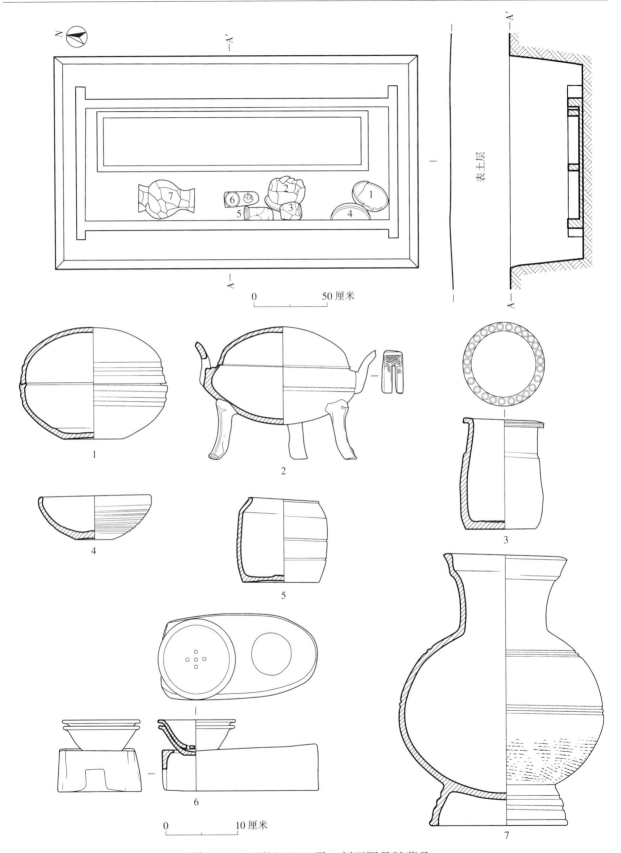

图三三〇　西汉 M187 平、剖面图及随葬品

1. Ab 型 I 式陶盒　2. Aa 型 III 式陶鼎　3. Aa 型 IV 式陶井　4. III 式陶钵　5. Ba 型 II 式陶仓　6. Ab 型 I 式陶灶　7. Aa 型 IV 式陶壶

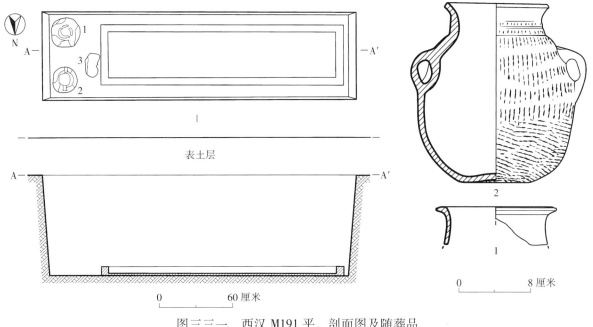

图三三一　西汉 M191 平、剖面图及随葬品
1. 陶罐　2. Ab 型Ⅲ式陶罐　3. 漆器

　　木质单棺已腐烂，留有灰褐色痕迹。棺痕长 1.98、宽 0.48、残高 0.08、墙板痕厚 0.06、底板痕厚 0.02 米。人骨架朽尽无存，葬式不明。

　　随葬器物 3 件，放置在坑底棺外东端，器类有陶罐 2、漆器痕 1（图三三一）。

　　M192　位于Ⅰ区中部偏东，东南角打破 M194 北壁，东邻 M146，北邻 M191。长方形竖穴土坑，墓坑呈南北向，方向 150°。墓壁陡直，口、底长宽相等，壁面粗糙，坑底平整。墓口距地表 0.3 米，坑长 1.9、宽 0.54～0.6 米，墓深 0.2 米。坑内填黄褐色花土，土质板结，填土中无包含物。

　　木质单棺已腐朽，有灰褐色腐痕。棺痕长 1.34、宽 0.34、残高 0.04、墙板痕厚 0.02、底板痕厚 0.02 米。人骨架朽尽无存，葬式不明。

　　随葬器物 4 件，放置在坑底棺外南端，器类有陶盒 1、铜 1、钵 2（图三三二）。

　　M199　位于Ⅰ区中部，东邻 M198，西北邻 M225。长方形竖穴土坑，墓坑呈南北向，方向 173°。墓坑壁向底内斜收，口大于底，壁面粗糙，坑底平整。墓口距地表 0.2 米，墓口长 2.44、宽 0.72～0.8 米，墓底长 2.4、宽 0.68～0.76 米，墓深 0.38 米。坑内填褐灰色花土，土质板结，填土中无包含物。

　　木质单棺已腐烂，留有青灰色朽痕。棺痕长 2、宽 0.42、残高 0.18、板厚 0.03 米。人骨架朽尽无存，葬式不明。

　　随葬器物 4 件，放置在坑底棺外南端，器类有陶罐 2、陶盆 1、漆器痕 1（图三三三）。

　　M205　位于Ⅰ区西南边沿，东邻 M238。长方形竖穴土坑，墓坑呈南北向，方向 195°。墓坑壁向底斜内收，口大于底，壁面粗糙，墓底平整。墓口距地表 0.3 米，墓口长 2.6、宽 1.8 米，墓底长 2.52、宽 1.5 米，墓深 2.1 米。墓坑内填褐夹灰白色花土，土质板结，填土中无包含物。

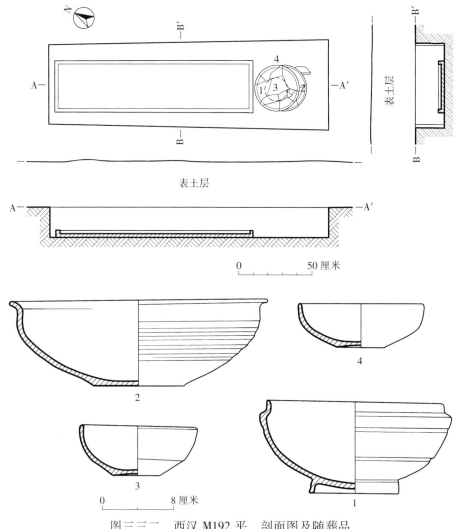

图三三二 西汉 M192 平、剖面图及随葬品

1. Ca 型 I 式陶盒 2. A 型 II 式陶铜 3、4. IV 式陶钵

木质椁棺已腐烂，留有青灰色腐痕，从腐痕可看出是一椁一棺，棺置于椁内东部。椁痕长 2.4、宽1.32、高0.24、墙板痕厚0.06米，棺痕长2.06、宽0.58、残高0.08、墙板痕厚0.06、底板痕厚0.02米。人骨架朽尽无存，葬式不明。

随葬器物6件，放置在椁内棺外西侧中部，器类有陶鼎1、壶1、罐1、仓1、灶1、井1（图三三四）。

M206 位于 I 区南部，墓坑叠压 M94 西南部与 M213 北部。长方形竖穴土坑，墓坑呈南北向，方向4°。墓坑壁向底斜内收，口大于底，壁面粗糙，坑底平整。墓口距地表约 0.5 米，墓口长 2.2、宽1.06米，墓底长2.08、宽0.98米，墓深0.48米。墓坑内填黄褐色花土，土质较硬，无包含物。

木质一椁一棺已经全部腐烂，仅见褐色痕迹。椁痕长 2.04、宽0.94、高0.16、墙板痕厚0.04米，棺痕长1.96、宽0.54、高0.08、墙板痕厚0.04、棺底板痕厚0.01米。人骨架朽尽无存，葬式不明。

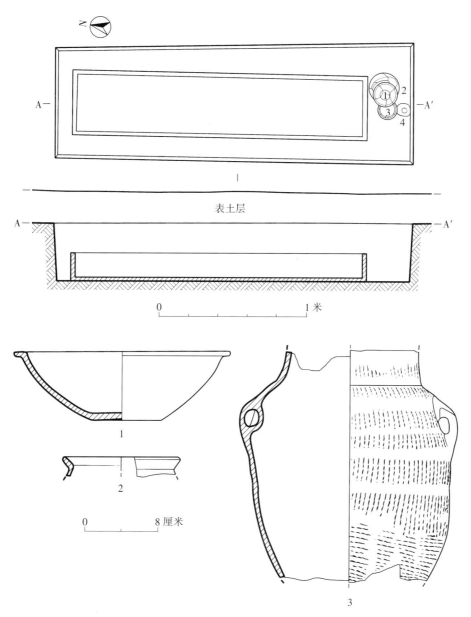

图三三三 西汉 M199 平、剖面图及随葬品

1. B 型 I 式陶盆 2. 陶罐（残） 3. Ab 型 I 式陶罐 4. 漆器

　　随葬器物 2 件，放置在椁内棺外东侧，器类有陶罐 1、釜 1（图三三五）。

　　M208　位于 I 区北部偏西，东南部被 M280 叠压，东南角打破 M282 西北角。长方形竖穴土坑，墓坑呈南北向，方向 4°。墓坑壁陡直，口、底长宽相等，壁面粗糙，墓底平坦。墓口距地表 0.4 米，墓坑长 2.61、宽 1.3 米，墓深 1.16 米。坑内填褐夹灰白色花土，土质板结，填土中包含少量夹砂陶片。

　　木质一椁一棺均已腐朽，留有灰褐色腐痕。椁室平面呈长方形，腐痕长 2.44、宽 1.04、残高 0.14、墙板痕厚 0.08、底板痕厚 0.02 米。木质单棺置于椁室西部，东部为边箱。棺痕内空长 2.12、宽 0.52、残高 0.08、墙板痕厚 0.06、底板痕厚 0.02 米。人骨架朽尽无存，

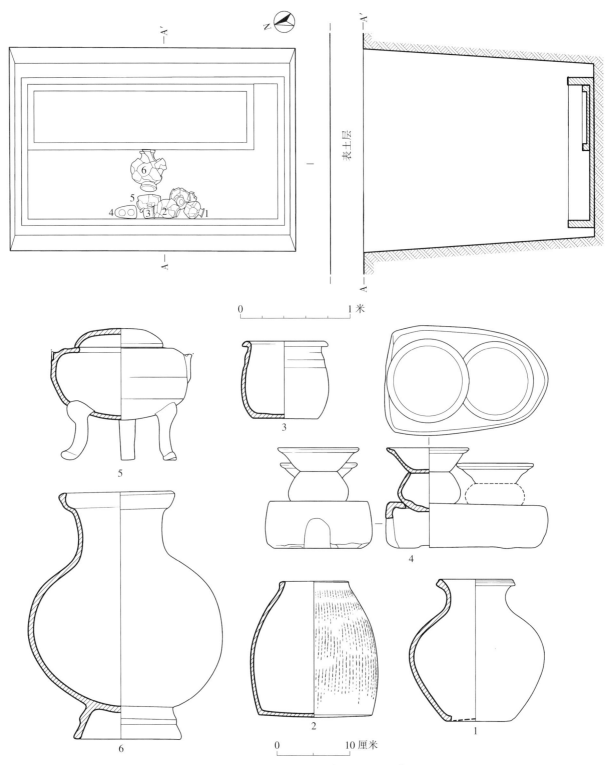

图三三四　西汉 M205 平、剖面图及随葬品

1. Bb 型Ⅲ式陶罐　2. Ac 型Ⅳ式陶仓　3. Ab 型Ⅲ式陶井　4. Aa 型Ⅳ式陶灶　5. Aa 型Ⅳ式陶鼎　6. Aa 型Ⅵ式陶壶

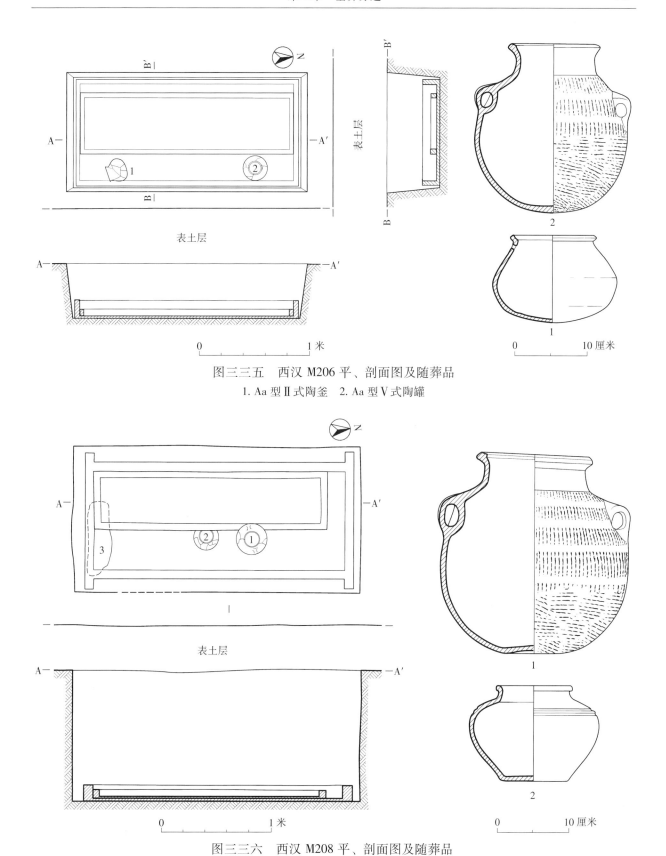

图三三五　西汉 M206 平、剖面图及随葬品
1. Aa 型 Ⅱ 式陶釜　2. Aa 型 Ⅴ 式陶罐

图三三六　西汉 M208 平、剖面图及随葬品
1. Aa 型 Ⅱ 式陶罐　2. Ba 型 Ⅰ 式陶罐　3. 漆几

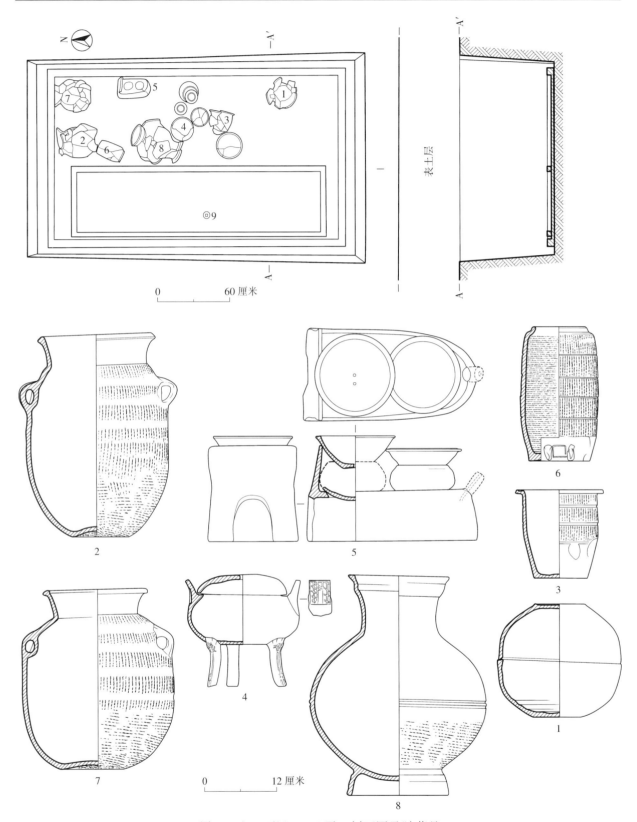

0　　　　　　60 厘米

表土层

0　　　　12 厘米

图三三七　西汉 M216 平、剖面图及随葬品

1. Bb 型 Ⅱ 式陶盒　2. Ab 型 Ⅱ 式陶罐　3. B 型 Ⅰ 式陶井　4. Bb 型 Ⅰ 式陶鼎　5. Aa 型 Ⅱ 式陶灶　6. Ab 型 Ⅰ 式陶仓
7. Ab 型 Ⅲ 式陶罐　8. Ab 型 Ⅲ 式陶壶　9. 铜钱

葬式不明。

随葬器物 3 件，放置在椁内棺外东侧，器类有陶罐 2、漆几痕 1（图三三六）。

M216　位于 I 区东南部，东北角打破 M211 西南角，南邻 M221。长方形竖穴土坑，墓坑呈南北向，方向 358°。墓坑壁向底斜内收，口大于底，壁面粗糙，坑底平整。墓口距地表深约 0.5 米，墓口长 2.78、宽 1.56～1.68 米，墓底长 2.62、宽 1.52～1.56 米，墓深 0.78 米。墓坑内填黄褐色花土，土质较硬，无包含物。

木质一椁一棺，已经全部腐烂，留有褐色椁、棺痕迹。椁痕长 2.46、宽 1.52、高 0.06、墙板痕厚 0.06 米，棺痕长 2.1、宽 0.56、高 0.06、墙板痕厚 0.04、棺底痕厚 0.01 米。人骨架朽尽无存，葬式不明。

随葬器物 9 件，放置在椁内棺外东侧，器类有陶鼎 1、盒 1、壶 1、罐 2、仓 1、灶 1、井 1 及铜钱 1（图三三七）。

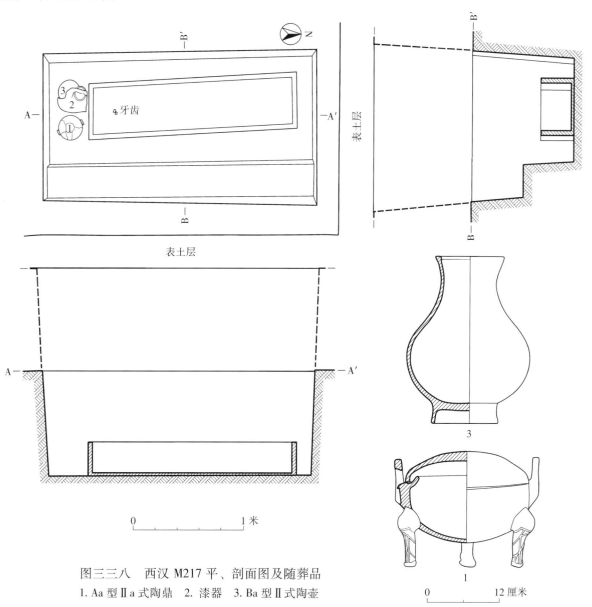

图三三八　西汉 M217 平、剖面图及随葬品
1. Aa 型 IIa 式陶鼎　2. 漆器　3. Ba 型 II 式陶壶

　　M217　位于Ⅲ区西边偏南部，西邻 M230。长方形竖穴土坑，墓坑呈南北向，方向 180°。墓坑壁向底内微斜收，口略大于底，壁面粗糙，坑底平整，东壁底部有生土二层台。墓口距地表 0.3 米，坑长 2.5、宽 1.28 ~1.38 米，墓底长 2.4、宽 0.9 ~ 0.92 米，墓深 0.94 米。生土台高 0.46、宽 0.28 米。墓圹内填褐夹灰白色花土，土质板结，无包含物。

　　木质单棺已腐朽，仅存青灰色腐痕，棺痕长 1.9、宽 0.5、残高 0.3、墙板痕厚 0.04 米。人骨架已朽，仅存牙齿，葬式不详。

　　随葬器物 3 件，放置在坑底棺外南端，器类有陶鼎 1、陶壶 1、漆器 1（图三三八）。

　　M222　位于Ⅰ区西南部边沿，南邻 M335，东邻 M334。长方形竖穴土坑，墓坑呈东西向，方向 95°。墓坑壁微向底内斜收，口大于底，壁面粗糙，墓底平坦。墓坑开口距地表 0.4 米，墓口长 2.5、宽 1.46 米，墓底长 2.46、宽 1.4 米，墓深 1.7 米。墓坑内填褐夹灰白色花土，土质板结，无包含物。

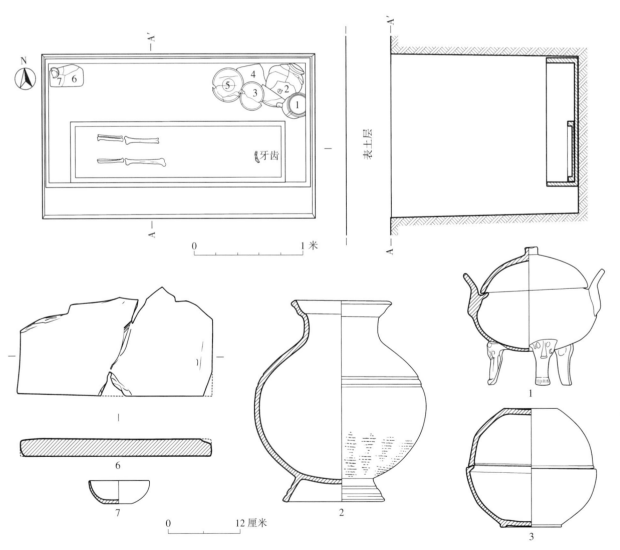

图三三九　西汉 M222 平、剖面图及随葬品

1. Aa 型Ⅶ式陶鼎　2. Aa 型Ⅸ式陶壶　3. Cb 型Ⅱ式陶盒　4. 漆器　5. 漆盘　6. 砖　7. 陶碗

葬具为木质一椁一棺，已腐朽，留有灰色腐痕。椁痕长 2.44、宽 1.16、高 0.3、木板墙痕厚 0.04 米。棺置于椁内南侧，棺痕长 1.98、宽 0.54、残高 0.06、墙板痕厚 0.04、底板痕厚 0.02 米。人骨架已朽，残存下肢骨的腐痕，东端有牙齿腐痕。

随葬器物 7 件，放置在椁内棺外北侧，器类有陶鼎 1、盒 1、壶 1、碗 1、砖 1 及漆盘痕 2（图三三九）。

M227　位于 I 区东南部，北邻 M221，东邻 M226。长方形竖穴土坑，墓坑呈南北向，方向 358°。墓坑壁向底斜内收，口大于底，坑内东、西壁有生土二层台，北壁有壁龛，龛平面呈长方形，弧角，弧顶，坑底平整。墓口距地表 0.2 米，墓口长 2.34、宽 0.84 米，墓底长 2.28、宽 0.48 米，墓深 0.76 米。墓坑内填黄褐色花土，土质较硬，无包含物。生土二层台台面宽 0.14、台高 0.4 米。壁龛顶面距墓口深约 0.4、底宽 0.48、高 0.36、进深 0.1 米。

木质单棺已经全部腐烂，可见青褐色棺痕。棺痕长 1.94、宽 0.42、高 0.16、墙板痕厚 0.04、棺底痕厚 0.01 米。人骨架朽尽无存，葬式不明。

随葬器物有陶罐 1 件，置于北壁龛内（图三四○）。

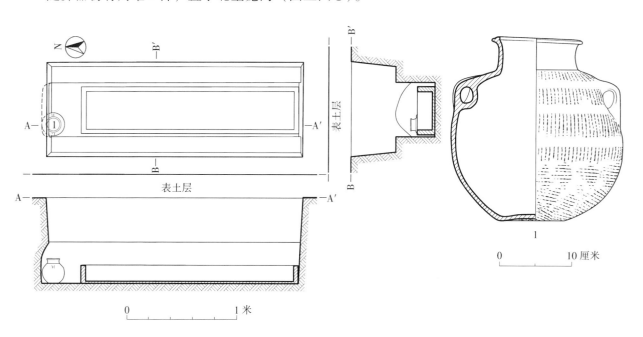

图三四○　西汉 M227 平、剖面图及随葬品
1. Aa 型Ⅵ式陶罐

M229　位于 I 区南部，墓坑西部打破 M226，东部打破 M228。长方形竖穴土坑，墓坑呈南北向，方向 187°。墓坑壁向底斜内收，口大于底，壁面粗糙，坑底平整。墓口距地表 0.4 米，墓口长 2.6、宽 1.9 米，墓底长 2.54、宽 1.9 米，墓深 1.4 米。墓道设在南壁中部，墓道口长 3.8、宽 1.78～1.9 米，底宽 1.9、坡底长 4.05 米。坡度 20°。墓坑内填黄褐色花土，土质较硬，无包含物。

木质葬具一椁一棺，已全部腐烂，可见褐色腐痕。椁痕长 2.5、宽 1.76～1.86、高 0.26、墙板痕厚 0.06 米；棺放置在椁内东侧，腐痕长 2.3、宽 0.65、高 0.2、墙板痕厚 0.06 米。人骨架朽尽无存，葬式不明。

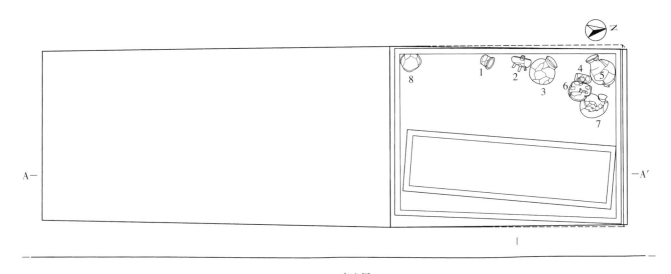

表土层

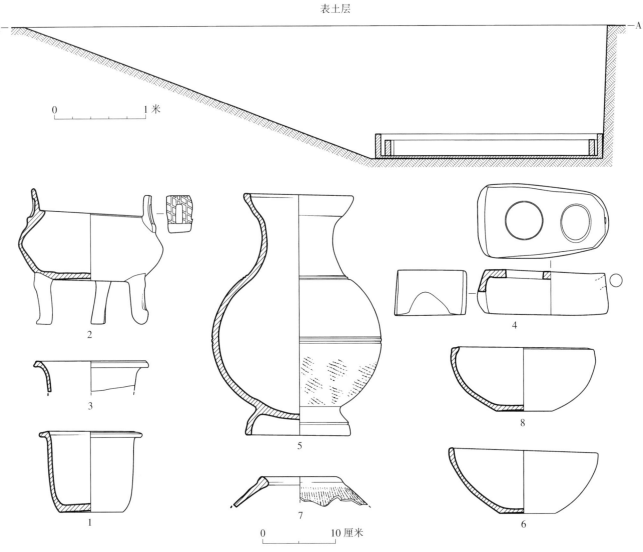

图三四一　西汉 M229 平、剖面图及随葬品

1. Ab 型 V 式陶井　2. Ba 型Ⅳ式陶鼎　3、7. 陶罐　4. Aa 型Ⅶ式陶灶　5. Aa 型Ⅷ式陶壶　6. V 式陶钵　8. Ab 型Ⅳ式陶盒

随葬器物8件，放置在椁内棺外西侧，器类有陶鼎1、壶1、罐2、钵1、仓1、灶1、井1（图三四一）。

M231 位于Ⅲ区北部边沿，南邻M407。长方形竖穴土坑，墓坑呈南北向，方向190°。墓坑壁向坑底斜内收，口略大于底，壁面光滑，坑底平整。墓口距地表0.4米，墓口长1.8、宽0.58米，墓底长1.72、宽0.5米，墓深2.6米。墓坑内填灰黄夹褐斑花土，土质较硬，填土内无包含物。

木质单棺已腐朽，可见灰褐色腐痕。棺痕长1.44、宽0.34、残高0.1、墙板壁厚0.04米。棺内残存人骨架，仰身直肢，头向南。

随葬器物2件，放置在棺内中部偏西，器类有铜印章1、铜带钩1；填土中出土铜镞1（图三四二）。

M235 位于Ⅰ区南部，西部叠压M396，东部打破M242。长方形竖穴土坑，墓坑呈南北向，方向185°。南部有斜坡墓道，墓道与墓坑宽度大体相等，无明显分界。坑壁向底内斜收、口大于

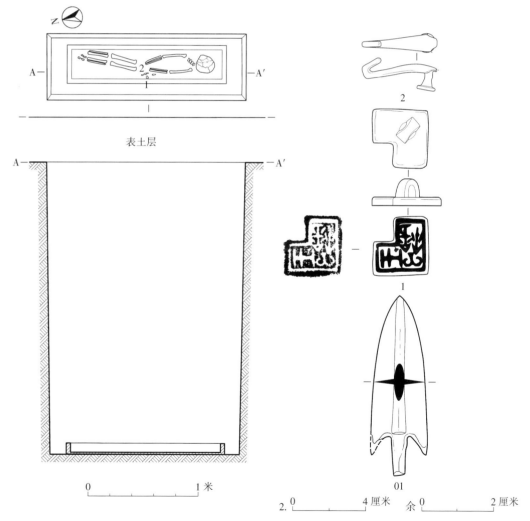

图三四二 西汉 M231 平、剖面图及随葬品
1. 铜印章 2. B型Ⅰ式铜带钩 01. 铜镞（填土）

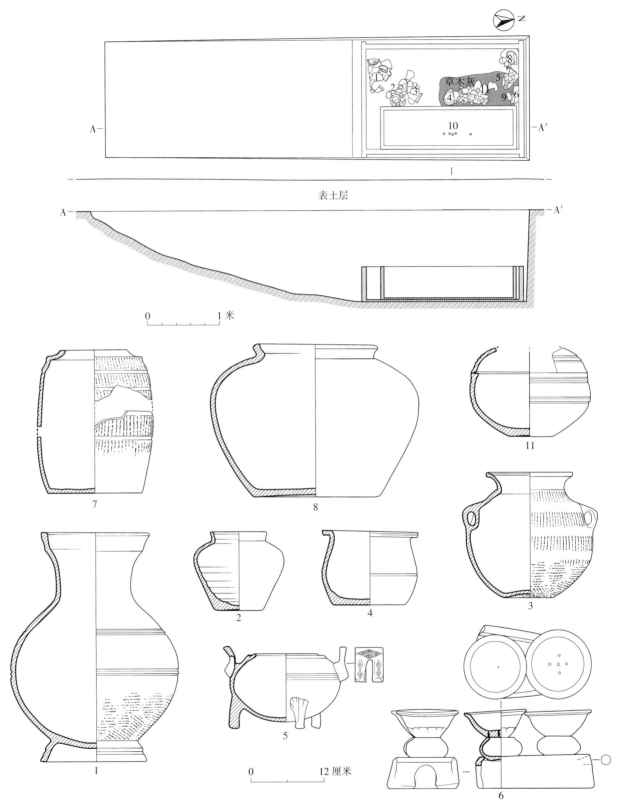

图三四三　西汉 M235 平、剖面图及随葬品

1. Aa 型 V 式陶壶　2. C 型 Ⅲ式陶罐　3. Aa 型 Ⅵ式陶罐　4. Ac 型 Ⅲb 式陶井　5. Ab 型 Ⅳ式陶鼎　6. Aa 型 Ⅳ式陶灶
7. Aa 型 Ⅲ式陶仓　8. A 型 Ⅲ式陶瓮　9. 漆器痕　10. Ⅱ式铜五铢　11. Ab 型 Ⅱ式陶盒

底，壁面光滑，坑底平整。墓口距地表 0.4 米，墓道与墓坑通长 5.8、宽 1.6～1.64 米，墓底长
2.36、宽 1.56 米，墓深 1.2 米，墓道宽 1.52～1.56 米，坡长约 3.9 米。坡度 10°。墓坑内填黄褐
色花土，土质较硬，无包含物。

木质一椁一棺已腐朽，残留褐色腐痕。椁痕长 2.2、宽 1.44、残高 0.46、墙板痕厚 0.06 米。
棺放在椁室东部，棺痕长 1.84、宽 0.56、残高 0.44、墙板壁痕厚 0.04 米，人骨架朽尽无存，葬
式不明。

随葬器物 11 件，放置在椁内棺外西侧，器类有陶鼎 1、盒 1、壶 1、罐 2、瓮 1、仓 1、灶 1、
井 1 及铜钱 1（五铢 8 枚）、漆器痕迹 1（图三四三）。

M238　位于 I 区南端，东邻 M392，西邻 M205。长方形竖穴土坑，墓坑呈南北向，方向 20°。
墓坑壁向底内斜收，口大底小，壁面粗糙，墓底平坦。墓口距地表 0.4 米，墓口长 2.7、宽 1.7
米，墓底长 2.6、宽 1.56 米，墓深 1.3 米。墓坑内填褐夹灰白色花土，土质板结，填土中无包
含物。

木质一椁一棺已腐烂，留有腐痕，棺放置在椁内东部。椁痕长 2.38、宽 1.32、高 0.14、椁墙
板痕厚 0.06 米，棺痕长 2.1、宽 0.58、残高 0.06、墙板痕厚 0.06、底板痕厚 0.04 米。人骨架朽

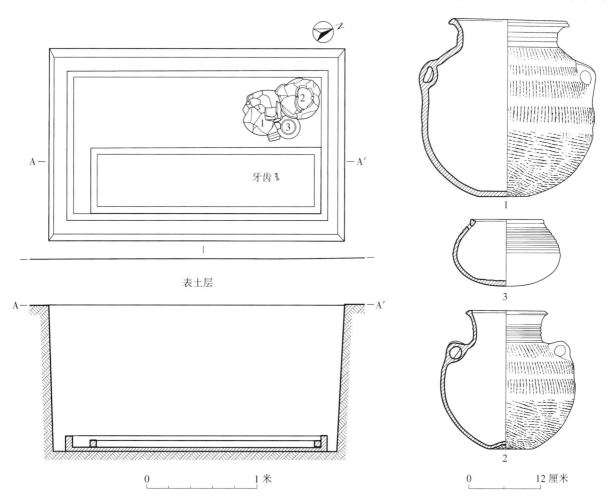

图三四四　西汉 M238 平、剖面图及随葬品
1、2. Aa 型 VI 式陶罐　3. Aa 型 III 式陶釜

尽无存，葬式不明，棺内北部有牙齿腐痕，头向北。

随葬器物 3 件，放置在椁内棺外西北侧，器类有陶罐 2、釜 1（图三四四）。

M243 位于 I 区南部，南邻 M240，北邻 M293。长方形竖穴土坑，墓坑呈东西向，方向 280°。墓坑壁向底斜内收，口大于底，壁面粗糙，坑底南、北两壁有生土台，坑底平整。墓口距地表 0.4 米，墓坑长 2.29、宽 1.08 米，墓底长 2.29、宽 0.58 米，墓深 0.94 米。生土台南壁台面宽 0.26、北壁台面宽 0.24、台面距墓底高 0.38 米。墓坑内填黄褐色花土，填土较硬，无包含物。

木质单棺已朽，可见青灰色腐痕。棺痕长 1.83、宽 0.44、残高 0.16、板厚 0.05 米。人骨架朽尽无存，葬式不明。

随葬器物 2 件，放置在坑底棺外西端，器类有陶釜 1、罐 1（图三四五）。

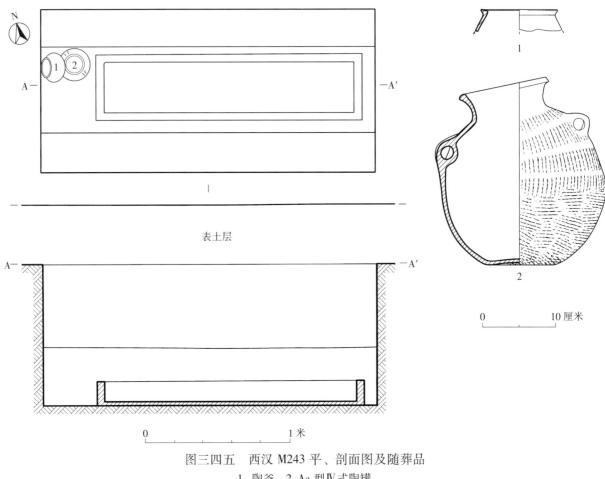

表土层

图三四五　西汉 M243 平、剖面图及随葬品
1. 陶釜　2. Aa 型IV式陶罐

M244 位于 I 区南部略偏西，北邻 M247，东邻 M243。长方形竖穴土坑，墓坑呈东西向，方向 280°。墓壁陡直，口、底长宽相等，壁面粗糙，墓底平坦。墓口距地表 0.4 米，墓坑长 2.1、宽 0.54 米，墓深 0.22 米。墓坑内填黄褐花色，土质板结，填土中无包含物。

木质单棺已腐烂，留有褐色腐痕。棺痕长 1.7、宽 0.35、残高 0.08、墙板痕厚 0.02、底板痕厚 0.02 米。人骨架朽尽无存，葬式不明，棺内西端残留有牙齿腐痕，说明头向西。

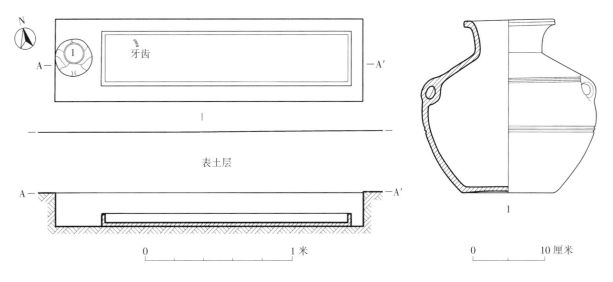

图三四六　西汉 M244 平、剖面图及随葬品
1. Ad 型陶罐

随葬器物有陶罐 1 件，放置在坑底棺外西端（图三四六）。

M246　位于 I 区南部偏西，西南部打破 M247，东南部打破 M245。长方形竖穴土坑，墓坑呈南北向，方向 190°。墓坑壁陡直，口、底长宽相等，壁面粗糙，墓底平整。墓口距地表 0.4 米，坑长 2.4、宽 1.26 米，墓深 1.5 米。坑内填褐夹灰白色花土，土质板结，填土中无包含物。

木质一椁一棺已腐烂，留有褐灰色腐痕。椁痕长 2.2、宽 1.1、高 0.3、椁墙板痕厚 0.06 米，棺痕长 2.08、宽 0.56、残高 0.14、墙板痕厚 0.06、底板痕厚 0.04 米。人骨架朽尽无存，葬式不明。

随葬器物 4 件，陶器、漆器放置在椁内西部，铁刀放置在棺内北部，器类有陶罐 1、陶釜 1、漆盘痕 1、铁削刀 1（图三四七）。

M256　位于 III 区北部边沿偏西，东南邻 M234，其西北部无墓葬分布。长方形竖穴土坑，墓坑呈南北向，方向 28°。墓坑壁向底斜内收，口略大于底，壁面粗糙，坑底平整。墓口距地表 0.3 米，墓口长 2、宽 0.64 米，墓底长 1.96、宽 0.6 米，墓深 0.34 米。墓坑内填黄褐灰色黏土，土质致密，包含少量红烧土与陶片。

木质单棺已朽，残留青灰色腐痕。棺痕长 1.86、宽 0.32、高 0.2、墙板痕厚 0.02 米。人骨架朽尽无存，葬式不明，棺底北端残存牙齿痕迹，说明头向北。

随葬器物有陶罐 1 件，放置在棺内西北角（图三四八）。

M257　位于 III 区西北边沿，南邻 M294，西邻 M303。长方形竖穴土坑，墓坑呈南北向，方向 10°。墓坑壁向底斜内收，口大于底，壁面较粗糙，坑底平整。墓口距地表 0.4 米，墓口长 3.5、宽 1.85～2.02 米，墓底长 3.34、宽 1.76～1.82 米，墓深 2.6 米。墓坑内填灰黄夹褐斑花黏土，土质较硬，包含少量红烧土块。

木质一椁一棺已腐朽，残留灰色腐痕。椁痕长 2.64、宽 1.52、残高 0.46、墙板痕厚 0.08 米，棺痕长 1.94、宽 0.52、残高 0.28、墙板痕厚 0.04～0.06 米。人骨架朽尽，葬式不明。

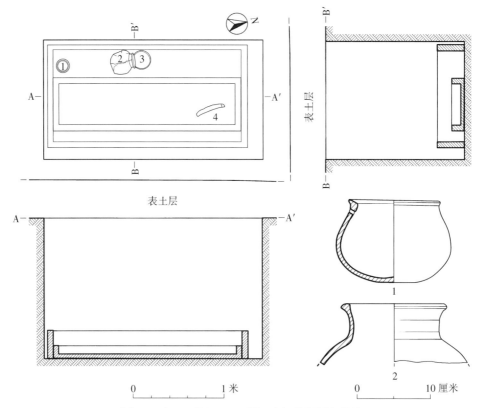

图三四七　西汉 M246 平、剖面图及随葬品

1. Ba 型 I 式陶釜　2. 陶罐　3. 漆盘痕　4. 铁削刀（残蚀）

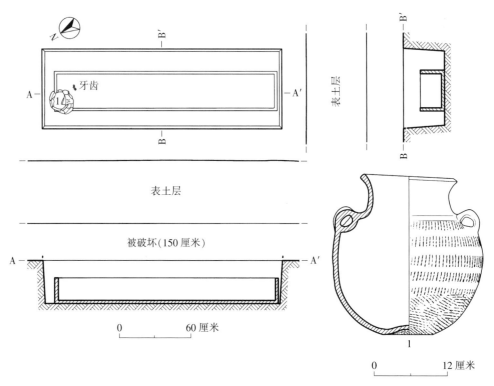

图三四八　西汉 M256 平、剖面图及随葬品

1. Aa 型 Ⅲ 式陶罐

图三四九　西汉 M257 平、剖面图及随葬品

1. Aa 型Ⅷ式陶罐　2. Aa 型Ⅶ式陶壶　3. 铜盖弓帽　4. B 型Ⅵ式陶井　5. Bc 型Ⅲ式陶盒　6. Aa 型Ⅳ式陶仓　7. Aa 型 Ⅴ 式陶灶　8. Aa 型Ⅳ式陶盒　9. Ab 型Ⅵ式陶鼎

随葬器物9件，壶、罐置于椁内棺外北部，陶鼎置于棺内南端，其余器物放置在东侧南端，器类有陶鼎1、盒2、壶1、罐1、仓1、灶1、井1及铜盖弓帽1（图三四九）。

M258　位于Ⅰ区中部略偏南，东南角打破M252西北角，东邻M254。"甲"字形竖穴土坑，墓坑呈南北向，方向355°。墓坑壁略向底内斜收，口大于底，壁面粗糙，坑底平整。斜坡墓道设在坑北壁中部，微向西偏斜。墓口距地表0.2米，墓口长2.82、宽2.14～2.24米，墓底长2.62、宽1.74～2.08米，墓深0.9米。墓道口东边长2.74、西边长2.26、口宽1.62～1.8米，墓道底宽1.62～1.66、墓道底南端距坑底深0.08、底坡长2.94米。坡度17°。墓坑内填褐灰花色黏土，土质板结，填土中无包含物。

木质一椁一棺已朽，残留青灰色腐痕。椁痕长2.54、宽1.6～1.66、残高0.1、板厚0.06米，棺痕长2.2、宽0.58、残高0.06、板厚0.04米。棺置于椁内东侧，底部铺有草木灰与红烧土，人骨架朽尽无存，葬式不详。

随葬器物5件，放置在椁内棺外西侧南端，器类有陶鼎1、壶1、仓1、灶1、井1（图三五〇）。

M259　位于Ⅰ区中部，西邻M255，北邻M263。长方形竖穴土坑，墓坑呈东西，方向90°。墓坑壁向底斜内收，口大于底，壁面粗糙，墓底平整。墓口距地表0.4米，墓口长2.3、宽0.94～0.98米，墓底长2.1、宽0.82～0.88米，墓深0.36米。坑内填黄褐花黏土，土质板结，填土中无包含物。

木质单棺已腐烂，留存褐灰色腐痕。棺痕长1.8、宽0.4、残高0.1、墙板痕厚0.04、底板痕厚0.02米。人骨架朽尽无存，葬式不明。

随葬器物2件，放置在墓底棺外东端，器类有陶罐1、铜盆1（图三五一）。

M260　位于Ⅰ区中部，西北邻M262，西邻M322。长方形竖穴土坑。墓坑呈东西向，方向90°。墓坑不规整，南北壁口大于底，东西壁口小于底，壁面粗糙，墓底平整。墓口距地表0.4米，墓口长2.6、宽1.3米，墓底长2.68、宽1.2米，墓深1.48米。坑内填黄褐色花土，土质板结，无包含物。

木质一椁一棺已腐烂，留有灰褐色腐痕。椁痕长2.58、宽1.14、残高0.12、墙板痕厚0.08米，棺痕长2.16、宽0.56、残高0.1、墙板痕厚0.06、底板痕厚0.02米。人骨架朽尽无存，葬式不明。

随葬器物6件，放置在椁内棺外北部，器类有陶鼎1、盒1、罐1、甑釜1及漆耳杯1、漆器痕1（图三五二）。

M261　位于Ⅰ区中部，东邻M264，西邻M263。长方形竖穴土坑，墓坑呈南北向，方向0°。墓坑壁向底内斜收，口大于底，壁面较粗糙，坑底平整。墓口距地表0.3米，墓口长2.8、宽1.5米，墓底长2.72、宽1.42米，墓深1.4米。坑内填黄褐色花土，土质坚硬，无包含物。

木质一椁一棺已腐烂，残留褐色腐痕。椁痕长2.4、宽1.18、残高0.18、墙板痕厚0.08米，棺痕长1.82、宽0.56、残高0.2、墙板痕厚0.06、底板痕厚0.06米。人骨架朽尽无存，葬式不明。

随葬器物6件，放置在椁室内棺外西侧，器类有陶鼎1、盒1、壶1、罐1、灶1、井1（图三五三）。

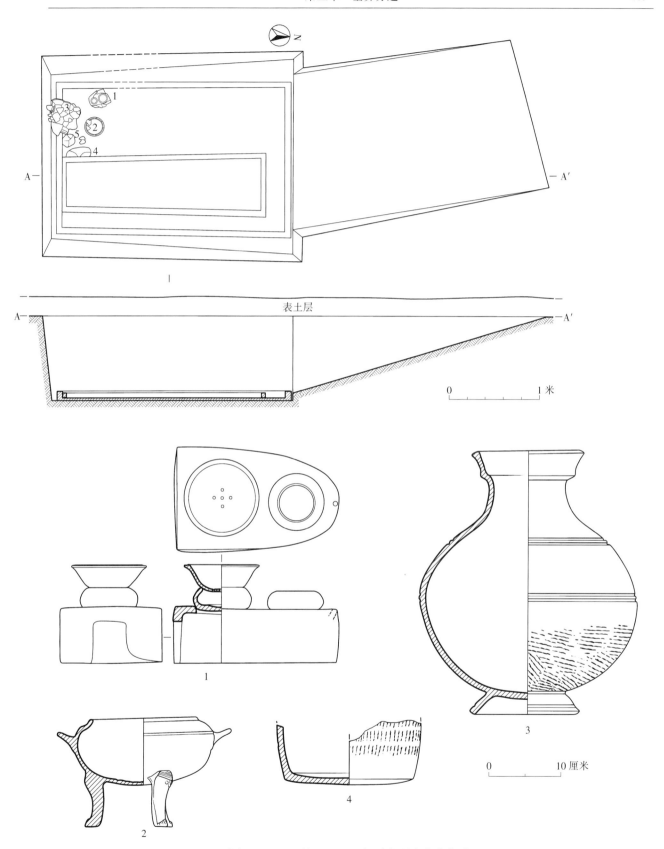

图三五〇　西汉 M258 平、剖面图及随葬品
1. Ab 型Ⅱ式陶灶　2. Aa 型Ⅳ式陶鼎　3. Aa 型Ⅵ式陶壶　4. 陶井（残）　5. 陶仓（残）

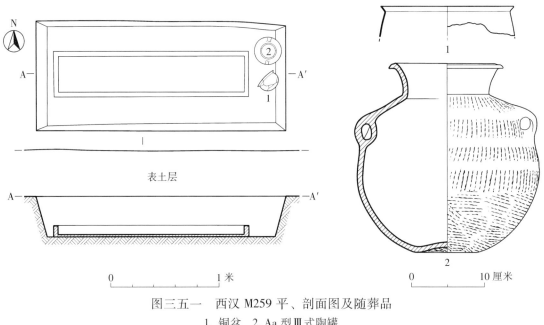

图三五一　西汉 M259 平、剖面图及随葬品

1. 铜盆　2. Aa 型 III 式陶罐

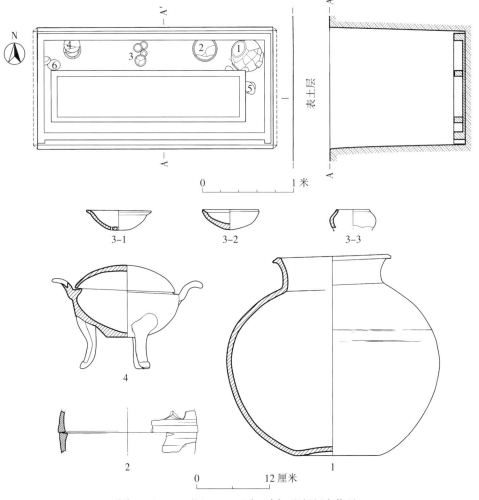

图三五二　西汉 M260 平、剖面图及随葬品

1. Bb 型 I 式陶罐　2. 陶盒（残）　3. 陶灶上器　4. Ba 型 II 式陶鼎　5. 漆耳杯　6. 漆器痕

图三五三 西汉 M261 平、剖面图及随葬品

1. Ba 型Ⅳ式陶罐 2. Ab 型Ⅴ式陶壶 3. B 型Ⅳ式陶井 4. Ac 型Ⅱ式陶盒 5. Ab 型Ⅱ式陶灶 6. Bb 型Ⅲ式陶鼎

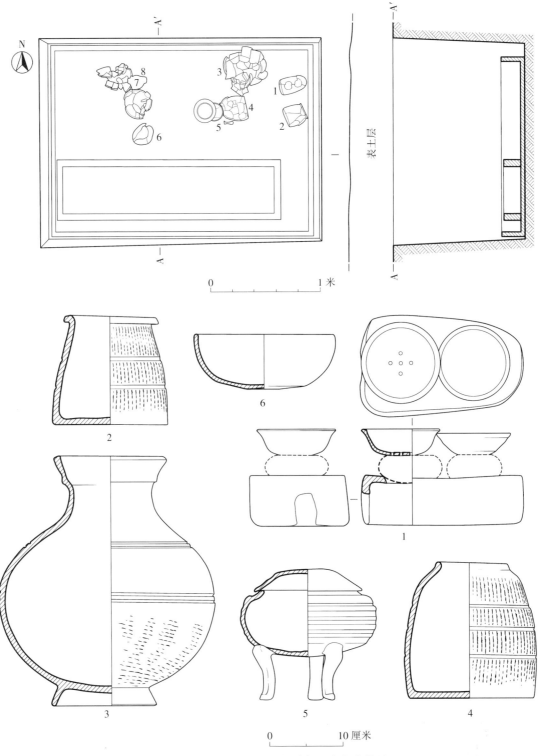

图三五四　西汉 M262 平、剖面图及随葬品
1. Ab 型 Ⅱ 式陶灶　2. B 型 Ⅴ式陶井　3. Ab 型 Ⅴ式陶壶　4. Ac 型 Ⅳ式陶仓
5. Aa 型 Ⅳ式陶鼎　6. Ac 型 Ⅱ式陶盒　7、8. 漆器

M262　位于Ⅰ区中部，东邻 M263，西邻 M318，南邻 M260。长方形竖穴土坑，墓坑呈东西向，方向 92°。墓坑壁向底内斜收，口大于底，壁面较粗糙，坑底较平整。墓口距地表 0.4 米，墓口长 2.58、宽 1.8~1.86 米，墓底长 2.48、宽 1.74 米，墓深 1.2 米。墓坑内填黄褐色花土，土质板结，填土中无包含物。

木质一椁一棺已腐烂，残留褐灰色腐痕。椁痕长 2.4、宽 1.6、残高 0.21、椁痕厚 0.04、底板痕厚 0.01 米。棺置于椁室南部，棺痕长 2.03、宽 0.53、残高 0.16、墙板痕厚 0.06、底板痕厚 0.04 米。人骨架朽尽无存，葬式不明。

随葬器物 8 件，放置在椁内棺外北部，器类有陶鼎 1、盒 1、壶 1、仓 1、灶 1、井 1 及漆器痕 2（图三五四）。

M263　位于Ⅰ区中部，东邻 M261，西邻 M262，西北邻 M266。长方形竖穴土坑，墓坑呈南北向，方向 355°。墓坑壁向底内斜收，口大于底，壁面较粗糙，坑底平整。墓口距地表 0.4 米，墓口长 2.5、宽 0.94 米，墓底长 2.3、宽 0.9 米，墓深 0.3 米。墓坑内填黄褐色花土，土质板结，填土中无包含物。

木质单棺已腐烂，残留灰色腐痕。棺痕长 1.64、宽 0.46、残高 0.1、墙板痕厚 0.06、底板痕厚 0.04 米。人骨架朽尽无存，葬式不明。

随葬器物陶罐 1 件，放置在棺外北端（图三五五）。

M264　位于Ⅰ区中部，北邻 M188，西邻 M261。长方形竖穴土坑，墓坑呈南北向，方向 0°。墓坑壁向底斜内收，口大于底，壁面粗糙，坑底平整。墓口距地表 0.3 米，墓口长 2.4、宽 1.44 米，墓底长 2.2、宽 1.4 米，墓深 1 米。墓坑内填黄褐色花土，土质板结，填土无包含物。

木质一椁一棺已腐烂，留有褐色腐痕。椁痕长 2.04、宽 1.2、残高 0.1、板厚 0.06 米，棺痕长 1.86、宽 0.6、残高 0.06、墙板痕厚 0.06、底板痕厚 0.04 米。人骨架朽尽无存，

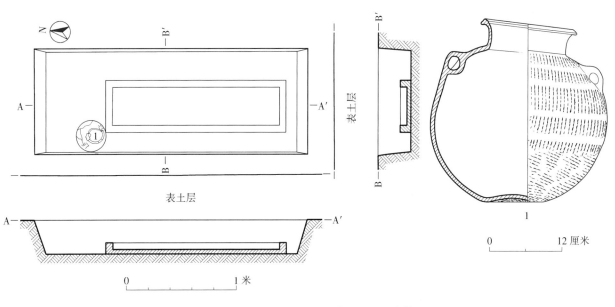

图三五五　西汉 M263 平、剖面图及随葬品
1. Aa 型Ⅸ式陶罐

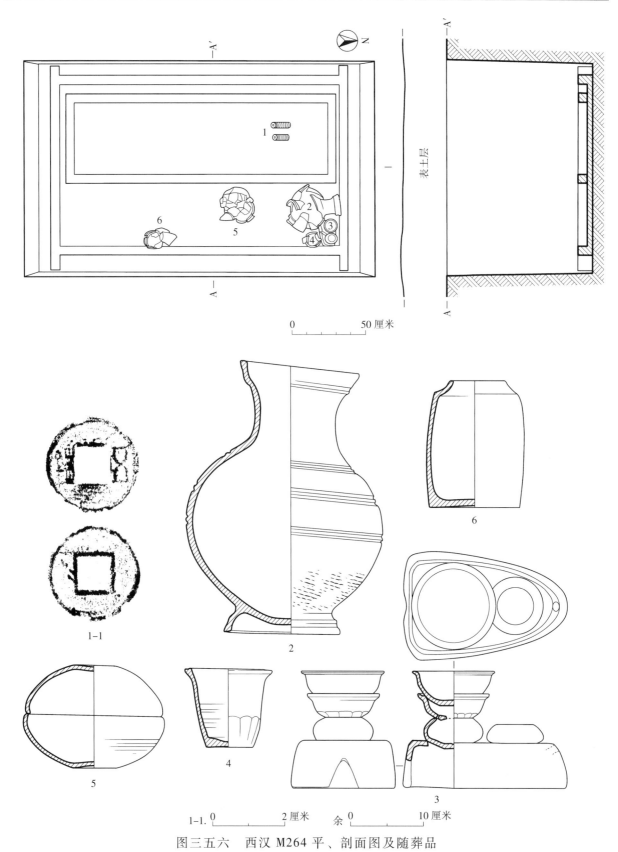

图三五六　西汉 M264 平、剖面图及随葬品

1. Ⅳ式铜五铢　2. Aa 型Ⅷ式陶壶　3. Ac 型Ⅲ式陶灶　4. Ab 型Ⅴ式陶井　5. Ac 型Ⅲ式陶盒　6. Ba 型Ⅳ式陶仓

葬式不明。

随葬器物6件，陶器放置在椁内棺外东部，铜钱置于棺内，器类有陶盒1、壶1、仓1、灶1、井1及铜钱1（图三五六）。

M265　位于Ⅰ区西部偏北，西南邻M366，西邻M364。长方形竖穴土坑，墓坑呈南北向，方向5°。墓坑不规整，坑壁略向底内斜收，壁面粗糙，坑底平整。墓口距地表0.2米，墓口长2.6、宽1.5～1.6米，墓底长2.5、宽1.5米，墓深0.82米。墓坑内填黄褐夹灰白土，土质致密、纯净，未见包含物。

木质一椁一棺已朽，可见青灰色腐痕。椁痕长2.34、宽1.08、高0.12、墙板痕厚0.06米，棺痕长2.14、宽0.6、高0.09、墙板痕厚0.06米。人骨架朽尽无存，葬式不明。棺底北端有牙痕，证明头向北。

随葬器物放6件，放置在椁内棺外西南端，器类有陶鼎1、盒1、壶1、罐2、灶1（图三五七）。

M267　位于Ⅰ区中部，西北角打破M270东南角，北邻M268。长方形竖穴土坑，墓坑呈南北向，方向270°。墓圹不规整，坑壁向底斜内收，壁面粗糙，坑底不整。墓口距地表0.2米，墓口长2.6～2.7、宽1.34～1.44米，墓底长2.5～2.6、宽1.2～1.3米，墓深0.9米。墓坑内填黄褐夹灰白土，土质致密，未见包含物。

木质一椁一棺已腐烂，留有青灰色腐痕。椁痕长2.22、宽1.12、高0.2、墙板痕厚0.06米，棺痕长2.04、宽0.52、深0.06、墙板痕厚0.06米。人骨架朽尽无存，葬式不明。棺底西端有牙痕，证明头向西。

随葬器物3件，放置在椁内棺外西南端，器类有陶罐1、陶釜1、铜盆1（图三五八）。

M268　位于Ⅰ区中部偏北，西南角叠压M270，南邻M267。长方形竖穴土坑，墓坑呈东西向，方向270°。墓坑口、底长宽相等，壁面粗糙，墓底平整。墓口距地表0.2米，墓坑长1.82、宽0.42～0.56米，墓深0.28米。墓坑内填土以黄褐色土为主，夹少量灰白土，土质致密、纯净，未见包含物。

单棺已朽，可见青灰色腐痕及漆痕。棺痕长1.56、宽0.34、高0.16、墙板痕厚0.04米。人骨架朽尽无存。葬式不明。

随葬陶罐1件，放置在墓底棺外西端（图三五九）。

M271　位于Ⅰ区中部偏北，西北打破M41东南，东邻M182，东北邻M116。长方形竖穴土坑，墓坑呈南北向，方向250°。墓坑壁向底斜内收，口大于底，壁面较粗糙，墓坑平整。墓口距地表0.2米，墓口长2.5、宽1.5米，墓底长2.34、宽1.3～1.35米，墓深0.94米。墓坑内填黄褐夹灰白花土，土质致密、纯净，未见包含物。

木质一椁一棺已腐烂，残留青灰色腐痕。椁痕长2.1、宽0.55、高0.14、墙板痕厚0.07米，棺痕长1.98、宽0.42、高0.1、墙板痕厚0.04～0.06米。人骨架朽尽无存，葬式不明。棺底西端保存有牙齿痕迹，证明头向西。

随葬器物有陶罐1件，放置在墓底椁内棺外西南角（图三六○）。

M273　位于Ⅰ区中部偏西北，东邻M71，南邻M272。长方形竖穴土坑，墓坑呈南北向，方向170°。墓坑壁向底微斜内收，口略大于底，壁面粗糙，东、西壁有生土二层台，坑底平整。墓口距

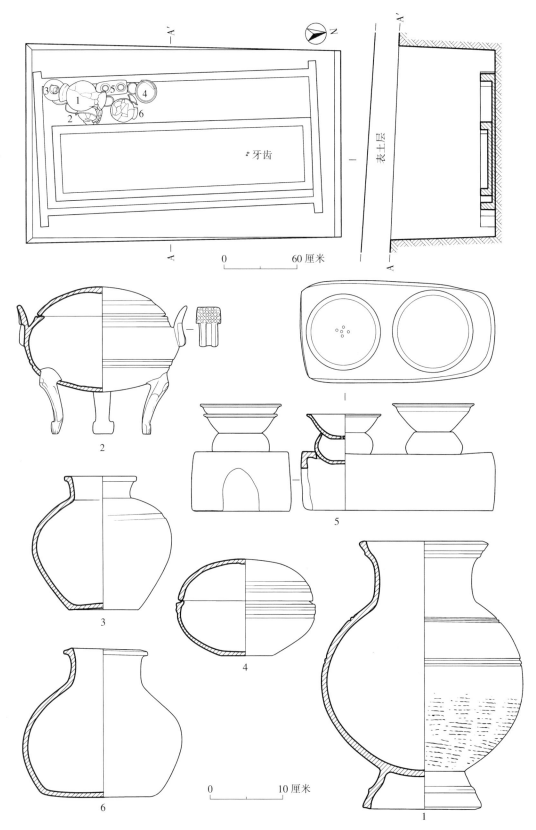

图三五七　西汉 M265 平、剖面图及随葬品

1. Aa 型Ⅶ式陶壶　2. Aa 型Ⅴ式陶鼎　3. Bb 型Ⅳ式陶罐　4. Ba 型Ⅳ式陶盒　5. B 型Ⅵ式陶灶　6. Ba 型Ⅴ式陶罐

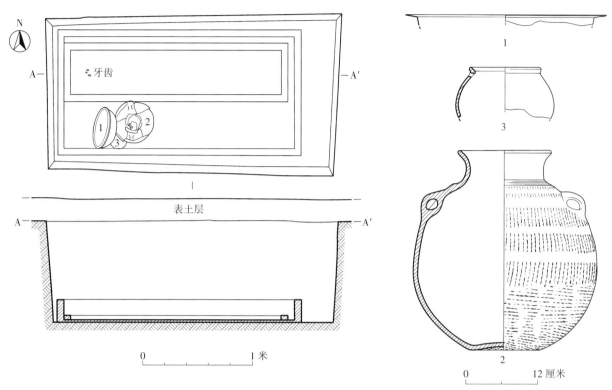

图三五八　西汉 M267 平、剖面图及随葬品
1. 铜盆　2. Aa 型 Ⅱ 式陶罐　3. 陶釜

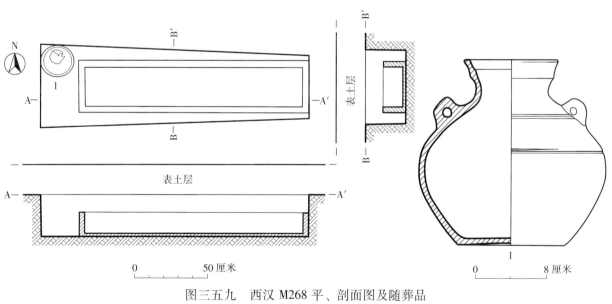

图三五九　西汉 M268 平、剖面图及随葬品
1. Ac 型 Ⅰ 式陶罐

地表 0.25 米，墓口长 2.6、宽 0.96～1.1 米，墓底长 2.46、宽 0.48 米，墓深 0.6 米。生土二层台高 0.14、东壁台面宽 0.06～0.16、西壁台面宽 0.36 米。墓坑内填黄褐夹灰白土，土质致密，未见包含物。

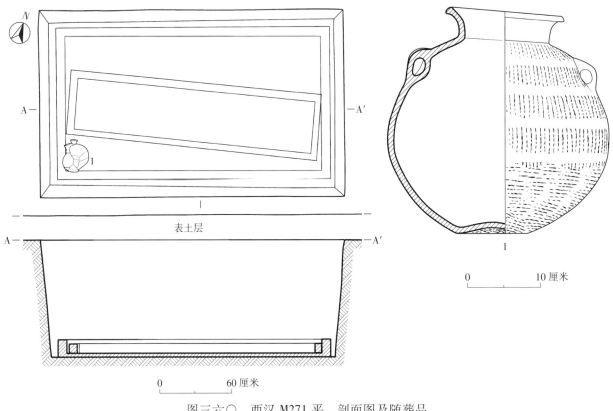

图三六〇 西汉 M271 平、剖面图及随葬品
1. Aa 型 V 式陶罐

单棺已朽，可见青灰色腐痕。棺痕长 1.94、宽 0.48、高 0.1、墙板痕厚 0.04 米。人骨架朽尽无存，葬式不明。棺底南端牙齿痕迹，证明头向南。

随葬器物 3 件，陶罐放置在坑底棺外南部，铁刀和铜钱置于棺内南部，器类有陶罐 1、铁削刀 1、铜五铢 1（图三六一）。

M275 位于 I 区中部偏北，南邻 M71，东邻 M276。长方形竖穴土坑，墓坑呈东西向，方向 90°。墓坑不规整，东、西壁向底外斜，口小于底，南、北壁陡直，壁面粗糙，坑底平整。墓口距地表 0.2 米，墓口长 2.44、宽 1.34~1.46 米，墓底长 2.58、宽 1.42 米，墓深 1.4 米。坑内上部填厚约 0.25 米的灰黄土，包含有残青砖。下部填黄褐夹灰白土，土质致密，未见包含物。

木质一椁一棺已腐烂，留有青灰色腐痕。椁痕长 2.52、宽 1.33、高 0.4、墙板痕厚 0.04 米，棺痕长 2.26、宽 0.72、高 0.1、墙板痕厚 0.08、棺底板痕厚 0.02 米。椁底东、西侧各有一根垫木腐痕，垫木痕宽 0.1、厚 0.02 米。人骨架已朽尽，葬式不明。

随葬器物 6 件，放置在椁内棺外南部，器类有陶鼎 1、盒 1、壶 1、灶 1、井 1 及漆器痕 1（图三六二）。

M276 位于 I 区中部偏北，东邻 M180，西邻 M275。长方形竖穴土坑，墓坑呈南北向，方向 0°。墓坑壁向底斜内收，口大底小，壁面粗糙，坑底平整。墓口距地表 0.2 米，墓口长 2.36、宽 1.5~1.54 米，墓底长 2.18、宽 1.4 米，墓深 0.8 米。墓坑内填黄褐夹灰白花土，土质致密、纯净，未见包含物。

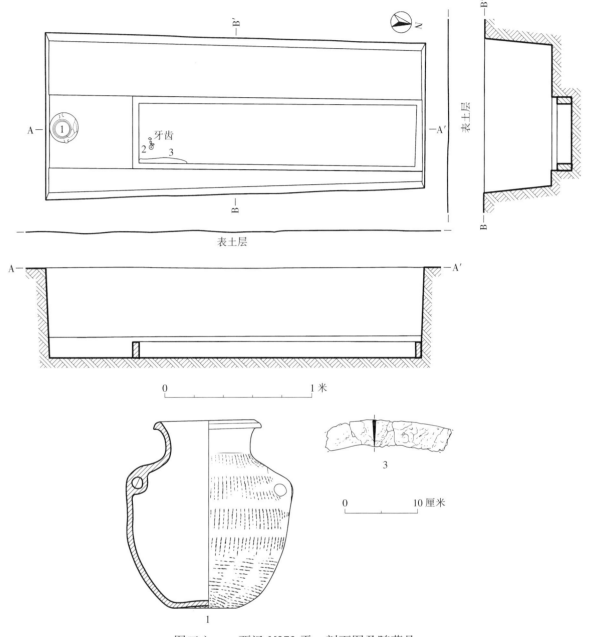

图三六一　西汉 M273 平、剖面图及随葬品
1. Ab 型 Ⅵ式陶罐　2. Ⅲ式铜五铢　3. 铁削刀

　　木质一椁一棺已腐烂，可见青灰色腐痕。椁痕长 2.12、宽 1.34、高 0.06、墙板痕厚 0.02 米，棺痕长 2.04、宽 0.58、高 0.04、墙板痕厚 0.04 米。人骨架朽尽，葬式不明。

　　随葬器物 9 件，陶钵放置在棺内北部，其他器物放置在椁室东部，器类有陶鼎 1、盒 1、壶 1、仓 1、灶 1、井 1、钵 1、器盖 1 及漆器痕 1（图三六三）。

　　M292　位于 Ⅰ 区北端略偏西，东邻 M288，东部打破 M289，西北邻 M304。长方形竖穴土坑，墓坑呈东西向，方向 80°。墓坑壁向底斜内收，口大于底，壁面粗糙，坑底平整。墓口距地表 0.3 米，墓口长 2.4、宽 0.8～0.86 米，墓底长 2.36、宽 0.76 米，墓深 1.04 米。墓坑内填褐夹黄色花

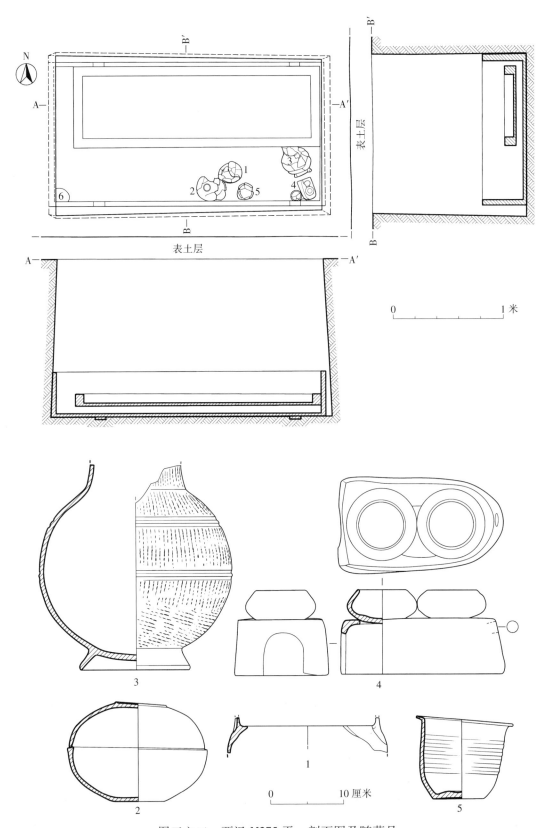

图三六二　西汉 M275 平、剖面图及随葬品

1. 陶鼎（残）　2. Bb 型 Ⅱ 式陶盒　3. Aa 型 Ⅱb 式陶壶　4. Aa 型 Ⅱ 式陶灶　5. Ab 型 Ⅰ 式陶井　6. 漆器

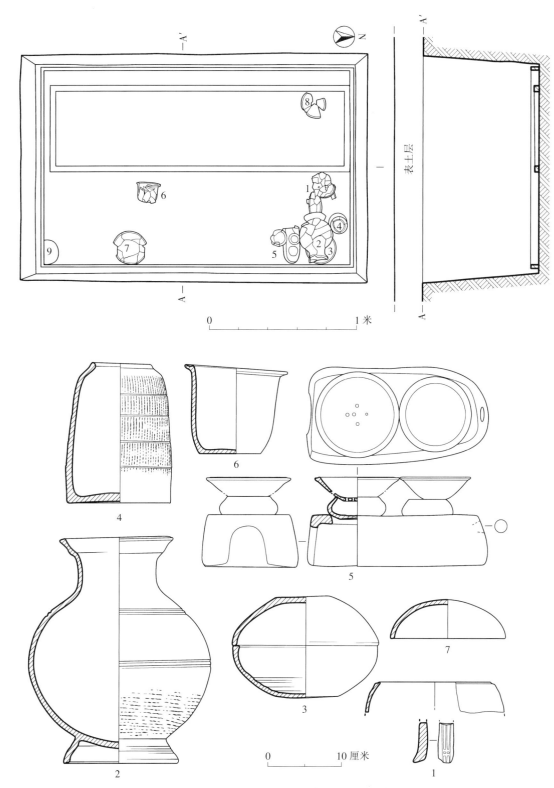

图三六三 西汉 M276 平、剖面图及随葬品

1. 陶鼎（残） 2. Aa 型Ⅳ式陶壶 3. Bb 型Ⅲ式陶盒 4. Ac 型Ⅱ式陶仓 5. B 型Ⅳ式陶灶

6. Ab 型Ⅱ式陶井 7. Ⅰ式陶器盖 8. 陶钵（残） 9. 漆器

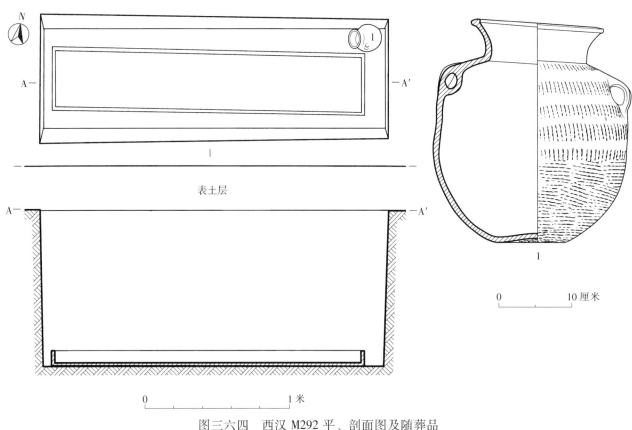

图三六四　西汉 M292 平、剖面图及随葬品
1. Ab 型 Ⅵ 式陶罐

土，土质板结。

木质单棺已腐烂，残留有青灰色腐痕。棺痕长 2.16、宽 0.42、高 0.1、墙板痕厚 0.02 米。人骨已朽尽，葬式不明。

随葬器物放置在坑底棺外东北角，器类有陶罐 1（图三六四）。

M294　位于Ⅲ区西北部边沿，北邻 M257，东邻 M277。长方形竖穴土坑，墓坑呈东西向，方向 95°。墓坑上部已被取土破坏，现存部分为墓坑底部。墓坑壁粗糙，坑底平整。墓坑内填黄褐灰色土，土质致密、夹少许陶片。原墓坑开口距地表 0.4 米，现存墓底长 2.9、宽 1.64 米，墓残深 0.06 米。

木质一椁一棺，棺椁已朽，可见青灰色腐痕。椁痕长 2.74、宽 1.52、残高 0.06、墙板痕厚 0.06 米。棺置于椁室北部，棺痕长 1.92、宽 0.54、残高 0.04、厚 0.04 米。棺底残存少许肢骨，可以看出是仰身直肢葬。

随葬器物 5 件，铜钱、带钩、铜簪放置于棺内，陶器放置在椁内棺外南部，器类有陶罐 1、陶灶 1、铜钱 1（五铢 20 枚）、铜带钩 1、铜簪 1（图三六五）。

M295　位于Ⅰ区北端，墓坑西部叠压 M75 与 M165 东部。长方形竖穴土坑，墓坑呈南北向，方向 180°。墓坑壁直，壁面粗糙，坑底平整。墓口距地表 0.3 米，墓长 2.68、宽 0.82～0.9 米，墓深 1.46 米。墓坑内填褐色夹黄色花土，土质板结。

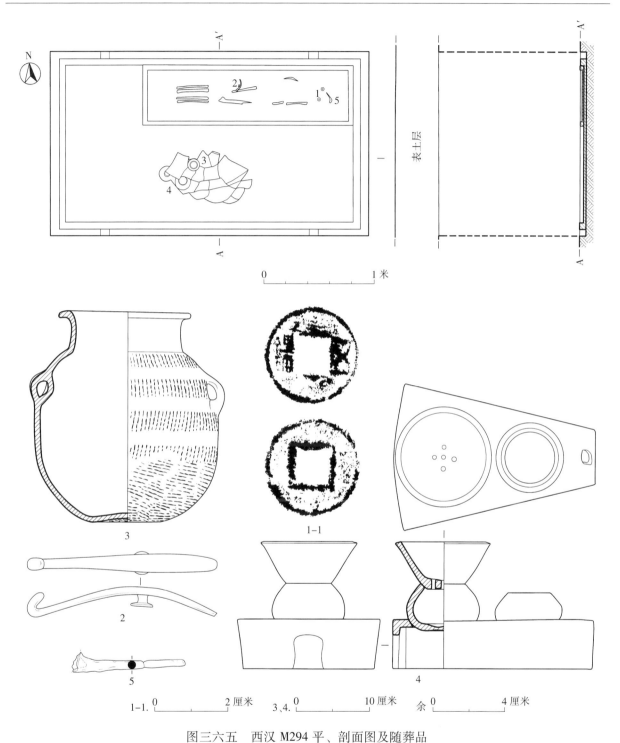

图三六五　西汉 M294 平、剖面图及随葬品

1. Ⅱ式铜五铢　2. A 型Ⅱ式铜带钩　3. Ab 型Ⅴ式陶罐　4. B 型Ⅴ式陶灶　5. 铜簪

　　单棺已腐朽，仅存青灰色腐痕。棺痕长 1.96、宽 0.48、残高 0.1、墙板痕厚 0.06 米。人骨已朽尽，葬式不明。棺内南端残存牙齿，证明头向南。

　　随葬器物 2 件，放置棺外南端，器类有陶罐 1、釜 1（图三六六）。

　　M296　位于Ⅰ区北端略偏西，墓坑西北打破 M193 东部和 M298 东北角，东邻 M75。长方形

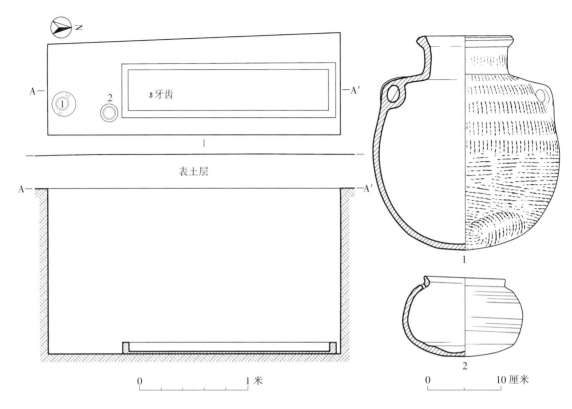

图三六六　西汉 M295 平、剖面图及随葬品
1. Aa 型 Ⅳ 式陶罐　2. Ba 型 Ⅳ 式陶釜

竖穴土坑砖室，墓坑呈南北向，方向 350°。墓坑壁陡直，壁面粗糙，北部设斜坡墓道，坑底平整。墓口距地表 0.3 米，墓道与墓坑通长 7.16 米，墓口长 2.8、宽 1.88 米，墓底长 2.76、宽 1.66 米，墓深 1.52 米，墓道长 4.36、宽 1.54 ~ 1.8 米。墓坑内填褐色夹黄色花土，包含有碎志砖渣，土质板结。

砖室是先用砖横向对缝平铺，再用条砖平卧错缝叠砌 20 层后起券，封门砖用条砖平卧错缝叠砌。砖分三类：壁砖、封门砖规格为 30 × 17 × 5 厘米；券顶砖规格为 32 × 17 ×（4.5 ~ 6.5）厘米；铺地砖规格为 30 × 17 × 5 厘米。

棺已腐烂，结构不清，人骨已朽尽，葬式不明。

随葬器物 15 件，放置在砖室内西南部，器类有陶鼎 2、盒 2、壶 2、钵 2、仓 1、灶 1、井 1、盆 1 及铜盆 1、铜钱 1、漆器痕 1（图三六七）。

M307　位于Ⅰ区北部偏西，东北打破 M306 西南，西南邻 M309。长方形竖穴土坑，墓坑呈南北向，方向 12°。墓坑壁微向底内斜收、口大于底，壁面较粗糙，墓底平整。墓口距地表 0.4 米，墓口长 2.6、宽 1.5 米，墓底长 2.53、宽 1.44 米，墓深 0.6 米。坑内填土黄褐色花土，土质板结，无包含物。

木质一椁一棺已腐烂，留有青灰色腐痕。椁痕长 2.24、宽 1.12、高 0.3、墙板痕厚 0.06、底板痕厚 0.04 米。棺置于椁室东部，棺痕长 2.08、宽 0.52、残高 0.1、墙板痕厚 0.04、底板痕厚 0.04 米。人骨架朽尽无存，葬式不明，棺内北部有人牙痕迹，证明头向北。

随葬器物 8 件，放置在椁内棺外西侧，器类有陶罐 4、陶盆 1、陶铞 1、铜盆 1、漆器痕 1（图三六八）。

M311　位于 I 区西部略偏北，东邻 M310，西邻 M312。长方形竖穴土坑，墓坑呈南北向，方向 180°。墓坑东、西壁微向底内斜收，壁面粗糙，坑底平整。墓口距地表 0.25 米，墓口长 2.3、宽 1.4 米，墓底长 2.3、宽 1.34 米，墓深 0.54 米。坑内填黄褐夹灰白土，土质致密、纯净，无包含物。

木质一椁一棺已朽，留有青灰色腐痕。椁痕长 2.24、宽 1.34、高 0.16、墙板痕厚 0.08 米，棺痕长 1.92、宽 0.56、高 0.16、墙板痕厚 0.06 米。人骨架朽尽无存，葬式不明。棺底南端有牙齿痕迹，证明头向南。

随葬器物 9 件，放置在椁内棺外东侧，器类有陶盒 1、壶 1、仓 1、井 1、灶器 4 及漆器痕 4（图三六九）。

M312　位于 I 区西部偏北，东邻 M311，南邻 M391。长方形竖穴土坑，墓坑呈东西向，方向 270°。墓坑不规整，西宽东窄，坑壁向底斜内收，壁中部微向内弧凸，壁面粗糙，坑底平整。墓口距地表 0.2 米，墓口长 2.8、宽 1.6～1.72 米，墓底长 2.66、宽 1.5～1.6 米，墓深 1.06 米。墓坑内填黄褐夹灰白花土，土质致密，夹少许陶片，棺底填致密的黄褐色黏土。

木质一椁一棺，棺椁已朽，可见青灰色腐痕。椁痕长 2.56、宽 1.3、高 0.44、墙板痕厚 0.06 米，棺痕长 2、宽 0.56、高 0.18、墙板痕厚 0.06 米。人骨架仅存肢骨，葬式不明，棺底西端存有牙痕，证明头向西。

随葬器物 10 件，放置在椁内棺外南侧，器类有陶鼎 1、盒 1、壶 1、罐 1、器座 1、仓 1、灶 1、瓮 1 及铜盆 1、漆器痕 1（图三七○）。

M313　位于 I 区西部，西邻 M314，东南邻 M376，东北邻 M391。长方形竖穴土坑，墓坑呈南北向，方向 164°。墓坑上部已被取土破坏，坑壁直下，口底长宽相等，坑壁粗糙，坑底平整。墓口距地表 0.2 米，坑长 1.92、宽 0.54～0.6 米，墓深 0.2 米。墓坑内填黄褐夹灰白黏土，土质致密，包含有红陶片。

单棺已腐烂，可见黑灰色腐痕。棺痕长 1.36、宽 0.38、高 0.06、墙板痕厚 0.04 米。人骨架朽尽无存，葬式不明。棺底南端发现有牙齿痕迹，证明头向南。

随葬器物 3 件，放置在棺外南端，器类有陶罐 2、盆 1（图三七一）。

M316　位于 I 区西部，西北邻 M315、M376，东邻 M272。长方形竖穴土坑，墓坑呈东西向，方向 270°。墓坑壁向底内微斜收，口大于底，壁面粗糙，坑底平整。墓口距地表 0.2 米，墓口长 2.4、宽 1.36 米，墓底长 2.42、宽 1.34 米，墓深 1.06 米。坑内填黄褐夹灰白色土，土质致密、纯净，未见包含物。

木质一椁一棺已朽，可见青灰色腐痕。椁痕长 2.32、宽 1.2、高 0.16、墙板痕厚 0.04 米，棺痕长 1.96、宽 0.5、高 0.16、墙板痕厚 0.06 米。棺底西端有牙齿痕迹，证明头向西，人骨架朽尽无存，葬式不明。

随葬器物 7 件，放置在坑底椁内棺外西南部，器类有陶鼎 1、盒 1、壶 1、仓 1、灶 1、井 1 及漆器痕 1（图三七二）。

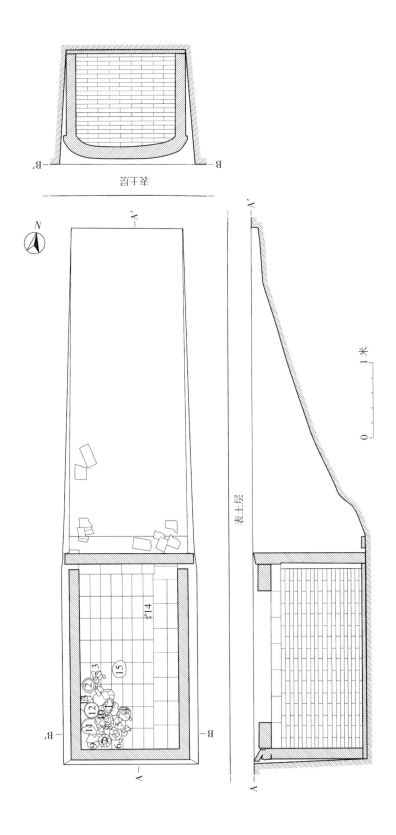

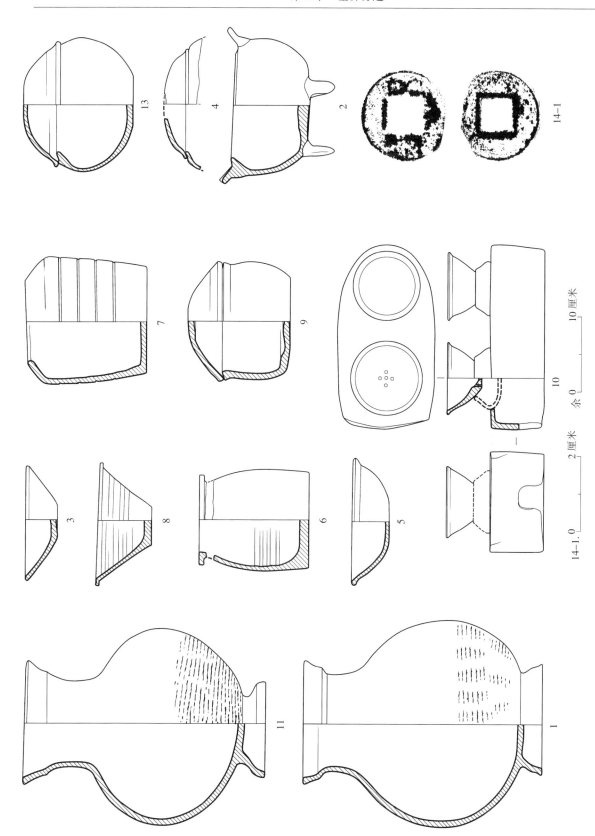

图三六七 西汉 M296 平、剖面图及随葬品

1.Aa 型Ⅷ式陶壶 2.Ac 型Ⅷ式陶鼎 3、5.Ⅵ式陶钵 4.陶鼎 6.Aa 型Ⅷ式陶井 7.Ba 型Ⅵ式陶仓 8.B 型Ⅱ式陶盆 9.Ac 型Ⅳ式
陶盒 10.Ab 型Ⅳ式陶灶 11.Aa 型Ⅸ式陶壶 12.铜壶 13.Ba 型Ⅵ式陶盒 14.Ⅴ式铜耳钵 15.漆器

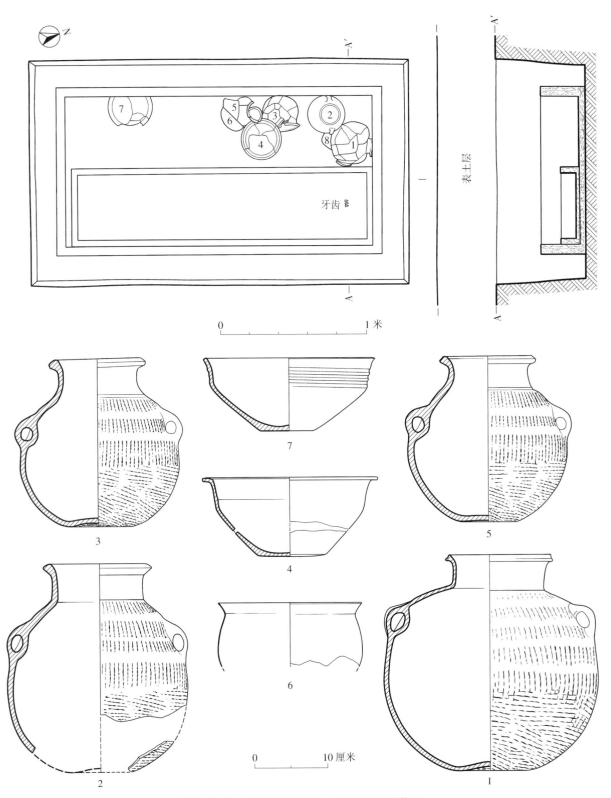

图三六八　西汉 M307 平、剖面图及随葬品

1. Aa 型Ⅵ式陶罐　2、3、5. Aa 型Ⅶ式陶罐　4. A 型Ⅲ式陶盆　6. 铜盆　7. B 型Ⅰ式陶铞　8. 漆器（碎）

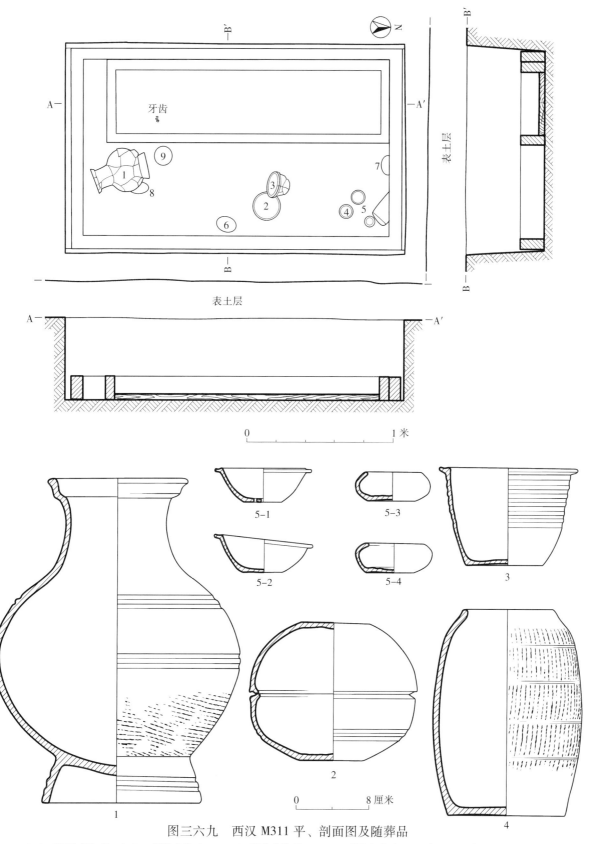

图三六九　西汉 M311 平、剖面图及随葬品

1. Aa 型Ⅶ式陶壶　2. Ba 型Ⅳ式陶盒　3. Ab 型Ⅳ式陶井　4. Aa 型Ⅳ式陶仓　5. 陶灶器 4 件　6～9. 漆器

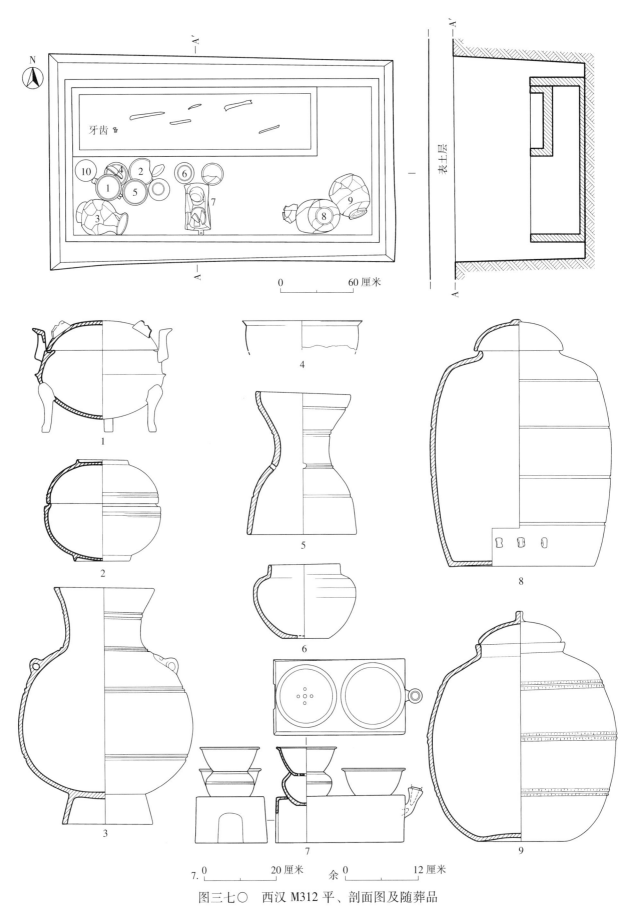

牙齿

N

A—A'

A'

A'

表土层

0　　　　60厘米

1

2

3

4

5

6

7

8

9

7. 0　　　20厘米　　余 0　　　12厘米

图三七〇　西汉 M312 平、剖面图及随葬品

1. Aa 型 Ⅱb 式陶鼎　2. Ca 型 Ⅲ式陶盒　3. Ad 型 Ⅰ式陶壶　4. 铜盆　5. 陶器座

6. C 型 Ⅰ式陶罐　7. C 型 Ⅰ式陶灶　8. Bb 型 Ⅰ式陶仓　9. B 型 Ⅰ式陶瓮　10. 漆器

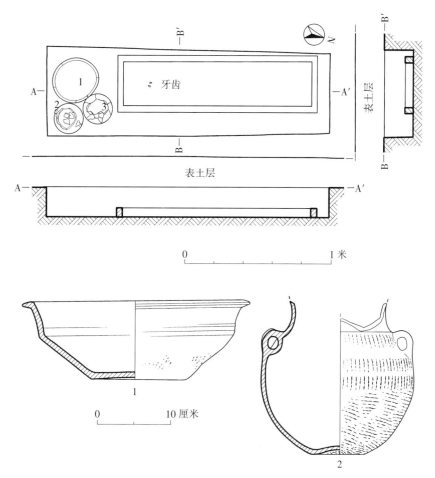

图三七一　西汉 M313 平、剖面图及随葬品
1. A 型 III 式陶盆　2. Aa 型 VII 式陶罐　3. 陶罐（残）

M318　位于 I 区中部偏西，南邻 M322，西邻 M317。长方形竖穴土坑，墓坑呈南北向，方向 0°。墓坑壁向底斜内收，北壁设置有壁龛，口大于底，壁面较粗糙，东、西壁有生土二层台，坑底平整。墓口距地表 0.4 米，墓口长 2.7、宽 1 米，墓底长 2.5、宽 0.54 米，墓深 0.56 米。壁龛宽 0.3~0.52、高 0.3、进深 0.26 米。生土二层台壁面陡直，台面高 0.14、宽 0.1~0.2 米。墓坑内填黄褐色花土，土质板结，填土中无包含物。

木质单棺已腐烂，可见灰褐色腐痕。棺痕长 1.9、宽 0.44、残高 0.16、墙板痕厚 0.04、底板痕厚 0.02 米。人骨架朽尽无存，葬式不明。

随葬器物 2 件，放置在坑底棺外北端壁龛内，器类有陶罐 2（图三七三）。

M322　位于 I 区中部偏西，东南打破 M324 西北，西邻 M325，北邻 M318。长方形竖穴土坑，墓坑呈南北向，方向 182°。墓坑壁微向底内斜收，口大于底，壁面粗糙，坑底平整。墓口距地表 0.4 米，墓口长 3、宽 2 米，墓底长 2.96、宽 1.87~1.9 米，墓深 1.5 米。坑内填黄褐色花土，土质较硬，包含少量红烧土颗粒。

木质棺椁已腐烂，可见灰褐色腐痕。椁痕长 2.83、宽 1.7、残高 0.12、墙板痕厚 0.1 米，棺痕长 2.16、宽 0.48、残高 0.08、墙板痕厚 0.06 米。人骨架朽尽无存，葬式不明。

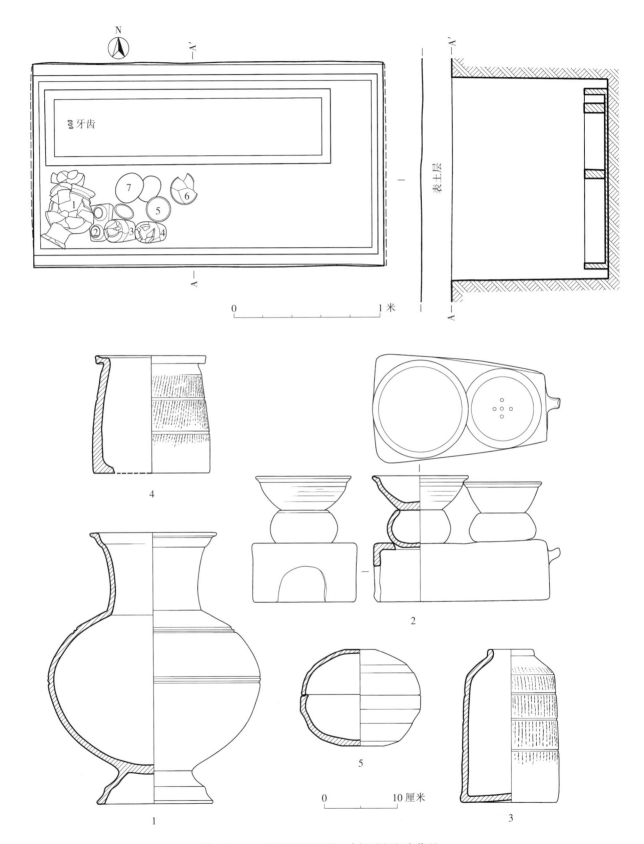

图三七二　西汉 M316 平、剖面图及随葬品

1. Aa 型 IIa 式陶壶　2. B 型 II 式陶灶　3. Ac 型 I 式陶仓　4. B 型 II 式陶井　5. Ba 型 I 式陶盒　6. 陶鼎（残）　7. 漆器（残）

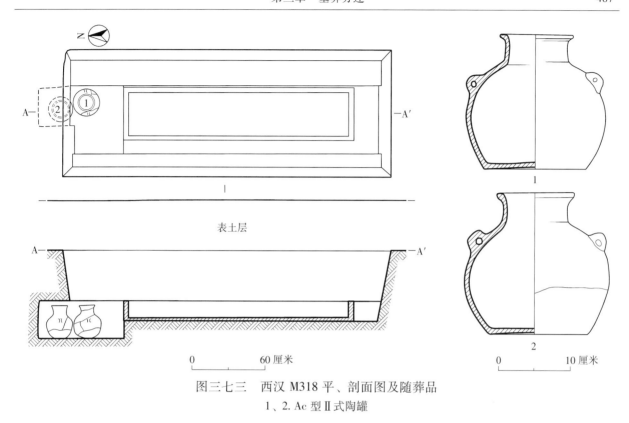

图三七三　西汉 M318 平、剖面图及随葬品
1、2. Ac 型 Ⅱ 式陶罐

随葬器物 10 件，放置在椁内棺外西侧，器类有陶鼎 1、盒 1、壶 1、钵 1、灶 2、井 2 及铜盆 1（图三七四）。

M323　位于Ⅲ区西北角，西南邻 M412，东南邻 M433，东邻 M303。长方形竖穴土坑，墓坑呈东西向，方向 95°。墓坑壁陡直，坑底微长于口，壁面光滑，坑底平整。墓口距地表 0.2 米，墓口长 2.88、宽 2.18 ~ 2.22 米，墓底长 3、宽 2.12 米，墓深 2.6 米。坑内填黄褐灰土，土质致密、夹少许陶片与红烧土。

葬具为一椁一棺，棺椁盖板已朽尽。椁痕长 2.9、宽 2.12、高 0.62、板厚 0.1 米，棺室残长 2.08、宽 0.7、高 0.4、墙板厚 0.04 米。椁底板下南、北两侧放置有圆形垫木，垫木直径约 0.1 米。人骨架朽尽，葬式不明。

随葬器物 7 件，放置在椁内棺外北侧，器类有陶鼎 1、盒 1、壶 2、灶 1 及铜带钩 1、铁削刀 1（图三七五）。

M327　位于Ⅰ区西南部，墓坑西北部打破 M328，西南邻 M329。长方形竖穴土坑，墓坑呈南北向，方向 180°。墓坑壁微向底内斜收，口大于底，壁面较粗糙，坑底平整。墓口距地表 0.2 米，墓口长 2.68、宽 1.5 米，墓底长 2.6、宽 1.44 米，墓深 0.38 米。墓坑内填褐灰色花土，土质板结，填土中无包含物。

葬具一椁一棺已腐烂，可见青灰色腐痕。椁痕长 2.4、宽 1.28、高 0.14、板厚 0.08 米。棺置于椁内西侧，底部铺有草木灰和红烧土，棺痕长 2.12、宽 0.54、高 0.07、板厚 0.06 米。人骨架朽尽无存，葬式不详。

随葬器物 2 件，放置在椁内棺外东部，器类有陶罐 1、釜 1（图三七六）。

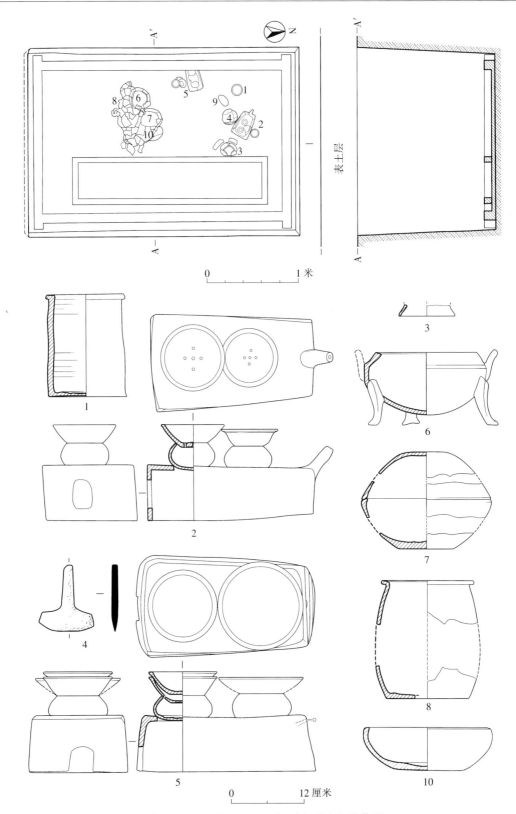

图三七四　西汉 M322 平、剖面图及随葬品

1、8. Aa 型 I 式陶井　2、5. B 型 I 式陶灶　3. 陶壶（残）　4. 铜盆（碎）　6. Aa 型 I 式陶鼎

7. Bb 型 I 式陶盒　9. 漆器（碎）　10. I 式陶钵

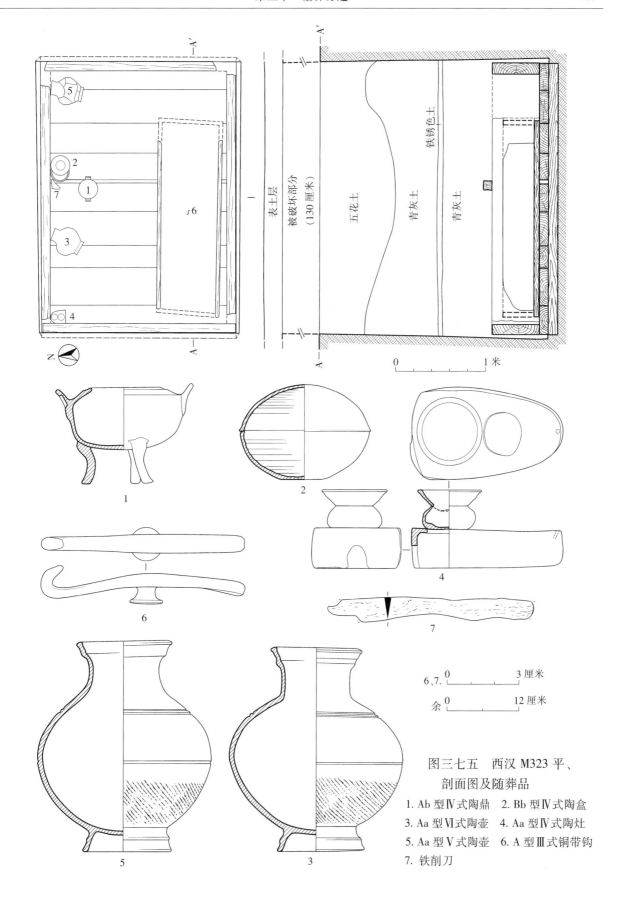

图三七五　西汉 M323 平、
剖面图及随葬品

1. Ab 型Ⅳ式陶鼎　2. Bb 型Ⅳ式陶盒
3. Aa 型Ⅵ式陶壶　4. Aa 型Ⅳ式陶灶
5. Aa 型Ⅴ式陶壶　6. A 型Ⅲ式铜带钩
7. 铁削刀

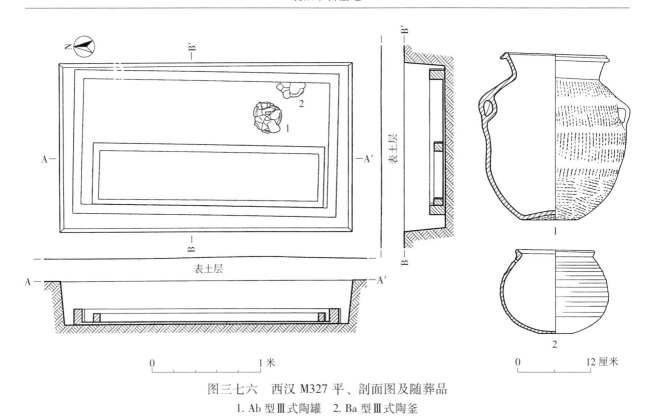

图三七六　西汉 M327 平、剖面图及随葬品
1. Ab 型 Ⅲ 式陶罐　2. Ba 型 Ⅲ 式陶釜

M335　位于Ⅰ区西南部，北邻 M222，东北邻 M334。长方形竖穴土坑，墓坑呈东西向，方向
105°。墓坑壁微向底内斜收、口大于底，壁面粗糙，坑底平整。墓口距地表 0.4 米，墓口长 2.64、
宽 1.64 米，墓底长 2.6、宽 1.54 米，墓深 1.96 米。墓坑内填褐夹灰白色花土，土质板结，无包
含物，椁室内填满青灰色稀泥。

葬具一椁一棺已腐烂，留有青灰色腐痕。棺置于椁内北部，底部铺垫草木灰。椁痕长 2.52、
宽 1.1、高 0.46、椁墙板痕厚 0.06 米，棺痕长 2.08、宽 0.52、残高 0.08、墙痕厚 0.06、底板痕厚
0.02 米。人骨架朽尽无存，葬式不明。

随葬器物 5 件，放置在椁内南侧，器类有陶鼎 1、壶 1、罐 1、铜 1 及漆盘痕 1（图三七七）。

M340　位于Ⅰ区西部，墓坑北部打破 M320 南部，东邻 M321，西邻 M341。长方形竖穴土坑。
墓坑呈南北向，方向 185°。墓坑壁向底内斜收，口大于底，壁面粗糙，坑底平整。墓口距地表
0.4 米，墓口长 2.7、宽 1.84 米，墓底长 2.62、宽 1.76 米，墓深 0.8 米。墓坑内填黄褐色花土，
土质较硬，包含有少量红烧土颗粒。

葬具一椁一棺已腐烂，可见灰褐色腐痕。椁痕长 2.54、宽 1.57、高 0.1、墙壁厚 0.08 米，棺
痕长 2.08、宽 0.6、残高 0.06、壁厚 0.06 米。人骨架朽尽无存，葬式不明，棺内南端发现有牙
齿，说明头向南。

随葬器物 9 件，放置在椁内棺外东部，器类有陶鼎 1、盒 1、壶 1、罐 1、灶 1、井 1 及铜盆 1、
铜矛 1、漆耳杯痕 1（图三七八）。

M341　位于Ⅰ区西南边沿，东邻 M340，北邻 M274。长方形竖穴土坑，墓坑呈南北向，方向
175°。墓坑壁向底斜内收，口大于底，壁面较粗糙，坑底平整。墓口距地表 0.4 米，墓口长 2.5、

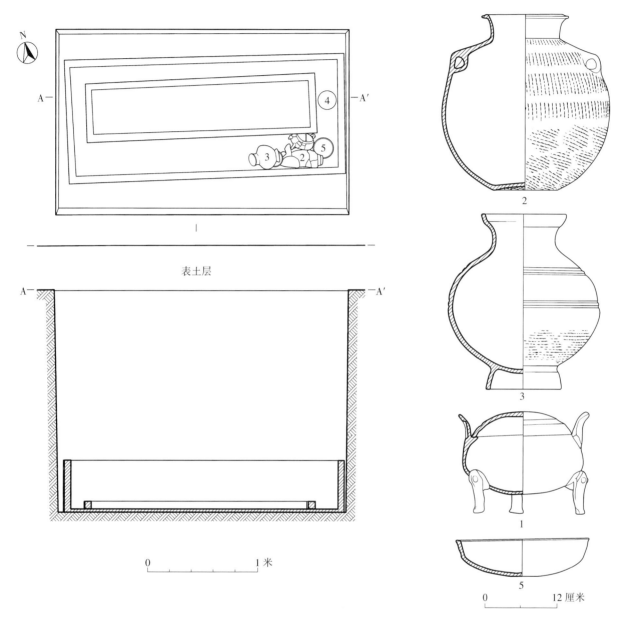

图三七七　西汉 M335 平、剖面图及随葬品

1. Aa 型Ⅶ式陶鼎　2. Aa 型Ⅹ式陶罐　3. Ab 型Ⅵ式陶壶　4. 漆盘碎皮　5. B 型Ⅱ式陶铟

宽1.26米，墓底长2.46、宽1.22米，墓深0.4米。坑内填黄褐色花土，土质较硬，填土无包含物。

葬具一椁一棺已腐烂，有腐烂后留下的青灰色痕迹。椁痕长2.34、宽1.06、残高0.12、墙板痕厚0.06米，棺痕长2、宽0.5、残高0.08、墙板痕厚0.04、底板痕厚0.02米。人骨架朽尽无存，葬式不明。

随葬器物3件，放置在椁室西侧南部，器类有陶灶1、陶壶1、漆器（皮）1（图三七九）。

M342　位于Ⅰ区西南边沿，西邻 M368，西北邻 M344。长方形竖穴土坑，墓坑呈南北向，方

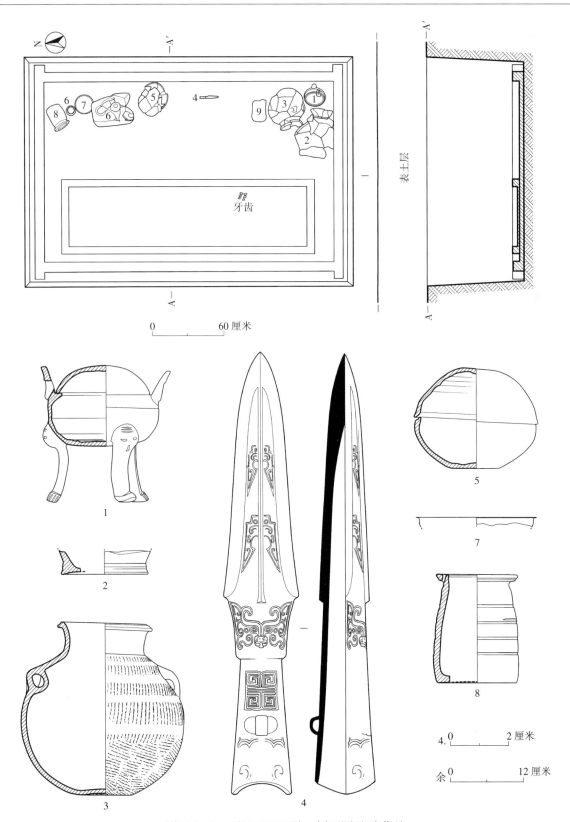

图三七八 西汉 M340 平、剖面图及随葬品

1. Ba 型 V 式陶鼎 2. 陶壶（残） 3. Aa 型Ⅸ式陶罐 4. 铜矛 5. Ba 型 V 式陶盒
6. B 型Ⅶ式陶灶 7. 铜盆 8. Aa 型Ⅶ式陶井 9. 漆耳杯

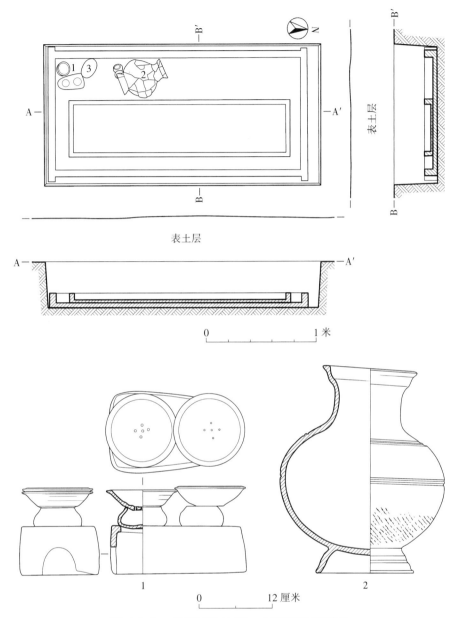

图三七九　西汉 M341 平、剖面图及随葬品
1. Aa 型 I 式陶灶　2. Aa 型 I 式陶壶　3. 漆器（皮）

向 185°。墓坑壁微向底内斜收，口大于底，壁面粗糙，坑底平整。墓口距地表 0.4 米，墓口长 2.56、宽 1.56 米，墓底长 2.48、宽 1.48 米，墓深 0.6 米。坑内填黄褐色花土，土质坚硬，包含有红烧土颗粒。

葬具一椁一棺已腐烂，留有青灰色腐痕。椁痕长 2.4、宽 1.47、残高 0.06、墙板痕厚 0.1 米，棺痕长 1.94、宽 0.5、残高 0.04、壁厚 0.06 米。人骨架朽尽无存，葬式不明。

随葬器物 3 件，放置在椁室东南侧，器类有陶罐 1、灶 1、井 1（图三八〇）。

M345　位于 I 区西部，东邻 M274，西南邻 M344。长方形竖穴土坑，墓坑呈南北向，方向 180°。墓坑壁陡直，口、底长宽相等，壁面粗糙，坑底平整。墓口距地表 0.3 米，墓坑长 2.54、

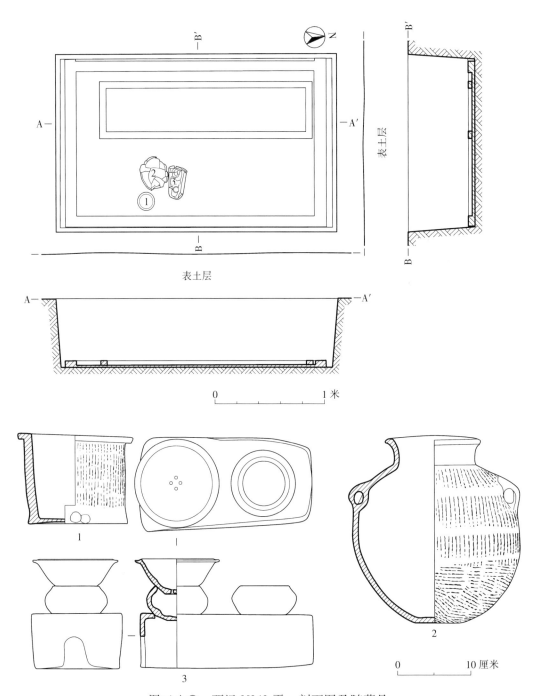

图三八〇 西汉 M342 平、剖面图及随葬品
1. B 型Ⅵ式陶井 2. Ab 型Ⅵ式陶罐 3. B 型Ⅵ式陶灶

宽 1.7 米，墓深 1 米。墓坑内填黄褐色花土，土质板结坚硬，无包含物。

一椁一棺已腐烂，可见灰褐色腐痕。椁痕长 2.3、宽 1.52、残高 0.3、墙板痕厚 0.08 米，棺痕长 1.97、宽 0.57、残高 0.26、墙板痕厚 0.06、底板痕厚 0.04 米。人骨架朽尽无存，葬式不明。

随葬器物 2 件，放置在椁内棺外西侧，器类有陶釜 1、瓮 1（图三八一）。

M348 位于 I 区西北部，东南打破 M394 西北，西北邻 M349。长方形竖穴土坑，南北向墓

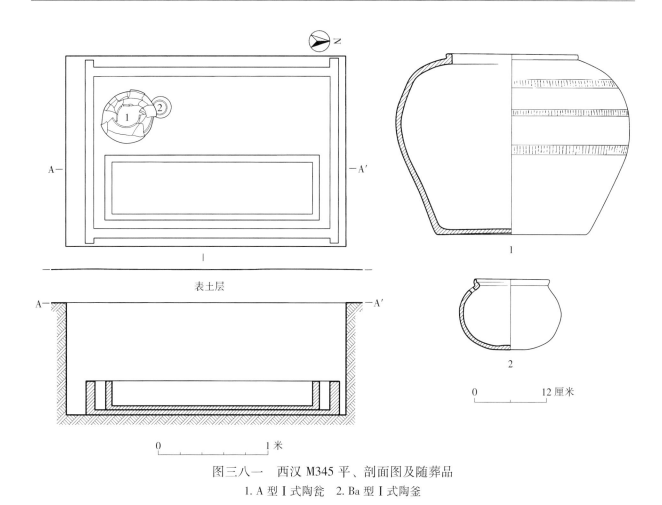

图三八一　西汉 M345 平、剖面图及随葬品
1. A 型 I 式陶瓮　2. Ba 型 I 式陶釜

坑，方向 182°。墓坑壁微向底内斜收，口略大于底，壁面较粗糙，墓底平坦。东、西壁有生土二层台，台阶南部两端显窄。墓口距地表 0.4 米，墓口长 2.36、宽 1.1 米，墓底长 2.24、宽 0.5 米，墓深 0.8 米。生土二层台面较平，东壁台面长 2.26、宽 0.14~0.24 米，西壁台面长 2.28、宽 0.12~0.22 米，台面至墓底深 0.2 米。墓坑内填褐夹灰白色花土，土质板结，填土中未见包含物。

木质单棺已腐朽，可见青灰色腐痕。棺痕长 1.89、宽 0.42、残高 0.12、墙板痕厚 0.04、底板痕厚 0.02 米。人骨架朽尽无存，葬式不明。

随葬器物 4 件，放置在坑底棺外南端，器类有陶罐 1、釜 1、钵 1、豆 1（图三八二）。

M352　位于 I 区西北角，北邻 M353，南邻 M349。长方形竖穴土坑，墓坑呈南北向，方向 190°。墓坑壁直，壁面粗糙，坑底平整。墓口距地表 0.3 米，墓口长 2.4、宽 1.3 米，墓底长 2.4、宽 1.3 米，墓深 0.32 米。坑内填褐夹黄色花土，土质板结。

葬具一椁一棺已腐烂，留有青灰色痕迹。椁痕长 2.3、宽 1.14、高 0.12、墙板痕厚 0.06 米，棺痕长 1.9、宽 0.5、高 0.12、墙板痕厚 0.02 米。人骨已朽尽，葬式不明。

随葬器物放置在椁室南端，器类有陶罐 1（图三八三）。

M359　位于 I 区西北角，西邻 M358，东邻 M360。长方形竖穴土坑，墓坑呈南北向，方向

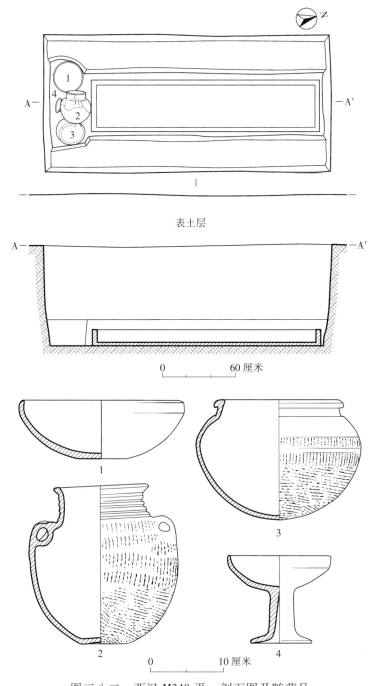

图三八二　西汉 M348 平、剖面图及随葬品
1. Ⅱ式陶钵　2. Aa 型Ⅲ式陶罐　3. C 型Ⅲ式陶釜　4. 陶豆

358°。墓坑壁陡直，口、底长宽相等，壁面粗糙，墓底平坦。墓口距地表 0.4 米，墓坑长 2.78、宽 1.4 米，墓深 0.1 米。坑内填褐夹灰白色五花黏土，土质板结，无包含物。

葬具一椁一棺均已腐烂，存有灰色腐痕。从腐痕观察，棺放置在椁内东部。椁痕长 2.72、宽 1.38、残高 0.04、墙板痕厚 0.08、底板痕厚 0.02 米，棺痕长 2.1、宽 0.48、残高 0.02、墙板痕厚 0.06 米。人骨架腐朽，仅存下肢骨，仰身直肢葬。

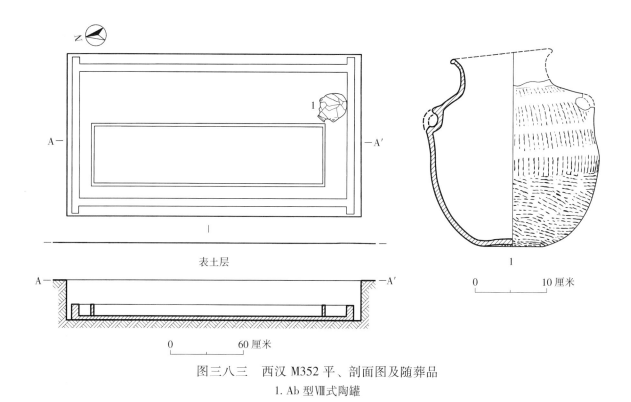

图三八三　西汉 M352 平、剖面图及随葬品
1. Ab 型Ⅷ式陶罐

　　随葬器物放 7 件，放置在椁内棺外西侧，器类有陶鼎 1、盒 1、壶 1、灶 1、井 1 及铜盆 1、漆器痕 1（图三八四）。

　　M360　位于Ⅰ区西北角，东邻 M350，西邻 M359。长方形竖穴土坑，墓坑呈南北向，方向354°。墓坑壁陡直，口底长宽相等，壁面粗糙，墓底平整。墓口距地表 0.4 米，坑长 2.72、宽1.64 米，墓深 0.08 米。墓坑内填褐色夹灰白色花土，土质坚硬，填土中未见包含物。

　　葬具一椁一棺已腐烂，留有灰色腐痕。从腐痕可看出为一椁一棺，棺放置在椁室东部。椁痕长 2.6、宽 1.56、残高 0.02、墙板厚 0.08 米。棺痕长 1.9、宽 0.6、残高 0.02、板厚 0.04 米。人骨架朽无存，葬式不明。

　　随葬器物 7 件，放置在椁室西南侧，器类有陶鼎 1、盒 1、壶 1、仓 1、灶 1、井 1 及铁剪 1（图三八五）。

　　M362　位于Ⅰ区西北部边沿，东邻 M363，两墓东西并列，南邻 M364。长方形竖穴土坑，墓坑呈南北向，方向358°。墓坑壁陡直，口、底长宽相等，壁面粗糙，坑底平坦。墓口距地表 0.4米，墓长 2.5～2.65、宽 1.82 米，墓深 0.86 米。墓坑内填褐夹灰白色五花土，土质结硬，无包含物。

　　木质一椁一棺已腐烂，留有灰褐色腐痕。从腐痕可以看出，椁室平面为长方形，棺置于椁室东侧。椁痕长 2.43～2.57、宽 1.72～1.74、残高 0.14、墙板痕厚 0.08～0.1、底板痕厚 0.02 米，棺痕长 2.14、宽 0.64、残高 0.06～0.08、墙板痕厚 0.06～0.08、底板痕厚 0.03 米。人骨架仅存零星肢骨，葬式不明。

　　随葬器物 11 件，放置在椁内棺外西侧，器类有陶鼎 1、盒 1、壶 1、罐 1、仓 1、灶 1、井 1 及铜盆 1、锡耳杯 1、漆器痕 2（图三八六）。

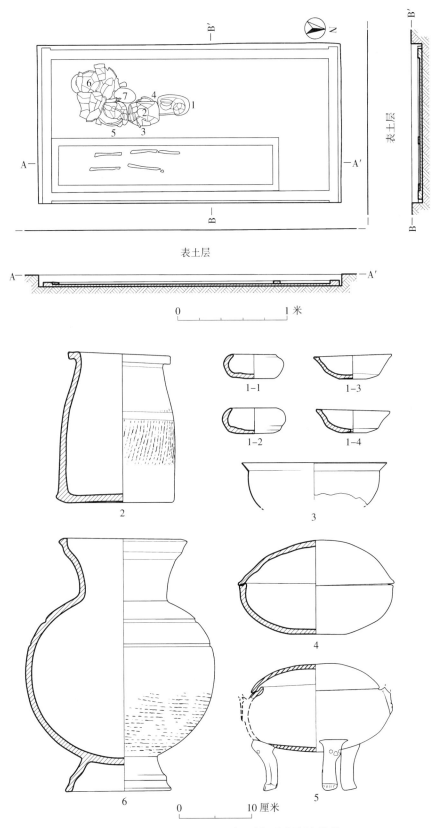

图三八四　西汉 M359 平、剖面图及随葬品

1. 陶灶上器　2. B 型Ⅵ式陶井　3. 铜盆　4. Ba 型Ⅳ式陶盒　5. Aa 型Ⅴ式陶鼎　6. Aa 型Ⅶ式陶壶　7. 漆器

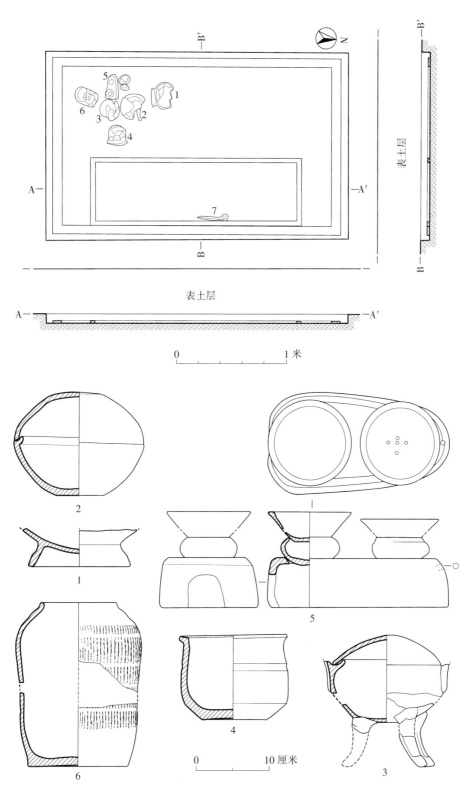

图三八五　西汉 M360 平、剖面图及随葬品

1. 陶壶（残）　2. Ba 型Ⅲ式陶盒　3. Ac 型Ⅲ式陶鼎　4. Ac 型Ⅲa 式
陶井　5. Ab 型Ⅱ式陶灶　6. Aa 型Ⅲ式陶仓　7. 铁剪（碎）

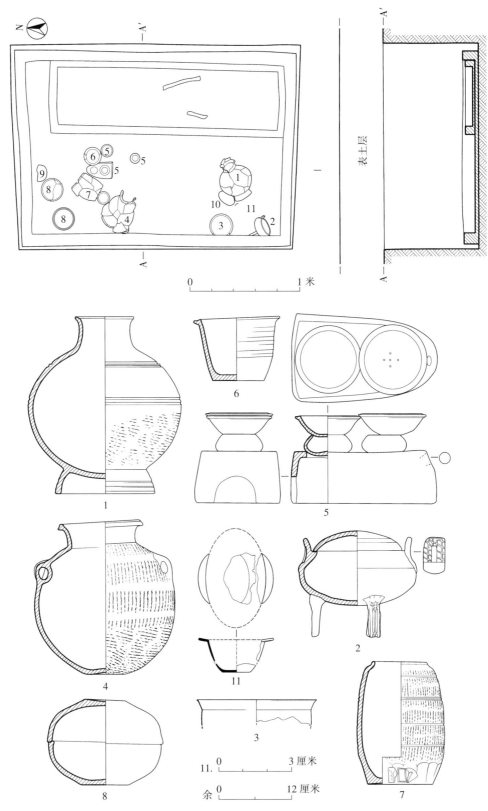

图三八六　西汉 M362 平、剖面图及随葬品

1. Ba 型Ⅲ式陶壶　2. Ac 型Ⅳ式陶鼎　3. 铜盆　4. Aa 型Ⅷ式陶罐　5. Aa 型Ⅴ式陶灶
6. Ab 型Ⅳ式陶井　7. Ab 型Ⅲ式陶仓　8. Bb 型Ⅴ式陶盒　9、10. 漆器　11. Ⅱ式锡耳杯

M363　位于Ⅰ区西北部边沿，西邻 M362，东南邻 M265。长方形竖穴土坑，墓坑呈南北向，方向185°。墓坑壁向底斜内收，口大于底，壁面粗糙，墓底平坦。墓口距地表0.4米，墓口长2.68~2.77、宽1.8~1.82米，墓底长2.58~2.66、宽1.72米，墓深1.34米。坑内填褐夹灰白色花土，土质板结，无包含物。

一椁一棺已腐烂，留有灰褐色腐痕。椁室平面呈长方形，棺置于椁室西侧，东侧为放置随葬品的边箱。椁痕长2.52~2.56、宽1.6~1.67、残高0.2、墙板痕0.1、底板痕厚0.04米，棺痕长2.18、宽0.62、残高0.1、墙板痕厚0.06、底板痕厚0.02米。人骨架朽蚀，仅存头骨痕迹和少许下肢骨，可以确定头向南，仰身直肢葬。

随葬器物20件，分别放置在东部与棺内，放置在东部的器类有陶鼎1、陶盒1、陶壶1、陶罐2、陶灶1、陶井1、锡耳杯1、漆器痕3；棺内出土器物有铜带钩1、铜刷柄2、铜器片1、铜盖弓帽1、铁珠饰1、铁削刀2、石牌1（图三八七）。

M366　位于Ⅰ区西部边沿，东北邻 M265，西邻 M365。长方形竖穴土坑，墓坑呈南北向，方向190°。墓坑不规整，南宽北窄，坑壁向底内斜收，壁面粗糙，坑底平整。墓口距地表0.2米，墓口长2.7、宽1.84~1.92米，墓底长2.5、宽1.68米，墓深1.36米。墓坑内填黄褐夹灰白土，土质致密，包含少许陶片。

葬具一椁一棺已腐烂，留有青灰色腐痕，棺置于椁室西部。椁痕长2.44、宽1.54、高0.1、墙板痕厚0.04米，棺痕长1.88、宽0.66、高0.06、墙板痕厚0.05米。人骨架朽尽，葬式不明。棺底南端有牙痕，说明头向南。

随葬器物8件，日用陶器和模型器放置在椁内东部，铜、铁器置于棺内。器类陶鼎1、盒1、壶1、仓1、灶1、井1及铁削刀1、铜带钩1（图三八八）。

M368　位于Ⅰ区西部偏南，北邻 M343，东邻 M342，西邻 M367。长方形竖穴土坑，墓坑呈南北向，方向5°。墓坑壁陡直，口、底长宽相等，壁面粗糙，坑底平整。墓口距地表0.4米，墓坑长2.64、宽1.38米，墓深1.2米。墓坑内填黄褐色花土，土质较硬，包含少许红烧土颗粒。

木质一椁一棺已腐烂，留有灰褐色腐痕。从腐痕观察，棺放置在椁内东部，椁室设西部有边箱。椁痕长2.46、宽1.22、残高0.2、墙板痕厚0.08米，棺痕长2、宽0.48、残高0.06、墙板痕厚0.04米。人骨架朽尽无存，葬式不明。

随葬器物6件，放置在椁内西侧，器类有陶罐1、鍪1、釜1、灶1、筒瓦1及漆器痕1（图三八九）。

M369　位于Ⅰ区西部边沿，北邻 M293，其西部、南部无墓葬分布。长方形竖穴土坑，墓坑呈南北向，方向190°。墓坑壁陡直，口、底长宽相等，壁面粗糙，坑底平整。坑南壁有长方形斜坡墓道，东、西、北三壁有生土二层台。墓口距地表0.4米，墓坑与墓道口通长8、南宽2.26、北宽2.4米，墓深1.6米。墓道与墓坑宽度大体相等，墓道口长5.12、坡长5.34米。坡度12°。生土二层台距墓口深0.4米，东壁台面宽0.24~0.28、西壁台面宽0.34~0.4、北壁台面宽0.42、距墓底高0~1.2米。墓坑内填黄褐色五花土，土质较硬。

木质一椁一棺已腐烂，留有灰褐色腐痕。从腐痕可以看出，棺放置在椁室内东部，西侧有边箱。椁痕长2.36、宽1.36、残高0.3、墙板痕厚0.08米。棺痕长1.9、宽0.52、残高0.08、墙板

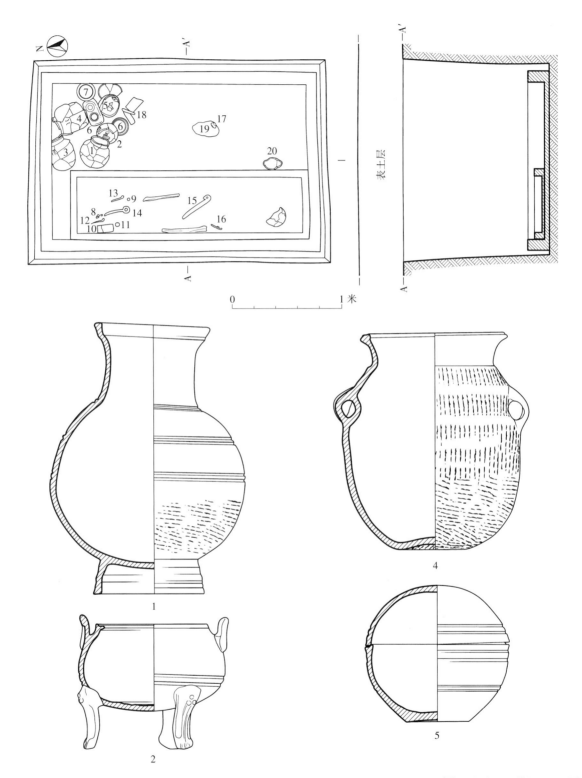

图三八七　西汉 M363 平、

1. Aa 型Ⅷ式陶壶　2. Aa 型Ⅵ式陶鼎　3、4. Ab 型Ⅶ式陶罐

8. 铜盖弓帽　9. 铁坠　10. 石牌　11. 铜器片　12、13. 铜

17. Ⅱ式锡耳杯　18、19. 漆器　20. 漆奁

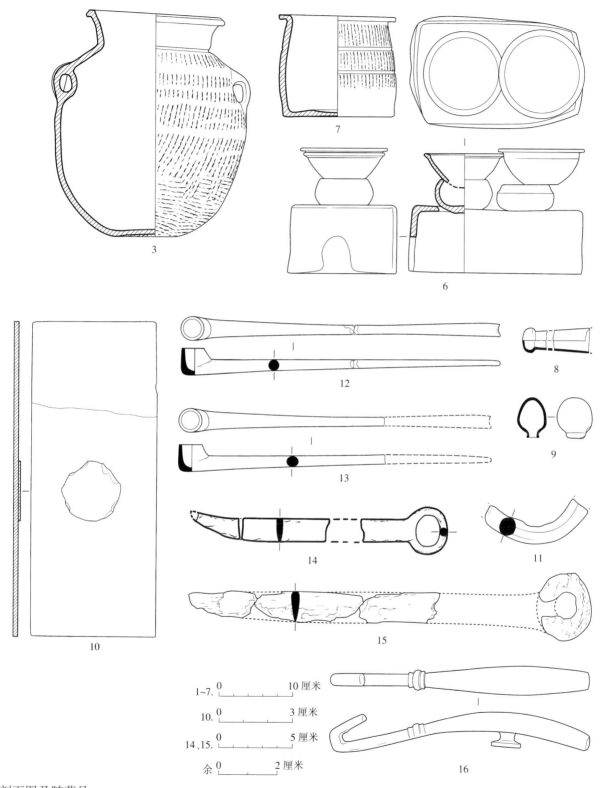

剖面图及随葬品

5. Aa 型Ⅵ式陶盒　6. B 型Ⅶ式陶灶　7. B 型Ⅶ式陶井

刷柄　14. B 型铁削刀　15. A 型铁削刀　16. B 型Ⅱ式铜带钩

图三八八　西汉 M366 平、剖面图及随葬品

1. Aa 型Ⅲ式陶壶　2. Ac 型Ⅱ式陶井　3. Aa 型Ⅱ式陶仓　4. Aa 型Ⅲ式陶鼎

5. Ab 型Ⅰ式陶灶　6. Ac 型Ⅰ式陶盒　7. A 型铁削刀　8. 铜带钩（残）

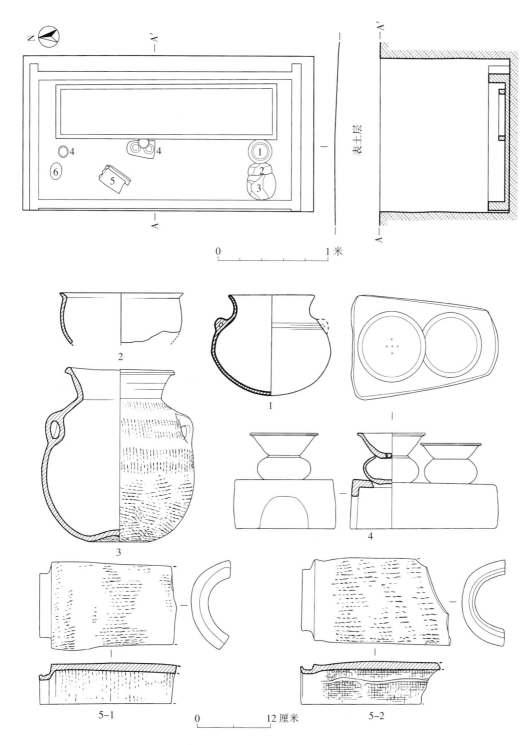

图三八九　西汉 M368 平、剖面图及随葬品

1. Ⅱ式陶鍪　2. 釜（残）　3. Ab 型Ⅷ式陶罐　4. Aa 型Ⅷ式陶灶　5. 筒瓦　6. 漆器

痕厚 0.06 米。人骨架朽尽无存，葬式不明。

随葬器物 9 件，放置在椁内棺外西侧，器类有陶鼎 1、盒 1、壶 1、罐 1、仓 1、灶 1、井 1 及铜钱 1（五铢 7 枚）、漆器痕 1（图三九〇）。

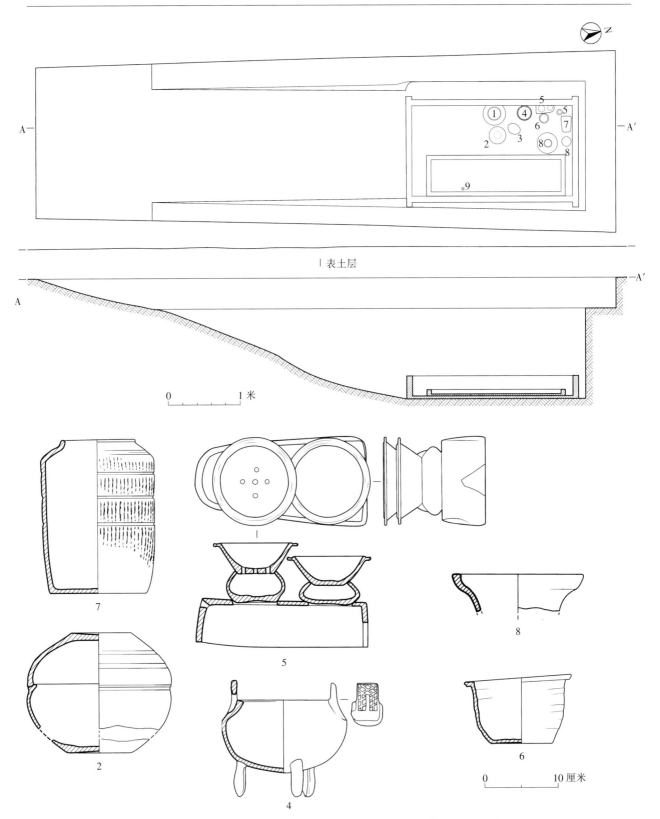

图三九〇　西汉 M369 平、剖面图及随葬品

1. Aa 型Ⅸ式陶罐　2. Aa 型Ⅴ式陶盒　3. 漆器　4. Ab 型Ⅶ式陶鼎　5. Ac 型Ⅲ式陶灶
6. Ab 型Ⅴ式陶井　7. Aa 型Ⅴ式陶仓　8. 陶壶（残）　9. Ⅳ式铜五铢

M372　位于Ⅰ区东北角，西邻 M374，北邻 M90。长方形竖穴土坑，墓坑呈南北向，方向177°。墓坑壁陡直，口、底长宽相等，壁面粗糙，坑底平整，南部有斜坡墓道，墓道与墓坑宽度大体相等。墓口距地表 0.3 米，墓道和墓坑通长 7.46、宽 1.32～1.9 米，墓坑长 2.7、宽 1.82～1.9 米，墓深 1.6 米，墓道长 4.76、南宽 1.32、北宽 1.82 米。坡度 25°。墓坑填褐色夹黄色花土，土质板结，无包含物。

木质一椁一棺已腐烂，留有青灰色腐痕。椁痕长 2.64、宽 1.58、残高 0.2、墙板痕厚 0.08米。棺放置在椁室内西侧，棺痕长 2.06、宽 0.5、残高 0.18、厚 0.06 米。人骨已朽尽，葬式不明。

随葬器物 8 件，放置在椁内东侧，器类有陶鼎 1、盒 1、罐 1、仓 1、灶 1、井 1 及铜钱 1、漆盒痕 1（图三九一）。

M381　位于Ⅰ区东南角，东邻 M33，与 M33 东西并列，北邻 M44。长方形竖穴土坑，墓坑呈南北向，方向 10°。墓坑壁向底内斜收，口大底小，坑底平整。墓坑北部设斜坡墓道，墓道与墓坑宽度相等，分界不明显，通长 8.24、宽 1.6～1.74 米，墓口距地表 0.5 米，墓口长 3.24、宽 1.74米，墓底长 3.04、宽 1.66 米，墓深 1.5 米，墓道口长 4.76、宽 1.6～1.74、坡长 5.18 米。坡度16°。墓坑内填黄褐色土，土质较硬，无包含物。

木质一椁一棺，已经全部腐烂，仅见青灰色腐痕。腐痕表明，棺放置在椁室内东侧，椁室西侧有边箱。椁痕长 2.66、宽 1.48、高 0.34、墙板痕厚 0.06 米，棺痕长 2.54、宽 0.6、高 0.18、墙板痕厚 0.06、底板痕厚 0.01 米。人骨架朽尽无存，葬式不明。

随葬器物 8 件，放置在椁内西部，器类有陶鼎 1、壶 1、罐 1、仓 1、灶 1、井 1 及漆器 2（图三九二）。

M382　位于Ⅰ区东南部，北部打破 M81 西部，西邻 M87，南邻 M79。长方形竖穴土坑，墓坑呈南北向，方向 183°。墓坑壁向底斜内收，口大于底，壁面粗糙，坑底平坦。墓坑南部有斜坡墓道，墓道与墓坑相连，长宽相等，分界不是很明显。墓坑与墓道口通长 8.1、宽 1.68～2.14 米，墓口距地表约 0.5 米，墓口长 2.94、宽 2.14 米，墓底长 2.86、宽 2.02 米，墓深 1.38 米，墓道口长 5.16、宽 1.68～2.14、坡长 5.48 米，底距口深 1.26 米。坡度 21°。墓坑内填黄褐色花土，土质较硬，无包含物。

木质一椁一棺已经全部腐烂，留有青灰色腐痕。腐痕显示，棺置于椁室东侧，棺已经不在原位，由椁室积水向西略有飘移。椁痕长 2.6、宽 1.8、高 0.12、墙板痕厚 0.06，棺长 2.06、宽0.6、高 0.04、墙板痕厚 0.04、棺底板腐痕厚 0.01 米。人骨架朽尽无存，葬式不明。

随葬器物 7 件，放置在椁室西侧，器类有陶鼎 1、壶 2、器盖 1 及漆器痕 3（图三九三）。

M383　位于Ⅰ区东南角，西邻 M382，东北邻 M69。长方形竖穴土坑，墓坑呈南北向，方向0°。墓坑壁向底内斜收，口大底小，壁面粗糙，底部平整。墓口距地表 0.5 米，墓口长 2.54、宽1.52～1.7 米，墓底长 2.46、宽 1.44～1.62 米，墓深 0.62 米。墓坑内填黄褐色花土，土质较硬，无包含物。

木质一椁一棺，已经全部腐烂，留有褐色痕迹，棺置于椁内西部。椁长 2.34、宽 1.3、高0.08、墙板痕厚 0.04 米，棺长 1.92、宽 0.5、高 0.08、墙板痕厚 0.04、棺底板痕厚 0.01 米。人

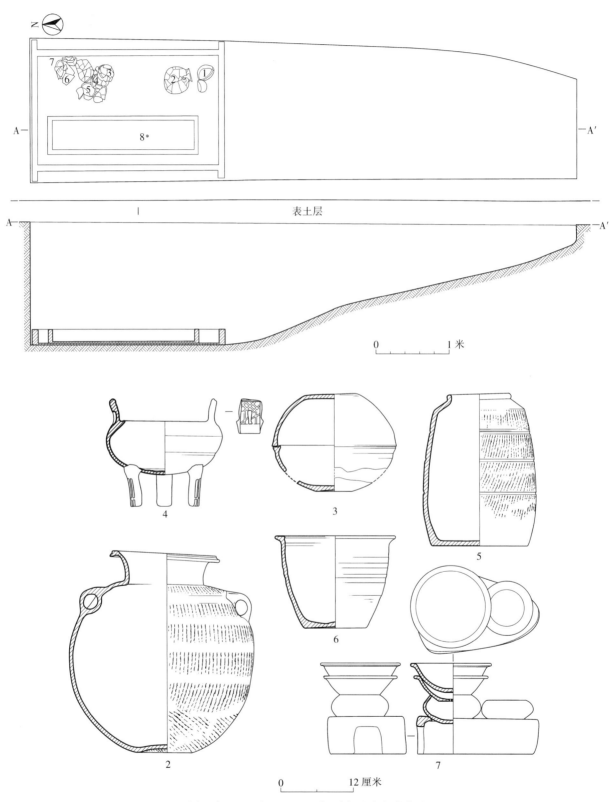

表土层

0 ____ 1 米

0 ____ 12 厘米

图三九一　西汉 M372 平、剖面图及随葬品

1. 漆盒　2. Aa 型Ⅷ式陶罐　3. Aa 型Ⅳ式陶盒　4. Ab 型Ⅵ式陶鼎
5. Aa 型Ⅳ式陶仓　6. Ab 型Ⅳ式陶井　7. Ab 型Ⅲ式陶灶　8. 铜钱

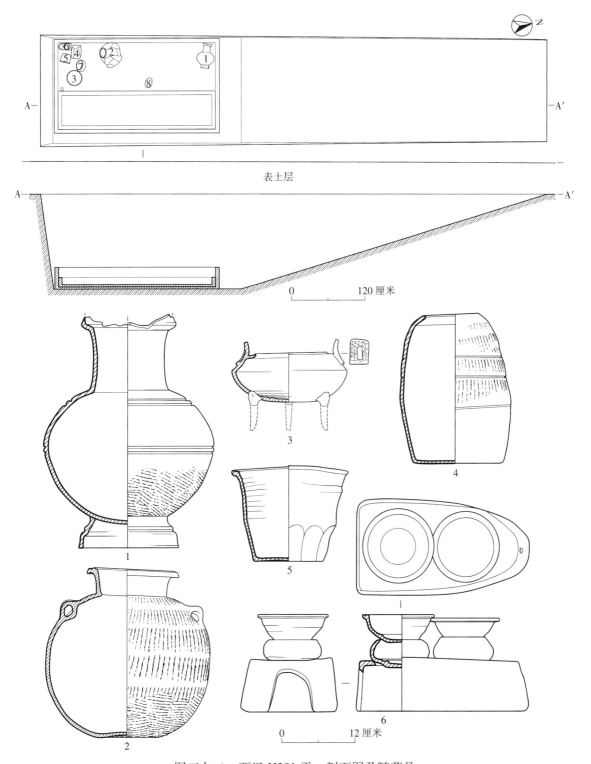

表土层

0 ——— 120 厘米

0 ——— 12 厘米

图三九二　西汉 M381 平、剖面图及随葬品

1. Aa 型 Ⅵ式陶壶　2. Aa 型 Ⅵ式陶罐　3. C 型 Ⅰ式陶鼎　4. Aa 型 Ⅲ式陶仓
5. Ab 型 Ⅲ式陶井　6. Aa 型 Ⅳ式陶灶　7、8. 漆器

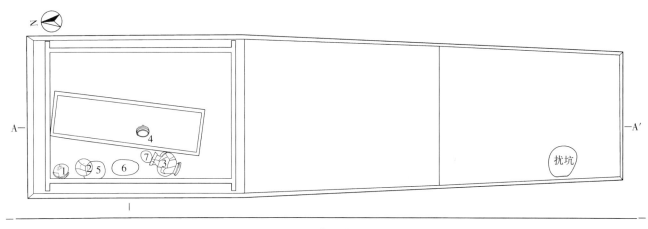

表土层

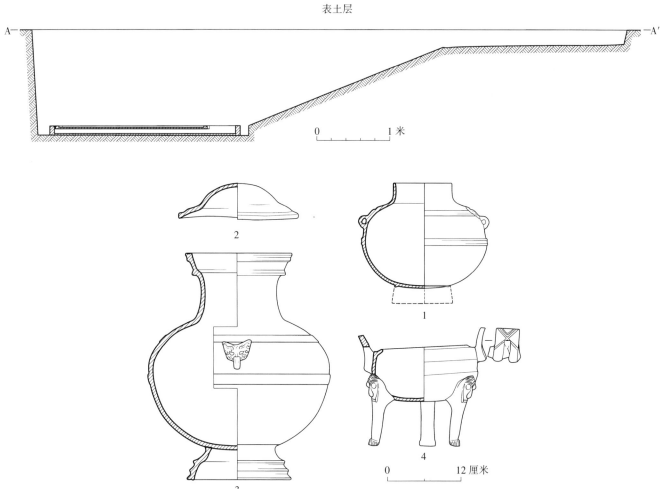

图三九三　西汉 M382 平、剖面图及随葬品
1. Bb 型陶壶　2. Ⅱ式陶器盖　3. Ad 型Ⅳ式陶壶　4. Ba 型Ⅴ式陶鼎　5～7. 漆器

骨架朽尽无存，葬式不明。

随葬器物 2 件，置于椁室东侧北部，器类有陶罐 1、釜 1（图三九四）。

M387　位于 Ⅰ 区东南角，墓坑叠压 M68、M70、M389，东邻 M386。长方形竖穴土坑，墓

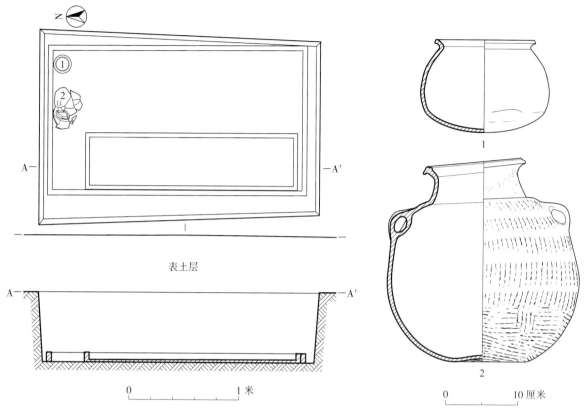

表土层

图三九四　西汉 M383 平、剖面图及随葬品
1. Aa 型 Ⅲ 式陶釜　2. Aa 型 Ⅵ 式陶罐

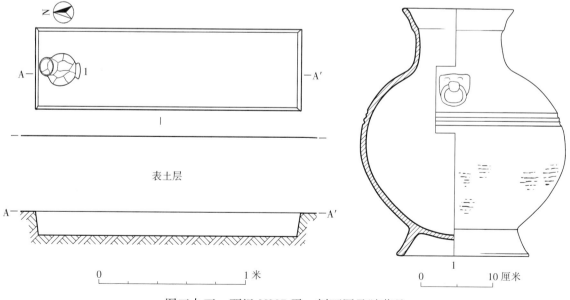

表土层

图三九五　西汉 M387 平、剖面图及随葬品
1. Ad 型 Ⅱ 式陶壶

坑呈南北向，方向0°。坑壁向底内斜收，口略大于底，壁面粗糙，坑底平整。墓口距地表0.5米，墓口长1.8、宽0.54米，墓底长1.76、宽0.5米，墓深0.16米。坑内填黄褐色花土，土质较硬，无包含物。

棺椁腐烂无痕，结构不清，人骨架朽尽无存，葬式不明。

随葬器物置于坑底北端，器类有陶壶1（图三九五）。

M389　位于Ⅰ区东南角，打破M68南部、M70东北部，西北被M387打破，东邻M386，西邻M66。长方形竖穴土坑，墓坑呈南北向，方向349°。墓坑壁向底内斜收，口略大于底，壁面粗糙，坑底平整。墓坑上部已被取土破坏，墓口距地表0.5米，现存墓口长1.7、宽0.66米，墓底长1.66、宽0.58米，墓深0.3米。墓坑内填黄褐色花土，土质较硬，无包含物。

棺椁腐烂无痕，结构不清。人骨架朽尽无存，葬式不明。

随葬陶罐1件，放置在坑底北端（图三九六）。

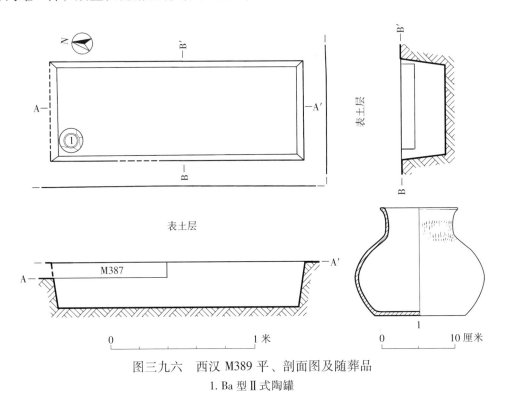

图三九六　西汉M389平、剖面图及随葬品
1. Ba型Ⅱ式陶罐

M392　位于Ⅰ区西部，北邻M239，西邻M238。长方形竖穴土坑，墓坑呈东西向，方向270°。墓坑壁略向底内斜收，口大于底，壁面粗糙，坑底平整。墓口距地表0.4米，墓口长2.6、宽1.52米，墓底长2.43、宽1.32米，墓深1.04米。坑内填黄褐色五花土，土质较硬，填土中无包含物。

木质一椁一棺已腐烂，留有青灰色腐痕。腐痕显示棺置于椁内北部，南有边箱。椁痕长2.18、宽1.18、残高0.18、墙板痕厚0.04米，棺痕长2.02、宽0.6、残高0.16、墙板痕厚0.05米。人骨架朽尽无存，葬式不明。

随葬器物8件，放置在椁内棺外南部，器类有陶鼎1、盒1、壶1、仓1、灶1、井1、铜钱1及漆器1（图三九七）。

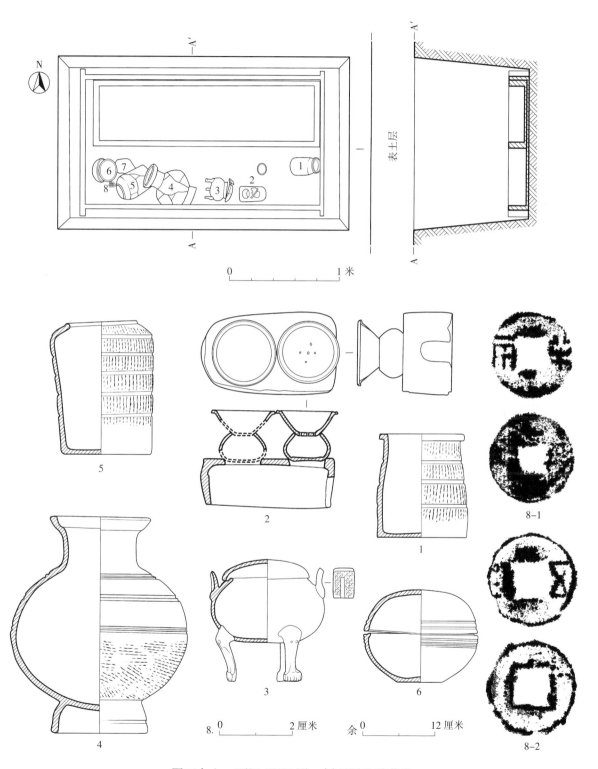

图三九七　西汉 M392 平、剖面图及随葬品

1. B 型Ⅲ式陶井　2. B 型Ⅳ式陶灶　3. Aa 型Ⅳ式陶鼎　4. Aa 型Ⅵ式陶壶
5. Aa 型Ⅲ式陶仓　6. Ba 型Ⅲ式陶盒　7. 漆器　8 - 1. 铜半两　8 - 2. 铜五铢

　　M395　位于Ⅰ区西南角，北邻 M338，北部被一现代扰坑打破，其西部、南部无墓葬分布。长方形竖穴土坑，墓坑呈南北向，方向 12°。墓坑壁向底内斜收，口大底小，壁面粗糙，底部平整。墓口距地表 0.3 米，墓口长 2.7、宽 1.9 米，墓底长 2.64、宽 1.82 米，墓深 2.06 米。墓坑内

图三九八　西汉 M395 平、剖面图及随葬品

1. 陶盒　2. Aa 型Ⅳ式陶盒　3. 陶鼎　4. 陶罐（残）　5. Ab 型Ⅲ式陶灶　6、8. 陶壶（残）

7. Ba 型Ⅲ式陶仓　9. Aa 型Ⅵ式陶井　10. Ⅲ式铜五铢　11～13. 漆器痕

填黄褐色花土，土质较硬，无包含物。

葬具一椁一棺，木质已全部腐烂，残存褐色腐痕。棺放置在椁室东部。椁痕长2.58、宽1.74、高0.32、墙板痕厚0.06米，棺痕长2.46、宽0.73、高0.26、墙板痕厚0.06、底板痕厚0.04米。人骨架朽尽无存。

随葬器物13件，置于椁内棺外西侧，器类有陶鼎1、盒2、壶2、罐1、仓1、灶1、井1及铜五铢1、漆器痕3（图三九八）。

M405　位于Ⅲ区南部，东邻M509，西邻M515。长方形竖穴土坑，墓坑呈南北向，方向178°。墓坑壁陡直，口、底长宽相等，壁面粗糙，坑底平整。墓口距地表0.4米，墓坑长2.3、宽1.3米，墓深1.9米。坑内填黄褐色花土，土质较软，填土中包含少量陶片。

木质一椁一棺已腐烂，留有褐色腐烂痕迹。褐色痕迹显示，棺放在椁室西部，东部有边箱。椁痕长2.28、宽1.22~1.26、高0.22、底板痕厚0.05米，棺长2.08、宽0.48、高0.2、底板痕厚0.05米。人骨架已朽，葬式不明。

随葬器物6件，放置在椁内棺外东侧，器类有陶盒1、壶1、长颈瓶1、灶1及漆器痕2。

M406　位于Ⅲ区南部，墓坑西北角打破M415东南部，西邻M414。长方形竖穴土坑，墓坑呈

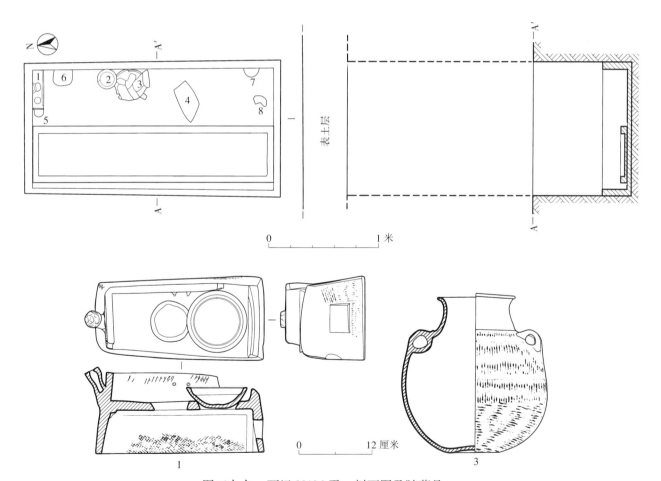

图三九九　西汉 M406 平、剖面图及随葬品

1. B 型Ⅲ式陶灶　2. 铁鍪（碎）　3. Aa 型Ⅳ式陶罐　4~8. 漆器

南北向，方向5°。墓坑壁陡直，口、底长宽相等。墓口距地表0.4米，墓坑长2.3、宽1.14～1.2米，墓深0.9米。墓坑内填黄褐色夹黄斑块花土，土质较硬，内含少量红烧土颗粒、木炭颗粒及夹砂红陶和泥质灰陶陶片。

木质一椁一棺已全部腐烂，留有腐烂灰色痕迹。腐痕显示，棺放置在椁室西部。椁痕长2.3、宽1.14～1.2、高0.26、厚0.04～0.06米，棺痕长2.18、宽0.5、高0.05、墙板痕厚0.06米。人骨架朽尽无存，葬式不明。

随葬器物8件，置于椁内棺外东侧，器类有陶罐1、陶灶1、铁鍪1、漆器痕5（图三九九）。

M407 位于Ⅲ区北部，北邻M231，西邻M225，其东部有宽30余米的空地无墓葬。长方形竖穴土坑，墓坑呈南北向，方向180°。南部有斜坡墓道，墓道与墓室宽度相等，没有明确界限。墓坑壁陡直，口、底长宽相等，壁面粗糙，坑底平整。墓口距地表0.4米，墓长2.96、宽1.82～1.9米，墓深1.2米。墓道呈梯形，口长2.24、宽1.48～1.82、墓道底坡长2.54米。坡度28°。墓坑内填浅褐色花土，土质松软。

木质一椁一棺，大部腐烂，残存部分椁底板，留有灰色腐痕。椁墙板置于椁底板上，椁底板由数根等长的方木，横向平铺。椁痕长2.7、宽1.4、高0.9、墙板厚0.1米。棺置于椁室东部，棺长1.94、宽0.54、残高0.6、墙板痕厚0.06、棺底板厚0.1米，棺底板上铺垫有一层黑灰。人骨架保存较差，仅剩痕迹，仰身微屈，头向南。

随葬器物10件，陶器放置在椁内棺外西侧，铜钱放置在棺内，器类有陶鼎1、盒1、壶1、罐2、仓1、灶1、井1及铜钱1（五铢36枚）、石牌1。

M412 位于Ⅲ区西北角，东邻M433，其西、南部无墓葬分布。长方形竖穴土坑，墓坑呈东西向，方向95°。墓坑规整，墓壁较粗糙，东壁有斜坡墓道，坑底平整。坑口上部已被破坏挖去了2.1米，原始坑口距地表0.4米，现存墓坑口、底长宽相等，长2.92、宽1.96米，墓深0.6米，墓道残长0.46、宽1.96米。坑内填黄褐灰色土，土质致密，夹少许陶片。

木质一椁一棺已朽，可见青灰色腐痕。棺置于椁室北部。椁痕长2.8、宽1.7、高0.28、厚0.06米，棺痕长2.24、宽0.64、高0.14、墙板痕厚0.06米。人骨架朽尽无存，葬式不明。棺底东端残留牙痕，说明头向东。

随葬陶壶1件，放置在南部西端（图四○○）。

M414 位于Ⅲ区中偏南部，坑东北部打破M415西南部，东邻M406。长方形竖穴土坑，墓坑呈南北向，方向15°。墓坑壁向底内斜收，口大底小，壁面粗糙，坑底平整。墓口距地表0.2米，墓口长2.26、宽1.14～1.2米，墓底长2.16、宽0.98～1.06米，墓残深0.9米。墓坑内填褐色黄斑块花土，土质较硬，内含少量红烧土颗粒、炭颗粒、夹砂红陶和泥质灰陶陶片。

木质单棺已全部腐烂，仅见灰痕。棺痕长2.04、宽0.48～0.57、高0.3、墙板痕厚0.06米。人骨架朽尽无存，葬式不明。

随葬器物2件，放置在棺内北端，器类有陶罐1、漆器痕1（图四○一）。

M417 位于Ⅲ区北部，墓坑西部打破M419东北部，东邻M422，北邻M305。长方形竖穴土坑，墓坑呈东西向，方向110°。墓坑壁直立，口、底长宽相等，壁面粗糙，坑底平整。墓坑长3.4、宽2.3米，墓深0.14米。墓坑内填黄褐色花土，土质较硬，未见包含物。

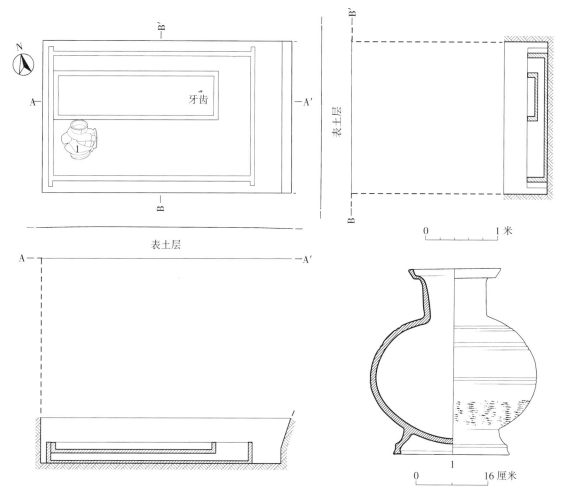

图四〇〇　西汉 M412 平、剖面图及随葬品
1. Ac 型 I 式陶壶

木质一椁一棺已腐烂，可见青灰色腐痕。椁痕长 2.76、宽 1.84、残高 0.14、板厚 0.07 米。棺放置在椁室北部，棺痕长 2.2、宽 0.84、残高 0.11、板厚 0.07 米。人骨架朽，仅存零星骨骼，葬式不明。

随葬器物 5 件，放置在椁室内南侧，器类有陶鼎 1、盒 1、壶 1、灶 1、井 1（图四〇二）。

M422　位于Ⅲ区中部偏北，西邻 M417。长方形竖穴土坑，墓坑呈东西向，方向 110°。墓坑壁陡直，壁面粗糙，东壁有斜坡墓道，坑底平整。墓坑上部已被毁，残存墓坑底部。墓口距地表 0.3 米，墓坑与墓道通长 5 米，墓坑长 2.8、宽 1.56～1.72 米，墓深 0.3 米。墓道长 2.2、宽 1.37～1.56 米。坡度 28°。坑内填褐色夹灰黄色花土，土质板结，无包含物。

木质一椁一棺已腐烂，残留青灰色腐痕。椁痕长 2.52～2.62、宽 1.16～1.22、残高 0.2、墙板痕厚 0.08 米。棺置于椁室南部，长 1.9、宽 0.44、残高 0.18、厚 0.04 米。人骨已腐朽，葬式不明。

随葬器物 5 件，放置在椁内棺外北部，器类有陶壶 1、钵 1、匜 1、仓 1、灶 1（图四〇三）。

M426　位于Ⅲ区北部偏西，北邻 M401，东邻 M425。长方形竖穴土坑，墓坑呈南北向，方向

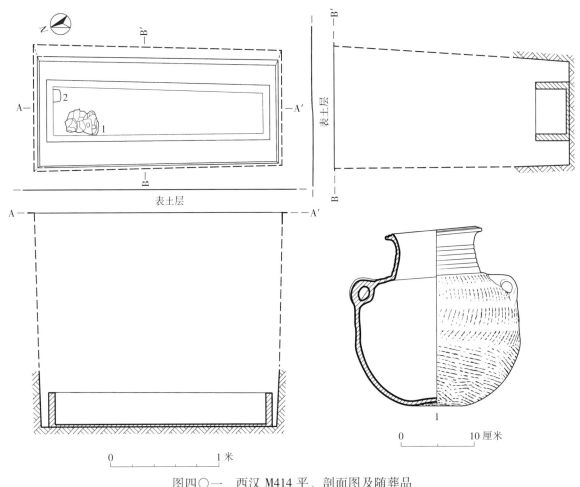

图四〇一　西汉 M414 平、剖面图及随葬品
1. Aa 型 Ⅲ 式陶罐　2. 漆器

10°。墓圹规整，坑壁陡直，壁面经过人工修整，较光滑。北部有斜坡墓道，墓道与墓坑宽度大体相等。墓口距地表 0.2 米，墓坑与墓道通长 6.36 米，墓坑长 3.56、宽 2.08～2.28 米，墓深 1.08 米，墓道口长 2.8、坡长 3、宽 1.9～2.08 米。坡度 20°。墓坑内填黄褐灰土，土质致密，夹少许陶片与红烧土。

一椁一棺葬具已腐烂，残存棺椁底板。椁痕长 3.34、宽 1.78～1.98、高 0.48、厚 0.08 米。棺置于椁室西部，棺痕长 2.08、宽 0.7、高 0.06～0.38、厚 0.08、棺底板厚 0.07 米。椁底板下东、西两侧各有一根圆形垫木，直径 0.1 米。人骨架朽尽无存。葬式不明。

随葬器物 13 件，放置在椁室内东部与南部，器类有陶鼎 2、盒 2、壶 2、罐 1、灶 1、井 1 及铜带钩 1、锡耳杯 2、铜盆 1（图四〇四）。

M425　位于 Ⅲ 区中部偏西北，东邻 M424，西邻 M426。长方形竖穴土坑，墓坑呈南北向，方向 185°。由于椁墙板腐烂，坑东西两壁向坑内弧凸。墓壁陡直，壁面光滑，坑底平整。墓口距地表 0.4 米，墓坑长 3.34、宽 2.22～2.4 米，墓深 2.16 米。墓圹内填灰黄夹褐斑花土，土质较硬，包含少量红烧土块。

棺椁已腐烂，留有褐色腐痕。椁痕长 3.08、宽 1.98、残高 0.4、墙板痕厚 0.04 米。棺放置在

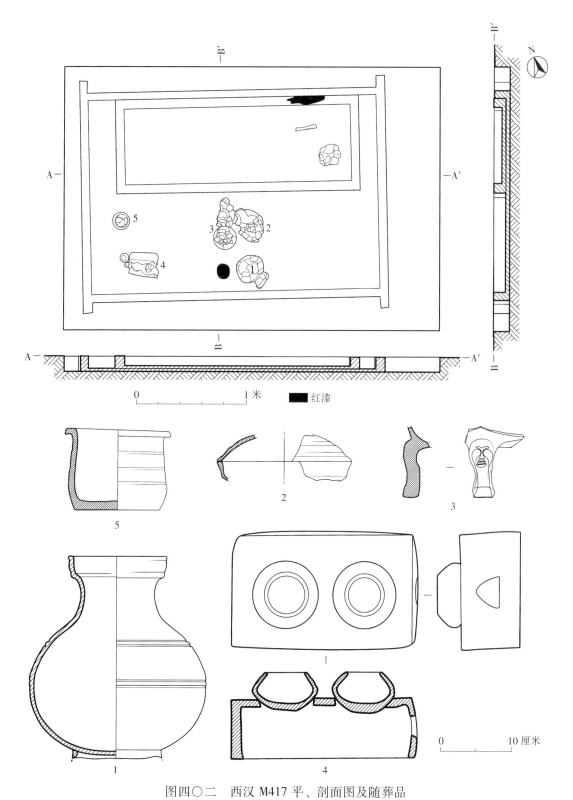

图四〇二 西汉 M417 平、剖面图及随葬品

1. Aa 型 Ⅵ式陶壶 　2. 陶盒（残）　 3. 陶鼎（残）　 4. C 型 Ⅲ式陶灶 　5. Ab 型 Ⅲ式陶井

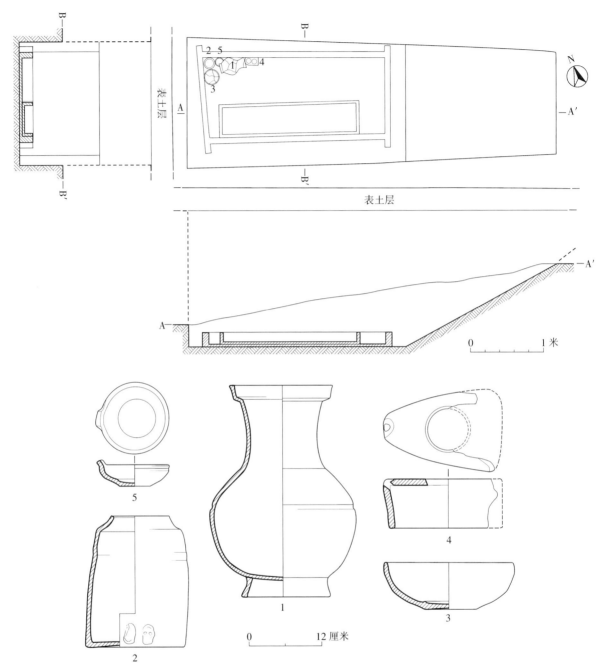

图四〇三　西汉 M422 平、剖面图及随葬品
1. Ab 型 II 式陶壶　2. Bb 型 II 式陶仓　3. II 式陶钵　4. D 型 I 式陶灶　5. 陶匜

椁室西侧，棺痕长 2.2、宽 0.6、残高 0.28、墙板痕厚 0.05 米。人骨架朽尽无存，葬式不明。

随葬器物 9 件，放置在椁室棺外东部，器类有陶鼎 2、盒 1、壶 2、钵 1、甑釜 1、井 1 及铜五铢 1（图四〇五）。

M428　位于 III 区北部偏西，南邻 M401，北邻 M429。长方形竖穴土坑，墓坑呈东西向，方向100°。墓坑壁向底内斜收，口略大于底，壁面光滑，坑底平整，东壁有斜坡墓道。墓坑与墓道通长 4.7 米，墓口距地表 0.4 米，现存墓口长 3.06、宽 1.96 米，墓底长 3、宽 1.8 米，墓深 0.6 米，墓道口长1.64、宽1.5～1.62、坡长1.74米。坡度20°。坑内填黄褐色灰土，土质致密，夹少许陶片。

葬具一椁一棺已朽，残存腐痕和棺、椁底板。椁痕长2.6、宽1.38～1.42、高0.3、墙板痕厚0.06米，棺置于椁内北部，棺长2.1、宽0.56～0.6、墙高0.2、厚0.07、底板痕厚0.04米。人骨架朽尽，葬式不明。

随葬器物9件，放置在椁室内南部，铜钱放在棺内，器类有陶鼎1、壶1、罐1、瓮1、仓1、灶1、井1及铜盆1、铜五铢1（图四〇六）。

M429　位于Ⅲ区西北部，南邻M428，东邻M410，西邻M430。长方形竖穴土坑，墓坑呈东西向，方向100°。墓坑壁较陡，壁面光滑，坑底平整，东部有斜坡墓道。墓口距地表0.4米，墓口长3、宽1.96米，墓底长2.96、宽1.9米，墓深1.6米，墓道口长5、宽1.76～1.88、坡长5.08、深0～1.6米。坡度18°。墓坑内填黄褐灰色花土，土质致密，夹少许红烧土和陶片，椁室顶部有青灰土。

葬具一椁一棺，棺、椁木头局部已腐烂，大部分保存完好，能看出棺椁结构和形制。棺置于椁室北部，南部有放置随葬品的边箱。椁室长2.92、宽1.7、高1.05、板厚0.1米，棺长2.18、宽0.64～0.7、高0.66、棺墙板厚0.08米。棺底板下南北两侧分别用垫木将棺抬起，垫木高0.018、厚0.08米。人骨架头东脚西，侧身直肢。

随葬器物16件，日用陶器、漆木器放置在椁内棺外西南部，铜钱放置在棺内中部，器类有陶鼎2、盒2、壶2、罐1、仓2、灶1、井1及铜盆1、铜五铢1（33枚）、漆耳杯痕2、漆盒痕1（图四〇七）。

M430　位于Ⅲ区西北部，东邻M429，北邻M277。长方形竖穴土坑，墓坑呈南北向，方向100°。墓坑壁向底内斜收，东部带斜坡墓道，口大底小，壁面粗糙，墓底平坦。墓口距地表0.4米，墓道与墓坑通长7.1、宽1.9～2.2米，墓口长3.3、宽2.2米，墓底长3.26、宽2米，墓深1.5米。墓道东端宽1.9、与墓室相接处宽2.1、坡长2.86米。坡度32°。墓坑内填浅褐色花土，土质较松软，包含有少量草木灰、红烧土和夹砂灰陶陶片。

木质一椁一棺多已腐烂，仅存少量朽木和腐烂痕迹。椁室平面呈长方形，棺置于椁室南部，北部留有边箱。椁长3.02、宽1.98、腐痕高0.72、板厚0.08米。棺呈长方形盒状，棺痕长2.04、宽0.64、残高0.5、墙板壁厚0.06、棺底板厚0.06米。人骨架残存下肢骨与少量上肢骨，可以看出是仰身直肢葬，头向东。

随葬器物13件，日用陶器、模型器放置在椁室内北部，铜带钩、铜钱置于棺内。器类有陶鼎2、盒2、壶2、仓1、灶1、井1及铜带钩1、铜钱1、铜鉴1、漆盘痕1（图四〇八）。

M433　位于Ⅲ区西北角，西邻M412，东邻M413。长方形竖穴土坑，墓坑呈南北向，方向0°。墓坑上部已被破坏，北部带斜坡墓道，墓道略向东偏歪。墓坑壁陡直，壁面光滑，坑底平整。墓口距地表0.2米，墓坑长3.26、宽2.1～2.18米，墓深0.74米，墓道口长1.74、宽1.78～2.1、坡长1.9米。坡度23°。墓圹内填黄褐灰土，土质致密，夹少许陶片。

葬具一椁一棺已腐烂，留有青灰色腐痕。腐痕显示，棺放置在椁室西部，椁室东部有边箱，椁痕长3.2、宽1.74～1.8、高0.5、墙板痕厚0.06米，棺痕长2.22、宽0.66、高0.16、墙板痕厚0.08米。人骨架朽尽无存，葬式不明。

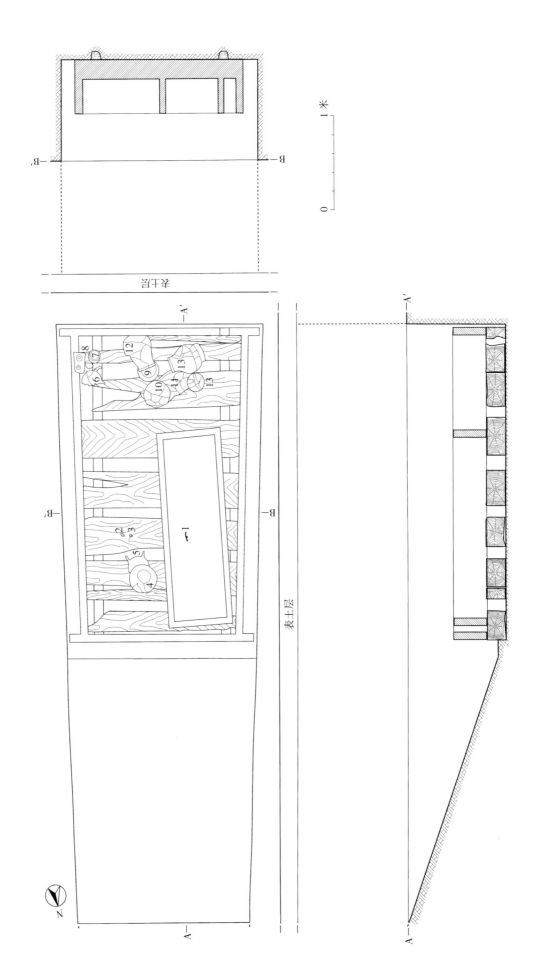

表土层

生土层

0

1 米

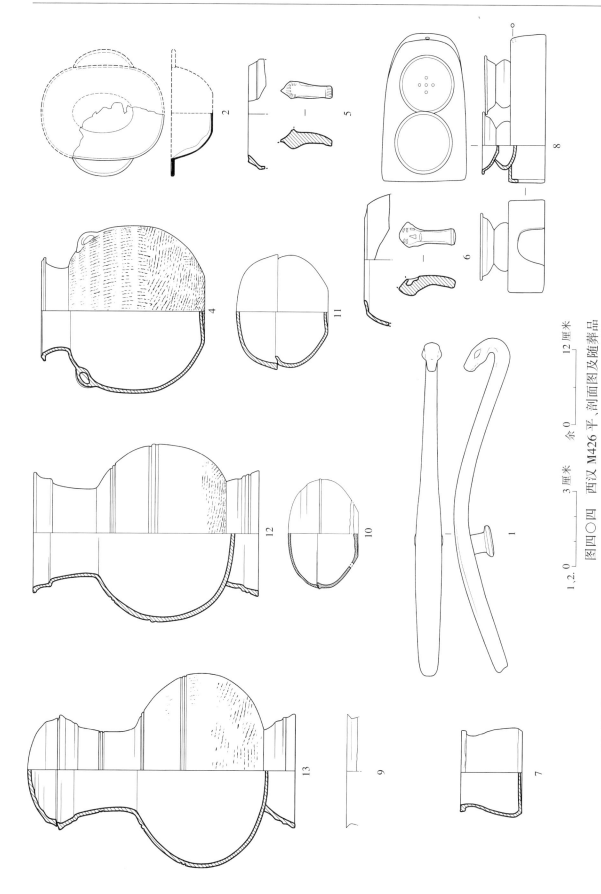

图四〇四　西汉 M426 平、剖面图及随葬品

1.A 型 I 式铜带钩　2、3.锡耳杯　4.Aa 型 IV 式陶罐　5、6.陶鼎（残）　7.Ab 型 II 式陶井　8.B 型 IV 式陶灶　9.铜盆　10、11.Aa 型 II 式陶盒　12.Aa 型 IV 式陶壶　13.Aa 型 III 式陶壶

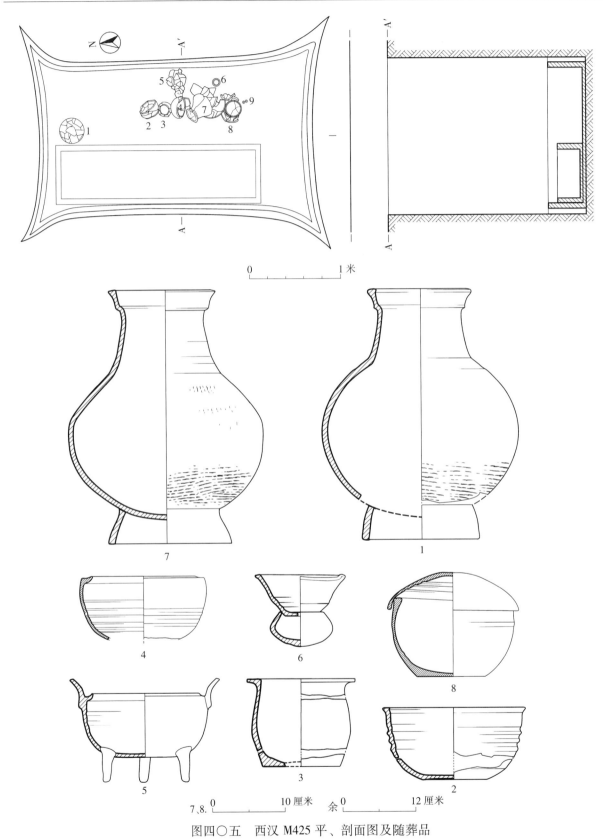

图四〇五　西汉 M425 平、剖面图及随葬品

1、7. Ab 型 V 式陶壶　2. 陶钵　3. Ac 型 Ⅲb 式陶井　4. 陶鼎（残）　5. Bb 型 Ⅳ式陶鼎

6. 陶灶器（残）　　8. Bc 型 Ⅱ式陶盒　　9. Ⅱ式铜五铢

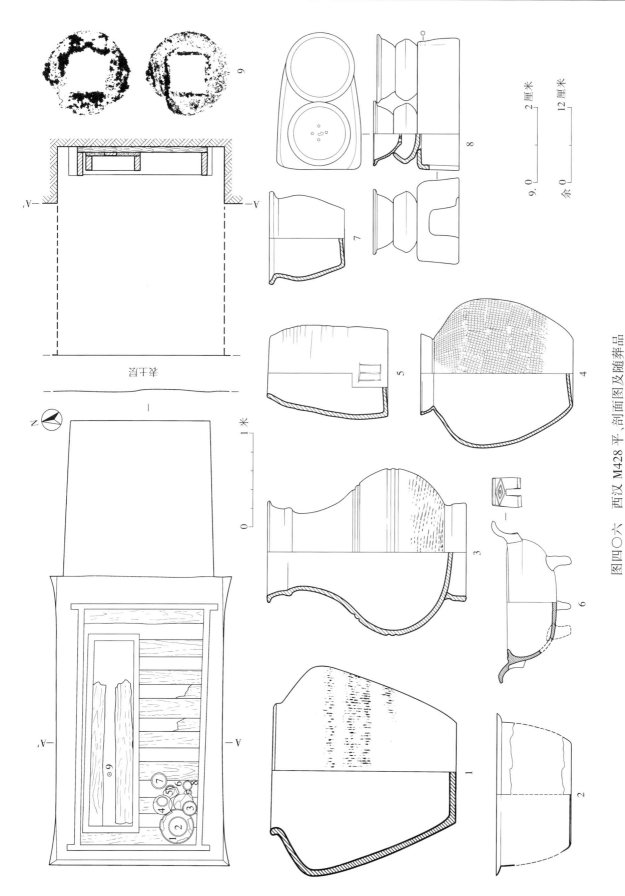

图四〇六 西汉 M428 平、剖面图及随葬品

1.B 型 II 式陶瓮 2. II 式铜盆 3.Ab 型 IV 式陶壶 4.E 型 II 式陶罐 5.Bb 型 III 式陶仓 6.Bb 型 II 式陶鼎 7.Aa 型 III 式陶井 8.Ab 型 I 式陶灶 9. I 式铜五铢

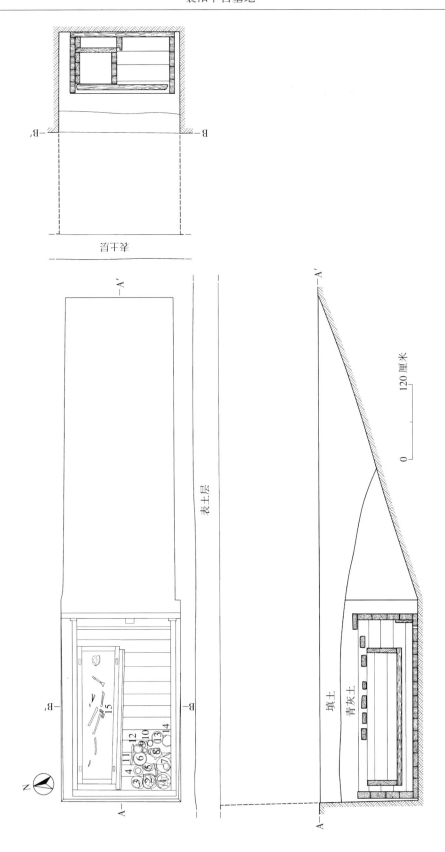

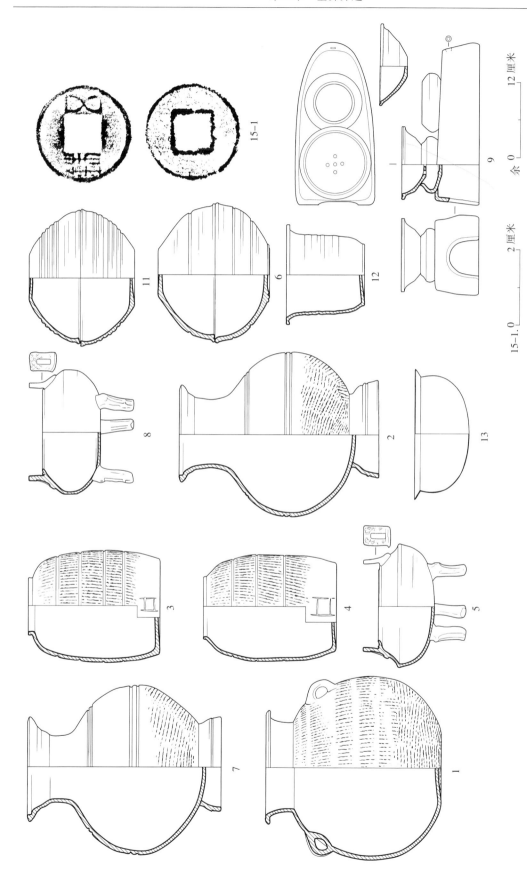

图四〇七 西汉 M429 平、剖面图及随葬品

1.Aa 型 VI 式陶罐 2,7.Aa 型 VII 式陶壶 3,4.Ab 型 III 式陶仓 5.C 型 II 式陶鼎 6.Cb 型 I 式陶盒 8.Ba 型 III 式陶鼎 9.Aa 型 V 式陶灶 10.漆盒 11.Ab 型 III 式陶盒 12.Ab 型 IV 式陶井 13.铜盆 14,16.漆耳杯 15.III 式铜五铢

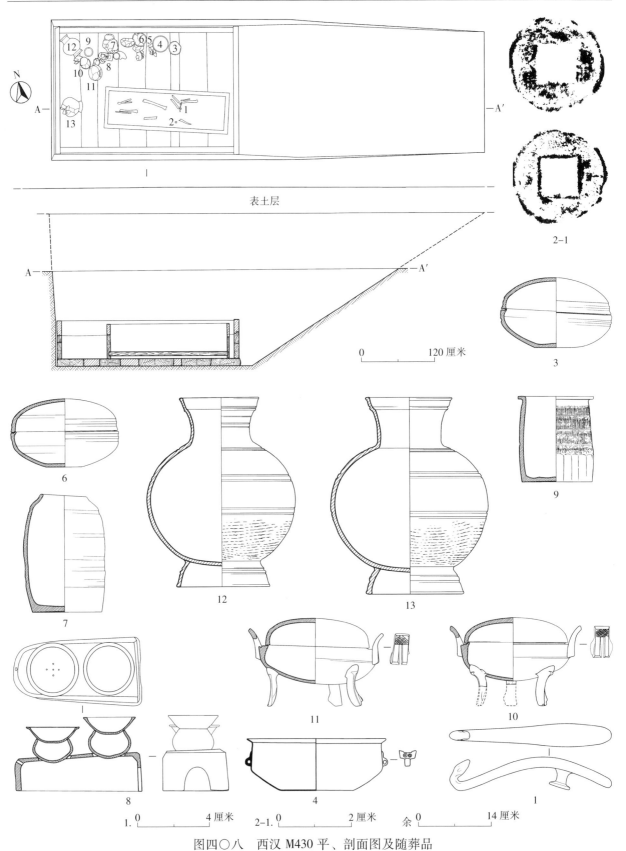

图四〇八　西汉 M430 平、剖面图及随葬品

1. A 型 Ⅰ 式铜带钩　2. 铜钱　3、6. Ba 型 Ⅱ 式陶盒　4. 铜鉴　5. 漆盘　7. Ba 型 Ⅱ 式陶仓

8. Aa 型 Ⅲ 式陶灶　9. B 型 Ⅲ 式陶井　10、11. Ac 型 Ⅱ 式陶鼎　12、13. Aa 型 Ⅳ 式陶壶

图四〇九　西汉 M433 平、剖面图及随葬品

1. Ab 型 Ⅲ 式陶壶　2. Aa 型 Ⅱ 式陶井　3. D 型 Ⅰ 式陶罐　4. Aa 型 Ⅱa 式陶鼎

5. Aa 型 Ⅲ 式陶罐　6. Ba 型 Ⅰ 式陶仓　7. Aa 型 Ⅱ 式陶灶　8. 铜钱

随葬器物 8 件，放置在椁内东部，器类有陶鼎 1、壶 1、罐 2、仓 1、灶 1、井 1 及铜钱 1（图四○九）。

M450 位于Ⅲ区中部偏东，东邻 M452，西南邻 M463，北、西部有 10 米的空地没埋墓葬。长方形竖穴土坑，墓坑呈南北向，方向 18°。壁面微向底斜内收，墓坑东、西壁有生土二层台，南、北壁陡直，壁面粗糙，坑底平整。墓口距地表 0.2 米，墓口长 2.54、宽 1.64 米，墓底长 2.54、宽 0.6 ~ 0.66 米，墓深 1.04 米。生土二层台面距墓口深 0.4、东壁台面宽 0.26 ~ 0.3、西壁台面宽 0.24 ~ 0.26、高 0.46 米。墓坑内填黄褐灰色土，土质致密，包含少许陶片。

单棺已腐烂，可见青灰色腐痕。棺痕长 2、宽 0.42、高 0.16、墙板痕厚 0.04 米。人骨架朽尽无存，葬式不明。棺底北端残存牙齿痕迹，说明头向北。

随葬器物 3 件，放置在墓底棺外北端，器类有陶鼎 1、盒 1、壶 1（图四一○）。

M459 位于Ⅲ区中部，南邻 M460、M461，西邻 M462。长方形竖穴土坑，墓坑呈东西向，方向 100°。墓坑壁陡直，口底长宽相等，坑底平整。墓口距地表 0.2 米，墓坑长 2.54、宽 1.56 ~ 1.6 米，

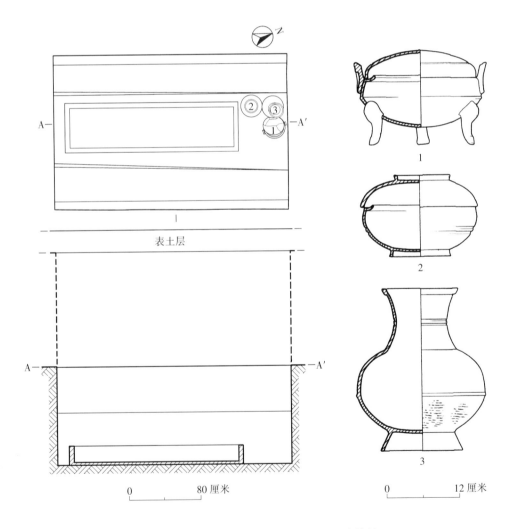

图四一○ 西汉 M450 平、剖面图及随葬品
1. Aa 型Ⅰ式陶鼎 2. Ca 型Ⅱ式陶盒 3. Ab 型Ⅰ式陶壶

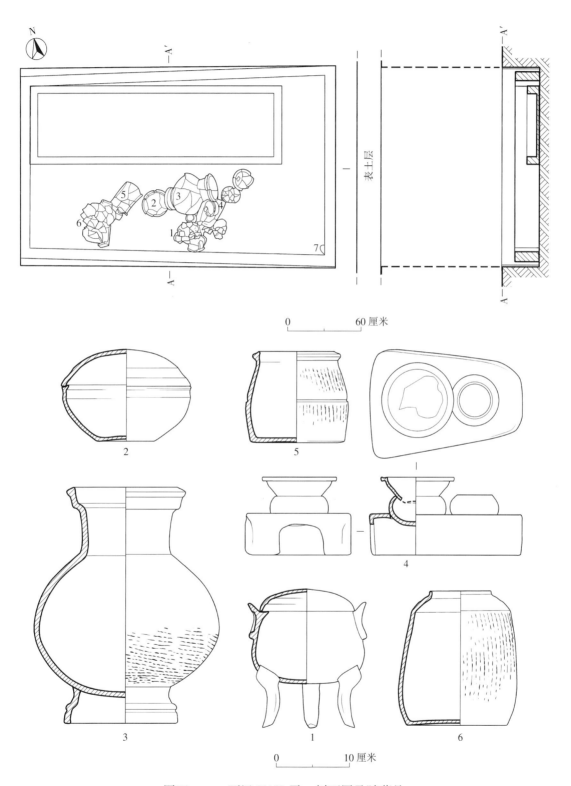

图四一一　西汉 M459 平、剖面图及随葬品

1. Ac 型 Ⅵ式陶鼎　2. Aa 型 Ⅴ式陶盒　3. Ac 型 Ⅳ式陶壶　4. Aa 型 Ⅶ式陶灶

5. B 型 Ⅷ式陶井　6. Ac 型 Ⅴ式陶仓　7. 漆耳杯

墓深 0.3 米。坑内填黄褐灰色土，土质致密，包含少量陶片与红烧土。

葬具一椁一棺已朽，留有青灰色腐痕。棺置于椁室北部，椁室南部设边箱。椁痕长 2.54、宽 1.44 ~ 1.58、高 0.2、墙板痕厚 0.08 米，棺痕长 2.02、宽 0.62、高 0.1、墙板痕厚 0.06 米。人骨架朽尽，葬式不明。

随葬器物 7 件，放置在椁室南侧，器类有陶鼎 1、盒 1、壶 1、仓 1、灶 1、井 1 及漆耳杯痕 1（图四一一）。

M461　位于Ⅲ区中部偏南，东邻 M460，西北角邻 M403。长方形竖穴土坑，墓坑呈南北向，方向 5°。墓坑壁陡直，口、底长宽相等，壁面粗糙，坑底平坦。墓坑上部已被取土破坏，墓口距地表 0.4 米，墓坑长 2.44、宽 1.58 米，墓深 0.38 米。墓坑内填浅褐色花土，土质较松软，包含碎陶片与红烧土粒。

葬具一椁一棺已腐烂，留有青灰色腐痕。椁室平面呈长方形，椁痕长 2.44、宽 1.58、高 0.38、墙板痕厚 0.04、底板厚 0.04 米。棺置于椁内西部，棺痕长 2.1、宽 0.6、残高 0.32、墙板痕厚 0.04、底板痕厚 0.04 米。人骨架朽尽，葬式不明。

随葬器物 9 件，日用陶器放置在椁室东部，铜钱置于棺内，器类有陶鼎 1、盒 2、壶 1、罐 1、仓 1、灶 1、井 1 及铜钱 1（货泉 15 枚）。

M490　位于Ⅲ区东部边沿，南邻 M491，西邻 M472，北邻 M486，东部无墓葬。长方刀形土坑竖穴砖室，墓坑呈东西向，方向 110°。墓坑壁陡直，口、底长宽相等，壁面光滑，坑底平整。墓室东部偏北有梯形斜坡墓道，墓道北壁与墓坑北壁成直线，墓坑与墓道整体呈刀形。墓口距地表 1.4 米，墓口长 2.72、宽 2.28 米，墓深 0.54 米。墓道长 1.9、宽 0.86 ~ 2.28、坡长 1.6 米，坡度 22°。墓道与墓室之间有长约 0.48 米的平地。土坑内填黄褐色土，土质致密。

砖室为南、北两室，两室并排单独建筑，两室之间设置有过洞，铺地砖相连，同用一门。南室内空长 2.44、宽 0.88、残高 0.54 米，北室内空长 2.44、宽 0.94、残高 0.54 米。过洞距西壁 0.8、长 0.62、宽 0.2、高 0.54 米。砖室底部用宽平砖对缝平铺，近墓口处局部用长方形条砖对缝平铺，墓壁压在铺地砖上。南、北两室砌筑方法一致，西壁砖未与南、北两壁交错叠砌，砖壁用单砖错缝叠砌，封门墙以单砖错缝叠砌，底部略外弧。北室内封门墙斜靠有两块长方形条砖。根据墓室及封门残存痕迹与墓室内填土中未发现墓砖推测，此墓可能为木板盖顶。墓砖均为青灰色长方形，可分为宽平砖与长条形小砖，宽平砖用于铺地，皆素面，长 26、宽 22、厚 6 厘米，长条形小砖单平面饰绳纹，用于砌壁，长 32、宽 10、厚 6 厘米。葬具已朽，人骨无存。北室安置葬具与墓主人，南室放置随葬器物。

随葬器物 6 件，日用陶器放置在南室，铜钱放置在北室中部，器类有铜钱 1（大泉五十、小泉直一 39 枚）及陶罐 2、磨 1、灶 1、猪圈 1（图四一二）。

M513　位于Ⅲ区南部边沿偏东，墓坑西南角打破 M525 东北角，北邻 M507、M508，南部无墓葬分布。长方形竖穴土坑，墓坑呈南北向，方向 185°。墓坑壁陡直，口、底长宽相等，壁面粗糙，坑底平坦。墓坑上半部已被破坏，墓口距地表 0.4 米，墓坑长 2.5、宽 1.3 米，墓深 0.7 米。坑内填浅褐色花土，土质松软，包含有碎陶片和红烧土粒。

棺椁已腐烂，残留青灰色腐痕。椁痕长 2.32、宽 1.06、高 0.2、墙板痕厚 0.04 米。棺置于

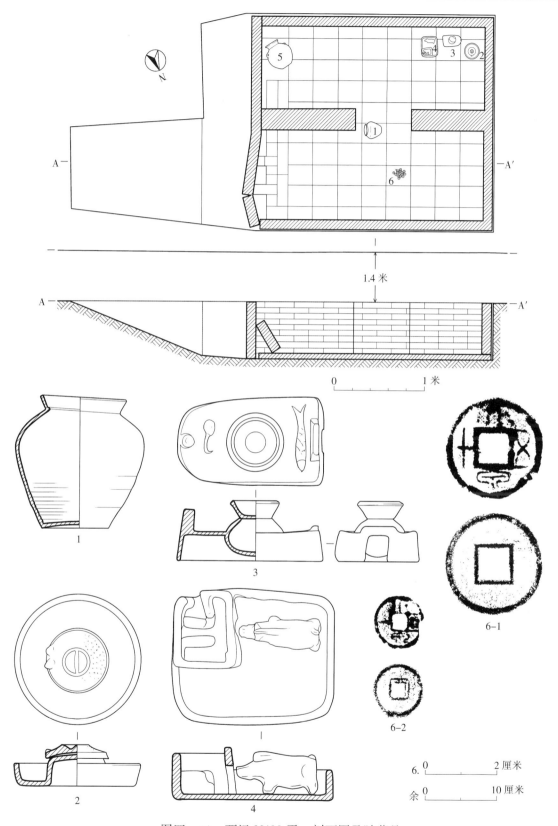

图四一二　西汉 M490 平、剖面图及随葬品
1. E 型Ⅲ式陶罐　2. 陶磨　3. D 型Ⅱ式陶灶　4. 陶猪圈　5. Aa 型ⅩⅠ式陶罐　6. 铜钱

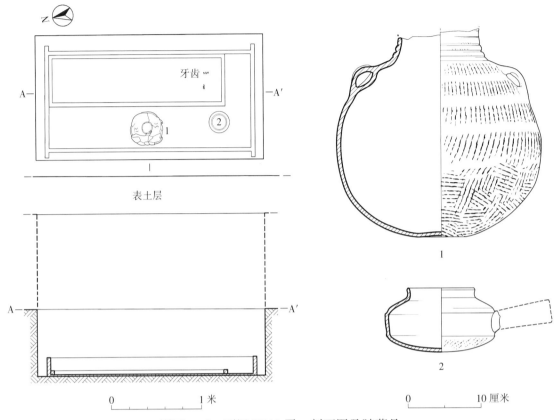

图四一三 西汉 M513 平、剖面图及随葬品
1. Aa 型 I 式陶罐 2. B 型陶镳斗

椁室东侧，棺痕长 1.94、宽 0.54、残高 0.06、墙板痕厚 0.04、底板痕厚 0.04 米。人骨架朽尽无存，在棺内南部发现有牙齿痕迹。

随葬器物 2 件，放置在椁内棺外西侧，器类有陶罐 1、镳斗 1（图四一三）。

M514 位于Ⅲ区东南角，东邻 M529，西北邻 M505。长方形竖穴土坑，墓坑呈东西向，方向 285°。墓坑壁向底内斜收，口大底小，东宽西窄，壁面光滑，坑底平整。墓口距地表 0.4 米，墓口长 2.74、宽 1.4~1.62 米，墓底长 2.46、宽 1.3~1.48 米，墓深 1.18 米。坑内填黄褐灰色土，土质致密，包含少量陶片和红烧土。

棺椁已腐烂，可见青灰色腐痕。椁痕长 2.16、宽 1.08、高 0.24、墙板痕厚 0.06 米，棺痕长 1.84、宽 0.54、高 0.2、墙板痕厚 0.06 米。人骨架已朽，棺底西部残存有牙齿，葬式不明。

随葬陶壶 1 件，放置在坑底棺外西端（图四一四）。

M515 位于Ⅲ区南部偏东，东邻 M405，西邻 M522。长方形竖穴土坑，墓坑呈南北向，方向 20°。墓坑壁向底内斜收，口大于底，壁面光洁，坑底平整。墓坑上部已遭破坏，墓口距地表 0.4 米，墓口长 2.6、宽 1.34 米，墓底长 2.5、宽 1.24 米，墓深 0.6 米。坑内填黄褐色花土，土质较松软，夹杂有草木灰、红烧土粒和早期碎陶片。

棺椁已腐烂，留有青灰色腐痕。椁室平面呈长方形，椁痕长 2.23、宽 1.06、高 0.4、墙板痕厚 0.06 米。棺放置在椁室西部，棺痕长 1.96、宽 0.52、残高 0.12、墙板痕厚 0.04、底板痕厚

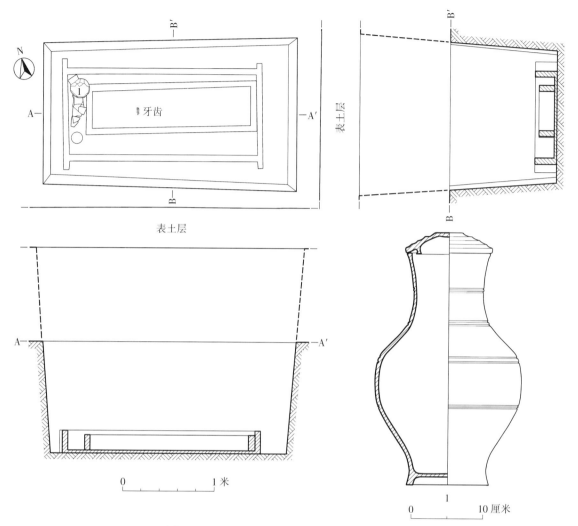

图四一四　西汉 M514 平、剖面图及随葬品
1. Ba 型 I 式陶壶

0.04 米。人骨架朽尽无存，葬式不明。

随葬器物 5 件，放置在椁室东侧，器类有陶鼎 1、壶 1、罐 1、镳斗 1 及铜镜 1（图四一五）。

M523　位于Ⅲ区南部，南邻 M524，东邻 M522。长方形竖穴土坑，墓坑呈东西向，方向 275°。墓坑壁向底内斜收，壁面粗糙，坑底平整。墓坑上部被毁，墓口距地表深 0.3 米，墓口长 2.64～2.72、宽 1.62 米，墓底长 2.58～2.62、宽 1.54 米，墓深 0.7 米。坑内填褐色夹灰黄色花土，土质板结，填土内无包含物。

木质棺椁已腐烂，残存青灰色腐痕。椁痕长 2.46、宽 1.26、残高 0.3、墙板痕厚 0.06 米。棺置于椁室南侧，棺痕长 2.18、宽 0.5、残高 0.14、墙板痕厚 0.06 米。人骨架已腐，棺内西部残存牙齿痕迹。

随葬器物 7 件，放置在椁室北侧，器类有陶鼎 1、壶 1、仓 1、灶 1、井 1 及铜盆 1、铜钱 1（五铢 5 枚）（图四一六）。

M524　位于Ⅲ区南部，北邻 M523，南邻 M511。长方形竖穴土坑，墓坑呈东西向，方向

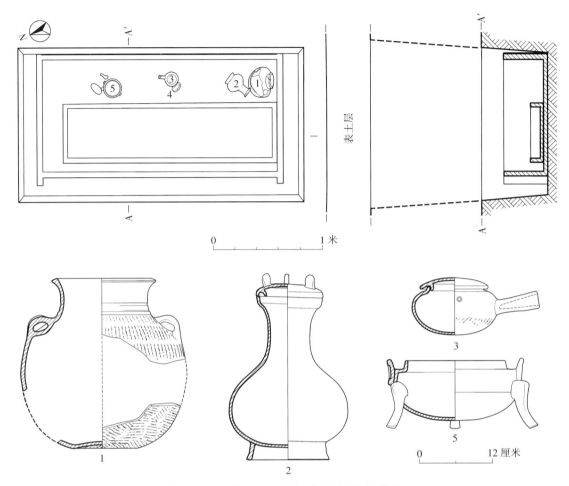

图四一五　西汉 M515 平、剖面图及随葬品

1. Aa 型 Ⅱ 式陶罐　2. Ab 型 Ⅰ 式陶壶　3. A 型 Ⅰ 式陶镶斗　4. 铜镜（碎）　5. Ab 型 Ⅰ 式陶鼎

290°。墓坑壁陡直，口、底长宽相等，壁面粗糙，墓底平坦。墓坑上部已被挖掉了约 1 米，墓口距地表 0.4 米，墓坑长 2.6、宽 1.2 米，墓深 0.62 米。墓坑内填黄褐色花土，土质较软，包含少量红陶和灰陶片。

棺椁已经腐烂，留有青灰色腐痕。椁痕长 2.53、宽 1.04、高 0.22、板厚 0.08、底板痕厚 0.04 米。棺置于椁室北部，南侧留边箱，棺痕长 2.32、宽 0.58、残高 0.06、板厚 0.06、底板痕厚 0.02 米。棺底东部残存人骨架下肢，葬式不明，头向西。

随葬器物 6 件，放置在椁室南侧边箱，器类有陶鼎 1、盒 1、壶 1、罐 1、灶 1、井 1（图四一七）。

M529　位于 Ⅲ 区东南角，西北邻 M528，南邻 M530。长方形竖穴土坑，墓坑呈南北向，方向 20°。墓坑规整，坑壁向底微斜内收，壁面粗糙，坑底平整。墓坑原始开口距地表 0.2 米，南宽北窄，现存墓口长 2.6、宽 1.2～1.36 米，墓底长 2.56、宽 1.18～1.22 米，墓深 1.44 米。坑内填黄褐灰色土，土质致密，包含少许陶片与红烧土。

棺椁已腐烂，留有青灰色腐痕。椁痕长 2.48、宽 1.08、高 0.28、墙板痕厚 0.04 米，棺痕长 1.9、宽 0.4、高 0.12、墙板痕厚 0.04 米。人骨架朽尽，葬式不明。

图四一六　西汉 M523 平、剖面图及随葬品
1. Ac 型Ⅲ式陶仓　2. Aa 型Ⅴ式陶井　3. Aa 型Ⅳ式陶灶　4. Ad 型Ⅲb 式陶壶
5. Bb 型Ⅳ式陶鼎　6. 铜盆　7. Ⅱ式铜五铢

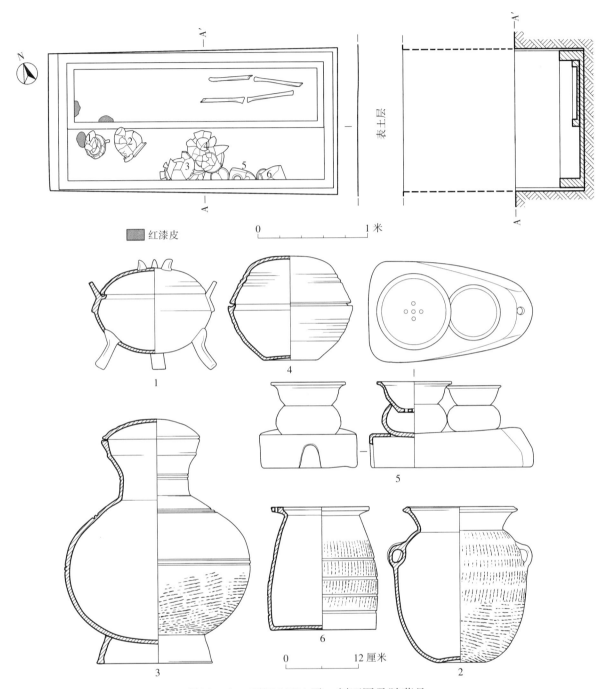

图四一七　西汉 M524 平、剖面图及随葬品

1. Ab 型 Ⅱ 式陶鼎　2. Ab 型 Ⅲ 式陶罐　3. Ab 型 Ⅲ 式陶壶　4. Aa 型 Ⅰ 式陶盒　5. Aa 型 Ⅱ 式陶灶　6. B 型 Ⅱ 式陶井

随葬器物 3 件，放置在椁室北部，器类有陶鼎 1、壶 1 及木盒痕 1（图四一八）。

M535　位于Ⅲ区东北部，东北部打破 M536 西南角，南邻 M533。长方形竖穴土坑，墓坑呈南北向，方向 15°。墓坑壁向底斜内收，口大底小，北宽南窄，壁面光滑，坑底平整，北壁有壁龛。原始坑口距地表 0.4 米，现存墓口长 1.5、宽 0.52～0.56 米，墓底长 1.44、宽 0.44～0.46 米，墓深 0.2 米。壁龛底距墓底 0.2、宽 0.2、高 0.16、进深 0.12 米。墓坑内填黄褐灰色土，土质致密，

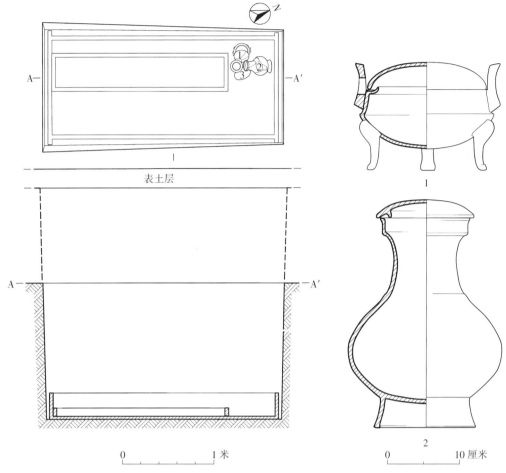

图四一八　西汉 M529 平、剖面图及随葬品

1. Aa 型 I 式陶鼎　2. Ab 型 I 式陶壶　3. 木盒

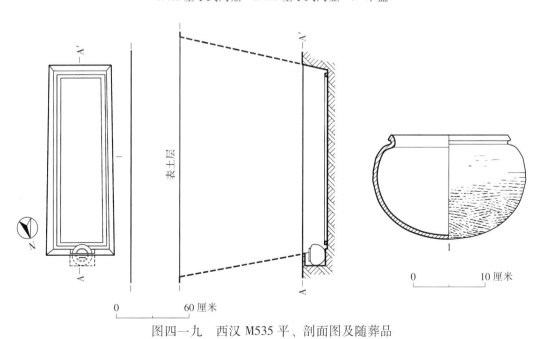

图四一九　西汉 M535 平、剖面图及随葬品

1. C 型 I 式陶釜

无包含物。

单棺已腐烂，可见青灰色腐痕。棺痕长 1.34、宽 0.4、高 0.02 米、墙板痕厚 0.02 米。人骨架朽尽，葬式不明。

随葬器物有 1 件陶釜，放置在壁龛内（图四一九）。

第六节 东汉墓葬

卞营墓地发掘东汉墓共 37 座，其中有随葬品的墓 33 座，无随葬品的空墓 4 座。分述墓葬 26 座，占东汉墓总数的 70%，占有随葬品总数的 79%。东汉墓分述的墓号分别是：M12、M24、M44、M45、M53、M61、M78、M125、M149、M157、M159、M175、M183、M188、M288、M371、M401、M408、M413、M442、M445、M456、M458、M534、M537、M541。

M12 位于 II 区北部，其东、西、南、北部均无墓葬分布，墓葬由土坑和砖室构成。墓坑平面呈东西向椭圆形，东部有墓道，墓道呈长方形，方向 100°。墓坑上部已被破坏，土坑由墓室、甬道和墓道三部分组成。墓坑壁陡直，口、底长宽相等，墓口距地表 0.5 米。墓坑南壁长 3.5、北壁长 3.3、中部分别外弧出 0.34~0.36 米，西壁宽 2.8、中部外弧出 0.22 米，墓深 1.38 米。墓坑东部为甬道，甬道平面呈长方形，甬道口底长宽相等，东西长 2.8、南北宽 1.72、甬道底距口深 1.6 米。甬道东部是梯形斜坡墓道，墓道口长 5、宽 1.6~1.72 米，底坡长 6.3、西宽 1.3、东宽 1.6 米，坡度 15°。墓坑内填灰黄色土，土质致密，包含有少量砖渣。

砖室由墓室和甬道两部分组成，整体呈"凸"字形。墓室平面为弧边长方形，南、北、西三壁外弧，东壁陡直。南、北两壁长 2.66、外弧 0.2 米，东、西壁宽 1.98、西壁外弧 0.1、残高 1.35 米。砖室的建筑是用砖先铺地后砌壁，墓壁压在铺地砖上。砖室底部用砖平铺成"人"字形，墓壁以双砖横纵交错错缝叠砌，墓壁下部垂直，上部逐渐内收成穹隆顶。东壁中部偏南设有甬道，甬道为单砖错缝叠砌，甬道底较墓室底低 0.23 米，封门墙用单砖错缝叠砌，外弧，残高 0.4 米。墓砖大部分为青灰色，少量红褐色，均为长方形砖，规格为 34×16×5 厘米，单面饰绳纹，侧面饰几何纹。

葬具已朽，在墓室填土中发现有少量红色漆皮，人骨朽尽无存。

随葬器物 28 件，多数散布于砖室内，少部分散落到填土中，器类有陶壶 2、罐 1、仓 1、灶 1、井 1、灯 3、犀牛 1、人物俑 2、楼 1、羊 1、狗 1、鸡 1、鸳鸯 1 及瓷四系罐 2，铜弩机 1、铜构件 2、铜器残片 1、铜五珠 1（5 枚），铁刀 1、铁器残片 2，锡车饰 1，漆器痕 1（图四二〇）。

M24 位于 III 区中部偏北，西南角打破 M419 东部，东南邻 M149。墓葬由墓道和墓室两部分组成。西设斜坡墓道，墓道呈梯形。墓坑东西向，方向 300°。墓口距地表 0.33 米。墓坑长 2.57、宽 1.46、残深 1.06 米；墓道长 2.08、宽 0.86~1.44 米，底坡长 2.2、宽 0.86~1.46、深 0.1~0.94 米，坡度 20°。壁面光滑，经过人工修整，坑内填黄褐灰色土，土质致密，夹少许砖渣。砖室为长方形，破坏严重。砖室长 2.44、宽 1.16、残高 0.89 米。先铺底，后起壁。横向错缝平铺底砖一层。南、北、西三壁结合以平砖错缝叠砌，最高仅存 8 层，顶部及封门已毁。砖有两种，均为素面，底砖规格为 18×14×5 厘米；壁砖规格为 34×11×7 厘米。

墓室底部有木质腐烂痕迹和漆皮，推测为棺痕，棺结构不详。人骨架朽尽，葬式不明。

随葬器物 14 件，放置在墓室南部，器类有陶鼎 1、壶 1、罐 2、仓 1、灶 1、井 1、磨 1、猪圈 1、狗 1、鸡 1、鸭 1 及铜钱 1（6 枚）、铜盆 1（图四二一）。

M44　位于 I 区东南角，东端打破了 M33 西北角，南邻 M381。长方形竖穴土坑砖室，墓坑呈东西向，方向 105°。墓坑壁陡直，口、底长宽相等，壁面粗糙，坑底平整。东部设有斜坡墓道，平面呈梯形。墓口距地表 0.2 米，墓坑长 2.64、宽 1.56～1.7 米，墓深 1.6 米，墓道口长 4.8、宽 1.56～1.6 米，坡长 5、底宽 1.44～1.52 米，坡度 14°。墓道底坡与墓室相交之北部有一凹坑，凹坑呈长方形，底部较平，长约 1.3、宽 0.46 米。墓坑内填黄褐色夹灰黄色花土，包含有少量砖渣。

砖室平面呈长方形，内空长 2.36、宽 1.2、高 1.42 米。砖室建筑是先铺地砖后砌壁，南、北两壁压在铺地砖上。墓底用平砖纵向对缝平铺，南、北两壁以单砖错缝叠砌 12 层以上开始对缝起券，券顶。西壁紧贴南、北壁外用单砖错缝叠砌，封门墙已被破坏，砌法不明。墓砖均为青灰色，有长方形和楔形两种，长方形宽平砖用于铺地，素面，规格为 34×20×5 厘米。长条形砖用于砌壁，规格为 35×12×9 厘米。楔形砖用于起券，规格为 34×12×（7～8）厘米，长条形砖和楔形砖一侧面有几何纹。葬具已朽，人骨无存，葬式不明。

随葬器物 6 件，放置在砖室内西北部，器类有陶鼎 1、壶 1、罐 1、仓 1、灶 1、井 1（图四二二）。

M45　位于 I 区东部边沿，西北邻 M58，东邻 M59。长方形竖穴土坑砖室，墓坑呈南北向，方向 10°。墓坑平面呈长方形，坑壁陡直，壁面粗糙，坑底平整。墓口距地表 0.4 米，墓坑长 2.68、宽 1.7 米，墓深 0.88 米。北部有斜坡墓道，平面呈梯形。墓道口长 2.2、宽 1～1.7、底坡长 2.38 米。坡度 22°。坑内填土为黄褐色夹灰黄色花土，包含有少量砖渣。

砖室平面呈长方形，内空长 2.52、宽 1.42、残高 0.82 米。砖室建筑方法是先用砖铺地，然后砌壁，墓壁砖压在铺地砖上。砖室底用砖纵向对缝平铺，东、南、北三壁以单砖错缝相互咬合叠砌，墙砖叠砌 6 块后开始用楔形砖对缝起券。封门砖已被破坏，形体与砌法不明。砖均为青灰色，有长方形和楔形两种，长方形素面宽砖用于铺地，规格为 34×20×6 厘米。长条形砖侧面饰几何纹，用于砌壁，规格为 35×12×10 厘米，楔形砖用于起券，规格为 35×12×（8～10）厘米。葬具已朽，人骨无存，葬式不明。

随葬器物 7 件，放置在砖室内东部，器类有陶鼎 1、壶 1、罐 1、钵 1、灶上甑 1（2 件）、仓 2（图四二三）。

M53　位于 I 区东部边沿偏南，墓坑北部叠压 M51，西南部打破 M55，东南部打破 M54，南部叠压 M390。长方形竖穴土坑砖室，墓坑呈南北向，方向 186°。土坑由墓室、墓道两部分组成。墓坑壁陡直，口、底长宽相等，壁面粗糙，坑底平整。墓口距地表 0.2 米，墓坑长 3.04、宽 1.2 米，墓深 0.6 米，斜坡墓道设于南部，口长 0.9、宽 0.86～0.96、坡长 1 米，坡度 32°。坑内填褐灰色土夹少量砖渣。

砖室平面呈长方形，内空长 2.88、宽 0.92、残高 0.42 米。砖室砌筑方法是先铺地后砌壁，砖壁压在铺地砖上。铺地砖横向错缝平铺，南部距墓壁有 0.12 米的空间未铺砖。东、西、北三壁以单砖相互咬合错缝叠砌，封门墙一半嵌于墓室口内，一半伸出口外，为单砖错缝叠砌。墓砖均为

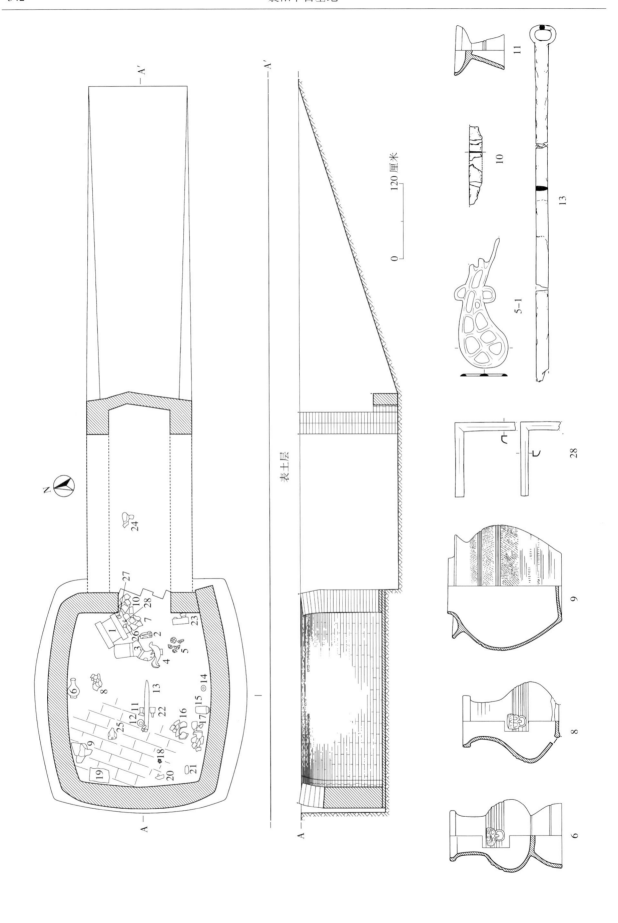

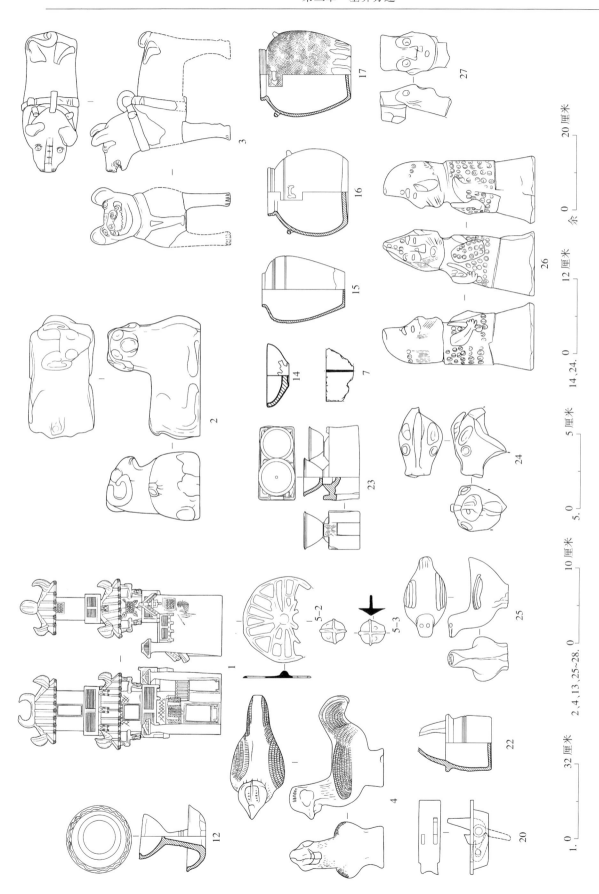

图四二〇　东汉 M12 平、剖面图及随葬品

1.陶楼　2.陶羊　3.B 型 I 式陶狗　4.A 型 IV 式陶鸡　5.锡车饰　6,8.A 型 III 式陶壶　7,21.铁器残片　9.D 型陶罐　10.铜器残片　11.B 型陶灯　12.A 型 II 式陶灯　13.铁刀
14.陶灯盏　15.C 型 IV 式陶仓　16.A 型 IV 式陶罐　17.B 型瓷四系罐　18.铜五铢　19.漆器　20.铜弩机　22.Ab 型 VII 式陶井　23.B 型 IV 式陶杜　24.陶犀牛　25.陶鸳鸯
26. I 式陶人物俑　27. II 式陶人物俑　28.铜构件

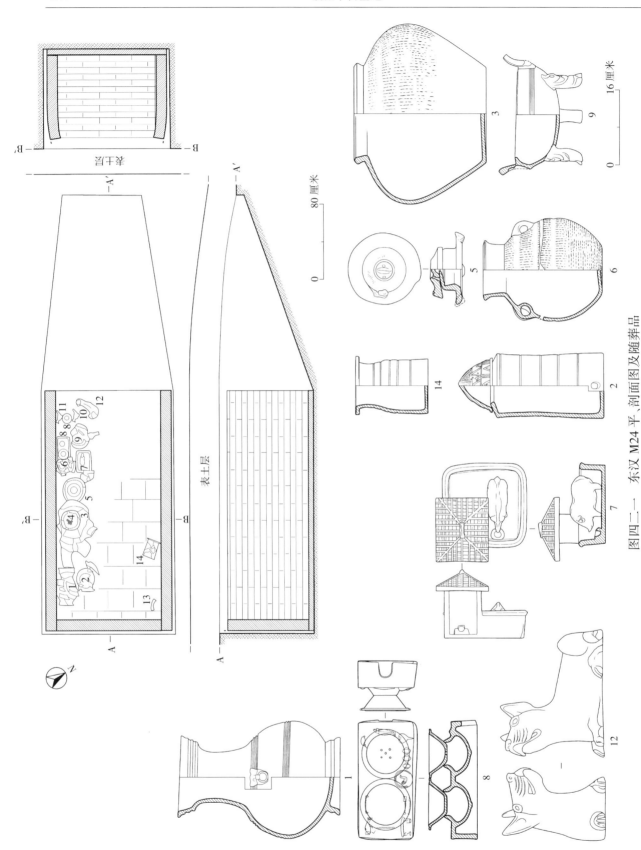

图四二一 东汉 M24 平、剖面图及随葬品

1.A 型 II 式陶壶 2.Ab 型 II 式陶仓 3.B 型 II 式陶罐 4.铜钱 5.III 式陶磨 6.Aa 型 III 式陶碓 7.B 型 II 式陶罐 8.B 型 II 式陶灶 9.Ba 型 II 式陶鼎 10.陶鸭（残） 11.陶鸡 12.A 型 II 式陶狗 13.铜盆（碎） 14.Ab 型 IV 式陶井

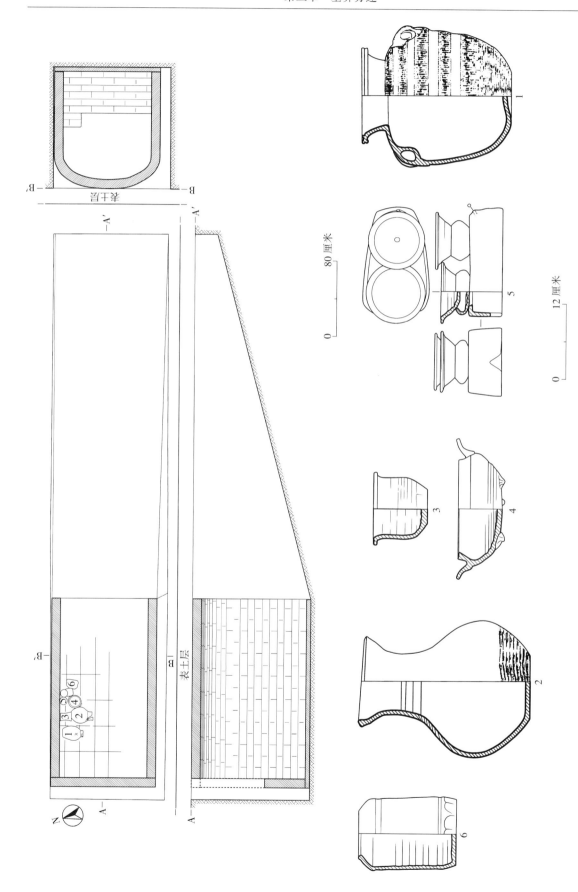

图四二二 东汉 M44 平、剖面图及随葬品

1.Aa 型 VII 式陶罐 2.Ca 型 III 式陶壶 3.Aa 型 VI 式陶井 4.A 型 IIIa 式陶鼎 5.Ac 型 III 式陶灶 6.Aa 型 V 式陶仓

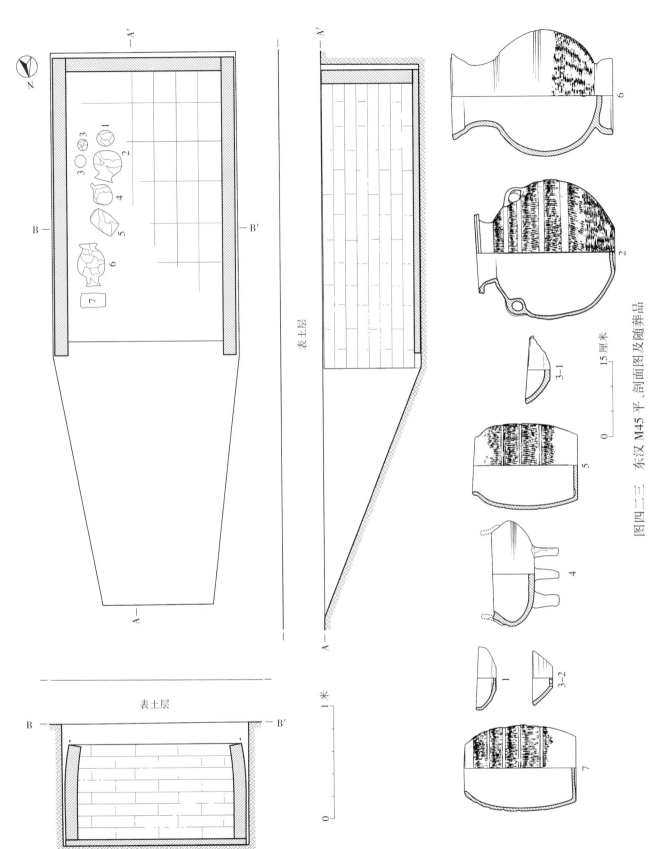

图四二三　东汉 M45 平、剖面图及随葬品

1.A 型陶钵　2.Aa 型Ⅵ式陶罐　3.陶灶器　4.Bc 型陶鬲　5.B 型Ⅴ式陶仓　6.B 型Ⅲ式陶壶　7.Ac 型陶仓

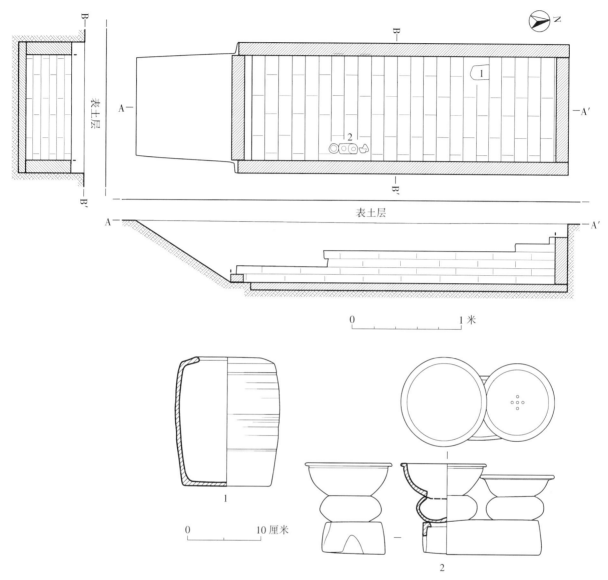

图四二四 东汉 M53 平、剖面图及随葬品
1. Aa 型 Ⅱ 式陶仓 2. Ac 型 Ⅱ 式陶灶

青灰色，长方形，规格为 35×12×7 厘米，单长侧面饰几何纹。葬具已朽，人骨无存，葬式不明。

随葬器物 2 件，放置在砖室，器类有陶仓 1、灶 1（图四二四）。

M61 位于 I 区东部偏北，西北部叠压 M60 东南部。长方形竖穴土坑砖室，墓坑呈东西向，方向 82°。土坑由墓室、墓道两部分组成。墓坑壁陡直，壁面粗糙，口、底长宽相等，坑底平整。墓口距地表深 0.3 米，墓坑长 2.47、宽 1.5 米，墓深 0.75 米。东部有斜坡墓道，平面呈梯形，墓道口长 1.8、宽 0.7～1.5、坡长 1.44、深 0.08～0.82 米。坡度 17°。坑内填黄褐夹灰白土，土质致密、坚硬，无包含物。

砖室呈长方形，先用砖铺地，后在砌地砖上砌壁。铺地砖纵向对缝平铺，南、北、西壁平砖错缝叠砌，封门墙平砖错缝叠砌，微外凸。砖室上部已遭破坏，结构不明。砖室内空长 2.36、宽

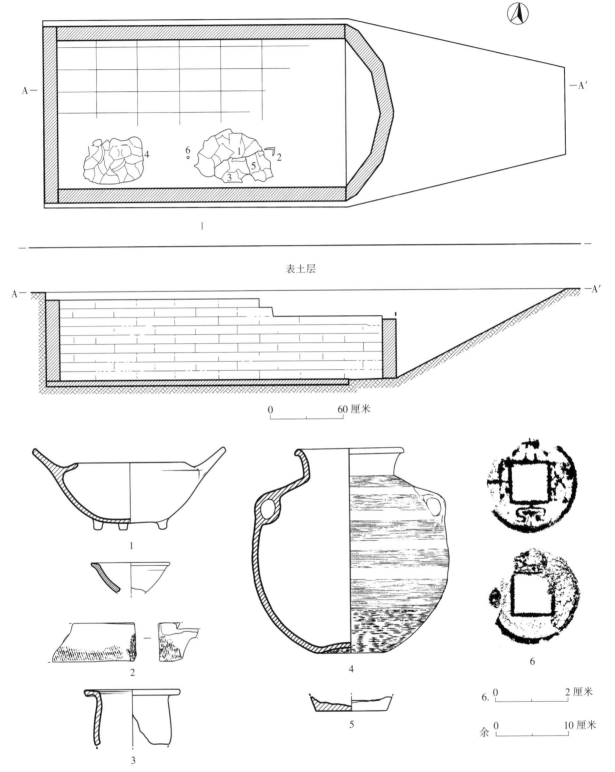

表土层

0　　　　60 厘米

图四二五　东汉 M61 平、剖面图及随葬品

1. A 型 Ⅵ式陶鼎　2. 陶灶　3. 陶井　4. Aa 型 X 式陶罐　5. 陶仓　6. Ⅵ式铜大泉五十

1.18、残高 0.64 米。墓砖均为青灰色长方形，铺地砖为素面，规格为 34×18×4.5 厘米，壁砖单侧面有几何纹，规格为 33×11×8 厘米。

木质葬具已腐烂，人骨无存，葬式不明。

随葬器物 6 件，放置在砖室底南部，器类有陶鼎 1、罐 1、仓 1、灶 1、井 1 及铜钱 1（大泉五十）（图四二五）。

M78　位于Ⅲ区北部偏西，北邻 M156，南邻 M409（战国）。长方形竖穴土坑砖室，墓坑呈东西向，方向 90°。墓坑壁陡直，口、底长宽相等，壁面粗糙，坑底平整。墓坑上部已被破坏，残存底部。墓口距地表 0.4 米，墓口残长 2.62、宽 1.14 米，墓深 0.9 米。东部有斜坡墓道，平面呈梯形，口长 1.4、宽 0.9~1.14 米，坡长 1.64 米，坡度 33°。坑内填灰黄色土，土质松软。

砖室呈长方形，西壁已被毁，仅存底部一层砖。砖室内空长 2.4、宽 0.9、残高 0.77 米，砖室的砌法是先用砖铺地后砌壁，铺地砖横向对缝平铺，壁用单砖错缝叠砌 9 层开始起券顶，封门用平砖横向错缝叠砌。墓砖全部呈青灰色，铺地砖为素面，规格为 26×22×5 厘米，砌墙砖与封门砖单侧面饰菱形几何纹，规格为 36×10×7 厘米，木质葬具已朽，人骨无存，葬式不明。

随葬器物已被扰乱，器类有铜钱 1（大泉五十）、陶井 1（图四二六）。

M149　位于Ⅲ区中部偏北，东北邻 M434，西北邻 M24，长方梯形竖穴土坑砖室，墓坑呈东西向，方向 115°。墓葬上部已被破坏，保存较差。土坑由墓室和墓道两部分组成，墓室平面呈梯形，墓坑壁陡直，壁面光滑，坑底平整。墓口距地表 0.25 米，墓坑长 2.64、宽 1.4~1.46 米，墓深 1.52 米。墓室东部有斜坡墓道，平面呈梯形，口长 2.75、宽 1.1~1.4 米，坡长 3.1、底宽 1.1~1.3 米，坡度 25°。坑内填黄褐色花土，土质致密，夹杂有红烧土粒和少量东周时期陶片。

砖室平面呈长方形，内空长 2.48、东宽 1.06、西宽 1.12、高 1.18 米。底部用青砖横向对缝平铺，墓壁砖压在铺地砖上。近墓口处用长条形小砖横向平铺，南、北两壁单砖错缝叠砌 10 层以上开始对缝起券。封门无砖，在封门附近亦未发现砖块，应为木板封门。墓砖均为青灰色，有长方形和楔形砖两种，铺地砖素面无纹，规格为 33×17×8 厘米，壁砖单侧面有几何纹，规格为 34×11×8 厘米，楔形砖单侧面亦有几何纹，规格为 34×11×（7~9）厘米。

葬具已朽，人骨无存，葬式不明。

随葬器物 19 件，放置在砖室略偏北部，器类有陶鼎 1、壶 1、罐 3、杯 1、炙炉 1、灯 1、博山顶式仓盖 2、灶釜甑 1、井 1、杵 1、磨 1、猪圈 1、狗 1、鸭 2、鸡 1（图四二七）。

M125　位于Ⅲ区南部边沿，东南邻 M155，西、东、南部无墓葬分布。长方梯形竖穴土坑砖室，墓坑呈南北向，方向 185°。土坑分墓坑、墓道两部分。墓坑平面呈长方形，坑壁陡直，口、底长宽相等，壁面粗糙，坑底平整。墓口距地表 0.5 米，墓长 2.76、宽 1.18 米，墓深 1.46 米。斜坡墓道设在墓坑南部，平面呈梯形，东、西两壁陡直，坡面较陡，残长约 2.5、宽 1.1 米，坡长约 2.5 米，坡度 19°。坑内填灰黄色土夹少量砖渣。

砖室为长方形单室，内空长 2.44、宽 0.9、高 1.15 米。底部用砖对缝平铺，壁砖压在铺地砖上。东、西两壁以单砖错缝叠砌 13 层后开始对缝起券。北壁嵌于东、西两壁之间，封门墙用单砖错缝叠砌，微外弧。墓砖呈青灰色，均素面，有长方形和楔形两种。壁砖规格为 32×10×6 厘米，楔形砖规格为 34×10×（5.5~6.5）厘米，铺地砖规格为 26×22×5 厘米。

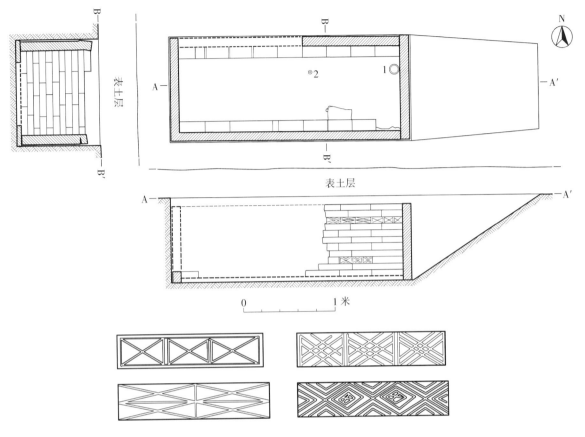

墓砖纹饰示意图

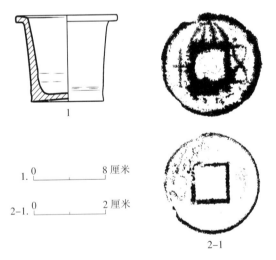

1. 0 ———————— 8厘米

2-1. 0 ———————— 2厘米

图四二六　东汉 M78 平、剖面图及随葬品
1. Aa 型Ⅶ式陶井　2. Ⅳ式铜大泉五十

葬具已朽，人骨仅存下肢骨，葬式不明。

随葬器物 6 件，放置在砖室内东部与南部，器类有铜钱 1（大泉五十 29 枚）及陶罐 2、仓 1、灶 1、井 1（图四二八）。

M157 位于Ⅲ区中部偏西南，西邻 M156，东邻 M411。长方梯形竖穴土坑砖室，墓坑呈南北向，方向200°。土坑由墓坑和墓道两部分组成，墓坑平面呈长方形，坑壁陡直，壁南光滑，坑底平整。墓口距地表0.7米，墓坑长2.86、宽1.1米，墓深1.36米。墓坑南部有斜坡墓道，口平面呈梯形，长2.68、宽0.88~0.96、坡长3米，坡度28°。坑内填灰黄色土和褐色土块，夹杂有红烧土粒和少量东周时期陶片。

砖室平面呈长方形，内空长2.62、宽0.84、高1.12米。底部用砖顺向对缝平铺，中部留有两道凹槽直抵墓门，北部凹槽宽0.24、南部凹槽宽0.36、长2.38米。砖室墙用单砖错缝叠砌12层后对缝起券，墓壁相接处用砖交错叠砌，封门砖下部用单砖错缝叠砌，上部对缝叠砌。墓砖均为青灰色，有长方形和楔形两种。长方形砖用于铺地和砌壁，长34、宽11~12、厚6~7厘米，楔形砖用于起券，单面有斜绳纹，长34、宽10.5、厚6~7厘米。

葬具已朽，仅在填土中发现有少量人骨，葬式不明。

随葬器物7件，放置在砖室南部，器类有陶罐2、壶1、器盖1、猪圈1、仓1、灶1。

M159 位于Ⅲ区中部偏西北，东邻 M156，西北邻 M169。长方形竖穴土坑砖室，墓坑呈东西向，方向95°。墓坑平面呈长方形，坑壁陡直，口、底长宽相等，壁面粗糙，坑底平整。墓口距地表0.4米，墓坑长2.52、宽1.38米，墓深1.1米，墓道位于东部，呈梯形，墓道口长2.46、宽1.1~1.38米，墓底宽1.1~1.2米，坡长2.78米，坡度23°。坑内填灰黄色土。

砖室为长方形，内空长2.26、宽1.14、残高0.98米，砖室底部用砖横向错缝平铺，西、南、北三壁相交错缝咬合立于铺地砖上，西墙单砖错缝叠砌，南、北壁用单砖错缝叠砌10层后开始起券，券顶已残。平砖横向错缝叠砌封门，墓门残高0.98米。墓砖均为青灰色，铺地砖全是素面，规格为26×22×5厘米。墓壁砖一侧面饰菱形几何纹，规格为34×10×7厘米。

木质单棺放置在砖室北部，棺上红漆已朽，残存漆皮。棺痕内空长1.82、宽0.42、残高0.02、底板痕厚0.04米。棺东端平放有两块砖，用途不明。人骨已朽，仅存痕迹，可辨头向东，葬式为仰身直肢。

随葬器物12件，放置于砖室南部，器类有铜盆、铜钱1（大泉五十59枚）及陶鼎1、罐3、壶1、仓1、灶1、井1、鸡1、鸭1（图四二九）。

M175 位于Ⅲ区西部偏北，东北邻 M174，西部、南部有空地未埋墓葬。长方形竖穴土坑砖室，墓坑呈东西向，方向90°。墓坑平面呈长方形，东部为斜坡墓道。墓坑壁陡直，口、底长宽相等，壁面光滑，坑底平整，坑内填灰黄色土。墓口距地表0.4米，墓坑长3.08、宽1.38米，墓深1.6米。墓道呈梯形，口长2.66、东端宽0.88、西部宽1.18、坡长3.1米，坡度31°。

砖室呈长方形，内空长2.82、宽1.14、高1.13米。砖室底部用砖对缝平铺，西、南、北三壁相接处错缝叠砌置于铺地砖上，铺地砖比墓壁长出0.08米。南、北壁用单砖错缝叠砌13层后起券。封门砖用平砖横向错缝叠砌，微向内倾斜，封门墙高1.34米，底部距铺地砖有0.04米的空间。墓砖均为青灰色，分长方形与楔形砖两类。长方形砖用于砌壁，大部分为素面，部分饰有几何纹，长34、宽10、厚6厘米。铺地砖全是素面，规格为26×22×5厘米。楔形砖单侧面有菱形几何纹，用于起券，规格为34×10×（5~6）厘米。

葬具为木质单棺，已朽，残存有部分漆皮，棺放置在砖室内南部，棺痕长1.72、宽0.46、底板痕厚0.04米。人骨已朽，仅存痕迹，可辨头向东，仰身直肢。

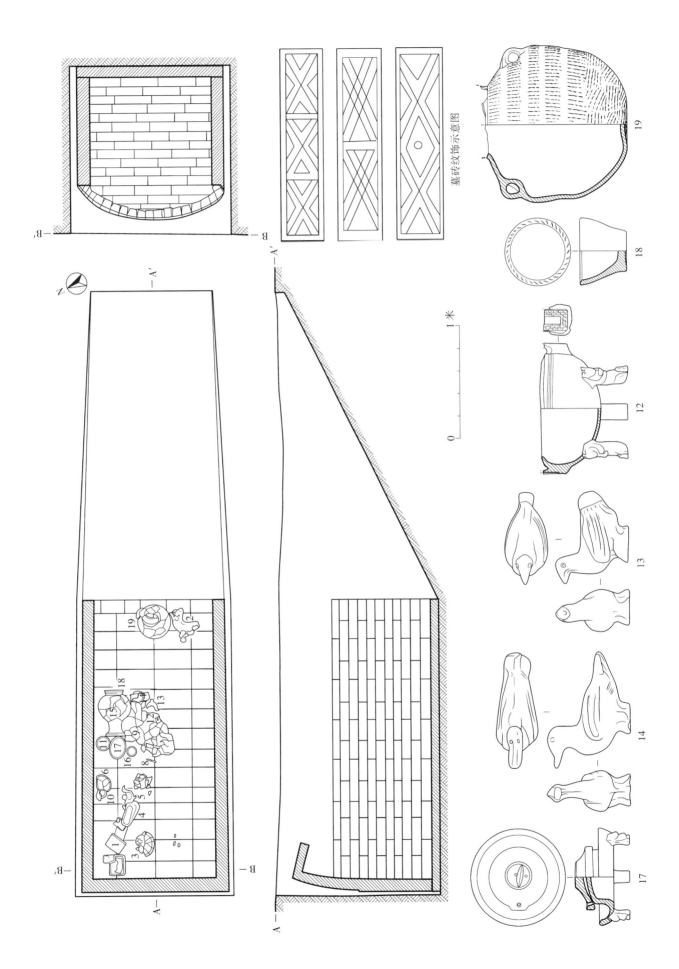

墓砖纹饰示意图

0 ——— 1 米

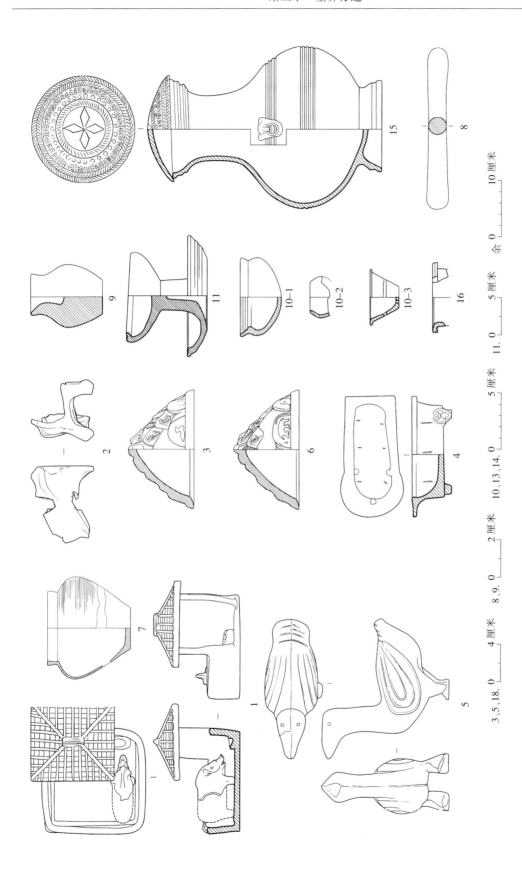

图四二七 东汉 M149 平、剖面图及随葬品

1.B 型 I 式陶猪圈 2.陶狗(残) 3、6.陶博山顶武仓盖 4.陶炙炉 5.B 型 I 武陶罐 7.B 型 I 武陶罐 8.陶杯 9.E 型陶罐 10.陶灶上金甑 11.A 型 I 武陶灯 12.Ba 型 I 武陶鼎 13.A 型 I 武陶鸡 14.A 型 II 武陶鸭 15.A 型 I 武陶壶 16.陶井(残) 17.I 武陶磨 18.陶杯 19.Aa 型 I 武陶罐

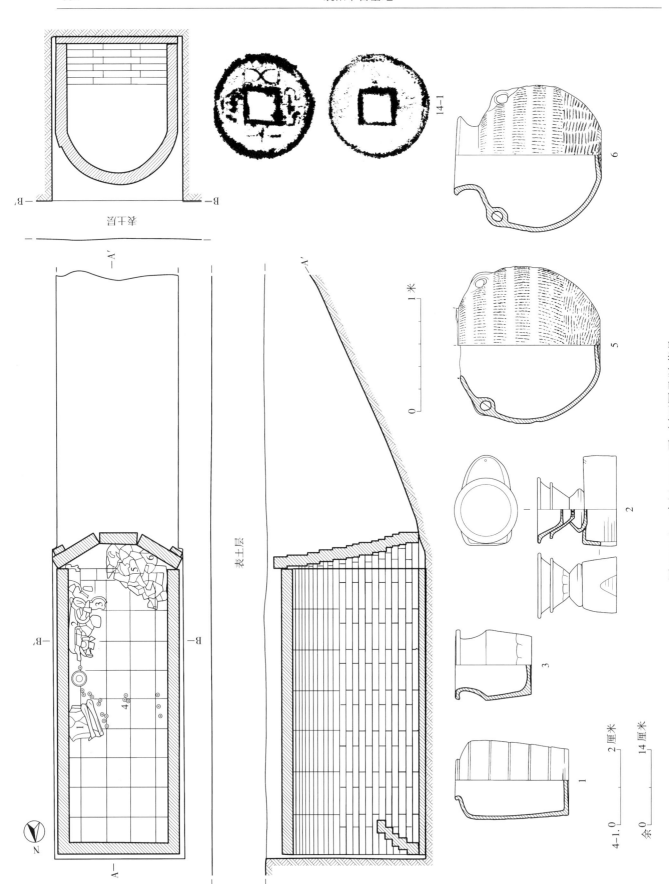

图四二八　东汉 M125 平、剖面图及随葬品

1.B 型Ⅱ式陶仓　2.D 型Ⅲ式陶灶　3.B 型Ⅱ式陶井　4.Ⅱ式铜大泉五十　5、6.Aa 型Ⅱ式陶罐

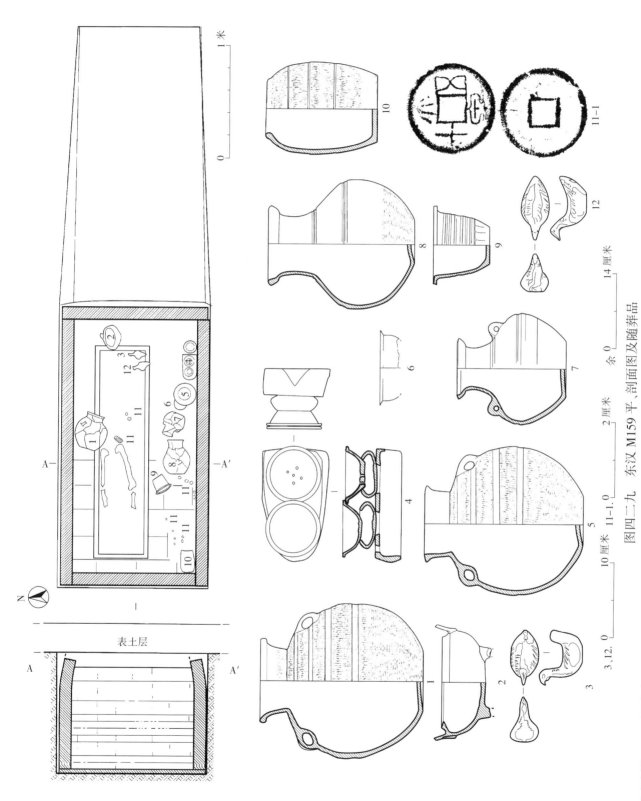

图四二九 东汉 M159 平、剖面图及随葬品

1、5.Aa 型 Ⅲ 式陶罐 2.A 型 Ⅱ 式陶鼎 3.A 型 Ⅱ 式陶鸡 4.Ac 型 Ⅱ 式陶灶 6.铜盆 7.Ac 型 Ⅱ 式陶罐 8.Ca 型 Ⅰ 式陶壶 9.Aa 型 Ⅱ 式陶井 10.B 型 Ⅲ 式陶仓 11.Ⅲ 式铜大泉五十 12.A 型 Ⅲ 式陶鸭

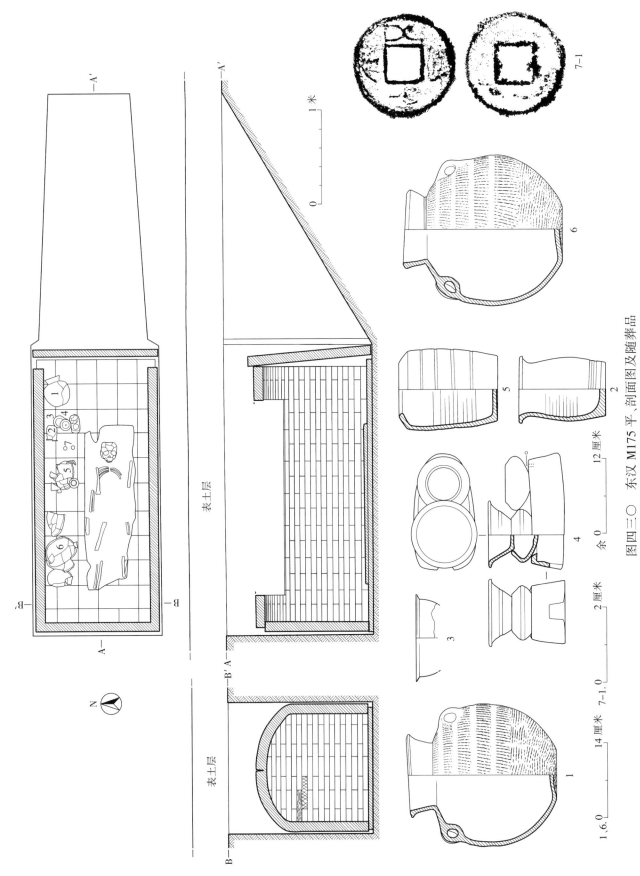

图四三〇　东汉 M175 平、剖面图及随葬品

1、6. Aa 型 III 式陶罐　2. Ab 型 V 式陶井　3. 铜盆（残）　4. Ab 型 II 式陶灶　5. Aa 型 II 式陶仓　7. III 式铜大泉五十

随葬器物7件，放置在砖室内北部，器类有铜钱1（大泉五十10枚）、铜盆1及陶罐2、仓1、灶1、井1（图四三〇）。

M183　位于Ⅰ区中部偏东北，墓坑西北部叠压M182东南部，南邻M186，长方梯形竖穴土坑砖室，墓坑呈南北向，方向4°。土坑由墓坑和墓组成。墓坑平面呈长方形，墓坑壁陡直，口、底长宽相等，壁面光滑，坑底平整。墓口距地表0.2米，墓长2.77、宽1.16米，墓深0.72米，北部为斜坡墓道，墓道平面呈梯形，长2.1、宽0.46~1.16、坡长2.18米，坡度18°。坑内填灰黄色土夹灰白色土，土质致密、坚硬。

砖室平面呈长方形，底部用砖对缝平铺，墓壁压在铺地砖上，东、南、西壁用单砖错缝叠砌，南壁嵌于东、西两壁内，封门亦用单砖错缝叠砌，紧贴于南、北壁外，并略向外折。砖室内空长2.54~2.56、宽1.14、高0.66米。墓砖为青灰色长方形，单侧面有几何纹，砖规格为34×11×6厘米。葬具已朽，人骨无存，葬式不明。

随葬器物7件，放置在砖室内东北部，器类有铜钱1（大泉五十10枚）及陶罐2、仓1、灶1、井2（图四三一）。

M188　位于Ⅰ区中部，南邻M264，东南邻M189，长方形竖穴土坑砖室，墓坑呈东西向，方向270°。墓坑壁陡直，口、底长宽相等，壁面光滑，坑底平整。墓口距地表0.3米，墓长2.7、宽1.44米，墓深0.66米，西部为斜坡墓道，平面呈梯形，长1.96、宽1.16~1.44、底宽1.16~1.28、坡长2.08米，坡度18°。坑内填灰黄色土夹少量砖渣。

砖室平面呈长方形，底部用砖对缝平砌，墓壁及封门墙压在铺地砖上。南、北两壁单砖错缝叠砌，东壁嵌于南、北两壁内，封门墙紧贴于南、北壁外，用单砖对缝叠砌。砖室内空长2.32~2.36、宽1.08、高0.78米。墓砖均为长方形，呈红褐色，烧制火候较低，铺地砖均为素面，砖规格为33×18×6厘米，壁砖为长条形，砖规格为34.5×14×9厘米，单侧面有几何纹。葬具已朽，人骨无存，葬式不明。

随葬器物7件，放置在砖室内西北部，器类有陶鼎1、壶1、罐1、灶1、井2及铜五铢1（图四三二）。

M288　位于Ⅰ区北部，西邻M289、M292，东邻M291，长方形竖穴土坑砖室，墓坑呈南北向，方向0°。墓坑壁陡直，口、底长宽相等，壁面光滑，坑底平整。墓口距地表0.3米，墓长2.85、宽0.86米，墓深0.38米。坑内填褐色夹黄色花土，土质板结。

砖室平面呈长方形，底部用方砖对缝平铺，砖壁砌在铺地砖上，东、西两壁底部侧砌一层长条形小砖，其上用单砖错缝叠砌，南壁底部先用两块长条形小砖横砌，其上再长条形砖直砌，北壁先用一块方砖横砌，其上再用方砖叠砌。砖室顶为叠涩顶，内空长2.5、宽0.62、残高0.32米。墓砖均为青灰色，长条形砖单面饰绳纹，单侧面有几何纹，砖规格为（34~36）×（10.5~11.5）×（7~9.5）厘米，方砖全为素面，砖规格为26.5×21.5×5厘米。葬具已朽，人骨无存，葬式不明。

随葬器物3件，放置在砖墓室内北端，器类有陶罐2、漆器痕1（图四三三）。

M371　Ⅰ区东北部边沿，西邻M34，南邻M57，东部无墓葬分布。长方形竖穴土坑砖室，墓坑呈东西向，方向80°。土坑由墓坑、墓道组成。墓坑壁陡直，壁面光滑，坑底平整，东部有梯形斜坡墓道。墓坑平面呈长方形，口距地表0.25米，墓长2.65、宽1.6米，墓深1.64米，墓道口

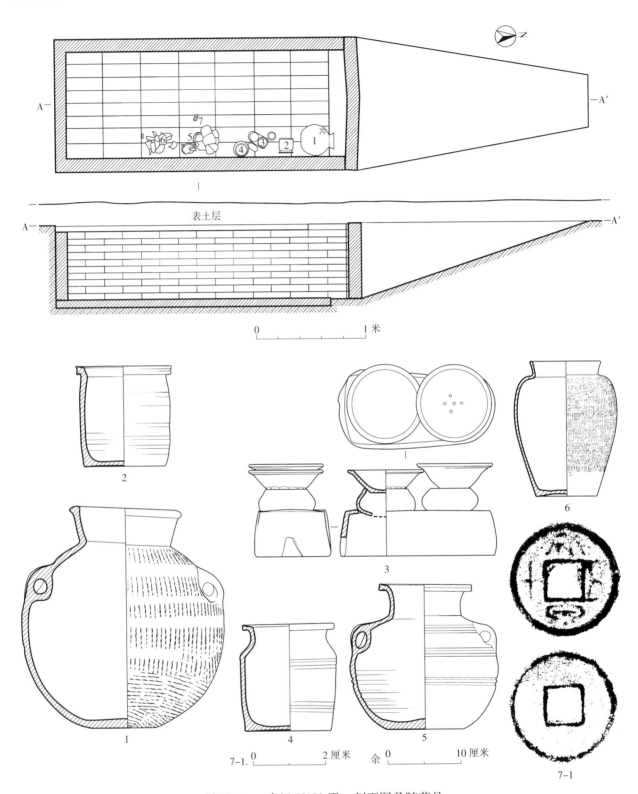

图四三一　东汉 M183 平、剖面图及随葬品

1. Aa 型 I 式陶罐　2. Ab 型 I 式陶井　3. Ab 型 I 式陶灶

4. B 型 I 式陶井　5. Ab 型陶罐　6. C 型 I 式陶仓　7. II 式铜大泉五十

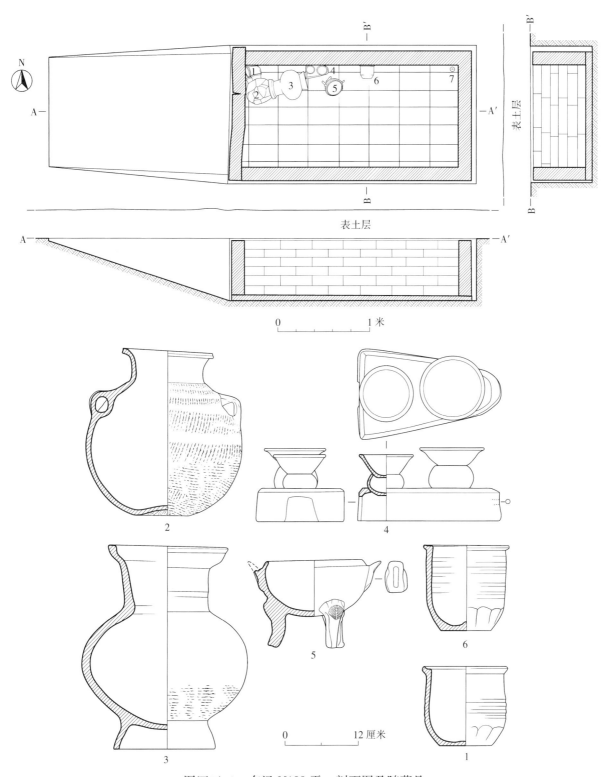

图四三二　东汉 M188 平、剖面图及随葬品

1、6. Aa 型Ⅲ式陶井　2. Aa 型Ⅴ式陶罐　3. B 型Ⅱ式陶壶　4. Ab 型Ⅳ式陶灶　5. Bb 型陶鼎　7. 铜五铢

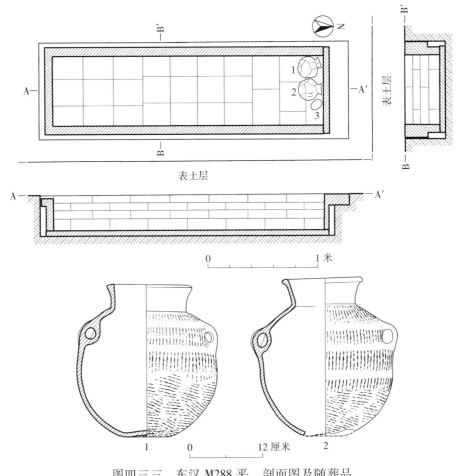

图四三三 东汉 M288 平、剖面图及随葬品
1. Aa 型 Ⅱ 式陶罐 2. Aa 型 Ⅲ 式陶罐 3. 漆木器

长 3.52、宽 1.2 ~ 1.34、坡长 3.44、深 0.2 ~ 1.44 米，坡度 22°。墓坑内填黄色夹灰白土。

砖室呈长方形，底砖对缝平铺，墓壁压在铺地砖上，南、北、西壁以平砖错缝叠砌，叠砌 10 层后开始起券，券顶用砖对缝叠砌，封门墙用平砖错缝叠砌外凸。砖室内空长 2.44、宽 1.12、高 1.5 米，后顶和封门破坏严重。墓砖可分为方形、长方形和楔形，铺地砖为正方形素面，砖规格为 36×36×4 厘米，壁砖为长方形，双面有斜绳纹，单侧面有几何纹，砖规格为 35×11×8.5 厘米，楔形砖用于起券，砖规格为 34×18×（5.5 ~ 6.5）厘米。室内葬具已朽，人骨无存，葬式不明。

随葬器物 8 件，放置在砖室内西北部，器类有铜五铢 1（22 枚）及陶鼎 1、罐 3、灶 1、仓 1、井 1（图四三四）。

M401 位于 Ⅲ 区西北部，南邻 M426，北邻 M428。长方形竖穴土坑砖室，墓坑呈东西向，方向 100°。土坑由墓室和墓道两部分构成，平面呈梯形。墓坑壁陡直，口、底长宽相等，壁面光滑，坑底平整，墓口距地表约 1 米，墓长 3.4、宽 1.9 ~ 2.08 米，墓深 1.4 米，墓道口长 2.8、东宽 1.3、西宽 1.56、坡长 3.2 米，坡度 25°。墓道中部有一道木头腐烂痕迹，长 1.48、宽 0.04、高 0.02 米。坑内填黄褐色黏土，土质致密。

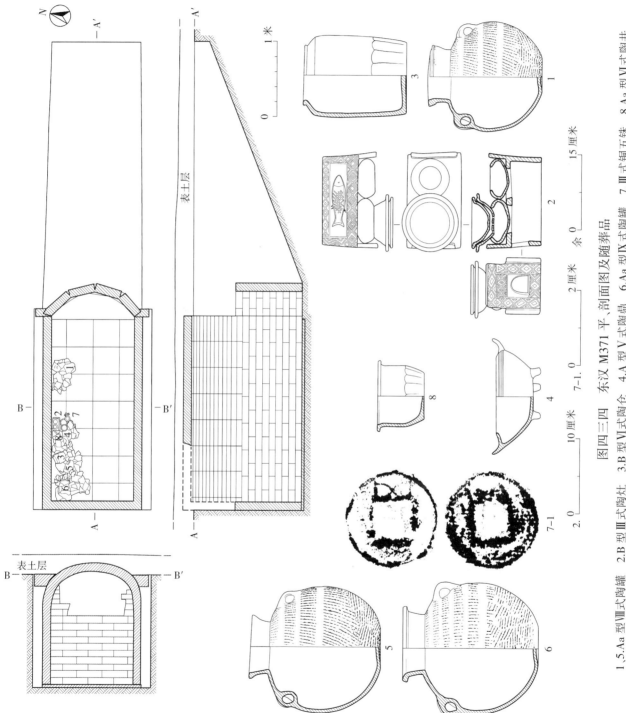

图四三四 东汉 M371 平、剖面图及随葬品

1、5.Aa 型Ⅷ式陶罐 2.B 型Ⅲ式陶灶 3.B 型Ⅵ式陶仓 4.A 型Ⅴ式陶鼎 6.Aa 型Ⅴ式陶罐 7.Ⅲ式铜五铢 8.Aa 型Ⅵ式陶井

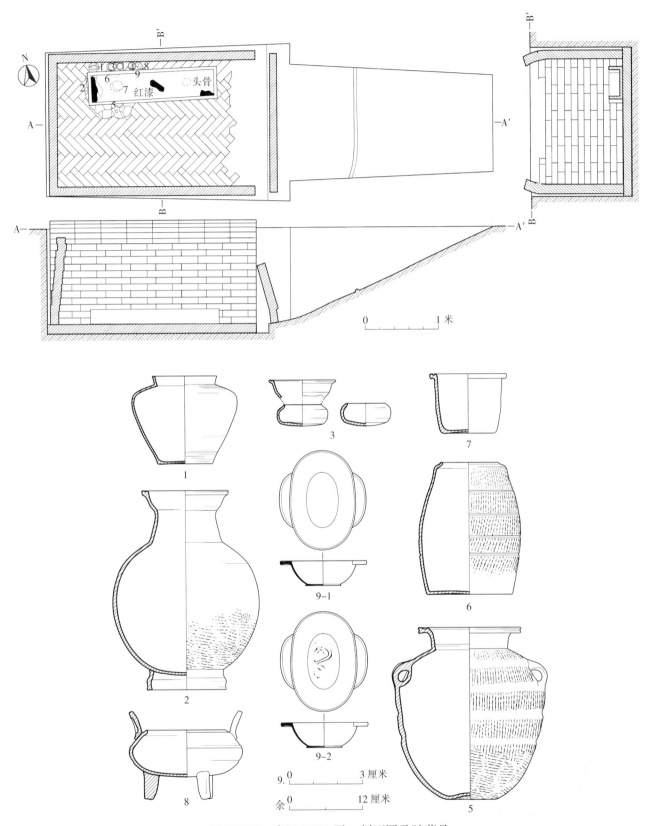

图四三五 东汉 M401 平、剖面图及随葬品

1. B 型Ⅲ式陶罐 2. B 型Ⅳ式陶壶 3. 陶灶上釜甑 4. 铜盆 5. Aa 型Ⅶ式陶罐
6. B 型Ⅶ式陶仓 7. Aa 型Ⅴ式陶井 8. A 型Ⅲb 式陶鼎 9. 锡耳杯

砖室平面近长方形，内空长2.76、宽1.65～1.68、残高1.38米。底部用长条形小砖呈人字形平铺，近墓门处的地砖未铺满。墓壁砖压在铺地砖上。南、北两壁用单砖错缝叠砌，垒砌12块砖后开始对缝起券，西壁未与南、北壁相接处用砖交错咬合，封门墙用单砖横向对缝叠砌，微向墓内倾斜。墓砖皆为青灰色，分长方形和楔形。长方形砖用于铺地和砌壁，砖规格为34×12×9厘米；楔形砖用于起券，砖规格为34×12×（7～9）厘米，两型砖单侧面均有几何纹。葬具已朽，仅剩痕迹及红色漆皮，漆皮散落在砖室填土中。棺痕呈长方形，长1.8、宽0.44米，棺痕下压有一块砖，推测是起垫棺之用。人骨朽尽无存，棺痕内东部有头骨痕迹，由此可知头向东，葬式不明。

随葬器物9件，放置在砖室内北部、棺痕西端，器类有陶鼎1、壶1、罐2、仓1、灶1、井1及铜钵1、铅耳杯1（图四三五）。

M408 位于Ⅲ区北部，西邻M410，南邻M410，长方形竖穴土坑砖室，墓坑呈南北向，方向200°。墓坑已遭破坏，墓坑壁陡直，口、底长宽相等，壁面光滑，坑底平整。墓口距地表1.4米，残长2.83、宽1.66米，墓深0.45米。

砖室呈长方形，北部已残。底部用宽平砖对缝平铺，壁砖压在铺地砖上，以单砖错缝叠砌，残存4块砖厚。南壁与东、西壁相接交错叠砌。砖室内空残长2.7、宽1.4、残高0.4米。墓砖均为青灰色，分宽平砖与长条形小砖，宽平砖素面无纹，用于铺地，砖规格为35×20×5厘米；长条形小砖单侧面饰几何纹，用于砌壁，砖规格为34×13×10厘米。葬具已朽，人骨无存，葬式不明。

随葬器物4件，放置在砖室南部，器类有铜钱1（五铢13枚）、陶灶1、陶井1、铜盆1（图四三六）。

M413 位于Ⅲ区西北角，西邻M433，东南邻M430。长方形竖穴土坑砖室，墓坑呈南北向，方向2°。墓坑壁陡直，口、底长宽相等，壁面光滑，坑底平整，北部有斜坡墓道。墓口距地表0.4米，墓坑长2.68、宽1.41米，墓深1.86米。墓道略窄于墓坑，残长约1.4、宽1米，底部残存两级台阶，宽约0.22、高0.14、0.16米，墓道与砖室之间为一块平地，长约0.92米。坑内填灰黄色土夹少量砖渣。

砖室为长方形，封门及券顶局部塌陷。内空长2.44、宽0.9、高0.9米。墓底用宽平砖纵向对缝平铺，墓壁砌在铺地砖上。东、南、西三壁砖未相互交错砌合，东、西两壁以单砖错缝叠砌第8层开始对缝起券，起券时间隔放置有扉棱形残砖，南壁下部7层为单砖错缝叠砌，上部3层则为单砖侧立错缝叠砌，逐层内缩呈金字塔形状。封门墙底部单砖直立，上部用单砖横向对缝平砌。封门墙上部券顶塌陷，具体结构不明。墓砖均为青灰色，分宽平砖与长条形小砖。宽平砖用于铺地，规格为36×（20～21）×5厘米，长条形小砖有长方形和楔形两种，长方形砖单侧面有几何纹，用于砌壁，规格为（34～35）×12.5×（8.5～9）厘米；楔形砖用于起券，单侧面也有几何纹，规格为35×13×（7～8）厘米。葬具已朽，人骨无存，葬式不明。

随葬器物8件，放置在砖室北部，器类有铜钱1（五铢6枚）及陶鼎1、罐4、灶1、井1（图四三七）。

M442 位于Ⅲ区北部，西北邻M435，西南邻M436，东邻M443。长方形竖穴土坑砖室，墓坑呈东西向，方向290°。墓坑壁陡直，口、底长宽相等，壁面光滑，坑底平整，西部有斜坡墓道。墓葬上部已被破坏，墓口距地表1.4米，墓长2.98、宽1.52米，墓深0.5米。墓道呈梯形，宽

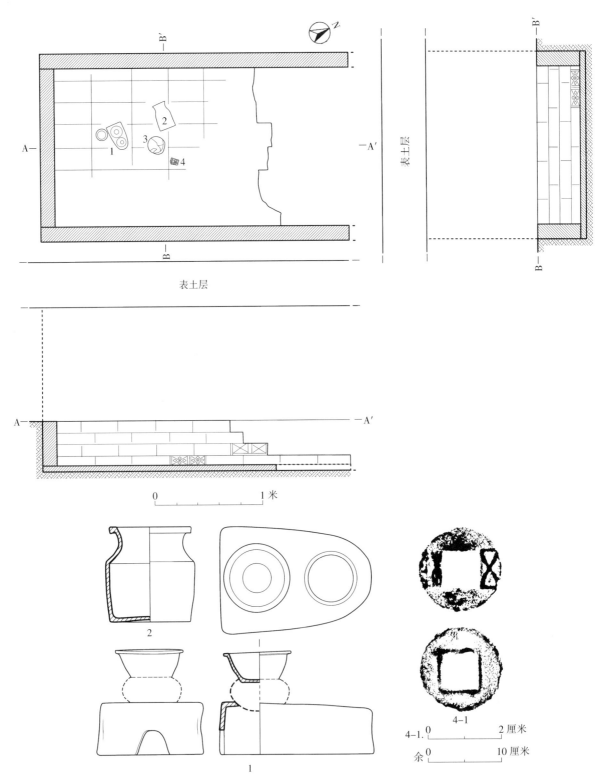

图四三六　东汉 M408 平、剖面图及随葬品

1. Aa 型 I 式陶灶　2. B 型 III 式陶井　3. 铜盆　4. II 式铜五铢

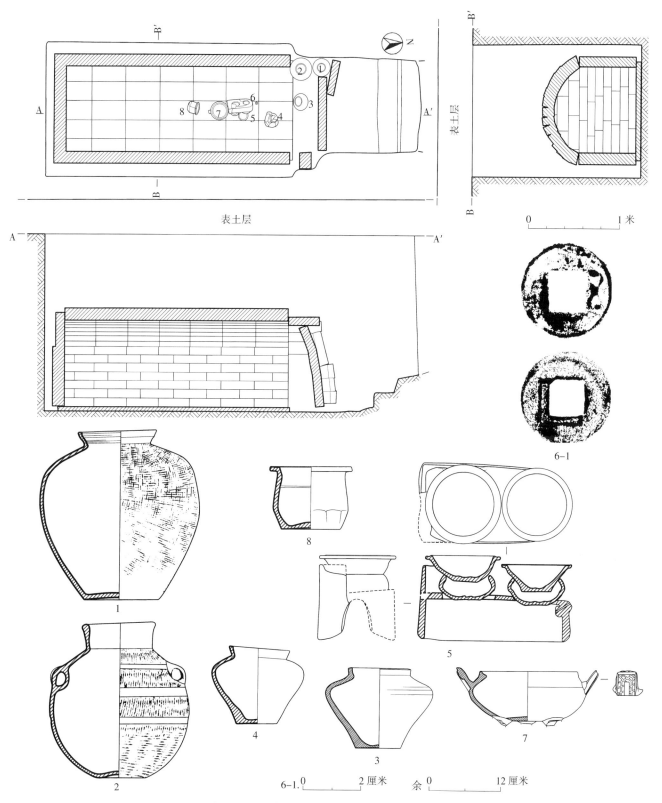

图四三七　东汉 M413 平、剖面图及随葬品

1. C 型Ⅲ式陶仓　2. Aa 型Ⅷ式陶罐　3、4. B 型Ⅳ式陶罐　5. C 型陶灶

6. Ⅲ式铜五铢　7. A 型Ⅳ式陶鼎　8. Aa 型Ⅵ式陶井

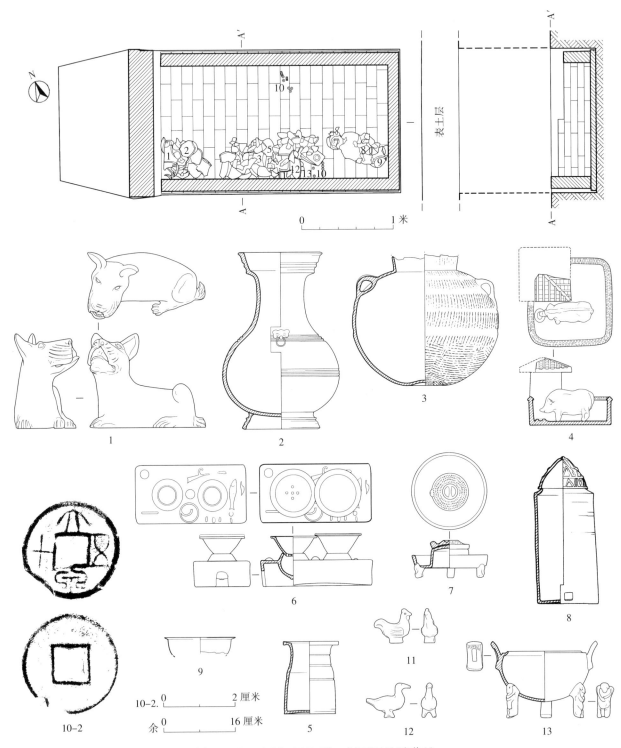

图四三八　东汉 M442 平、剖面图及随葬品

1. A 型 I 式陶狗　2. A 型 I 式陶壶　3. Aa 型 I 式陶罐　4. B 型 I 式陶猪圈　5. Ab 型 II 式陶井　6. B 型 I 式陶灶　7. II 式陶磨　8. Ab 型 I 式陶仓　9. 铜盆（残）　10. 铜大泉五十（I 式 22 枚、II 式 4 枚，10－2 为 II 式）　11. B 型 I 式陶鸡　12. A 型 I 式陶鸭　13. Ba 型 I 式陶鼎

1.2～1.58 米，坡长 0.88 米，坡度 35°。坑内填灰黄色土。

砖室呈长方形，内空长 2.58、宽 1.2、残高 0.35 米。坑底用砖横向错缝平铺，墙壁用单砖错缝叠砌，东、南、北三壁相接拐角交错叠砌立于铺地砖上。封门墙用双层平砖横向错缝叠砌，与墓壁相距约 0.08 米，上部向内倾斜，残高 0.38 米。墓砖均为青灰色，单侧面有菱形几何纹，砖规格为 36×12×7 厘米，葬具已朽，人骨无存，葬式不明。

随葬器物 13 件，放置在砖室内南部，器类有铜钱 1（大泉五十 26 枚）、铜盆 1 及陶鼎 1、壶 1、罐 1、仓 1、灶 1、井 1、磨 1、猪圈 1、狗 1、鸡 1、鸭 1（图四三八）。

M445 位于Ⅲ区东北部，东邻 M467，西邻 M506，东北邻 M468。长方形竖穴土坑砖室，墓坑呈东西向，方向 110°。墓坑壁陡直，口、底长宽相等，壁面光滑，坑底平整，东部有斜坡墓道。墓口距地表 1.1 米，墓长 3.14、宽 1.12 米，墓深 0.9 米，墓道平面呈梯形，底面略有起伏，口长 2.18、宽 0.7～1.12、坡长 2.2 米，坡度 17°。坑内填黄褐色花土，土质致密。

砖室平面呈长方形，砖室内空长 2.82、宽 0.92、残高 0.77 米。底部用宽平砖纵向对缝平铺，地砖未铺满全部墓底，距东壁有 0.18 米的空隙。壁砖压在铺地砖上，用单砖错缝叠砌，南、北、西三壁拐角用砖相互叠砌相接。封门墙用单砖横向错缝叠砌，墙面略外弧，墙外底部又用单砖叠砌加 3 层。墓砖均为青灰色，铺地砖为素面，规格为 34×15×4.5 厘米；砌墙砖单侧面有几何纹，单平面有绳纹，规格为 34×10×7 厘米。葬具已朽，人骨无存，葬式不明。

随葬器物 9 件，放置在砖室东部，器类有陶罐 2、仓 1、灶 1、井 1 及铜指扣 1、铜钱 1（大泉五十 24 枚）、漆器痕 2（图四三九）。

M456 位于Ⅲ区中部偏东，墓坑北部叠压 M500 东南部，东南邻 M498。长方形竖穴土坑砖室，墓坑呈东西向，方向 290°。上部被破坏，因叠压 M500 北部下陷，保存较差。墓坑壁陡直，口、底长宽相等，壁面粗糙，坑底平整，西部有斜坡墓道。墓口距地表 1.4 米，墓长 2.75、宽 1.1 米，墓深 0.49 米。墓道平面呈梯形，底坡略有起伏，长 1.45、宽 0.72～1.1、坡长 1.56 米，坡度 17°。坑内填黄褐色花土，土质致密。

砖室平面呈长方形，内空长 2.4、宽 0.86、残高 0.36 米。底部用宽平砖纵向对缝平铺，砖壁压在铺地砖上，用单砖错缝叠砌，南、北、东三壁拐角用砖相互咬砌相接，封门墙用双砖横向错缝叠砌，墙面平展。墓砖均为青灰色，铺地砖为素面，规格为 27×21.5×5 厘米；砌墙砖为长条形小砖，部分砖单侧面有几何纹，单平面饰绳纹，规格为（32～35）×（10～15）×（6～6.5）厘米。葬具已朽，人骨无存，葬式不明。

随葬器物 11 件，放置在砖室北部，器类有铜钱 1（货泉 8 枚）及陶鼎 1、仓 1、灶 1（釜 1 甑 2）、井 1、磨 1、碓 1、猪圈 1、鸭 1（2 只）、鸡 1（2 只）、狗 1（图四四〇）。

M458 位于Ⅲ区中部偏东南，东部为空地无墓葬分布。长方形竖穴土坑砖室，墓坑呈东西向，方向 110°。墓坑壁陡直，口、底长宽相等，壁面光滑，坑底较平，东部有梯形斜坡墓道。墓口距地表 1.2 米，墓坑长 1.68、宽 1.16 米，墓深 0.4 米。墓道口残长 0.64、宽 0.94～1.06、底坡残长 0.56 米，坡度 41°。坑内填黄褐色土，土质致密。

砖室呈长方形，内空长 1.58、宽 0.96、残高 0.36 米。底部用长方形条砖纵向对缝平铺，墓砖壁压在铺地砖上。墓单砖错缝叠砌，南、西、北三壁拐角墙砖未互相交错叠砌。封门墙用单砖错

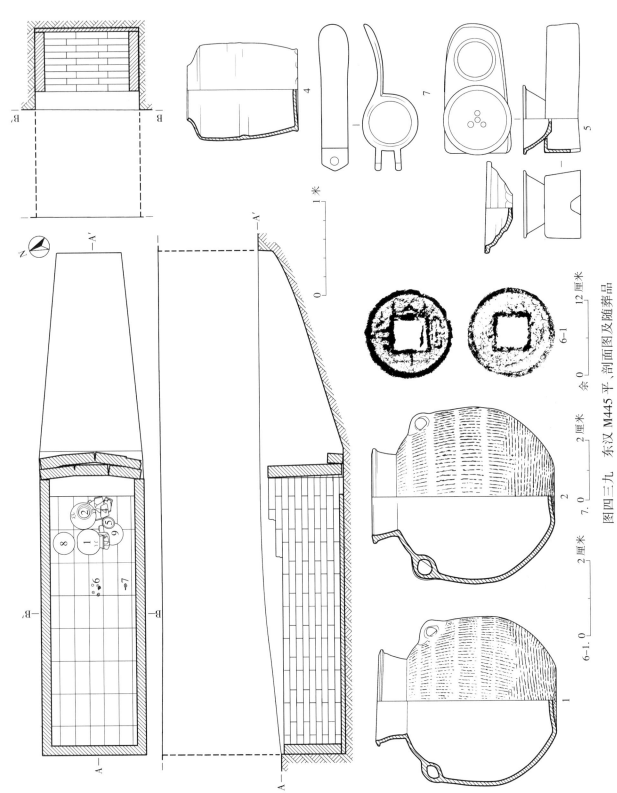

图四三九　东汉 M445 平、剖面图及随葬品

1、2.Aa 型Ⅳ式陶罐　3.陶井（残）　4.B 型Ⅳ式陶仓　5.Ab 型Ⅲ式陶灶　6.铜大泉五十（Ⅰ式 19 枚、Ⅱ式 15 枚）　7.铜指扣　8、9.漆器

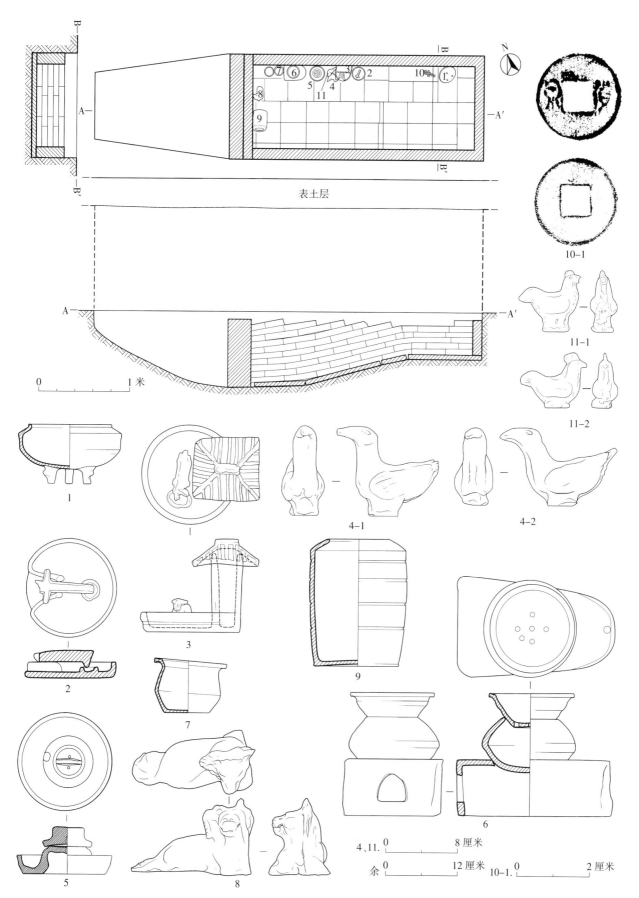

表土层

图四四〇　东汉 M456 平、剖面图及随葬品

1. C 型 I 式陶鼎　2. 陶碓　3. A 型 IV 式陶猪圈　4－1. A 型 IV 式陶鸭　4－2. B 型 II 式陶鸭　5. V 式陶磨　6. D 型 V 式陶灶

7. Aa 型 IV 式陶井　8. A 型 IV 式陶狗　9. Aa 型 IV 式陶仓　10. 铜货泉　11－1. A 型 III 式陶鸡　11－2. B 型 III 式陶鸡

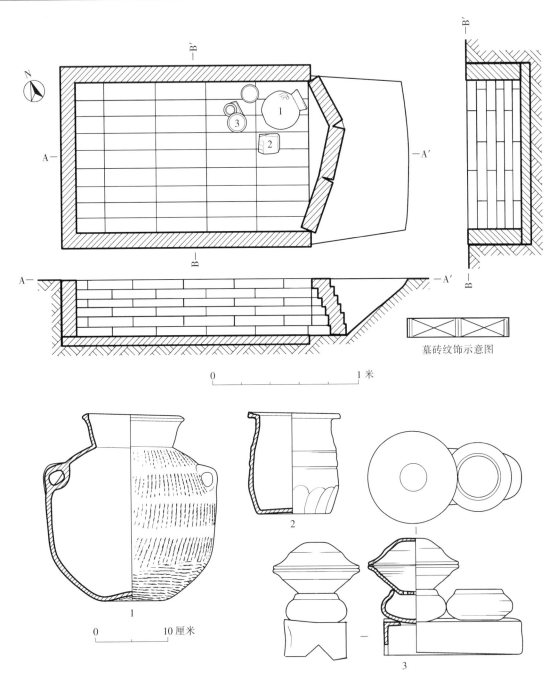

图四四一　东汉 M458 平、剖面图及随葬品
1. Aa 型 I 式陶罐　2. Aa 型 I 式陶井　3. Ac 型 I 式陶灶

缝叠砌，向内斜收略外弧鼓。墓砖均为青灰色长方形，单侧面有几何纹，单平面有绳纹，砖规格为 34×10×6 厘米，葬具已朽，人骨无存，葬式不明。

随葬器物 3 件，放置在砖室内东北部，器类有陶罐 1、灶 1、井 1（图四四一）。

M534　位于Ⅲ区北部边沿，东、北、西部没埋墓葬，南邻 M548，长方形竖穴土坑砖室，墓坑呈东西向，方向 270°。墓坑壁陡直，口、底长宽相等，壁面光滑，坑底平整，西部有斜坡墓道。墓口距地表深 1.2 米，墓长 2.52、宽 1.7 米，墓深 0.3 米。墓道平面呈梯形，长 0.86、宽 1.46～

1.7、坡长 0.97 米，坡度 18°。坑内填灰黄色土，土质致密。

　　砖室平面呈长方形，内空长 2.4、宽 1.46、残高 0.21 米。坑底部用长条形小砖纵向对缝平铺，墓砖壁压在铺地砖上，东壁砖未与南、北两壁砖交错砌合，紧贴在南、北两壁外，墙砖均用单砖错缝叠砌。在墓道底部有较多碎砖，应为封门墙已倒塌。砖室内北部用横纵 5 块条砖对缝平铺形成棺床，棺床以西 0.24 米处有 5 块条砖纵向平铺，南部用 10 块条砖铺成 2 列似为祭台。墓砖呈青灰色或褐色，均为长条形小砖，单侧面有几何纹，单平面有绳纹，砖规格为（34～35）×12×（6～7）厘米。葬具已朽，人骨无存，葬式不明。

　　随葬器物 19 件，日用陶器与模型明器放置在砖室内南部，铜钱放在棺床中部，器类有陶壶 2、罐 1、灶 1、井 1、磨 1、猪圈 1、狗 1、鸡 1、鸭 1 及铜印章 1、铜印台 1、铜钱 1（大泉五十 25 枚）、石纺轮 1、石范 4、砺石 1（图四四二）。

　　M537　位于Ⅲ区东北部，北邻 M548，东北邻 M547，南邻 M538。"中"字形竖穴土坑砖室，墓坑呈东西向，方向 300°。墓坑从西至东由墓道、甬道、前室、后室构成。墓坑壁陡直，壁面光滑，底部平整。墓道平面为长方形，残长 1.8、宽 1.28、底坡残长 2.1 米，坡度 25°。甬道平面为长方形，长 0.9、宽 1.28 米，底距口深 0.86 米。前室平面呈横长方形，长 2.8～2.82、宽 2.08、底距口深 0.86 米。后室平面呈长方形，口长 3.02、宽 1.5、深 0.8 米。土坑内填黄褐色花土，土质致密，夹杂有较多碎砖渣。

　　砖室由甬道、前室和后室组成，平面呈"中"字形。甬道平面为长方形，内空长 1.04～1.1、宽 0.88、残高 0.72 米。前室平面呈横长方形，内空长 2.38～2.4、宽 1.84～1.86、残高 0.72 米，后室平面呈长方形，内空长 3.08、宽 1.16～1.2、残高 0.75 米。甬道与前室整体用平砖横向错缝平铺，墓壁以单砖错缝叠砌，后室位于前室东部正中，底部以单砖横向错缝叠砌，铺地砖高出前室一层砖 0.05 米。墓壁压在铺地砖上，墙壁砖砌 13 层后开始起券，券顶已残。墓砖均为青灰色长方形，用于甬道及前室铺地砌墓壁的砖皆素面，砖规格为 36×18×6 厘米；用于后室铺地砌墓壁的砖，单侧面有几何纹，砖规格为 30×13×5 厘米。葬具已朽，人骨无存，葬式不明。

　　随葬器物 2 件，放置在前室东南部，器类有陶罐 1、铜钱 1（图四四三）。

　　M541　位于Ⅲ区东北角，西北角叠压 M542 东南角，西南邻 M540，东北邻 M543，长方形土坑砖室，墓坑呈东西向，方向 292°。墓坑壁陡直，口、底长宽相等，壁面光滑，坑底平整，西部有斜坡墓道。墓口距地表 1.2 米，墓长 2.51、宽 1.36 米，墓深 0.65 米。墓道平面呈梯形，口长 2.56、宽 1.08～1.36、坡长 2.6、宽 1～1.24 米，坡度 12°。坑内填黄褐夹灰白色土，土质致密。

　　砖室平面呈长方形，内空长 2.4、宽 1.16、残高 0.56 米。底部用宽平砖纵向对缝平铺，东、南、北三壁用单砖错缝叠砌压在铺地砖上，券顶弧拱。封门用单砖错缝叠砌，向内倾斜，底部外弧，上部陡直。墓砖均为青灰色，铺地砖素面无纹，砖规格为 34×18.5×5 厘米；壁砖单平面有绳纹，单侧面有几何纹，砖规格为 34×11×6.5 厘米。葬具已朽，人骨无存，葬式不明。

　　随葬器物 4 件，放置在砖室内南部，器类有铜钱（大泉五十 18 枚）、陶罐 2、陶锅 1（图四四四）。

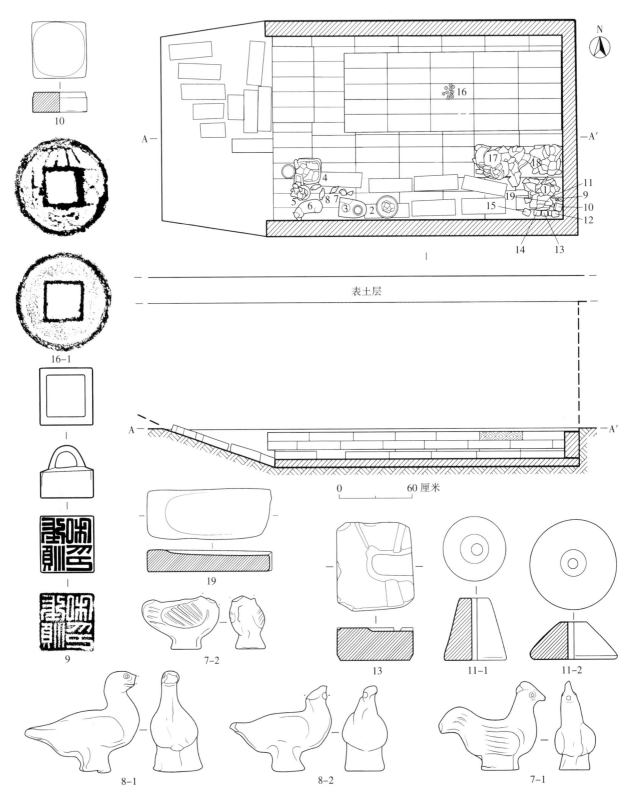

图四四二　东汉 M534

1. Aa 型Ⅳ式陶罐（残）　2. Ⅳ式陶磨　3. Aa 型Ⅱ式陶灶
7－1. B 型Ⅱ式陶鸡　7－2. 陶鸡（残）　8－1. A 型Ⅱ式
11. 石纺轮　12～15. 石范　16. Ⅱ式铜大泉五十（25 枚）

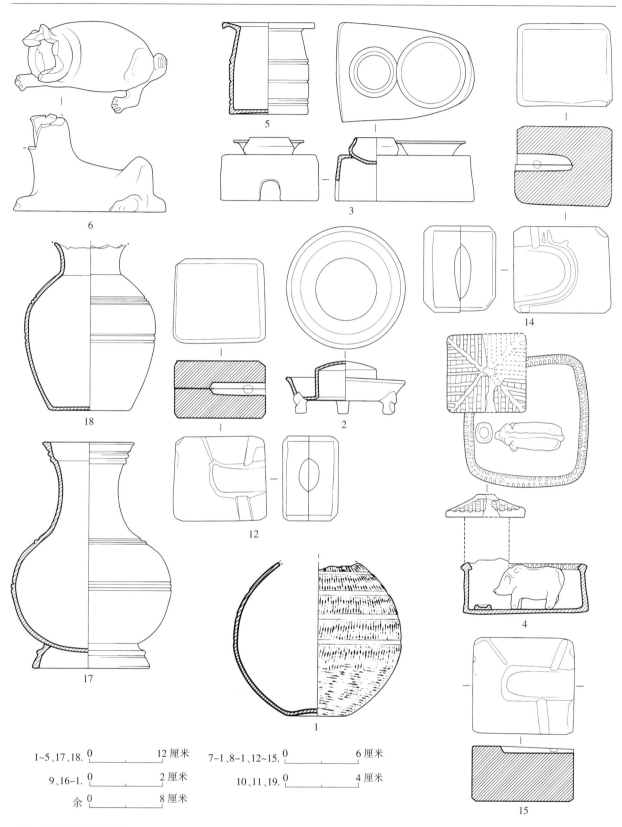

平、剖面图及随葬品

4. B 型 Ⅲ 式陶猪圈　5. Ab 型 Ⅵ 式陶井　6. 陶狗（残）

陶鸭　8 - 2. 陶鸭（残）　9. 铜印章　10. 铜印台

17. B 型 Ⅰ 式陶壶　18. Cb 型 Ⅱ 式陶壶　19. 砺石

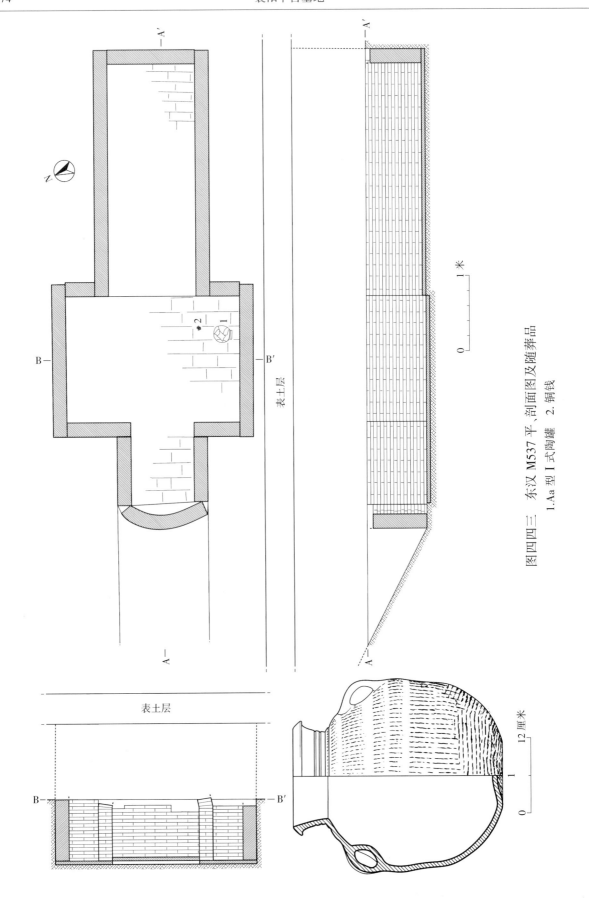

图四四三 东汉 M537 平、剖面图及随葬品

1.Aa 型 I 式陶罐 2. 铜钱

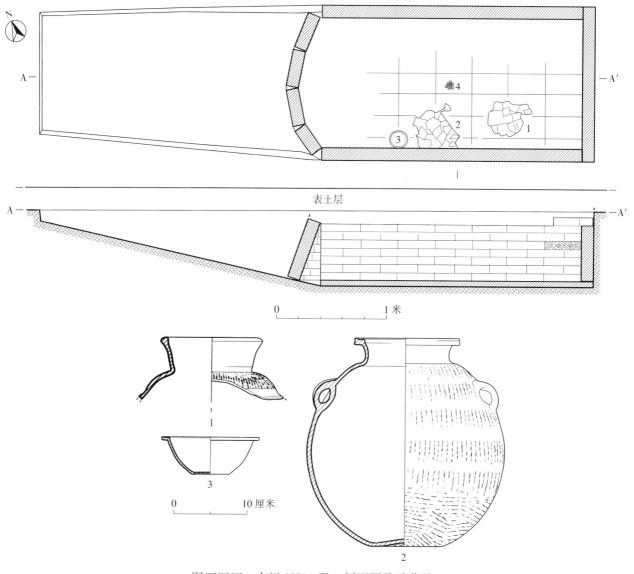

图四四四 东汉 M541 平、剖面图及随葬品
1. 陶罐（残） 2. Aa 型Ⅵ式陶罐 3. 陶锅 4. Ⅳ式铜大泉五十（18 枚）

第七节 南朝墓葬

M82 位于Ⅲ区南部，北邻 M521，东部和西部无墓葬分布。长方形竖穴土坑砖室，墓坑呈东西向，方向 240°。土坑由墓坑与墓道两部分组成，墓坑壁陡直，口、底长宽相等，壁面粗糙，坑底平整，墓坑南部有斜坡墓道。墓口距地表 0.5 米，墓长 6.2、宽 2 米，墓深 2.68 米。墓道平面呈梯形，口长 5.58、宽 0.5 ~ 2、坡长 6、宽 0.5 ~ 1.7、深 0.2 ~ 2.8 米，坡度 22°。墓道与墓室之间有一段长 1.54 米的平地。坑内填黄褐色花土，土质致密，夹杂有少量红烧土粒和陶片。

砖室由墓室和甬道两部分组成。墓室平面呈长方形，内空长 4.25、宽 1.56、高 2.42 米。甬道平面呈长方形，内空长 1.36、宽 1.12、高 1.64 米。砖室底部用砖呈"人"字形平铺，墓壁压在铺地砖上。墓室东、西两壁用单砖错缝叠砌 15 层，然后砌一层丁砖，丁砖以上再用单砖错缝叠砌

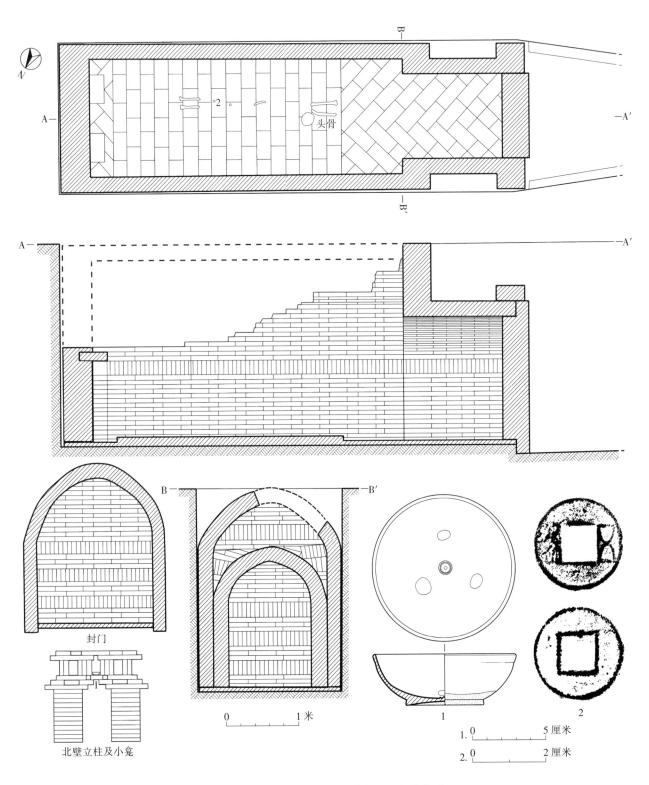

图四四五　南朝 M82 平、剖面图及随葬品
1. 瓷盏　2. 铜五铢

12 层后开始起券，北壁与东、西两壁拐角用砖隔层相交叠砌，用双砖横向叠砌，并砌出双立柱，立柱为单砖横向叠砌 12 层后开始用砖砌出小龛。甬道北部嵌于墓室内，东、西两壁用单砖错缝叠砌 15 层，后砌一层丁砖，丁砖之上开始起券，券顶保存完好。封门砖两层砖叠砌，内层嵌于甬道内，为三顺一丁三组后再用单砖错缝叠砌至甬道顶，外层为五顺一丁一组后三顺一丁两组后单砖错缝叠砌嵌于甬道外券内。整个砖室起券部位的砖缝均用石灰混合泥浆粘接。砖室内中部用平砖横向错缝平铺一层形成棺床，棺床长 3.14 米。墓砖均为青灰色，分长方形与楔形。长方形砖单平面有细篦纹，用于铺地和砌壁，砖规格为 38×19×（5.5～6）厘米；楔形砖为素面，用于起券，砖规格为 38×19×（3.5～6）厘米。葬具已朽，人骨被扰乱，在棺床上发现有头骨和残乱肢骨，葬式不明。

随葬器物 2 件，瓷盏放置在墓室北壁立柱上的小龛内，铜钱散落在棺床上，器类有铜钱 1（五铢 1 枚）、瓷盏 1（图四四五）。

第八节　隋唐墓葬

卞营墓地只发现了 3 座隋唐墓，由于 3 座墓葬形制清楚，时代明确，因此进行全部分述。

M11　位于 Ⅱ 区东北部，西南邻 M12，北、东、西部无墓葬分布，墓葬所处位置偏低。长方梯形竖穴土坑砖室，墓坑呈南北向，方向 200°。墓坑平面略呈梯形，墓坑壁陡直，口、底长宽相等，壁面粗糙，坑底平整。墓坑上部已被破坏，坑口距地表约 1 米，长 2.64、宽 0.76～0.84 米，墓深 0.6 米。坑内填灰黄色淤积土，土质细腻。

砖室平面亦呈梯形，内空长 2.28、宽 0.4～0.48、高 0.45 米。底部用砖呈“人”字形平铺，墓壁压在铺地砖上，墓壁拐角相接之间用砖叠砌相交错缝咬合。南、北两壁用单砖错缝叠砌 9 层，东、西两壁用单砖错缝叠砌 5 层，然后叠涩 4 层收顶，顶部用平砖横向平铺一层，墓顶中部又加叠一层横砖。墓砖均为长方形，青灰色素面，砖规格为 34×18×5 厘米。葬具已朽，在砖室内发现有数枚铁棺钉。人骨较杂乱，推测为水浸之后漂移所致，头向南，仰身直肢。

随葬器物 7 件，放置在砖室内南部，器类有陶罐 1、铜钱 2、铜镜 1、铜耳匙 1、铁剪 1、铁臿 1（图四四六；图版二〇六，2）。

M14　位于 Ⅱ 区南部，西邻 M13，南邻 M15，东、南、北部没埋墓葬，M14 所在位置应是卞营墓地的东南部边沿。长方形竖穴土坑砖室，墓坑呈南北向，方向 200°。土坑由墓室、墓道两部分组成，墓坑壁陡直，壁面粗糙，坑底平整，南部有梯形斜坡墓道。墓口距地表深 0.4 米，墓口长 3.7、宽 1.6 米，墓底长 3.42、宽 1.6 米，墓深 1.45 米。墓道口长 2.5、宽 0.7～1.42 米，底坡长 2.96、宽 0.66～1.46、深 0.3～1.5 米，坡度 24°。坑内填黄色沙土夹灰白土。

砖室呈长方形，内空长 2.6、宽 1.1、高 1.4 米。墓底用砖斜行错缝平铺，多为半截砖，墓壁与封门墙压在铺地砖上。东、西壁以平砖错缝叠砌 10 层，然后丁砖 1 层，丁砖上再用单砖错缝叠砌 8 层后起券，券顶用砖错缝叠砌，北壁砌法与东、西壁相同，丁砖以上 4～6 层后设“凸”字形小壁龛。封门墙部分嵌于墓室墙壁，砌法为顺丁结合，由底至上五顺一丁、三顺一丁、二顺一丁后再用平砖错缝叠砌，丁砖为楔形砖，平砖多为半截砖。封门墙高 1.64、厚 0.32 米。墓砖呈青灰色和红褐色，有长方形和楔形，单平面饰直绳纹。长方形砖用于铺地和砌壁，砖规格为 36×18×（4.5～5）厘米；楔形砖用于起券，砖规格为 37×18×（3～5）厘米。葬具已朽，在砖室底部清

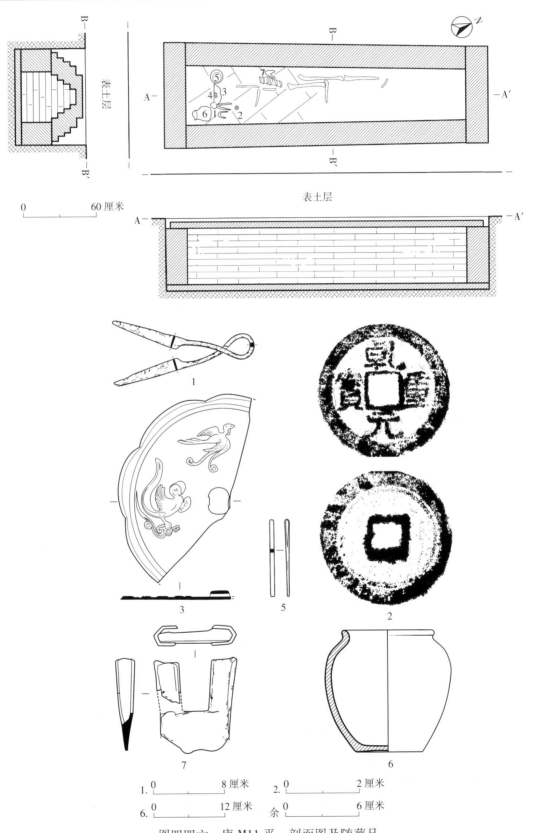

图四四六 唐 M11 平、剖面图及随葬品

1. 铁剪 2. 铜乾元重宝 3. 铜镜 4. 铜钱 5. 铜耳匙 6. 陶罐 7. 铁舀

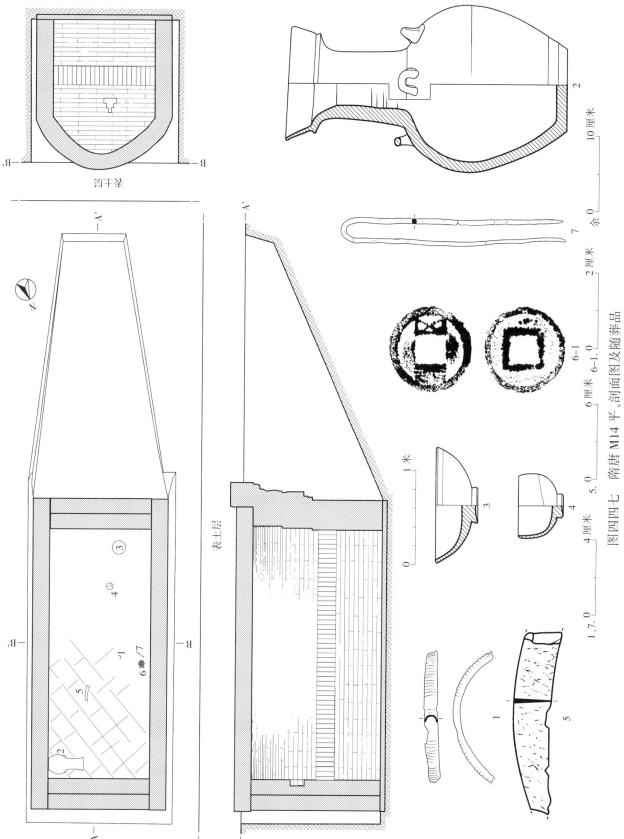

图四四七　隋唐 M14 平、剖面图及随葬品

1.银镯　2.Ⅰ式瓷盘口壶　3.Ⅰ式瓷碗　4.瓷杯　5.瓷碗　5.铁镰　6.铜五铢(40 枚)　7.银钗

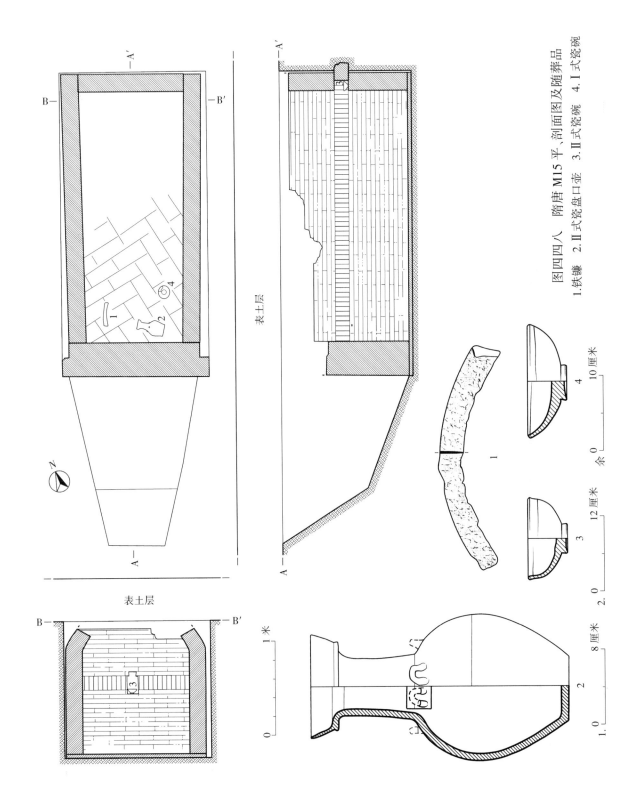

表土层

表土层

图四四八　隋唐 M15 平、剖面图及随葬品
1. 铁镰　2. Ⅱ式瓷盘口壶　3. Ⅱ式瓷碗　4. Ⅰ式瓷碗

理出数枚铁棺钉。人骨无存，葬式不明。

随葬器物7件，散布于砖室内，器类有瓷盘口壶1、瓷碗1、瓷杯1、铜钱1（五铢40枚）、铁镰1、银镯1、银钗1（图四四七）。

M15　位于Ⅱ区南端边沿，北邻M14，东、南、西部无墓葬。长方形竖穴土坑砖室，墓坑呈南北向，方向200°。墓坑壁陡直，口、底长宽相等，壁面粗糙，底部平整，南部有梯形斜坡墓道。墓口距地表深0.3米，墓长3.22、宽1.6米，墓深1.44米，墓道口长1.78、宽0.6～1.4米，底坡不平，略有转折，坡度21°。坑内填黄褐色土，土质致密。

砖室呈长方形，内空长2.66、宽1.06～1.16、残高1.3米。底部用砖呈"人"字形平铺，砖壁和封门墙压在铺地砖之上。东、北、西三壁以单砖错缝叠砌16层，然后砌一层丁砖，丁砖以上再用平砖叠砌5层后开始起券。墙北壁中部丁砖之上有一"凸"字形小龛，龛高0.22、宽0.12、深0.1米。封门墙嵌于墓室东、西壁内，砌法为三顺一丁。墙残高0.9、厚0.36米。墓砖均为青灰色，分长方形和楔形，单平面有绳纹，长方形砖用于砌壁和铺地，砖规格为36×18×4厘米；楔形砖用于起券，砖规格为35×18×（3～5）厘米。葬具已朽，人骨无存，葬式不明。

随葬器物4件，北壁小龛内放置瓷盏，其余器皿放置在砖室内南部，器类有瓷盘口壶1、瓷盏1、瓷碗1、铁镰1（图四四八）。

第九节　宋代墓葬

发掘清理宋墓11座，其中M166、M356、M397～M400具有代表性，故选择这5座墓进行分述。

M166　位于Ⅲ区西南，西南邻M209，西北邻M212，长方形竖穴土坑砖室，墓坑呈南北向，方向175°。墓坑壁陡直，口、底长宽相等，壁面粗糙，坑底平整。墓口距地表约0.4米，墓口长3.4、宽1.22米，墓深0.4米。墓坑南部有斜坡墓道，墓道平面呈梯形，底坡中部微下凹，残长1.56、宽1～1.22、底坡长1.6米，坡度10°。坑内填灰黄色土夹有少量碎砖。

砖室平面呈长方形，内空长3.06、宽0.84、残高0.3米。底部用长方形平砖横纵交错对缝平铺，墙壁砌压在铺地砖上，单砖错缝叠砌，四壁相接拐角用砖交错咬砌。墓砖均为青灰色素面，砖规格为（30～32）×14×4.5厘米。葬具已朽，在砖室底部发现有少量铁棺钉痕迹。人骨一具，仅存头骨、部分上肢与下肢骨，头向南，仰身直肢。

随葬器物5件，陶瓷器放置在头骨之南，铜钱置于右肢骨旁，器类有铜钱1（治平元宝、咸平元宝70枚）、陶罐1、瓷碗3（图四四九）。

M356　位于Ⅰ区西北角，东南邻M357，东部、北部未埋墓葬。长方梯形竖穴土坑砖室，墓坑呈南北向，方向185°。墓坑壁陡直，口、底长宽相等，壁面粗糙，坑底平整。墓口距地表0.3米，墓长2.34、宽0.7～0.86米，墓深0.44米。坑内填褐色土，夹有砖渣，土质致密。

砖室平面呈梯形，内空长2.02、宽0.38～0.54、残高0.32米。底部用残砖平铺，不甚平坦，墓壁压在铺地砖上，用单砖错缝叠砌，四壁相接拐角用砖交错叠砌，第9层开始向内收成叠涩顶。砖均为长方形青灰色，砖规格为32×16×4厘米。葬具已朽，仅在墓室内东、西两侧各发现5个铁棺钉。人骨已朽，残存头骨，位于墓室南端，葬式不明。

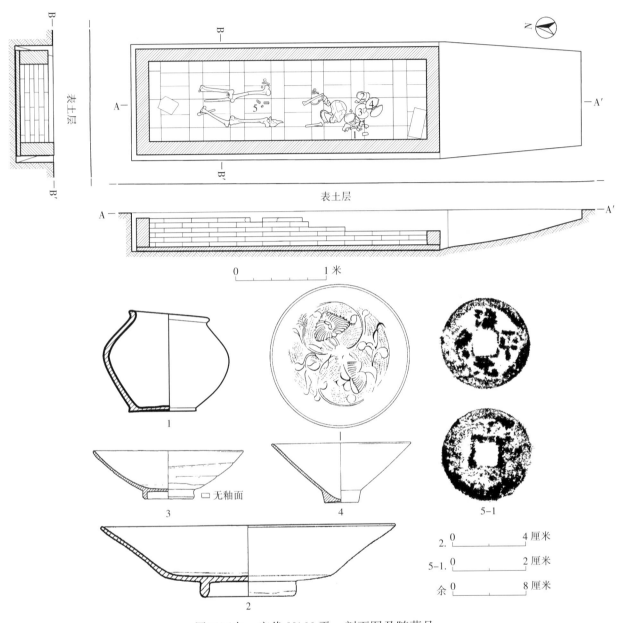

图四四九　宋代 M166 平、剖面图及随葬品

1. A 型陶罐　2. A 型瓷碗　3. B 型瓷碗　4. C 型瓷碗　5. 铜治平元宝、咸平元宝（70 枚）

随葬器物 3 件，放置在砖室底部头骨之南，器类有铁钱 1（4 枚已锈蚀）、陶罐 1、瓷碗 1（图四五〇）。

M397　位于Ⅲ区东南角，墓坑西部叠压 M398 东部。"凸"字形竖穴土坑砖室，墓坑呈南北向，方向 175°，墓坑壁微斜内收，南壁向外弧拱，壁面粗糙，坑底平整。南部有阶梯墓道，第一级台阶较直，第二级台阶呈弧形，台阶壁向底斜收。墓道与砖门之间有一块平地，平地东西长 1.44、宽 0.56 米。墓口距地表深 0.3 米，墓口长 1.4、宽 1.66 米，墓底长 1.37、宽 1.37 米，墓深 1.45 米。墓道长 0.34、宽 0.52～0.56、底距口深 0.4 米，墓坑内填黄褐色花土，土质致密。

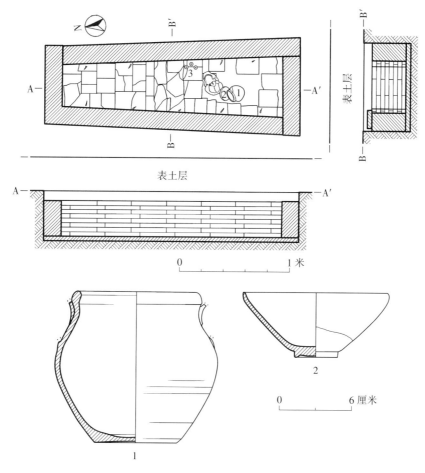

图四五〇　宋代 M356 平、剖面图及随葬品
1. B 型陶罐　2. D 型瓷碗　3. 铁钱（碎）

　　墓室由砖室、甬道、门楼构成，平面呈长方形，券顶。砖室底部用砖纵横、交错对缝平铺，砖壁压在铺地砖上。墓室底部高出甬道底部 0.2 米，南端垫有 3 层砖，东、西两壁以单砖错缝叠砌 12 层后起券，北壁与东、西两壁拐角相接砖未交错咬合，用单砖错缝叠砌至顶。砖室内空长1.25、宽 0.95、高 0.95 米。甬道底部另用 4 层砖抬高，部分嵌于墓室内，以单砖叠砌 9 层后开始起券。封门墙嵌于甬道内，以丁顺结合砌筑，一丁两顺，再砌一丁砖后以单砖叠砌至顶。甬道内空长 0.3、宽 0.65、高 0.79 米。

　　门楼下部用砖叠砌 4 层作基础，门楼基础之上、甬道券门两侧用砖砌出倚柱，倚柱下各垫有菱形砖作柱础。倚柱外与墓壁之间用砖纵向垒砌，倚柱之上砌 4 层砖作阑额。门楼高 1.35、上宽1.84、下宽 1.45 米。墓砖均为青灰色，有长方形和楔形两种。长方形砖为素面，用于铺地和砌壁，砖规格为 30×15×4.5 厘米；楔形砖素面，砖规格为 29×15×（3～4.5）厘米。封门砖中夹杂有数块花纹砖，单面有绳纹，单侧面有几何纹，砖规格为 34×16×5.5 厘米。

　　葬具已朽，在砖室底部发现四枚铁棺钉，人骨架仅存人头骨，位于墓室内南部，葬式不明。

　　随葬器物 2 件，放置在头骨附近，器类有铜耳环 1、铜钗 1（图四五一）。

　　M398　位于Ⅲ区东南角，墓坑东壁被 M397 西部壁叠压，西南邻 M400。椭圆形竖穴土坑砖

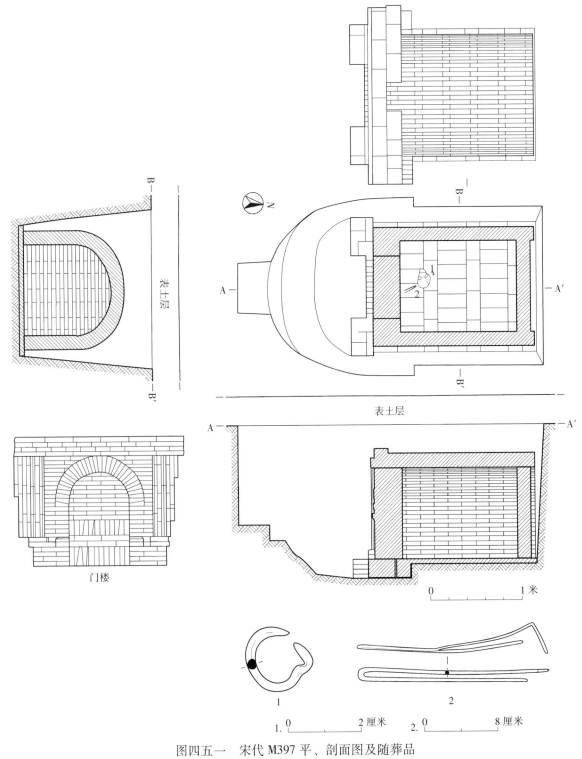

图四五一　宋代 M397 平、剖面图及随葬品
1. 铜耳环　2. 铜钗

室，南部有长方形阶梯墓道，墓葬呈南北向，方向 175°。墓坑壁向底内斜收，口大底小，壁面光滑，底部平整。墓口距地表 0.5 米，东西长 3.3、宽 2.84 米，墓深 2.65～2.92 米。墓道被取土破坏，残存三级台阶。墓道口残长 1.74、宽 1.22～2.02 米，台阶自上而下分别宽 0.18、0.19、0.2、

长 0.81～1.22 米，墓道口与砖室封门之间有一段平地，长 1.4、宽 0.26 米。墓坑内填土为灰黄色土，土质细腻。

砖室由门楼、甬道和墓室构成，整体模仿木构建筑。门楼通高 2.92 米，立面下窄上宽，底部叠压在甬道顶部之上。门楼正面模仿木结构建筑，底部为拱形墓门。拱形墓门两侧以用单砖错缝叠砌 18 层，然后用一层丁砖砌出假窗。其上用单砖错缝叠砌 15 层后再用砖砌出阑额及普柏枋，普柏枋上砌筑有三朵铺作，均为一斗三升把头绞项造。铺作之上砌出四方抹角的撩风椽，撩风椽上砌出断面呈方形的檐椽。檐椽之上用砖做出瓪瓦，瓦共 6 垄，之上叠砌 5 层横砖作为门脊。门楼背面无装饰，与甬道顶部相接。甬道内空长 0.64、宽 0.86、高 1.3 米。底面用平砖两横两纵交错平铺，两壁叠压在铺地砖上，甬道外用平砖横铺一层，两壁以单砖错缝叠砌 18 层后开始起券。封门墙一半嵌于甬道口内，一半伸出外边，自下而上砌法为一顺一丁，共 6 组，其上再用平砖横向叠砌 6 层，正对甬道口内的丁砖完整，外部丁砖为半截砖。外层封门宽 1.5、高 1.4 米。甬道通向砖室。砖室平面呈六边形，墙壁用单砖错缝平砌，砌高 1 米后再砌出筑仿木结构斗拱，斗拱一斗三升形成把头绞项造。斗拱高 0.3 米。六边转角均用砖砌抹角立柱，立柱略向内倾斜，柱下用砖做柱础，南部两柱直接砌筑在甬道铺地砖上，其余柱则压在棺床上。柱上为一周普柏枋，斗拱之上用平砖纵向铺设一周，其上再用平砖横向错缝叠砌逐渐内收呈圆形穹隆顶。墓室内北壁用砖砌出象征性门、窗，其余墓壁上无装饰。砖室内空东西长 2.3、南北宽 2.05 米，六边长度不等，长 0.94～1.16 米，砖墙壁厚 0.16、铺地砖面距墓顶端 2.2 米。砖室内用砖砌有棺床，棺床南部用长方形砖纵向平铺一层，其后横纵交错叠砌 3 组，南部边缘用砖叠砌。棺床高出甬道铺地砖面 0.25 米，距甬道壁 0.22 米。墓砖均为长方形青灰色素面，规格为 32×15×5 厘米。葬具已朽。棺床上西部散乱有几截肢骨及头骨，葬式不明。

墓葬内无随葬品。

M399　位于Ⅲ区东南角，东北邻 M400，东北邻 M398，北部、西南部无墓葬分布。不规则圆形竖穴土坑砖室，南部有长方形阶梯墓道，墓葬呈南北向，方向 175°。墓坑壁上部陡直，下部向底斜收，壁面光滑，口大底小，坑底平整。墓口距地表 2 米，墓坑南北长 3.9、东西宽 3.36 米，墓道现存 7 级阶梯，平面呈梯形，长 2.6 米，台阶长 0.96～1.56、高 0.2～0.4、台面宽 0.22～0.28 米。墓道近门楼处东壁向外折 0.45 米，台阶壁向底斜收，墓坑内填灰黄色土，包含有少量陶片。

砖室由门楼、甬道和墓室三部分构成。整体模仿木构建筑。门楼通高 3.48 米，底部叠压在甬道顶上，两侧用三排竖砖砌抹角倚柱，柱上用两层平砖砌筑阑额，阑额两端穿过柱头，倚柱与阑额之间为甬道券顶，甬道券顶用砖叠砌，封门墙用丁砖砌筑"人"字形封堵，倚柱外两侧沿土坑壁用丁顺结合的砌法砌筑，多为一顺一丁。倚柱柱头用一层平砖砌筑普柏枋，枋上有砖砌柱头铺作两朵、补间铺作一朵，均为单抄单昂重拱五铺作，跳头较短。砌法为下砌栌斗，栌斗口衔华拱和泥道拱，铺作之上砌出四方抹角的撩风椽，撩风椽上砌出断面呈方形的檐椽。檐椽之上用砖作瓪瓦、半圆形连瓦瓦当作共 8 垄，垄之上叠砌五层横砖为门脊。门楼背面垂直砌下，无装饰，直至甬道顶部。甬道内空长 1、宽 0.92、高 1.72、壁厚 0.38 米。砖室是先铺地后砌壁，底部用平砖横纵交替平铺，东、西两壁底部用平砖叠砌 7 层后向内收缩 3 层呈阶梯状，其上的砖壁以双砖错缝叠砌 18 层以上开始起券，券顶。甬道后即为墓室，砖室内铺地砖高出甬道铺地 0.3 米。甬道铺

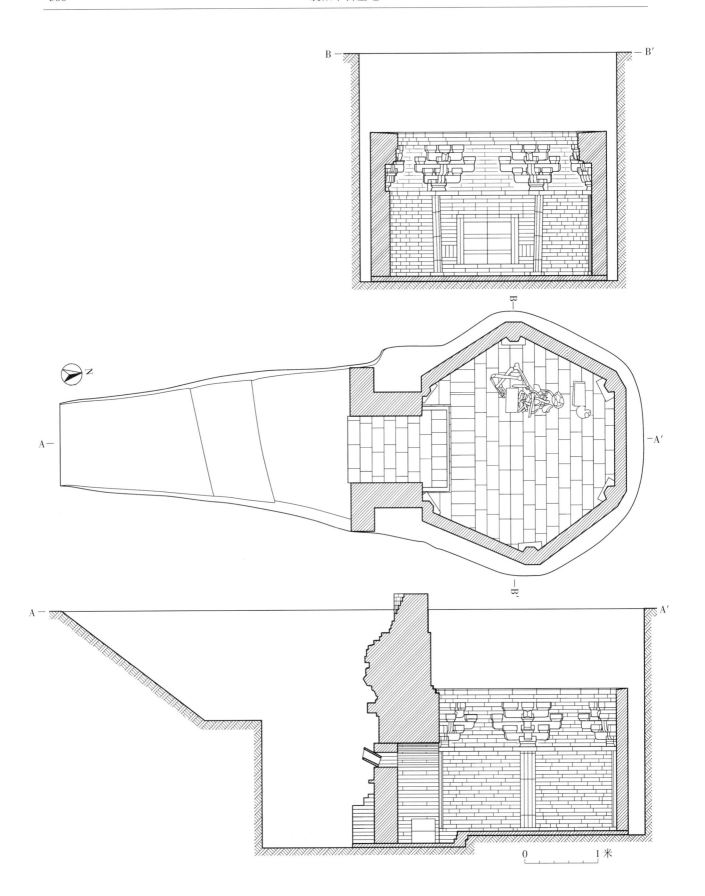

0　　　1 米

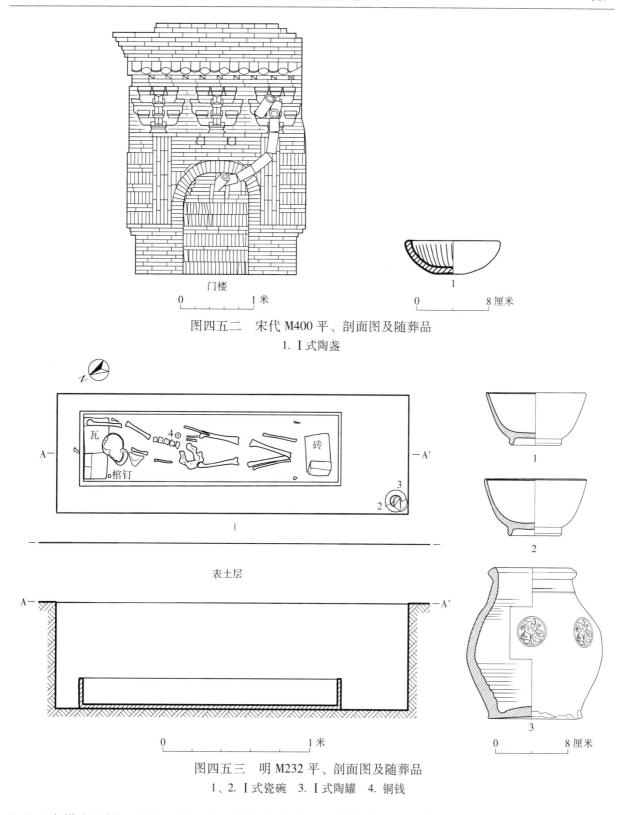

门楼

0　　　　　　　　　1 米

图四五二　宋代 M400 平、剖面图及随葬品
1. I 式陶盏

0　　　　　　　8 厘米

表土层

图四五三　明 M232 平、剖面图及随葬品
1、2. I 式瓷碗　3. I 式陶罐　4. 铜钱

0　　　　　　　8 厘米

地之上先横向平铺一层砖，其上侧立两块砖并叠砌一层横砖，作出蔓顶弧形门造型。甬道通向砖室，砖室平面呈六边形，内空每面长 1.22～1.34 米（数据为柱与柱之间空隙，未算柱径）不等，墙面高 0.97、厚 0.16 米。以上用砖砌仿木斗拱，高 0.51 米，斗拱以上为穹隆顶，铺地砖面距穹

隆最高处 2.9 米。墓室内铺地砖南部用平砖纵向平铺，然后用平砖横向错缝平铺，墓壁压在铺地砖上。壁面相交处在底部各放置一块平砖，其上立柱为四方抹角，柱上为一周普柏枋，柱头有砖砌仿木斗拱，结构较门楼简单，为四铺作，斗拱之间用砖砌一散斗。北壁正中用砖对缝砌一假门，假门两侧各砌有窗棂，下部斜靠有一方形买地券，上有朱砂书写的文字。东北壁下部用砖砌一供桌，东南壁正中用砖砌灯台，灯台上放置 1 件陶盏。西北壁上无装饰，西南壁下部则有砖砌一桌两椅装饰。墓砖均为青灰色，多为长方形砖，少量楔形砖，长方形砖规格为 33 ×（15 ~ 16）×（4 ~5）厘米；楔形砖为素面，规格为 33 × 16 ×（3 ~ 5）厘米。葬具已朽，人骨两具，散堆于墓室内正中，人骨附近有两组砖对称平放，推测为垫棺之用。

随葬器物 3 件，器类有陶盏 1、铜镜 1 及墓志 1。墓志斜靠在北壁，陶盏置于东南壁灯台，铜镜放在东部斗拱之上。

M400 位于Ⅲ区东南角，西北邻 M399，东北邻 M398、M397，东、南部无墓葬分布。不规则圆形竖穴土坑砖室，南部设有墓道，墓葬呈南北向，方向 185°。墓坑壁上部陡直，下部向底斜收，壁面光滑，口大底小，坑底平整。墓口距地表 1 米，东西宽 3、南北长 3.48 米，墓深 3.1 米。墓道南部已被破坏，情况不明。墓道北部有长约 0.94、宽 1.6 米的平台，平台面距墓道底部高 1.7 米，封门前有长 1.2 米左右的平地。墓坑内填灰黄色土，包含有少量陶片。

砖室由门楼、甬道和墓室三部分组成，整体模仿木构建筑。门楼通高 3.1 米，底部建在甬道顶部，两侧用五排竖砖砌抹角倚柱，柱上用一层平砖砌筑阑额，阑额两端穿过柱头，倚柱与阑额之间为甬道券顶。甬道券顶以上用平砖叠砌，券顶内封门墙以丁砖呈"人"字形封堵，倚柱外两侧沿土坑壁用丁顺结合的砌法砌筑，多为一顺一丁。倚柱柱头用一层平砖砌筑普柏枋，枋上有砖砌柱头铺作两朵、补间铺作一朵，均为单杪单昂重拱五铺作，跳头较短。砌法为下砌栌斗，栌斗口衔华拱和泥道拱，铺作之上砌出四方抹角的撩风椽，撩风椽上砌出断面呈方形的檐椽。檐椽之上用砖作瓯瓦、半圆形连瓦瓦当作共 8 垄，其上叠砌五层横砖为门脊。门楼背面平展无装饰，直达甬道顶。甬道内空长 1、宽 0.92、高 1.72、壁厚 0.38 米。甬道底部用平砖横纵交替平铺，东、西两壁底部平砖叠砌 7 层后向内收缩 3 层作阶梯状，其上之墓壁以双砖错缝叠砌 18 层后开始起券，券顶。甬道连通墓室，墓室铺地砖高出甬道铺地砖 0.3 米。甬道两壁是在铺地砖上先横向平铺一层砖，其上侧立两块砖并叠砌一层横砖，做出蔓顶弧形门造型。墓室平面呈六边形，边长 1.22 ~ 1.34 米（数据为柱与柱之间空隙，未算柱径）不等。墙面高 0.97、厚 0.16 米，其上用砖砌仿木斗拱，斗拱高 0.51 米，斗拱以上为穹隆顶，铺地砖面距穹隆顶端 2.9 米。砖室是先铺地砖后砌墙壁，南部用平砖纵向平铺一层后再用平砖横向错缝平铺。六边壁面拐角相接的底部各放置一块平砖，其上立柱为四方抹角，柱上砌成一周普柏枋，柱头用砖砌成仿木斗拱，结构较门楼简单，为四铺作，斗拱之间用砖砌成散斗。北壁正中用砖对缝砌一假门，假门两侧各砌有棂窗，下部斜靠方形买地券，上有朱书文字。东北壁下部用砖砌一桌，东南壁正中用砖砌成灯台，灯台上放置 1 件陶盏。西北壁上无装饰，西南壁下部则用砖砌一桌两椅装饰。墓砖均为青灰色，多为长方形砖，少量楔形，均素面。长方形砖规格为（30 ~ 33）×（15 ~ 16）×（4 ~ 5）厘米，楔形砖规格为 33 × 16 ×（3 ~ 5）厘米。葬具已朽，人骨两具，散存于墓室内正中，人骨附近有两组砖对称平放，应为垫棺之用。

随葬陶盏 1 件，置于东南壁灯台上（图四五二）。

第十节　明清墓葬

明清墓共 5 座，只选择 M145、M232 进行分述。这两座墓纪年清楚，时代明确，具有一定代表意义。

M232　位于 I 区南端边沿，北邻 M236、M237。长方形竖穴土坑。墓坑呈南北向，方向 30°。墓坑壁陡直，口、底长宽相等，壁面粗糙，坑底平坦。墓口距地表 0.4 米，墓坑长 2.4、宽 0.8 米，墓深 0.7 米。坑内填褐色花土，土质疏松，填土中未见包含物。

单棺已腐朽，结构不详。棺内空长 1.74、宽 0.46、残高 0.18、壁厚 0.02 米。棺底部铺垫有一层厚约 0.02 米的黑灰，在棺痕四周发现有锈蚀的铁棺钉。人骨架保存较差，残存头骨、下肢骨

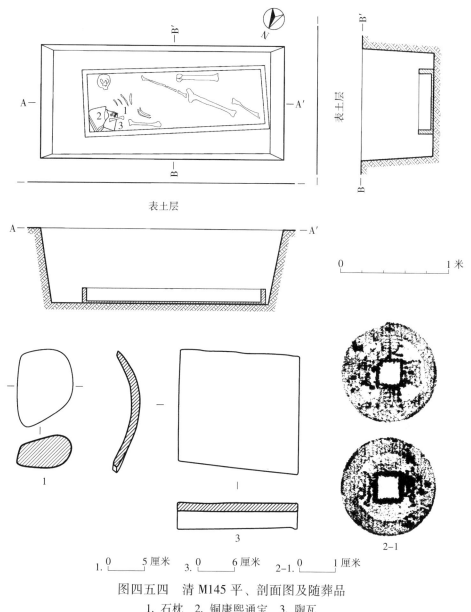

图四五四　清 M145 平、剖面图及随葬品

1. 石枕　2. 铜康熙通宝　3. 陶瓦

与少量上肢骨，仰身直肢，头向北。墓主人头枕两块板瓦，足蹬青砖与瓦片。

随葬器物5件，瓷碗放置于釉陶罐上，放置在坑底棺外西南角，铜钱放置在棺内人骨架腰部。器类有瓷碗2、釉陶罐1、铜钱1、陶砖1（图四五三）。

M145　位于Ⅰ区西南部。长方形竖穴土坑。墓坑呈东西向，方向60°。墓壁向底内斜收，口大于底，壁面较粗糙，坑底平整。墓口距地表0.4米，墓口长2.2、宽1米，墓底长1.96、宽0.92米，墓深0.66米。墓坑内填黄褐色花土，土质较硬，填土中未见包含物。

单棺已腐朽，结构不详。棺内空长1.58、宽0.5、残高1.4、板痕厚0.03米。人骨架一具，散乱移位，仰身直肢葬。

随葬器物3件，放置在棺内东端，器类有铜钱1（康熙通宝4枚）、石枕1、陶瓦1（图四五四）。

第四章　结语

第一节　墓地结构与埋葬规律

一　周代墓葬

对周代墓葬进行分期以后，我们可以从同期墓葬的方向、墓坑的排列组合、随葬品器类分析各区墓葬的埋葬规律。

西周晚期的 3 座墓葬集中埋葬在 Ⅲ 区东北部，其中 M468 属晚期早段，单独埋葬在西部。M481、M482 年代为晚期晚段，两墓相距约 3 米，M481 在 M482 西北，两墓坑呈南北向略为错开。从墓葬出土的随葬品观察，这 3 座墓葬似有亲缘关系，可能为核心家庭成员集中埋葬之地，其中 M468 是祖辈，M481、M482 应为同时期的家庭成员。

春秋早期早段的 M86、M105 为单独埋葬，周围没有与之同时的墓葬，而 M112、M189 呈东西向并列，M112 位东，M189 在西，两墓相距只有 2 米。虽然 M112 只随葬 1 件 B 型鬲，M189 随葬的鬲、罐已碎，形式不明，但两墓时代相近，极有可能为夫妻异穴并坑墓。M474、M488 两墓呈东西向并列，相距只有 2 米。M474 随葬鬲、盂、豆，M488 随葬鬲、盂、罐，虽两墓器类和器型存在差别，但这种差别不是年代差异，有可能是文化或性别上的差异，因此，可以确定这两座墓为夫妻异穴并坑墓。春秋早期晚段的墓葬分布不是很集中，墓葬方向少数是东西向，多数呈南北向，都是单独埋葬。春秋中期早段墓葬与春秋早期晚段的埋葬分布相同，埋葬不是很有规律，但墓葬多以南北向为主，也都是独坑埋葬，同时期的墓葬相距很远。春秋中期晚段的墓葬比早段的埋葬略有规律，墓向以东西向为主，少数呈南北向。其中 M111 与 M113 呈南北向并列埋葬，两墓相距约 3 米。M542 与 M547 呈东西向并列埋葬，两墓相距约 6 米，这两组墓葬墓主可能是夫妻或者家庭成员。春秋晚期早、晚两段墓葬的分布亦不是很有规律，墓葬方向以南北向为多，东西向较少。

战国早期早段墓葬大体延续了春秋晚期的埋葬规律，15 座有随葬品的墓中有 7 座墓呈南北向，8 座墓呈东西向，墓与墓之间相距甚远，似乎无姻亲关系。战国早期晚段有随葬品的墓共 9 座，其中日用陶器墓 8 座，陶礼器墓 1 座（M434）；南北向的墓 4 座，东西向的墓 5 座，墓与墓之间相距较远。战国中期早段有随葬品的 14 座墓葬中东西向的 8 座，南北向的 6 座；陶礼器墓 3 座，带墓道的墓 2 座。M424 与战国晚期早段的 M418、M419 呈南北并列，明显与这两座墓有着某种亲缘关系。战国中期晚段有随葬品的 12 座墓葬中南北向的墓 5 座，东西向的墓 7 座；陶礼器墓 3 座，带墓道的墓 1 座。值得注意的是两座陶礼器墓 M485、M495 呈东西向，相距 4 米，南北并列，但两座墓的随葬品器类、数量不同，这种差异不是身份的不同，应是性别的差异。战国晚期早段有随葬品的 12 座墓葬中南北向的墓 7 座，东西向的墓 5 座；陶礼器墓 4 座，带墓道的墓 2 座。此段墓葬有 3 组墓的墓坑排列较有规律，如 M418、M419 两墓呈南北向，东西并列，相距约 6 米，随葬陶礼器数量、器类不同，但这种差异不是身份的不同，应是性别的差异，这两座墓应为夫妻异穴并坑墓；M438 与 M207，M439 与 M441 也是两墓坑并列，但在年代上存在距离，这类两两并列组合的墓则可能是父子墓。战国晚期晚段有随葬品的墓 8 座，其中东西向的墓 5 座，南北向的墓 3 座；有墓道的墓 1 座，陶礼器墓 1 座。其中有 6 座墓单独埋葬，与周围墓葬似没有关系。其中 M169、M174 呈南北向，东西并列，相距约 1 米。随葬品器类大体相同，均为盂、罐、豆，所不同的是 M169 有壶、M174 有釜，这两墓有可能是夫妻并坑合葬墓。

综上所述，卞营墓地的周代墓葬全部埋葬在 I 区和Ⅲ区，多数墓埋葬没有规律，散布于墓地，是一般平民故去后的个体埋葬；少数墓葬方向相同，呈南北或东西并列，应属夫妻或父子关系，是以家庭为单位进行的埋葬。

二　秦墓葬

秦墓 58 座，I 区 41 座，Ⅲ区 17 座。I 区分布的墓葬有 M52、M69、M72、M74、M101、M103、M104、M107、M108、M116、M122、M133、M163、M171、M179、M181、M186、M196、M200、M201、M210、M213、M215、M226、M239、M242、M248、M250、M254、M266、M272、M274、M285、M310、M329、M332、M339、M358、M384、M390、M394。Ⅲ区分布有 M219、M234、M249、M277、M303、M305、M410、M457、M470、M483、M494、M505、M507、M517、M527、M531、M543。

I 区的 41 座墓葬都较为集中地埋葬在墓地中间地带，分布略显散乱，其中墓向上呈南北向墓葬 34 座，东西向的 7 座，墓向以南北向为主。墓坑排列似无明显规律，但不同期段的墓葬大体按三个单元埋葬，东南部为第一单元，东北部为第二单元，西南部为第三单元。其中第一单元内有 18 座墓，第二单元有 10 座墓，第三单元有 6 座墓，另有 7 座墓散布在 I 区西北部。

Ⅲ区 17 座墓葬，从墓葬分布可以划为三个单元。北部为第一单元，埋葬有 6 座墓，墓葬从西北向东南分布，西北的 4 座墓呈东西向，南端的 2 座墓呈南北向。东部的 5 座墓为第二单元，墓向均南偏东。第三单元分布在南端，由东至西埋有 5 座墓。最西端的 M219 似游离于墓群之外，均南北向。

各区内按单元相对集中埋葬，这应是家庭和家族内成员的集中埋葬，他们之间应有某种血缘关系，从各单元埋墓葬数量不等来看，说明当时的家庭成员有多有少，家族有大有小。

三　西汉墓葬

西汉墓葬 164 座，分布在 I 区和Ⅲ区。

I 区有墓葬 124 座，大体可分为九个单元，各单元之间相距约 5～10 米，有明显的分界线。第一单元位于 I 区西北角，有 12 座墓，由北向南分布有 M302、M352、M359、M360、M350、

M348、M362、M363、M265、M96、M366、M369。墓坑都是南北向，其中 M359 与 M360、M362 与 M363 墓坑东西并列，墓坑相距约 1.5～3 米。第二单元位于 I 区北部，有 7 座墓，由北向南分布有 M295、M296、M292、M287、M283、M208、M280。墓坑均呈南北向，东西并列的墓有 M295 与 M296，两墓相距仅 1 米。第三单元位于 I 区东北角，有 8 座墓，由西至东分布有 M161、M160、M62、M141、M121、M23、M25、M372，其中 6 座墓南北向，2 座墓东西向。南北向墓坑中东西并列的有 M160 与 M161，两墓相距约 2 米。第四单元位于 I 区西北部，埋有墓葬 8 座。由北向南分布有 M307、M312、M311、M391、M314、M313、M315、M316，其中南北向墓 6 座，东西向墓 2 座。M313 与 M314 呈南北向东西并列，两墓相距仅 1.5 米。第五单元位于 I 区中部偏北，有 9 座墓，由北向南分布有 M177、M275、M276、M180、M273、M71、M268、M267、M271，东西向墓坑 5 座，南北向墓坑 4 座。其中 M71 规模最大，规格最高，位于单元的中心。M276 与 M180 呈南北向东西并列。第六单元位于 I 区东部偏北，有 4 座墓，由西至东分布有 M184、M120、M119、M60，其中南北向墓 3 座，东西向墓 1 座。M119 与 M120 呈南北向东西并列。第七单元位于 I 区中部偏西南，有 29 座墓，由西至东分布有 M344、M343、M367、M368、M342、M345、M154、M341、M340、M321、M318、M322、M327、M263、M262、M260、M258、M261、M264、M259、M36、M199、M198、M191、M192、M194、M187、M114、M115；其中南北向墓 21 座，东西向墓 8 座。墓坑呈南北向东西并列，相距约 2 米的墓有 M342 与 M368、M321 与 M340、M261 与 M264、M114 与 M115，墓坑呈东西向南北并列的墓有 M260 与 M262。第八单元位于 I 区西南角，有 14 座墓，由西至东分布有 M222、M335、M395、M333、M37、M336、M205、M238、M246、M244、M393、M243、M392、M235，其中南北向墓 7 座，东西向墓 7 座。南北向东西并列的墓有 M205 与 M238，东西向南北并列的墓有 M222 与 M335。第九单元位于 I 区东南角，有 33 座墓，由东北向西南分布有 M57、M59、M49、M47、M50、M46、M102、M55、M204、M202、M99、M206、M93、M351、M95、M97、M38、M216、M88、M85、M227、M229、M87、M382、M79、M383、M70、M387、M389、M67、M386、M381、M33。墓葬均为南北向，南北向东西并列的墓有 M33 与 M381。

III 区墓 40 座。按墓葬分布的疏密远近不同，可划归两个主体单元。第一单元在北部，有 17 座墓，由西至东、由北至南分布有 M323、M412、M433、M294、M257、M256、M251、M231、M407、M430、M429、M428、M426、M425、M417、M422、M156。另有 M548、M535、M451、M479、M490 分布在第一单元东部，也应与第一单元的墓葬属于一个埋葬整体，只是关系显得疏远。第二单元有 16 座墓，由北至南分布有 M450、M497、M459、M461、M510、M523、M524、M512、M511、M414、M406、M515、M405、M513、M514、M529。另有 M155 位于第二单元最南端，M217 位于最西端，游离于第二单元之外。单元内的墓葬似有一定规律，第一单元内的 M428 与 M429，呈东西向南北并列，两墓相距约 2 米。M425 和 M426 南北向呈东西并列，两墓相距约 3 米。第二单元内 M406 与 M414 呈南北向东西并列，两墓相距约 2 米。M523 与 M524 呈东西向南北并列，M511 与 M512 呈东西向东西并列。

从 I 区和 III 区各单元内墓葬分布的疏密情况来看，单元内似还可以划分出更小的单位，这似说明西汉墓地结构是以家庭为核心进行埋葬，再由家庭构成家族墓地。同时各单元内呈东西向南北并列或呈南北向东西并列规整、相距较近的墓坑，期别相同者可能为夫妻异穴并坑埋葬，年代相异者可能为父子或祖孙的埋葬。

四　东汉墓葬

东汉墓葬 37 座，其中 I 区 10 座，II 区 1 座，III 区 26 座。

I 区 10 座墓，可分为 3 个单元，各单元之间相距约 5～10 米，有明显的区隔空间。第一单元位于 I 区西北角，为 M304、M288，均南北向。第二单元位于中部，为 M188、M183。M183 墓坑呈南北向，M188 墓坑呈东西向。第三单元在 I 区东部，有 5 座墓，由北至南分布有 M26、M61、M371、M45、M53。北部 3 墓呈东西向，南部 2 墓呈南北向。另有 M44 位于第三单元的东南角，距第三单元相距较远。I 区墓葬分布无一定规律，只是按单元相对集中埋葬，判定为以家庭为单位的埋葬。

II 区只有 1 座墓（M12）。

III 区有 26 座墓，根据墓葬的分布，划分为 3 个单元，各单元之间相距 5～8 米。

第一单元埋有 16 座墓，由北向南、由西至东有 M413、M401、M408、M534、M537、M541、M175、M159、M78、M157、M24、M149、M442、M402、M445、M440。其中东西向的墓有 14 座，南北向的墓 2 座。该单元内 M175、M159、M78、M175 相距较近，M24、M149、M442、M402、M445、M440 集中埋葬。

第二单元有 4 座墓，由北向南有 M432、M431、M230、M212。北部的 2 座墓呈南北向，头向南；南部 2 座墓呈东西向，头向西。这似乎表明是家族内部两个不同家庭成员的墓葬。

第三单元有 6 座墓，由东北至西南有 M456、M416、M458、M403、M404、M125，其中 4 座为东西向，2 座呈南北向。M456 与 M416 为东西向墓坑南北并列，M403、M458、M404 关系较近。该单元内的墓葬亦可视作家庭成员的集中埋葬。

综上分析，东汉墓葬是以家族为核心，以家庭为单位，以夫妻为亲缘关系进行的埋葬。

五　宋代墓葬

宋代墓葬 11 座，其中 I 区 1 座（M356）；II 区西部葬有 4 座，分别为 M16～M19；III 区有 6 座，分别是 M80、M166、M397～M400。

II 区 4 座墓相距较近，分布有一定规律，其中 M19 规模最大，位于最北部；M17、M18 规模较小，位于 M19 南部，两墓距北部 M19 约 2 米。M16 埋在 II 区最南端，距 M17～M19 约 10 米。从墓室结构、墓坑大小、随葬品时代和墓葬分布多种因素分析，M16～M19 是以 M19 为核心，属于一般平民的核心家庭墓地。

III 区 5 座墓中，M397～M400 在东南角，M166 在西部偏南，M80 在中部。东南角的 4 座墓葬较为集中，分布有一定规律。其中 M397 为长方形砖室，M398～M400 有长方形墓道、甬道、墓门上有仿木砖砌牌楼，墓室均为圆形砖室穹隆顶，属于规格较高的贵族墓葬。

第二节　墓地与邓城关系

卜营墓地位于邓城东部，墓地西南角距邓城东南角约 700 米，西北部边缘距邓城东北角约 900

米，应是邓城居民故去后的墓地。墓地内埋葬有西周、春秋、战国、秦、西汉、东汉、三国、南朝、隋、唐、宋、明、清各时代的墓葬，卜营墓地与邓城有着密不可分的关系。

据文献记载，邓城是西周至春秋早期邓国的都城，公元前 678 年楚灭邓后，春秋中晚期至战国时期，邓城一直是楚国的重要属邑。到了秦汉、三国、魏晋南朝、隋唐至宋，邓城都是邓县或邓城县之首府。

对于邓最初的封国，文献记载不详，有说是夏后，或是说商裔，皆无从稽考。但据《左传·昭公九年》，詹伯对晋国回忆西周初年的盛世时说："及武王克商……巴、濮、楚、邓，吾南土也。"《国语·郑语》桓公问于史伯，何所可以逃死，史伯说："当成周者，南有荆蛮、申、吕、应、邓、陈、蔡、随、唐。"由此可知，邓已是西周时期的诸侯国。

春秋时期的邓国，文献也有明确记载。《春秋·桓公七年》："夏，谷伯绥来朝，邓侯吾离来朝。"《左传·桓公七年》："春，谷伯、邓侯来朝。"《左传·桓公九年》："巴子使朝服告于楚，请与邓为好。……邓南鄙鄾人攻而夺之币，杀道朔及巴行人。……夏，楚使斗廉帅师及巴师围鄾，邓养甥、聃甥帅师救鄾。……邓师大败，鄾人宵溃。"《左传·庄公六年》（公元前 688 年）："楚文王伐申，过邓，邓祁侯曰：吾甥也。止而享之，雅甥、聃甥、养甥请杀楚子。邓侯弗许。三甥曰：亡邓国者，必此人也。若不早图，后君噬齐。……弗从。还年，楚子伐邓。十六年，楚复发邓，灭之。"由以上文献记载，可知邓始见经传为公元前 705 年，此时的邓国，在春秋早期已是一个十分重要的诸侯国。

关于邓国的疆域，《国语·郑语》记有郑桓公问安伯，何所可以逃死，"南方不可乎"，韦注："南方当成周之南，申邓之间"。又《史记·楚世家》《正义》引《括地志》："故申城在邓州南阳县北三十里，〈晋太康地志〉云，周宣王舅所封。故邓城在襄州安养安北二十里，春秋之邓国。"安养县唐天宝元年改名临汉县，即襄阳邓城。这里明确记载春秋时申、邓两国是南北相比的邻国。对邓国的疆域，周永珍先生说"北起南阳盆地南部，南到汉水，西与谷国相连，即今之谷城县。东与曾国之北境，即今河南新野相连。方圆约一百五十里的境域"①。

楚文王十二年（公元前 678 年）邓国被楚国灭掉，楚灭邓之后，邓国故都就成为楚之属邑。战国时期，邓一直是楚国境内较著名的城镇，到了战国后期，秦昭王封公子悝为邓侯。

秦统一后，以汉水为界，北属南阳郡，郡治宛。南属南郡，郡治江陵。南阳郡领县 14，邓属南阳郡。西汉时期，汉沿秦制，南阳郡领邓县。东汉光武帝时南阳郡亦辖邓县，三国时属魏南阳郡，领邓县。西晋、东晋建制大体相同，襄阳郡领邓城县。隋开皇三年（583 年）罢郡，以州直接统县，大业三年（607 年）又改州为郡，以郡统县。襄阳郡由襄州改置，领安养县（邓城县改名为安养县）。唐朝，太宗时分全国为 10 道，今襄阳市境属山南道。玄宗时又分全国为 15 道，邓城属南山东道之襄州，襄州领襄阳县、邓城县、谷城县、义清县、南漳县、宜城县。到了宋代，邓城属襄阳府，襄阳府领襄阳、邓城、谷城、宜城、南漳、中卢 6 县。

据初步统计，已发现邓国和与邓国有关的铜器约 50 件，有铭铜器共 34 件，其中西周早期有邓小仲方鼎 2 件，邓仲牺尊 2 件，邓公簋 1 件，康王时期的盂爵 1 件，昭王时期的中甗 1 件；西周

---

① 周永珍：《两周时期的应国、邓国铜器及地理位置》，《考古》1982 年第 1 期。

中期有邓公乘鼎 1 件，邓公簋 4 件，复公子簋 3 件；西周晚期有邓伯氏鼎 1 件，邓盂壶盖 1 件，邓公牧簋 2 件，侯氏作孟姬簋 2 件；春秋早期有邓子孙伯鼎 2 件，邓初生匜 1 件，邓公簋盖 1 件，邓伯吉射盘 1 件，邓公孙无忌鼎 1 件，邓公午簋 1 件，邓公孙无忌戈 3 件；春秋中期没发现邓器；春秋晚期有邓子与盘 1 件，邓尹疾鼎 1 件，邓子午鼎 1 件。

　　西周初年出土的盂爵铭文记有："佳王初莱于成周，王令盂宁邓伯，宾贝，用作父宝尊彝。"西周中晚期的复公子白舍魄铭文："复公子白舍曰叚新，乍我姑，舝（邓）盂魄膡叚，永寿用之。"另据西周晚期的"邓伯氏鼎"、"邓盂壶"盖、"邓公牧"簋盖的记载，证明西周初年邓确已立国，西周中晚期邓国也确实存在。

　　出土或发现的春秋时期的邓国铜器铭文也印证了文献记载。2000 年 12 月谷城发现的"登子孙白用"鼎属于春秋早期[1]，1972 年 10 月在邓城附近三湾墓地出土的"邓公乘鼎"属于春秋早期偏晚。1979 年襄阳文管处在废品收购站收购 1 件"邓公簋"属春秋中期，这批铜器都出现在邓城附近与邻近地区，且对邓有明确记载，应与邓城有着不可分割的关系。由此可见，春秋中期以前邓国也确实存在，春秋中期的邓国铜器至今未见，说明邓在春秋中期已开始衰落，春秋晚期虽出了 3 件有铭邓国铜器，但与西周晚期、春秋早期的铜器难以相提并论，而且铜器铭文的内容表明，这时的"邓公"已不再是相对独立的邓国之君，而是成为楚之邓县县公的专称，邓君则改称邓子。且邓子与盘、邓尹疾鼎、邓子午鼎从形制到纹饰都具有典型的楚文化的风格与特征[2]。对邓国铜器的研究，当以徐少华先生的《邓国铜器综考》为要，他通过考证邓国铜器，对邓国的历史文化进行了精辟论述。

　　至于古代邓城遗址的位置与性质，石泉先生早已在《古邓国·邓县考》一文中指出："关于邓国的都城记载，汉魏六朝时期的记载都说是在当时的邓县""似可肯定：古代邓国和战国秦汉以至宋齐时的邓县故址当在今襄樊市西北的邓城遗址。"[3] 邓城地表至今仍保留有高耸的土筑城垣，城周有宽深的护城壕沟，城址面积约 65 万平方米。以邓城为中心的 10 千米范围内，分布有 17 处龙山时代晚期至宋代的聚落遗址，这些遗址大多数经过了钻探，有的遗址经过试掘，这些遗址以西周、东周、汉代的聚落为主。邓城周围还发现了 34 处古代不同时期的墓地，以周、秦、汉代墓葬为主体，因此推断，卜营墓地是邓城不同时代居民故去后的埋葬之所，应是邓城居民的墓地。

第三节　墓葬文化因素分析

　　卜营墓地墓葬数量多，时代跨度大，尤其以周、秦、西汉、东汉墓葬的数量为最，南朝、隋唐、明清时期的墓葬极少。因此，我们着重分析周、秦、汉时代墓葬的文化因素。

一　周代墓葬文化的同一性与多样性

　　西周晚期的 3 座墓以鬲、盂、豆成组合，其中 M468 随葬有鬲、盂、豆，M481 随葬鬲、豆，

---

① 陈千万：《湖北谷城发现的邓国铜器及相关问题》，《襄樊考古文集》，科学出版社，2007 年。

② 徐少华：《邓国铜器综考》，《考古》2013 年第 5 期。

③ 石泉：《古邓国·邓县考》，《江汉论坛》1980 年第 3 期。

M482 只陪 1 件盂。其中 M468 之 B 型鬲颈部较长内束，裆瘪，形态与张家坡西周墓地第四期 M543：5 之鬲相似。M468、M481 随葬之豆直口外侈，浅折盘，短柄较粗，柄中部有一周圆箍，喇叭状圈足，形态与长安张家坡 H141：1 之豆形态相同，亦接近邓城东部沈岗墓地 M694：11、12 之豆。M468、M481 之盂，腹部斜折近三角形，腹部较深，与张家坡 M147：1 形态相似①，属于典型的西周晚期之物。通过以上器类形态的对比，可以看出卞营墓地西周晚期的墓葬，具有关中和中原文化的特点。同时也应看到，鬲、盂的口沿外折斜仰、腹部较深、圆柱状鬲足与关中的袋状尖锥足明显不同，具有本土文化的特征，属于土著邓文化因素。

到了春秋时代，墓葬形制与随葬品的形态发生了明显变化。这批墓葬在春秋中期早段以前，随葬的鬲、盂、罐、豆既具有中原文化的风格，又具当地土著文化——邓文化因素，器类形态颇具有楚器风格。到了春秋中期晚段以后，楚文化因素更加浓厚，几乎占据主体地位，如鬲之束颈仰折沿，弧腹联裆，尖锥足截尖，腹裆足部饰细绳纹和横斜绳纹。盂皆仰折沿，弧腹圜底微内凹，下腹至底饰横斜绳纹。豆均为浅盘中空直柄喇叭形圈足，这些都属于典型的楚文化因素。但在墓葬形制与器类形态方面又存在某些差别，如罐的形态复杂多样，有些罐则在楚腹心地区所不见。

到了战国，邓国被楚国灭掉。公元前 678 年（楚文王十二年）楚灭邓之后，邓国故都就成为楚之属邑，邓一直是楚国境内较著名的城镇。这批墓葬所反映的文化面貌与楚中心腹地荆州地区的楚墓有明显区别，墓坑内绝大多数不填白膏泥与青膏泥，因此棺椁多无保存。墓葬制度上则与荆州地区的楚墓大体一致，但略具地方特色。如随葬青铜礼器的墓基本上不出陶礼器和日用陶器；战国陶礼器组合中，鼎、匜、缶组合及长颈壶、小口鼎等器很少，而以鼎、敦、壶组合多见。彩绘陶器很少，远不及荆州地区以纪南城为中心的楚墓彩绘陶器多。因地域关系，此地文化面貌上含有一定的中原文化因素，如春秋晚期至战国早期墓中出土的圜盖矮足鼎，就颇具中原风格。也许曾为"汉阳诸姬"邓国之故地，受中原文化的影响较深之故。

总体而言，随着时间的推移，周代墓葬在不同的时段，文化因素发生了不同的变化。西周时期的墓葬受宗周文化影响较深，随葬品器类接近关中地区西周晚期墓葬的器类形态，同时又具有当地土著文化的因素。春秋时期的墓葬有较明显的土著邓文化和楚文化因素，并占据主导地位，中原同时期文化的影响也很明显。到了战国时期，楚文化因素占据了主导地位，土著的邓文化因素与中原文化因素仍依稀可见。从文化的整体面貌观察，卞营墓地的周代墓葬反映出两周时期文化的同一性与多样性。

二　秦墓的文化因素

秦昭王二十八年（公元前 279 年），秦攻取楚邓县，本地遂为秦有。政治上的强烈冲击，致本地文化面貌发生巨大变化，出现多种文化交融的景象。

本地被秦占领前的文化是具有一定地域特色的楚文化。被秦占领后，本地主流文化迅速被秦文化取代，但本地原有文化在一定范围内仍有其生存土壤。在墓葬形制方面，由于土质结构不宜在本地开挖颇具特色的秦之洞室墓，不得不接受本地竖穴土坑墓。在葬具方面，较多墓用一椁一

---

① 中国社会科学院考古研究所沣西发掘队：《1976 年长安张家坡西周墓葬的发掘》，《考古学报》1980 年第 4 期。

棺。墓主皆为平民，却想用士的葬具，当是楚人尚礼、奢靡之风的表现。随葬品中，有的具有明显楚器特征，如 M52 深盘豆、M104 浅盘豆，皆为弧盘，为楚墓中常见之器。日用器中有 1 件陶鬲，为典型楚式鬲与双耳罐、釜等构成新的组合形式。这些器物的使用者，推测为楚遗民。

近年来，襄阳市区发掘的秦墓中以襄阳王坡墓地数量较多[1]。与襄阳市西北毗邻的老河口市，近年在九里山发掘一批秦墓[2]。这两处墓地与本墓地有许多共同点：墓坑均为长方形竖穴土坑，墓葬规模均较小。葬具多为一椁一棺或一棺，一般平民也使用一椁一棺。日用器组合皆有盂、罐、鍪、罐、釜、罐、鍪、盂、罐、釜、罐等。双耳罐较多，成为本地区的典型器。

卜营墓地的秦墓与王坡和九里山秦墓亦有某些不同点：如王坡墓地有 1 座洞室墓，卜营没有。九里山墓地葬具样式繁复，多出一椁并棺，而卜营墓地多为单棺。王坡、九里山墓地器物组合丰富，既有铜、铁礼器，也有陶礼器，而卜营只出不成套的陶礼器，数量也甚少。王坡墓地出土有铜兵器，卜营墓地不见。卜营墓地与王坡墓地、九里山墓地秦墓的相同点是襄阳秦墓的地方特色，体现出秦代文化的同一性。它们的不同点，则显示出了同一地域不同地点的差异与个性特点。

把卜营秦墓与荆州、云梦等地秦墓进行比较，发现荆州、云梦秦墓皆不见陶双耳罐，楚式器也基本不见；相同的是随葬品中都有陶釜、盆、矮领罐。总体上看，其共性少，差异性多。这说明秦占领楚的腹心地区之后，对原有传统文化进行了彻底根除，而在边远地区则保留了少有的楚文化传统。

卜营秦墓是秦人占领襄阳后形成的。秦人势力所至，文化随即漫延，故卜营秦墓明显受到关中秦墓的影响。

墓葬形制上表现出小墓设二层台。楚大、中型墓见多级台阶，小型墓不见台阶，卜营秦墓皆为小型墓，近半数设二层台，传承了关中秦代小墓常设二层台的做法。随葬品方面，楚器大幅度溃退，秦器大量进入，其中以圜底器釜、鍪最具代表，成为随葬品中的主体器类；蒜头壶也是甚具特征的秦器，在卜营墓地也有出现。卜营秦墓在承袭关中秦墓文化的同时，也吸纳了中原文化的因素，最具典型意义的是双耳罐的使用。双耳罐来源于中原，如河南洛阳中州路东周时期 M2725 上∶01 双耳罐[3]，较为拙朴，理应为这种双耳罐的较早形态。这种罐在秦地不见，应为秦人经中原传入，成为襄阳富于地方特色的主体器物。

此外，卜营秦墓之 Ba 型矮领窄底罐、C 型矮领折腹罐虽源于关中秦墓，但又与关中秦墓的同类罐有一定差异，这应是文化传播过程中融合与碰撞的产物。

三　西汉墓葬的文化因素

西汉建立之初，汉承秦制，前段文化得以延续，同时由于秦王朝的崩溃，旧的文化受到一些冲击。之后，随着历史的发展，文化面貌发生了质的变化。

土坑墓仍沿用长方形竖穴，较多墓设生土二层台，部分墓设壁龛，墓主身份为平民者也用一

---

①　湖北省文物考古研究所、襄樊市考古队、襄阳区文物管理处：《襄阳王坡东周秦汉墓》，科学出版社，2005 年。

②　襄樊市文物考古研究所、武安铁路复线九里山考古队：《老河口九里山秦汉墓》，文物出版社，2009 年。

③　中国科学院考古研究所：《洛阳中州路（西工段）》，科学出版社，1959 年。

椁一棺葬具，可见卞营墓地的西汉墓在葬制上沿袭了秦。主要随葬品也继承秦墓，日用陶器中的陶双耳罐，是本地最富特色的器物。这种罐在秦墓中是主要随葬品，数量多，西汉墓中则更为丰富。西汉时期的双耳罐除常见之鼓腹外，还出现了很多形如橄榄的长腹。鼎足的膝部先是猴面、人面造型，晚期则作熊形足，自鼎足发端，熊成为本地颇具特色的器物附件造型。西汉时期随葬品的造型给人以追求美感的效果，这说明西汉在秦文化的基础上又有了较大的发展。让人注目的是西汉墓开始使用成套的陶礼器，到了中期还使用两套陶礼器，这表现出西汉比秦代更讲究礼制。

卞营汉墓与周邻之襄阳王坡、黄家村、老河口九里山汉墓虽然相距不远，但存在许多差异。卞营西汉墓各段墓葬数量13~25座，而其他墓地在同一时段的墓葬较少，有的少至1座。随葬品中，卞营墓地陶盒有凹底、平底、圈足三型，王坡、黄家村西汉墓只有其中两型。九里山西汉墓有三型，但它们各自的使用时间没有卞营长。形如橄榄的长腹双耳罐在王坡、九里山西汉墓不见，仅个别稍具特征。黄家村西汉墓此类罐的数量略多，但演变的系统性不如卞营西汉墓。王坡、黄家村、九里山西汉墓陶仓有附博山顶式盖的现象，卞营西汉墓则无。从总体上观察，这四个墓地虽然都在襄阳境内，且相距不远，但在文化面貌上略有差异。

卞营西汉墓与西安汉墓比较，文化上存在较大差别。墓葬形制方面，西安西汉墓多洞室墓，而卞营墓西汉墓为竖穴土坑墓。卞营墓地晚至新莽时期出现砖室墓，且用实心条砖，而西安则早在西汉中后期就用条砖或空心砖垒筑砖室墓。西安西汉墓有一些随葬品为卞营西汉墓所不见，如西安西汉墓有许多房仓、小凹底釜，卞营西汉墓则无。卞营西汉墓随葬品以富于创造见长，有时则以简朴面世。如双耳罐、双口罐为西安西汉墓所不见，而成为富于地方特色的器物，鼎足有模印叶脉、人面、猴面，后期作熊形，富于变化。但有些器物则较为简朴，如西安西汉墓陶灶有单火眼、双火眼、"品"字形三火眼，且以"品"字形三火眼为多，卞营西汉墓陶灶只有单火眼和双火眼。

器类制作与造型方面，卞营西汉墓受到西安西汉墓的直接影响。如西安西汉墓陶鼎耳顶端外平折的做法，对卞营鼎产生了影响。又如矮领高腹罐、矮腹宽底罐两地都有许多共性。再如铜刷，是不多见的器物，西安、卞营汉墓皆有，只不过卞营汉墓的较为精巧。有意思的是，西安龙首原西北医疗设备厂M152在洞室内出土2件筒瓦（编号M152：16）[1]，功用或许与卞营M368：5之筒瓦相同。

西安汉墓与卞营西汉墓随葬品的显著差别是西安西汉墓的器物制作规整、华丽。无论是陶礼器，还是陶日用器、模型器，都显得庄重，制作一丝不苟。器物纹饰方面，西安西汉墓甚为繁复，既有模印纹，也有彩绘，内容也很丰富，卞营西汉墓则显得朴素、简单。卞营西汉墓受到西安西汉墓的影响是显而易见的，这就是皇城文化与外埠文化、统治者与被统治者在文化上的差异。

四　东汉墓葬的文化因素

卞营东汉墓的重要特点是：延续的时间长，自东汉早期至晚期，每时段墓葬数量4~7座。比周邻王坡、黄家村墓地埋葬的数量多。王坡墓地东汉墓止于东汉中期后段。黄家村墓地东汉墓虽

---

① 西安市文物考古研究所：《西安龙首原汉墓》，西北大学出版社，1999年。

然自早期至晚期都有，但有的只有 1 座墓，其他各期数量也远比卞营墓地少。

卞营东汉墓与周邻东汉墓一样，以条砖构筑墓室。墓室都不大，部分顶残失，所见者皆为券顶。有两室者，各起券顶。所用砖多数宽长之比的比值较小，长 32～36、宽 16～19 厘米，厚度多为 5～7 厘米，形体窄而厚。随葬品中硬陶增多，中晚期出现釉陶。鼎的使用不如先前为人们所看重，数量大为减少，制作也较为随意，出现无耳鼎。盒消失，礼器组合发生重要变化。陶双耳罐仍是甚为活跃的器类，直至晚期仍在使用。在形态上变化较大，晚期早段腹壁下收、底变小，晚期晚段一改以往拍印绳纹的做法，自肩至中腹刻划密集凹弦纹间、凹槽、下腹及底仍饰绳纹。灶的制作也追求美感、写实。不仅部分灶设有挡火墙、灶壁拍印纹饰，也有在灶面模印刀、杖等炊具与鱼、鸡、馍等食物。富于艺术创造的特点还表现在陶楼的制作上。陶楼，东汉墓中以中原所见为多，长江流域也出土一些。2001 年，襄阳市樊城菜越也出过 1 件东汉陶楼①。卞营东汉墓陶楼平面布局有楼阁、院落，前设两座角楼，后设一座角楼。楼设三层，作五脊式屋顶。二、三层屋面之下，施熊形柱承托屋面，造型生动，独具匠心。

值得注意的是，卞营有几座墓出土有"货泉""大泉五十"，西安也有一些东汉墓出土。《西安东汉墓·铜钱》称："货泉……钱径较小，重量较轻者应为东汉晚期的私铸钱。钱特重，后世称为饼钱，多出于东汉晚期。"卞营出"货泉"的 2 座墓，年代定在东汉中期后段，略与之契合。"大泉五十"数量甚多，亦当为私铸。它们既可能是冥钱，也不排除在市面流通的可能。

以洛阳为中心的中原，属京畿之地，墓葬规模较大者甚多，卞营自然不可与之相比。但就一般情况而言，卞营墓地有许多方面与之相近。其中最重要的是随葬器物组合，两地皆礼器削弱，模型器活跃，表明先秦以来重视礼制的葬俗逐步被重视世俗生活的观念取代。在器物制作上，两地也有许多共同点。如模型器中，两地都在灶台上模印炊具及鱼鳖等食材。碓是为数甚少的器物，而两地皆见。动物模型，两地皆较为丰富。又如双耳罐，在中原南域之南阳，则与襄阳相互影响，形成特色相近的器物。

卞营东汉墓的文化因素总体而言，与其他周邻至洛阳地区东汉墓相比较，其共性多，个性少。随着历史长河的流淌，中华民族的政治、经济、文化进入大一统时代。

---

① 襄樊市文物考古研究所：《湖北襄樊樊城菜越三国墓发掘报告》，《考古学报》2013 年第 3 期。

襄阳卞营墓地

下

湖北省文物考古研究所
襄阳市文物考古研究所　编著

文物出版社

The Cemetery at Bianying in Xiangyang

Compiled by

Hubei Provincial Institute of Cultural Relics and Archaeology

Xiangyang Municipal Institute of Cultural Relics and Archaeology

Cultural Relics Press

附 表

附表一　周代墓葬登记表

墓号	方向	墓坑		台阶		壁龛		墓道		
		墓口:长×宽-深 墓底:长×宽-深*		位置	宽、高	位置	高×宽-进深	位置	长×宽-深	坡度
M13	10°	口:2.75×1.4-0.2 底:2.64×1.32-1.08		无		无		无		
M20	180°	口:2×0.54-0.3 底:2×0.54-0.42		无		南壁 中部	0.2×0.22-0.12	无		
M21	182°	口:1.96×0.7-0.2 底:1.89×0.64-0.8		无		南壁 中部	0.18×0.42-0.16	无		
M22	9°	口:0.94×0.6-0.4 底:0.94×0.6-0.12		无		北壁 底部	0.12×0.46-0.2	无		
M27	180°	口:1.9×0.65-0.4 底:1.9×0.65-0.54		无		无		无		
M28	90°	口:1.8×0.6-0.4 底:1.73×0.56-0.38		无		无		无		
M29	178°	口:2.08×(0.84~0.9)-0.3 底:1.98×(0.76~0.78)-0.5		无		无		无		
M30	184°	口:2.22×(0.71~0.76)-0.3 底:2.18×0.62-0.52		无		无		无		
M31	180°	口:1.9×0.64-0.3 底:1.86×0.62-0.22		无		无		无		
M32	280°	口:2.08×0.6-0.3 底:2×0.54-0.3		无		无		无		
M34	205°	口:2.46×(1~1.08)-0.3 底:2.3×(0.92~1)-1.44		无		无		无		
M35	170°	口:2.3×0.64-0.5 底:2.22×0.56-0.26		无		无		无		
M39	15°	口:2.2×0.7-0.5 底:2.16×0.58-0.2		无		无		无		

＊　墓口深指地表至墓口的距离,墓底深指墓口至墓底的距离。下同。

（长度单位:米）

葬具		人骨架	随葬品位置	随葬品组合								件(套)数	时代与分期
椁、棺	长×宽-高、板厚			陶器	铜器	铁器	锡器	漆木器	玉石器	骨器	料器		
无		无	无										战国
单棺	1.8×0.4-0.08	无	南壁头龛	1.罐(残)								1	战国早期早段
单棺	1.62×0.4-0.1	无	南壁壁龛	1.B豆,2.AaⅨ盂	3.漆木奁铜铺首				5.玛瑙环,6、7.石环	8.骨管,9.骨片饰(67片)	4.料珠	9	战国早期早段
单棺	0.82×0.34-0.04	无	北壁头龛	1.罐				2.漆器痕				2	战国早期早段
单棺	1.79×0.44-0.04	残存少量牙齿	无										战国
单棺	1.5×0.4-0.04	无	无										春秋
单棺	1.72×0.48-0.08、0.03	残存少量牙齿	棺外南端	1.AaⅣ鬲,2.罐(残),3、4.AaⅤ豆								4	春秋中期早段
单棺	1.9×0.36-0.16	无	无										战国
单棺	1.58×0.44-0.1	残存少量牙齿	无										战国
单棺	1.64×0.38-0.14、0.04	无	棺外西端	1.罐(残),2.AaⅥ豆								2	春秋中期晚段
单棺	1.84×0.5-0.28、0.04	残存少量牙齿	无										战国
单棺	1.7×0.46-0.06、0.04	无	棺外南端	1.BaⅣ罐,2.盂(残),3.AaⅦ鬲								3	春秋晚期晚段
单棺	1.96×0.36-0.08、0.04	无	无										战国

墓号	方向	墓坑		台阶		壁龛		墓道		
		墓口:长×宽-深 墓底:长×宽-深		位置	宽、高	位置	高×宽- 进深	位置	长×宽-深	坡度
M40	235°	口:2.24×0.56-0.2 底:2.24×0.56-0.2		无		无			无	
M41	235°	口:2.82×1.36-0.2 底:2.48×0.7-1.46		无		无			无	
M42	180°	口:1.9×0.8-0.4 底:1.78×0.68-0.56		无		无			无	
M43	180°	口:1.9×(0.54~0.66)-0.4 底:1.86×(0.5~0.62)-0.4		无		无			无	
M48	92°	口:2×0.6-0.4 底:1.96×0.56-0.4		无		无			无	
M51	357°	口:2.16×(0.44~0.82)-0.2 底:1.96×(0.66~0.7)-0.8		无		无			无	
M54	173°	口:2.22×1.02-0.2 底:2.1×0.1-0.6		无		无			无	
M56	189°	口:3.3×1.28-0.2 底:2.94×(1~1.02)-1.82		无		无			无	
M58	350°	口:2×0.74-0.5 底:1.88×0.66-0.4		无		无			无	
M63	5°	口:2.6×1.02-0.5 底:2.48×0.7-0.96		无		无			无	
M64	185°	口:2.22×0.56-0.5 底:2.08×0.46-0.12		无		无			无	
M65	265°	口:1.8×0.82-0.5 底:1.68×0.78-0.38		无		无			无	

葬具		人骨架	随葬品位置	随葬品组合								件(套)数	时代与分期
椁、棺	长×宽-高、板厚			陶器	铜器	铁器	锡器	漆木器	玉石器	骨器	料器		
单棺	2.04×0.38-0.16、0.02	残存少量牙齿	无										战国
单棺	2.08×0.48-0.06、0.04	残存少量牙齿	棺内西端							1.骨管		1	战国
单棺	1.58×0.54-0.18、0.06	残存少量牙齿	棺外南端	1.AaXII盂								1	战国中期晚段
单棺	1.7×0.4-0.14、0.03	无	无										战国
单棺	1.76×0.4-0.12、0.04	无	无										战国
单棺	1.78×0.4-0.08、0.02	无	无										战国
单棺	1.78×0.44-0.06、0.02	无	棺外南端	1.BV鬲，2.AaVI盂								2	春秋中期晚段
单棺	2.06×0.46-0.12、0.04	无	棺内南端						1.石璜			1	春秋
单棺	1.64×0.38-0.1、0.04	无	无										战国
单棺	2.12×0.52-0.14、0.04	无	棺内南部						1、2.石玲（21粒）			2	春秋
单棺	2.08×0.46-0.08、0.04	无	无										春秋
单棺	1.62×0.38-0.06、0.06	无	棺外南侧西端	1.AaXII盂，2.AaXIII盂，3.BaVIII罐								3	战国晚期早段

墓号	方向	墓坑		台阶		壁龛		墓道		
		墓口:长×宽－深 墓底:长×宽－深		位置	宽、高	位置	高×宽－进深	位置	长×宽－深	坡度
M66	182°	口:(2.7~2.9)×(1.18~1.3)－0.5 底:(2.62~2.7)×(1.08~1.46)		无		无			无	
M68	4°	口:2.52×1.3－0.5 底:2.52×1.3－0.2		无		无			无	
M73	190°	口:残0.76×0.56－0.2 底:2.64×0.86－1.08		无		无			无	
M75	180°	口:2.3×残0.9－0.3 底:2.3×残0.9－1.16		无		无			无	
M76	270°	口:1.9×0.7－0.4 底:1.82×0.6－0.5		无		北壁偏西	残0.02×0.34－0.12		无	
M77	145°	口:1×0.5－0.4 底:1×0.5－0.28		无		无			无	
M81	125°	口:残(1~1.4)×0.68－0.3 底:残(1~1.4)×0.68－0.08		无		无			无	
M83	24°	口:2.14×0.64－0.5 底:2.02×0.6－0.3		无		无			无	
M84	352°	口:1.9×0.6－0.5 底:1.82×0.52－0.32		无		无			无	
M86	197°	口:2.13×0.94－0.09 底:1.84×0.85－0.87		无		南壁偏西	0.18×0.38－0.16		无	
M90	200°	口:1.7×(0.52~0.56)－0.3 底:1.7×(0.52~0.56)－0.44		无		无			无	
M91	188°	口:2.16×0.8－0.2 底:2.16×0.72－1.35		无		南壁	0.58×0.22－0.2		无	
M92	197°	口:2.5×0.78－0.5 底:2.3×0.66－0.14		无		无			无	
M94	238°	口:1.98×0.74－0.5 底:1.98×0.74－0.2		无		无			无	

| 葬　具 | | 人骨架 | 随葬品位置 | 随葬品组合 | | | | | | | | 件(套)数 | 时代与分期 |
椁、棺	长×宽-高、板厚			陶器	铜器	铁器	锡器	漆木器	玉石器	骨器	料器		
单棺	2×0.54-0.18,0.04	无	棺内		3.戈(残)				1.玉璜,2.石玲(6粒)			3	春秋
无		无	无										战国
单棺	2.04×0.48-0.1,0.04	仅存头骨痕迹	无										春秋
单棺	1.9×0.46-0.16,0.04	仅存牙齿	棺外南端	1.AaⅥ盂,2.BaⅠ罐,3.BⅣ鬲								3	春秋中期早段
单棺	1.5×0.42-0.04,0.04	仅存牙齿	北壁西端龛内	1.鬲(碎)								1	春秋
无		无	无										春秋
单棺	(0.65~0.9)×0.44-0.02,0.04	无	棺外东端	1.盂(残),2.BⅣ鬲,3.BaⅠ罐								3	春秋中期早段
单棺	1.86×0.44-0.12,0.06	无	无										春秋
朽无存			棺底南端						1.石玲(29粒)			1	春秋
单棺	1.78×0.46-0.14、0.04	无	南壁龛内	1.罐(碎),2.盂(碎),3.BⅡ鬲	4.铃(8枚)							4	春秋中期早段
单棺	1.46×0.36-0.04,0.02	无	棺外南端	1.AaⅫ豆(残),2.罐(碎)								2	战国晚期晚段
单棺	1.82×0.42-0.24,0.04	无	南壁龛内	1.BⅣ盂,2.AaⅪ鬲								2	战国中期晚段
单棺	2.12×0.52-0.14,0.06	无	无										战国
无		无	无										战国

墓号	方向	墓坑		台阶		壁龛		墓道		
		墓口:长×宽－深 墓底:长×宽－深		位置	宽、高	位置	高×宽－ 进深	位置	长×宽－深	坡度
M98	20°	口:2.08×(0.5~0.6)－0.5 底:残(0.48~2.04)× (0.24~0.48)		无		无			无	
M100	145°	口:2.04×0.6－0.4 底:1.7×(0.43~ 0.48)－0.74		无		东壁	0.26× 0.46－0.12		无	
M105	162°	口:2.1×0.6－0.2 底:2.04×0.46－0.36		无		无			无	
M106	188°	口:1.9×(0.56~0.62)－0.2 底:1.8×(0.46~0.48)－0.4		无		南壁	0.24×0.36－ 0.16		无	
M109	176°	口:1.94×0.74－0.2 底:1.8×0.64－0.3		无		无			无	
M110	190°	口:2.7×1.16－0.3 底:2.7×1.16－1.32		无		无			无	
M111	182°	口:2×0.76－0.3 底:2×0.76－0.78		无		无			无	
M112	150°	口:2.2×0.74－0.3 底:2.1×0.62－0.8		无		无			无	
M113	170°	口:1.8×0.8－0.3 底:1.72×0.68－0.8		无		南壁	0.24×0.56－ (0.18~0.2)		无	
M117	1°	口:1.68×0.68－0.4 底:1.64×0.64－0.3		无		无			无	
M118	68°	口:1.64×0.62－0.25 底:1.56×0.54－0.28		无		无			无	
M123	193°	口:2.42×(0.9~1)－0.25 底:2.32×0.9－1.12		无		无			无	
M124	196°	口:2.4×0.98－0.25 底:2.36×0.9－0.78		无		无			无	

续附表一

| 葬 具 | | 人骨架 | 随葬品位置 | 随葬品组合 | | | | | | | | 件（套）数 | 时代与分期 |
榫、棺	长 × 宽 - 高、板厚			陶器	铜器	铁器	锡器	漆木器	玉石器	骨器	料器		
无		无	无										春秋
单棺	1.7 ×0.36 - 0.14 、0.03	无	北壁东侧龛内	1. AaⅣ鬲，2. C 豆，3. AⅡ罐								3	春秋中期早段
单棺	1.58 ×0.36 - 0.06 、0.03	无	棺外南端	1. AaⅡ鬲，2. 盂（碎），3. BbⅠ罐								3	春秋中期早段
单棺	1.7 × （0.33 ~ 0.36）- 0.08 、0.03	无	南壁龛内	1. BbⅢ罐								1	战国早期晚段
单棺	1.6 ×0.36 - 0.06 、0.02	无	无										春秋
单棺	1.7 ×0.42 - 0.17 、0.04	无	棺底南端						1. 石琀			1	春秋
单棺	1.68 ×0.4 - 0.28 、0.04	无	棺外南端	1. AⅣ罐，2. AaⅤ鬲，3. AaⅧ盂								3	春秋中期晚段
单棺	1.68 ×0.42 - 0.12 、0.04	无	棺外南端	1. BⅡ鬲								1	春秋中期早段
单棺	1.64 ×0.46 - 0.2 、0.04	无	南壁龛内	1. AaⅥ盂，2、3. AaⅥ豆，4. BⅤ鬲，5. BaⅡ罐								5	春期中期晚段
单棺	1.48 ×0.44 - 0.12 、0.02	无	无										战国
单棺	1.32 ×0.28 - 0.14 、0.02	仅存牙齿	东部头箱	1. BⅢ鬲								1	春秋早期晚段
单棺	2.1 ×0.6 - 0.3 、0.04	仅存牙齿	无										战国
单棺	2.02 ×0.54 - 0.3 、0.04	无	无										战国

墓号	方向	墓坑		台阶		壁龛		墓道		
		墓口:长×宽-深 墓底:长×宽-深		位置	宽、高	位置	高×宽- 进深	位置	长×宽-深	坡度
M126	185°	口:2.44×1.26-0.4 底:2.36×1.19-1.36		无		无		无		
M127	340°	口:1.38×0.56-0.4 底:1.38×0.56-0.1		无		无		无		
M128	196°	口:2.4×0.88-0.4 底:2.35×0.82-0.9		无		无		无		
M129	86°	口:1.42×0.46-0.4 底:1.42×0.46-0.16		无		无		无		
M130	185°	口:3.08×1.4-0.4 底:2.98×1.24-1.6		无		无		无		
M131	194°	口:1.4×0.62-0.4 底:1.4×0.62-0.08		无		无		无		
M132	265°	口:1.92×0.72-0.4 底:1.88×0.66-0.46		无		西壁	残0.08× 0.28-0.15	无		
M134	197°	口:残(1.5~1.7)×0.9-0.4 底:残(1.44~1.63)× 0.8-1.02		无		无		无		
M135	17°	口:残0.46×0.66-0.4 底:残0.43×0.61-0.82		无		无		无		
M136	268°	口:2.12×0.7-0.4 底:2.07×0.63-0.7		无		无		无		
M137	180°	口:2.06×0.8-0.4 底:2.02×0.76-0.92		无		无		无		
M138	270°	口:1.96×0.52-0.3 底:1.96×0.52-0.4		无		无		无		
M139	180°	口:1.74×(0.56~ 0.68)-0.3 底:1.74×(0.56~ 0.68)-0.4		无		无		无		
M140	5°	口:1.82×0.84-0.3 底:1.82×0.84-0.44		无		无		无		

| 葬　具 | | 人骨架 | 随葬品位置 | 随葬品组合 | | | | | | | | 件(套)数 | 时代与分期 |
椁、棺	长×宽-高、板厚			陶器	铜器	铁器	锡器	漆木器	玉石器	骨器	料器		
单棺	2.12×0.58-0.3、0.04	仅存少许下肢骨	棺内底部						1、2.石璧			2	战国
单棺	1.2×0.36-0.04、0.04	无	无										春秋
单棺	2.2×0.54-0.2、0.04	无	棺底南端		2.镞				1.石玲(25粒)			2	春秋
单棺	1.12×0.3-0.04、0.03	无	无										春秋
单棺	2.2×0.64-0.22、0.06	完整,仰身直肢葬	无										战国
单棺	1.06×0.34-0.04、0.04	无	无										战国
单棺	1.8×0.38-0.16、0.04	无	壁龛内	1.鬲(残)								1	战国
单棺	1.3×0.44-0.12、0.04	仅存牙齿	棺底南端		2.镞				1.石玲(54粒)			2	春秋
单棺	残0.4×0.42-0.12、0.04	无	无										战国
单棺	1.8×0.44-0.2、0.04	仅存少许下肢骨	棺外西端	1.B型鼎(足),2.AaXIII盂,3.罐(残)								3	战国晚期早段
单棺	1.84×0.5-0.12、0.06	仅存牙齿	无										战国
单棺	1.8×0.32-0.06、0.02	无	无										战国
单棺	1.58×(0.4~0.44)-0.06、0.02	无	无										战国
单棺	1×0.38-0.04、0.06	仅存牙齿	无										战国

墓号	方向	墓坑		台阶		壁龛		墓道		
		墓口:长×宽-深 墓底:长×宽-深		位置	宽、高	位置	高×宽-进深	位置	长×宽-深	坡度
M142	180°	口:2×(0.7~0.74)-0.3 底:2×(0.7~0.74)-0.64		无		南壁	0.2×0.26-0.28	无		
M143	190°	口:2.74×1-0.3 底:2.5×(0.8~0.84)-1.28		无		无		无		
M144	188°	口:1.9×0.8-0.5 底:1.82×0.72-0.58		无		南壁	0.16×0.3-0.22	无		
M146	180°	口:2.24×0.82-0.3 底:2.24×0.74-0.95		无		无		无		
M147	175°	口:2.1×(0.84~0.9)-0.3 底:2.06×0.8-1.14		无		无		无		
M148	190°	口:2.4×0.96-0.3 底:2.32×0.8-1.76		无		无		无		
M150	180°	口:2.12×0.82-0.3 底:2×0.7-0.74		无		无		无		
M151	325°	口:1.9×0.56-0.3 底:1.9×0.56-0.3		无		无		无		
M152	188°	口:2.6×0.96-0.3 底:2.5×0.82-1.46		无		无		无		
M153	195°	口:2×0.98-0.3 底:2.04×0.86-0.88		无		无		无		
M158	185°	口:2.5×0.78-0.3 底:2.46×0.74-1.8		无		无		无		
M162	185°	口:2.9×1.5-0.3 底:2.64×(1.08~1.12)-2.12		无		无		无		
M164	180°	口:3.08×(1.36~1.4)-0.3 底:3.02×1.08-2.06		无		无		无		
M165	190°	口:残0.9×0.76-0.3 底:2.32×残(0.6~0.76)-1.4		无		无		无		

葬　具		人骨架	随葬品位置	随葬品组合								件（套）数	时代与分期
椁、棺	长×宽-高、板厚			陶器	铜器	铁器	锡器	漆木器	玉石器	骨器	料器		
单棺	1.84×0.4-0.1、0.02	无	壁龛内	1.鬲（残存足）								1	战国
单棺	2.36×0.5-0.1、0.04	仅存牙齿	棺底南端		1.镞				2.石玲（14粒）			2	春秋
单棺	1.8×0.44-0.18、0.04	无	南壁龛内	1.鬲（残存足）								1	春秋
单棺	1.76×0.42-0.12、0.04	无	棺外南端	1.AaⅫ盂，2.AaⅩ豆								2	战国中期晚段
单棺	1.8×0.4-0.16、0.02	仅存牙齿	无										春秋
单棺	2.24×0.46-0.24、0.02	无	棺底南端						1.石玲（36粒）			1	春秋
单棺	1.74×（0.44~0.46）-0.14、0.02	无	无										战国
单棺	1.82×0.4-0.04、0.04	无	无										战国
单棺	2.26×0.44-0.16、0.02	无	棺底南端						1.石玲（22粒）			1	春秋
单棺	1.78×0.52-0.1、0.06	无	无										战国
单棺	2.26×0.42-0.06、0.04	仅存牙齿	无										战国
单棺	2.26×0.56-0.24、0.06	无	棺底南端						1.石玲（32粒）			1	春秋
单棺	2.36×（0.54~0.56）0.16、0.06	无	无										战国
单棺	2.16×0.44-0.1、0.04	仅存牙齿	棺底南端						1.石玲（7粒）			1	春秋

墓号	方向	墓坑	台阶		壁龛		墓道		
		墓口:长×宽-深 墓底:长×宽-深	位置	宽、高	位置	高×宽- 进深	位置	长×宽-深	坡度
M167	200°	口:2.18×0.7-0.4 底:2.18×0.7-0.4	无		无			无	
M168	170°	口:1.06×0.48-0.4 底:1.06×0.48-0.04	无		无			无	
M169	195°	口:2.5×1.8-0.4 底:2.3×1.3-3	无		无			无	
M170	96°	口:残(1.06~1.24)× 0.7-0.4 底:残(1.06~1.24)× 0.7-0.1	无		无			无	
M172	170°	口:2.26×0.64-0.4 底:2.19×0.58-0.36	无		无			无	
M173	10°	口:3.1×1.38-0.4 底:2.99×1.28-1.8	无		无			无	
M174	195°	口:2.7×2-0.3 底:2.54×1.52-3	无		无			无	
M176	192°	口:2.02×0.64-0.4 底:1.97×0.6-0.84	无		南壁	0.06×0.47- 0.12		无	
M178	1°	口:2.08×0.96-0.3 底:2×0.88-0.58	无		无			无	
M182	200°	口:3.74×(1.7~1.8)-0.3 底:3.36×(1.3~1.56)-2.2	无		无			无	
M185	202°	口:1.8×(0.62~0.7)-0.25 底:1.8×(0.62~0.7)-0.16	无		无			无	

葬具		人骨架	随葬品位置	随葬品组合								件(套)数	时代与分期
椁、棺	长×宽-高、板厚			陶器	铜器	铁器	锡器	漆木器	玉石器	骨器	料器		
单棺	1.76×0.44 - 0.04、0.04	仅存牙齿	棺外南侧	1. AⅤ罐(残存颈)								1	春秋
单棺	0.9×0.3 - 0.04、0.04	仅存牙齿	无										战国
一椁一棺	椁:2.08×0.82 - 0.2、0.04 棺:2×0.4 - 0.06、0.04	已朽,仰身直肢葬	东侧南端	1. AaⅩⅣ盂,2.Ⅵ壶、3. AⅧ罐,4. AbⅠ豆								4	战国晚期晚段
单棺	残(0.96~1.04)×0.34 - 0.02、0.04	无	无										春秋
单棺	1.74×0.52 - 0.08、0.04	残留肢骨,仰身直肢葬	棺外南端	1. BⅢ鼎,2. BaⅤ罐,3. AaⅪ盂								3	战国中期早段
单棺	1.98×0.64 - 0.4、0.06	无	无										战国
一椁一棺	椁:2.2×1.12 - 0.12、0.06 棺:2.1×0.54 - 0.08、0.06	无	椁内棺外西侧	1、12. Ab盂,4~7. AbⅡ豆,8、9.釜,10、11. AⅩ罐	2.铜片,3.蚁鼻钱(30枚)							12	战国晚期晚段
单棺	1.78×0.4 - 0.04、0.04	无	南壁龛内	1.罐(残),2.盂(残),3.鬲(残)								3	春秋
单棺	1.74×0.48 - 0.18、0.06	无	无										战国
单棺	1.92×0.52 - 0.5、0.06	无	棺底南端						1.石玦,2.石璧(残)			2	春秋
单棺	1.78×0.48 - 0.06、0.04	头及腿骨,仰身直肢葬	无										春秋

墓号	方向	墓坑		台阶		壁龛		墓道		
		墓口:长×宽－深 墓底:长×宽－深		位置	宽、高	位置	高×宽－ 进深	位置	长×宽－深	坡度
M189	160°	口:2.1×0.8－0.4 底:2.1×0.8－1.1		无		南壁	0.2×0.3－0.2		无	
M190	70°	口:1.7×0.52－0.4 底:1.7×0.52－0.24		无		无			无	
M193	185°	口:2.06×1.3－0.3 底:2×1.1－1.06		无		无			无	
M195	180°	口:1.94×0.7－0.2 底:1.88×0.6－0.76		无		南壁	0.08×0.41－ 0.14		无	
M197	144°	口:1.94×0.7－0.2 底:1.9×0.6－0.45		无		无			无	
M203	190°	口:2.12×0.8－0.5 底:2.08×0.72－0.88		无		无			无	
M207	265°	口:现2.8×(1.62～ 1.74)－0.4 底:现2.56×(1.44～ 1.49)－1.5		无		无		西壁	1.3×1.3 －0.36	9°
M209	190°	口:3.16×1.7－0.4 底:2.76×1.5－3		无		无			无	
M211	200°	口:2.62×1.58－0.5 底:2.34×1.28－0.28		无		无			无	
M214	220°	口:1.74×0.74－0.5 底:1.68×0.7－0.5		无		南壁	0.16×0.74－ 0.34		无	
M218	185°	口:现2.28×(0.68～ 0.7)－0.4 底:现1.8×0.54－0.7		无		无			无	
M220	6°	口:2.08×0.84－0.4 底:2.04×0.8－0.24		无		无			无	
M221	220°	口:3.14×(1.26～ 1.38)－0.4 底:2.88×(0.94～ 1.04)－1.7		无		无			无	

葬具		人骨架	随葬品位置	随葬品组合								件(套)数	时代与分期
椁、棺	长×宽 – 高、板厚			陶器	铜器	铁器	锡器	漆木器	玉石器	骨器	料器		
单棺	1.7×0.34 – 0.12、0.04	无	南壁龛内	1.鬲(残存足),2.罐(残存颈口)								2	春秋
单棺	1.56×0.34 – 0.08、0.03	无	无										战国
单棺	1.68×0.48 – 0.2、0.04	仅存牙齿	无										战国
单棺	1.75×0.4 – 0.16、0.04	无	南壁龛内	1.CaⅢ罐								1	战国中期早段
单棺	1.68×0.4 – 0.07、0.03	无	无										战国
单棺	1.64×0.44 – 0.16、0.04	无	角部头箱	1.AaⅩⅢ盂								1	战国晚期早段
一椁一棺	椁:2.18× 1.06 – 0.4、0.04~0.06 棺:仅存一侧壁板,1.58 – 0.3、0.08	无	椁内西侧	1、3.AaⅩⅣ盂,2.AaⅩⅢ盂,4、5.BaⅧ罐								5	战国晚期晚段
单棺	1.7×0.46 – 0.36、0.05	牙痕	南部头坑	1.Ⅰ壶,2.AaⅥ鬲,3、5.AaⅦ豆,4.AaⅦ盂								5	春秋晚期早段
单棺	1.8×0.68 – 0.12、0.04		棺底南端						1.石珞(5粒)			1	春秋
单棺	1.56×0.46 – 0.12、0.04	无	壁龛内	1.B鼎(足),2.BbⅣ罐								2	战国中期晚段
单棺	1.72×0.4 – 0.1、0.3	仰身直肢葬	无										战国
单棺	1.9×0.4 – 0.14、0.03	无	无										战国
单棺	2.22×0.5 – 0.22、0.04	仅存牙齿	无										战国

墓号	方向	墓坑			台阶		壁龛		墓道		
		墓口:长×宽-深 墓底:长×宽-深			位置	宽、高	位置	高×宽- 进深	位置	长×宽-深	坡度
M223	200°	口:现2.1×0.76-0.4 底:现2.1×0.76-0.1			无		无			无	
M224	195°	口:1.8×0.66-0.5 底:1.76×0.58-0.1			无		无			无	
M225	145°	口:现2.04×(0.64- 0.72)-0.3 底:现2.04×(0.64- 0.72)-0.08			无		无			无	
M228	196°	口:2.4×1.06-0.4 底:2.34×1-0.84			无		无			无	
M233	220°	口:2×0.66-0.4 底:1.96×0.6-0.7			无		无			无	
M236	54°	口:1.64×0.6-0.4 底:1.64×0.6-0.34			无		无			无	
M237	185°	口:1.96×0.7-0.4 底:1.96×0.7-0.4			无		无			无	
M240	270°	口:2.06×0.7-0.4 底:1.78×0.46-0.9			无		无			无	
M241	350°	口:2.1×0.66-0.4 底:2×0.56-0.8			无		无			无	
M245	165°	口:残(1.2~1.9)× 0.7-0.4 底:残(1.16~1.72) ×0.54-1.1			无		南壁	0.14×0.3- 0.15		无	
M247	205°	口:残(0.8~ 0.16)×0.12-0.4 底:残(0.68~ 0.98)×0.96-1.3			无		无			无	
M252	210°	口:2.46×0.84-0.4 底:2.38×0.76-0.7			无		无			无	
M253	186°	口:残1.8×0.84-0.2 底:残1.74×0.68-1.42			无		无			无	
M255	162°	口:2.06×0.76-0.2 底:1.85×0.6-0.86			无		南壁	0.28×0.46- 0.16		无	

葬 具		人骨架	随葬品位置	随葬品组合								件（套）数	时代与分期
椁、棺	长×宽-高、板厚			陶器	铜器	铁器	锡器	漆木器	玉石器	骨器	料器		
单棺	1.8×0.46-0.06、0.04	仅存2节下肢骨，仰身直肢	棺底中部		1.带钩							1	战国
单棺	1.7×0.46-0.02、0.04	无	无										战国
单棺	1.8×0.4-0.06、0.02	仅存牙齿及肢骨1	无										战国
单棺	1.88×0.44-0.2、0.04	仅存牙齿	棺底南端						1.石玲（26粒）			1	春秋
单棺	1.72×0.32-0.1、0.02	仅存牙齿	无										战国
单棺	1.62×0.36-0.06、0.03	仅存牙齿	无										战国
单棺	1.84×0.44-0.04、0.04	无	无										战国
单棺	1.7×0.4-0.06、0.04	无	无										战国
单棺	1.68×0.46-0.1、0.04	无	北部	1.BaV罐，2.AaⅧ鬲（残）								2	战国早期早段
单棺	残(1.16~1.6)×0.42-0.2、0.04	仅存牙齿	南壁龛内	1.AaⅦ盂								1	春秋晚期早段
单棺	残0.46×0.5-0.2、0.04	无	棺底南端						1.石玲（4粒）			1	春秋
单棺	1.84×0.52-0.04、0.04	无	无										春秋
单棺	1.6×0.4-0.06、0.04	无	无										春秋
单棺	1.78×0.42-0.1、0.03	无	南壁龛内	1.BbⅣ罐，2.AaⅪ盂								2	战国中期早段

墓号	方向	墓坑		台阶		壁龛		墓道		
		墓口:长×宽-深 墓底:长×宽-深		位置	宽、高	位置	高×宽- 进深	位置	长×宽-深	坡度
M269	155°	口:残(0.3~0.38)× 0.64-0.2 底:残(0.3~0.38)× 0.64-0.52		无		无		无		
M270	160°	口:2.1×0.9-0.2 底:2.14×0.8-0.96		无		无		无		
M278	185°	口:2.9×1.36-0.4 底:2.9×1.22-2.2		无		无		无		
M279	92°	口:2.36×0.74-0.4 底:2.29×0.69-1		无		无		无		
M281	103°	口:残(1.3~1.6)×0.7-0.4 底:残(1.3~1.6)×0.7-0.2		无		无		无		
M282	359°	口:残(1.68~2.58)-0.4 底:2.86×1.4-2.2		无		无		无		
M284	172°	口:2.6×1.04-0.4 底:2.52×0.96-1.32		无		无		无		
M286	175°	口:2.5×0.94-0.4 底:2.5×0.94-1.04		无		无		无		
M289	190°	口:残(1.6~1.8)×0.8-0.3 底:残(1.56~1.86)× 0.72-0.42		无		无		无		
M290	285°	口:2×(0.8~0.84)-0.3 底:1.88×(0.68~ 0.76)-0.6		无		无		无		
M291	170°	口:2.8×(1.38~1.5)-0.3 底:2.52×(0.9~ 1.06)-0.76		西壁		无		无		
M293	55°	口:2.26×0.66-0.2 底:2.14×0.56-0.4		无		无		无		

葬 具		人骨架	随葬品位置	随葬品组合								件（套）数	时代与分期
椁、棺	长×宽-高、板厚			陶器	铜器	铁器	锡器	漆木器	玉石器	骨器	料器		
无		无	墓底南端	1. Ba 罐（残存底部）								1	战国
单棺	1.72×0.48-0.18、0.05	仅存牙齿	棺外南端	1. AaⅥ豆，2. AⅢ罐，3. BⅣ鬲								3	春秋中期早段
单棺	2.08×0.54-0.3、0.06	仅存牙齿	无										春秋
单棺	1.94×0.42-0.26、0.04	无	坑底东端	1. AaⅢ鬲								1	春秋早期晚段
单棺	残(1.16~1.3)×0.44-0.06、0.04	无	墓底东端	1. 鬲（残存足尖）		2. 剪						2	战国
单棺	2.02×0.6-(0.3~0.4)、0.06	无	无										战国
单棺	2.2×0.52-0.12、0.04	仅存牙齿	棺底南端						1. 石珌（1 粒）			1	春秋
单棺	1.96×0.44-0.14、0.04	仅存牙齿	棺底南端						1. 石璜，2. 石珌（3 粒）			2	春秋
单棺	残(1.4~1.56)×0.4-0.1	残存腿骨，仰身直肢葬	无										春秋
单棺	1.76×(0.4~0.46)-0.04、0.02	残存腿骨，仰身直肢葬	无										春秋
单棺	2.1×(0.46~0.5)-2.24	无	棺底南端		2. 铜镞		3. 锡片		1. 石块，4. 石珌（12 粒）			4	春秋
无		无	无										春秋

墓号	方向	墓坑	台阶		壁龛		墓道		
		墓口:长×宽－深 墓底:长×宽－深	位置	宽、高	位置	高×宽－进深	位置	长×宽－深	坡度
M297	0°	口:2.56×1.1－0.3 底:2.64×(1.1~1.2)－2.38	无		无			无	
M298	186°	口:2.8×(1.26~1.34)－0.4 底:2.7×(1.04~1.22)－1.5	无		无			无	
M299	270°	口:1.9×0.56－0.3 底:1.9×0.56－0.04	无		西壁	残0.02×0.36－0.24		无	
M300	180°	口:1.54×0.6－0.3 底:1.54×0.6－0.2	无		无			无	
M301	0°	口:1.52×0.42－0.3 底:1.52×0.42－0.2	无		无			无	
M306	1°	口:2.2×0.66－0.4 底:2.1×0.58－0.64	无		无			无	
M308	174°	口:1.9×0.8－0.4 底:1.82×0.72－0.36	无		无			无	
M309	15°	口:2.24×0.62－0.04 底:2.24×0.62－0.08	无		无			无	
M317	180°	口:2.28×0.7－0.4 底:2.2×0.62－0.6	无		无			无	
M319	190°	口:现2.48×(1.16~1.2)－0.4 底:现2.28×(0.96~1.06)－0.94	无		无			无	
M320	204°	口:2.4×1.1－0.4 底:2.4×1.1－0.6	无		无			无	
M324	160°	口:2.42×0.76－0.4 底:2.12×0.56－0.92			南壁	0.44×0.76－0.23		无	
M325	235°	口:2.36×0.5－0.3 底:2.28×0.92－0.4	无		无			无	

| 葬具 | | 人骨架 | 随葬品位置 | 随葬品组合 | | | | | | | | 件（套）数 | 时代与分期 |
榫、棺	长×宽-高、板厚			陶器	铜器	铁器	锡器	漆木器	玉石器	骨器	料器		
单棺	1.98×0.5-0.38、0.04	无	无										春秋
单棺	2.32×0.56-0.2、0.07	完整,仰身直肢葬	棺底两端		1.戈,2.镞				3.石玲（2粒）			3	春秋
单棺	1.74×0.36-0.02	无	西壁龛内	1.AaⅤ鬲,2.AaⅤ盂								2	春秋中期早段
单棺	1.36×0.36-0.04	仅存牙齿	无										春秋
单棺	1.38×0.28-0.04	无	无										春秋
单棺	1.82×0.38-0.02、0.03	无	无										春秋
单棺	1.78×0.5-0.1、0.04	仅存牙齿	无										春秋
单棺	1.98×0.42-0.08、0.04	无	无										战国
单棺	1.74×0.44-0.1、0.03~0.04	无	墓底棺外南端	1.AⅤ罐,2.AaⅧ豆								2	战国早期早段
一椁一棺	椁:2.18×(0.74~0.76)-0.34、0.04 棺:1.82×(0.44~0.52)-0.16、0.04	仅存牙齿和一节肢骨,仰身直肢葬	坑底南端	1.BaⅦ罐,2.AaⅫ鬲,3.AaⅪⅤ盂								3	战国晚期早段
单棺	2×0.46-1、0.04	无	无										战国
单棺	残1.94×0.47-0.08、0.04	无	南壁龛内	1.AbⅢ鬲,2.AaⅩ鬲,3.BaⅤ罐								3	战国中期早段
单棺	1.8×0.5-0.2、0.04	仅存牙齿	棺底西部						1.石玲（6粒）			1	春秋

墓号	方向	墓坑		台阶		壁龛		墓道		
		墓口:长×宽－深 墓底:长×宽－深		位置	宽、高	位置	高×宽－ 进深	位置	长×宽－深	坡度
M326	130°	口:现2.02×0.8－0.27 底:现1.92×0.7－0.8		无		东壁	0.3×(0.7～ 0.8)－0.26	无		
M328	35°	口:2.52×1.1－0.4 底:2.52×1.1－0.76		无		无		无		
M330	40°	口:2.68×1.2－0.4 底:2.6×0.8－0.78		东、西 两壁 底部	0.14～ 0.16、0.2	无		无		
M334	205°	口:2.36×0.7－0.4 底:2.26×0.66－0.5		无		无		无		
M337	155°	口:2.3×1－0.4 底:2.1×0.8－2.3		无		南壁	0.22×0.56－ 0.2	无		
M338	155°	口:1.84×0.62－0.4 底:1.8×0.5－1.1		无		无		无		
M346	330°	口:(2.18～2.2)× (0.8～0.84)－0.4 底:(2.18～2.2)× (0.8～0.84)－0.04		无		无		无		
M347	201°	口:(残1～1.16)× 1.02－0.4 底:(残1～1.16)× 1.02－0.18		无		无		无		
M349	240°	口:2.2×0.6－0.4 底:2.2×0.6－0.02		无		无		无		
M353	275°	口:2.06×(0.72～ 0.76)－0.3 底:1.96×(0.6～ 0.66)－0.7		无		无		无		
M354	170°	口:2.44×0.96－0.3 底:2.3×(0.68～ 0.72)－0.88		无		无		无		
M355	170°	口:2.4×1－0.3 底:2.3×(0.84～ 0.88)－1.46		无		无		无		

| 葬 具 | | 人骨架 | 随葬品位置 | 随葬品组合 | | | | | | | | 件（套）数 | 时代与分期 |
椁、棺	长×宽-高、板厚			陶器	铜器	铁器	锡器	漆木器	玉石器	骨器	料器		
单棺	1.72×0.48-0.12、0.04	无	壁龛	1.BaⅢ罐，2.BⅠ盂，3、5.AaⅦ豆，4.AaⅥ鬲								5	春秋晚期早段
单棺	2.1×0.54-0.08、0.04	无	棺底中部						1.玉玦			1	春秋
单棺	2.12×0.46-0.04、0.04	无	无										战国
单棺	1.92×0.68-0.1、0.04	仅存牙齿	墓底南端						1.石玲（10粒）			1	春秋
单棺	1.82×0.56-0.2、0.06	无	南壁龛内	1.BaⅥ罐，2.AaⅨ鬲，3.AaⅩⅢ盂								3	战国早期晚段
单棺	1.72×0.38-0.1、0.04	无	无										战国
单棺	1.8×0.44-0.02、0.04		北部	1.Ba罐（残存底部）		2.铁刀（痕迹）						2	战国
单棺	1.9×0.56-0.04、0.04	无	棺底南端						1.石玲（16粒）			1	春秋
单棺	1.82×0.38-0.02、0.02	无	墓底西端	1、2.罐（残碎）								2	战国
单棺	1.82×0.42-0.14、0.02	仅存牙齿	无										战国
单棺	2×（0.4~0.44）-0.26、0.02	仅存牙齿	无										战国
单棺	1.98×0.42-0.3、0.02	仅存牙齿	无										战国

墓号	方向	墓坑		台阶		壁龛		墓道		
		墓口:长×宽-深 墓底:长×宽-深		位置	宽、高	位置	高×宽- 进深	位置	长×宽-深	坡度
M357	0°	口:1.9×(0.6~0.66)-0.3 底:1.9×(0.6~0.66)-0.52		无		无			无	
M361	172°	口:2.5×0.8-0.4 底:2.4×1-1.5		无		无			无	
M364	355°	口:2.08×(0.64~0.68)-0.2 底:2.08×(0.64~0.68)-0.1		无		无			无	
M365	20°	口:2.18×0.56-0.2 底:2.08×0.54-(0.5~0.62)		无		无			无	
M373	195°	口:1.8×(0.66~ 0.8)-0.3 底:1.7×(0.6~0.7)-0.5		无		无			无	
M374	190°	口:2.7×(1.1~1.4)-0.3 底:2.44×0.96-1.46		无		无			无	
M375	280°	口:1.66×0.6-0.3 底:1.62×0.56-0.54		无		西端	0.18×0.24- 0.18			
M376	235°	口:(1.44~1.52)× 0.74-0.2 底:(1.44~1.52)× 0.74-0.3		无		无			无	
M377	195°	口:2.86×(1.24~1.3)-0.3 底:2.6×1.06-1.72		无		无			无	
M378	230°	口:3.06×1.7-0.3 底:2.9×(1.26~1.4)-2.52		无		无			无	
M379	305°	口:1.96×0.6-0.3 底:1.96×0.6-0.38		无		无			无	
M380	145°	口:1.8×0.6-0.3 底:1.72×(0.42~ 0.44)-1.06		无		南壁	0.26×0.46- 0.19		无	

葬具		人骨架	随葬品位置	随葬品组合								件(套)数	时代与分期
椁、棺	长×宽-高、板厚			陶器	铜器	铁器	锡器	漆木器	玉石器	骨器	料器		
单棺	1.82×(0.44~0.46)0.26、0.02	无	无										春秋
单棺	2.06×0.48-0.12、0.04	仅见牙齿	棺底南端						1.石玲（4粒）			1	春秋
无		无	墓底北端	1.BⅤ鬲								1	春秋中期晚段
无		无	墓底北端	1.BaⅥ罐（口残）,2.盂（残存口）								2	战国中期早段
单棺	1.62×(0.42~0.46)-0.06、0.02	无	无										战国
单棺	2.16×(0.46~0.5)-0.06、0.05	仅存牙齿	棺底南端						1.石玲（10粒）			1	春秋
单棺	1.52×0.38-0.12、0.02	无	北壁龛内	1.鬲（残存足）								1	春秋
单棺	(1.14~1.18)-0.4、0.04	无	棺底西端						1.石玲（42粒）,2.玉玦			2	春秋
单棺	2.2×(0.4~0.52)0.1、0.04	无	棺底南端						1.石玲（4粒）			1	春秋
单棺	2.42×(0.68~0.7)-0.1、0.06	仅存牙齿	无										春秋
单棺	1.82×0.46-0.14、0.02	无	无										春秋
单棺	1.66×0.36-0.1、0.02	无	南壁龛内	1.AaⅩ鬲,2.盂（碎）,3.壶（碎）,4~6.AaⅩ豆								6	战国中期早段

墓号	方向	墓坑		台阶		壁龛		墓道		
		墓口:长×宽-深 墓底:长×宽-深		位置	宽、高	位置	高×宽- 进深	位置	长×宽-深	坡度
M385	283°	口:2×0.4-0.5 底:1.92×0.72-0.5		无		无			无	
M388	175°	口:2×0.84-0.4 底:1.92×0.76-0.8		无		南壁	(0.16~0.18)× 0.4-0.24		无	
M396	195°	口:1.96×(0.56~0.7)-0.4 底:1.88×0.54-1		无		南壁	0.22×0.6- 0.26		无	
M409	90°	口:2.3×1.12-0.4 底:2.3×1.12-2.14		无		无			无	
M411	175°	口:2.14×0.74 底:2.08×0.66-0.76		无		无			无	
M415	295°	口:现2.98×1.92-0.4 底:现2.6×1.62-1.5		无		无			无	
M418	185°	口:现3.68×2.29-0.4 底:现3.44×1.9-2.12		无		无			无	
M419	180°	口:现3×1.4-0.36 底:现2.86×1.3-0.86		无		无			无	
M420	194°	口:现2×0.82-0.5 底:现1.9×0.74-0.56		无		无			无	

| 葬具 | | 人骨架 | 随葬品位置 | 随葬品组合 | | | | | | | | 件(套)数 | 时代与分期 |
椁、棺	长×宽-高、板厚			陶器	铜器	铁器	锡器	漆木器	玉石器	骨器	料器		
单棺	1.7×0.62 - 0.07、0.06	无	无										春秋
单棺	1.7×0.58 - 0.3、0.04	仅存牙齿	南壁龛内	1. AaⅦ鬲，2. AaⅦ豆								2	春秋晚期晚段
单棺	1.76×0.42 - 0.04、0.04	无	南壁龛内	1. AaⅪ豆，2. CaⅤ罐，3. B 鼎(残存足)，4. BⅤ盂								4	战国晚期早段
一椁一棺	椁:2.06×(0.5~0.6) - 0.26、0.06 棺:1.94×0.34 - 0.1、0.04	无	无										战国
单棺	1.83×0.44 - 0.26、0.04	无	无										战国
一椁一棺	椁:2.34×(0.76~0.8) - 0.3、0.04 棺:1.78×0.44 - 0.1、0.04	无	椁内西端	1、2. Ⅴ壶，3、4. AaⅤ鼎，5. AⅩ罐，7、8. AⅣ敦，9.Ⅱ盘，10.Ⅱ匜	6. Ⅰ式剑首							10	战国晚期早段
一椁一棺	椁:3×1.04 - 0.6、0.06 棺:1.98×0.82 - 0.8、0.18	无	椁内棺外南端	1、2. Ⅳ壶，3、4. AaⅢ鼎，5. BⅠ敦，6.盂，7. Ab 鼎，8.罐(残存领肩)	10. 戈			9. 漆奁(痕)				10	战国晚期早段
一椁一棺	椁:2.44×(0.86~0.9) - 0.36、0.06 棺:1.76×0.42 - 0.08、0.06	无	椁内南侧	1、6. Ⅳ壶，2、5. AⅤ敦，3、4. AaⅣ鼎								6	战国晚期早段
单棺	1.68×0.36 - 0.12、0.02	少量人骨，仰身直肢葬	棺外南端	1、2. AaⅩ盂，3. AaⅨ豆，4. BaⅤ罐，5.盏								5	战国早期晚段

墓号	方向	墓坑		台阶		壁龛		墓道		
		墓口：长×宽－深 墓底：长×宽－深		位置	宽、高	位置	高×宽－ 进深	位置	长×宽－深	坡度
M421	15°	口：现1.82×(0.56~ 0.6)－0.4 底：现1.78×(0.52~ 0.56)－0.3		无		无			无	
M423	176°	口：现2.2×0.82－0.4 底：现2.2×0.82－0.2		无		无			无	
M424	185°	口：3.2×(1.8~1.9)－0.4 底：3.2×(1.8~1.9)－2.52		无		无			无	
M427	95°	口：现2×0.8－0.4 底：现2×0.8－0.2		无		无			无	
M434	295°	口：现(2.5~2.54)× (1.18~1.32)－0.34 底：现2.6×(1.1~ 1.16)－1.56		无		无			无	
M435	285°	口：现2.8×(1.32~ 1.4)－0.4 底：现2.7×(1.22~ 1.3)－1.72		无		无			无	
M436	280°	口：2.44×(1.44~ 1.54)－0.4 底：2.42×(1.38~ 1.49)－1.7		无		无			无	

葬具		人骨架	随葬品位置	随葬品组合								件(套)数	时代与分期
椁、棺	长×宽-高、板厚			陶器	铜器	铁器	锡器	漆木器	玉石器	骨器	料器		
单棺	1.72×0.43-0.12、0.03	无	无										战国
单棺	1.92×0.48-0.2	较完整,仰身直肢葬	棺底南部人颈处			1.刀						1	战国
一椁一棺	椁:2.68×1.14-0.62、0.06 棺:1.86×0.54-0.16、0.05	无	南侧	1、2.壶盖,3.盘(碎),4、5.AaⅢ鼎,6、7.B敦,8.匜(碎)								8	战国中期早段
单棺	1.8×0.44-0.2、0.04	仅存牙齿及少量肢骨,仰身直肢葬	无										战国
一椁一棺	椁:2.26×0.8-0.22、0.05 棺:1.75×0.48-0.08、0.06	无	棺外西侧	1.AaⅠ鼎,2.AaⅩ盂,3.BaⅥ罐								3	战国早期晚段
一椁一棺	椁:2.5×(0.84~0.88)-0.3、0.06 棺:1.66×0.44-0.04、0.05	无	椁内棺外西侧	1.BaⅨ罐,2.AaⅩⅢ盂								2	战国晚期晚段
一椁一棺	椁:2.24×(0.86~0.92)-0.14、0.04 棺:1.82×0.58-0.12、0.05	较凌乱,仰身直肢葬	椁内棺外西端	1.AⅥ罐,2.AaⅨ盂,3.盂(残存口沿)								3	战国早期晚段

墓号	方向	墓坑		台阶		壁龛		墓道		
		墓口：长×宽－深 墓底：长×宽－深		位置	宽、高	位置	高×宽－ 进深	位置	长×宽－深	坡度
M437	290°	口：现2.96×1.68－0.2 底：现2.92×1.6－0.7		无		无		无		
M438	260°	口：现4.3×(3.2～ 3.34)－0.2 底：现3.5×(1.96～ 2.06)－2.62		东、南、北壁	0.54～ 0.62、2.4	无		西壁	1.46×(1.6～ 1.7)－0.7	24°
M439	280°	口：现2.3×(1.06～ 1.1)－0.2 底：现2.06×(0.7～ 0.84)－1.2		无		无		无		
M441	265°	口：现2.2×0.9－0.4 底：现2.2×0.9－0.6		无		无		无		
M443	200°	口：现1.9×(0.64～ 0.76)－0.4 底：现1.84×(0.6～ 0.64)－0.38		无		南壁	残0.04×0.48－ (0.32～0.34)	无		
M444	290°	口：现2.26×(1.04～ 1.1)－0.2 底：现2.2×(0.94～ 0.98)－0.5		无		无		无		
M446	285°	口：现2.3×(0.76～ 0.84)－0.4 底：现2.2×(0.64～ 0.7)－0.9		无		无		无		
M447	270°	口：现2.06×0.7－0.5 底：现2.06×0.7－0.34		无		无		无		
M448	305°	口：现2.18×0.88－0.4 底：现2.1×(0.58～ 0.68)－1.2		无		西壁	0.52×0.72－ 0.22	无		

葬具		人骨架	随葬品位置	随葬品组合								件(套)数	时代与分期
樿、棺	长×宽－高、板厚			陶器	铜器	铁器	锡器	漆木器	玉石器	骨器	料器		
一樿一棺	樿:2.44×(0.9~0.92)－0.4、0.06 棺:1.92×0.54－0.04、0.05	无	西部	1. AaⅧ盂,2. BaⅡ罐,3. BⅤ鬲								3	春秋中期晚段
一樿一棺	樿:2.62×(1.14~1.2)－0.54、0.08 棺:1.98×0.6－0.38、0.06	无	樿内棺外西端	1、2. AaⅤ鼎,3、4. AⅣ敦,5、6. Ⅳ壶								6	战国晚期早段
单棺	1.82×0.5－0.1、0.04	较完整,仰身直肢葬	西部	2. AaⅪ盂,3. AaⅫ鬲,4. AⅨ罐	1. Ⅱ剑,5. 削刀							5	战国晚期早段
单棺	1.78×0.48－0.18、0.04	较完整,仰身直肢葬	棺外西端	1. AaⅩ鬲								1	战国中期早段
单棺	1.7×0.36－0.08、0.03	仅存牙齿及一节腿骨	南壁龛内	1. AaⅧ盂,2. BaⅠ罐(颈残),3. AaⅣ鬲(残存足)								3	春秋中期早段
单棺	1.92×0.48－0.08、0.04	完整,仰身直肢葬	无										战国
单棺	1.82×0.46－0.04、0.04	无	棺外西端	1. AⅤ罐								1	战国早期早段
单棺	1.7×0.4－0.14、0.03	存肢骨,仰身直肢葬	无										战国
单棺	1.78×0.38－0.18、0.03	较完整,仰身直肢葬	西壁龛内	1. AaⅨ盂,2. AⅣ罐,3. BⅡ鼎								3	战国早期早段

墓号	方向	墓坑 墓口:长×宽−深 墓底:长×宽−深	台阶 位置	宽、高	壁龛 位置	高×宽−进深	墓道 位置	长×宽−深	坡度
M449	90°	口:现2.18×(0.6~0.62)−0.2 底:现2.18×(0.6~0.62)−0.34	无		无			无	
M452	296°	口:现2.14×0.8−0.4 底:现2.08×0.76−0.7	无		无			无	
M453	330°	口:2.2×0.82−1.4 底:2.1×0.72−0.2	无		无			无	
M454	105°	口:现2.2×0.74−0.4 底:现2.2×0.74−1.06	无		东壁	0.26×0.6−0.34		无	
M455	280°	口:现2.48×1.32−0.2 底:现2.4×(1.14~1.16)−1.4	无		无			无	
M460	280°	口:现2.94×1.5−0.4 底:现2.94×1.5−0.2	无		无			无	
M462	275°	口:现2.98×(1.5~1.6)−0.56 底:现(2.76~2.86)×1.4−2.36	无		无		西壁	1.4×(1~1.06)−0.6	24°
M463	305°	口:现3.1×(1.86~1.9)−0.2 底:现2.92×1.46−2.5	无		无		西壁	1×1.32−0.54	28°

| 葬具 | | 人骨架 | 随葬品位置 | 随葬品组合 | | | | | | | | 件(套)数 | 时代与分期 |
椁、棺	长×宽-高、板厚			陶器	铜器	铁器	锡器	漆木器	玉石器	骨器	料器		
单棺	1.98×0.46-0.22、0.04	完整,仰身直肢葬	无										战国
单棺	1.72×0.5-0.12、0.04	头骨	棺外西端	1. AaⅥ鬲, 2. AaⅦ豆								2	春秋晚期早段
单棺	1.9×0.44-0.04、0.02	存肢骨,仰身直肢葬	无										春秋
单棺	1.82×0.48-0.2、0.04	存上肢骨,仰身直肢葬	东壁龛内	1. AaⅧ盂, 2. AaⅦ鬲								2	春秋晚期晚段
一椁一棺	椁:2.1×0.82-0.3、0.04 棺:1.8×0.42-0.08、0.04	肢骨,仰身直肢葬	椁内棺外西部和南部	1. 盆, 2. AⅤ罐, 3. AaⅨ盂, 4~7. AaⅧ豆								7	战国早期早段
一椁一棺	椁:2.28×(0.9~1)-0.12、0.06 棺:1.9×0.5-0.06、0.05	仅存牙齿、一节腿骨	椁内棺外西端	1. AaⅣ盂(底残), 2、3. AaⅣ豆, 4. AⅡ罐, 5. BⅢ鬲								5	春秋早期晚段
一椁一棺	椁:2.5×1.02-0.4、0.06 棺:1.84×0.6-0.54、0.08	无	椁内棺外西端	1. AⅧ罐, 2、8. AⅡ敦, 4、5. Ⅲ壶, 6、7. AaⅣ鼎	3. Ⅰ式剑							8	战国中期晚段
一椁一棺	椁:2.7×1-0.6、0.12 棺:1.74×0.64-0.37、0.12	无	椁内棺外西端	1. AaⅤ鼎, 2. AⅡ敦, 3. Ⅱ壶								3	战国中期早段

墓号	方向	墓坑	台阶		壁龛		墓道		
		墓口:长×宽－深 墓底:长×宽－深	位置	宽、高	位置	高×宽－ 进深	位置	长×宽－深	坡度
M464	280°	口:现2.2×(0.9~1)－0.4 底:现2.14×(0.88~ 0.92)－0.58	无		无			无	
M465	295°	口:2.58×1.16－3.2 底:2.44×1.04－0.9	无		无			无	
M466	200°	口:现2.3×0.84－0.4 底:现2.2×0.74－0.98	无		南壁	0.32×0.46－ 0.24		无	
M467	300°	口:现2.35×1.3－0.4 底:2.26×1.2－1.2	无		无			无	
M468	210°	口:现2.24×0.82－0.4 底:现2.24×0.82－0.34	无		无			无	
M469	305°	口:现1.94×0.8－0.2 底:现1.84×0.68－0.7	无		西壁	0.36×0.74－ 0.14		无	
M471	200°	口:现(2.22~2.3)× 1.02－0.3 底:现2.2×0.92－0.58	无		无			无	
M472	300°	口:现1.98×(0.68~ 0.8)－0.4 底:现1.98×(0.64~ 0.72)－0.4	无		无			无	
M473	310°	口:现(2~2.16)× (1.94~2.04)－0.4 底:现(1.94~2.04)× (0.6~0.7)－0.34	无		无			无	

葬具		人骨架	随葬品位置	随葬品组合								件(套)数	时代与分期
椁、棺	长×宽-高、板厚			陶器	铜器	铁器	锡器	漆木器	玉石器	骨器	料器		
单棺	1.95×0.75-0.2、0.6	完整,仰身直肢葬	棺内西部	1.BbⅡ罐								1	战国早期早段
一椁一棺	椁:2.2×0.82-0.48、0.08 棺:1.92×0.48-0.3、0.06	无	墓坑椁外西端上部	1.BbⅤ罐								1	战国中期晚段
单棺	2.07×0.52-0.08、0.04	无	南壁龛内	1.AaⅦ盂,2.AaⅥ鬲(残),3.BaⅢ罐								3	春秋晚期早段
一椁一棺	椁:2.16×0.84-0.28、0.06 棺:1.94×0.5-0.12、0.05	无	椁内棺外西端	1.AaⅪ鬲,2.AⅧ罐								2	战国中期晚段
单棺	1.96×0.45-0.12、0.02	完整,仰身直肢葬	棺外南端	1.BⅠ鬲,2.AaⅠ盂,3、4.AaⅠ豆					5.石玲(5粒)			5	西周晚期早段
单棺	1.72×0.4-0.1、0.04	完整,仰身直肢葬	东壁龛内	1.AaⅨ盂	2.带钩							2	战国早期早段
单棺	1.96×0.52-0.16、0.02	完整,仰身直肢葬	无										战国
单棺	1.73×0.43-0.04、0.03	完整,仰身直肢葬	无										战国
单棺	1.82×0.38-0.06、0.03	较完整,仰身直肢葬	坑底西端	1.AaⅣ豆								1	春秋早期晚段

墓号	方向	墓坑		台阶		壁龛		墓道		
		墓口:长×宽-深 墓底:长×宽-深		位置	宽、高	位置	高×宽- 进深	位置	长×宽-深	坡度
M474	298°	口:现2.34×(0.8~0.86)-0.2 底:现2.18×(0.62~0.66)-0.7		无		北壁	0.22×0.42- 0.26	无		
M475	210°	口:现2.26×0.84-1.3 底:2.26×0.84-0.16		无		无		无		
M476	192°	口:现2×0.66-0.4 底:现2×0.66-0.54		无		无		无		
M477	295°	口:现2.12×(0.76~0.82)-0.2 底:现2.2×(0.64~0.72)-1.1		无		无		无		
M478	276°	口:现2.1×0.7-0.4 底:现2.1×0.7-0.2		无		无		无		
M480	290°	口:现2×0.7-0.2 底:现1.9×0.56-0.54		无		无		无		
M481	205°	口:现2.3×0.7-0.4 底:2.16×0.56-0.7		无		西壁 侧龛	0.26×0.4- 0.24	无		
M482	205°	口:现2.08×0.78-0.3 底:现2.02×(0.58~0.68)-0.64		无		无		无		
M484	322°	口:现2.56×1.2-0.4 底:现2.28×1.08-1.5		无		无		无		

葬 具		人骨架	随葬品位置	随葬品组合								件（套）数	时代与分期
椁、棺	长×宽－高、板厚			陶器	铜器	铁器	锡器	漆木器	玉石器	骨器	料器		
单棺	1.88×0.4－0.06、0.04	仅存两节腿骨，仰身直肢葬	北壁龛内	1.AaⅡ鬲，2.AaⅢ盂，3.AaⅢ豆								3	春秋中期早段
单棺	1.9×0.5－0.06、0.04	完整，仰身直肢葬	无										春秋
单棺	1.74×0.44－0.18、0.04	完整，仰身直肢葬	无										春秋
单棺	1.78×0.44－0.04、0.04	仅存腿骨，仰身直肢葬	棺外西端	1.AaⅢ鬲，2.AaⅣ盂，3.CaⅠ罐								3	春秋早期晚段
单棺	1.72×0.42－0.12、0.04	完整，仰身直肢葬	无										春秋
单棺	1.68×0.4－0.06、0.04	存痕迹，仰身直肢葬	无										春秋
单棺	2×0.42－0.1、0.02	完整，仰身直肢葬	南壁龛内	1.AaⅠ鬲，2.AaⅡ豆								2	西周晚期晚段
单棺	1.92×0.4－0.1、0.02	无	棺外东南角	1.AaⅡ盂								1	西周晚期晚段
一椁一棺	椁:2.22×0.94－0.48、0.06 棺:1.64×0.46－0.14、0.04	无	坑底北端	1.BaⅤ罐，2.BⅡ盂，3.AaⅧ鬲								3	战国早期早段

墓号	方向	墓坑		台阶		壁龛		墓道		
		墓口:长×宽-深 墓底:长×宽-深		位置	宽、高	位置	高×宽- 进深	位置	长×宽-深	坡度
M485	295°	口:现2.54×(1.18~ 1.22)-0.4 底:现2.34×(1.03~ 1.08)-1.28		无		西壁	0.3×0.44- 0.22	无		
M486	210°	口:现2.4×1-0.4 底:现2.3×0.96-0.6		无		无		无		
M487	225°	口:现2.2×0.7-0.4 底:现2.18×(0.6~ 0.66)-0.9		无		无		无		
M488	295°	口:残(1.1~2.54)× 0.92-0.4 底:残(1.12~2)× 0.84-0.34		无		无		无		
M489	295°	口:现2.26×1-0.3 底:现2.16×0.84-0.9		无		西壁	0.28×0.54- 0.2	无		
M491	20°	口:现1.96×(0.68~ 0.7)-0.4 底:现1.96×(0.68~ 0.7)-0.18		无		无		无		
M492	10°	口:现1.64×(0.52~ 0.58)-0.4 底:现1.44×(0.4~ 0.43)-0.8		无		无		无		
M493	310°	口:现1.86×0.64-0.4 底:现1.76×0.56-0.4		无		无		无		
M495	295°	口:现3.4×2.26-0.4 底:现3.02×1.84-1.58		四壁	0.18~ 0.2、1.38	无		无		

| 葬　具 | | 人骨架 | 随葬品位置 | 随葬品组合 | | | | | | | | 件(套)数 | 时代与分期 |
樟、棺	长×宽-高、板厚			陶器	铜器	铁器	锡器	漆木器	玉石器	骨器	料器		
一樟一棺	樟:2.04×0.78-0.3、0.06 棺:1.88×0.42-0.1、0.06	无	樟内南端,西壁壁龛内	1.Ⅲ壶, 2.AaⅢ鼎, 3.BaⅦ罐, 4.BⅣ盂, 5.AaⅩ豆								5	战国中期晚段
单棺	1.88×0.52-0.1、0.02	完整,仰身直肢葬	无										战国中期晚段
单棺	1.8×0.44-0.1、0.02	完整,仰身直肢葬	棺外南端	1.AⅦ罐, 2、3.BⅢ盂								3	战国中期早段
单棺	残(1.18~1.86)×0.42-0.04、0.04	存肢骨,仰身直肢葬	棺外北侧	1.BⅡ鬲, 2.AⅠ罐, 3.AaⅤ盂								3	春秋中期早段
单棺	1.96×0.58-0.04、0.04	无	西壁龛内	1、2.AaⅤ豆, 3.AaⅥ盂, 4.AaⅤ鬲								4	春秋中期晚段
单棺	1.84×(0.48~0.52)-0.14、0.04	仅存牙齿、一节腿骨	坑底北端		1.铃(9件), 4.环(2件)			5.漆器痕	2.石璧 3.石珠(2颗)			5	春秋
单棺	1.38×(0.4~0.43)-0.18、0.04	无	无										春秋
单棺	1.64×0.36-0.08、0.02	完整,仰身直肢葬	无										春秋
一樟一棺	樟:2.2×0.98-0.44、0.06 棺:1.84×0.56-0.2、0.06	完整,仰身直肢葬	坑底西部	1、4.AaⅣ鼎, 2、5.Ⅳ壶, 3、6.AⅢ敦								6	战国中期晚段

墓号	方向	墓坑		台阶		壁龛		墓道		
		墓口:长×宽－深 墓底:长×宽－深		位置	宽、高	位置	高×宽－ 进深	位置	长×宽－深	坡度
M496	310°	口:现1.9×(0.76~ 0.8)－0.4 底:现1.86×(0.76~ 0.8)－0.7		无		西壁	0.3×0.64－ 0.24		无	
M498	290°	口:2.86×(1.7~1.9)－0.28 底:(2.58~2.6)×1.4－1.32		无		无			无	
M499	110°	口:现1.86× (0.4~0.6)－0.2 底:现1.86× (0.4~0.6)－0.1		无		无			无	
M500	300°	口:2.98×1.84－1.4 底:2.8×1.36－3.4		无		无		西部	(2.76~3.1)× (1.32~1.6)－ 1.72	33°
M501	208°	口:现2.12×0.88－0.4 底:现2×0.8－0.28		无		无			无	
M502	272°	口:现2.38×(1.2~ 1.34)－0.2 底:现2.28×(1.02~ 1.24)－0.94		无		无			无	
M503	295°	口:现2.24×0.66－0.3 底:现2.04×0.62－0.7		无		无			无	
M504	310°	口:现2.2×0.9－0.33 底:现2.2×0.9－0.3		无		无			无	

葬具		人骨架	随葬品位置	随葬品组合								件（套）数	时代与分期
椁、棺	长×宽-高、板厚			陶器	铜器	铁器	锡器	漆木器	玉石器	骨器	料器		
单棺	1.72×0.47-0.14、0.03	不完整，仰身直肢葬	西壁龛内	1.BaⅨ罐，2.AaⅪⅤ盂，3.AaⅪ鬲，4.筒瓦								4	战国中期晚段
一椁一棺	椁:2.42×1.02-0.1、0.06 棺:2×0.46-0.1、0.04	仅存牙齿	椁内西部	1.BbⅣ罐，2.AaⅪ盂，3.BⅣ鼎								3	战国中期早段
单棺	1.54×0.38-0.1、0.04	无	椁内东端	1.罐（残碎），2.盂（残碎）								2	战国
一椁一棺	椁:2.7×1.06-0.6、0.08 棺:2.14×0.6-0.5、0.04	无	椁内西部	1、6.Ⅱ壶，3、5.AaⅡ鼎，4、8.AI敦，7.I盘,9.I匜	2.Ⅱ式剑							9	战国中期早段
单棺	1.84×0.62-0.08、0.04	完整，仰身直肢葬	无										战国
一椁一棺	椁:2.18×0.86-0.22、0.04 棺:1.8×0.52-0.06、0.06	无	椁内西部	1.AaⅨ鬲，2.AaⅩ盂，3.AⅥ罐								3	战国早期晚段
单棺	1.68×0.42-0.04、0.03	存痕迹，仰身直肢葬	坑底西北角	1.AaⅦ豆								1	春秋晚期早段
单棺	1.82×0.42-0.06、0.04	完整，仰身直肢葬	坑底西端	1.BⅢ鬲，2.AaⅣ盂，3.AⅡ罐								3	春秋早期晚段

墓号	方向	墓坑		台阶		壁龛		墓道		
		墓口:长×宽-深 墓底:长×宽-深		位置	宽、高	位置	高×宽- 进深	位置	长×宽-深	坡度
M506	190°	口:现2.02×0.64-0.4 底:现1.8×0.54-1.04		无		无		无		
M508	280°	口:现2.4×1.1-0.4 底:现2.4×1.1-1.1		无		无		无		
M509	285°	口:现2×(0.68~0.76)-0.4 底:现1.9×0.58-0.6		无		无		无		
M516	200°	口:现1.9×0.6-0.2 底:现1.82×0.42-0.7		无		南壁	0.22×0.6- 0.24	无		
M518	290°	口:现2.08×0.82-0.4 底:现2.04×0.78-0.74		无		西壁	0.22×0.7- 0.23	无		
M519	180°	口:现2.7×(1.56~ 1.6)-0.3 底:现2.7×(1.56~ 1.6)-0.14		无		无		无		
M520	180°	口:现2.14×0.74-0.4 底:现2.14×0.74-0.3		无		无		无		
M521	283°	口:现2.16×0.8-0.4 底:现2.16×0.8-1.5		无		无		无		
M522	280°	口:现2.68×(1.58~ 1.64)-0.2 底:现2.44×(1.16~ 1.3)-1.32		无		无		无		

葬具		人骨架	随葬品位置	随葬品组合									件（套）数	时代与分期
椁、棺	长×宽-高、板厚			陶器	铜器	铁器	锡器	漆木器	玉石器	骨器	料器			
单棺	1.66×0.4 - 0.08、0.04	仅存下肢骨	棺外南端	1.Cb 罐，2.AbⅡ鬲									2	战国早期早段
一椁一棺	椁:2.14× 0.86 - 0.32、0.04 棺:1.9× 0.64 - 0.14、0.04	无	棺外西端	1.AaⅩ鬲，2.AaⅨ盂									2	战国中期早段
单棺	1.8× (0.42~0.46) - 0.14、0.03	无	无											战国
单棺	1.7×0.42 - 0.06、0.04	无	南壁龛内	1.AaⅩ盂，2.BaⅣ罐									2	战国早期晚段
单棺	1.72×0.54 - 0.1、0.04	无	西壁龛内	1.AaⅫ盂，2.AaⅩ豆，3.BaⅧ罐									3	战国中期晚段
一椁一棺	椁:(2.16~ 2.2)×(1.06~ 1.12) - 0.1、0.05 棺:1.9× 0.52 - 0.1、0.04	存痕迹，仰身直肢葬	椁内东侧	1.BaⅧ罐，2、3.AaⅥ豆，4.BⅡ敦，5.AaⅣ鼎									5	战国晚期早段
单棺	1.84×0.5 - 0.14、0.02	无	无											战国
单棺	1.74×0.42 - 0.16、0.04	无	棺外西端	1.AaⅧ豆，2.AaⅨ盂，3.AaⅦ鬲，4.AⅤ罐（残存口沿）									4	战国早期早段
一椁一棺	椁:2.26× 0.98 - 0.36、0.06 棺:1.82× 0.52 - 0.1、0.06	无	棺外西端	1、2.壶（残碎），3、4.AaⅫ豆，5、6.B 敦（残片）									6	战国晚期晚段

墓号	方向	墓坑		台阶		壁龛		墓道		
		墓口:长×宽-深 墓底:长×宽-深		位置	宽、高	位置	高×宽-进深	位置	长×宽-深	坡度
M525	275°	口:现2.8×1.5-0.4 底:现2.7×1.42-2		无		无		无		
M526	270°	口:现2.74×1.6-0.2 底:现2.5×1.4-0.5		无		无		无		
M528	20°	口:现2.58×(1.2~1.4)-0.2 底:现2.12×(0.86~0.96)-1.46		无		无		无		
M530	280°	口:现2.7×(1.6~1.66)-0.2 底:现2.55×(1.26~1.36)-1.76		无		无		无		
M532	275°	口:现4.7×3.38-0.4 底:现(2.84~2.86)×(1.6~1.62)-2.9		东、北壁一级，西、南壁二级	0.35~0.6、1.74	无		无		
M533	190°	口:现3.3×(1.6~1.7)-0.3 底:现3.2×(1.56~1.7)-1.4		无		无		无		
M536	125°	口:现2.1×0.76-0.4 底:现1.9×0.66-1.3		无		无		无		

| 葬具 | | 人骨架 | 随葬品位置 | 随葬品组合 | | | | | | | | 件(套)数 | 时代与分期 |
榫、棺	长×宽-高、板厚			陶器	铜器	铁器	锡器	漆木器	玉石器	骨器	料器		
一榫一棺	榫:2.16×0.78-0.5、0.04 棺:1.9×0.52-0.1、0.04	朽,仰身直肢葬	棺外西端	1.AaⅩⅢ鬲								1	战国晚期晚段
单棺	1.8×0.56-0.04、0.04	仅存3节肢骨,仰身直肢葬	坑底西端	1.AbⅠ鬲, 2.AaⅦ盂, 3.AⅤ罐								3	春秋晚期晚段
单棺	1.84×0.46-0.24、0.04	无	无										战国
一榫一棺	榫:2.18×0.86-0.34、0.06 棺:1.78×0.62-0.14、0.06	仅存牙齿、头骨痕迹	棺外西端	1.BⅠ鼎, 2.AaⅨ盂, 3.AⅤ罐								3	战国早期早段
一榫一棺	榫:2.36×(0.96~1)-0.44、0.08 棺:1.8×(0.44~0.5)-0.1、0.06	仅存头骨痕迹	棺外西端	1.BbⅣ罐, 2.BaⅣ罐								2	战国中期早段
单棺	2.22×0.62-0.24、0.06	存骨架痕迹,仰身直肢葬	无										战国
单棺	1.6×0.43-0.12、0.04	仅存头骨痕迹	棺外东端	1.AaⅩ盂, 2.CaⅣ罐, 3.AaⅫ鬲, 4.AaⅪ豆, 5.BaⅧ罐								5	战国晚期早段

墓号	方向	墓坑		台阶		壁龛		墓道		
		墓口:长×宽－深 墓底:长×宽－深		位置	宽、高	位置	高×宽－ 进深	位置	长×宽－深	坡度
M538	190°	口:现2.32×(0.86～ 0.92)－0.4 底:现2.16×(0.7～ 0.76)－1.3		无		无			无	
M539	25°	口:现2×(0.58～ 0.64)－0.2 底:现1.92×(0.48～ 0.52)－0.82		无		南壁	0.3×0.57－ 0.16		无	
M540	310°	口:现1.9×(0.45～ 0.56)－0.4 底:现1.84×(0.43～ 0.5)－0.36		无		无			无	
M542	292°	口:现1.84×0.62－0.2 底:现1.8×0.55－0.36		无		无			无	
M544	205°	口:现2.2×0.56－0.4 底:现2.2×0.56－0.2		无		无			无	
M545	300°	口:现2.14×0.7－0.4 底:现2.14×0.7－0.4		无		无			无	
M546	4°	口:3×1.55－0.98 底:3×1.55－0.98		无		无			无	
M547	100°	口:现1.9×0.7－0.4 底:现1.9×0.54－1.5		无		无			无	
M549	285°	口:现2.24×(0.88～ 0.92)－0.4 底:现2.08×0.76－0.8		无		无			无	
合计										

葬 具		人骨架	随葬品位置	随葬品组合								件（套）数	时代与分期
椁、棺	长×宽－高、板厚			陶器	铜器	铁器	锡器	漆木器	玉石器	骨器	料器		
单棺	1.82×0.44－0.12、0.06	仅存牙齿	棺外东南端	1.Ba Ⅶ罐，2.Aa Ⅹ豆								2	战国中期晚段
单棺	1.8×0.4－0.2、0.04	仅存腿骨，仰身直肢葬	南壁龛内	1.Aa Ⅷ鬲，2.Aa Ⅹ盂（残），3.Ba Ⅳ罐，4.Aa Ⅸ豆								4	战国早期早段
单棺	1.74×0.32－0.04、0.02	完整，仰身直肢葬	坑底西侧	1.Aa Ⅸ豆（残），2.Ba罐（残存底）								2	战国早期晚段
单棺	1.5×0.4－0.14、0.02	无	坑底西端	1.Aa Ⅴ鬲，2.Aa Ⅵ盂，3.罐（碎）								3	春秋中期晚段
单棺	2.06×0.44－0.06、0.03	完整，仰身直肢葬	无										战国
单棺	1.8×0.48－0.16、0.04	完整，仰身直肢葬	坑底西端	1.A Ⅵ罐								1	战国早期晚段
一椁一棺	椁:2.37×1.08、0.06 棺:2.26×0.52、0.06	无	坑底北部	1.Ba罐（残存底），2.罐（残存底），3.B Ⅳ盂								3	战国晚期晚段
单棺	1.86×0.46－0.2、0.04	仅存牙齿	坑底东部	1、3.Aa Ⅴ盂，2.Ca Ⅱ罐								3	春秋中期晚段
单棺	1.8×0.44－0.04、0.04	仅存头骨痕迹	无										春秋
				359	21	3	1	3	42	3	1	433	

附表二　秦墓葬登记表

墓号	方向	墓坑		台阶		壁龛		墓道	
		墓口:长×宽-深 墓底:长×宽-深		位置	宽、高	位置	高×宽- 进深	长×宽 -深	坡度
M52	85°	口:2.04×(1.22~1.26)-0.2 底:1.93×(0.54~0.6)-0.84		南、北壁	0.14~0.2、0.36	无		无	
M69	271°	口:2.3×0.9-0.5 底:2.1×0.74-0.26		无		无		无	
M72	200°	口:1.96×0.7-0.4 底:1.96×0.7-0.7		无		无		无	
M74	10°	口:(2.22~2.3)×1.3-0.2 底:2.16×0.7-0.9		东、西两侧	0.18~0.2、0.5	无		无	
M101	146°	口:1.76×(0.5~0.6)-0.2 底:1.76×(0.5~0.6)-0.1		无		无		无	
M103	220°	口:残(1.68~1.76)× (0.72~0.78)-0.2 底:残(1.63~1.68)×0.38-0.4		东、西两侧	0.14~ 0.16、0.13	无		无	
M104	182°	口:2.18×(1.3~1.4)-0.2 底:2.04×(0.5~0.54)-1.6		东、西两侧	0.2~ 0.26、0.46	无		无	
M107	189°	口:2.44×(1.2~1.28)-0.2 底:2.3×(1.14~1.18)-0.3		无		无		无	
M108	355°	口:2.02×0.7-0.2 底:2.02×0.7-0.1		无		无		无	
M116	160°	口:1.8×(0.7~0.82)-0.2 底:1.76×(0.26~0.3)-0.5		东、西两侧	0.3、0.14~ 0.24	无		无	
M122	176°	口:2.7×0.74-0.25 底:2.56×0.72-0.24		无		无		无	
M133	70°	口:1.61×1-0.4 底:1.58×0.58-1.04		南、北两侧	0.14~ 0.15、0.16	东壁	0.31×0.64 -0.19	无	
M163	200°	口:2×0.8-0.4 底:1.9×(0.6~0.66)-1.4		无		无		无	
M171	184°	口:2.17×0.86-0.3 底:2.08×0.46-0.6		东、西两侧	0.14~ 0.16、0.2	无		无	
M179	270°	口:2.2×0.54-0.2 底:1.98×0.62-0.66		无		无		无	
M181	346°	口:(2.6~2.7)×1.2-0.2 底:2.44×0.42-1.3		东、西、北 三面	0.25~0.38、0.3	无		无	

（长度单位:米）

葬具		人骨架（葬式）	随葬品位置	随葬品组合						件(套)数	时代与分期
椁、棺	长×宽-高、板厚			陶器	铜器	玉石料器	漆木器	铁器	其他		
无		朽无存	墓底东端	1、2.AaⅠ罐,3、4、6.A豆,5.Ⅰ碗						6	秦统一前早段
无		朽无存	墓底西端	1.AbⅡ罐,2.罐（残）,3.盂（残）						3	秦统一前晚段
单棺	1.66×0.38－0.2、0.04	朽无存	棺外南端	1.BbⅡ罐,2.AaⅢ釜						2	秦统一前晚段
单棺	1.68×0.4－0.18、0.05	仅存牙齿	棺外北端	1.Ⅲ碗,2.BⅢ鍪						2	秦统一后
无		朽无存	墓底南端	1.AⅡ盆,2.罐（残）,3.豆（残）						3	秦统一前晚段
单棺	1.38×0.38－0.08、0.02	朽无存	棺外北端	1.AaⅡ罐,2.CⅢ釜						2	秦统一前晚段
单棺	1.65×0.36－0.2、0.02	朽无存	棺外南端	1、2.B豆,3.BbⅠ釜,4、5.AaⅠ罐						5	秦统一前早段
单棺	1.88×0.54－0.08、0.03	朽无存	棺内南端	1.AaⅢ罐,2.釜（残）						2	秦统一后
单棺	1.54×0.4－0.04、0.02	朽无存	棺外北端	1.AbⅢ罐,2.BaⅡ釜	3.Ⅲ带钩					3	秦统一后
无		无	无								秦
单棺	1.78×0.44－0.04、0.04	仅存牙齿	棺外南端	1.AaⅡ罐,2.BaⅠ釜,3.BbⅡ釜						3	秦统一前晚段
单棺	1.28×0.38－0.12、0.05	朽无存	壁龛内	1.C豆,2.DⅡ釜,3.AaⅡ罐,4.AⅡ钵			5.漆耳杯			5	秦统一前晚段
单棺	1.74×0.4－0.06、0.03	朽无存	棺外南端	1.AaⅠ罐						1	秦统一前早段
单棺	1.84×0.38－0.12、0.04	朽无存	棺外南端	1.BaⅠ罐,2.AaⅡ釜						2	秦统一前早段
单棺	1.6×0.36－0.22、0.02	仅存牙齿	棺外西端	1.釜（残）						1	秦
单棺	1.84×0.44－0.08、0.04	仅存牙齿	棺外北端	1.AaⅡ罐,2.BⅠ鍪						2	秦统一前晚段

墓号	方向	墓坑		台阶		壁龛		墓道	
		墓口:长×宽–深 墓底:长×宽–深		位置	宽、高	位置	高×宽– 进深	长×宽 –深	坡度
M186	180°	口:2.5×1.2–0.2 底:2.38×1.2–1.18		无		无		无	
M196	175°	口:2.26×1.12–0.2 底:2.12×0.44–0.78		东、西两侧	0.5、0.19~0.24	无		无	
M200	91°	口:残(1.98~2.12)×0.84–0.2 底:残(1.9~2)×0.5–0.64		南、北两侧	0.06~0.08、0.18	无		无	
M201	36°	口:1.82×(0.64~0.74)–0.5 底:1.7×(0.5~0.76)–0.66		无		无		无	
M210	10°	口:1.7×0.59–0.4 底:1.7×0.59–0.28		无		无		无	
M213	21°	口:残(0.94~1.8)×0.86–0.5 底:2.32×0.74–0.72		无		无		无	
M215	174°	口:1.82×0.78–0.3 底:1.66×0.58–0.58		东、西两侧	0.08、0.22	无		无	
M219	190°	口:现2.5×1.3–0.3 底:现2.5×(0.84~0.9)–1.06		东、西两侧	0.06~0.26、0.7	无		无	
M226	195°	口:1.94×1.3–0.4 底:2.02×(0.77~0.86)–2.22		东、西两侧	0.17~0.26、0.3	无		无	
M234	100°	口:现2.53×(0.68~0.76)–0.37 底:现2.53×(0.68~0.76)–0.2		无		无		无	
M239	190°	口:2.2×0.86–0.4 底:1.94×(0.44~0.48)–0.78		四壁	0.44、0.1~0.22	无		无	
M242	5°	口:2.3×0.96–0.4 底:2.3×0.96–0.72		无		北壁	0.4×0.48 –0.24	无	
M248	280°	口:现2.1×1.24–0.4 底:现2×(0.42~0.5)–0.8		南、北两侧	0.28~0.36、0.3	无		无	
M249	105°	口:现2.4×(0.8~0.9)–0.4 底:现2.34×(0.64~0.8)–0.6		无		无		无	

葬 具		人骨架（葬式）	随葬品位置	随葬品组合						件(套)数	时代与分期
椁、棺	长×宽-高、板厚			陶器	铜器	玉石料器	漆木器	铁器	其他		
一椁一棺	椁:2.3×1.12-0.18、0.08 棺:1.9×0.5-0.18、0.05	仅存牙齿	棺外东南	1. Ba Ⅱ 罐, 2. Ab Ⅱ 釜,3.豆(残)						3	秦统一前晚段
无		无	无								秦
单棺	残(1.56~1.62)×0.38-0.1、0.04	朽无存	棺外东端	1. Ⅱ 盂,2. Aa Ⅰ 釜, 3. B Ⅰ 钵						3	秦统一前早段
单棺	1.52×0.46-0.1、0.04	无	无								秦
单棺	1.34×(0.29~0.34)-0.18、0.03	朽无存	棺外北端	1. Aa Ⅲ 罐,2. Bb Ⅲ 釜						2	秦统一后
单棺	2.02×0.44-0.22、0.04	无	无								秦
单棺	1.2×0.32-0.06、0.04	朽无存	棺外南端	1. Bb Ⅰ 罐,2. C Ⅰ 釜, 3. Ⅰ 盂						3	秦统一前早段
单棺	1.96×(0.62~0.66)-0.18、0.03	朽无存	棺外南端	1. Aa Ⅲ 罐,2. Ⅱ 镳斗, 3. A Ⅲ 鍪						3	秦统一后
单棺	1.3×0.44-0.14、0.04	朽无存	棺外南端	1. C Ⅳ 釜,2. Ba Ⅲ 罐			3. 漆器			3	秦统一后
单棺	2.04×(0.44~0.48)-0.17、0.05	仅存牙齿	棺外东端	1. 罐(残),2. C 鍪, 3. Ⅲ 盂						3	秦统一前晚段
单棺	1.76×0.44-0.04、0.03	无	无								秦
单棺	1.96×0.5-0.06、0.04	朽无存	壁龛内	1. Aa Ⅱ 罐,2. Ⅰ 盒						2	秦统一前晚段
单棺	1.75×0.38-0.06、0.04	仅存牙齿	棺外西端	1. Aa Ⅲ 罐						1	秦统一后
单棺	1.9×(0.5~0.56)-0.1、0.04	朽无存	棺外东端	1、3. C Ⅱ 罐, 2. Aa Ⅲ 罐,4. B Ⅲ 钵, 5. B 盆						5	秦统一后

墓号	方向	墓坑	台阶		壁龛		墓道	
		墓口:长×宽－深 墓底:长×宽－深	位置	宽、高	位置	高×宽－ 进深	长×宽 －深	坡度
M250	128°	口:2.26×(1.06~1.12)－0.2 底:2.1×(0.8~0.86)－0.7	无		无		无	
M254	180°	口:2.34×0.64－0.2 底:2.25×0.58－0.14	无		无		无	
M266	3°	口:2×0.74－0.3 底:1.96×0.7－0.4	无		无		无	
M272	0°	口:2.46×1.16－0.2 底:2.36×0.42－0.8	东、西两侧	0.3~0.4、0.26	无		无	
M274	40°	口:2.06×1.36－0.4 底:2.56×1.28－0.8						
M277	95°	口:现2.9×2.1－0.5 底:现2.62×(0.82~0.86)－1.1	西、南、北壁	0.1~0.7、0.6	无		无	
M285	34°	口:残(1.46~1.6)×0.7－0.4 底:残(1.46~1.6)×0.7－0.36	无		无		无	
M303	95°	口:2.54×1.52－0.4 底:2.54×(0.66~0.76)－2.9	南、北两侧	0.08~0.22、0.86	无		无	
M305	195°	口:现2.36×1.48－0.2 底:2.36×(0.66~0.68)－1.02	东、西两侧	0.16~0.18、0.35	无		无	
M310	224°	口:2×0.64－0.25 底:2.06×0.54－0.7	无		无		无	
M329	180°	口:2.16×0.8－0.2 底:2.06×0.66－0.5	无		无		无	
M332	190°	口:2.2×1.04－0.2 底:2.09×0.5－1	东、西两侧	0.14、0.14	无		无	
M339	10°	口:2.38×1.1－0.4 底:2.38×0.72－1.7	东、西两侧	0.12~0.14、0.4	无		无	
M358	182°	口:3.22×1.86－0.4 底:3.22×1.86－0.28	无		无		无	
M384	188°	口:2.2×1.2－0.5 底:2.2×1.2－1.46	东、西	0.22、0.46	南壁	0.92×0.76 －0.1	无	

葬　具		人骨架（葬式）	随葬品位置	随葬品组合						件(套)数	时代与分期
椁、棺	长×宽 - 高、板厚			陶器	铜器	玉石料器	漆木器	铁器	其他		
单棺	1.8×(0.5~0.56) - 0.1、0.04	朽无存	棺外东端	1. 罐(残)，2. Ab I 釜						2	秦统一前早段
单棺	1.8×0.4 - 0.06、0.02	不完整	棺外、棺内南端	1. Ab Ⅲ 釜，2. 钵(残)		3. Ⅱ 带钩				3	秦统一后
单棺	1.8×0.5 - 0.1、0.06	无	无								秦
单棺	1.94×0.42 - 0.26、0.05	朽无存	棺外北端	1. 鬲，2. Aa Ⅱ 釜，3. Ab I 罐，4. C I 罐，5. 盆(残)			6、7. 漆器痕			7	秦统一前早段
	1.98×0.42 - 0.1	朽无存		无							秦
单棺	2.06×0.66 - 0.3、0.06	仅存牙齿	棺外东端	2、3. A I 盆，4. D I 釜，5. Bc 罐，		1. I 带钩				5	秦统一前早段
无		无	无								秦
单棺	1.8×(0.42~0.46) - 0.22、0.06	朽无存	棺外东端	1. 罐(残)，2. Ⅱ 盒，3. C Ⅳ 釜					.	3	秦统一后
单棺	1.84×(0.5~0.52) - 0.08、0.04	仅存牙齿	棺外南端	1. Aa I 罐，2. C I 釜，3. A I 钵						3	秦统一前早段
单棺	1.68×0.44 - 0.1、0.04	仅存牙齿	棺外南端	1. A Ⅲ 盆，2. Aa Ⅲ 罐						2	秦统一后
无		朽无存	墓底南端	1. Aa I 罐，2. A I 钵，3. 鼎						3	秦统一前早段
单棺	1.76×0.38、0.75、0.03	朽无存	棺外、棺外南端	1. Aa Ⅱ 罐，2. Ⅱ 碗，3. Aa Ⅲ 釜				4. 铁盂		4	秦统一前晚段
单棺	1.98×0.58 - 0.1、0.04	朽无存	墓底北端	1. Ba Ⅱ 罐						1	秦统一前晚段
一椁一棺	椁：3.08×1.7 - 0.1、0.02 棺：2.2×0.54 - 0.06、0.06	朽无存	棺外南端	1. Aa Ⅴ 罐，2. Bb Ⅲ 罐，3. Aa Ⅲ 釜						3	秦统一后
单棺	1.84×0.56 - 0.12、0.04	朽无存	壁龛内	1. A I 鋬，2. Aa I 罐			3. 漆木器痕			3	秦统一前早段

墓号	方向	墓坑		台阶		壁龛		墓道	
		墓口:长×宽-深 墓底:长×宽-深		位置	宽、高	位置	高×宽- 进深	长×宽 -深	坡度
M390	8°	口:1.9×(0.62~0.74)-(0.18~0.3) 底:1.84×(0.52~0.7)-(0.2~0.3)		无		北壁	0.2×0.5 -0.26	无	
M394	196°	口:2.86×(1.4~1.45)-0.4 底:2.86×(1.4~1.45)-0.1		无		无		无	
M410	185°	口:现2.34×(1.36~1.4)-0.35 底:现2.28×0.56-0.72		东、西两侧	0.2~0.28、0.42	无		无	
M457	15°	口:现2.6×1.44-0.4 底:现2.6×1.44-0.4		无		无		无	
M470	226°	口:现(2.12~2.24)× (1.12~1.24)-0.4 底:现(2.08~2.2)× (1.06~1.16)-0.8		东、西两侧	0.18~0.22、0.4	无		无	
M483	230°	口:现1.72×0.88-0.3 底:现1.6×0.36-0.6		东、西两侧	0.16、0.24	无		无	
M494	18°	口:现2.64×1.6-0.4 底:现2.46×1.6-1.06		无		无		无	
M505	200°	口:现2.54×1.4-0.2 底:现2.54×1.36-0.7		无		无		无	
M507	190°	口:现2.7×0.74-0.4 底:现2.7×0.74-0.5		无		无		无	
M517	10°	口:现2.32×(0.56~0.6)-0.4 底:现2.28×(0.5~0.52)-0.4		无		无		无	
M527	10°	口:现2.26×0.6-0.4 底:现2.22×0.56-0.3		无		无		无	
M531	346°	口:现2.54×1.2-0.4 底:现2.34×0.76-0.96		东、西两侧	0.14、0.1	无		无	
M543	15°	口:现2.2×1.06-0.4 底:现2.16×0.74-0.9		东、西两侧	0.5、0.14	无		无	

葬具		人骨架（葬式）	随葬品位置	随葬品组合						件(套)数	时代与分期
樟、棺	长×宽-高、板厚			陶器	铜器	玉石料器	漆木器	铁器	其他		
单棺	1.66×0.38-0.04、0.02	朽无存	壁龛内	1. AaⅠ罐,2. BⅠ钵						2	秦统一前早段
一樟一棺	樟:2.78×1.36-0.06、0.06~0.09 棺:2.14×0.6-0.02、0.06	朽无存	樟内棺外西南	1. AaⅣ釜,2. 罐(残),	4. 铜铃					3	秦统一后
单棺	1.82×0.38-0.1、0.04	头骨、牙齿和胸骨	棺外南端	1. AaⅠ罐,2. CⅠ釜						2	秦统一前早段
一樟一棺	樟:2.06×0.96-0.1、0.04 棺:1.98×0.36-0.02、0.02	仅存牙齿	棺外东北角	1. Ⅰ盒,2. AaⅡ罐, 3. AⅡ鍪				4. 铁器		4	秦统一前晚段
单棺	1.84×0.6-0.1、0.04	仅存牙齿	棺外南端、棺内西部	1. AaⅠ罐,2. Ⅰ镟斗, 3. 纺轮						3	秦统一前早段
单棺	1.32×0.32-0.04、0.02	仅存牙齿	棺外西南端	1. Ac罐						1	秦统一后
一樟一棺	樟:2.4×1.26-0.3、0.06 棺:1.98×0.5-0.04、0.04	较差,仰身直肢葬	棺外东、北	1. AⅢ钵,2. AaⅡ罐, 3. CⅡ釜						3	秦统一前晚段
一樟一棺	樟:2.3×0.96-0.22、0.06 棺:2.06×0.52-0.04、0.04	朽无存	棺外南端	1. CⅡ釜,2. BⅡ钵, 3. 蒜头壶						3	秦统一前晚段
单棺	2.1×0.54-0.3、0.02	仅存牙齿	棺外南端	1. BⅢ鍪,2. AaⅣ罐						2	秦统一后
单棺	1.92×0.46-0.06、0.04	朽无存	棺外北端	1. BⅡ鍪,2. AaⅡ罐						2	秦统一前晚段
单棺	1.78×(0.38~0.4)-0.1、0.04	仅存牙齿	棺外北端	1. CⅢ釜,2. AaⅡ罐						2	秦统一前晚段
单棺	1.84×0.5-0.1、0.04	朽无存	棺外北端	1. AaⅡ罐,2,CⅡ釜						2	秦统一前晚段
单棺	1.86×(0.42~0.46)-0.26、0.04	朽无存	棺底北端		1. 半两(6枚)					1	秦统一后

附表三　西汉墓葬登记表

墓号	方向	墓坑		台阶		壁龛		墓道	
		墓口:长×宽-深 墓底:长×宽-深		位置	宽、高	位置	高×宽-进深	长×宽-深	坡度
M23	273°	口:2.4×1.2-0.4 底:2.4×1.2-0.86		无		无		无	
M25	100°	口:2.74×(1.62~1.7)-0.4 底:2.69×1.6-1.66		无		无		4.4×(1.5~1.71)- (0~1.66)	22°
M33	15°	口:3×2.18-0.5 底:2.94×2-1.58		无		无		7×2.18- (0.2~1.58)	10°
M36	70°	口:2.6×1.26-0.4 底:2.4×1.15-0.66		无		无		无	
M37	175°	口:1.8×0.8-0.4 底:1.8×0.66-1.2		无		北壁上部	0.1×0.8- 0.6	无	
M38	6°	口:2.26×(0.6~0.7)-0.4 底:2.18×(0.46~0.58)-0.4		无		无		无	
M46	190°	口:2.46×(1.1~1.28)-0.15 底:2.38×(1.04~1.2)-0.18		无		无		无	
M47	205°	口:1.8×0.56-0.5 底:1.76×0.52-0.2		无		无		无	
M49	5°	口:2×0.6-0.5 底:1.92×0.52-0.54		无		无		无	
M50	356°	口:2.18×(0.7~0.82)-0.2 底:1.5×(0.62~0.72)-0.18		墓室北壁	0.62、0.1	无		无	
M55	9°	口:2.36×(0.46~0.6)-0.2 底:2.36×(0.46~0.6)-0.1		无		无		无	
M57	190°	口:1.8×0.6-0.5 底:1.8×0.6-0.2		无		无		无	
M59	10°	口:2.8×(1.9~2.1)-0.3 底:2.66×(1.7~1.78)-1.6		无		无		5.1×(1.52~1.9)- (0.2~1.6)	20°

（长度单位：米）

| 葬具 | | 人骨架（葬式） | 随葬品位置 | 随葬品组合 | | | | | | 件（套）数 | 期段 |
椁、棺	长×宽-高、板厚			陶器	铜器	铁器	锡器	石器	漆木器		
一椁一棺	椁:2.22×1.02-0.24、0.06 棺:2×0.66-0.1、0.06	朽无存	棺外西端	1.钵(残),2.Ab釜,3.AaⅨ罐						3	晚期晚段
一椁一棺	椁:2.6×1.48-0.48、0.05 棺:2.18×0.62-0.15、0.05	朽无存	多在南端	1.AaⅤ罐,3.灶,4.BaⅡ仓,5.AbⅢ鼎,6.EⅠ罐,7.AcⅡ壶	2.铜器残片,8.Ⅰ五珠(9枚)				9、10.漆耳杯	10	中期早段
一椁一棺	椁:2.72×1.72-0.26、0.08 棺:2.32×0.52-0.22、0.06	朽无存	棺外东端	1.壶(残),2.AaⅨ壶,3.AcⅥ仓,4.AcⅣ井,5.AbⅣ灶,6.AaⅦ鼎,7.AaⅨ井						7	新莽
一椁一棺	椁:2.4×1.15-0.16、0.06 棺:2.06×0.46-0.11、0.04	朽无存	棺外南端	1.AaⅦ鼎,2.AaⅨ壶,3.BaⅥ盒,4.AaⅧ灶						4	新莽
单棺	棺痕:1.6×0.42-0.2、0.04	残存少量牙齿	壁龛	1.瓮(残),2.AⅡ盆						2	中期早段
单棺	棺痕:1.88×0.36-0.08、0.04	朽无存	棺外北端	1.CⅡ罐,2.AbⅣ罐						2	中期早段
单棺	棺痕:2.1×0.56-0.06、0.04	朽无存	棺外西侧	1.罐(残)						1	西汉
单棺	棺痕:1.38×0.35-0.12、0.04	朽无存	棺外南端	1.双耳罐(残)						1	西汉
单棺	棺痕:1.52×0.4-0.2、0.04	朽无存	棺外北端	1.双耳罐(残)						1	西汉
单棺	棺痕:1.5×(0.38~0.42)-0.05、0.03	朽无存	北壁生土台	1.仓(残),2.AcⅣ鼎,3.井(残),4.AaⅥ灶,5.壶(残)						5	晚期早段
无		朽无存	墓室北端	1.壶(残)						1	西汉
单棺	棺痕:1.56×0.48-0.08、0.04	朽无存	棺外南端	1.AaⅥ罐,2.釜(碎)						2	中期晚段
一椁一棺	椁:2.56×1.64-0.1、0.08 棺:2.12×0.6-0.1、0.06	朽无存	椁内棺外西南端	1.AⅣ盆,2.AaⅣ仓,3.AbⅥ罐,4.AaⅤ灶,5.AaⅣ釜,6.盏					7.盒痕	7	晚期早段

墓号	方向	墓坑 墓口:长×宽-深 墓底:长×宽-深	台阶 位置	宽、高	壁龛 位置	高×宽-进深	墓道 长×宽-深	坡度
M60	82°	口:2.72×(1.9~2)-0.3 底:2.78×1.96-1.82	无		无		无	
M62	5°	口:2.28×(0.94~0.96)-0.5 底:2.28×0.74-1.16	无		无		无	
M67	3°	口:2.66×1.2-0.5 底:2.46×1-1.3	无		无		无	
M70	3°	口:2.3×1.18-0.5 底:2.1×1.04-1.26	无		墓壁北端	0.18×0.56-0.17	无	
M71	90°	口:3.16×(2~2.02)-0.2 底:3.14×(1.92~1.94)-1.22	无		无		3.04×(2.02~2.06)-1.22	22°
M79	181°	口:2.44×(1.78~1.86)-0.4 底:2.5×2-1.86	无		无		4.86×(1.67~1.86)-1.86	20°
M85	178°	口:1.4×0.46-0.5 底:1.46×0.46-0.06	无		无		无	
M87	184°	口:2.28×1.58-0.2 底:2.28×1.46-1.14	无		无		无	
M88	200°	口:1.56×0.56-0.5 底:1.56×0.56-0.26	无		无		无	
M93	190°	口:3.1×2.42-0.5 底:3.1×2.42-2.3	无		无		5×(1.3~2.42)-2.3	35°
M95	170°	口:2×0.8-0.5 底:1.8×0.76-0.48	无		无		无	

葬　具		人骨架（葬式）	随葬品位置	随葬品组合						件（套）数	期段
椁、棺	长×宽－高、板厚			陶器	铜器	铁器	锡器	石器	漆木器		
一椁一棺	椁:2.58×1.6－0.42、0.1 棺:2.1×0.6－0.16、0.1	朽无存	棺外南端	1.AⅡ瓮,2.AaⅠ仓,3.AaⅡ灶,4.鼎,5.AaⅡa壶,6.BbⅡ盒,7.AbⅠ井					8.漆耳杯	8	早期晚段
单棺	1.96×0.46－0.06、0.04	朽无存	棺外北端	1.AaⅠ釜,2.AbⅢ罐						2	早期晚段
单棺	2.28×0.66－0.2、0.06	无	无								西汉
单棺	1.68×0.48－0.12、0.04	朽无存	壁龛内	1.CⅡ釜,2.AⅠ盆,3.AaⅢ罐						3	早期晚段
一椁一棺	椁:2.85×1.58－0.46、0.06 棺:2.14×0.48－0.22、0.04	仅存牙齿	棺外南侧	1、3.AaⅢ壶,2.AbⅢ鼎,4.CⅡ灶,5.AaⅣ罐,6.AcⅠ盒						6	中期早段
一椁一棺	椁:2.5×1.22－0.26、0.08 棺:2.18×0.58－0.2、0.06	朽无存	棺外西北侧	1.AaⅥ仓,2.AaⅨ壶,3.AaⅩ井,4.AaⅧ灶,5.AaⅪ罐,6.AaⅦ鼎,7.AbⅤ盒						7	新莽
无		朽无存	墓底南端	1.BaⅢ壶,2.BaⅤ罐						2	晚期早段
一椁一棺	椁:2.1×1.38－0.12、0.06 棺:1.98×0.48－0.12、0.04	朽无存	椁内棺外东侧	1.AbⅡ仓,2.AaⅤ壶,3.鼎（残）,4.AbⅡ盒,5.AaⅦ罐,6.井（残）,7.AaⅣ灶					8.漆木器痕	8	中期晚段
单棺	1.1×0.36－0.08、0.04	朽无存	棺外南端	1.AbⅡ罐						1	早期晚段
2具,仅剩棺痕及漆皮	东:1.92×0.46－0.12、0.04 西:2.08×0.56－0.2、0.04	朽无存	东室东部	1.AcⅣ灶,2.CⅣ罐,3、8.AaⅪ罐,4.灶上锅釜,5.甑,6.D鼎,7.AbⅥ井,9.AaⅩ井,10.BaⅤ仓	11.货泉（26枚）			12.石片	13.漆耳杯,14.漆盒	14	新莽
单棺	1.6×0.64－0.18、0.06	无	无								西汉

墓号	方向	墓坑	台阶		壁龛		墓道	
		墓口:长×宽－深 墓底:长×宽－深	位置	宽、高	位置	高×宽－进深	长×宽－深	坡度
M96	10°	口:2.44×0.82－0.2 底:2.44×0.82－0.1	无		无		无	
M97	15°	口:2×1.32－0.2 底:1.92×1.2－1.46	东、西 两侧	0.2、0.32	墓壁北端	0.66×0.8－ 0.12	无	
M99	15°	口:2.2×0.92－0.5 底:2.1×0.56－0.86	东、西 两侧	0.1~0.14、 0.32	墓壁北端	0.36×0.46－ 0.24	无	
M102	1°	口:2.12×0.6－0.2 底:2.04×0.5－0.4	无		西壁北端	0.4×0.6－ 0.34	无	
M114	358°	口:2.8×1.64－0.4 底:2.72×1.64－1.6	无		无		无	
M115	0°	口:2.08×0.7－0.4 底:2.08×0.7－0.14	无		无		无	
M119	344°	口:(2.92~3.04)× (1.74~1.9)－0.25 底:3.16×1.82－1.86			无		无	
M120	180°	口:2.68×(1.56~1.58)－0.25 底:2.8×1.54－1.74			无		无	
M121	15°	口:2.18×0.82－0.4 底:2.1×0.77－0.7	无		无		无	
M141	5°	口:(2.68~2.7)×(1.62~ 1.65)－0.3 底:2.8×(1.68~1.7)－2.32			无		无	
M154	190°	口:2.42×(0.9~1.02)－0.4 底:2.22×(0.6~0.7)－0.6	无		无		无	
M155	265°	口:3.38×2.16－0.3 底:3.38×2.16－1.16					刀把形:3.82×(1.1~ 1.25)－(0.08~1.05)	29°
M156	95°	口:3.12×1.24－0.7 底:砖室 3.1×0.68－0.83					1.5×(1~1.2)－ (0~0.82)	31°

| 葬具 | | 人骨架（葬式） | 随葬品位置 | 随葬品组合 | | | | | | 件（套）数 | 期段 |
椁、棺	长×宽－高、板厚			陶器	铜器	铁器	锡器	石器	漆木器		
单棺	1.94×0.44－0.04、0.04	无	无								西汉
单棺	1.78×0.56－0.1、0.04	朽无存	北端壁龛内	1.罐，2.AaⅢ罐						2	早期晚段
单棺	1.9×0.4－0.06、0.04	朽无存	北端壁龛内	1.AbⅠ罐	2.盆					2	早期早段
无		朽无存	壁龛内	1.Bb釜，2.CⅤ罐，3.AaⅪ罐						3	新莽
一椁一棺	椁:2.58×1.22－0.4、0.06 棺:2.06×0.5－0.06、0.06	朽无存	椁内棺外西部	2.釜（残），3.BⅤ井，4.AcⅡ灶，5.AbⅤ罐	1.盆					5	中期晚段
单棺	1.6×0.48－0.1、0.04	朽无存	棺外北端	1.罐（残），2.BaⅤ釜						2	晚期早段
一椁一棺	椁:2.86×1.52－0.66、0.09 棺:2.22×0.51－（0.1~0.2）、0.03	朽无存	椁内棺外西端	1.AcⅠ灶，2.AaⅠ仓，3.BcⅠ盒，4.AcⅠ井，5.AcⅠ鼎，6.壶（残），7.AbⅡ罐，8.AbⅢ罐					9.漆木器痕	9	早期晚段
一椁一棺	椁:2.62×1.48－0.54、0.08 棺:2.06×0.6－0.18、0.05	朽无存	椁内棺外东端	1.AbⅤ鼎，2.BbⅣ盒，3.AaⅢ仓，4.AbⅢ井，5.AaⅤ壶，6.灶器（釜2、甑2）						6	中期晚段
单棺	1.94×0.5－0.1、0.06	无	棺外北端	1.罐，2.AbⅠ罐						2	早期早段
一椁一棺	残椁:2.4×1.34－0.56、0.08 棺:2.3×0.69－0.55、0.08	仅存牙齿	椁内棺外南端	1.AaⅥ罐，2.AdⅢa壶，5.AaⅣ灶，6、10.AaⅣ鼎，7.AaⅢ盒	3.盆，8.榼，9.五铢（3枚）				4.木锜	10	中期晚段
单棺	1.9×0.52－0.04、0.05	朽无存	棺外南端	1.AbⅠ罐，2.AⅠ锜	3.半两（10枚）				4、5.漆木器痕	5	早期早段
双棺南北并列	中:1.94×0.56－0.14、0.02 南:2.06×0.62－0.14、0.02	仅存牙齿	棺内外西部	1、3.AaⅩ罐，2.AbⅣ灶						3	新莽
腐烂无存	砖室	朽无存	南边偏东	1.AaⅪ罐，2.AaⅩ井，3.灶（残）						3	新莽

墓号	方向	墓坑		台阶		壁龛		墓道	
		墓口:长×宽-深 墓底:长×宽-深		位置	宽、高	位置	高×宽-进深	长×宽-深	坡度
M160	12°	口:2.26×(1.36~1.5)-0.3 底:2.22×(0.68~0.77)-1.54		东、西两侧	0.08~0.44、 0.32~0.6	无		无	
M161	12°	口:2.5×1.46-0.3 底:2.56×1.42-1.1		无		无		无	
M177	192°	口:2.28×0.84-0.4 底:2.28×(0.54~0.6)-1.4		东、西两侧	0.1~ 0.16、1	无		无	
M180	180°	口:2.56×1.36-0.2 底:2.6×(1.2~1.26)-0.96		无		无		无	
M184	180°	口:2.5×0.5-0.25 底:2.4×0.44-0.2		无		无		无	
M187	170°	口:2.48×1.4-0.4 底:2.36×1.28-0.5		无		无		无	
M191	90°	口:2.56×0.7-0.3 底:2.44×0.66-0.8		无		无		无	
M192	150°	口:1.9×(0.54~0.6)-0.3 底:1.9×(0.54~0.6)-0.2		无		无		无	
M194	75°	口:2.34×0.9-0.4 底:2.2×0.5-0.4		南、北两侧	0.26、 0.12~0.16	无		无	
M198	1°	口:2.3×(0.76~0.82)-0.2 底:2.16×(0.66~0.68)-0.38		无		无		无	
M199	173°	口:2.44×(0.72~0.8)-0.2 底:2.4×(0.68~0.76)-0.38		无		无		无	
M202	35°	口:1.96×0.56-0.5 底:1.84×0.52-0.52		无		无		无	
M204	230°	口:2.4×1.18-0.5 底:2.3×1-0.9		无		无		无	

葬具		人骨架（葬式）	随葬品位置	随葬品组合						件（套）数	期段
椁、棺	长×宽－高、板厚			陶器	铜器	铁器	锡器	石器	漆木器		
单棺	1.94×0.44－0.2、0.02	朽无存	棺外北端	1.BbⅡ罐,2.BaⅢ罐						2	中期早段
一椁一棺	椁:2.38×1.32－0.06、0.06 棺:2.12×0.54－0.06、0.04	朽无存	椁内棺外东端	1.AcⅡ壶,2.AaⅢ鼎,3.AbⅠ盒,4.井(残),5.AaⅢ灶					6.漆木盒痕	6	中期早段
单棺	1.98×0.58－0.2、0.06	朽无存	棺外南端	1.罐,2.AaⅠ罐						2	早期早段
一椁一棺	椁:2.46×1.08－0.16、0.04 棺:2×0.62－0.1、0.08	牙齿及上腿骨,仰身直肢葬	椁内棺外南端与西端	1.AaⅢ鼎,2.BbⅢ盒,3.壶(残),4.AaⅢ灶,5.AcⅡ井,6.AaⅡ仓,7.AaⅤ罐,9.Ⅲ钵	8.盆				10.漆盒痕	10	中期早段
无		朽无存	墓底南端	1.AaⅤ罐						1	中期早段
一椁一棺	椁:2.2×0.86－0.1、0.06 棺:1.86×0.4－0.1、0.04	朽无存	椁内棺外西部	1.AbⅠ盒,2.AaⅢ鼎,3.AaⅣ井,4.Ⅲ钵,5.BaⅡ仓,6.AbⅠ灶,7.AaⅣ壶						7	中期早段
单棺	1.98×0.48－0.08、0.06	朽无存	棺外东端	1.罐,2.AbⅢ罐					3.漆木器痕	3	早期晚段
单棺	1.34×0.34－0.04、0.02	朽无存	棺外南端	1.CaⅠ盒,2.AⅡ锅,3、4.Ⅳ钵						4	晚期早段
单棺	1.72×0.46－0.12、0.04	朽无存	棺外东端	1.AaⅢ罐,2.BaⅡ釜						2	早期晚段
单棺	1.8×0.38－0.08、0.03	朽无存	棺外西北角	1.双耳罐(残)						1	西汉
单棺	2×0.42－0.18、0.03	朽无存	棺外南端	1.BⅠ盆,2.罐(残),3.AbⅠ罐					4.漆器痕	4	早期早段
单棺	1.74×0.36－2、0.06	无	无								西汉
单棺	2.08×(0.46～0.5)－0.1、0.05	仅存牙齿	无								西汉

墓号	方向	墓坑		台阶		壁龛		墓道	
		墓口:长×宽-深 墓底:长×宽-深		位置	宽、高	位置	高×宽-进深	长×宽-深	坡度
M205	195°	口:2.6×1.8-0.3 底:2.52×1.52-2.1		无		无		无	
M206	4°	口:2.2×1.06-0.5 底:2.08×0.98-0.48		无		无		无	
M208	4°	口:2.61×1.3-0.4 底:2.61×1.3-1.16		无		无		无	
M216	358°	口:2.78×(1.56~1.68)-0.5 底:2.62×(1.52~1.56)-0.78		无		无		无	
M217	180°	口:2.5×(1.28~1.38)-0.3 底:2.4×(0.9~0.92)-0.94		东侧	0.28、0.46	无		无	
M222	95°	口:2.5×1.46-0.4 底:2.46×1.4-1.7		无		无		无	
M227	358°	口:2.34×0.84-0.2 底:2.28×0.48-0.76		东、西 两侧	0.14、0.4	墓底 北端	0.36× 0.48-0.1	无	
M229	187°	口:2.6×1.9-0.4 底:2.54×1.9-1.4		无		无		3.8×(1.78~ 1.9)-1.4	20°
M231	190°	口:1.8×0.58-0.4 底:1.72×0.5-2.6		无		无		无	

| 葬具 | | 人骨架（葬式） | 随葬品位置 | 随葬品组合 | | | | | | 件（套）数 | 期段 |
椁、棺	长×宽-高、板厚			陶器	铜器	铁器	锡器	石器	漆木器		
一椁一棺	椁:2.4×1.32-0.24、0.06 棺:2.06×0.58-0.08、0.06	朽无存	椁内棺外西侧中部	1.BbⅢ罐,2.AcⅣ仓,3.AbⅢ井,4.AaⅣ灶,5.AaⅣ鼎,6.AaⅥ壶						6	中期晚段
一椁一棺	椁:2.04×0.94-0.16、0.04 棺:1.96×0.54-0.08、0.04	朽无存	椁内棺外东侧	1.AaⅡ釜,2.AaⅤ罐						2	中期早段
一椁一棺	椁:2.44×1.04-0.14、0.08 棺:2.12×0.52-0.08、0.06	朽无存	椁内棺外东侧	1.AaⅡ罐,2.BaⅠ罐					3.漆木几痕	3	早期早段
一椁一棺	椁:2.46×1.52-0.06、0.06 棺:2.1×0.56-0.06、0.04	朽无存	椁内棺外东侧	1.BbⅡ盒,2.AbⅡ罐,3.BⅠ井,4.BbⅠ鼎,5.AaⅡ灶,6.AbⅠ仓,7.AbⅢ罐,8.AbⅢ壶	9.铜钱（8枚）					9	早期晚段
单棺	1.9×0.5-0.3、0.04	仅存牙齿	棺外南端	1.AaⅡa鼎,3.BaⅡ壶					2.漆木器痕	3	早期晚段
一椁一棺	椁:2.44×1.16-0.3、0.04 棺:1.98×0.54-0.06、0.04	牙齿和下肢骨	椁内棺外北侧	1.AaⅦ鼎,2.AaⅨ壶,3.CbⅡ盒,6.砖,7.碗					4.漆木器痕,5.漆盘痕	7	新莽
单棺	1.94×0.42-0.16、0.04	朽无存	壁龛内	1.AaⅥ罐						1	中期晚段
一椁一棺	椁:2.5×(1.76~1.86)-0.26、0.06 棺:2.3×0.65-0.2、0.06	朽无存	椁内棺外西侧	1.AbⅤ井,2.BaⅣ鼎,3、7.罐,4.AaⅦ灶,5.AaⅧ壶,6.Ⅴ钵,8.AbⅣ盒						8	晚期晚段
单棺	1.44×0.34-0.1、0.04	较完整,仰身直肢葬	棺内中部西侧		1.印章,2.BⅠ带钩,01.镞（填土出）					3	中期晚段

墓号	方向	墓坑		台阶		壁龛		墓道	
		墓口:长×宽-深 墓底:长×宽-深		位置	宽、高	位置	高×宽-进深	长×宽-深	坡度
M235	185°	口:2.4×(1.6~1.64)-0.4 底:2.36×1.56-1.2		无		无		3.4×(1.52~ 1.56)-1.2	10°
M238	20°	口:2.7×1.7-0.4 底:2.6×1.56-1.3		无		无		无	
M243	280°	口:2.29×1.08-0.4 底:2.29×0.58-0.94		南、北 两侧	0.38、 0.24~0.26	无		无	
M244	280°	口:2.1×0.54-0.4 底:2.1×0.54-0.22		无		无		无	
M246	190°	口:2.4×1.26-0.4 底:2.4×1.26-1.5		无		无		无	
M251	195°	口:现3.06×(1.6~1.66)-0.4 底:现3×1.56-1.3		无		无		无	
M256	28°	口:现2×0.64-0.3 底:现1.96×0.6-0.34		无		无		无	
M257	10°	口:3.5×(1.85~2.02)-0.4 底:3.34×(1.76~1.82)-2.6		无		无		无	
M258	355°	口:2.82×(2.14~2.24)-0.2 底:2.62×(1.74~2.08)-0.9		无		无		(2.26~2.74)× (1.62~1.8)-0.82	17°
M259	90°	口:2.3×(0.94~0.98)-0.4 底:2.1×(0.82~0.88)-0.36		无		无		无	

葬 具		人骨架(葬式)	随葬品位置	随葬品组合						件(套)数	期段
椁、棺	长×宽-高、板厚			陶器	铜器	铁器	锡器	石器	漆木器		
一椁一棺	椁:2.2×1.44-0.46、0.06 棺:1.84×0.56-0.44、0.04	朽无存	椁内棺外西侧	1.AaⅤ壶,2.CⅢ罐,3.AaⅥ罐,4.AcⅢb井,5.AbⅣ鼎,6.AaⅣ灶,7.AaⅢ仓,8.AⅢ瓮,11.AbⅡ盒	10.Ⅱ五铢(8枚)				9.漆器痕	11	中期晚段
一椁一棺	椁:2.38×1.32-0.14、0.06 棺:2.1×0.58-0.06、0.06	仅存牙齿	椁内棺外西北侧	1、2.AaⅥ罐,3.AaⅢ釜						3	中期晚段
单棺	1.83×0.44-0.16、0.05	朽无存	棺外西	1.釜,2.AaⅣ罐						2	中期早段
单棺	1.7×0.35-0.08、0.02	仅存牙齿	棺外西	1.Ad罐						1	晚期早段
一椁一棺	椁:2.2×1.1-0.3、0.06 棺:2.08×0.56-0.14、0.06	朽无存	椁内棺外西部	1.BaⅠ釜,2.罐		4.削刀(残蚀)			3.漆盘痕	4	早期早段
一椁一棺	椁:2.82×1.26-0.16、0.05 棺:2.2×0.68-0.15、0.06	朽无存	椁内棺外东南		1.Ⅰ盆、2.镜					2	早期晚段
单棺	1.86×0.32-0.2、0.02	仅存牙齿	棺内西北角	1.AaⅢ罐						1	早期晚段
一椁一棺	椁:2.64×1.52-0.46、0.08 棺:1.94×0.52-0.28、0.04~0.06	朽无存	椁内棺外北部及东南和棺内南端	1.AaⅧ罐,2.AaⅦ壶,4.BⅥ井,5.BcⅢ盒,6.AaⅣ仓,7.AaⅤ灶,8.AaⅣ盒,9.AbⅥ鼎	3.盖弓帽(9枚)					9	晚期早段
一椁一棺	椁:2.54×(1.6~1.66)-0.1、0.06 棺:2.2×0.58~0.06、0.04	朽无存	椁内棺外西南侧	1.AbⅡ灶,2.AaⅣ鼎,3.AaⅥ壶,4.井(残),5.仓(残)						5	中期晚段
单棺	1.8×0.4-0.1、0.04	朽无存	棺外东端	2.AaⅢ罐	1.盆(残)					2	早期晚段

墓号	方向	墓坑		台阶		壁龛		墓道	
		墓口:长×宽-深 墓底:长×宽-深		位置	宽、高	位置	高×宽-进深	长×宽-深	坡度
M260	90°	口:2.6×1.3-0.4 底:2.68×1.2-1.48		无		无		无	
M261	0°	口:2.8×1.5-0.3 底:2.72×1.42-1.4		无		无		无	
M262	92°	口:2.58×(1.8~1.86)-0.4 底:2.48×1.74-1.2		无		无		无	
M263	355°	口:2.5×0.94-0.4 底:2.3×0.9-0.3		无		无		无	
M264	0°	口:2.4×1.44-0.3 底:2.2×1.4-1		无		无		无	
M265	5°	口:2.6×(1.5~1.6)-0.2 底:2.5×1.5-0.82		无		无		无	
M267	270°	口:(2.6~2.7)×(1.34~1.44)-0.2 底:(2.5~2.6)×(1.2~1.3)-0.9		无		无		无	
M268	270°	口:1.82×(0.42~0.56)-0.2 底:1.82×(0.42~0.56)-0.28		无		无		无	
M271	250°	口:2.5×1.5-0.2 底:2.34×(1.3~1.35)-0.94		无		无		无	
M273	170°	口:2.6×(0.96~1.1)-0.25 底:2.46×0.48-0.6		东、西 两侧	0.06~0.36、 0.14	无		无	

葬具		人骨架（葬式）	随葬品位置	随葬品组合						件（套）数	期段
椁、棺	长×宽-高、板厚			陶器	铜器	铁器	锡器	石器	漆木器		
一椁一棺	椁:2.58×1.14-0.12、0.08 棺:2.16×0.56-0.1、0.06	朽无存	椁内棺外北侧	1.BbⅠ罐,2.盒残,3.灶(残),4.BaⅡ鼎					5.漆耳杯痕,6.漆器痕	6	中期早段
一椁一棺	椁:2.4×1.18-0.18、0.08 棺:1.82×0.56-0.2、0.06	朽无存	椁内棺外西侧	1.BaⅣ罐,2.AbⅤ壶,3.BⅣ井,4.AcⅡ盒,5.AbⅡ灶,6.BbⅢ鼎						6	中期晚段
一椁一棺	椁:2.4×1.6-0.21、0.04 棺:2.03×0.53-0.16、0.06	朽无存	椁内棺外北侧	1.AbⅡ灶,2.BⅤ井,3.AbⅤ壶,4.AcⅣ仓,5.AaⅣ鼎,6.AcⅡ盒					7、8.漆器痕	8	中期晚段
单棺	1.64×0.46-0.1、0.06	朽无存	棺外西北	1.AaⅨ罐						1	晚期晚段
一椁一棺	椁:2.04×1.2-0.1、0.06 棺:1.86×0.6-0.06、0.06	朽无存	椁内棺外东部	2.AaⅧ壶,3.AcⅢ灶,4.AbⅤ井,5.AcⅢ盒,6.BaⅣ仓	1.Ⅳ五铢(10枚)					6	晚期晚段
一椁一棺	椁:2.34×1.08-0.12、0.06 棺:2.14×0.6-0.09、0.06	仅存牙齿	椁内棺外西南	1.AaⅦ壶,2.AaⅤ鼎,3.BbⅣ罐,4.BaⅣ盒,5.BⅥ灶,6.BaⅤ罐						6	晚期早段
一椁一棺	椁:2.22×1.12-0.2、0.06 棺:2.04×0.52-0.06、0.06	仅存牙齿	椁内棺外西南	2.AaⅡ罐,3.釜	1.盆					3	早期早段
单棺	1.56×0.34-0.16、0.04	朽无存	棺外西端	1.AcⅠ罐						1	晚期早段
一椁一棺	椁:2.1×0.55-0.14、0.07 棺:1.98×0.42-0.1、0.06	仅存牙齿	椁内棺外西南角	1.AaⅤ罐						1	中期早段
单棺	1.94×0.48-0.1、0.04	仅存牙齿	棺外南端	1.AbⅥ罐	2.Ⅲ五铢(1枚)	3.削刀				3	晚期早段

墓号	方向	墓坑		台阶		壁龛		墓道	
		墓口:长×宽－深 墓底:长×宽－深		位置	宽、高	位置	高×宽－进深	长×宽－深	坡度
M275	90°	口:2.44×(1.34~1.46)-0.2 底:2.58×1.42-1.4		无		无		无	
M276	0°	口:2.36×(1.5~1.54)-0.2 底:2.18×1.4-0.8				无		无	
M280	163°	口:1.84×0.8-0.4 底:1.74×0.72-0.64		无		无			
M283	350°	口:2.3×1.0-0.4 底:2.2×0.56-0.6		东西两壁 有生土 二层台	0.4、0.16				
M287	335°	口:1.86×0.56-0.4 底:1.8×0.52-0.34							
M292	80°	口:2.4×(0.8~0.86)-0.3 底:2.36×0.76-1.04						无	
M294	95°	口:2.9×1.64-0.4 底:2.9×1.64-0.06						无	
M295	180°	口:2.68×(0.82~0.9)-0.3 底:2.68×(0.82~0.9)-1.46						无	
M296	350°	口:2.8×1.88-0.3 底:2.76×1.66-1.52						4.36×(1.54~1.8)- (0.08~1.52)	40°
M302	190°	口:2.3×(0.9~0.96)-0.3 底:2.2×(0.86~0.9)-0.62						无	
M307	12°	口:2.6×1.5-0.4 底:2.53×1.44-0.6						无	

葬具		人骨架（葬式）	随葬品位置	随葬品组合						件（套）数	期段
椁、棺	长×宽-高、板厚			陶器	铜器	铁器	锡器	石器	漆木器		
一椁一棺	椁:2.52×1.33-0.4、0.04 棺:2.26×0.72-0.1、0.08	朽无存	椁内棺外南侧	1.鼎（残），2.BbⅡ盒，3.AaⅡb壶，4.AaⅡ灶，5.AbⅠ井					6.漆器痕迹	6	早期晚段
一椁一棺	椁:2.12×1.34-0.06、0.02 棺:2.04×0.58-0.04、0.04	朽无存	椁内棺外东侧	1.鼎（残），2.AaⅣ壶，3.BbⅢ盒，4.AcⅡ仓，5.BⅣ灶，6.AbⅡ井，7.Ⅰ器盖、8.钵（残）					9.漆器痕	9	中期早段
单棺	1.68×0.44-0.08、0.04	仅存牙齿									西汉
单棺	1.86×0.36	朽无存									新莽
单棺	1.54×0.36-0.1、0.04	朽无存									西汉
单棺	2.16×0.42-0.1、0.02	朽无存	墓底棺外东北角	1.AbⅥ罐						1	晚期早段
一椁一棺	椁:2.74×1.52-0.06、0.06 棺:1.92×0.54-0.04、0.04	少量肢骨，仰身直肢	椁内南侧和棺内	3.AbⅤ罐，4.BⅤ灶	1.Ⅱ五铢（20枚），2.AⅡ带钩，5.簪					5	中期晚段
单棺	1.96×0.48-0.1、0.06	仅存牙齿	墓底棺外南端	1.AaⅣ罐，2.BaⅣ釜						2	中期早段
单棺已烂	砖室	朽无存	西南部	1.AaⅧ壶，2.AcⅦ鼎，3、5.Ⅵ钵，4.鼎（残），6.AaⅧ井，7.BaⅥ仓，8.BⅡ盆，9.AcⅣ盒，10.AbⅣ灶，11.AaⅨ壶，13.BaⅥ盒	12.盆、14.Ⅴ五铢（3枚）				15.漆木器痕	15	新莽
单棺	1.88×0.52-0.04、0.02	仅存牙齿	墓底西南端	1.AaⅠ罐						1	早期早段
一椁一棺	椁:2.24×1.12-0.3、0.06 棺:2.08×0.52-0.1、0.04	仅存牙齿	椁内棺外西侧	1.AaⅥ罐，2、3、5.AaⅦ罐，4.AⅢ盆，7.BⅠ铛	6.盆				8.漆器痕	8	中期晚段

墓号	方向	墓坑		台阶		壁龛		墓道	
		墓口:长×宽－深 墓底:长×宽－深		位置	宽、高	位置	高×宽－进深	长×宽－深	坡度
M311	180°	口:2.3×1.4－0.25 底:2.3×1.34－0.54						无	
M312	270°	口:2.8×(1.6~1.72)－0.2 底:2.66×(1.5~1.6)－1.06						无	
M313	164°	口:1.92×(0.54~0.6)－0.2 底:1.92×(0.54~0.6)－0.2						无	
M314	170°	口:1.74×(0.56~0.64)－0.2 底:1.74×(0.52~0.64)－0.1						无	
M315	25°	口:1.74×(0.52~0.64)－0.2 底:1.74×(0.52~0.64)－0.2						无	
M316	270°	口:2.4×1.36－0.2 底:2.42×1.34－1.06						无	
M318	0°	口:2.7×1－0.4 底:2.5×0.54－0.56		东、西 两侧	0.1~0.2、 0.14	墓壁 北底部	0.3×(0.3~ 0.52)－0.26	无	
M321	185°	口:2.38×1.3－0.3 底:2.38×1.3－0.4		无		无		无	
M322	182°	口:3×2－0.4 底:2.96×(1.87~1.9)－1.5		无		无		无	
M323	95°	口:现2.88×(2.18~2.22)－0.2 底:现3×2.12－2.6		无		无		无	
M327	180°	口:2.68×1.5－0.2 底:2.6×1.44－0.38		无		无		无	

葬　具		人骨架（葬式）	随葬品位置	随葬品组合						件（套）数	期段
椁、棺	长×宽－高、板厚			陶器	铜器	铁器	锡器	石器	漆木器		
一椁一棺	椁:2.24×1.34－0.16、0.08 棺:1.92×0.56－0.16、0.06	仅存牙齿	椁内棺外东侧	1. AaⅦ壶,2. BaⅣ盒, 3. AbⅣ井,4. AaⅣ仓, 5. 灶器4件					6~9. 漆器痕	9	晚期早段
一椁一棺	椁:2.56×1.3－0.44、0.06 棺:2×0.56－0.18、0.06	仅存肢骨、牙齿	椁内棺外南侧	1. AaⅡb鼎,2. CaⅢ盒, 3. AdⅠ壶,5. 器座, 6. CⅠ罐,7. CⅠ灶, 8. BbⅠ仓,9. BⅠ瓮	4. 盆				10. 漆器痕	10	早期晚段
单棺	1.36×0.38－0.06、0.04	仅存牙齿	墓底南端	1. AⅢ盆,2. AaⅦ罐, 3. 罐(残)						3	中期晚段
单棺	1.58×0.42－0.04、0.04	无	无								西汉
单棺	1.6×0.36－0.16、0.03	无	无								西汉
一椁一棺	椁:2.32×1.2－0.16、0.04 棺:1.96×0.5－0.16、0.06	仅存牙齿	椁内棺外西南端	1. AaⅡa壶,2. BⅡ灶, 3. AcⅠ仓,4. BⅡ井, 5. BaⅠ盒,6. 鼎(残)					7. 漆器痕	7	早期晚段
单棺	1.9×0.44－0.16、0.04	朽无存	壁龛内	1、2. AcⅡ罐						2	晚期晚段
一椁一棺	椁:2.22×1.2－0.06、0.06 棺:1.8×0.46－0.04、0.04	朽无存	椁内棺外西南端	1. 罐(残)					2. 漆器痕	2	西汉
一椁一棺	椁:2.83×1.7－0.12、0.1 棺:2.16×0.48－0.08、0.06	朽无存	椁内棺外西侧	1、8. AaⅠ井,2、5. BⅠ灶, 3. 壶(残),6. AaⅠ鼎, 7. BbⅠ盒, 10. Ⅰ钵	4. 盆				9. 漆器痕	10	早期早段
一椁一棺	椁:2.9×2.12－0.62、0.1 棺:2.08×0.7－0.4、0.04	朽无存	椁内棺外北侧	1. AbⅣ鼎,2. BbⅣ盒, 3. AaⅥ壶,4. AaⅣ灶, 5. AaⅤ壶	6. AⅢ带钩	7. 削刀				7	中期晚段
一椁一棺	椁:2.4×1.28－0.14、0.08 棺:2.12×0.54－0.07、0.06	朽无存	椁内棺外东部	1. AbⅢ罐,2. BaⅢ釜						2	早期晚段

墓号	方向	墓坑		台阶		壁龛		墓道	
		墓口:长×宽-深 墓底:长×宽-深		位置	宽、高	位置	高×宽-进深	长×宽-深	坡度
M333	210°	口:1.88×0.6-0.4 底:1.88×0.6-0.24		无		无		无	
M335	105°	口:2.64×1.64-0.4 底:2.6×1.54-1.96		无		无		无	
M336	100°	口:2.22×0.86-0.3 底:2.18×0.46-0.18		南、北 两侧	0.9、 0.04~0.14			无	
M340	185°	口:2.7×1.84-0.4 底:2.62×1.76-0.8		无		无		无	
M341	175°	口:2.5×1.26-0.4 底:2.46×1.22-0.4		无		无		无	
M342	185°	口:2.56×1.56-0.4 底:2.48×1.48-0.6		无		无		无	
M343	20°	口:1.8×0.6-0.6 底:1.7×0.72-0.6		无		无		无	
M344	270°	口:2.1×0.9-0.4 底:2.1×0.9-1.5		无		无		无	
M345	180°	口:2.54×1.7-0.3 底:2.54×1.7-1		无		无		无	
M348	182°	口:2.36×1.1-0.4 底:2.24×0.5-0.8		东、西 两侧	0.6、 0.12~0.24	无		无	
M350	210°	口:2.48×(0.56~0.62)-0.4 底:2.48×(0.56~0.62)-0.08		无		无		无	

葬　具		人骨架（葬式）	随葬品位置	随葬品组合						件（套）数	期段
椁、棺	长×宽－高、板厚			陶器	铜器	铁器	锡器	石器	漆木器		
单棺	1.6×0.42－0.04、0.04	无	无								西汉
一椁一棺	椁:2.52×1.1－0.46、0.06 棺:2.08×0.52－0.08、0.06	朽无存	椁内棺外南侧	1.AaⅦ鼎,2.AaⅩ罐,3.AbⅥ壶,5.BⅡ铜					4.漆盘痕	5	新莽
单棺	1.9×0.42－0.18、0.04	朽无存	墓底东端						1.漆耳杯痕,2.漆盘痕	2	西汉
一椁一棺	椁:2.54×1.57－0.1、0.08 棺:2.08×0.6－0.06、0.06	仅存牙齿	椁内棺外东侧	1.BaⅤ鼎,2.壶(残),3.AaⅨ罐,5.BaⅤ盒,6.BⅦ灶,8.AaⅦ井	4.矛,7.盆				9.漆耳杯痕	9	晚期晚段
一椁一棺	椁:2.34×1.06－0.12、0.06 棺:2×0.5－0.08、0.04	朽无存	椁内棺外西南侧	1.AaⅠ灶,2.AaⅠ壶					3.漆木器(皮)	3	早期早段
一椁一棺	椁:2.4×1.47－0.06、0.1 棺:1.94×0.5－0.04、0.06	朽无存	椁内棺外东南侧	1.BⅥ井,2.AbⅥ罐,3.BⅥ灶						3	晚期早段
单棺	1.64×0.44－0.1、0.04	无	无								西汉
单棺	1.76×0.46－0.22、0.06	朽无存	棺外西端	1.AaⅡ罐						1	早期早段
一椁一棺	椁:2.3×1.52－0.3、0.08 棺:1.97×0.57－0.26、0.06	朽无存	椁内棺外西侧	1.AⅠ瓮,2.BaⅠ釜						2	早期早段
单棺	1.89×0.42－0.12、0.04	朽无存	墓底棺外南端	1.Ⅱ钵,2.AaⅢ罐,3.CⅢ釜,4.豆						4	早期晚段
单棺	1.92×0.38－0.02、0.04	朽无存	墓底棺外南端	1、2.罐(残)						2	西汉

墓号	方向	墓坑		台阶		壁龛		墓道	
		墓口:长×宽−深 墓底:长×宽−深		位置	宽、高	位置	高×宽−进深	长×宽−深	坡度
M351	192°	口:残1.2×0.8−0.4 底:残1.2×0.8−0.06		无		无		无	
M352	190°	口:2.4×1.3−0.3 底:2.4×1.3−0.32		无		无		无	
M359	358°	口:2.78×1.4−0.4 底:2.78×1.4−0.1		无		无		无	
M360	354°	口:2.72×1.64−0.4 底:2.72×1.64−0.08		无		无		无	
M362	358°	口:(2.5~2.65)×1.82−0.4 底:(2.5~2.65)×1.82−0.86		无		无		无	
M363	185°	口:(2.68~2.77)× (1.8~1.82)−0.4 底:(2.58~2.66)×1.72−1.34		无		无		无	
M366	190°	口:2.7×(1.84~1.92)−0.2 底:2.5×1.68−1.36		无		无		无	
M367	25°	口:2.4×1.38−0.9 底:2.6×1.3−3.6		无		无		无	
M368	5°	口:2.64×1.38−0.4 底:2.64×1.38−1.2		无		无		无	

| 葬具 | | 人骨架（葬式） | 随葬品位置 | 随葬品组合 | | | | | | 件（套）数 | 期段 |
椁、棺	长×宽－高、板厚			陶器	铜器	铁器	锡器	石器	漆木器		
单棺	残0.96×0.48－0.06、0.04	朽无存	墓底棺外南端	1.罐（残）	2.Ⅰ五铢（3枚）					2	中期早段
一椁一棺	椁:2.3×1.14－0.12、0.06 棺:1.9×0.5－0.12、0.02	朽无存	墓底棺外南端	1.AbⅧ罐						1	新莽
一椁一棺	椁:2.72×1.38－0.04、0.08 棺:2.1×0.48－0.02、0.06	仅存下肢骨，仰身直肢葬	椁内棺外西侧	1.灶,2.BⅥ井,4.BaⅣ盒,5.AaⅤ鼎,6.AaⅦ壶	3.盆				7.漆器痕	7	晚期早段
一椁一棺	椁:2.6×1.56－0.02、0.08 棺:1.9×0.6－0.02、0.04	朽无存	椁内棺外西侧	1.壶（残）,2.BaⅢ盒,3.AcⅢ鼎,4.AcⅢa井,5.AbⅡ灶,6.AaⅢ仓		7.剪				7	中期晚段
一椁一棺	椁:(2.43~2.57)×(1.72~1.74)－0.14、0.08~0.1 棺:2.14×0.64－(0.06~0.08)、0.06~0.08	仅存零星肢骨	椁内棺外西侧	1.BaⅢ壶,2.AcⅣ鼎,4.AaⅧ罐,5.AaⅤ灶,6.AbⅣ井,7.AbⅢ仓,8.BbⅤ盒	3.盆		11.Ⅱ耳杯		9、10.漆器痕	11	晚期早段
一椁一棺	椁:(2.52~2.56)×(1.6~1.67)－0.2、0.1 棺:2.18×0.62－0.1、0.06	残存，仰身直肢葬	椁内棺外东部陶器，余在棺底	1.AaⅧ壶,2.AaⅥ鼎,3、4.AbⅦ罐,5.AaⅥ盒,6.BⅦ灶,7.BⅦ井	8.盖弓帽,11.铜器片,12、13.刷柄,16.BⅡ带钩	9.坠,14.B削刀,15.A削刀	17.Ⅱ耳杯	10.石牌	18、19.漆器痕,20.漆奁痕	20	晚期晚段
一椁一棺	椁:2.44×1.54－0.1、0.04 棺:1.88×0.66－0.06、0.05	仅存牙齿	椁内棺外东部陶器，余在棺底	1.AaⅢ壶,2.AcⅡ井,3.AaⅡ仓,4.AaⅢ鼎,5.AbⅠ灶,6.AcⅠ盒	8.带钩（残）	7.A削刀				8	中期早段
单棺	2×0.44－0.2、0.06	无	无								西汉
一椁一棺	椁:2.46×1.22－0.2、0.08 棺:2×0.48－0.06、0.04	朽无存	椁内西侧	1.Ⅱ甑,2.釜（残）,3.AbⅦ罐,4.AaⅦ灶,5.筒瓦					6.漆器痕	6	晚期晚段

墓号	方向	墓坑		台阶		壁龛		墓道	
		墓口:长×宽-深 墓底:长×宽-深		位置	宽、高	位置	高×宽-进深	长×宽-深	坡度
M369	190°	口:2.88×(2.26~2.4)-0.4 底:2.36×(1.66~1.72)-1.6		东、西、北	0.4、 0.24~0.42	无		5.12×(2~ 2.26)-1.6	12°
M372	177°	口:2.7×(1.82~1.9)-0.3 底:2.7×(1.82~1.9)-1.6		无		无		4.76×(1.32~ 1.82)-(0.22~1.6)	25°
M381	10°	口:3.24×1.74-0.5 底:3.04×1.66-1.5		无		无		5×(1.6~ 1.74)-1.5	16°
M382	183°	口:2.94×2.14-0.5 底:2.86×2.02-1.38		无		无		5.16×(1.68~ 2.14)-1.26	21°
M383	0°	口:2.54×(1.52~1.7)-0.5 底:2.46×(1.44~1.62)-0.62		无		无		无	
M386	0°	口:2×0.54-0.5 底:1.92×0.46-0.28		无		无		无	
M387	0°	口:1.8×0.54-0.5 底:1.76×0.5-0.16		无		无		无	
M389	349°	口:1.7×0.66-0.5 底:1.66×0.58-0.3		无		无		无	
M391	200°	口:2.14×0.7-0.2 底:2.14×0.7-0.24		无		无		无	
M392	270°	口:2.6×1.52-0.4 底:2.43×1.32-1.04		无		无		无	
M393	100°	口:1.66×0.74-0.4 底:1.66×0.74-0.12		无		无		无	

续附表三

葬具		人骨架（葬式）	随葬品位置	随葬品组合						件（套）数	期段
榑、棺	长×宽－高、板厚			陶器	铜器	铁器	锡器	石器	漆木器		
一榑一棺	榑:2.36×1.36－0.3、0.08 棺:1.9×0.52－0.08、0.06	朽无存	榑内棺外西侧	1.AaⅨ罐,2.AaⅤ盒,4.AbⅦ鼎,5.AcⅢ灶,6.AbⅤ井,7.AaⅤ仓,8.壶(残)	9.Ⅳ五铢(7枚)				3.漆器痕	9	晚期晚段
一榑一棺	榑:2.64×1.58－0.2、0.08 棺:2.06×0.5－0.18、0.06	朽无存	榑内棺外东侧	2.AaⅧ罐,3.AaⅣ盒,4.AbⅥ鼎,5.AaⅣ仓,6.AbⅣ井,7.AbⅢ灶	8.铜钱(4枚)				1.漆盒痕	8	晚期早段
一榑一棺	榑:2.66×1.48－0.34、0.06 棺:2.54×0.6－0.18、0.06	朽无存	榑内棺外西侧	1.AaⅥ壶,2.AaⅥ罐,3.CⅠ鼎,4.AaⅢ仓,5.AbⅢ井,6.AaⅣ灶					7、8.漆器痕	8	中期晚段
一榑一棺	榑:2.6×1.8－0.12、0.06 棺:2.06×0.6－0.04、0.04	朽无存	榑内棺外西侧	1.Bb壶,2.Ⅱ器盖,3.AdⅣ壶,4.BaⅤ鼎					5~7.漆器痕	7	晚期晚段
一榑一棺	榑:2.34×1.3－0.08、0.04 棺:1.92×0.5－0.08、0.04	朽无存	榑内北端	1.AaⅢ釜,2.AaⅥ罐						2	中期晚段
无		无	无								西汉
无		朽无存	墓底北端	1.AdⅡ壶						1	中期早段
无		朽无存	墓底北端	1.BaⅡ罐						1	早期晚段
单棺	1.88×0.46－0.2、0.04	无	无								西汉
一榑一棺	榑:2.18×1.18－0.18、0.04 棺:2.02×0.6－0.16、0.05	朽无存	榑内棺外南侧	1.BⅢ井,2.BⅣ灶,3.AaⅣ鼎,4.AaⅥ壶,5.AaⅢ仓,6.BaⅢ盒	8-1.半两(1枚),8-2.Ⅰ五铢(4枚)				7.漆器痕	8	中期晚段
单棺	1.38×0.5－0.08、0.06	朽无存	墓底东南	1.釜碎片						1	西汉

墓号	方向	墓坑		台阶		壁龛		墓道	
		墓口:长×宽-深 墓底:长×宽-深		位置	宽、高	位置	高×宽-进深	长×宽-深	坡度
M395	12°	口:2.7×1.9-0.3 底:2.64×1.82-2.06		无		无		无	
M405	178°	口:2.3×1.3-0.4 底:现2.3×1.3-1.9		无		无		无	
M406	5°	口:2.3×(1.14~1.2)-0.4 底:现2.3×(1.14~1.2)-0.9		无		无		无	
M407	180°	口:2.96×(1.82~1.9)-0.4 底:现2.96×(1.82~1.9)-1.2		无		无		2.24×(1.48~ 1.82)-1.2	28°
M412	95°	口:2.92×1.96-0.4 底:现2.92×1.96-0.6		无		无		残0.46×1.96-0.6	74°
M414	15°	口:2.26×(1.14~1.2)-0.2 底:现2.16×(0.98~1.06)-0.9		无		无		无	
M417	110°	口:3.4×2.3 底:现3.4×2.3-0.14		无		无		无	
M422	110°	口:2.8×(1.56~1.72)-0.3 底:现2.8×(1.56~1.72)-0.3		无		无		2.2×(1.37~ 1.56)-0.8	28°
M425	185°	口:3.34×(2.22~2.4)-0.4 底:3.34×(2.22~2.4)-2.1		无		无		无	

葬具		人骨架(葬式)	随葬品位置	随葬品组合						件(套)数	期段
椁、棺	长×宽－高、板厚			陶器	铜器	铁器	锡器	石器	漆木器		
一椁一棺	椁:2.58×1.74－0.32、0.06 棺:2.46×0.73－0.26、0.06	朽无存	椁内棺外西侧	1.盒,2.AaⅣ盒,3.鼎,4.罐(残),5.AbⅢ灶,6、8.壶(残),7.BaⅢ仓,9.AaⅥ井	10.Ⅲ五铢(2枚)				11～13.漆器痕	13	晚期早段
一椁一棺	椁:2.28×(1.22～1.26)－0.22、0.05 棺:2.08×0.48－0.2、0.05	朽无存	椁内棺外东侧	1.长颈瓶,2.AaⅢ盒,3.AbⅡ灶,4.AcⅢ壶					5、6.漆器痕	6	中期晚段
一椁一棺	椁:2.3×(1.14～1.2)－0.26、0.04～0.06 棺:2.18×0.5－0.05、0.06	无	椁内棺外东侧	1.BⅢ灶,3.AaⅣ罐		2.鍪			4～8.漆器痕	8	中期早段
一椁一棺	椁:2.7×1.4－0.9、0.1 棺:1.94×0.54－0.6、0.06	较差,仰身微屈	椁内棺外西侧	1.BⅦ井,2.AaⅤ仓,3.AaⅤ盒,4.AaⅦ灶,5.AcⅤ鼎,6、10.AaⅨ罐,7.AaⅧ壶	8.Ⅳ五铢(36枚)			9.石牌		10	晚期晚段
一椁一棺	椁:2.8×1.7－0.28、0.06 棺:2.24×0.64－0.14、0.06	仅存牙齿	椁内棺外西南	1.AcⅠ壶						1	早期早段
单棺	2.04×(0.48～0.57)－0.3、0.06	朽无存	棺内北侧	1.AaⅢ罐					2.漆器	2	早期晚段
一椁一棺	椁:2.76×1.84－0.14、0.07 棺:2.2×0.84－0.11、0.07	零星骨骼	椁内南侧	1.AaⅥ壶,2.盒(残),3.鼎(残),4.CⅢ灶,5.AbⅢ井						5	中期晚段
一椁一棺	椁:(2.52～2.62)×(1.16～1.22)－0.2、0.08 棺:1.9×0.44－0.18、0.04	朽无存	椁内北部	1.AbⅡ壶,2.BbⅡ仓,3.Ⅱ钵,4.DⅠ灶,5.匜						5	早期晚段
一椁一棺	椁:3.08×1.98－0.4、0.04 棺:2.2×0.6－0.28、0.05	朽无存	椁内棺外东部	1、7.AbⅤ壶,2.钵,3.AcⅢb井,4.鼎(残),5.BbⅣ鼎,6.灶(残),8.BcⅡ盒	9.Ⅱ五铢(2枚)					9	中期晚段

墓号	方向	墓坑		台阶		壁龛		墓道	
		墓口:长×宽－深 墓底:长×宽－深		位置	宽、高	位置	高×宽－进深	长×宽－深	坡度
M426	10°	口:3.56×(2.08~2.28)-0.2 底:现3.56×(2.08~2.28)-1.08		无		无		2.8×(1.9~ 2.08)-0.98	20°
M428	100°	口:3.06×1.96-0.4 底:现3×1.8-0.6		无		无		1.64×(1.5~ 1.62)-0.6	20°
M429	100°	口:3×1.96-0.4 底:现2.96×1.9-1.6		无		无		5×(1.76~ 1.88)-1.6	18°
M430	100°	口:3.3×2.2-0.4 底:现3.26×2-1.5		无		无		3.8×(1.9~ 2.1)-1.5	32°
M433	0°	口:3.26×(2.1~2.18)-0.2 底:现3.26×(2.1~2.18)-0.74		无		无		1.74×(1.78~ 2.1)-0.74	23°
M450	18°	口:2.54×1.64-0.2 底:现2.54×(0.6~0.66)-1.04		东、西 两侧	0.4、 0.24~0.3	无		无	
M451	20°	口:2.3×1.3-0.4 底:现2.3×1.3-1		无		无		无	
M459	100°	口:2.54×(1.56~1.6)-0.2 底:现2.54×(1.56~1.6)-0.3		无		无		无	
M461	5°	口:2.44×1.58-0.4 底:现2.44×1.58-0.38		无		无		无	

葬　具		人骨架（葬式）	随葬品位置	随葬品组合						件（套）数	期段
椁、棺	长×宽－高、板厚			陶器	铜器	铁器	锡器	石器	漆木器		
一椁一棺	椁:3.34×(1.78~1.98)－0.48、0.08 棺:2.08×0.7－(0.06~0.3)、0.07	朽无存	椁内棺外东部与南部	4.AaⅣ罐,5、6.鼎(残),7.AbⅡ井,8.BⅣ灶,10、11.AaⅡ盒,12.AaⅣ壶,13.AaⅢ壶	1.AⅠ带钩、9.盆		2、3.耳杯			13	中期早段
一椁一棺	椁:2.6×(1.38~1.42)－0.3、0.06 棺:2.1×(0.56~0.6)－0.2、0.07	朽无存	椁内南部	1.BⅡ瓮,3.AbⅣ壶,4.EⅡ罐,5.BbⅢ仓,6.BbⅡ鼎,7.AaⅢ井,8.AbⅠ灶	2.Ⅱ盆,9.Ⅰ五铢(1枚)					9	中期早段
一椁一棺	椁:2.92×1.7－1.05、0.1 棺:2.18×(0.64~0.7)－0.66、0.08	较完整,侧身直肢葬	椁内棺外西南	1.AaⅥ罐,2、7.AaⅦ壶,3、4.AbⅢ仓,5.CⅡ鼎,6.CbⅠ盒,8.BaⅢ鼎,9.AaⅤ灶,11.AbⅢ盒,12.AbⅣ井	13.盆,15.Ⅲ五铢(33枚)				10.漆盒痕,14、16.漆耳杯	16	晚期早段
一椁一棺	椁:3.02×1.98－0.72、0.08 棺:2.04×0.64－0.5、0.06	较差,仰身直肢葬	椁内棺外北部	3、6.BaⅡ盒,7.BaⅡ仓,8.AaⅢ灶,9.BⅢ井,10、11.AcⅡ鼎,12、13.AaⅣ壶	1.AⅠ带钩,2.铜钱(5枚),4.鉴				5.漆盘痕	13	中期早段
一椁一棺	椁:3.2×(1.74~1.8)－0.5、0.06 棺:2.22×0.66－0.16、0.08	朽无存	椁内棺外东侧	1.AbⅢ壶,2.AaⅡ井,3.DⅠ罐,4.AaⅡa鼎,5.AaⅢ罐,6.BaⅠ仓,7.AaⅡ灶	8.铜钱(3枚蚀)					8	早期晚段
单棺	2×0.42－0.16、0.04	仅存牙齿	棺外北端	1.AaⅠ鼎,2.CaⅡ盒,3.AbⅠ壶						3	早期早段
一椁一棺	椁:2.18×0.98－0.2、0.04 棺:1.88×0.54－0.1、0.04	无	椁内棺外东北	1.AbⅢ壶,2.AⅡ镳斗,6.AaⅡa鼎					3、4.漆耳杯,5.漆盒	6	早期晚段
一椁一棺	椁:2.54×(1.44~1.58)－0.2、0.08 棺:2.02×0.62－0.1、0.06	朽无存	椁内东侧	1.AcⅥ鼎,2.AaⅤ盒,3.AcⅣ壶,4.AaⅦ灶,5.BⅧ井,6.AcⅤ仓					7.漆耳杯痕	7	晚期晚段
一椁一棺	椁:2.44×1.58－0.38、0.04 棺:2.1×0.6－0.32、0.04	朽无存	椁内东部	1.AaⅣ井,2.BⅣ灶,3.AbⅣ罐,4.AaⅡ仓,5.AaⅣ壶,6.AaⅢ鼎,7.盒(残),9.AaⅡ盒	8.铜钱(15枚)					9	中期早段

墓号	方向	墓坑		台阶		壁龛		墓道	
		墓口:长×宽－深 墓底:长×宽－深		位置	宽、高	位置	高×宽－进深	长×宽－深	坡度
M479	20°	口:2.16×0.54－0.2 底:现2.16×0.54－0.2		无		无		无	
M490	110°	口:2.72×2.28－1.4 底:2.72×2.28－0.54						1.9×(0.86～ 2.28)－0.54	22°
M497	15°	口:2.5×(1.28～1.36)－0.4 底:现2.36×(1.2～1.28)－0.7		无		无		无	
M510	0°	口:2.66×(1.5～1.6)－0.4 底:现2.46×(1.36～1.5)－1.2		无		无		无	
M511	290°	口:1.94×0.54－0.2 底:现1.94×0.54－0.14		无		无		无	
M512	110°	口:2.4×(0.62～0.68)－0.2 底:现2.4×(0.62～0.68)－0.2		无		无		无	
M513	185°	口:2.5×1.3－0.4 现2.5×1.3－0.7		无		无		无	
M514	285°	口:2.74×(1.4～1.62)－0.4 底:现2.46×(1.3～1.48)－1.18		无		无		无	
M515	20°	口:2.6×1.34－0.4 底:现2.5×1.24－0.6		无		无		无	
M523	275°	口:(2.64～2.72)×1.62－0.3 底:现(2.58～2.62)×1.54－0.7		无		无		无	

续附表三

葬具		人骨架（葬式）	随葬品位置	随葬品组合						件（套）数	期段
椁、棺	长×宽–高、板厚			陶器	铜器	铁器	锡器	石器	漆木器		
单棺	1.74×0.36–0.1、0.04	差，仰身直肢葬	棺外北端	1.F罐					2.漆器痕	2	晚期晚段
砖室		朽无存	南室	1.EⅢ罐，2.磨，3.DⅡ灶，4.猪圈，5.AaⅪ罐，	6.大泉五十（21枚），小泉直一（18枚）					6	新莽
单棺	椁：2.28×(1.1~1.12)–0.32、0.06 棺：1.98×0.56–0.1、0.06	朽无存	椁内棺外东侧	1.AbⅢ壶，2.Ⅰ鍪，3.AⅢ镳斗，4.Ⅰ钵，5.C瓮，6.壶(残)					7~10.漆器痕	10	早期晚段
一椁一棺	椁：2.38×0.14–0.2、0.06 棺：2.04×0.6–0.08、0.06	朽无存	椁内棺外西、北	1.BⅡ灶，2.DⅡ罐，3.AaⅡ井，4.AaⅠ盒，5.BaⅠ鼎，6.AbⅢ壶					7~10.漆器痕	10	早期晚段
单棺	1.74×0.34–0.1、0.04	仅存头骨	无								西汉
单棺	1.88×0.4–0.16、0.04	仅存头骨	棺外东端	1.AaⅣ罐，2.釜(残)						2	中期早段
一椁一棺	椁：2.32×1.06–0.2、0.04 棺：1.94×0.54–0.06、0.04	仅存牙齿	椁内棺外西侧	1.AaⅠ罐，2.B镳斗						2	早期早段
一椁一棺	椁：2.16×1.08–0.24、0.06 棺：1.84×0.54–0.2、0.06	仅存牙齿	椁内棺外西端	1.BaⅠ壶						1	早期早段
一椁一棺	椁：2.23×1.06–0.4、0.06 棺：1.96×0.52–0.12、0.04	朽无存	椁内棺外东侧	1.AaⅡ罐，2.AbⅠ壶，3.AⅠ镳斗，5.AbⅠ鼎	4.镜(碎)					5	早期早段
一椁一棺	椁：2.46×1.26–0.3、0.06 棺：2.18×0.5–0.14、0.06	仅存牙齿	椁内棺外北侧	1.AcⅢ仓，2.AaⅤ井，3.AaⅣ灶，4.AdⅢb壶，5.BbⅣ鼎	6.盆(残)，7.Ⅱ五铢(5枚)					7	中期晚段

墓号	方向	墓坑		台阶		壁龛		墓道	
		墓口：长×宽－深 墓底：长×宽－深		位置	宽、高	位置	高×宽－进深	长×宽－深	坡度
M524	290°	口：2.6×1.2－0.4 底：现2.6×1.2－0.62		无		无		无	
M529	20°	口：2.6×（1.2~1.36）－0.2 底：现2.56×（1.18~1.22）－1.44		无		无		无	
M535	15°	口：1.5×（0.52~0.56）－0.4 底：现1.44×（0.44~0.46）－0.2		无		墓壁北端	0.16× 0.2－0.12	无	
M548	25°	口：2.3×（0.84~0.94）－0.2 底：现2.3×（0.84~0.94）－0.2		无		无		无	

葬 具		人骨架（葬式）	随葬品位置	随葬品组合						件（套）数	期段
椁、棺	长×宽－高、板厚			陶器	铜器	铁器	锡器	石器	漆木器		
一椁一棺	椁:2.53×1.04－0.22、0.08 棺:2.32×0.58－0.06、0.06	仅存腿骨，仰身直肢葬	椁内南部边箱	1. AbⅡ鼎,2. AbⅢ罐, 3. AbⅢ壶,4. AaⅠ盒, 5. AaⅡ灶,6. BⅡ井						6	早期晚段
一椁一棺	椁:2.48×1.08－0.28、0.04 棺:1.9×0.4－0.12、0.04	朽无存	椁内棺外北端	1. AaⅠ鼎,2. AbⅠ壶					3. 木盒痕	3	早期早段
单棺	1.34×0.4－0.02、0.02	无	壁龛内	1. CⅠ釜						1	早期早段
单棺	1.9×0.52－0.1、0.04	仅存牙齿	棺外北端	1. Ⅰ钵						1	早期早段

附表四　东汉墓葬登记表

（长度单位：米）

墓号	方向	形制	土坑 墓道(长×宽)	土坑 甬道、墓坑(长×宽×深)	甬道(长×宽×深)、砖室(长×宽×高)	人骨、葬具	随葬器物 陶器	瓷器	铜器	铁器	其他	件(套)数	年代
M12	100°	凸字形	口:5×(1.6~1.72) 坡:6.3×(1.3~3.5)×2.8-1.38	甬道:2.8×1.72-1.6 墓坑:(3.3~3.5)×2.8-1.38	甬道:2.66× 1.98+1.35	人骨,无,葬具仅剩红色漆皮	1.楼,2.羊,3.BⅠ狗,4.AⅣ鸡,6.8.AⅢ灯,9.D壶,11.B灯,12.AⅡ灯,14.灯盏,15.CⅣ仓,22.AbⅦ井,23.BⅣ灶,24.犀牛,25.鸳鸯,26.Ⅰ人物俑,27.Ⅱ人物俑	16.A四系罐,17.B四系罐	10.器残片,18.五珠(5枚),20.弩机,28.构件	7.削刀,13.刀,21.残片,	5.锡车饰,19.漆器痕,	28	晚期晚段
M24	300°	长方形	口:2.08×(0.86~1.46) 底:2.2×(0.86~1.46)	墓坑:2.57×1.46-1.06	砖室:2.44× 1.16+0.89	葬具仅有木头,腐痕及漆皮	5.AⅡ壶,3.BⅡ罐,5.Ⅲ磨,6.AaⅢ罐,7.BⅡ猪圈,8.BⅡ灶,9.BaⅡ鼎,10.鸭(残),11.鸡(残),12.AⅡ狗,14.AbⅣ井		4.铜钱(6枚蚀),13.盆			14	早期晚段
M26	95°	长方形		墓坑:3.02×1.4-0.1	砖室:1.28× 1.12+0.16								东汉
M44	105°	长方形	口:4.8×(1.56~1.6) 底:5×(1.44~1.52)	墓坑:2.64×(1.56~1.7)-1.6	砖室:2.36× 1.2+1.42		1.AaⅦ罐,2.CaⅢ壶,3.AaⅥ井,4.AⅢa鼎,5.AcⅢ灶,6.AaⅤ仓					6	晚期早段
M45	10°	长方形	口:2.2×(1~1.7) 底:2.38×(1~1.7)	墓坑:2.68×1.7-0.88	砖室:2.52× 1.42+0.82		1.A钵,2.AaⅥ罐,3.灶器,4.Bc鼎,5.BⅤ仓,6.BⅢ壶,7.AcⅡ灶					7	中期晚段
M53	186°	长方形	口:0.9×(0.86~0.96) 底:1×(0.86~0.96)	墓坑:3.04×1.2-0.6	砖室:2.88× 0.92+0.42		1.AaⅡ仓,2.AcⅡ灶					2	早期晚段
M61	82°	长方形	口:1.8×(0.7~1.5) 底:1.44×(0.08~0.82)	墓坑:2.47×1.5-0.75	砖室:2.36× 1.18+0.64		1.AⅥ鼎,2.灶,3.井,4.AaⅩ罐,5.仓		6.Ⅵ大泉五十(1枚)			6	晚期晚段

续附表四

墓号	方向	形制	土坑		甬道(长×宽-深)、砖室(长×宽-高)	人骨、葬具	随葬器物					件(套)数	年代
			墓道(长×宽)	甬道、墓坑(长×宽-深)			陶器	瓷器	铜器	铁器	其他		
M78	90°	长方形	口:1.4×(0.9~1.14) 底:1.64×(0.9~1.14)	墓坑:2.62×1.14-0.9	砖室:2.4×0.9+0.77		1.AaⅦ井		2.Ⅳ大泉五十(10枚)			2	晚期晚段
M125	185°	长方形	口:2.5×1.1 底:2.5×1.1	墓坑:2.76×1.18-1.46	砖室:2.44×0.9+1.15	下肢骨	1.BⅡ仓,2.DⅢ灶,3.BⅡ井,5.6.AaⅡ罐		4.Ⅱ大泉五十(29枚)			6	早期晚段
M149	115°	梯形	口:2.75×(1.1~1.4) 底:3.1×(1.1~1.3)	墓坑:2.64×(1.4~1.46)-1.52	砖室:2.48×(1.06~1.12)+1.18		1.BⅠ猪圈,2.狗(残),3,6.博山顶式仓盖,4.炙炉,5.BⅠ鸭,7.BⅠ罐,8.杵,9.EⅠ罐,10.灶上金甑,11.AⅠ灯,12.BaⅠ鼎,13.AⅠ鸡,14.AⅢ鸭,15.AⅠ壶,16.井(残),17.Ⅰ磨,18.杯,19.AaⅠ罐					19	早期早段
M157	200°		2.68×(0.88~0.96)	墓坑:2.86×1.1-1.36	砖室:2.62×0.84+1.12		1.AⅢ猪圈,2.AaⅣ罐,3.DⅣ灶,4.CⅡ仓,5.C罐,6.CaⅡ壶,7.器盖					7	中期早段
M159	95°	长方形	口:2.46×(1.1~1.38) 底:2.78×(1.1~1.2)	墓坑:2.52×1.38-1.1	砖室:2.26×1.14+0.98	1具木棺,仪稍腐痕及漆皮	1.5.AaⅢ罐,2.AⅡ鼎,3.AⅡ鸡,4.AcⅡ灶,7.Ac罐,8.CaⅠ壶,9.AaⅡ井,10.BⅢ仓,12.AⅢ鸭		6.盆,11.Ⅲ大泉五十(59枚)			12	早期晚段
M175	90°	长方形	口:2.66×(0.88~1.18) 底:3.1×(0.88~1.18)	墓坑:3.08×1.38-1.6	砖室:2.82×1.14+1.13	1具,头向东,仰身直肢。单棺,存漆皮	1.6.AaⅢ罐,2.AbⅤ井,4.AbⅡ灶,5.AaⅡ仓		3.盆(残),7.Ⅲ大泉五十(10枚)			7	早期晚段
M183	4°	长方形	口:2.1×(0.46~1.16) 底:2.18×(0.46~1.16)	墓坑:2.77×1.16-0.72	砖室:(2.54~2.56)×1.14+0.66		1.AaⅠ罐,2.AbⅠ井,3.AbⅠ灶,4.BⅠ井,5.Ab罐,6.CⅠ仓		7.Ⅱ大泉五十(10枚)			7	早期早段

续附表四

墓号	方向	形制	土坑 墓道(长×宽)	土坑 甬道、墓坑(长×宽×深)	甬道(长×宽-深)、砖室(长×宽+高)	人骨、葬具	随葬器物 陶器	瓷器	铜器	铁器	其他	件(套)数	年代
M188	270°	长方形	口:1.96×(1.16~1.44)底:2.08×(1.16~1.28)	墓坑:2.7×1.44×0.66	砖室:(2.32~2.36)×1.08+0.78		1.6. AaⅢ井,2. AaⅤ罐,3. BⅡ壶,4. AbⅣ灶,5. Bb鼎		7.五铢(1枚)			7	中期早段
M212	275°	长方形	口:1.06×(0.9~1.3)底:0.84×(0.9~1.3)	墓坑:3.26×1.2×0.34	砖室:3×0.8+0.3								东汉
M230	275°	凸字形	口:2.8×(1~1.42)底:2.82×(1~1.26)	甬道:1.58×1.3墓坑:3.22×2.7×1.42	甬道:1.74×0.94+1.19砖室:2.86×2.38+0.1		1. AⅢ狗,2. 长方盒,3. 罐(残),4. AaⅢ仓,5. B钵					5	中期早段
M288	0°	长方形		墓坑:2.85×0.86-0.38	砖室:2.5×0.62+0.32		1. AaⅡ罐,2. AaⅢ罐				3. 漆木器痕	3	早期晚段
M304	10°	T形	2.5×(0.9~1.14)	墓坑:2.6×1.14×0.94	耳室:0.74×0.7		1. BⅡ狗,2. 狗(残)					2	晚期晚段
M371	80°	长方形	口:3.52×(1.2~1.34)底:3.44×(1.2~1.34)	墓坑:2.65×1.6×1.64	砖室:2.44×1.12+1.5		1.5. AaⅧ罐,2. BⅢ灶,3. BⅥ仓,4. AⅤ鼎,6. AaⅨ罐,8. AaⅥ井		7. Ⅲ 五铢(22枚)			8	晚期早段
M401	100°	长方形	口:2.8×(1.3~1.56)底:3.2×(1.3~1.56)	墓坑:3.4×(1.9~2.08)-1.4	砖室:2.76×(1.65~1.68)+1.38	人骨1具,头向东。单棺,仅剩漆皮及棺痕	1. BⅢ罐,2. BⅣ壶,3. 灶上釜甑,5. AaⅦ仓,6. BⅦ仓,7. AaⅤ井,8. AⅢb鼎		4. 盆		9. 锡耳杯2	9	晚期早段

续附表四

墓号	方向	形制	墓道（长×宽）	甬道,墓坑（长×宽-深）	甬道（长×宽-深）,砖室（长×宽-高）	人骨、葬具	陶器	瓷器	铜器	铁器	其他	件（套）数	年代
			土坑				随葬器物						
M402	290°	长方形	2.2×1.1-（0~1.1）	墓坑:2.72×1.4-1.1	砖室:2.48×1.16+1		1.8.AaⅠ罐,2.3.AaⅠ仓,4.AⅡ猪圈,5.CbⅠ壶,6.DⅡ灶,7.AⅠ鼎		9.Ⅱ大泉五十（64枚）			9	早期早段
M403	200°	长方形		墓坑:3.1×1.36-0.3	砖室:2.2×1.03+0.11	1具人骨	1.罐（残）					1	东汉
M404	270°	长方形	口:1.7×(0.9~1.16) 底:1.85×(0.9~1.16)	墓坑:2.71×1.16-0.59	砖室:2.36×0.86+0.54								东汉
M408	200°	长方形	残	墓坑:残2.83×1.66-0.45	砖室:2.7×1.4+0.4		1.AaⅠ灶,2.BⅢ井		3.盆（残）,4.Ⅱ五铢（13枚）			4	中期早段
M413	2°	长方形	口:1.4×1	墓坑:2.68×1.41-1.86	砖室:2.44×0.9+0.9		1.CⅢ仓,2.AaVⅢ罐,3.4.BⅣ罐,5.CⅢ灶,7.AⅣ鼎,8.AaⅥ井		6.Ⅲ五铢（6枚）			8	晚期早段
M416	282°	长方形	口:2.34×(0.9~1.08) 底:2.6×(0.9~1.08)	墓坑:2.57×1.08-1.38	砖室:2.46×0.86+1.1		1.V磨,2.CⅡ鼎,3.AaⅣ井,4.AⅣ狗,5.AⅣ鸭,6.鸡（-1.BⅢ,-2.AⅢ）,7.DV灶,8.碓,9.AaⅣ仓,10.AⅣ猪圈		11.货泉（17枚）			11	中期晚段
M431	180°	长方形	1.5×(0.56~1.12)-(0~0.9)		砖室:2.56×1.02+0.78	单棺已烂	1.AⅠ猪圈,2.3.AaⅠ罐,4.BⅠ井,5.BⅠ仓,6.DⅠ灶					6	早期早段
M432	180°	凸字形	口:1.48×(0.96~1.06) 底:1.3×(0.96~0.98)	甬道口:1.46×1.96 甬道底:1.44×1.86 墓坑:4.32×(2.7~2.8)-(1.04~1.22)	甬道:0.98×(1.26~1.34)+0.52 前室:1.8×(2.4~2.42)+0.77 后室:2.4×东(0.8~0.84)/西1.3+0.85		2.汲水罐,3.猪,4.5.AaⅠ罐,6.灶上釜,7.AbⅢ井,8.仓（残）		1.Ⅰ五铢（4枚）			8	早期晚段

续附表四

墓号	方向	形制	土坑 墓道(长×宽)	甬道、墓坑(长×宽-深)	甬道(长×宽-深),墓室(长×宽+高)	随葬器物 人骨、葬具	陶器	瓷器	铜器	铁器	其他	件(套)数	年代
M440	110°	长方形	口:1.14×0.8 底:1.28×(0.76~0.8)	墓坑:1.72×0.96-0.65	砖室:1.42×0.68+0.44								东汉
M442	290°	长方形	底:0.88×(1.2~1.58)	墓坑:2.98×1.52-0.5	砖室:2.58×1.2+0.35		1.AⅠ狗,2.AⅠ壶,3.AaⅠ罐,4.BⅠ猪圈,5.AbⅡ井,6.BⅠ灶,7.Ⅱ磨,8.AbⅠ仓,11.BⅠ鸡,12.AⅠ鼎,13.BaⅠ鼎		9.盆(残),10.大泉五十(Ⅰ22枚,Ⅱ4枚)			13	早期早段
M445	110°	长方形	口:2.18×(0.7~1.12) 底:2.2×(0.7~1.12)	墓坑:3.14×1.12-0.9	砖室:2.82×0.92+0.77		1,2.AaⅣ罐,3.井(残),4.BⅣ仓,5.AbⅢ灶		6.大泉五十(Ⅰ19枚,Ⅱ15枚),7.指扣		8,9.漆器	9	中期早段
M456	290°	长方形	口:1.45×(0.72~1.1) 底:1.56×(0.72~1.1)	墓坑:2.75×1.1-0.49	砖室:2.4×0.86+0.36		1.CⅠ鼎,2.碓,3.AⅣ猪圈,4.鸭(4-1.AⅣ,4-2.BⅡ),5.Ⅴ磨,6.DⅤ灶,7.AaⅣ井,8.AⅣ狗,9.AaⅣ仓,11.鸡(11-1AⅢ,11-2.BⅢ)		10.货泉(8枚)			11	中期晚段
M458	110°	长方形	口:0.64×(0.94~1.06) 底:0.56×(0.94~1.06)	墓坑:1.68×1.16-0.4	砖室:1.58×0.96+0.36		1.AaⅠ罐,2.AaⅠ井,3.AcⅠ灶					3	早期早段
M534	270°	长方形	口:0.86×(1.46~1.7) 底:0.97×(1.46~1.7)	墓坑:2.52×1.7-0.3	砖室:2.4×1.46+0.21		1.AaⅣ罐(残),2.Ⅳ磨,3.AaⅡ灶,4.BⅢ猪圈,5.AbⅥ井,6.狗(-2.残),7.鸡(-1.BⅡ,-2.残),8.鸭(-1.AⅡ,-2残).CbⅡ壶,17.BⅠ壶		9.印章,10.印台,16.Ⅱ大泉五十(25枚)		11.纺轮,12~15.石范,19.砺石	19	中期早段

续附表四

墓号	方向	形制	土坑			人骨、葬具	随葬器物					件(套)数	年代
			墓道(长×宽)	甬道、墓坑(长×宽-深)	甬道(长×宽-深)、砖室(长×宽+高)		陶器	瓷器	铜器	铁器	其他		
M537	300°	中字形	口:1.8×1.28 底:2.1×1.28	甬道:0.9×1.28-0.86 前室:(2.8~2.82)×2.08-0.86 后室:3.02×1.5-0.8	甬道:(1.04~1.1)×0.88+0.72 前室:(2.38~2.4)×(1.84~1.86)+0.72 后室:3.08×(1.16~1.2)+0.75		1.AaⅠ罐		2.钱币(残)			2	早期早段
M541	292°	长方形	口:2.56×(1.08~1.36) 底:2.6×(1~1.24)	墓坑:2.51×1.36-0.65	砖室:2.4×1.16+0.56		1.罐(残),2.AaⅥ罐,3.锅		4.Ⅳ大泉五十(18枚)			4	中期晚段

附表五　南朝、隋唐、宋、明清墓葬登记表

（长度单位：米）

墓号	方向	形制	土坑 墓道 长×宽−深	墓坑 口×宽×深	砖室 甬道、耳室 长×宽+高	砖室 主室 长×宽+高	葬具	人骨	陶器	瓷器	铜器	铁器	其他	件（套）数	年代
M82	240°		口:5.58×(0.5~2)坡:6×(0.5~1.7)	口:6.2×2−0.5 底:6.2×2−2.68	1.36×1.12+1.64	4.25×1.56+2.42		头骨、残乱肢骨		1.盏	2.五铢			2	南朝
M11	200°			口:2.64×(0.76~0.84)−1 底:2.64×(0.76~0.84)−0.6		2.28×(0.4−0.48)+0.45		1具，头向南，仰身直肢	6.罐		2.乾元重宝、3.镜、4.铜钱、5.耳匙	剪、7.盂		7	唐中
M14	200°		口:2.5×(0.7~1.42)坡:2.96×(0.66~1.46)	口:3.7×1.6−0.4 底:3.42×1.6−1.44		2.6×1.1~1.4				2.Ⅰ盘口壶、3.Ⅰ碗、4.杯	6.五铢(40枚)	5.镰	1.银镯、7.银钗	7	隋至唐初
M15	200°		口:1.78×(0.6~1.4)	口:3.22×1.6−0.3 底:3.22×1.6−1.44		2.66×(1.06~1.16)+1.3				2.Ⅱ盘口壶、3.Ⅱ碗、4.Ⅰ碗		1.镰		4	隋至唐初
M166	175°	长方形竖穴	口:1.56×(1~1.22)坡:1.6×(1~1.22)	口:3.4×1.22−0.4 底:3.4×1.22−0.4		3.06×0.84+0.3	朽，有棺钉	1具，头向南，仰身直肢	1.A罐	2.A碗、3.B碗、4.C碗	5.治平元宝、咸平元宝(70枚)			5	北宋中期
M16	195°		口:2.8×(1.2~2.4)坡:3.4×(1.2~1.96)	口:3.8×(2~2.4)−0.3 底:3.58×(1.82~1.96)−1.8	1.06×0.68+1.03	2.34×(1.36~1.4)+1.6		头骨碎片，头向北	1.墓志、2.砖					2	北宋中后期

续附表五

墓号	方向	土坑			砖室		葬具及葬式		随葬器物					件(套)数	年代
		形制	墓道 长×宽-深	墓坑 口长×宽-深	甬道、耳室 长×宽+高	主室 长×宽+高	葬具	人骨	陶器	瓷器	铜器	铁器	其他		
M356	185°	梯形		口:2.34×(0.7~0.86)-0.3 底:2.34×(0.7~0.86)-0.44		2.02×(0.38~0.54)+0.32	单棺,仅剩棺钉	残存头骨	1.B罐	2.D碗		3.铁钱		3	北宋晚期
M17	180°		口:1.02×(0.32~0.72) 底:1.28×(0.32~0.72)	口:1.48×0.83-0.3 底:1.48×0.83-0.8	0.32×0.32+0.35	0.88×0.32+(0.45~0.55)		2具,杂乱迁葬							宋
M18	180°		口:1.14×(0.5~0.68) 底:1.4×(0.5~0.68)	口:1.66×1.04-0.3 底:1.66×1.04-0.8	0.34×0.4+0.4	1.04×0.42+0.52		1具,杂乱迁葬							宋
M19	180°		口:0.48×(2.64~2.98) 底:0.54×(2.64~2.98)	口:1.88×2.42-0.3 底:1.71×2.26-1.33		东:1.58×(0.48~0.68)+(0.68~0.8) 西:1.49×(0.48~0.8)+(0.68~0.8)		1具	1.Ⅱ盏					1	宋
M80	205°			口:2.8×(1.1~1.26)-0.5 底:2.8×(1.1~1.26)-0.32		2.4×(0.7~0.86)+0.27									宋

续附表五

墓号	方向	形制	土坑 墓道 长×宽−深	墓坑 长×宽−深	砖室 甬道,耳室 长×宽+高	砖室 主室 长×宽+高	葬具	人骨	陶器	瓷器	铜器	铁器	其他	件(套)数	年代
M397	175°	"凸"字形竖穴	0.34×(0.52~0.56)−0.4	口:1.4×1.66−0.3 底:1.37×1.37−1.45		1.25×0.95+0.95	腐烂	仅存头骨			1.耳环、2.钗			2	宋
M398	175°	圆形竖穴	1.74×(1.22~2.02)	口:3.3×2.84−0.5 底:3.3×2.84−(2.65~2.92)	0.64×0.86+1.3	2.05×2.3+2.2	腐烂	几截肢骨及头骨						3	宋
M399	175°	圆形竖穴	2.6×(0.96~1.56)−(0.26~2.3)	3.9×3.36−2	1×0.92+1.72		腐烂	2具人骨	1.盏,3.墓志		2.镜			3	宋
M400	185°	圆形竖穴	3.95×(1.1~2.06)−(0~1.44)	直径3×3.48−3.1	1×0.92+1.72		腐烂	2具	1.I盏					1	宋
M232	30°	长方形竖穴		口:2.4×0.8−0.4 底:2.4×0.8−0.7			单棺	1具人骨,仰身直肢	3.I罐	1,2.I碗	4.铜钱			5	明
M331	21°	长方形竖穴		口:2.16×0.74−0.4 底:2.04×0.6−0.5			腐烂	腐烂	2.II釉陶罐	1,3.II瓷碗				3	明

续附表五

墓号	方向	形制	土坑		砖室		葬具及葬式		随葬器物					件(套)数	年代
			墓道 长×宽-深	墓坑 长×宽-深	甬道、耳室 长×宽+高	主室 长×宽+高	葬具	人骨	陶器	瓷器	铜器	铁器	其他		
M89	5°	长方形竖穴		口:1.86×0.56-0.3 底:1.86×0.56-0.4				腐烂							清
M145	60°	长方形竖穴		口:2.2×1.0-0.4 底:1.96×0.92-0.66			单棺	人骨1具,仰身直肢	3.瓦		2.康熙通宝(4枚)		1.石枕	3	清
M370	40°	长方形竖穴		口:2.5×(0.8~0.98)-0.32 底:2.5×(0.88~0.98)-0.44					1.瓦					1	清

后　记

　　本报告由朱俊英、王道文主编，张浩、赵凌、陈坤、周文任副主编。参加执笔编写人员有朱俊英、张世松、王道文、张浩、周文、朱远志、刘露、陈坤、阮佳骏、赵凌、杨雅婧。

　　第一章绪论，第二章第一节墓地概况、第二节周代墓葬，第四章结语由朱俊英、王道文、张浩执笔；第二章第三节秦墓葬由张世松、刘露、周文执笔；第二章第四节西汉墓葬由张世松、朱远志、张浩、刘露执笔；第二章第五节东汉墓葬由张世松、陈坤、阮佳骏执笔；第二章第六至九节南朝、隋唐、宋、明清墓葬由张世松、刘露、朱远志、杨雅婧、周文执笔；第三章墓葬分述由王道文、朱远志、刘露、阮佳骏、张浩执笔。

　　报告中的田野照片由赵凌拍摄，器物照片由杨力拍摄。墓葬坑位图由赵凌测绘，器物图由李小波、赵凌、龚祥炜绘制。陶器由王仁浩、杨中玉、黄洪涛修复，报告排版由赵凌完成。英文提要由美国哥伦比亚大学东方语言文化系博士赵家华翻译。

　　初稿完成以后由朱俊英修改、统稿、定稿。

　　墓葬的田野发掘经费、发掘资料的整理经费由襄阳市海容房地产公司提供，出版经费由国家重点文物保护专项补助经费资助。襄阳市文化、广播、新闻出版局的领导，湖北省博物馆、文物考古研究所，襄阳市文物考古研究所的陈千万及同仁对报告的整理编写工作给予了极大关心和支持。

　　这本报告从发掘到整理编写历经三个寒暑，凝聚了全体工作人员的辛劳汗水。其中的风风雨雨，个中滋味只有从事田野考古工作的同行才知道。报告不敢言其有俯视全景的视野，有的只是发掘资料的如实报道，报告不敢言其有理论深度，有的只是对感性认识的摸索。所以，我们十分真诚地希望读者批评指正。

朱俊英

2019 年 6 月 30 日

The Cemetery at Bianying in Xiangyang

(Abstract)

Between July 2012 and February 2013, the Hubei Provincial Institute of Cultural Relics and Archaeology and the Xiangyang Municipal Institute of Cultural Relics and Archaeology excavated 539 burials from the site of Bianying, located near Dengcheng Community in the township of Tuanshan in the Xiangyang Municipal New High Technology Industrial Development Zone. Of these excavated burials, 3 have been dated to the Western Zhou period, 108 to the Spring and Autumn period, 149 to the Warring States period, 58 to the Qin period, 164 to the Western Han period, 37 to the Eastern Han period, 1 to the Southern Dynasties period, 3 to the Sui-Tang period, 11 to the Song period, and 5 to the Ming-Qing period.

The Cemetery at Bianying in Xiangyang is a complete and systematic report of this burial data, and is divided into 4 chapters. Chapter 1 is an overview of the cemetery's geography, environment, and anthropogenic history, as well as a description of the cemetery's process of excavation and data analysis. Chapter 2 is an analytical descriptive summary of the cemetery's spatial organization, the burials' structures, furnishings, styles and orientations, and the placement and typology of the grave goods; in addition, Chapter 2 provides a chronology of the burials as well as a delineation of the identities of the cemetery occupants. Chapter 3 provides full descriptions of complete, furnished, and well-preserved examples of burials from each time period represented at the cemetery. Chapter 4 is the concluding chapter, and presents an analysis of the mortuary customs of each time period represented at the cemetery, focusing particularly on the Zhou, Qin, and Han periods. In addition, it analyzes the cemetery's relationship with the ancient site of Dengcheng.

1. Burials of the Zhou Period

A total of 260 burials were dated to the Zhou period. 3 burials were dated to the Western Zhou period. 257 burials were dated to the Eastern Zhou period. The majority of the Zhou period tombs are vertical pit burials with inwardly sloping shaft walls.

The artifacts were uncovered from the Zhou period tombs at Bianying. These artifacts include pottery, bronzes, iron items, tin items, lacquered wood items, stone items, bone items and glass.

All of the Zhou period burials from Bianying that pre-date the middle Spring and Autumn period have strong characteristic similarities with burials from the central plains, the Guanzhong region in particular, in terms of burial structure and artifact style. They also exhibit a local cultural idiosyncrasy. Starting in the middle Spring and Autumn period, however, burials at Bianying begin to exhibit Chu cultural characteristics, though local cultural flare remains prominent.

The Zhou period tombs at Bianying range in date from the early part of the late Western Zhou period through to the late part of the late Warring States period.

2. Burials of the Qin Period

58 tombs date to the Qin period. Some tombs feature parallel virgin soil ercengtai constructed on the length-side walls.

The artifacts uncovered from these burials can be divided into pottery, bronzes, iron items, and lacquer wares.

3. Burials of the Western Han Period

164 tombs date to the Western Han period. Most of these tombs are vertical pit tombs, though there are 5 that feature brick burial chambers. Most of the vertical pit tombs are rectangular in shape, though some also feature convex protrusions.

Grave goods can be divided into pottery items, bronze items, iron items, lead items, and lacquered wood items.

The tombs last from early part of the early western Han period to Wangmang interregnum period.

4. Burials of the Eastern Han Period

37 tombs date to the Eastern Han period. All burials are vertical pit tombs with brick tomb chambers. The tomb chambers either have single, double or even triple occupancy.

Grave goods include pottery, porcelains, bronzes, iron items, lead items, stone items, and lacquer ware.

5. Burials of the Southern Dynasties, Sui, Tang, Song, Ming, and Qing Periods

We uncovered 1 burial dating to the Southern Dynasties at Bianying, 3 from the Tang period, 11 from the Song period, and 5 from the Ming and Qing period. Southern Dynasties period: The single burial dating to the Southern Dynasties is constructed as a vertical pit tomb with a brick burial chamber.

Sui and Tang period: Burials from this period are all either vertical pit or shallow pit tombs with brick burial chambers.

Song period: 11 tombs have been dated to the Song dynasty. All of these burials are either vertical pit or shallow pit tombs with brick burial chambers.

Artifacts consist of pottery, porcelains, bronzes, and iron items.

Ming and Qing period: A total of 5 tombs date to the Ming and Qing dynasties. They are constructed as vertical pit tombs with rectangular shafts.

These grave goods consist of pottery, glazed pottery, porcelains, bronzes, and stone items.

For the most part, the cemetery at Bianying was most concertedly utilized during the Spring and Autumn, Warring States, Qin, Western Han, and Eastern Han periods, while the Western Zhou, Southern Dynasties, Sui, Tang, Song, Ming, and Qing periods are less well-represented. There is no doubt that all of these tombs were associated in some manner with the ancient site of Dengcheng, and we conclude that these burials likely belong to the city's inhabitants.

I、II区地貌与环境（南—北）

1. Ⅰ区

2. Ⅱ区

Ⅰ、Ⅱ区墓葬分布图

1. M468

2. M481

3. M482

西周墓葬

1. M35

2. M100

3. M105

4. M176

Ⅰ区春秋墓葬

1. M317

2. M324

3. M337

4. M380

Ⅰ区战国墓葬

1. M209

2. M437

3. M454

4. M460

Ⅲ区春秋墓葬

2. M477

4. M489

1. M466

3. M488

Ⅲ区春秋墓葬

2. M526

4. M547

1. M504

3. M542

Ⅲ区春秋墓葬

1. M174

2. M319

3. M415

Ⅲ区战国墓葬

1. M418

2. M419

3. M424

Ⅲ区战国墓葬

1. M439

4. M485

2. M448

3. M455

Ⅲ区战国墓葬

1. M487

2. M496

3. M500

4. M519

Ⅲ区战国墓葬

1. Ⅱ式（M105：1）

2. Ⅱ式（M474：1）

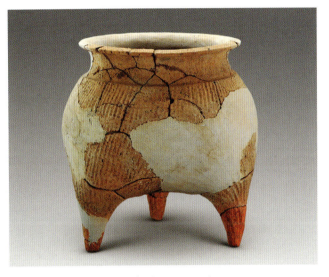

3. Ⅲ式（M279：1）

4. Ⅲ式（M477：1）

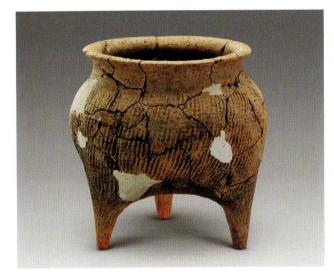

5. Ⅳ式（M29：1）

6. Ⅴ式（M111：2）

周墓出土Aa型陶鬲

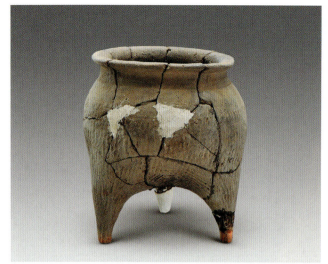

1. V式（M489：4）

2. Ⅵ式（M209：2）

3. Ⅵ式（M326：4）

4. Ⅵ式（M452：1）

5. Ⅶ式（M35：3）

6. Ⅶ式（M454：2）

周墓出土Aa型陶鬲

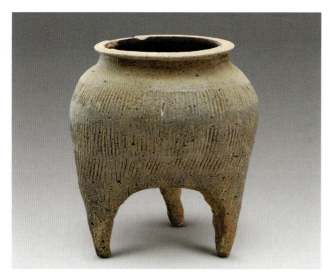

1. Ⅷ式（M484：3）

2. Ⅷ式（M539：1）

3. Ⅸ式（M337：2）

4. Ⅸ式（M436：2）

5. Ⅸ式（M502：1）

6. Ⅹ式（M324：2）

周墓出土Aa型陶鬲

1. Ⅹ式（M380：1）

2. Ⅹ式（M441：1）

3. Ⅺ式（M91：2）

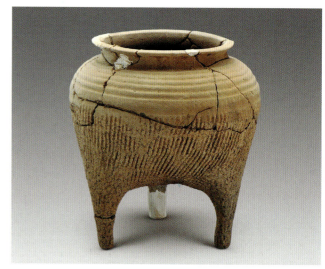

4. Ⅺ式（M467：1）

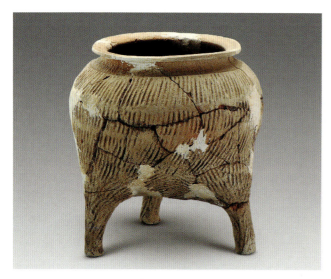

5. Ⅻ式（M319：2）

6. Ⅻ式（M439：3）

周墓出土Aa型陶鬲

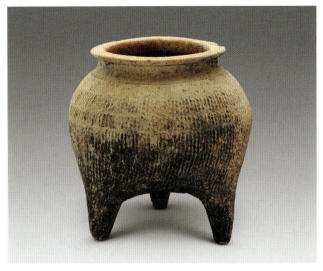

1. Aa型ⅩⅡ式（M536：3）

2. Aa型ⅩⅢ式（M435：2）

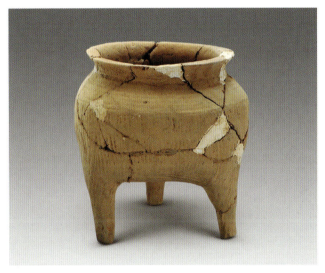

3. Aa型ⅩⅢ式（M525：1）

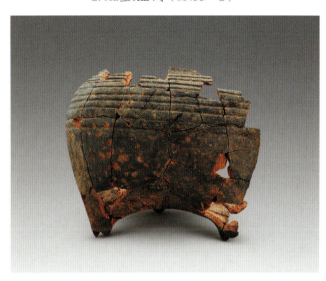

4. Ab型Ⅰ式（M526：1）

5. Ab型Ⅱ式（M506：2）

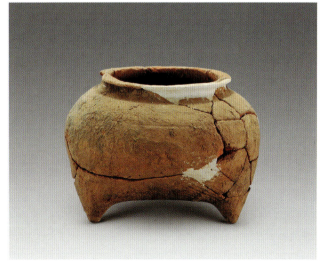

6. Ab型Ⅲ式（M324：1）

周墓出土A型陶鬲

1. Ⅰ式（M468：1）

2. Ⅱ式（M86：3）

3. Ⅱ式（M488：1）

4. Ⅲ式（M460：5）

5. Ⅲ式（M504：1）

6. Ⅳ式（M81：2）

周墓出土B型陶鬲

1. B型Ⅳ式鬲（M270：3）

2. B型Ⅴ式鬲（M364：1）

3. B型Ⅴ式鬲（M437：3）

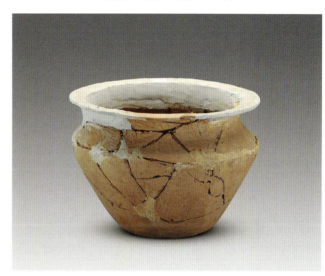

4. Aa型Ⅰ式盂（M468：2）

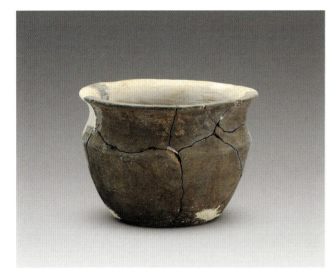

5. Aa型Ⅱ式盂（M482：1）

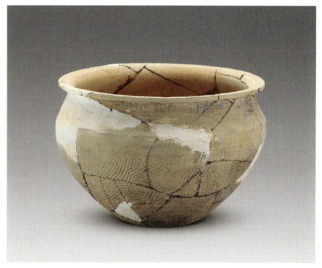

6. Aa型Ⅲ式盂（M474：2）

周墓出土陶器

1. Ⅳ式（M504：2）

2. Ⅴ式（M488：3）

3. Ⅴ式（M547：3）

4. Ⅵ式（M54：2）

5. Ⅵ式（M489：3）

6. Ⅶ式（M245：1）

周墓出土Aa型陶盂

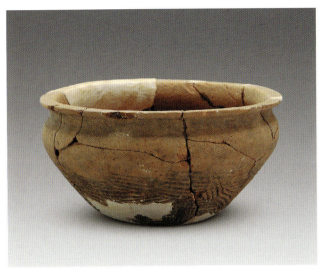

1. Ⅶ式（M466：1）

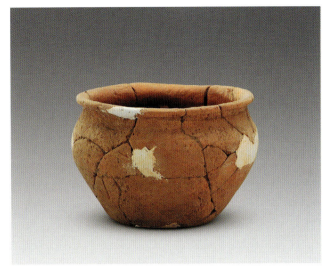

2. Ⅷ式（M111：3）

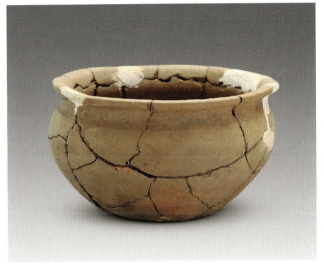

3. Ⅷ式（M454：1）

4. Ⅸ式（M21：2）

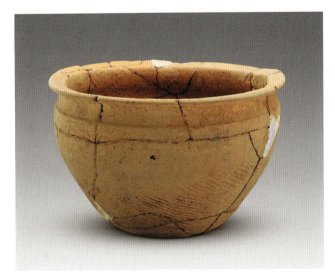

5. Ⅸ式（M448：1）

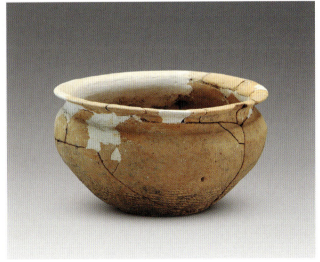

6. Ⅸ式（M469：1）

周墓出土Aa型陶盂

1. Ⅸ式（M530：2）

2. Ⅹ式（M420：1）

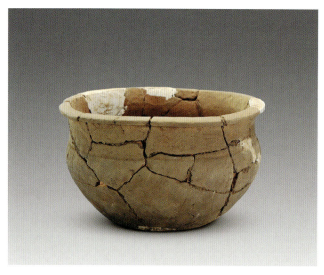

3. Ⅹ式（M516：1）

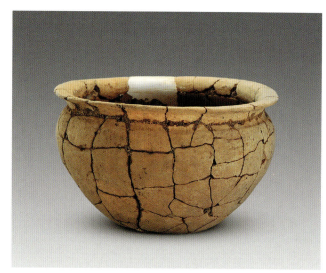

4. Ⅺ式（M172：3）

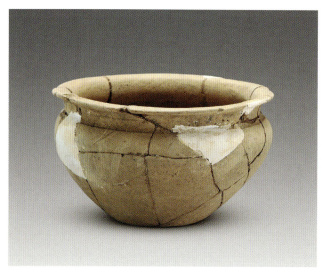

5. Ⅺ式（M498：2）

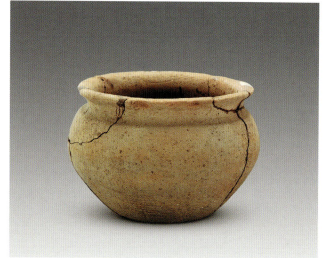

6. Ⅻ式（M42：1）

周墓出土Aa型陶盂

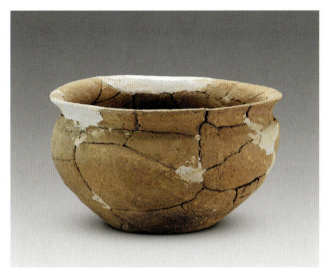

1. Ⅻ式（M65：1）

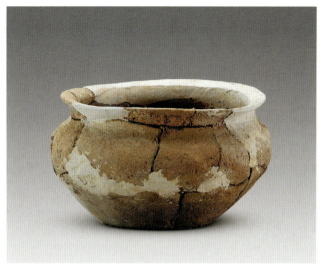

2. ⅩⅢ式（M65：2）

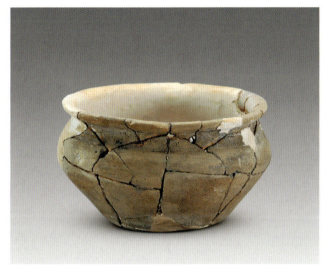

3. ⅩⅢ式（M337：3）

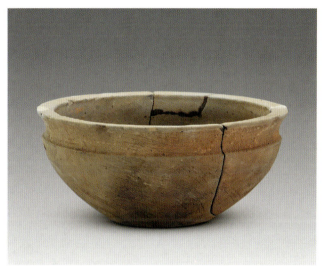

4. ⅩⅣ式（M169：1）

5. ⅩⅣ式（M319：3）

6. ⅩⅣ式（M496：2）

周墓出土Aa型陶盂

1. Ab型（M174：1、12）（上—下）

4. B型Ⅲ式（M487：3）

2. B型Ⅰ式（M326：2）

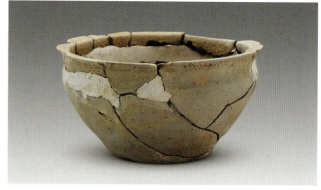

5. B型Ⅳ式（M91：1）

6. B型Ⅳ式（M485：4）

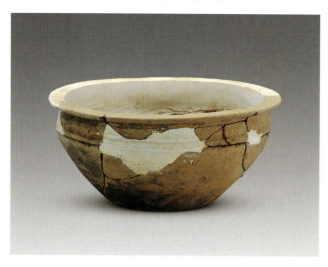

3. B型Ⅱ式（M484：2）

7. B型Ⅴ式（M396：4）

周墓出土陶盂

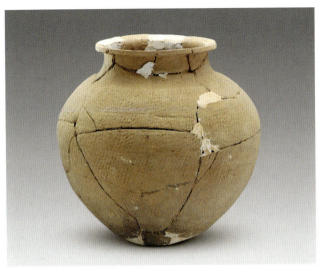

1. Ⅰ式（M488：2）

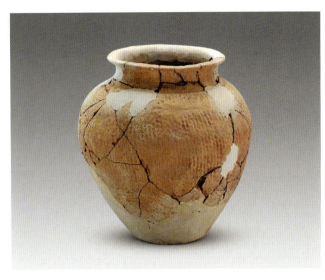

2. Ⅱ式（M100：3）

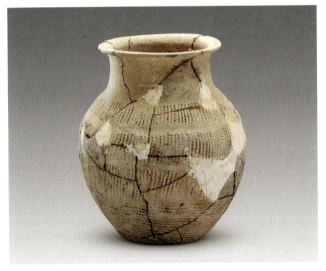

3. Ⅱ式（M460：4）

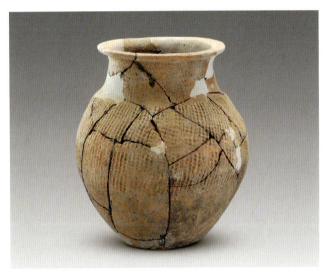

4. Ⅲ式（M270：2）

5. Ⅳ式（M111：1）

6. Ⅳ式（M448：2）

周墓出土A型陶罐

1. Ⅴ式（M317：1）

2. Ⅴ式（M530：3）

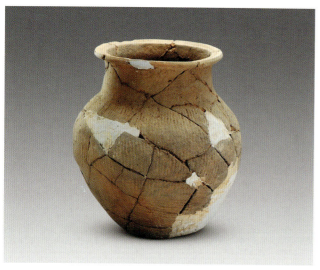

3. Ⅵ式（M436：1）

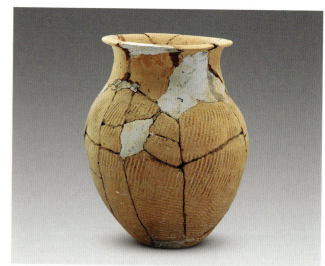

4. Ⅵ式（M545：1）

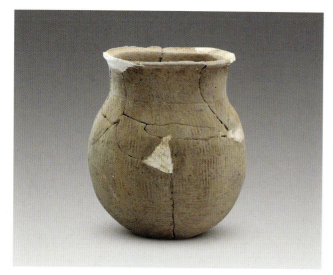

5. Ⅶ式（M487：1）

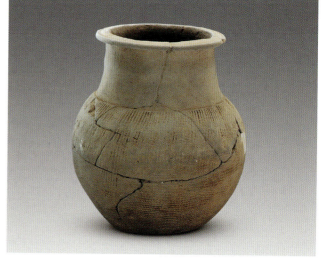

6. Ⅷ式（M169：3）

周墓出土A型陶罐

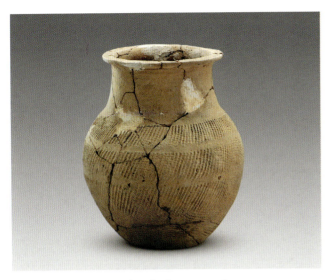

1. A型Ⅸ式（M439：4）

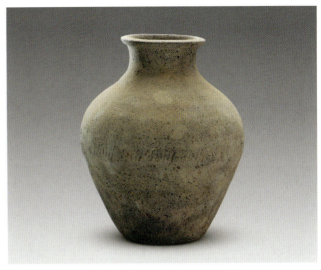

2. A型Ⅹ式（M174：10）

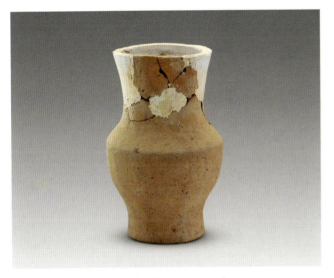

3. Ba型Ⅰ式（M75：2）

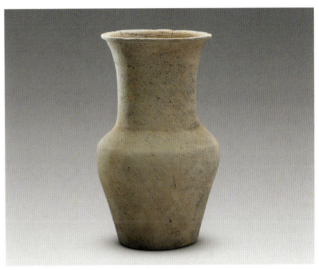

4. Ba型Ⅱ式（M437：2）

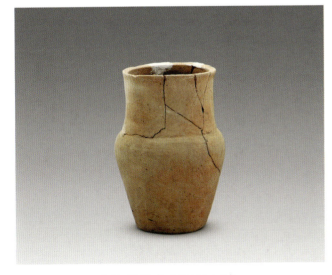

5. Ba型Ⅲ式（M466：3）

6. Ba型Ⅳ式（M35：1）

周墓出土陶罐

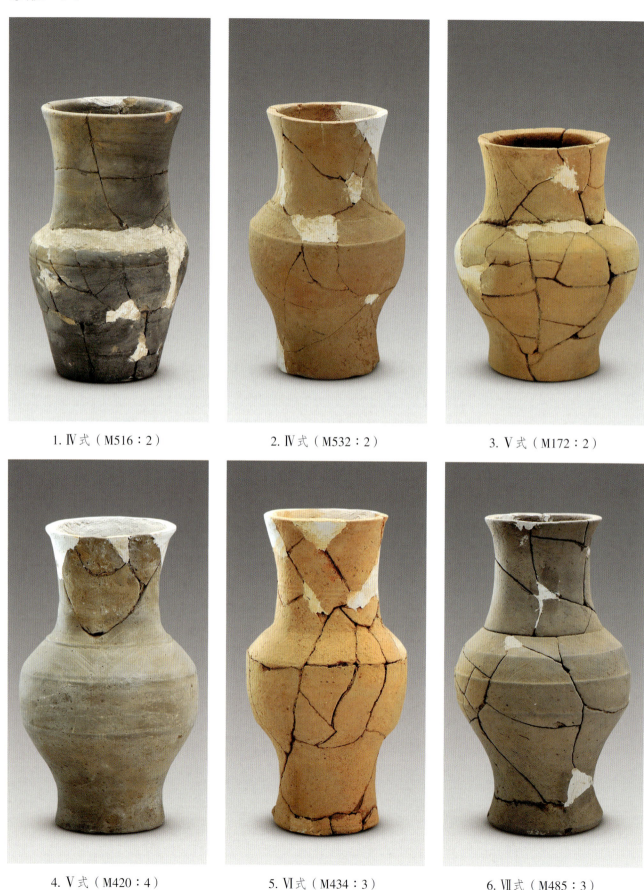

1. Ⅳ式（M516：2）　　　2. Ⅳ式（M532：2）　　　3. Ⅴ式（M172：2）

4. Ⅴ式（M420：4）　　　5. Ⅵ式（M434：3）　　　6. Ⅶ式（M485：3）

周墓出土Ba型陶罐

1. Ba型Ⅷ式（M207：4）

2. Ba型Ⅷ式（M536：5）

3. Ba型Ⅸ式（M435：1）

4. Ba型Ⅸ式（M496：1）

5. Bb型Ⅰ式（M105：3）

6. Bb型Ⅱ式（M464：1）

周墓出土B型陶罐

1. Bb型Ⅲ式（M106：1）

2. Bb型Ⅳ式（M214：2）

3. Bb型Ⅳ式（M532：1）

4. Bb型Ⅴ式（M465：1）

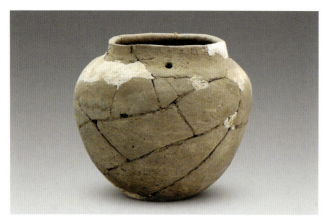

5. Ca型Ⅰ式（M477：3）

6. Ca型Ⅱ式（M547：2）

周墓出土陶罐

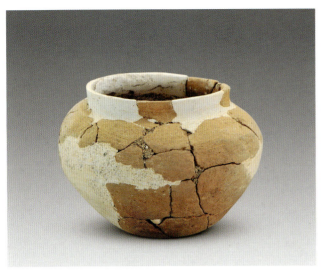

1. Ca型Ⅲ式罐（M195：1）

2. Ca型Ⅳ式罐（M536：2）

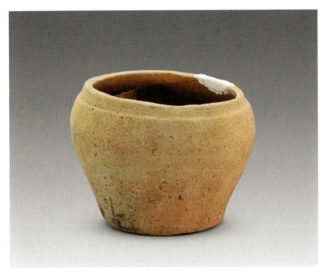

3. Cb型罐（M506：1）

4. Aa型Ⅰ式豆（M468：3）

5. Aa型Ⅱ式豆（M481：2）

6. Aa型Ⅳ式豆（M473：1）

周墓出土陶器

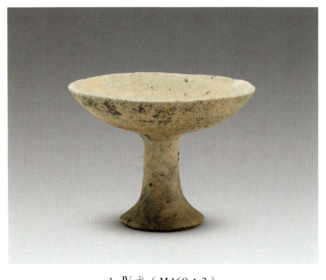

1. Ⅳ式（M460：3）

2. Ⅴ式（M29：4）

3. Ⅴ式（M489：1）

4. Ⅵ式（M113：3）

5. Ⅵ式（M519：3）

6. Ⅶ式（M326：5）

周墓出土Aa型陶豆

1. Ⅶ式（M452：2）

2. Ⅶ式（M503：1）

3. Ⅷ式（M317：2）

4. Ⅷ式（M455：7）

5. Ⅷ式（M455：5）

6. Ⅷ式（M521：1）

周墓出土Aa型陶豆

1. IX式（M420：3）

2. IX式（M539：4）

3. X式（M146：2）

4. X式（M538：2）

5. XI式（M536：4）

周墓出土Aa型陶豆

1. Aa型Ⅻ式豆（M522：3）

2. Ab型Ⅰ式豆（M169：4）

3. Ab型Ⅱ式豆（M174：4）

4. B型豆（M21：1）

5. C型豆（M100：2）

6. 盆（M455：1）

周墓出土陶器

1. 釜（M174：9）

2. Aa型Ⅰ式鼎（M434：1）

3. Aa型Ⅱ式鼎（M500：3）

4. Aa型Ⅲ式鼎（M485：2）

5. Aa型Ⅳ式鼎（M495：1）

6. Aa型Ⅴ式鼎（M415：4）

周墓出土陶器

1. Ab型鼎（M418：7）

2. B型Ⅰ式鼎（M530：1）

3. B型Ⅱ式鼎（M448：3）

4. B型Ⅲ式鼎（M172：1）

5. B型Ⅳ式鼎（M498：3）

6. A型Ⅰ式敦（M500：4）

周墓出土陶器

1. A型Ⅲ式敦（M495：3）

2. A型Ⅳ式敦（M415：7）

3. Ⅱ式壶（M463：3）

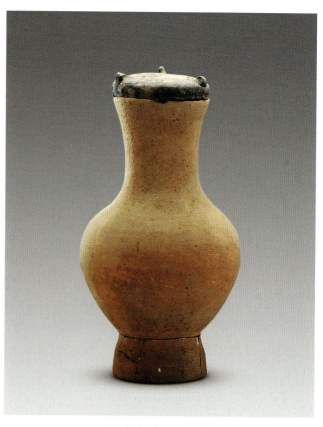

4. Ⅲ式壶（M462：4）

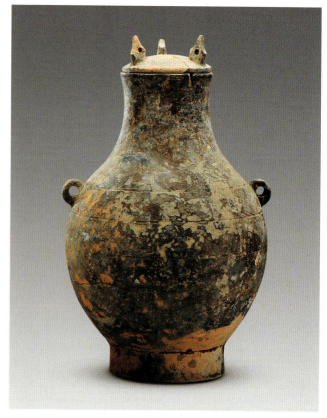

5. Ⅳ式壶（M418：2）

周墓出土陶器

1. Ⅳ式壶（M495：5）

3. Ⅵ式壶（M169：2）

4. 盉（M418：6）

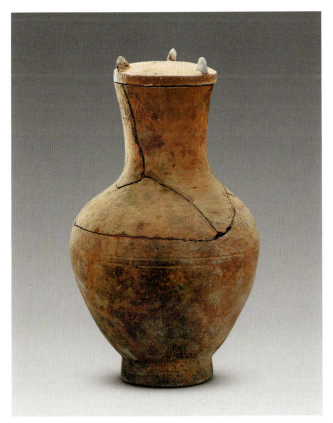

2. Ⅴ式壶（M415：1）

5. 筒瓦（M496：4）

周墓出土陶器

1. 铺首（M21：3）

2. 带钩（M223：1）

3. 带钩（M469：2）

4. 环（M491：4-1）

5. 环（M491：4-2）

8. Ⅱ式剑（M439：1）局部

6. Ⅰ式剑（M462：3）

7. Ⅱ式剑（M439：1）

10. Ⅱ式剑（M500：2）局部

9. Ⅱ式剑（M500：2）

周墓出土铜器

1. 铜戈（M418：10）

2. 铜镞（M128：2）

3. 铜镞（M298：2）

4. 铜铃（M491：1）

5. 铜铃（M491：1-1）

6. 石玦（M328：1）

7. 石玦（M376：2）

8. 石璜（M56：1）

9. 玉璜（M66：1）

10. 玛瑙环（M21：5）

周墓出土器物

1. 石环（M21：6）   2. 石环（M21：7）   3. 石块（M291：1）

4. 石玲（M66：2）   5. 石玲（M84：1）   6. 玉玲（M110：1）

7. 石玲（M128：1）   8. 石玲（M134：1）   9. 石玲（M143：2）

10. 石玲（M148：1）   11. 石玲（M152：1）   12. 石玲（M162：1）

周墓出土玉石器

1. 石琀（M211：1）　　　2. 玉琀（M298：3）　　　3. 石琀（M334：1）

4. 石琀（M347：1）　　　5. 石琀（M374：1）　　　6. 石琀（M376：1）

7. 石琀（M468：5）　　　8. 骨管（M21：8）　　　9. 骨管（M41：1）

10. 骨片饰（M21：9）　　　　　11. 料珠（M21：4）

周墓出土器物

1. M186

2. M358

3. M494

4. M505

秦墓葬

1. M52

2. M74

3. M104

4. M200

秦墓葬

1. M226

2. M272

3. M332

秦墓葬

2. M470

4. M531

1. M410

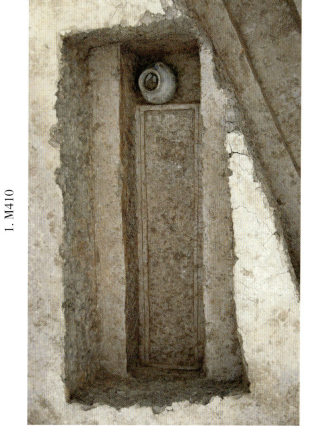

3. M483

秦墓葬

1. 鬲（M272：1）

2. Ⅰ式盂（M215：3）

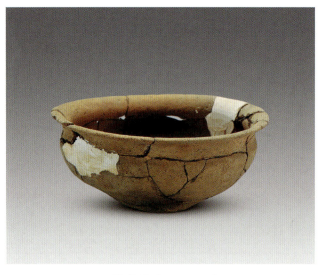

3. Ⅱ式盂（M200：1）

4. Ⅲ式盂（M234：3）

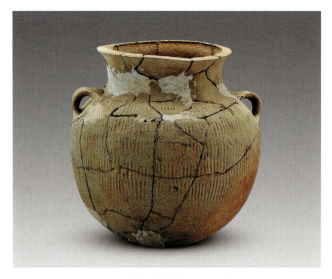

5. Aa型Ⅰ式罐（M52：1）

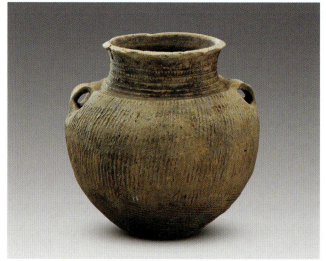

6. Aa型Ⅰ式罐（M410：1）

秦墓出土陶器

1. Aa型Ⅱ式（M133：3）

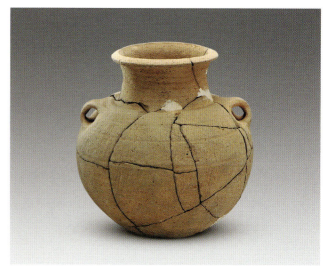

2. Aa型Ⅱ式（M494：2）

3. Aa型Ⅲ式（M107：1）

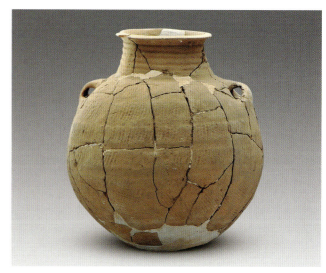

4. Aa型Ⅳ式（M507：2）

5. Aa型Ⅴ式（M358：1）

6. Ab型Ⅰ式（M272：3）

秦墓出土A型陶罐

1. Ab型Ⅱ式（M69：1）

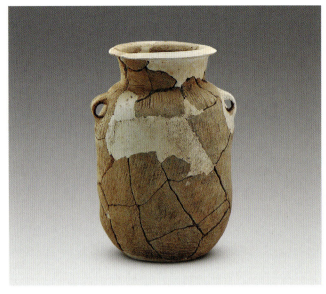

2. Ab型Ⅲ式（M108：1）

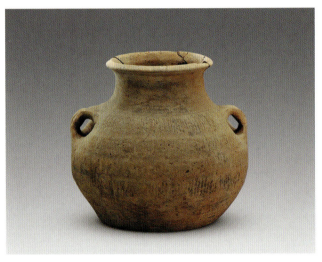

3. Ac型（M483：1）

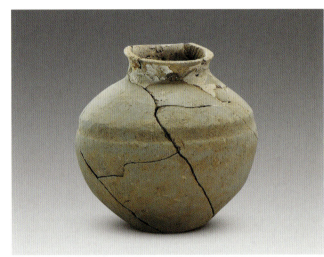

4. Ba型Ⅰ式（M171：1）

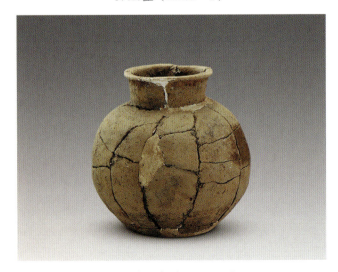

5. Ba型Ⅱ式（M339：1）

6. Ba型Ⅲ式（M226：2）

秦墓出土陶罐

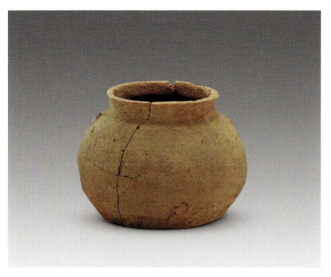

1. Bb型Ⅰ式（M215：1）

2. Bb型Ⅱ式（M72：1）

3. Bb型Ⅲ式（M358：2）

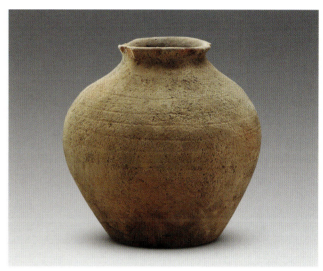

4. Bc型（M277：5）

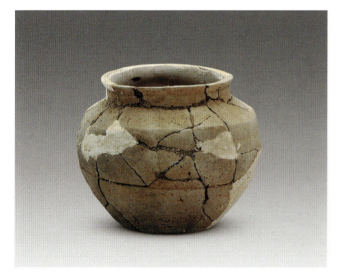

5. C型Ⅰ式（M272：4）

6. C型Ⅱ式（M249：1）

秦墓出土陶罐

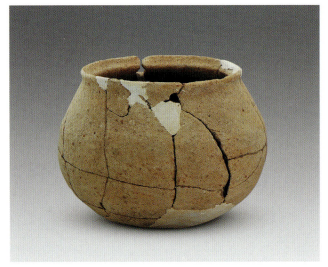

1. Aa型Ⅱ式（M171：2）

2. Aa型Ⅲ式（M332：3）

3. Ab型Ⅰ式（M250：2）

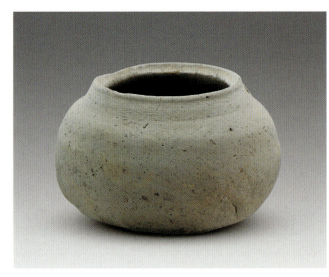

4. Ab型Ⅱ式（M186：2）

5. Ab型Ⅲ式（M254：1）

6. Ba型Ⅰ式（M122：2）

秦墓出土陶釜

1. Ba型Ⅱ式（M108：2）

2. Bb型Ⅰ式（M104：3）

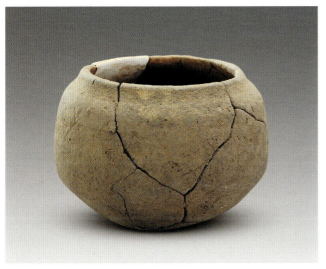

3. Bb型Ⅱ式（M122：3）

4. Bb型Ⅲ式（M210：2）

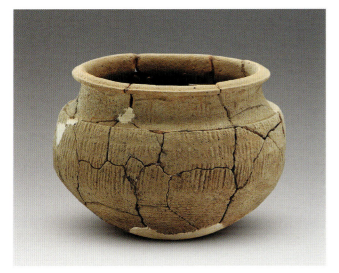

5. C型Ⅰ式（M215：2）

6. C型Ⅱ式（M505：1）

秦墓出土陶釜

1. C型Ⅲ式釜（M527：1）

2. D型Ⅰ式釜（M277：4）

3. A型Ⅰ式鍪（M384：1）

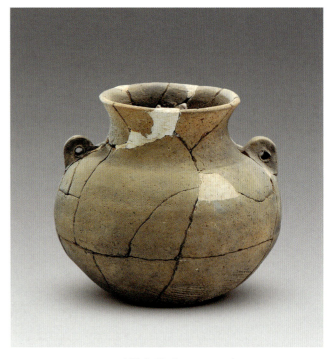

4. A型Ⅱ式鍪（M457：3）

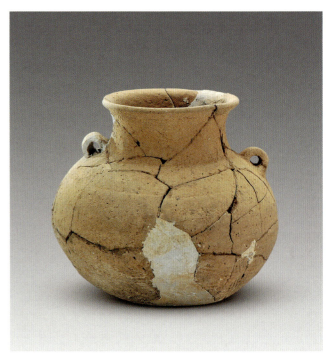

5. A型Ⅲ式鍪（M219：3）

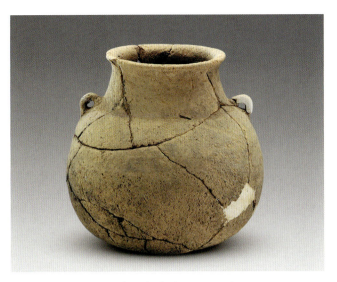

1. B型Ⅰ式鏊（M181：2）

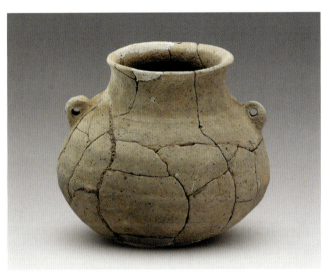

2. B型Ⅲ式鏊（M507：1）

3. C型鏊（M234：2）

4. A型Ⅱ式盆（M101：1）

5. A型Ⅲ式盆（M310：1）

6. B型盆（M249：5）

7. A型Ⅰ式钵（M329：2）

秦墓出土陶器

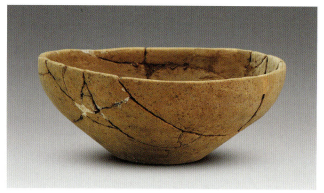

1. A型Ⅱ式钵（M133：4）

2. A型Ⅲ式钵（M494：1）

3. B型Ⅰ式钵（M200：3）

4. B型Ⅱ式钵（M505：2）

5. B型Ⅲ式钵（M249：4）

6. Ⅰ式碗（M52：5）

7. Ⅱ式碗（M332：2）

8. Ⅲ式碗（M74：1）

1. Ⅰ式鐎斗（M470：2）

2. Ⅱ式鐎斗（M219：2）

3. 纺轮（M470：3）

4. Ⅰ式盒（M457：1）

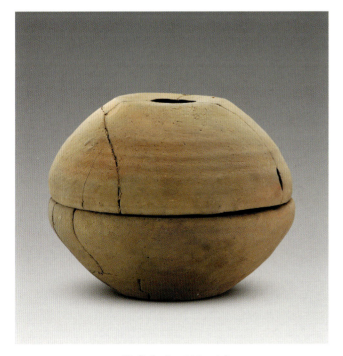

5. Ⅱ式盒（M303：2）

6. 蒜头壶（M505：3）

秦墓出土陶器

1. A型陶豆（M52：3）

2. B型陶豆（M104：1）

3. C型陶豆（M133：1）

4. Ⅰ式铜带钩（M277：1）

5. Ⅱ式铜带钩（M254：3）

6. Ⅲ式铜带钩（M108：3）

秦墓出土器物

1. M33

2. M79

3. M229

4. M235

西汉墓葬

1. M369

2. M372

3. M382

4. M407

西汉墓葬

1. M426

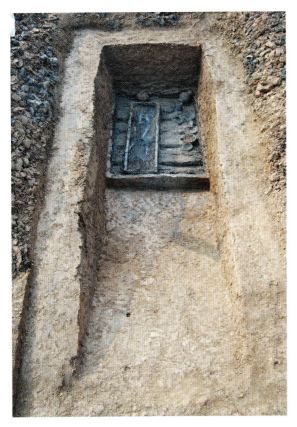

3. M430

2. M428 ~ M430

西汉墓葬

1. M23

2. M87

3. M60

西汉墓葬

1. M161

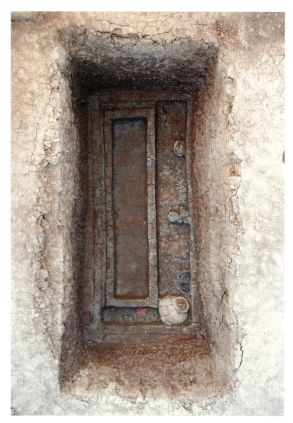

2. M260

3. M340

4. M362

西汉墓葬

1. M363

2. M366

3. M392

4. M395

西汉墓葬

1. M257

2. M406

3. M425

西汉墓葬

1. M37

2. M62

3. M97

4. M102

西汉墓葬

1. M160

2. M259

M535

M536

3. M535

西汉墓葬

1. M155

2. M156

3. M490

西汉墓葬

1   2   3

4   5   6

西汉墓M93出土墓砖

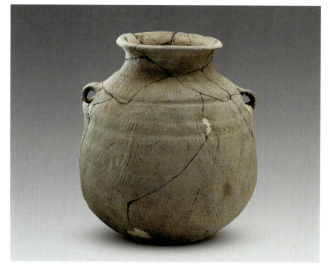

1. Ⅰ式（M177：2）

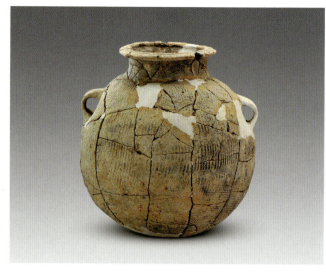

2. Ⅰ式（M302：1）

3. Ⅱ式（M267：2）

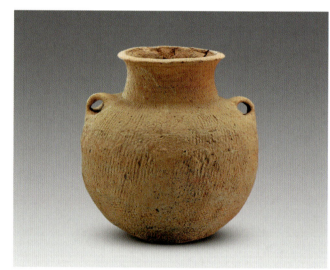

4. Ⅲ式（M97：2）

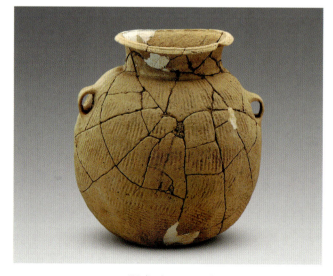

5. Ⅳ式（M71：5）

6. Ⅴ式（M180：7）

西汉墓出土Aa型陶罐

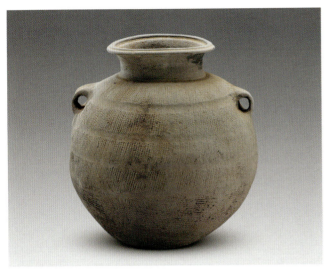

1. Ⅵ式（M141：1）

2. Ⅶ式（M87：5）

3. Ⅷ式（M257：1）

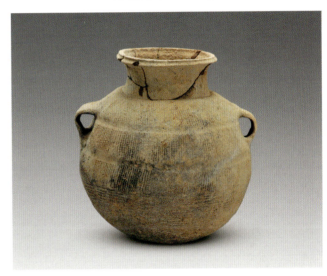

4. Ⅸ式（M23：3）

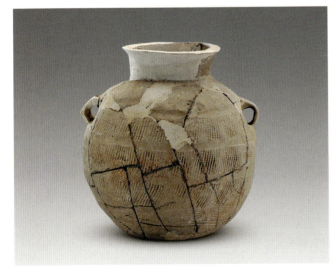

5. Ⅹ式（M155：3）

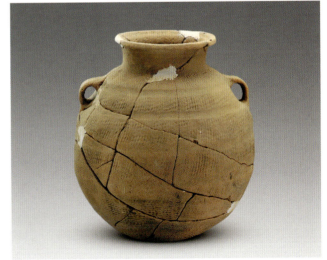

6. Ⅺ式（M79：5）

西汉墓出土Aa型陶罐

1. Ⅰ式（M99：1）

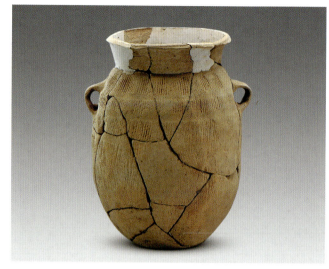

2. Ⅱ式（M216：2）

3. Ⅲ式（M62：2）

4. Ⅳ式（M461：3）

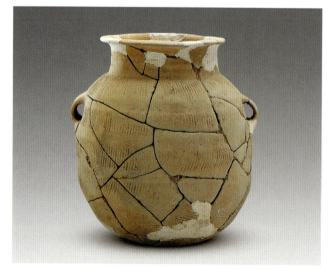

5. Ⅴ式（M294：3）

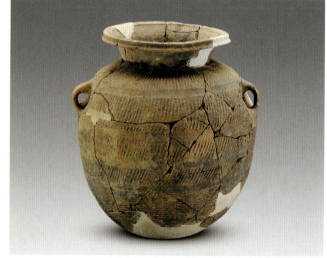

6. Ⅵ式（M59：3）

西汉墓出土Ab型陶罐

1. Ab型Ⅶ式（M363：4）

2. Ab型Ⅷ式（M352：1）

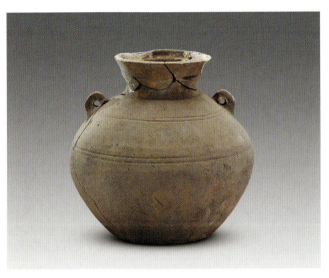

3. Ac型Ⅰ式（M268：1）

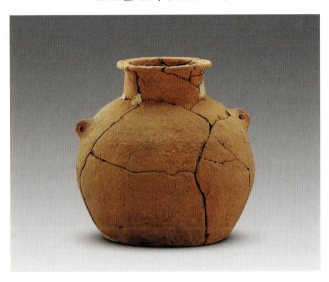

4. Ac型Ⅱ式（M318：1）

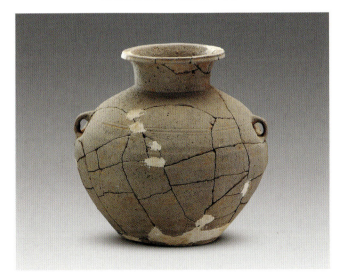

5. Ad型（M244：1）

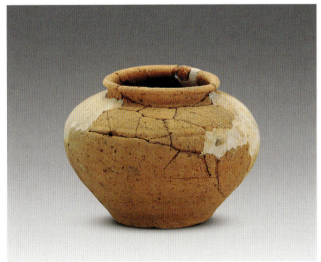

6. Ba型Ⅰ式（M208：2）

西汉墓出土陶罐

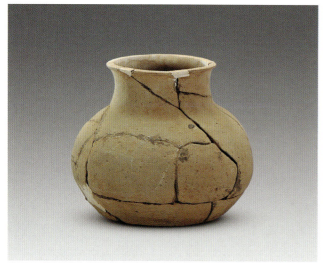

1. Ba型Ⅱ式（M389：1）

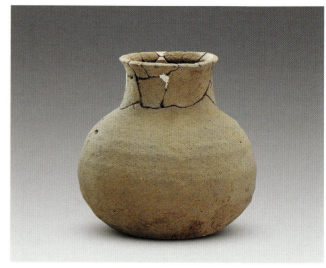

2. Ba型Ⅲ式（M160：2）

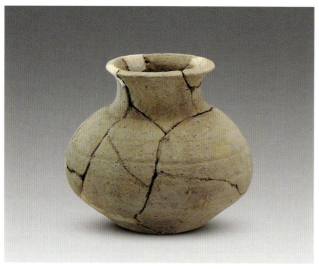

3. Ba型Ⅳ式（M261：1）

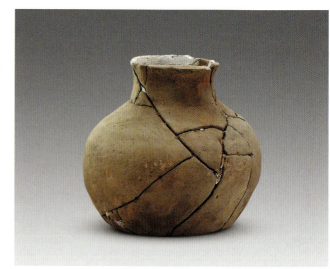

4. Ba型Ⅴ式（M265：6）

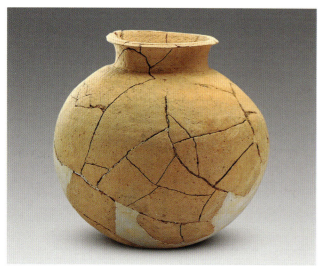

5. Bb型Ⅰ式（M260：1）

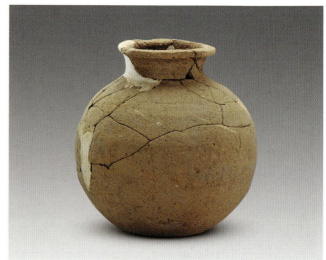

6. Bb型Ⅱ式（M160：1）

西汉墓出土B型陶罐

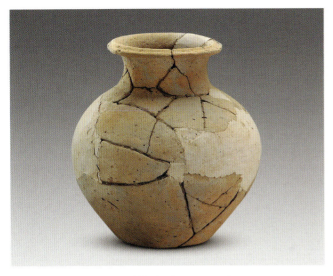

1. Bb型Ⅲ式（M205：1）

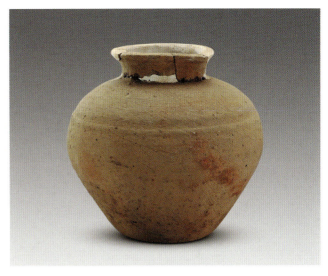

2. Bb型Ⅳ式（M265：3）

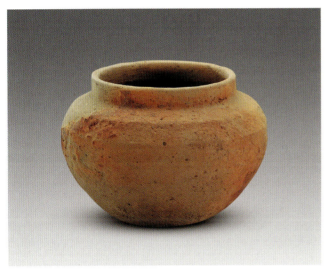

3. C型Ⅰ式（M312：6）

4. C型Ⅱ式（M38：1）

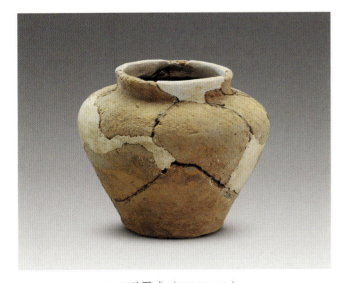

5. C型Ⅲ式（M235：2）

6. C型Ⅳ式（M93：2）

西汉墓出土陶罐

1. D型Ⅰ式罐（M433：3）

3. E型Ⅰ式罐（M25：6）

2. D型Ⅱ式罐（M510：2）

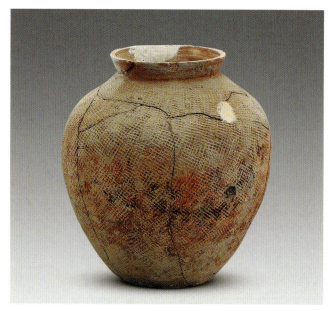

4. E型Ⅱ式罐（M428：4）

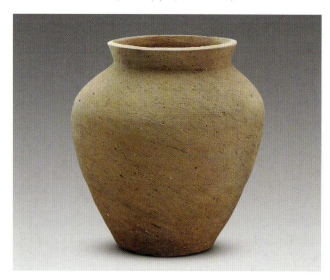

5. E型Ⅲ式罐（M490：1）

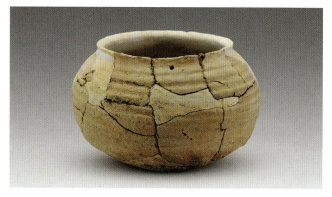

6. A型Ⅰ式釜（M62：1）

西汉墓出土陶器

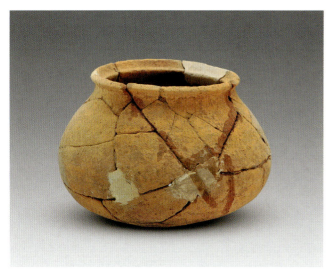

1. Aa型Ⅱ式（M206：1）

2. Aa型Ⅲ式（M238：3）

3. Aa型Ⅳ式（M59：5）

4. Ab型（M23：2）

5. Ba型Ⅰ式（M246：1）

6. Ba型Ⅱ式（M194：2）

西汉墓出土陶釜

1. Ba型Ⅲ式（M327：2）

2. Ba型Ⅳ式（M295：2）

3. Ba型Ⅴ式（M115：2）

4. Bb型（M102：1）

5. C型Ⅰ式（M535：1）

6. C型Ⅱ式（M70：1）

西汉墓出土陶釜

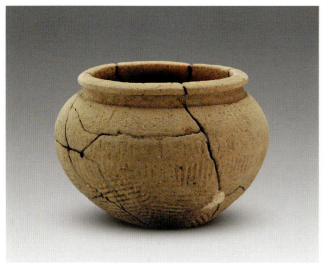

1. C型Ⅲ式釜（M348：3）

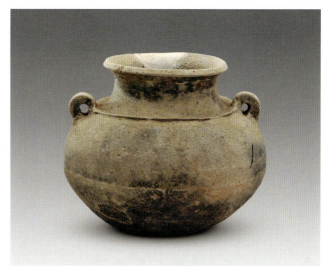

2. Ⅰ式鍪（M497：2）

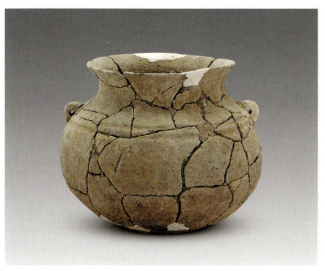

3. Ⅱ式鍪（M368：1）

4. A型Ⅰ式瓮（M345：1）

5. A型Ⅱ式瓮（M60：1）

6. A型Ⅲ式瓮（M235：8）

西汉墓出土陶器

1. B型Ⅰ式瓮（M312：9）

2. B型Ⅱ式瓮（M428：1）

3. C型瓮（M497：5）

4. A型Ⅰ式盆（M70：2）

5. A型Ⅲ式盆（M313：1）

6. A型Ⅳ式盆（M59：1）

西汉墓出土陶器

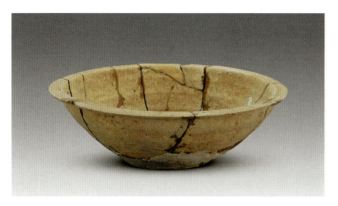

1. B型Ⅰ式盆（M199：1）

2. B型Ⅱ式盆（M296：8）

3. A型Ⅰ式铛（M154：2）

4. A型Ⅱ式铛（M192：2）

5. B型Ⅰ式铛（M307：7）

6. B型Ⅱ式铛（M335：5）

7. Ⅱ式钵（M348：1）

8. Ⅳ式钵（M192：3）

西汉墓出土陶器

1. Ⅲ式钵（M187：4）

4. 碗（M222：7）

2. Ⅵ式钵（M296：3）

5. 盏（M59：6）

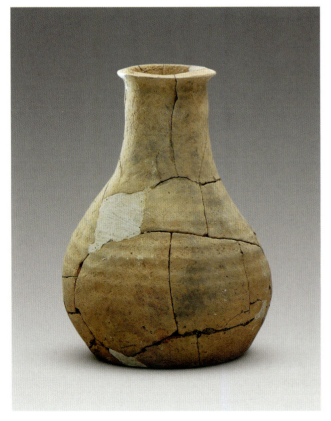

3. 长颈瓶（M405：1）

6. A型Ⅰ式镳斗（M515：3）

7. A型Ⅱ式镳斗（M451：2）

西汉墓出土陶器

1. A型Ⅲ式镶斗（M497：3）

2. B型镶斗（M513：2）

3. 器座（M312：5）

4. Aa型Ⅰ式鼎（M450：1）

5. Aa型Ⅱa式鼎（M217：1）

6. Aa型Ⅱb式鼎（M312：1）

西汉墓出土陶器

1. Aa型Ⅲ式（M187：2）

2. Aa型Ⅳ式（M258：2）

3. Aa型Ⅴ式（M265：2）

4. Aa型Ⅵ式（M363：2）

5. Aa型Ⅶ式（M222：1）

6. Ab型Ⅰ式（M515：5）

西汉墓出土A型陶鼎

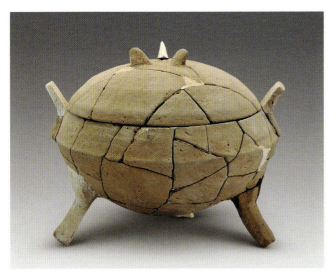

1. Ab型Ⅱ式（M524：1）

2. Ab型Ⅲ式（M25：5）

3. Ab型Ⅳ式（M235：5）

4. Ab型Ⅵ式（M372：4）

5. Ab型Ⅶ式（M369：4）

6. Ac型Ⅱ式（M430：10）

西汉墓出土A型陶鼎

1. Ac型Ⅲ式（M360：3）

2. Ac型Ⅳ式（M362：2）

3. Ac型Ⅴ式（M407：5）

4. Ac型Ⅵ式（M459：1）

5. Ac型Ⅶ式（M296：2）

6. Ba型Ⅰ式（M510：5）

西汉墓出土陶鼎

1. Ba型Ⅱ式（M260：4）

2. Ba型Ⅲ式（M429：8）

3. Ba型Ⅳ式（M229：2）

4. Ba型Ⅴ式（M340：1）

5. Bb型Ⅰ式（M216：4）

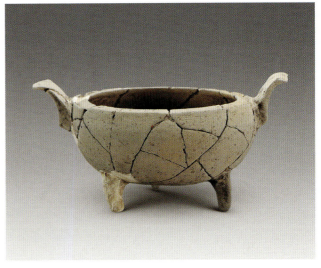

6. Bb型Ⅱ式（M428：6）

西汉墓出土B型陶鼎

1. Bb型Ⅲ式鼎（M261：6）

2. Bb型Ⅳ式鼎（M523：5）

3. C型Ⅰ式鼎（M381：3）

4. C型Ⅱ式鼎（M429：5）

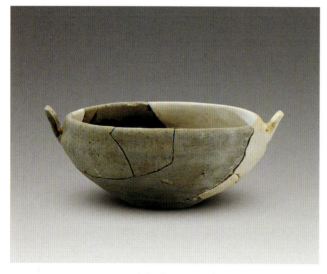

5. D型鼎（M93：6）

6. Aa型Ⅰ式盒（M510：4）

西汉墓出土陶器

1. Aa型Ⅱ式（M461：9）

2. Aa型Ⅲ式（M141：7）

3. Aa型Ⅴ式（M459：2）

4. Aa型Ⅵ式（M363：5）

5. Ab型Ⅰ式（M161：3）

6. Ab型Ⅰ式（M187：1）

西汉墓出土A型陶盒

1. Ab型Ⅱ式（M87：4）

2. Ab型Ⅲ式（M429：11）

3. Ab型Ⅴ式（M79：7）

4. Ac型Ⅰ式（M366：6）

5. Ac型Ⅱ式（M261：4）

6. Ac型Ⅲ式（M264：5）

西汉墓出土A型陶盒

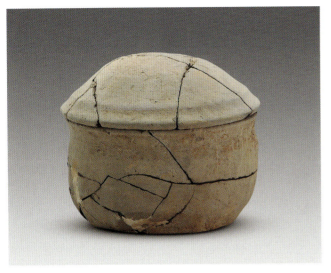

1. Ac型Ⅳ式（M296：9）

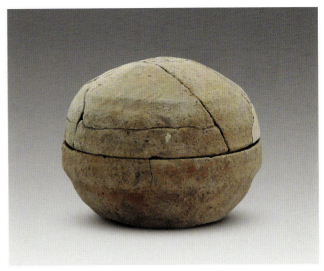

2. Ba型Ⅰ式（M316：5）

3. Ba型Ⅱ式（M430：3）

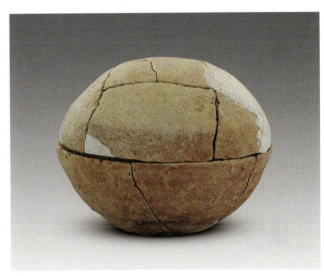

4. Ba型Ⅲ式（M360：2）

5. Ba型Ⅳ式（M265：4）

6. Ba型Ⅵ式（M36：3）

西汉墓出土陶盒

1. Ba型Ⅴ式（M340∶5）

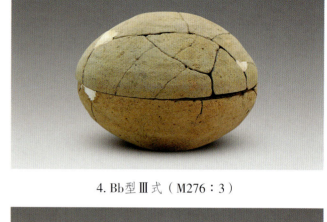

4. Bb型Ⅲ式（M276∶3）

2. Ba型Ⅵ式（M296∶13）

5. Bb型Ⅳ式（M323∶2）

6. Bb型Ⅴ式（M362∶8）

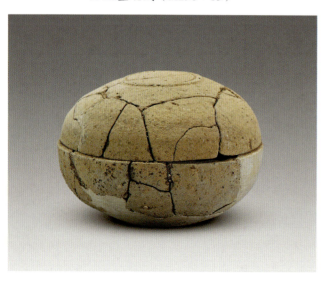

3. Bb型Ⅱ式（M275∶2）

7. Bc型Ⅰ式（M119∶3）

西汉墓出土B型陶盒

1. Bc型Ⅱ式（M425：8）

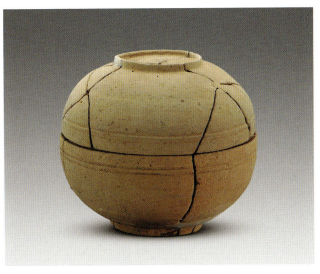

5. Ca型Ⅲ式（M312：2）

2. Bc型Ⅲ式（M257：5）

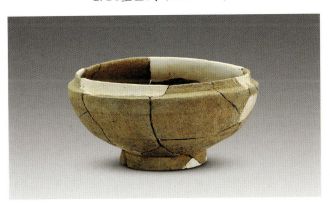

3. Ca型Ⅰ式（M192：1）

6. Cb型Ⅰ式（M429：6）

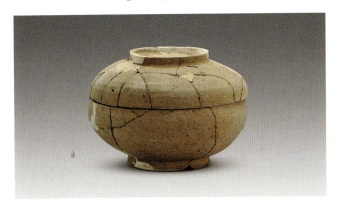

4. Ca型Ⅱ式（M450：2）

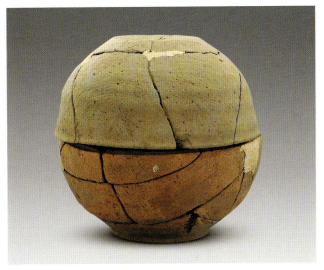

7. Cb型Ⅱ式（M222：3）

西汉墓出土陶盒

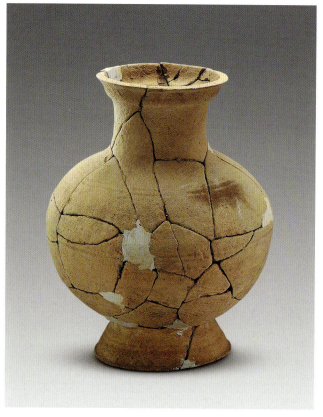

1. Ⅰ式（M341：2）

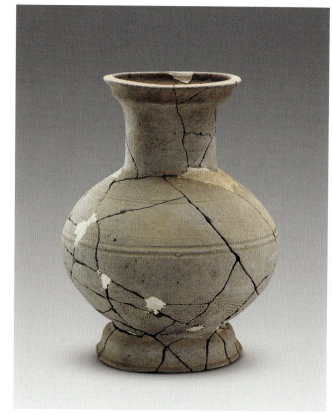

2. Ⅱa式（M60：5）

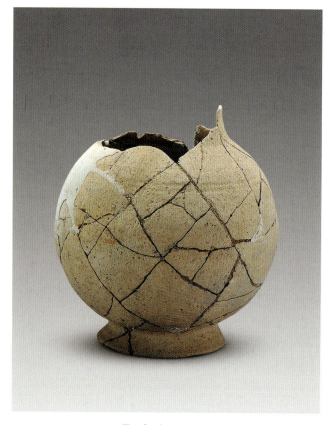

3. Ⅱb式（M275：3）

4. Ⅲ式（M71：1）

西汉墓出土Aa型陶壶

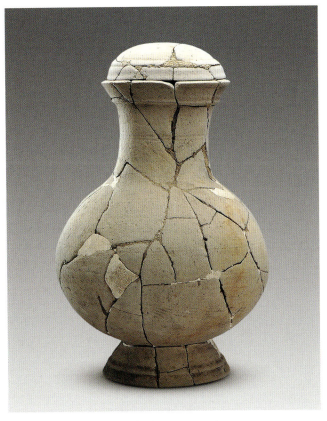

1. Ⅲ式（M426：13）

2. Ⅳ式（M430：12）

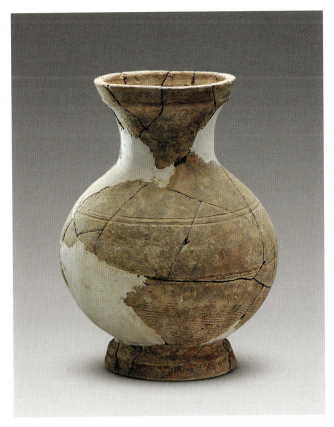

3. Ⅴ式（M235：1）

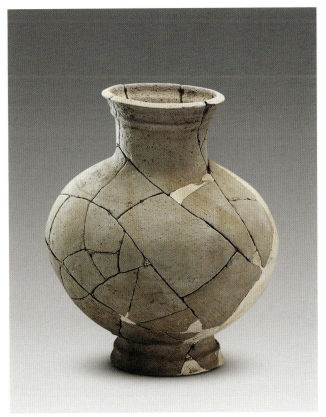

4. Ⅵ式（M323：3）

西汉墓出土Aa型陶壶

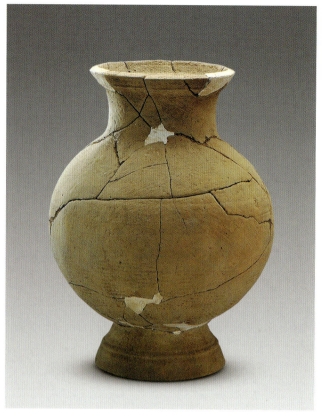

1. Ⅷ式（M265：1）

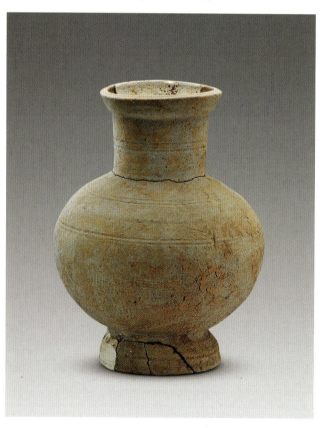

2. Ⅷ式（M429：2）

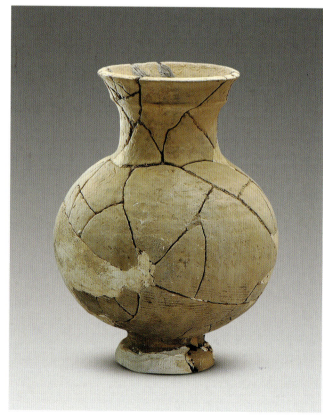

3. Ⅸ式（M33：2）

4. Ⅸ式（M296：11）

西汉墓出土Aa型陶壶

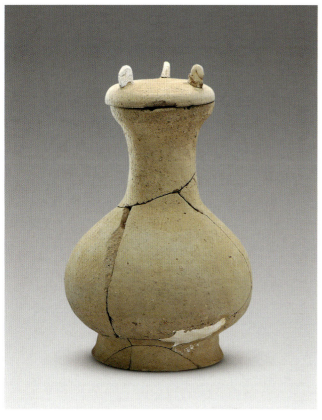

1. Ⅰ式（M515：2）

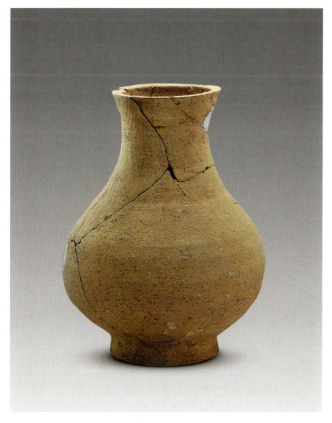

3. Ⅲ式（M451：1）

2. Ⅱ式（M422：1）

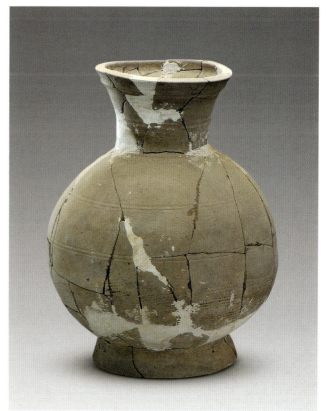

4. Ⅲ式（M510：6）

西汉墓出土Ab型陶壶

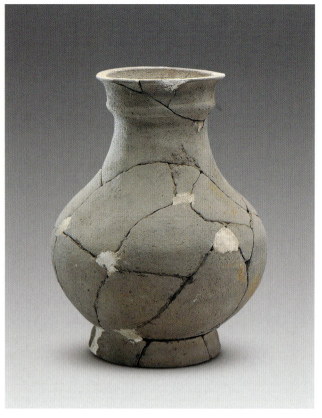

1. Ab型Ⅳ式（M428：3）　　　　　　　　2. Ab型Ⅴ式（M425：7）

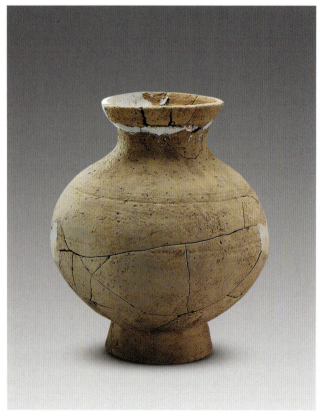

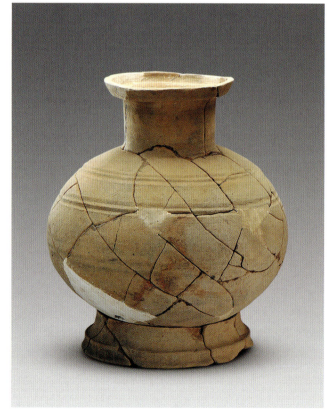

3. Ab型Ⅵ式（M335：3）　　　　　　　　4. Ac型Ⅰ式（M412：1）

西汉墓出土A型陶壶

1. Ac型Ⅱ式（M161：1）

2. Ac型Ⅲ式（M405：4）

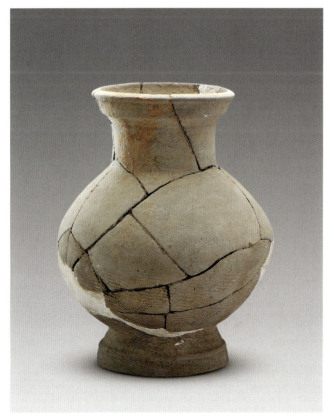

3. Ac型Ⅳ式（M459：3）

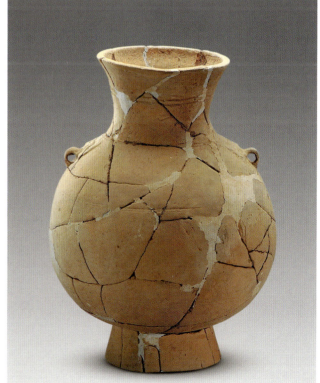

4. Ad型Ⅰ式（M312：3）

西汉墓出土A型陶壶

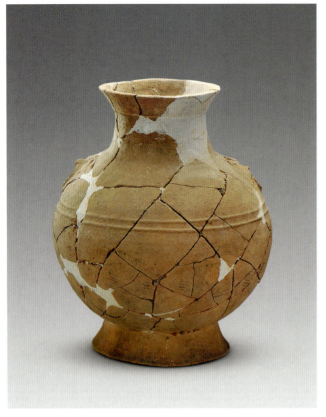

1. Ad型Ⅱ式壶（M387：1）

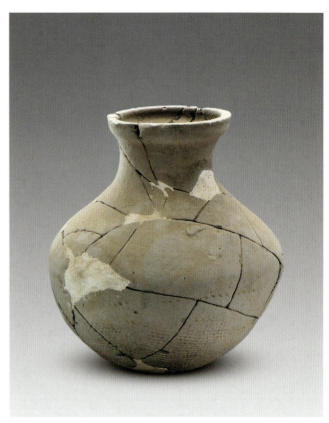

2. Ad型Ⅲb式壶（M523：4）

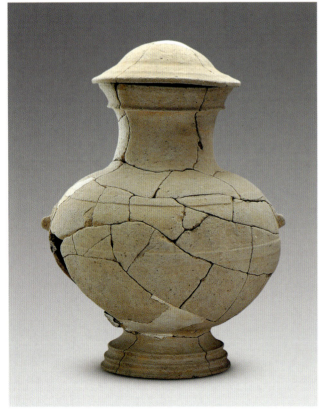

3. Ad型Ⅳ式壶（M382：3）、Ⅱ式器盖（M382：2）

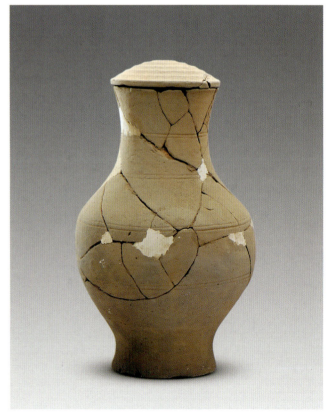

4. Ba型Ⅰ式壶（M514：1）

西汉墓出土陶器

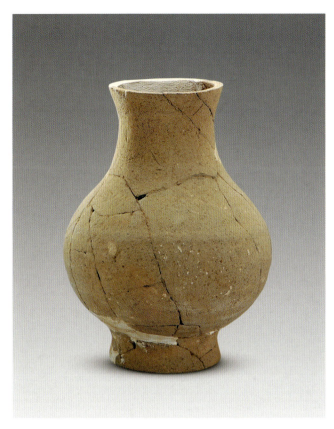

1. Ba型Ⅱ式壶（M217：3）

3. Bb型壶（M382：1）

4. 豆（M348：4）

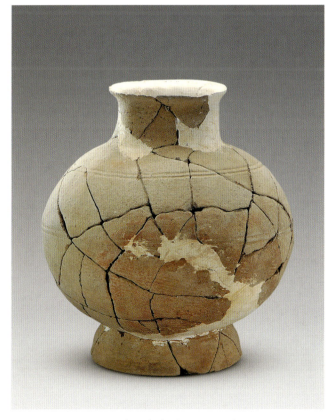

2. Ba型Ⅲ式壶（M362：1）

5. 匜（M422：5）

西汉墓出土陶器

1. Ⅰ式（M341：1）

2. Ⅱ式（M275：4）

3. Ⅲ式（M430：8）

4. Ⅳ式（M235：6）

5. Ⅴ式（M362：5）

6. Ⅵ式（M50：4）

西汉墓出土Aa型陶灶

1. Aa型Ⅶ式（M368：4）

2. Aa型Ⅷ式（M36：4）

3. Ab型Ⅰ式（M366：5）

4. Ab型Ⅱ式（M360：5）

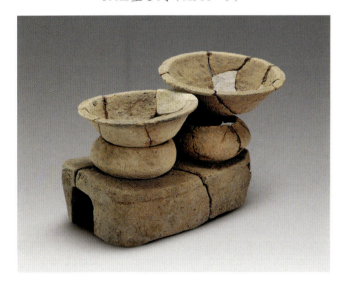

5. Ab型Ⅲ式（M372：7）

6. Ab型Ⅳ式（M155：2）

西汉墓出土A型陶灶

1. Ac型Ⅰ式（M119：1）

2. Ac型Ⅱ式（M114：4）

3. Ac型Ⅲ式（M264：3）

4. Ac型Ⅳ式（M93：1）

5. B型Ⅰ式（M322：2）

6. B型Ⅱ式（M316：2）

西汉墓出土陶灶

1. B型Ⅲ式（M406：1）

2. B型Ⅳ式（M426：8）

3. B型Ⅴ式（M294：4）

4. B型Ⅵ式（M265：5）

5. B型Ⅷ式（M363：6）

6. C型Ⅰ式（M312：7）

西汉墓出土陶灶

1.C型Ⅱ式灶（M71：4）

2.C型Ⅲ式灶（M417：4）

3.D型Ⅱ式灶（M490：3）

4.Aa型Ⅰ式仓（M60：2）

5.Aa型Ⅱ式仓（M180：6）

6.Aa型Ⅲ式仓（M120：3）

西汉墓出土陶器

1. Aa型Ⅳ式（M257：6）

2. Aa型Ⅴ式（M369：7）

3. Aa型Ⅵ式（M79：1）

4. Ab型Ⅰ式（M216：6）

5. Ab型Ⅱ式（M87：1）

6. Ab型Ⅲ式（M429：3）

西汉墓出土A型陶仓

1. Ⅰ式（M316：3）

2. Ⅱ式（M276：4）

3. Ⅲ式（M523：1）

4. Ⅳ式（M262：4）

5. Ⅴ式（M459：6）

6. Ⅵ式（M33：3）

西汉墓出土Ac型陶仓

1. Ba型Ⅰ式（M433：6）

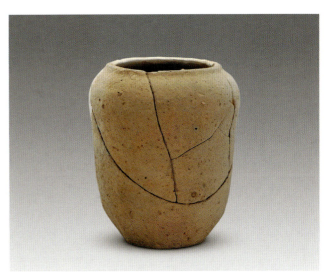

4. Ba型Ⅴ式（M93：10）

2. Ba型Ⅱ式（M430：7）

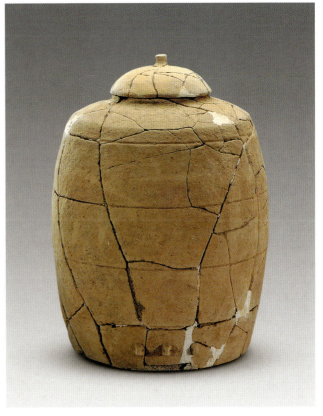

5. Bb型Ⅰ式（M312：8）

3. Ba型Ⅳ式（M264：6）

西汉墓出土B型陶仓

1. Bb型Ⅲ式仓（M428：5）

2. Aa型Ⅱ式井（M510：3）

3. Aa型Ⅲ式井（M428：7）

4. Aa型Ⅳ式井（M187：3）

5. Aa型Ⅴ式井（M523：2）

6. Aa型Ⅶ式井（M340：8）

西汉墓出土陶器

1. Aa型Ⅸ式（M33：7）

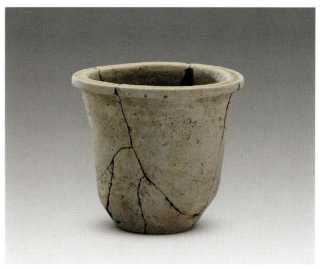

2. Aa型Ⅹ式（M93：9）

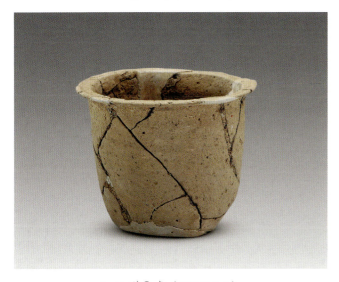

3. Ab型Ⅰ式（M275：5）

4. Ab型Ⅱ式（M276：6）

5. Ab型Ⅲ式（M120：4）

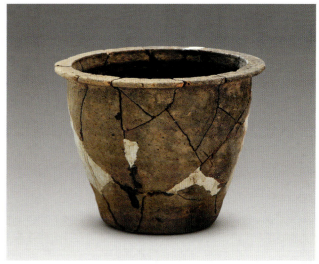

6. Ⅳ式（M372：6）

西汉墓出土A型陶井

1. Ab型Ⅴ式（M229：1）

2. Ab型Ⅵ式（M93：7）

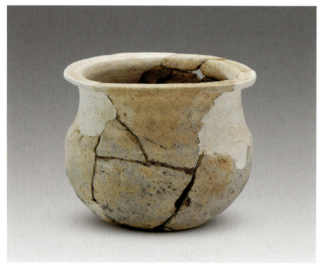

3. Ac型Ⅰ式（M119：4）

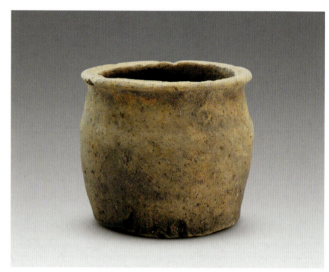

4. Ac型Ⅱ式（M180：5）

5. Ac型Ⅲa式（M360：4）

6. Ac型Ⅲb式（M235：4）

西汉墓出土A型陶井

1. Ac型Ⅳ式（M33：4）

2. B型Ⅰ式（M216：3）

3. B型Ⅱ式（M524：6）

4. B型Ⅲ式（M430：9）

5. B型Ⅳ式（M261：3）

6. B型Ⅴ式（M114：3）

西汉墓出土陶井

1. B型Ⅵ式井（M257：4）

2. B型Ⅶ式井（M407：1）

3. B型Ⅷ式井（M459：5）

4. 磨（M490：2）

5. 猪圈（M490：4）

6. 筒瓦（M368：5）

西汉墓出土陶器

1. 刷柄（M363：12）

4. A型Ⅱ式带钩（M294：2）

2. 镜（M251：2）

5. A型Ⅲ式带钩（M323：6）

6. B型Ⅰ式带钩（M231：2）

7. B型Ⅱ式带钩（M363：16）

3. A型Ⅰ式带钩（M426：1）

8. 簪（M294：5）

西汉墓出土铜器

1. 铜矛（M340：4）　　　　2. 铜矛（M340：4）　　　　3. 铜矛（M340：4）

4. 铜镞（M231：01）　　5. 铜柿蒂形饰（M141：8-1）　　8. 铁坠（M363：9）
铜泡钉（M141：8-2）（左—右）

6. 铜印章（M231：1）（放大）　　　　7. 铜印章（M231：1）（放大）

西汉墓出土器物

1. M537

2. M12

3. M24

4. M45

东汉墓葬

1. M125

2. M149

3. M159

4. M413

东汉墓葬

1. M61 2. M230 3. M230

4. M440 5. M440 6. M534

东汉墓出土墓砖

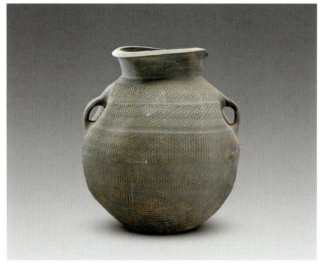

1. Ⅰ式（M431：2）

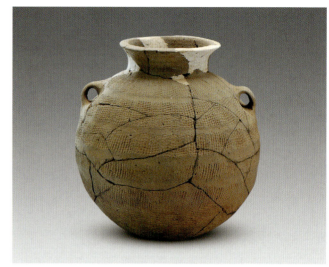

2. Ⅱ式（M125：6）

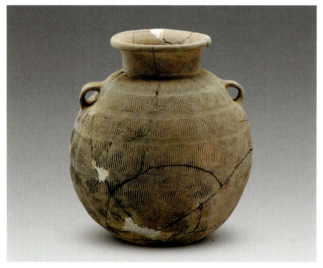

3. Ⅲ式（M159：1）

4. Ⅳ式（M445：2）

5. Ⅴ式（M188：2）

6. Ⅵ式（M541：2）

东汉墓出土Aa型陶罐

1. Aa型Ⅶ式（M401∶5）

2. Aa型Ⅷ式（M371∶5）

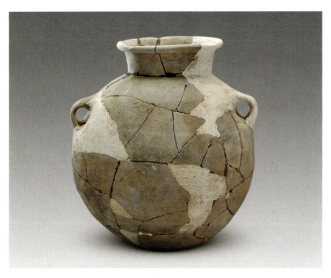

3. Aa型Ⅸ式（M371∶6）

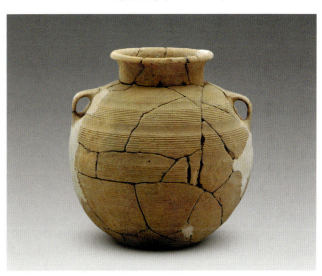

4. Aa型Ⅹ式（M61∶4）

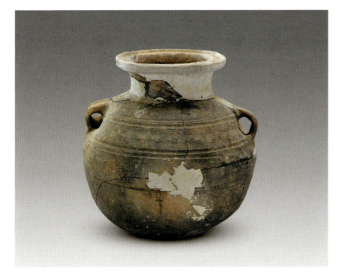

5. Ab型（M183∶5）

6. Ac型（M159∶7）

东汉墓出土A型陶罐

1. B型Ⅱ式罐（M24：3）

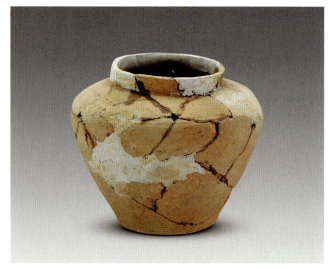

2. B型Ⅲ式罐（M401：1）

3. B型Ⅳ式罐（M413：4）

4. C型罐（M157：5）、器盖（M157：7）

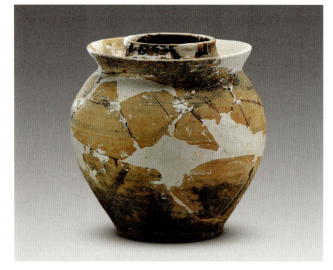

5. D型罐（M12：9）

6. E型罐（M149：9）

东汉墓出土陶器

1. A型钵（M45：1）

4. A型Ⅰ式灯（M149：11）

2. 杯（M149：18）

3. 炙炉（M149：4）

5. A型Ⅱ式灯（M12：12）

6. 长方盒（M230：2）

7. B型灯（M12：11）

东汉墓出土陶器

1. Ⅰ式（M402：7）

2. Ⅱ式（M159：2）

3. Ⅲa式（M44：4）

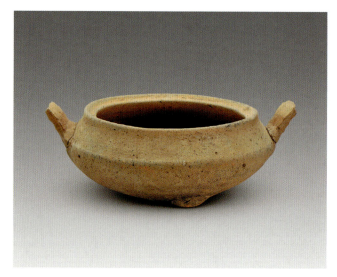

4. Ⅳ式（M413：7）

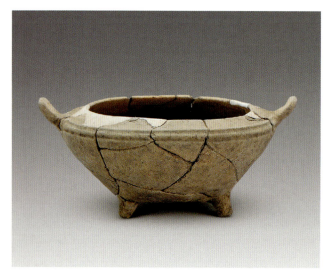

5. Ⅴ式（M371：4）

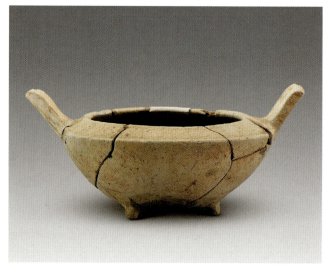

6. Ⅵ式（M61：1）

东汉墓出土A型陶鼎

1. Ba型Ⅰ式（M442：13）

2. Ba型Ⅱ式（M24：9）

3. Bb型（M188：5）

4. Bc型（M45：4）

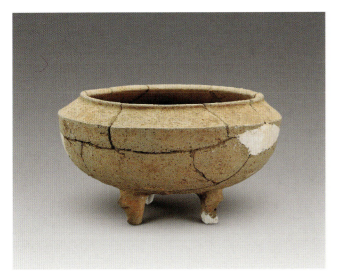

5. C型Ⅰ式（M456：1）

6. C型Ⅱ式（M416：2）

东汉墓出土陶鼎

1. A型Ⅰ式（M149∶15）

2. A型Ⅱ式（M24∶1）

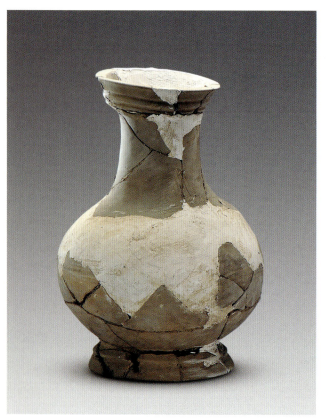

3. B型Ⅰ式（M534∶17）

4. A型Ⅲ式（M12∶6）

东汉墓出土陶壶

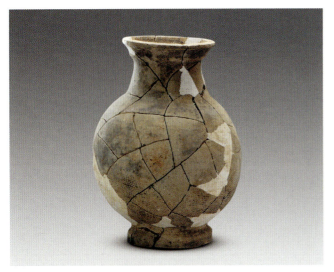

1. B型Ⅳ式（M401：2）

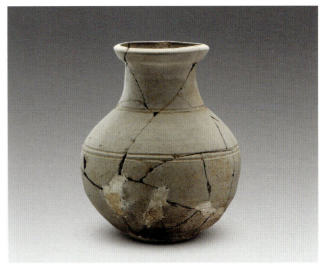

2. Ca型Ⅰ式（M159：8）

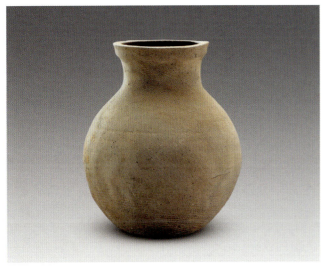

3. Ca型Ⅱ式（M157：6）

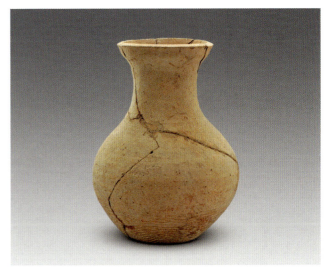

4. Ca型Ⅲ式（M44：2）

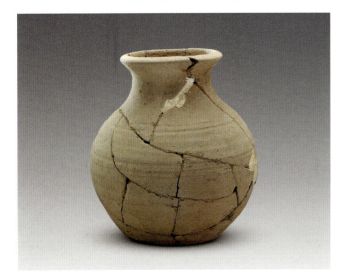

5. Cb型Ⅰ式（M402：5）

6. Cb型Ⅱ式（M534：18）

东汉墓出土陶壶

东汉墓出土陶楼（M12：1）

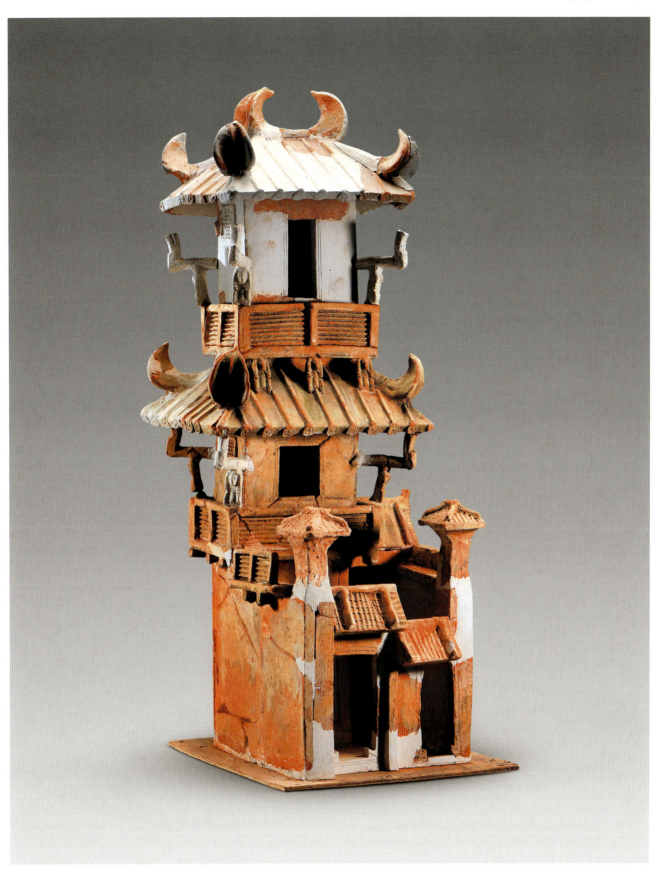

东汉墓出土陶楼（M12：1）

东汉墓出土陶楼（M12：1）

东汉墓出土陶楼（M12：1）

1. A型Ⅰ式（M431：1）

2. A型Ⅱ式（M402：4）

3. A型Ⅲ式（M157：1）

4. A型Ⅳ式（M456：3）

5. B型Ⅰ式（M442：4）

6. B型Ⅱ式（M24：7）

东汉墓出土陶猪圈

1. B型Ⅲ式猪圈（M534：4）

2. Aa型Ⅰ式仓（M402：2）

3. Aa型Ⅱ式仓（M53：1）

4. Aa型Ⅳ式仓（M416：9）

5. Aa型Ⅴ式仓（M44：6）

6. Ab型Ⅰ式仓（M442：8）

东汉墓出土陶器

1. Ab型Ⅱ式（M24：2）

2. Ac型（M45：7）

3. B型Ⅱ式（M125：1）

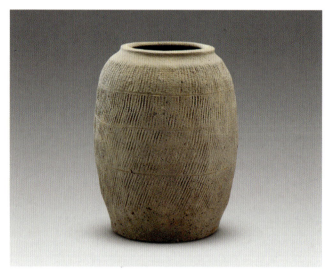

4. B型Ⅲ式（M159：10）

5. B型Ⅳ式（M445：4）

6. B型Ⅴ式（M45：5）

东汉墓出土陶仓

1. B型Ⅵ式（M371：3）

2. B型Ⅶ式（M401：6）

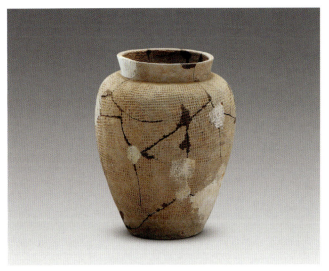

3. C型Ⅰ式（M183：6）

4. C型Ⅱ式（M157：4）

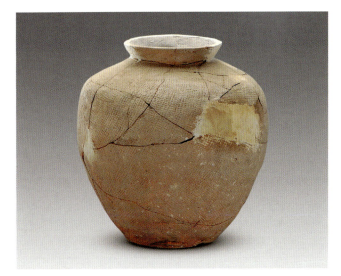

5. C型Ⅲ式（M413：1）

6. C型Ⅳ式（M12：15）

东汉墓出土陶仓

1. Aa型Ⅰ式（M408：1）

2. Aa型Ⅱ式（M534：3）

3. Ab型Ⅰ式（M183：3）

4. Ab型Ⅱ式（M175：4）

5. Ab型Ⅲ式（M445：5）

6. Ab型Ⅳ式（M188：4）

东汉墓出土A型陶灶

1. Ac型Ⅰ式（M458：3）

2. Ac型Ⅱ式（M159：4）

3. Ac型Ⅲ式（M44：5）

4. B型Ⅰ式（M442：6）

5. B型Ⅲ式（M371：2）

6. B型Ⅲ式（M371：2）

东汉墓出土陶灶

1. B型Ⅱ式（M24：8）

2. B型Ⅳ式（M12：23）

3. C型（M413：5）

4. D型Ⅱ式（M402：6）

东汉墓出土陶灶

1. D型Ⅲ式灶（M125：2）

4. Aa型Ⅰ式井（M458：2）

2. D型Ⅳ式灶（M157：3）

5. Aa型Ⅱ式井（M159：9）

3. D型Ⅴ式灶（M416：7）

东汉墓出土陶器

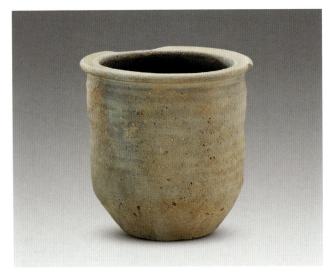

1. Aa型Ⅲ式（M188：6）

2. Aa型Ⅳ式（M416：3）

3. Aa型Ⅴ式（M401：7）

4. Aa型Ⅵ式（M413：8）

5. Aa型Ⅶ式（M78：1）

6. Ab型Ⅰ式（M183：2）

东汉墓出土A型陶井

1. Ab型Ⅳ式（M24：14）

2. Ab型Ⅴ式（M175：2）

3. Ab型Ⅵ式（M534：5）

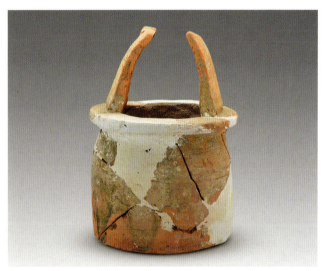

4. Ab型Ⅶ式（M12：22）

5. B型Ⅰ式（M431：4）

6. B型Ⅱ式（M125：3）

东汉墓出土陶井

1. Ⅱ式磨（M442：7）

2. Ⅲ式磨（M24：5）

3. Ⅳ式磨（M534：2）

4. Ⅴ式磨（M456：5）

5. 碓（M456：2）

6. 杵（M149：8）

东汉墓出土陶器

1. Ⅱ式人物俑（M12：27）

4. A型Ⅲ式狗（M230：1）

2. A型Ⅰ式狗（M442：1）

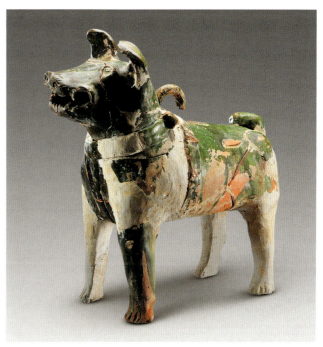

5. B型Ⅰ式狗（M12：3）

3. A型Ⅱ式狗（M24：12）

6. B型Ⅱ式狗（M304：1）

东汉墓出土陶器

1. 羊（M12：2）

2. 犀牛（M12：24）

3. A型Ⅰ式鸡（M149：13）

4. A型Ⅱ式鸡（M159：3）

5. A型Ⅲ式鸡（M416：6-2）、B型Ⅲ式鸡（M416：6-1）
（左－右）

6. A型Ⅳ式鸡（M12：4）

东汉墓出土陶器

1. B型 I 式鸡（M442：11）

2. B型 II 式鸡（M534：7-1）、鸡（M534：7-2）（左—右）

3. A型 I 式鸭（M442：12）

4. A型 II 式鸭（M534：8-1）、鸭（M534：8-2）（左—右）

5. A型 IV 式鸭（M456：4-1）、B型 II 式鸭（M456：4-2）（左—右）

6. A型 II 式鸭（M149：14）

东汉墓出土陶器

1. B型Ⅰ式陶鸭（M149∶5）

2. 陶鸳鸯（M12∶25）

3. A型瓷四系罐（M12∶16）

4. B型瓷四系罐（M12∶17）

5. 铜印章（M534∶9）（放大）

6. 铜印章（M534∶9）（放大）

7. 铜指扣（M445∶7）

东汉墓出土器物

1. 范（M534：12）

2. 范（M534：12）

3. 范（M534：12）

4. 范（M534：13）

5. 范（M534：13）

6. 砺石（M534：19）

东汉墓出土石器

1. M82（南朝）

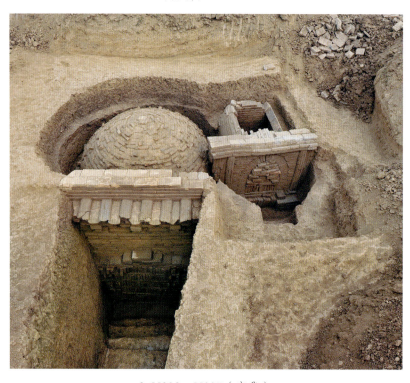

3. M398、M397（宋代）

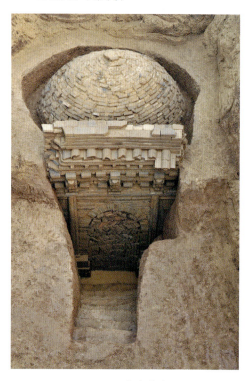

2. M166（宋代）

4. M399（宋代）

南朝至宋代墓葬

1. 青瓷盏（M82：1）（南朝）

2. 陶罐（M11：6）（隋唐）

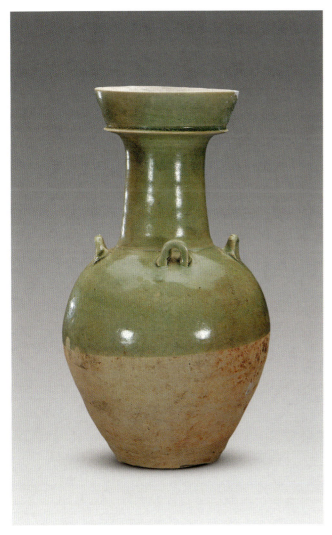

3. I式瓷盘口壶（M14：2）（隋唐）

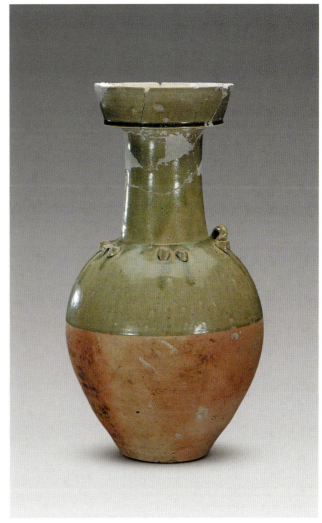

4. II式瓷盘口壶（M15：2）（隋唐）

南朝至隋唐墓出土器物

1. Ⅰ式瓷碗（M15：4）（隋唐）

2. Ⅱ式瓷碗（M15：3）（隋唐）

3. 瓷杯（M14：4）（隋唐）

4. 铜镜（M11：3）（隋唐）

5. A型陶罐（M166：1）（宋代）

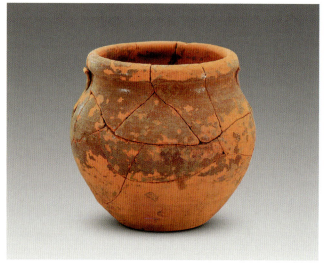

6. B型陶罐（M356：1）（宋代）

隋唐至宋代墓出土器物

1. 墓志（M16：1）

2. 墓志（M399：3）

3. A型瓷碗（M166：2）

4. B型瓷碗（M166：3）

5. C型瓷碗（M166：4）

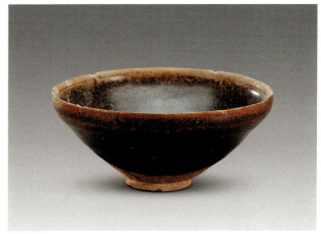

6. D型瓷碗（M356：2）

宋代墓出土墓志及瓷碗

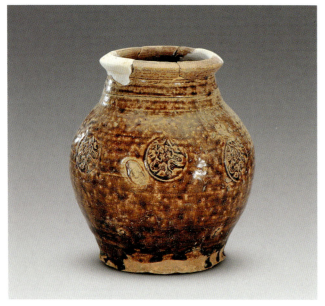

1. Ⅰ式釉陶罐（M232：3）

2. Ⅱ式釉陶罐（M331：2）

3. Ⅰ式瓷碗（M232：1）

4. Ⅰ式瓷碗（M232：2）

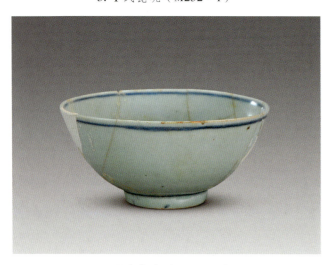

5. Ⅱ式瓷碗（M331：1）

明清墓出土器物